자기배려의 책읽기

—

니체에서 장자까지 은행원철학자의 철학책 읽기

자기배려의 책읽기

발행일 초판2쇄 2019년 4월 25일 | **지은이** 강민혁 | **펴낸곳** 북드라망 | **펴낸이** 김현경 | **주소** 서울시 종로구 사직로 8길 24, 1221호(내수동, 경희궁의아침2단지) | **전화** 02-739-9918 | **이메일** bookdramang@gmail.com

ISBN 979-11-86851-85-2 03100 | 이 도서의 국립중앙도서관 출판예정도서목록(CIP)은 서지정보유통지원시스템 홈페이지(http://seoji.nl.go.kr)와 국가자료종합목록시스템(http://www.nl.go.kr/kolisnet)에서 이용하실 수 있습니다.(CIP제어번호: CIP2019000649) | **Copyright ©** **강민혁** 저작권자와의 협의에 따라 인지는 생략했습니다. 이 책은 지은이와 북드라망의 독점계약에 의해 출간되었으므로 무단전재와 무단복제를 금합니다. 잘못 만들어진 책은 서점에서 바꿔 드립니다.

책으로 여는 지혜의 인드라망, 북드라망 **www.bookdramang.com**

자기
배려의

니체에서
장자까지
은행원철학자의
철학책
읽기

책
읽기

지은이
강민혁

BookDramang
북드라망

일러두기

1 이 책에 나오는 인용문의 출처는 해당 인용출처가 처음 나오는 곳에 각주로 자세한 서지사항을 밝혔
으며, 이후에는 저자명과 문헌명, 쪽수만을 간단히 밝혀 주었습니다. 인용출처의 자세한 서지사항과
지은이가 참조한 원서의 서지사항은 권말의 '참고문헌 : 은행원의 서재'에도 따로 모아 표기했습니다.

2 외래어는 국립국어연구원 「외래어표기법」에 따랐습니다. 다만 검색의 편의를 위하여 인용 출처의 표
기는 해당 문헌 출간 시의 표기를 따랐습니다(ex. '나츠메 소오세키, 『산시로』, 50쪽').

3 각 글에서 다루고 있는 주요인물의 경우, 해당 장에서 처음 등장하는 곳에 원어명과 생몰년도를 표기
했습니다.

4 단행본, 잡지는 『 』, 논문이나 단편, 영화는 「 」, 단체명은 〈 〉로 표기하였습니다.

1.

일요일 오후면 어김없이 친구들에게 찾아가 니체 책을 소리 내 읽은 적
이 있다. 사람들 앞에서 말하는 걸 늘 부담스럽게 여기지만, 친구들에게
책을 소리 내 읽고 내 해석을 덧붙이는 것은 되레 편안하여 힘든 줄 몰
랐다. 특히 『차라투스트라는 이렇게 말했다』는 이미 몇 차례 친구들에
게 펼쳐 들고 읽었던 텍스트였다. 그래서인지 내 입에서 나오는 니체의
말들은 신체 어딘가에 고여 있다가 흘러나온 듯 자연스러웠다.

　지금 생각해 보면 참 묘한 순간들이다. 함께 읽을 때마다 나와 친구
들은 차라투스트라의 세계로 단숨에 들어가 그 세계가 일구어 놓은 장
엄함에 순식간 휩싸인다. 니체가 내 신체를 이용해 잠시 그 강독실로 들
어온 것 같은 착각마저 드는 것이다. 그 장엄함을 잠깐 맛보기라도 하
면 친구들은 내가 어떻게 하지 않아도 스스로 그 책을 끝까지 읽어 냈

---

1. 2014년에 쓴 『자기배려의 인문학』 서문 제목은 '다시 시작하기 위한 서문'이었다. 이 책을 그 책과 이어 주고, 언제나
　항상 다시 시작할 거라는 다짐에서 이 책의 서문을 '다시 시작하기 위한 서문 II'로 내보낸다.

다. 신기하게도 책이 스스로 책을 읽게 하였다.

한동안 나는 플라톤에서부터 니체, 푸코까지 종목을 가리지 않고, 내가 읽고 좋았던 작품이면 뭐든 친구들과 함께 읽었다. 그때마다 나는 깨달았다. 그렇게 읽고 함께 철학자의 세계로 들어가는 것은 어떤 무엇과도 바꿀 수 없는 쾌락이라는 것을 말이다. 친구들도 오래지 않아 그것을 깨달았다. 다른 사람이 설명해 주는 플라톤, 니체, 푸코가 아니라 자신이 직접 그들의 텍스트를 악착같이 읽어 내고, 그 세계를 향유하는 기쁨은 엄청나다. 그런 순간이 되면, 어디 써먹을지 모르는데, 왜 이 어려운 글을 읽느냐는 볼멘소리가 쏙 들어가고, 오로지 책읽기가 주는 쾌락에 빠져 더 이상 되돌아올 생각을 하지 않는다.

그러나 그 쾌락을 진정으로 깨닫게 되는 사람은 드물다. 다가가려는 철학이 세련되면 세련될수록 그것을 담아내는 철학적 개념도 복잡하고 어렵다. 역사가 진행되면서 철학적 사유는 겹겹이 쌓이고 쌓여, 그것을 담아내는 개념들도 더욱 찬란해졌다. 더군다나 철학자들은 그렇게 쌓인 사유와 개념들을 허물고 다시 뒤섞어 놓기를 반복하곤 한다. 그런 은밀한 놀이 덕분에 이제 고대의 고전도, 현대의 고전도 겹겹이 뒤섞인 사유와 개념들로 분명히 형체를 알기 어려운 것은 매한가지다. 그러니 우리 시대의 무대에 등장하는 철학책들은, 그 책이 어떤 책이든 그것이 철학사에서 유의미한 위치를 점유한다면 쉽게 읽기 어려운 것은 당연하다.

나는 어떤 책이든 모든 책읽기에 대해서 경의를 갖고 있다. 어떤 책이든 읽기 속으로 들어가면 그 책에 걸맞은 세계가 보금자리를 틀고, 누구나 그 보금자리가 주는 재미에 빠져들어 밖으로 나오기가 여간해서 쉽지 않다. 그러나 철학자들이 자신의 사유를 모아 두둑이 만들어 놓은 철학책은 특별한 열의가 필요하다. 더군다나 그런 책들은 처음부터 끝까지 심심한 문장들로 이루어져 있고, 심지어 읽어도 뒤에 남은 문장들이 어름하기만 하여, 다른 장르와는 완전히 다른 집중력을 요구하기도 한다. 그래서인지 책을 많이 읽는 분들도 철학고전에 자신의 시간을 흔쾌히 바치지는 않는 것 같다. 그만큼 내가 느끼는 이 독특한 쾌락을 함께 공유하는 사람은 드물다. 그러나 어느 경계를 넘어가기만 하면 그 어떤 쾌락도 능가하는 마력을 지닌 것이 또한 철학이다. 그러고 보면 대중의 선호에서 멀리 떨어져 있어 인기는 낮고, 그것을 향유하는 쾌락도 험지에 꽁꽁 숨겨져 있으니, 아무래도 철학책 읽기는 소수자의 읽기, 소수자의 쾌락이라 해야 할 것 같다. 나는 이제 이 소수자의 읽기에 대해 이야기해 보려고 한다.

2.

이 책의 제목은 『자기배려의 책읽기』이다. 2016년 1월부터 2017년 11월까지 2년간 북드라망 블로그에 2주에 한 번씩 올렸던 서평 41편을 책으로 묶었다. 나의 전작인 『자기배려의 인문학』에서 나는 책 제목에 '자기배려'라는 용어를 사용했다. 그 후 5년 만에 나는 감히 이 용어를 다시 책 제목으로 내세운다. '자기배려'는 그리스어 ἐπιμέλεια ἑαυτοῦ(epimeleia heautou, 에피멜레이아 헤아우투)의 한글 번역어이다. ἐπιμέλεια(epimeleia, 에피멜레이아)는 축자적으로 해석하면, 무언가에 주의를 기울이거나 전념하는 것, 그래서 그것에 마음을 쓰고 배려한다는 의미를 지닌다. 나아가 그 무언가가 잘못되어 있으면 그것을 바꾸고 치료한다는 의미도 가지고 있다. 그러므로 '자기배려의 책읽기'는 자기 자신에게 전념하며 책을 읽는 것을 의미할 것이다. 그렇다면 이 책을 읽으면 자기배려의 달인이라도 된단 뜻일까.

그러나 이 책에서 나는 내가 읽은 책들로부터 자기배려의 의미를 찾아내어 학술적으로 풀어내지도 않았으며, 자기배려를 목표로 하는 책 읽기 기술을 제시하고 있지도 않다. 심지어 내가 '자기배려'의 의미에 부합하게 내 자신을 배려하고 치료하며 책을 읽었는지도 잘 모르겠다. 혹시 선입견처럼 갖고 있을지 모르는 자기배려의 이데아를 기대하고 이 책을 읽는다면 실망하기 십상일 것이다.

하지만 세상에는 목적론이 다가가지 못하는 사건들이 도처에 존재한다. 걷기 이외에는 아무런 목적도 없이 숲길을 걸을 때, 걸음걸음마다 바스락거리는 걸음소리가 그렇게 아름다울 수가 없다. 이와 동시에 새들이 지저귀는 소리, 바위를 넘나들며 이쪽을 바라보는 다람쥐, 스치듯 지나가는 이름 모를 무덤과 꽃들. 이 순간의 아름다움은 어떤 목적이 있어서 나에게 찾아온 것들이 아니다. 그냥 그 순간의 절묘한 상황이 나와 더불어 아름다워진다. 당연히 나도 바스락거리는 발걸음을 제공하였으니, 숲과 내가, 그러니까 우리가 그 아름다움을 서로에게 선사하고 있는 것이다. 모든 아름다움은 그렇게 서로 선사함으로써 이루어진다.

내게 철학책 읽기는 이와 마찬가지다. 철학책은 너무 어려워서 도무지 한 페이지 넘기기가 힘들지만, 용기 내어 읽기 시작하면, 그 순간 내 정신을 둘러싸고 갖가지 아름다움이 다가온다. 사실 철학책은 철학자들의 정신이 내게로 단숨에 찾아오는 하이퍼스페이스와도 같다. 철학자들은 죽었으되, 사라지지는 않는다. 그들은 철학책의 언어를 타고 끊임없이 우리들과 대화를 하고 있는 것이다. 철학책은 다른 어떤 책보다도 그런 교류가 엄청난 강렬도로 이루어지는 장이다. 이 교류 속에서 나와 철학자들은 서로에게 온갖 아름다움을 선사한다. 나의 열의가 그들에게 성공적으로 도달하면 그들도 내가 선사한 아름다움으로 황홀해하고 있으리라. 내가 그들과 섞이는 쾌락처럼, 모든 것은 생산하면서 향유된다.

이 책에는 41편의 서평 이외에도 후기 형태의 글들이 함께 살고 있다. 서평 대상이 되는 책을 둘러싸고 내 정신에게 벌어진 갖가지 사건들을 나의 언어로 기록해 두고 싶었다. 니체의 개념인 '자기'와 '영원회귀'로 다가가는 내 정신의 현장, 푸코의 책들과 함께 푸코가 탐색한 계보학과 자기배려의 세계에 매혹되어 가는 과정, 벤야민의 책을 통해 침흑의 세계로 첫발을 내딛게 되는 내 일생일대의 현장, 그리스도교에 대한 새로운 시각이 생성되는 놀라운 전회의 시간, 그리스·로마 시대의 자기배려 철학자들에게 하나씩 감동해 가는 나만의 자기배려 사유사(思惟史), 멀리했던 동아시아 고전들을 뜻하지 않게 접하고 새로운 철학적 열정이 샘솟는 장면. 내가 도저히 버릴 수 없는 내 정신의 명장면들이다. 혹시 서평 본문이 어려우면 이 후기들만 모아서 읽어도 좋을 것이다. 나의 책읽기는 이런 현장을 포함하여 읽어야 한다. 이 아름다움이 없다면 서평이 대체 무슨 소용이란 말인가.

그리 보면 '자기배려의 책읽기'는 철학책을 둘러싸고 내게 벌어진 자기배려의 사건들을 펼쳐 보여 준다. 내게 자기배려는 아무런 목적도, 아무런 후회도 없이 매 순간 '자기'가 새롭게 생산되면서 그 순간 단숨에 향유되고 있는 사건들의 집합이다. 이 사건이 벌어지는 현장에서는 언제나 '자기'가 오롯이 샘솟고, 더 이상 다른 어떤 것에도 매달릴 일이 없는 최고의 쾌락이 다가온다. 이 쾌락을 내게 준 철학, 그리고 이 세상에 존재하는 모든 우정에 감사할 따름이다. 이 의미에서 '자기배려의 책읽기'는 바로 이 사건들을 둘러싼 쾌락들이 여기저기 담겨 있는 '기쁨의 책읽기'이다.

모든 글의 첫 독자는 언제나 그 글을 쓴 저자이다. 그러나 책으로 묶이기 전이라면 두번째 독자는 미지수이거나, 불행히도 찾지 못하는 경우도 허다하다. 하지만 내 글의 경우는 두번째 독자가 분명하게 존재했다. 이 책에 실린 서평들은 모두 북드라망 블로그에 '약선생의 도서관'이라는 이름으로 2주에 한 번씩 친구들에게 올린 글들이다. 그러므로 북드라망 블로그를 편집하는 분들은 반드시 내 글의 두번째 독자여야만 했다. 이민정, 신지은, 정승연 세 분을 블로그 편집자로 만난 것은 내게 엄청난 행운이다. 그들은 내 글을 읽고 동감을 표시해 주거나, 때론 토론도 해주었다. 지금 블로그에 들어가 이 코너를 보면, 꽃들이 만발한 산언덕 위에 아무런 목적도 없이 내린 나비들만큼이나 한가롭고 아름답다. 그 아름다움은 모두 그들이 일구어 놓은 것이다. 감히 말하자면 이 세상에서 가장 아름다운 블로그라고 말해 주고 싶다.

언제나 만나 이야기하고 함께 공부하는 친구들이 있다. 최진호와 윤종윤. 그리스·로마 세미나 이래로 그들과 나 사이엔 늘 철학적 우정이 가득했다. 그들과 나는 니체, 푸코, 플라톤, 들뢰즈 등 수많은 철학자들을 함께 읽었다. 그들과 함께하면 어떤 어려운 책도 뚫리고 횡단할 수 있었다. 그들과 나의 공동체는 철학 텍스트를 원료 삼아 닳아 해어지도록 돌리는 발군의 철학-기계였다. 최근 회사일로 바빠지자 그들과 세미나를 할 수 없는 게 너무 괴롭다. 이제 쉬고 있는 이 기계를 다시 돌릴 때가 되었다.

도담 안도균은 내 철학과 삶을 늘 진지하게 들어 주는 동지이다. 그는 항상 보는 눈이 넓고 크다. 함께 앉아 이야기를 하다 보면 어느새 새벽이 되고, 뭐든 의기투합을 하게 된다. 지금 생각해 보니, 그 의기투합의 시간이 '우리들의 책'이었던 것 같다. 그와 함께 밤새도록 이야기하는 시간은 아무것도 원하지 않고, 아무것도 남기지 않는 시간이다. 그야말로 내 모든 것을 완전히 비울 수 있는 시간, 그러나 함께 완전히 충만해지는 책-시간이다. 고맙게도 그는 이 책의 한의학 관련 내용을 살펴봐 주기도 했다. 물론 오류가 있다면 그것은 오로지 내 탓이다.

그리고 김상운, 양창렬, 최원, 김정한. 이 자리에서 그들에게 특별한 호의를 보낸다. 내가 그들을 만나 배운 지 벌써 몇 해가 되어 간다. 오래전에 라캉과 알튀세르에 대한 호기심으로 최원 선생의 강의를 들은 적이 있다. 그 후 최원 선생의 소개로 내가 김상운, 양창렬, 김정한이 있는 '현대정치철학연구회'에 처음 찾아갔을 때, 연구회는 홍철기의 『정치적인 것의 개념』 번역본(이 번역본은 아쉽게도 출간되지 못했다)을 가지고 세미나 중이었다. 그 뒤로는 카를 슈미트의 정치학 책들, 푸코와 알튀세르의 강의록들 그리고 다양한 주변 자료들을 함께 읽었다. 세미나에 못 간 지 오래되어 이제는 자주 만나지 못하지만, 그들은 내게 빼놓을 수 없는 스승들이다.

은행의 자본시장부 팀장, 팀원들 그리고 하정 전무님과 자본시장본부 부장님들. 내가 항상 기대고 사는 가장 가까운 사람들이다. 그들과 함께라면 한없이 커져서 한 세계를 덮고도 남을 자신이 있다. 하정 전무님은 오랫동안 형 같은 상사였다. 젊은 시절부터 전무님과 함께 뭐든 돌파해 왔다. 지금처럼 계속 젊은 정신으로 전진하시기를 마음 깊이 기원한다. 이택성 팀장은 첫 책이 나온 이래 나의 충실한 독자였다. 온통 업무뿐인 일상이지만, 이 팀장과 이야기하는 그 짧은 순간만큼은 내게 조그만 해방감이 찾아온다. 언젠가 그의 미래에도 철학의 서광이 비추리라 믿는다. 런던에서 고군분투하는 이성한 팀장은 비트겐슈타인 글에 등장하여 나를 젊은 날로 돌아가게 했다. 그는 언제나 일 속에서 나와 함께 뒹굴고, 때론 서로 격려하며 동행했던 삶의 동지다. 나처럼 그에게도 그의 이성한이 있기를 기원하고 또 기원해 본다. 표현찬 박사는 나와 함께 일하는 퀀트(Quant)다. 그는 입사하자마자 내 책의 독자가 되었다. 언젠가 그는 내가 무심결에 권했던 가라타니 고진의 책을 홀로 완독하여 나를 놀라게 했다. 이번엔 미적분과 관련한 내 글을 읽고 귀한 조언도 해주었다. 물론 언제나 그렇듯이 모든 오류는 나의 몫이다.

그리고 마지막으로 고미숙 선생님과 남산 친구들에게 헤아릴 수 없는 고마움을 전한다. 선생님은 나를 공부하게 하고, 글을 쓰게 했다. 그런 새 삶이 있고서야 내 안의 교만과 자만, 교활함과 성급함이 다스려졌다. 아마 그 시절이 없었다면 내 삶은 접질린 채 휘청거렸을 것이다. 혹시 여기 글 중 한 걸음이라도 전진한 글이 있다면 모두 그 다스림으로 나왔으리라. 그 다스림이 내 마음에 자유의 깃발로 남아 늘 펄럭이기를 기원하고, 또 기원한다.

4.

첫 책을 낸 지 4년여가 지났지만, 나는 여전히 평범한 은행원이다. 그러나 지금도 철학이 내 삶을 바꾼다고 말할 수 있어 다행이다. 당연히 나는 이 믿음을 확장하여 끊임없이 지성의 영토로 나아가겠다고, 나를 쓰다듬으며 내게 다시 말해 주겠다.

내가 은행에 들어와 일한 지 벌써 26년이 넘었다. 또 고개 들어 보니 철학이란 것을 공부한 지도 10년이 되어 버렸다. 그게 철학인지, 아닌지도 헷갈린다. 나는 최선을 다했다고 하지만, 지금 내보인 이 결과물이 최선인지는 알 길이 없다. 첫 책을 낼 때와 마찬가지로 이 책 도처에 흩뿌려진 오독과 오판, 허영과 만용 그리고 이밖에 알아내지 못한 모든 잘못들이 부끄럽고 두렵다. 어쩌면 전문가들이 내가 쓴 글들을 보고, "그것은 철학이 아니야"라고 말할지도 모른다. 그러나 할 수 없다. 이미 내처 간 길이라 이제 되돌아갈 수도 없다. 모든 잘못을 꼭꼭 씹으면서 가던 길을 갈 수밖에 없다.

더군다나 언젠가부터 미처 손쓸 틈도 없이 철학들이 내 현장(現場)으로 침입하고 말았다. 내가 하는 모든 일이 철학적 대상으로 바뀌어 버린 것이다. 어쩌면 당연한 것이기도 하다. 철학은, 그것이 어떤 형태로 존재하든, 현장의 질문에 답하려고 토해 내는 가쁜 숨소리일 테니까. 질문이 없으면 답이 없으니, 현장이 없으면 철학도 없다.

최근에 나는 정치경제학에 대해 관심이 커졌다. 그리고 내가 몸담고 있는 금융을 중심으로 그것에 대해 사유하는 데 흥미를 느끼기 시작했다. 예컨대, 금융이 지배적인 것이 되면 될수록 '자기계발'의 욕망은 점점 더 커진다. 광범위해진 신용체제에 의해 개별자들이 자기를 계발하여 미래를 바꾸는 욕망이 점점 실현 가능해지기 때문이다. 그런데 그렇게 되면 될수록 자기계발의 욕망이 자기배려를 전도(顚倒)하는 길로 점점 더 미끄러져 간다. 이 의미에서 자기계발 안에 포섭된 주체변형의 욕망(영성, spirituality)이 가장 열광적으로 운동하는 시기도 또한 바로 이때일 것이다. 그것들은 같은 뿌리에서 난 다른 가지일 테니, 이 추론이 얼토당토않은 소리는 아니다. 이런 것들을 어떻게 사유할 수 있을까. 혹시 다른 길들이 있을까. 이 역설이 '자기배려의 정치경제학'에 들어가는 입구이다. 이 입구는 온갖 수풀로 감싸여 입구인지 모르게 은폐되어 있다.

그러나 원래 '현장'이란 그런 것이다. 온갖 선의와 악의가 뒤섞여 은폐되어 있는 곳. 나는 철학을 돌고 돌아 내가 있는 그 현장으로 다시 돌아왔다. 그래서 다시 말하고 싶다. 대중이 자신을 바꾸는 여정, 그것이 바로 철학이다. 나는 이 길의 끝까지 가서 철학이 이 임무를 다하고 있는지 꼭 확인하고야 말 것이다. 물론 그때까지는 기침을 해대며 가느다랗고 가쁜 숨을 내쉬어야 할 터이다. 그러나 그게 확인되는 날이면 내 철학의 폐활량은 굉장해져 있지 않을까.

5.

군대에 있는 큰 아이에게 면회 갈 때면, 차 안은 작은 아이의 랩 무대가 된다. 식케이, 박재범, 스윙스, 나플라, 슈퍼비, 우디고 차일드, 키드밀리, 제키와이, 기리보이, 로꼬, 비와이, 노엘, 한요한, 딘, 루피, PH-1……. 휘황찬란한 래퍼들의 끝없는 노래가 아내와 내 귀를 온통 뒤덮는다. 아이가 뒹굴고 있는 세상은 참 요란하기도 하지.

한두 시간 듣다듣다 더 이상 듣다 못한 내가 그 랩들 중에 내 나름대로 적과 동지를 나눠 본다. 내가 알아먹을 만하면 그 노래는 동지의 노래, 영 마뜩지 않으면 적의 노래. 아이는 내가 반응한 게 신기한지, 좋아라, 하고 아빠의 동지들을 틀어 주는 선심을 베푼다. 그러다가도 그 선심은 금세 잊고, 또 다른 래퍼들이 그 선심을 타고 물밀듯 넘어온다. 어느 순간 나의 적과 동지에 대한 견해는 흔적도 없이 사라진다. 그래도 그 순간만큼은 내가 그 요란한 세상에 닻을 내린 기분이다. 그것은 마치 내가 휘황찬란한 개념들로 요동치는 철학의 바다에 닻을 내리는 것과도 같다.

첫 책에서는 고등학생이던 큰 아이가 대학에 들어갔고, 어느덧 군대에서도 제대했다. 그사이에 입학식은 입대식으로 바뀌었고, 온 가족이 위병소 옆 조그만 공간으로 면회도 갔다. 휴가 나온 아이를 볼 때마다 아이의 눈빛도 몸짓도 변해 가는 것 같았다. 아마 이 친구도 이제 다른 존재가 되어 갈 것이다. 이 친구가 달라지는 만큼 우리 가족도 그 아이를 둘러싸고 다르게 변해 가겠지 싶다.

그러고 보면 아이들은 아내와 나의 특별한 시계이다. 우리는 이 시계를 통해서 언제든 청춘으로 돌아간다. 오로지 그들과 함께한 시간이 충만하길 기원할 뿐이다. 아내와 상헌, 상진 형제에게 다시 책을 선사하게 되어 기쁘다. 또 다시 시작하자. 다시 말해 두지만, 가족은 시작이다. 언제나 그들은 시작을 알리는 괘종시계의 종소리였다. 그들은 어떤 패배나 파국이 와도 다시 시작할 수 있는 힘이다. 언제든 시작만 하면 뭐든 다시 새로워질 것임을 믿는다. 시작을 시작하자. 시작의 시작을 시작하자. 그것 말고 달리 할 일이 뭐가 있겠나.

2019년 1월
섬마을 고철방에서
강민혁

차례

머리말 5

프롤로그
정확한 정신, 정확한 쾌락 — 읽기란 무엇인가 25

아 이 러 니 : 지 루 함 과 장 엄 함

한때 달리기에 몰입했습니다. 제 옆자리에 등산과 운동을 좋아하는 동료가 있었는데, 그가 말하길 마라톤 대회에 나가면 운동복을 준다더군요. 대회 나갈 때마다 그 운동복들을 모으는 재미가 쏠쏠하다고 너스레를 늘어놓았습니다. 게다가 마라톤이 끝나고 사 먹는 점심은 세상 어느 식사보다 맛난다고도 덧붙였지요. 저같이 귀가 얇은 사람은 그런 말에 늘 넘어가기 마련입니다. 뭐, 꼭 그 이유가 아니어도 달리기가 시간과 열의만 있으면 특별한 도구 없이도 할 수 있는 운동이라 저에게 딱 적당하다고 여겨지긴 했습니다.

집 앞에 조성된 산책로를 이용해 곧바로 뛰기 시작했습니다. 그리고 뛰기 시작한 지 얼마 안 있어 곧 달리기를 권했던 그 친구와 마라톤 대회도 나가게 됩니다. 첫 대회는 하프 대회였고, 점점 수위를 높여 마침내 풀코스를 완주하기까지 했습니다. 지금 생각해 봐도 그것은 굉장했습니다. '빵' 하고 출발신호가 울리면 함성과 함께 달려 나가는 수천 명의 발걸음 소리가 심장을 쿵쾅쿵쾅 때렸습니다. 게다가 우리가 달리는 길이 평소 자동차가 몰려다니는 길이란 사실을 떠올리며, 일상의 길을 벗어나 함께 새로운 길로 진군하는 감각도 솟아나더군요. 그때 저는 이 순간을 경험해 보지 못하고 죽을 뻔했다는 생각에 안도감마저 느꼈습니다.

그러나 흥분은 곧 사라지고 맙니다. 한 시간, 두 시간 달리다 보면, 계속 똑같은 길이 이어지고, 숨도 턱턱 막혀 오고, 정신은 몽롱해져서 내가 왜 이 짓을 하는가, 라는 어이없는 회의가 솟아나게 됩니다. 참 어처구니없게 느껴졌습니다. 내가 왜 이 짓을 하는가, 이런 질문이 마라톤 한복판이라 할 10~20킬로미터 지점에 솟아오르다니, 참 한심한 노릇이 아닐 수 없습니다. 내가 왜 이렇게 하는가, 내가 왜 이 길을 아무 이유도 없이 뛰는가. 그러나 아무런 대답도 할 수 없습니다. 그럴 즈음 이미 지루함이 마라톤 한가운데를 점령해 버립니다. 지루하고 또 지루해집니다. 지루함이 점점 심해져 이 무의미가 두렵기까지 합니다. 두 다리를 앞뒤로 움직이는 것만 남아서 마치 기계가 된 것 같은 이 공포감. 더 이상 달리는 것이 무슨 의미가 있을까 의문마저 들기 시작합니다.

그런데 묘합니다. 그러다가도 알 수 없는 감동이 뒤따라 밀려오기도 하거든요. 30킬로미터에 다다를 즈음에는 지금까지 달려 보지 못한 시간과 주행거리에 도달했기 때문인지 완전히 새로운 세계에 찾아온 기분이 듭니다. 옆으로 지나가는 풍경들, 앞에서 내게로 다가오는 길들, 그리고 내 주위를 감싸고 있는 청명한 하늘과 구름들이 새로운 세계인 듯 강렬해집니다. 그리고 그것들이 내 안으로 들어오고 나가는 느낌조차 들지요. 그것은 공상과학소설처럼 새로운 세계 속으로 젖어드는 기분이라고 말해 주고 싶습니다. 어쩌면 그 순간에는 '이 풍경', '이 길', '이 하늘과 구름'이 함께 뛰고 있는지도 모르겠습니다. 그것들은 어제의 풍경, 어제의 길, 어제의 하늘, 구름과는 전혀 다른 것들입니다. 그 젖어드는 순간이 너무 감동스러워서 엉엉 울음이 나올 지경이지요. 어떤 욕망도 무의미해지고, 오직 '이 풍경', 지금-여기 이 속에 살고 싶다는 유일한 욕망만 남아 내 주변과 함께 장엄함을 향유하는 시간입니다. 지루함과 장엄함이 한꺼번에 몰려오는 아이러니라니, 마라톤은 그야말로 기묘했습니다.

단 번 에   원 전 을   읽 다

제게 '책읽기'는 이 달리기와 꼭 닮았습니다. 아무런 준비를 하시 않이도 '읽기'는 책만 있으면 바로 시작할 수 있는 행위이지요. 물론 간단한 메모를 위해 볼펜이나 메모지가 필요할 테지만, 그것은 달리기 위해서 간단한 운동복으로 갈아입는 것과 다르지 않습니다. 어쩌면 읽기는 달리기보다 더 쉬운 변환행위 중 하나일 것입니다. 걸어가다가도 벤치에 앉아 바로 책을 펴 들고 읽을 수 있습니다. 벤치 같은 것이 없어도 서서 원하는 페이지만큼 읽을 수도 있습니다. 지하철에 서서 신문이든 책이든 붙잡고 읽으며 한 시간 이상 이동해 본 경험은 여러분에게도 흔할 테지요. 그러니까 직전에 무얼 했든, 읽기는 마음먹고 바로 몰입할 수 있는 행동이라고 할 수 있습니다.

　그러나 이렇게 행동의 관점에서 보면 쉽게 수긍하던 분들도 어려운 철학책에 오면 그럴 수는 없지 않느냐고 반문하는 분들이 있습니다. 특히 철학 원전(原典)[1]을 읽자고 하면 더더욱 그런 분들이 많아집니다. 그

---

1. 이 책에서는 원전(原典)과 원서(原書)를 구분하여 사용하겠습니다. 둘 다 '오리지널 텍스트'(original text)라는 의미입니다. 그러나 이 책에서 '원서'는 번역하기 전 원래 작가가 쓴 언어로 된 책, 즉 '번역한 책에 대하여 그 본디의 책'(original language edition)이란 의미에 방점을 두겠습니다. 그러나 '원전'은 '기준이 되는 본디의 고전'을 의미하는 것으로 포괄적으로 해석하겠습니다. 그렇게 되면 원서는 번역하기 전 언어로 출판된 원전이 될 테지요. 원전은 번역된 것을 포함하게 되므로 다양한 언어로 바뀐 고전들을 모두 지칭할 수 있게 됩니다. 예컨대 한글로 번역되어 있는 니체의 저작은 원전입니다. 그러나 독일어로 된 니체의 원 저작은 원서입니다.

러니까, 니체가 쓴 철학 원전을 읽으려면 예비적으로 공부해야 할 것들이 있지 않느냐는 것이죠. 예컨대 니체 철학을 간략하게 설명해 주는 개론서들을 먼저 읽거나, 독일 철학의 기본 지식이 정리된 설명서쯤은 함께 읽고 나서야 그 책을 시작할 수 있지 않느냐는 것입니다.

아주 틀린 말은 아닙니다. 그러나 저는 용감무식하게도 아무런 예비적 준비도 없이 단번에 니체 원전으로 들어가 읽기 시작했습니다. 마치 마라톤에 입문하기 위해서 집 앞 산책길을 바로 달리기 시작하고, 그로부터 머지않아 마라톤 대회에 나간 것처럼 말입니다. 저의 책읽기는 달리기와 정말 닮았습니다. 그래서 저는 저의 책읽기를 두고 '입문(入門)이 존재하지 않는 입문(入文)'이라고 수다를 떨곤 합니다. 저는 진정 입문을 통과하지 않아 미숙하기 짝이 없는, 그러나 대담무쌍하기 이를 데 없는 철학자입니다.

언제나 우리는 단계론적인 사고로 목표에 도달하는 방식에 익숙해져 있습니다. 철학 개론서를 우선 읽고, 다시 독일 철학사를 간단하게나마 훑어야만 니체 원전을 시작할 수 있을 것만 같습니다. 그러나 제가 간 길은 그러하지 않았습니다. 어느 세미나에 들어가서 진행 중인 원전을 곧바로 읽어 나갔습니다. 물론 전혀 이해가 되지 않았겠지요. 그래도 조금씩 읽는 페이지를 늘려 나갔습니다. 오늘은 한 페이지, 내일은 두 페이지, 모레는 세 페이지. 이런 식이었던 것 같습니다. 이렇게 단번에 니체 속으로 들어갔습니다. 어떤 단계도 거치지 않고 바로 들어갔습니다. 마치 웜홀을 통해 반대편 공간으로 바로 들어가는 영화장면 같기도 합니다. 현실에서는 웜홀이 영화에나 가능한 장면이지만, 단번에 니체 속으로 들어가는 책읽기의 웜홀은 너무나 간단하게 나타났습니다. 그것은 그냥 '이 책'을 펴 들고 바로 읽는 것입니다. 그러니까, 책을 펴 들고 읽으면 바로 그 현장이 웜홀이었지요.

그러나 당연히 이해가 되지 않습니다. 첫 페이지부터 막막하고 답답한 문구들이 이어집니다. 아마 이게 무슨 외계어냐고 투덜대기도 했겠지요. 제게는 도무지 필요 없는 말들이 괴이하게 연결되어 제 앞에 떡하니 버티고 서 있습니다. 미치 괴물과도 같아 보입니다. 아니, 괴물이라면 그나마 움직이는 모습이라도 볼 수 있겠건만, 이놈은 북한산에 치솟아 있는 거대한 암석처럼 도무지 알 길 없이 버티고 서 있습니다. 이해할 수 없는 문장들이 의미 없이 계속 나오니 이제 지루하다 못해 두렵기까지 해지더군요.

돌이켜 보면 이 순간이야말로 매우 중대한 순간이었습니다. 대체 이걸 읽어야 하느냐, 그만두고 내게 유용한 글이나 찾아야 하지 않나, 하는 그런 순간입니다. 자, 이 두렵기 짝이 없는 순간을 어떻게 넘어가야 하나요. 이렇게 고쳐 생각해 보기로 했습니다. 읽을 수 있는 것을 읽을 때보다 읽을 수 없던 것을 읽게 되었을 때 우리는 진정으로 읽고 있는 것이다, 이렇게요. 저는 이런 생각이 들었습니다. 편하게 읽히는 책이라면 이미 읽은 글이거나, 이미 알고 있는 생각이어서 제게 새로움을 안겨 주지 않는 글, 전혀 생각할 필요가 없는 글일 가능성이 클 거라고요. 생각할 필요가 없는 글이라면 지금 이렇게 나의 시간과 존재를 걸고 읽어야 할 필요가 없지 않을까.

도무지 읽을 수 없는 책을 집어 들고 그 문장들을 독파해 가는 것, 그제야 읽기는 새로워지고, 기쁨도 배가 될 것입니다. 그러나 읽을 수 있는 것을 읽는 것은, 물론 그게 읽기가 아니라는 것은 아니나, 어떤 정보들이 수동적으로 이동하고 있을 뿐인 읽기이고 새로운 기쁨을 주지 못하는 읽기일 것 같습니다. 그런 경우라면 꼭 '읽기'라는 것을 해야 하는

지도 의문이 듭니다. 그냥 유튜브를 틀고 관련 자료를 잘 요약한 영상을 찾아 보면 되지 않을까요. 우리 시대는 이미 니체를 직접 읽지 않고도 몇몇 강의 동영상을 보면 니체를 읽은 것처럼 포장할 수 있는 시대가 아닌가 말입니다. 아마 정보를 습득하는 읽기는 읽기의 영토에서 이미 사라져 버린 것이 아닌가라는 생각마저 하게 됩니다. 동영상을 보고 들으면 될 테니 말이죠.

자, 다시 철학책을 펼쳐 보겠습니다. 이 순간은 제가 읽고 있는 부분에 대해 전혀 정보가 없는 순간, 오로지 저자의 문장만 암석처럼 말없이 다가오는 순간입니다. 참 이상합니다. 문장이란 말을 하기 위해 쓰여 있는 것인데, 그 문장을 구성하는 문자들이 도무지 제게 말을 걸어오지 않고 있습니다. '말 없는 문장'이란 문구처럼 형용모순인 경우도 없습니다. 분명히 말을 하는 것일 텐데, 제게 그 말이 들리지 않습니다. 문장이 그저 물질 그 자체로만 존재하는 순간이지요. 제가 중요하다고 깨달았던 것은 바로 이 감각입니다. 말들은 의미 이전에 그저 형태를 가지고 제 앞에 버티고 선 물질이었습니다. 원래 물질일 뿐인 것이죠. 하얀 종이에 찍혀 있는 잉크 자국. 이 사실을 비로소 깨닫습니다.

다시 달리기가 떠오릅니다. 내가 왜 이 짓을 하고 있나. 내가 왜 이런 의미 없는 글들을 읽고 있는가. 말들의 원래 모습 앞에 서자, 이 물음이 자연스럽게 솟아납니다. 너무나 지루해서 더럽기 짝이 없는 이 기분에 들어서야 저는 질문을 하게 됩니다. 나는 왜 이 책을 읽고 있는가.

그 순간이야말로 책과 접속하려고 안간힘을 쓰는 진정 '나의 순간'입니다. 도무지 의미를 알 수 없는 암석을 앞에 두고 이놈의 의미를 찾아내려고 애를 쓰는 것, '말 없는 문장'의 입을 열게 하여 내 스스로 나에게 그 말의 뜻을 전달해 주려고 노력하는 것, 저는 그것이 읽기의 기쁨으로 들어가는 첫 관문이라고 생각합니다. 그러니까, 읽을 수 없는 글 앞에 서는 것, 더 이상 의미가 아니라 그저 하나의 물질로 다가오는 글 앞에 서는 것, 이제 어찌할 도리 없는 이 물질들을 이끌고 그 누구도 아닌 내가 나의 의미를 만들어 내야 하는 것, 이것이 저에겐 읽기의 기쁨이 시작되는 입구인 셈입니다. 감히 말하고 싶습니다. 니체의 암석, 마르크스의 암석, 푸코의 암석 앞에 서 보지 못하면 도무지 이 읽기의 기쁨을 얻지 못하리라고요.

읽 기 는   정 신 의   관 절 이 다

마라톤을 완주하고 난 뒤로도 오랫동안 계속 하프 대회도 나가고, 일주일에 3~4회 달리기도 하였습니다. 그러나 몇 년 전에 갑작스럽게 무릎이 아프기 시작하더니, 달릴 때 서걱서걱거리면서 마침내 달리지 못할 지경이 되었습니다. 안 그래도 제가 마라톤 풀코스를 완주했다고 하니, 주변에서는 나이 들어 달리기는 무릎에 안 좋다고 계속 말려 왔습니다. 이제 올 것이 왔구나 싶었죠. 가까운 병원을 찾아갔습니다.

의사 선생님이 엑스레이를 찍어 보여 줍니다. 선생님 말씀이 관절[2]이 아주 살짝 비뚤어져 있다는 것입니다. 마라톤 풀코스를 완주했다고 말하자, 그러면 더 힘들었을 거라고 걱정을 해주더군요. 달리기가 큰 문제가 되지는 않지만, 좀 쉬었다가 뛰라고 하시면서 당분간 무릎에 부담이 안 가는 수영이나 걷기를 권합니다. 그런데 제 귀에는 선생님의 말씀이

---

2. 관절(關節, joint)이란 2개 이상의 뼈가 서로 맞닿아 연결되어 있는 접합점인 뼈마디를 말하거나, 그렇게 서로 연결시켜 주는 것 자체를 말하기도 하지요. 예컨대 부동관절은 움직임이 없거나 아주 작은 움직임만 허용하는 연결을 말하고, 가동관절은 중간 정도에서 광범위한 움직임까지를 허용하는 연결을 말합니다. 허벅지뼈와 정강이뼈가 연결된 상태를 좀더 정확하게 표현하면 "허벅지뼈와 정강이뼈가 관절을 이루어 무릎을 형성한다"라고 해야 할 것입니다.

들리지 않았습니다. 그때 제 눈에 들어오는 것이 있었지요. 그것은 방금 촬영한 X-레이 사진이었습니다. 한가운데에 석회석처럼 쓸쓸하게 드러난 무릎뼈가 보였습니다. 사진에는 검은 바탕에 하얀 뼈가 선명히 드러나 있고, 가운데 하얀 무릎뼈(슬개골)가 허벅지와 정강이를 이어 주고 있었습니다. 저는 생전 처음 제 다리뼈를, 특히 관절을 뚫어져라 바라보았습니다.

저게 내 다리라고 생각하니 엄청나게 신기했습니다. 특히 관절이라는 놈은 내가 신경 쓰지 않아도 저기 저렇게 붙어서 허벅지와 정강이의 장골들을 이어 주며 걷게도 해주고, 뛰게도 해주었구나, 그러다 저렇게 비뚤어졌구나, 이렇게 아프구나, 그래서 저놈이 내게 저토록 눈부신 하얀 나신을 보여 주며 우는구나. 조금 슬퍼졌습니다. 핸드폰으로 그놈의 사진을 찍어 와서 그날 온종일 거듭 거듭 생각하였습니다. 사진 하나 가지고 그렇게 깊이 생각한 것은 난생 처음인 듯합니다. 이 세상의 모든 관절을 존경하고 명상하는 시간이었다고 부르고 싶습니다. 어쩐지 관절이 저를 불러 세워 삶을 반성하게 만드는 것도 같았습니다.

명상과 반성은 늘 다른 생각을 불러오고, 엉클어진 삶을 정리해 주지요. 거듭 거듭 관절을 보다가, 불현듯 몽매(蒙昧)를 쓸어 내는 빗자루처럼 짧은 생각들이 저를 쓸고 내려갔습니다. 혹시 내 다리에서만이 아니라, 다리 밖 세상도 원래 저런 관절들 덕분에 이루어지고 있는 것이 아닐까. 내 다리뿐 아니라, 다리 밖 세상에서도 도처에 숨은 관절들이 이 세상 사물들을 연결시켜 주고 있었던 것은 아닐까. 살아 내기 바빠서 지금까지 우리는 우리를 살게 했던 저 관절을 제대로 보지 못하고, 챙겨 주지 못했던 것이 아닐까. 결정적으로 우리는 저 슬픈 관절들에게 마음 깊이 경의를 표해야 하지 않을까.

여기에서 더 나아가, 읽기라는 것도 저 관절과 같지 않은가, 하는 엉뚱한 생각이 저에게 연이어 찾아왔습니다. 어떤 탁월한 정신이 있다고 합시다. 그 탁월한 정신은 저의 정신과 떨어져 독립해 있을 테지요. 니체의 정신, 칸트의 정신, 마르크스의 정신, 플라톤의 정신. 그러면 우리는 저 탁월한 정신들을 우리의 정신과 어떻게 연결시킬 수 있을까요? 그것을 할 수 있도록 하는 것이 바로 읽기가 아닐까. 읽기란 저의 정신과 저 탁월한 정신을 연결시켜 주는 관절과도 같은 역할을 하는 것이 아닐까. 그러니까, 읽기로 이루어진 관절(joint)이 세계의 정신들을 연결시켜 주고 있습니다. 읽기야말로 정신의 관절인 것입니다. 그렇게 생각하고 나니, 읽기가 마치 무릎뼈처럼 하얗게 보입니다(아, 읽기가 하얗다니!). 정신의 하얀 관절들이 접혔다 펼쳐졌다 합니다. 신기한 일입니다. 탁월한 정신들이 그것을 움직이는지, 내 정신이 그것을 움직이는지 모를 일입니다.

내 스스로 관절을 만들다

니체의 책과 제가 갖고 있던 정신을 대퇴골(허벅지뼈)과 경골(정강이뼈)이라고 해봅시다. 대퇴골과 경골은 그냥 결합되지 않습니다. 무릎뼈가 관절을 이루어야만 그 두 개가 이어질 수 있습니다. 그런데 관절은 묘한 경로를 통해서 만들어집니다. 신생아가 태어날 당시에는 무릎뼈가 없다고 합니다. 두 살에서 여섯 살까지 체중이 무거워지면서 계속 걷고, 뛰기 때문에 그 체중과 움직임에 반응해 무릎 부위에 조그맣던 종자골이 크게 자라게 된다는군요. 그렇게 크게 자란 것이 바로 무릎뼈입니다.

생각해 보면 기묘합니다. 대퇴부와 경골은 서로 다른 뼈입니다. 그러나 그들과 아주 가느다랗게 연결된 조그만 종자골이 그 사이 어딘가에 있습니다. 그러던 것이 아이가 커 가며 체중부하(body weight)가 생기면서 그 부하에 반응하여 점점 커져 결국 두 개를 이어 주는 관절이 되어 가지요. 서로 독립하여 존재하던 뼈들이 점점 커진 관절을 통해 이어집니다. 아마 그런 부하가 없다면 그 종자골은 있으나마나한 것이 되고 말 것입니다.

저는 니체의 책과 나의 정신 사이에 숨은 종자골을 찾아서 관절로 만들어야 한다고 말하고 싶습니다. 그러나 그것은 그냥 있는 것을 찾아 내기만 하면 되는 일이 아닙니다. 체중부하와 같은 행위가 필요합니다. 계속 걷고 뛰며 종자골이 무릎으로 커지도록 해야 합니다. 그것도 누가 대신 해주는 것이 아닙니다. 내가 스스로 일어서고, 뛰고, 뒹굴어야 합니다. 갓난아이들이 처음으로 일어설 때, 끊임없이 뒹굴며 자신을 일으켜 세우는 것과 똑같습니다.

물론 니체의 암석 같은 문장들이 너무 답답합니다. 그러나 뭔가 내 정신과 공명하는 부분이 꼭 한두 부분은 있습니다. 전혀 이해가 되지 않더라도 그런 공명이 있을 것만 같은 단락들이 있습니다. 그것이 나와 니체 사이의 종자골입니다. 그런 부분을 공책에다가 모조리 베껴 보기도 합니다. 그러고 나서 빨간 펜으로 줄을 긋고 여백에다 메모를 해 가며 다시 읽어 봅니다. 공책을 통째로 쓰니까, 손이 아파서 더는 못 쓰게 될지도 모릅니다. 그러면 책을 보면서 컴퓨터로 똑같이 타이핑을 해 봅니다. 그것을 인쇄해서 거기다가 다시 빨간 펜으로 줄을 긋고 메모를 해봅니다. 그리고 베끼거나 타이핑한 문장 밑에 그 문장들의 어구나 단어를 바꾸어 내 식으로 문장을 만들어 보기까지 해봅니다. 그것은 체중부하가 종자골에 가하는 역할과도 같아 보입니다. 그런데 이게 의외로 재미납니다. 이게 너무 재미나서 어느 일요일 동네 도서관에서 아이 같은 이 짓을 하루 종일 했던 기억이 납니다. 40대 중년 남성이 휴일 어느 도서관 구석에서 온종일 이 짓을 하고 있었던 것입니다.

저는 지금 책읽기의 방법을 말하는 것이 아닙니다. 그런 것은 없는 것 같습니다. 저는 니체와 마르크스와 푸코의 암석 앞에서 온갖 짓을 하며 뒹굴었다고 말하고 있을 뿐입니다. 제가 말할 수 있는 것은 이것뿐이지 않나 하는 생각을 하면서요. '암석의 정신'이 있으려니 하며, 북한산 어느 구석에서 암석을 쓰다듬고 껴안으면서, 때론 다른 돌로 깨부숴 보면서, 그것을 느껴 보려는 허무맹랑한 짓을 하는, 마치 정신 나간 사람으로 보입니다. 사실이 그랬습니다. 저는 니체와 마르크스와 푸코의 암석 앞에서 정신이 나가 버렸습니다. 어쩌면 철학책을 읽는다는 것은 다소는 정신 나간 짓을 하는 일일지 모릅니다.[3]

그러나 이것만은 확실합니다. 이렇게 뒹굴다 보면 니체의 언어가 하나의 장난감처럼 보이기 시작한다는 것입니다. 갓난아이가 놀이처럼 뒹굴고 뒹굴다 벌떡 일어서는 것처럼, 니체의 암석에서 나온 부스러기로 장난을 쳐볼 수 있게 됩니다. 아무 뜻도 모르던 개념들을 가지고 내 식인지 누구 식인지 모르는 용법으로 '사용'하게 됩니다. '의미'는 전혀 모르면서 먼저 '사용'부터 하게 됩니다. '의미'에 앞서 '사용'이 먼저 내게 다가옵니다. 니체의 정신과 나의 정신 사이에 아주 조그만 관절이 돋아나기 시작한 꼴이죠.

내 정신에 돋아난 관절 덕분에 니체를 어느 누구와도 다르게 사용하게 됩니다. 친구들에게도 니체의 언어를 내 뜻대로 마구 사용합니다. 그 체중부하로 정신의 관절은 더욱 강해지고, 사용은 천변만화합니다. 이제 사용이 문제를 일으키기도 하지요. 제멋대로 사용하다가 친구들에게 칼날 같은 지적을 받기도 하고, 정확하게 버리고 사용하여 세상과

---

3. 이 책 157~164쪽(질 들뢰즈의 『차이와 반복』 후기)에 이 모습을 엿볼 수 있는 몇 가지 장면을 서술하였습니다.

나를 칼날같이 인식할 수 있게 되기도 합니다. 이곳저곳에서 저는 니체의 개념들을 사용합니다. 마치 갓난아이가 무릎이 튼튼해지면서, 이곳저곳을 못 말릴 정도로 돌아다니는 것과 똑같지요. 이제 '사용'이 '의미'를 낳습니다. 사용이 빈번해지자 점점 새로운 의미가 되어 갑니다. 저는 이 순간이야말로 종자골이 무릎뼈가 되는 과정이라고 생각하고 있습니다.

여기까지 말하고 나니 잠시 허무한 느낌이 들기도 하네요. 아니, 다른 분들은 어떻게 읽는지를 전혀 모르기 때문에 좀 많이 부끄럽기도 합니다. 읽기 앞에서 제가 한 게 아무것도 없다는 자괴감마저 드는군요. 사실이 그렇습니다. 저는 읽을 수 없는 글 앞에서 카프카의 원숭이 페터처럼 될 수 있으면 그것으로 만족이다, 이렇게 생각했으니까요. 살아 내기 위해 온갖 짓을 하며 발버둥치는 페터의 모습이야말로 지적(知的) 암석들 앞에서 나, 대중이 취할 수 있는 유일한 모습일 테니까요.[4]

'억지로' 읽어 내다

이제 또 숨막히는 마라톤을 다시 달려 봅니다. 지루함과 장엄함이 번갈아 다가오다 어느 결정적인 순간, 갑자기 다리가 심하게 조여 오면서 존재 자체가 뒤틀리는 열패감이 찾아왔습니다. 화살이라도 맞은 듯 통증이 느닷없이 아랫다리를 강타합니다. 아마 30~35킬로미터 지점에 이르러서일 것입니다. 다리가 너무 아파 더 이상 뛸 수 없을 것 같지요. 다

---

4. 강민혁, 『자기배려의 인문학』, 북드라망, 2014, 298~299쪽 ; 프란츠 카프카, 『변신/시골의사』, 전영애 옮김, 민음사, 1998, 114~115쪽.

프롤로그
정확한 정신, 정확한 쾌락 — 읽기란 무엇인가

리 힘도 쭉 빠져 있는 상태이고, 한쪽은 쥐가 나기 시작해서 더 달리다 간 하반신이 모조리 길에 녹아 버릴 것도 같습니다.

열패감. 그것은 완전한 열패감입니다. 내 신체가 비굴하기 짝이 없어 보입니다. 거의 기다시피 달려갔습니다. 아니, 달려간다고 할 수도 없는 그런 지경으로 나아갑니다. 올라오는 열패감을 참아 내며 가고 또 가는 거죠. 비굴이 비굴을 삼키며 앞으로 나아갑니다. 이제는 허벅지에 감각조차 없는 상태가 되고, 정신에는 아무런 의문도, 아무런 의지도 남아 있지 않은 그런 상태로 앞만 보고 파이널라인을 찾아가게 됩니다. 남아 있는 10킬로미터는 지옥과도 같은 상태였던 것 같습니다. 지루함도, 장엄함도 없는, 오로지 맹목적인 '달려감'만 남은 그런 무(無)의 상태.

결국 파이널라인이 다가오긴 왔습니다. 그러나 이마저 이상합니다. 저는 파이널을 굉장한 기대감으로 상상했었습니다. 아마 파이널라인을 통과하며 환호성이 이는 그런 순간을 떠올렸을 겁니다. 그러나 실제는 그러지 못했습니다. 오히려 그 순간에는 고양감은커녕 환호성도 들리지 않았습니다. 불안이 현실이 되는 그런 느낌처럼, 참 이상한 파이널입니다. 텔레비전에서 묘사되던 그런 환호성과 희열 따위는 전혀 일어나지 않는다는 걸 단번에 알게 됩니다.

어떤 철학책도 완독하고 나서 이렇게 말하지 않은 적이 없었습니다. "나는 이 책을 꾸역꾸역 읽었노라!" 저는 어떤 철학책도 상쾌하고 깔끔하게 읽어 내지 못했습니다. 세미나를 따라다니며 친구들 따라 꾸역꾸역 다 읽었을 뿐, 깔끔하게 이해했다고 할 수는 없었습니다. 오타쿠처럼 혼자서 골방에 틀어박혀 파란 펜, 빨간 펜으로 줄 긋고 메모하는 재미로 꾸역꾸역 읽어 낸 것 말고는 해낸 게 없어 보입니다.

그래서인지, 책 중반을 넘어서면 책 초반에 그러했던 것처럼 억지로 읽어 내야만 하는 그런 순간이 꼭 다시 찾아옵니다. 그럴 때면 저는 이 책의 저자도 이 순간이 그렇게 억지로 써 내려간 순간일지 모른다고 상상해 보곤 합니다. 저자도 자신의 통찰을 자신의 언어로 담아내기 위해서 억지로 문장을 뽑아 내고 있는 것은 아닐까. 내가 이렇게 힘들면, 저자도 분명히 이 순간은 힘들었을 거야, 라면서 말이죠.

사람들은 '억지로 읽는다'에서 억압을 상상할지 모릅니다. 그러나 저는 이 세상 일들 중에 '억지로' 하지 않고 이루어지는 일이 그리 많지 않다고 생각하곤 합니다. '억지로'의 정도가 차이 날 뿐 '억지로'가 아닌 것이 없습니다. 오히려 '억지로'가 없는 '편안히'는 없고, 거꾸로 '편안히'가 없는 '억지로'도 없습니다. 억지로 해야만 어느 순간 편안해지는 순간이 오고, 편안해지리라 기대해야 억지로 무언가를 해내기도 합니다.

결국 책의 마지막 책장을 넘기는 순간이 오고야 맙니다. 그러나 이상합니다. 마지막 책장을 넘기면 이 책이 주장하는 통찰을 온몸으로 느낄 수 있을 것만 같았습니다. 이제 니체의 암석들이, 모조리 부서지고 내가 딱 사용하기 좋게 내 손에 쥐어질 줄 알았습니다. 니체가 쥐어 주는 정확한 철학개념들로 내 정신이 무장하게 될 줄 알았습니다. 그러나 그러기는커녕 마지막 페이지에 가서는 바로 앞 페이지도 기억해 내지 못합니다. 이상하다 못해 아주 딱한 처지가 되고 말지요. 오히려 생각은 읽은 책을 참호 삼아 꽁꽁 숨어 버리고 나오는 법을 모릅니다.

파이널라인, 텅 빈 깡통이 되다

하지만 뜻밖의 순간은 늘 예기치 않은 곳에서 찾아옵니다. 숨막히는 마라톤을 다시 달려 봅니다. 파이널라인을 넘어서면 조금 더 뛰어 보다가, 결국 아무데나 털썩 주저앉게 되는데, 그 순간 세상이 샛노래지면서 모든 게 끝난 듯 지상 최대의 안락이 찾아옵니다.

그러나 참 이상합니다. 이 안락감은 평소에 느껴 보지 못한 감각 중의 감각입니다. 그것은 편안하지만 포만하지는 않은 그런 안락이라고 해야겠습니다. 밥을 먹고 느끼는 안락, 낮잠을 늘어지게 자고 느끼는 그런 안락이 아닙니다. 더군다나 지금 느끼는 안락은 넘쳐서 흘러나가는 것만 같습니다. 흘러 흘러 더 이상 남아 있지 않을 때까지는 순식간일 것입니다. 이제 곧 이 안락은 흘러넘쳐서 내 신체에 더 이상은 남아 있지 않을 것 같습니다. 그것은 지금까지 느껴 보지 못한, 완전히 낯선 안락입니다.

4시간을 달리고 주저앉은 상황이니 공상과학소설 같은 정신이 되어 있어서일지도 모르겠습니다. 정말 모든 것이 흘러넘쳐서 아무것도 남지 않은 상황이라고 확연히 느껴지는 그때 그 순간의 감각을 저는 또렷하게 기억합니다. 텅 비어 버린 그런 존재의 감각을 말입니다. 풀밭에서 저는 마치 텅 빈 깡통 같은 존재가 되어 있었습니다. 텅 비어 있으므로 그때 나는 내가 아니라고도 할 수 있었지요. 그러나 어느 때보다 신체는 또렷해져서 '나'라는 이 깡통을 치면 굉장히 청명한 소리가 울려 퍼질 것만 같은 그런 상태였습니다. 마라톤은 나의 모든 것을 비워내 버리고, 청명한 소리를 내는 신체, 좀 욕심을 내 말해 보자면 무엇과도 바꿀 수 없는 '정확한 신체'를 만들어 내고 있었습니다. 이제 달리기를 넘어서는 곳에 이르러 안락이라는 감각에 방해받지 않는 정확한 신체를 얻어 냈습니다. 굉장하다면 바로 이것이 굉장했습니다.

지금까지, 저는 책읽기에 대해 이야기하였습니다. 그러나 예비공부 없이 단번에 철학원전으로 들어가라고 무턱대고 이야기하였습니다. 이해할 수 없는 문장으로 가득한 암석 같은 책 앞에서 원숭이 페터마냥 아무 짓이나 하라고 무작정 이야기하였습니다. 심지어 그런 짓을 하여도 어느 순간에 이르면 억지로 읽어야 한다고 다짜고짜 말하기도 하였습니다. 도무지 제가 책읽기에 대해서 제대로 해드린 이야기는 하나도 없어 보입니다. 사실이 그렇습니다. 저는 책읽기에 대해서 도무지 할 수 있는 이야기가 없는 사람입니다.

그러나 이때가 되어서야 제게 뜻밖의 깨달음이 덮칩니다. 악을 써서 온갖 짓을 해대며 '이 책'을 읽어 내자고 달려들어 드디어 읽어 냈을 때, 저는 단박에 깨닫습니다. 아, 이 책이 내 정신을 훔쳐 갔구나. 이 책이 내 정신을 갈취해 갔구나. 아주 잔인하구나. 이 책이 내 뒤에서 은밀하게 결박하고 내 모든 것을 빼앗아 갔구나. 저는 그동안 착각해 왔던 것입니다. 내가 이 책의 정신을 훔쳐 오고 있다고 착각했지요. 그게 아니었습니다. 니체가, 마르크스가, 푸코가, 그들의 정신이 관절을 타고 들어와 내 정신을 훔쳐 가고 있었습니다. 내가 그들을 사용하는 것이 아니라, 그들이 나를 사용하고 있었습니다. 나만 그들의 책을 읽는 줄 알았습니다. 그러나 그들도 나를 읽고 있었습니다. 아이러니하게도 저는 그들이 나를 훔쳐 가도록 애를 쓰고 있었던 것입니다. 파이널라인을 넘어서서 앉아 있는 그 텅 빈 깡통이 되어 버린 느낌입니다. 이제 나는 나 자신조차 낯선 존재가 되어 버린 기분에 휩싸입니다.

참 묘한 순간입니다. 뜻밖에도 진정한 책읽기는 책읽기를 넘어서서 시작되었습니다. 저는 책읽기보다 그 후가 궁금해진 사람이 되어 버렸습니다. 이제 책읽기가 끝난 후 책 마지막 장 여백을 더 들여다보게 됩니다. 마지막 장 여백이 이렇게 깊고 넓을 줄은 몰랐습니다. 내 스스로 책의 의미를 찾아 나서야 하는 시간, 아니 이제야 비로소 나설 수 있게 된 시간, 나의 정신이 새롭게 구성되기 시작하는 시간이 다가왔습니다. 그리고 보면 단번에 원전으로 들어가라는 것은 단번에 내 정신을 훔쳐 가도록 나를 내놓는 것이며, 읽을 수 없는 글 앞에서 원숭이 페터마냥 애를 쓰는 것은 내 정신을 털어 내는 씻김굿이며, 어느 순간 억지로

읽어 내야 한다는 것은 그럼에도 남아 있는 내 정신을 마지막까지 털어
내는 안간힘이었는지도 모르겠습니다.

어느 정신에도 결박되지 않고, 다른 존재가 되기 위해서, 저는 그렇
게 합니다. 어느 정신에도 방해받지 않고 오로지 정확한 정신을 만들어
내기 위해서, 저는 그렇게 합니다. 그 정신에서야 비로소 저는 하찮은
안락에 방해받지 않는 정확한 쾌락을 향유할 수 있게 될 것입니다. 굉장
하다면 바로 이것이 굉장합니다. 저는 책읽기보다 그 후가 궁금한 사람
입니다. 책읽기를 통해 모든 것을 빼앗기고, 남은 텅 빈 정신에게 새로
운 의미를 채우고 채울 '그 후', 정확한 정신과 정확한 쾌락이 기다리는
'그 후'가 말입니다. 읽기가 무엇이냐고 묻는다면, 바로 이 정신과 쾌락
을 기다리는 시간이라고 말하고 싶습니다. 이 시간이 지나고 나면 더 이
상 그 전으로 되돌아갈 수 없습니다. 현재에 있지만, 이미 미래에 있게
되니까요.

* * *

다시 달리기를 시작해야겠습니다. 관절이 아파 달리기를 그만둔 뒤
로 배가 나오고 한없이 게을러졌습니다. 좋은 습관이 무너지면 언제나
생활도 함께 무너지는 것 같습니다. 추운 겨울 새벽, 집 앞 내천 길을 달
리러 나가는데, 따뜻한 집안 기운이 내 몸을 잡아끕니다. 언제나 좋은
습관이 무너지고 나면 작은 안락들이 생활을 포위하여 결박합니다. 세
상일이란 그런 것입니다. 정확한 쾌락은 작은 안락에 가려 안 보입니다.
그러나 안락들의 연대가 공고해지면 돌파하기가 여간 어려운 게 아닙
니다. 안락이 달콤하여 떠나려야 떠날 수가 없게 됩니다. 나가서 달리는
것이 부질없는 짓이고, 심지어 무의미해 보이기까지 합니다. 안락이 정
당성으로 무장하여 우리를 주저앉힙니다. 그러나 더 큰 쾌락을 위해서

작은 안락을 돌파해야 합니다. 안락에 젖은 정신을 털고 정확한 정신을 구하기 위해 차가운 곳으로 나가야 합니다. 오늘도 수많은 안락들로 둘러싸인 나의 전쟁터를 돌파해야겠습니다.

1부
——

'나'를
생각하는 책들

자기 삶의 연구자

—

프리드리히 니체, 『차라투스트라는 이렇게 말했다』 ①

우울한 방문객, 병

퇴근 시간이 한참 지나 한 팀원이 전화를 걸어왔다. 너무 몸이 아파 다음날 휴가를 내야겠다고 했다. 어제, 오늘 그 친구가 반차를 쓸지 모르겠다던 이야기가 생각났다. 들어 보니 아내와 아이도 함께 병을 얻은 모양이다. 겨울날 된바람처럼 그 친구의 마음도 추울 생각을 하면 불현듯 몹시 안쓰럽다.

병은 직장인들의 일상을 쉽게 무너뜨린다. 왕들조차 병에서 자유롭지 못했던 걸 생각하면 그리 새삼스런 일도 아니다. 성군이라던 세종도 평생 병을 달고 살았다. 젊어서부터 한쪽 다리가 쑤셨고, 등에 부종(몸이 붓는 증상)이 심해 돌아눕질 못했으며, 소갈증(당뇨병)에다, 심지어 안질(눈병)이 겹쳐 정무를 보지 못할 지경이기도 했다. 급기야 29세가 되던 때, 관을 짜서 죽음을 준비할 정도였다. 병이 나라의 통치조차 무너뜨린 경우다. 세종은 이런 자신을 보고 이렇게 한탄한다. "한 가지 병이 겨우 나으면 다른 한 가지 병이 또 생기매 나의 쇠로함이 참으로 심하구나!"[1]

내 경우에도 오래 매달리던 일을 마치고, 잠시 쉴 틈이 생길 때면 이 우울한 방문객이 어김없이 찾아오곤 했다. 특히 토, 일요일처럼 휴일에 찾아온 이 우울한 방문객은 얄밉기 그지없다. 황금 같은 휴일을 병으로 앓다 보면 시름에 겨운 내 삶이 통째로 우울해져서, 그만 아무나 붙잡고 통곡이라도 해야 할 판이다.

이때만큼은 몸이 그 무엇보다 요상하다. 마치 몸이라는 형무소에 갇혀, 간수이자 죄수로 함께 사는 것 같은 느낌인 것이다. 끙끙 앓는 죄수 '나'를 못마땅한 눈으로 바라보는 간수 '나'. 그러나 그런 몸에서 벗어나지 못하고 휴일을 고스란히 바치고 마는 '나'. 몸의 형무소에서 병을 맞아 힘겨워하는 나를 생각하면 어쩐지 끔찍하다.

몸, 타자들의 공동체

병이라면 철학자 니체(Friedrich Nietzsche, 1844~1900)도 그 인연을 뗄 수 없다. 그는 평생 건강이 좋지 않았다. 편두통과 심각한 근시, 게다가 눈의 피로도 극도로 심했고, 때때로 위장병까지 가세해 니체의 존재를 뒤흔들었다. 사이가 틀어진 바그너의 음악이 자신의 위(胃)에 맞지 않는다고도 했는데, 어쩌면 그것 때문에 위장병을 얻었는지도 모르겠다. 아무튼 무슨 일을 하고 있든, 그는 매일 병마와 전투를 치르고 있었다.

가장 자주 아팠던 것은 편두통. 밤새 잠을 못 잘 정도로 괴로웠다. 어떤 때는 사흘 밤낮에 걸쳐 지속되기도 했다. 겨우 15분 동안 글을 읽거나 쓰고 나면 몇 시간씩 두통에 시달려야 했다. 아플 때는 아무것도 먹을 수 없었고, 설령 무언가를 먹어도 곧 토하고 말았다. 한 번씩 이렇게 시달리고 나면 온몸이 탈진하여 아무것도 할 수 없었다. 심지어 탈진 때

---

1. 이상곤, 『왕의 한의학』, 사이언스북스, 2014, 25쪽.

문에 다른 병에 연이어 걸리기도 했다.[2]

이런 걸 보면 니체에게 병은 단순한 놈이 아니다. 그래서 그런가, 니체는 병을 매우 다르게 접근하려고 했다. 니체의 병에 대한 감각은 신체(몸)에 대한 독특한 시선으로부터 새롭게 솟아난다.

우선 니체에게 신체는 '힘들의 관계'이다. 그리고 그것은 지배하는 힘들과 지배받는 힘들 간의 관계이기도 했다. 이렇게만 이야기하면 좀 알쏭달쏭하다. 어떻게 힘들이 관계를 맺어 신체를 구성한다는 말일까? 그리고 어떻게 지배하고 지배받는다는 말일까?

고대 자연철학에서는 이를 당연하게 생각했다. 고대 그리스·로마에서 신체는 일종의 결합체이다. 스토아 철학자이자 로마 황제였던 마르쿠스 아우렐리우스는 인간의 출생은 우주의 여러 요소들이 결합한 것이고, 죽음은 그것들의 해체라고 말한다.[3] 우리들의 몸이 태어나고 죽는 문제를 우주의 요소들이 결합하고 흩어지는 사건으로 본 것이다. 이런 시각은 동아시아에서도 마찬가지였다. 『동의보감』 「내경편」에서는 우리 신체가 땅, 물, 불, 바람[地水火風]이 합쳐져 이루어졌다는 구절이 보인다.[4]

결국 몸은 우주의 수많은 움직임들이 우연히 뒤엉켜 생겨난 일시적 사건(event)이라고 해야 한다. 다만 사람의 시간으로 보면 이 사건이 무척이나 길게 여겨져서 고정불변처럼 느껴질 뿐이다. 니체는 신체를 어느 무엇보다도 가장 놀라운 사건이라고 하면서 차라투스트라의 입을 빌려 이렇게 말한다.

---

2. 레지날드 J. 홀링데일, 『니체, 그의 삶과 철학』, 김기복·이원진 옮김, 이제이북스, 2004, 87쪽.
3. 마르쿠스 아우렐리우스, 『명상록』, 천병희 옮김, 숲, 2005, 55쪽(IV-5).
4. 허준, 『동의보감』, 동의문헌연구실 옮김, 법인문화사, 2007(증보판), 202쪽.

"신체는 커다란 이성이며, 하나의 의미를 지닌 다양성이고 전쟁이자 평화, 가축 떼이자 목자이다."[5]

신체는 하나로 결합되어 드러난 다양체다. 앞서 이야기했던 고대의 자연학적 태도가 여기에도 고스란히 반영되어 있다. 신체는 수많은 요소들의 결합, 일종의 무리인 것이다. 이렇게 보면 신체 안에는 온갖 요소들이 뒤섞여 있다고 할 수 있다. 이 말에 뒤이어서 니체는 사람들이 육체보다 중요하게 여기던 '정신'을 신체의 도구이며 놀잇감에 불과하다고까지 선언한다.

결국 신체 안에는 너, 나가 따로 없다. 서로가 서로에게 '나'가 아닌 채 결합되어, 서로를 의지해 존재하고 있는 것이다. 결국 '나'란 '너'와 '너'의 결합, 즉 타자들의 공동체이다. 그러다 보니 신체 안에서는 싸움이 끊이지 않는다. 때론 전쟁이, 때론 평화가 신체를 지배한다. 원래 지지고 볶는 공동체라면 그래야 하는 것이다. 병은 이 관점에서라야 제대로 보인다.

예를 들면 한의학에서 피부와 폐는 연결되어 있다. 폐가 호흡을 하듯 피부도 호흡을 한다. 그러니까 한의학의 관점에서 보면 피부는 밖으로 드러난 폐다. 평화 시기에는 안에 들어앉은 폐와 밖을 차지하는 피부가 제대로 관계를 맺고 움직인다. 그러나 폐기(肺氣, 폐의 기운)가 약해지면 피부에 감기가 치고 들어온다. 폐와 피부의 관계가 무너지면서 감기에 의해 지배당하고 마는 것이다. 순식간에 평화가 전쟁으로 돌변한다.

어떤 계기를 통해서 내 몸에 새로운 요소들이 들어온다. 병이란 바로

---

5. 프리드리히 니체, 『차라투스트라는 이렇게 말했다』(니체전집 13), 정동호 옮김, 책세상, 2007(개정2판), 51쪽.

자기 삶의
연구자

이렇게 신체 안으로 새로운 타자가 구성되는 일이다. 즉 병은 내 신체에 참여한 새로운 '너'다. 신체란 새로운 타자들이 끊임없이 참여하고 나가기도 하는 공동체인 것이다. 그리고 그것은 병마저도 일원으로 받아들이고 존재하는 그런 공동체다.

위대한 건강, 병을 환대하다

니체는 아플 때면 여행을 가거나, 숲을 거닐었다. 눈이 무척 나빴던 그는 검은 숲을 아주 좋아했다. 거대한 적송, 참나무, 자작나무, 너도밤나무, 물푸레나무가 드리운 그늘을 따라 몇 시간이고 거닐다 보면, 숲의 어둠이 니체의 눈을 편안하게 해주었다.

니체는 걸으며 과거의 일보다 미래의 일을 더 자주 생각한다고 쓴다. "저는 이곳에서 숲속을 많이 걸어 다니고 있으며, 아주 즐겁습니다. 그래서 지루할 틈이 없습니다. 저는 희망과 믿음으로 가득 차서 여러 가지 일을 곰곰이, 충분히 생각하고 있습니다. 때로는 과거 일을 생각하지만 미래에 대해 훨씬 더 자주 생각합니다. 이것은 제 삶의 방식이기도 하고 건강을 되찾는 방식이기도 합니다"(어머니와 여동생에게 보낸 니체의 편지).[6] 놀랍게도 니체는 미래를 사유함으로써 건강을 되찾고 있었다.

이런 모습은 무척이나 자연학적이다. 그리스·로마에서는 일상에서 수행하는 건강의 실천이 합리적 생활을 위한 가장 기본적인 뼈대였다. 그런데 여기엔 건강을 단순히 육체가 아프지 않은 것으로만 이해하는 현대적 인식과는 다른 면이 있다. 그것은 자신과 세계가 어떻게 관계 맺

6. 데이비드 크렐·도널드 베이츠, 『좋은 유럽인 니체』, 박우정 옮김, 글항아리, 2014, 187쪽.

을지에 대한 인식과 깊이 관련되어 있었다.

나와 나를 둘러싼 환경 사이에는 삶을 구성하는 온갖 요소들이 그물망처럼 둘러싸고 있다. 상황 상황마다 이런 요소들과 내가 어떻게 배치되는지, 또 그 그물망 속에서 내가 일상의 사건들에 어떻게 참여하는지, 등등에 따라 신체에 병적인 결과를 유발할 수도 있다. 또 신체를 구성하는 요소들 간의 관계가 허약하면, 둘러싼 환경에 변화가 없는데도 환경과 나 사이의 관계가 급격히 변화를 일으키기도 한다. 바로 이런 변화가 병이다. 아마 위에서 언급했던 감기라는 사건도 이런 경우일 것이다.

사정이 이러하므로 나와 나를 둘러싼 환경의 움직임에 아주 예민해야 한다. 그러다 보면 때때로 갖가지 움직임에 대응하다 피로해질 수도 있다. 원래 감기도 특별히 찾아와 걸리는 것이 아니다. 그것은 평상시에도 수시로 신체에 들락날락 한다. 그러나 별 문제가 없다가도 관계에 뭔가 이상이 생기면 그 틈을 비집고 들어와서 신체의 균형을 깨트리고 만다. 저항하고 공격하는 신체의 본능이 움츠러들었기 때문이다. 그것은 피로한 신체, 의욕을 갖지 못하는 신체이다. 오히려 이것이 감기보다 더 심각한 병이다.

그래서 니체는 이 신체를 자기 삶의 길잡이로 삼을 줄 알아야 한다고 주장한다. "몸이라는 길잡이에서는 엄청난 다양성이 나타난다. 더 잘 연구할 수 있는 보다 풍부한 현상을 더 빈약한 현상을 이해하는 길잡이로 사용하는 것은 방법론적으로 허용된다."[7] 다시 말하면 신체 내 다양한 관계들의 움직임을 배우고, 그것으로부터 삶의 기술을 터득하라는 뜻이다. 감기로부터 신체의 밸런스가 깨지고 회복되는 배움을 얻는다.

---

7. 프리드리히 니체, 『유고(1885년 가을~1887년 가을)』(니체전집 19), 이진우 옮김, 책세상, 2005, 132쪽.

자기 삶의
연구자

그리고 그로부터 자신의 생활을 갱신한다. 이런 국면들을 통과하며 일상을 새롭게 구성할 계기를 얻는 것이다.

니체에게 강한 것이란 자신의 신체를 길잡이로 삼을 줄 아는 자다. 니체의 표현대로 강한 자는 "심오한 생리학자"이기도 하다. 니체는 이들이 사는 방법을 삶의 "위생법"이라고도 말했다. 동아시아의 언어로 바꾸어 말하면 그것은 "양생술"(養生術)이다. 또 어느 시인의 말을 빌려 말하면 이를 행할 줄 아는 자는 "자기 삶의 연구자"(박노해)[8]라고 할 수 있다. 자기 자신의 신체와 환경을 탐구하여 이들을 구성하는 타자들을 잘 다룰 줄 알게 된 자, 바로 그런 사람이 강한 사람인 것이다.

* * *

니체는 알려진 이미지와 달리 사려 깊고 극도로 부드러웠을 뿐 아니라 정중하기까지 했다. 그리고 끊임없이 여행을 다니고, 내면적인 훈련에 대해 강조하는 삶을 살았다. 그는 매 순간 탐구적이었다. 그래서 그랬는지, 그의 주저에서 차라투스트라는 이렇게 말하기도 한다. "폭풍을 일으키는 것, 그것은 더없이 잔잔한 말들이다. 비둘기처럼 조용히 찾아오는 사상, 그것이 세계를 끌고 가지."[9]

아마 내게 전화했던 그 팀원은 아픔의 시간 동안 길잡이인 몸과 함께 자기 자신을 거듭 연구했을지 모른다. 아프지 않고서는 자기 삶에 관심 갖지 않았던 자신을 질책하면서 말이다. 아마도 병이라는 타자는 우리들로 하여금 자기를 연구하라는 명령으로 찾아온 손님일 것이다.

---

8. 박노해, 『그러니 그대 사라지지 말아라』, 느린걸음, 2010, 36~37쪽.
9. 니체, 『차라투스트라는 이렇게 말했다』, 248쪽.

'위대한 건강'은 그런 것이다. 피하지 마라, 병을. 그를 기꺼이 환대하라. 오히려 그로부터 '신체-공동체'의 생명을 증대시킬 절호의 기회를 얻는다. 이 의미에서 병은 우리에게 다가온 하나의 선물이다. 자기를 탐구하는 '자기의 연구자'로서 말이다.

프리드리히 니체,
『차라투스트라는 이렇게 말했다』
후기

비트겐슈타인은 "말할 수 없는 것에 관해서는 침묵해야 한다"[10]라고 말했습니다. 반면 니체는 "극복해 낸 것에 대해서만 말해야 한다"[11]라고 씁니다. 다른 모든 것은 잡담이라고 일갈할 정도였지요. 당연히 니체는 자신의 저서가 오직 자기 자신이 극복해 낸 것만 말하고 있다고 빠트리지 않고 덧붙였습니다.

1876년 가을 무렵 니체는 바그너와의 결별이 돌이킬 수 없는 일이 되었다고 여겼습니다. "바그너가 독일어로 번역되고 말았다! 바그너주의자들이 바그너의 주인이 되고 말았다!"[12]라는 탄식은 그 무렵 니체의 절망적인 상태를 너무나 잘 드러내 주는 구절입니다. 바그너가 독일 민족주의자이자 반유대주의자로서 전면에 나서자 니체가 그를 지적으로 거부하기 시작한 것입니다.

절망스럽게도 그 무렵부터 건강도 악화일로를 달렸습니다. 그 전후로 친구에게 보낸 편지에 이런 문구가 발견됩니다. "두통이 아주 심하네. 며칠 동안 계속되다가 하루 이틀 간격을 두고 다시 찾아온다네. 게다가 구토가 한번 시작되면 몇 시간이나 계속돼서 아무것도 먹지 못하네."[13] 바그너와 결별하는 시기에 니체에게 정신적인 전환이 발생했다고 할 수 있습니다. 아마 이런 정신적인 전환이 니체의 경우에는 병으로 표출된 것도 같습니다. 잘 알려져 있다시피 위장 장애, 안구 통증, 주기적인 두통

---

10. 루트비히 비트겐슈타인, 『논리-철학 논고』, 이영철 옮김, 책세상, 2006, 117쪽.
11. 프리드리히 니체, 『인간적인 너무나 인간적인 II』(니체전집 8), 김미기 옮김, 책세상, 2002, 9쪽.
12. 프리드리히 니체, 「이 사람을 보라」, 『바그너의 경우·우상의 황혼·안티크리스트·이 사람을 보라·디오니소스 송가·니체 대 바그너』(니체전집 15), 백승영 옮김, 책세상, 2002, 406쪽. 물론 이 말은 1889년에 한 말입니다만, 바그너와 결별할 때의 심정을 가장 정확하게 표현한 말일 것입니다.
13. 홀링데일, 『니체, 그의 삶과 철학』, 148쪽.

같은 증상들은 이후 평생을 따라다니지요.

이 시점부터 쓰기 시작한 책이 바로 『인간적인 너무나 인간적인』이라는 책입니다. 그런데 니체는 이 책에서 병에 대해 아주 묘한 태도를 드러내기 시작합니다. 우리가 보통 육체적으로 아픈 것을 병이라고 여기는 것과 달리, 그는 이 책에서 모든 '인간적인 것들'을 질병이라고 보지요. 아마도 당시 자신의 신체가 아픈 상태였기 때문에 인간의 부정적인 것들을 의학적 시선으로 바라보게 된 것이 아닐까도 생각해 봅니다. 인간적인 것을 조롱하며 이렇게 말합니다. "인간적인 '물자체' — 가장 상처 받기 쉬우면서도 가장 이겨 내기 어려운 것이 인간의 허영심이다 : 게다가 그것의 힘은 상처받음으로써 자라나 결국에는 엄청나게 커질 수도 있다."[14]

여기서 니체가 '인간적인 본성'이라고 하지 않고, '인간적인 물자체'라고 표현한 것은 흥미롭습니다. 일반적으로 '물자체'(物自體, '사물 자체'라고도 번역함)[15]란 인간의 인식 주관에서 독립하여 고유한 존재 방식을 지니고 있는 것을 의미하면서, 동시에 그것들의 본질이라고 보면 됩니다. 그렇다면 '인간적인 물자체'란 인간적인 것의 본질일 것입니다. 니체는 그 본질을 허영심으로 보았습니다. 그리고 그것은 상처받기 쉽지만 동시에 엄청나게 견고한 것이라서, 역설적으로 상처를 받으면 받을수록 더 커진다고 조롱하고 있습니다. 사실 모든 질병이 그렇다는 점에서 여기서도 니체의 의학적 시선을 엿볼 수 있지요.

『인간적인 너무나 인간적인』이란 책에는 니체가 정신적인 전환을 겪는 순간의 사유들이 인간적인 것들에 대한 비판으로 가감 없이 나와 있습니다. 허무의 끝판왕이라고 할 수 있는 그의 문장들이 끝없이 이어집니다. 읽다 보면 저의 정신마저 이상해질 정도예요. 그러나 읽으면 읽을수록 그의 비난들에 대해 크게 동감하지 않을 수 없습니다. 내 자신의 정신이 어떤 질병 상태에 있는지 투명하게 보여 주니까요. 그의 문장은 제 정신의 거울입니다.

언젠가 친구들에게 니체 책을 들고 무인도에 가야 한다면, 『인간적인 너무나 인간적인』과 『차라투스트라는 이렇게 말했다』 두 권을 택하겠노라고 말한 적이 있습

---

14. 니체, 『인간적인 너무나 인간적인 II』, 47쪽.
15. 이 책 677~681쪽에 칸트가 물자체에 대해 논한 내용이 정리되어 있습니다.

니다. 세미나에서는 니체의 아포리즘 하나로 세미나 시간을 모두 허비하기도 하는데, 특히 이 두 책을 읽을 때 그런 일이 더 빈번했던 것 같습니다. 그러나 그 시간이 낭비 같아 보이지 않았습니다. 언제나 이 두 권은 우리 정신을 각성시키는 마법 같은 책들이라고 여기곤 합니다.

『인간적인 너무나 인간적인』과 『차라투스트라는 이렇게 말했다』는 연속해서 읽으면 더욱 좋습니다. 극한적인 허무와 생성을 동시에 감각할 수 있기 때문입니다. 『인간적인 너무나 인간적인』은 허무의 극한이, 『차라투스트라는 이렇게 말했다』는 생성의 극한이 담겨 있습니다. 그것은 마치 사우나실에 들어갔다가 나와서 냉탕에 들어갈 때 느끼는 알몸의 감각 같지요. 제가 아는 한, 이 세상에서 가장 감각적인 철학책이지 않을까도 싶네요. 그야말로 가장 비-철학적인 철학책일 것 같습니다. 저같은 일반 대중에게는 자신의 정신을 되돌아보게 하는 송곳같이 날카로운 철학 텍스트들입니다. 읽는 것 자체가 실천이 되는 텍스트이지요.

이 책을 쓸 무렵 니체는 정신과 신체뿐 아니라 바젤 대학에서의 교수 생활도 서서히 와해되고 있었습니다. 그는 이 험한 시절을 소나무가 많고 눈 덮인 산봉우리로 둘러싸인 베르너 고지의 한 마을에서 지냈습니다. 그러나 니체는 눈이 안 좋아서 산봉우리에 올라가지는 못했습니다. 더군다나 하루에 30분만 독서가 가능했지요. 그러다보니 그곳에서는 주로 신선한 산의 공기, 유제품, 산책으로 가득한 날들이었습니다. 니체는 알프스 산을 보면서, "이곳의 자연은 나와 닮은 데가 있다"라고도 말했습니다. 날씨가 괜찮은 날이면 7~8시간씩 산책을 했습니다. 고기 대신 우유와 치즈를 많이 먹었습니다. 그것은 일종의 치료였습니다.

바로 이 시기에 니체는 바젤 대학 교수직을 사임하고, 스위스 '시민권'도 포기하였습니다. 이렇게 집이 없어지자, 그는 더 멀리 산속으로 들어갔습니다. 아마 그는 『인간적인 너무나 인간적인』에 나온 방랑자[16]와 똑같이 자유정신을 찾고 싶었을 것입니다. 니체는 1888년 친구에게 보내는 편지에서 『반시대적 고찰』부터 『인간적인 너무나 인간적인』 사이의 시기를 "딴 사람이 된 위기의 시절"이라고 회상했습니다.[17]

---

16. 프리드리히 니체, 『인간적인 너무나 인간적인 I』(니체전집 7권), 김미기 옮김, 책세상, 2001, 449쪽.
17. 크렐·베이츠, 『좋은 유럽인 니체』, 245쪽.

바로 이 시기를 훗날 니체는 "하나의 질병과 회복의 역사"라고도 하였습니다. 동시에 "병에 저항하는 건강한 본능이 스스로 발명해 내고 처방한 반낭만주의적인 자기 치료"이며 "건강의 가르침"이었다고도 덧붙입니다.[18] 허무의 극단이 곧 질병의 극단입니다. 그러나 묘하게도 그 극단에서 건강은 본능적으로 병에 저항하고 처방전을 발명하도록 가르칩니다. 그러면서 이런 문장을 남깁니다.

"이러한 병적인 고립 상태와 황량하기만 한 시험기에서 벗어나, 저 흘러넘치는 섬뜩한 확실성과 기히 질병미져도 포괄하는 건강성에 이르는 길은 아지도 멀기만 하다. 질병은 인식의 수단이며 인식을 낚는 낚싯바늘로서 반드시 필요하다. [중략] 그리고 위대한 건강의 표시인 저 유연하고 병을 완치하며 모조해 내고 재건하는 힘이 넘쳐흐르기까지의 길도 아직 멀다. 그렇게 넘쳐흐르는 힘은 자유정신으로 하여금 시험에 삶을 걸고 모험에 몸을 내맡겨도 된다는 위험스런 특권을 부여한다. 그것은 자유정신의 거장다운 특권이다!"[19]

이 회복기의 고통스러운 시간이 지나면 참으로 아름다운 상태에 이르게 됩니다. 니체는 그렇게 황량한 시기를 거친 사람들이야말로 자신 가운데에 요동치는 엄청나게 많은 다양성을 보게 되어 더 크게 변화한다고 말합니다. 더 이상 자유정신을 괴롭히지 않는 것들과만 관계하는 사람이 된다지요. 자신을 구속하고 억압하는 것들, 그야말로 자신과 무관한 사물들과는 전혀 관계하지 않는 사람이 되는 거죠. 아이러니하게도 고통스런 병은 자유의 햇살을 흡수하고, 구속과 억압을 반사합니다.

이 시기 니체의 모습은 크렐과 베이츠의 『좋은 유럽인 니체』, 그리고 홀링데일(Reginald J. Hollingdale, 1930~2001)의 『니체, 그의 삶과 철학』을 읽으면 더 생생하게 알게 됩니다. 전자는 우리나라에서 출간된 가장 아름다운 니체 평전이고, 후자는 우리나라에서 출간된 가장 정확한 니체 평전일 것입니다. 저는 처음 니체를 공부할 때 동네 도서관에서 홀링데일이 쓴 전기를 발견하고 주말 이틀 동안 푹 빠져 완독했습

18. 니체, 『인간적인 너무나 인간적인 II』, 47쪽. 12~17쪽.
19. 니체, 『인간적인 너무나 인간적인 I』, 14~15쪽.

니다. 특히 저자인 홀링데일은 대표적인 대중지성으로 존경할 만한 사람입니다. 그는 열여섯 살에 학교를 졸업하고 보조 편집자 생활을 했을 뿐인 사람이었지요. 그러나 그는 평생 니체 연구에만 몰두해서, 이런 멋진 책을 썼습니다. 세계문학전집의 대명사격인 펭귄출판사의 『차라투스트라는 이렇게 말했다』는 '대중지성' 홀링데일의 영어 번역판입니다. 이 판에 덧붙여진 홀링데일의 해설도 읽어둘 만합니다.[20] 저도 이 영문판을 가지고 있는데, 의문이 나면 늘 참고하고 봅니다. 그의 글을 읽으면서 대중이 어떻게 지식인이 되는지 경이롭게 생각했던 기억이 새롭습니다.

니체는 저에게 각별한 철학자입니다. 그는 제 생애 처음으로 친구들과 세미나를 했던 철학자이기도 합니다. 세미나 시간은 일요일 아침 10시였는데, 마치 교회 예배를 보듯 우리들은 연구실에 모여 니체를 읽었습니다. 기가 막힌 시간이었습니다. 교인들은 예배를 보러 교회에 가지만, 저희들은 니체를 읽으러 세미나실에 모였습니다. 우리들은 세미나 시간 자체가 "니체적인 너무나 니체적인 시간"이라고 농담 아닌 농담을 서로 했었죠. 세미나에는 굉장히 다양한 사람들이 오고 갔습니다. 대학생, 대학원생에서부터 학교 선생님, 철학 박사, 음악학 박사, 작가, 그리고 의사 선생님, 빵집 주인, 공무원까지, 온갖 다양한 사람들이 세미나에 찾아오고 나갔습니다. 그 틈에 저 같은 은행원도 있었지요. 니체만큼이나 다양한 사람들이 니체를 사랑하였습니다.

어느 날인가, 음악학 박사님이 바그너 LP를 갖고 오셔서 연구실 카페의 턴테이블로 틀어 준 일도 있습니다. 세미나 친구들이 옹기종기 모여서 니체를 더 이해해 보겠노라고 「탄호이저」나 「로엔그린」 같은 음악을 듣는 모습은, 지금 생각해 보아도 신기한 장면입니다. 그때 그 음악학 박사님은 굉장히 열정적으로 바그너와 니체를 설명해 주셨죠. 음악이 나오면 손가락에 쥔 볼펜으로 지휘를 하셨는데, 무언가 음악이 그 손가락에서 흘러나오는 착각마저 들곤 했습니다. 그 뒤로 니체와 바그너라는 주제만 나오면 그 장면이 생각납니다.

무엇 하나라도 우리 스스로 이해해 보려고 무척 애를 썼던 기억이 제 마음에 남

---

20. 홀링데일의 해설은 한국어 펭귄판에도 실려 있습니다. 프리드리히 니체, 『차라투스트라는 이렇게 말했다』, 홍성광 옮김, 펭귄클래식코리아, 2009.

아 있습니다. 아마도 철학책을 읽는 태도는 이 세미나를 통해서 스스로 터득해 나갔으리라고 믿습니다. 그때 만난 친구는 나중에 그리스·로마 철학, 미셸 푸코, 데리다 같은 철학자를 함께 공부하는 평생의 동지가 되었습니다. 니체 세미나를 하면서 서로의 생각과 태도를 너무나 잘 이해하고 있기에, 그들과는 이제 어떤 세미나를 해도 물 흐르듯 자연스럽게 논쟁하며 텍스트를 돌파합니다. 저는 이 친구들과 니체를 읽으며 어려운 한 시기를 돌파했습니다. 가히 니체가 맺어준 우정이라고 하고 싶습니다. 앞으로도 더 긴 미래를 함께 돌파할 친구들입니다.

푸코와 마르크스 :
훌륭한 영혼은 나쁜 영혼에서 온다

미셸 푸코, 『주체의 해석학』 ①

뱅 셴 시 절 — 좌 파 에 둘 러 싸 여

알튀세르(Louis Althusser)는 1964년 『자본을 읽자』를 내면서 푸코(Michel Foucault, 1926~1984)에게 이렇게 경의를 표한다. "풍성한 지적 저작들을 읽는 데 있어서 우리의 길잡이가 되었던 거장들, 즉 과거에는 가스통 바슐라르와 장 카바이예스이며 오늘날에는 조르주 캉길렘과 미셸 푸코인 그들에게 진 명백하거나 은폐된 빛을 인정해야만 한다." 알튀세르는 자기 제자였던 푸코가 책을 낼 때면 '개척자적 작품' 또는 '해방의 작품'이라고 극찬하며 편지를 보내기도 했다. 그러나 다른 한편으로 훗날 알튀세르는 "내게서 차용한 의미나 용어들이 그의 사상과 붓 아래에서 나의 그것과는 전혀 다른 어떤 것으로 변형되었다"(1970년 『자본을 읽자』 영문판)라고 가벼운 불만을 표하기도 한다. 사실 푸코는 평생 알튀세르에

---

1. 디디에 에리봉, 『미셸 푸코, 1926~1984』, 박정자 옮김, 그린비, 2012, 103쪽 ; Louis Althusser·Étienne Balibar·Roger Establet·Pierre Macherey·Jaques Rancière, *Reading Capital*, Verso, 2015, p. 14n. 인용은 영문판을 참고하여 일부 수정함.

2. Althusser·Balibar·Establet·Macherey·Rancière, *Reading Capital*, p. 548.

대해 명시적으로 언급하는 것을 자제했다. 어쩌면 말하기 힘들었을지도 모른다. 그만큼 알튀세르는 푸코와 동년배 철학자들의 대선배이자 스승으로서 대단한 무게를 지니고 있었다.

1968~70년 푸코는 뱅센 대학에서 철학을 가르쳤다. 68혁명에 크게 놀란 프랑스 정부가 이른바 '고등교육 개혁'에 착수하는데, 그 결과가 파리의 뱅센 숲 안에 세운 '실험대학' 뱅센 대학이었다.[3] 사람들은 그곳에 좌파들이 우글거린다고 수군거렸다. 이느 보수 신문에 "뱅센 실험대학의 교수들은 모두 좌파다"라는 표제의 기사가 실리기도 한다. 그도 그럴 것이 당대의 마르크스 이론가 알튀세르와 정신분석학자 라캉의 제자들이 대거 철학과 교수로 부임되었기 때문이다. 알랭 바디우, 자크 랑시에르, 에티엔 발리바르, 앙리 베베르, 프랑스와 레뇨, 주디트 밀레 등 기라성 같은 좌파 철학자들이 속속 합류했다. 강의 제목은 '마르크스-레닌주의 제2기 이론 : 스탈린주의'(자크 랑시에르), '마르크스-레닌주의의 제3기 이론 : 마오주의'(주디트 밀레), '20세기 마르크스주의 입문 : 레닌, 트로츠키 그리고 볼셰비키 흐름'(앙리 베베르) 등등 좌파이론 일색이었다. 그러나 푸코는 '삶의 과학들의 인식론', '니체'라는 제목으로 그들과는 아주 동떨어진 주제(?)를 가지고 강의를 이끌고 있었다. 그는 작은 마르크스들과 레닌들 위로 들뜬 열기구처럼 떠 있었다.

---

3. 현재는 '파리 8대학'이다. 자크 시라크가 파리 시장으로 있을 때 뱅센 숲(이곳은 상징적이게도 NATO 군대가 물러난 자리이다)에서 파리 도심 생-드니로 이전하였다. 지금은 '생 드니의 뱅센 대학'(Université de Vincennes à Saint-Denis)이라 불린다. 푸코 시절 정식 명칭은 '뱅센 실험대학'(Centre universitaire expérimental de Vincennes)이었고, 흔히 '뱅센 대학'(Université de Vincennes)으로 불렸다. 1970년 푸코가 콜레주 드 프랑스로 가면서, 들뢰즈가 그 뒤를 이어 뱅센 대학의 교수직을 맡았다. 건물 이전 당시 교수와 학생들이 학교 이전을 완강히 반대하자 고등교육장관이 한 말은 유명하다. "그들이 성질내는 이유가 뭐죠? 이전할 새 대학 건물은 자유로, 레닌가, 스탈린그라드가의 한복판에 자리 잡게 될 텐데요." 생-드니에 있는 파리 8대학의 새로운 위치는 좌파 정치세력의 기관들이 많이 자리 잡고 있는 곳이다.

좌파들의 온상, 뱅센 대학은 끊임없는 시위와 운동에 빠져든다. 특히 교수들을 표적으로 삼는 학생들의 도전 때문에 푸코는 다소 정신적인 상처를 입기도 한다. 그러나 이런 상황에서도 푸코는 어느 누구보다 정치참여에 적극적이었다. "뱅센의 교육이념이 현대 세계를 공부하는 것일진대 어떻게 철학과가 '정치에 대한 성찰'을 피할 수 있겠는가?"[4]라며 정치참여에 단호했다. 주변을 둘러싼 공산주의자들과 함께 쇠막대기를 기꺼이 들었고, 경찰에게 돌을 던지는 모습을 보이기도 했다. 그러나 "반(半)미치광이들 사이에 둘러싸여 있는 것도 지긋지긋해졌다"라고 친구들에게 은밀하게 가벼운 푸념도 한다. 역시 그는 서고에 들어가 사유의 역사를 탐색하는 것을 더 좋아했던 계보학자였을까. 그래서였는지 그 시절 이후 푸코의 궤적에는 거리의 마르크스주의자들이 잘 보이지 않았다.

해 석 학 자 마 르 크 스

하지만 푸코야말로 마르크스(Karl Marx, 1818~1883)의 진가를 제대로 이해했던 철학자이기도 했다. 그는 「니체, 프로이트, 마르크스」(1967)라는 짧은 강연에서 마르크스를 19세기의 새로운 해석학자로 등극시킨다. 이것은 마르크스의 말을 정반대로 뒤집은 평가이기도 했다. 마르크스는 이렇게 말했다. "철학자들은 세계를 단지 다양하게 해석해 왔을 뿐이다. 그러나 중요한 것은 세계를 변화시키는 것이다."[5] 이런 강렬한 메

---

4. 에리봉, 『미셸 푸코, 1926~1984』, 343쪽.
5. 칼 맑스·프리드리히 엥겔스, 『칼 맑스 프리드리히 엥겔스 저작 선집 1』, 최인호 외 옮김, 박종철 출판사, 1991, 189쪽
   (「포이에르바하에 관한 테제들」 11).

모를 남긴 마르크스가 해석학자라니!

푸코의 이 색다른 평가는 니체를 경유하여 이루어진 시선이다. 니체는 철학자들이 진리를 탐구하기 위해 의식 속으로 깊이 파고든다는 관념(그래서 찾아낸 것이 달랑 '나' 아니던가!)을 위선적이라고 비판한 적이 있다. 그래 보았자 사실 그 속에 대단한 것들이 있을 리 없고, 단지 표면적인 해석의 순환만 있을 뿐이라고 말이다. 사실이 그렇다. 파보았자 흙일 뿐이고, 그 흙들은 땅 밖에 나와 다시 땅 위에 쌓이면서 그대로 땅의 표면이 될 뿐인 거다. 땅을 파보았자, 끊임없이 흙일 뿐인 표면들만 있는 꼴이다.

푸코는 니체, 프로이트, 마르크스가 이런 사실을 꿰뚫어 보고 사물에 대해 본질을 찾아 의미를 부여하기보다, 기존에 통념적으로 사용하던 기호의 체계를 바꾸어, 그 기호를 통해 해석되던 방식 자체를 바꿔 버렸다고 지적한다. 마치 판 흙들을 다르게 쌓아서 다른 형태로 사용하는 모습처럼 보인다.

"해석의 미완성(incompleteness of interpretation), 즉 해석이 언제나 갈가리 찢겨 있고, 그 끝자락은 언제나 해결되지 못한 채 남아 있다는 이 사실은 꽤 유사한 방식으로 마르크스, 니체, 프로이트에게서 기원의 거부라는 형태로 다시 발견된다. 마르크스는 '로빈슨 크루소적 경제'(Robinsonade)의 거부라고 말했으며, 니체는 시작(beginning)과 기원(origin)의 구별을 중요시했고, 프로이트의 연원적이고 분석적인 방식은 항상 미완성의 성격을 지니고 있었다."[6]

---

6. 미셸 푸코 외, 「니체, 프로이트, 맑스」, 『자유를 향한 참을 수 없는 열망』, 정일준 편역, 새물결, 1999, 38쪽.

특히 마르크스는 『자본론』에서 화폐와 자본과 가치라는 개념들이 사실은 극히 상투적인 것(platitude)일 뿐인데도 부르주아들이 그것들을 아주 심오한 뜻이 있는 양 만든다고 비판했다. 그 개념 안에는 우리가 모르는 괴물도, 심오한 불가사의도 전혀 존재하지 않는다.[7] 그러니까 마르크스는 모든 대상의 심오성, 모든 대상에 대한 궁극적이고 유일한 해석을 부정한다는 것. 어쩌면 부르주아들은 여러 가지 방법을 동원해서 상투적인 것들을 심오한 것이라고 은폐하면서, 기이하게도 '심오하다'는 상투적인 관념을 사회에 심고 있었던 것일지도 모른다.

이 관점에서 마르크스는 부르주아들이 사용한 개념들을 그대로 이용하여 그들의 논리 끝까지 따라가 단지 배치만을 바꾸는 방식으로 그들에 대항했다고도 할 수 있다. 삐걱거리고 낡아 가는 부르주아 개념의 사슬을 와르르 풀고, 다르게 이어서, 새로운 개념의 이음매로 만들어 낸 것이다. 예컨대 마르크스는 시장의 교환 원리를 그대로 인정한 채, 단지 '노동'을 '노동력'이란 개념으로 벽돌 하나만 바꾸어 잉여가치생산의 비밀을 밝혀낸다. 푸코 말대로 부르주아지가 사용하는 기호의 성질을 프롤레타리아트의 방식으로 바꿈으로써 세상을 새롭게 해석하도록 한 것이다. 이 의미의 연속선상에서 푸코는 「루이 보나파르트의 브뤼메르 18일」이라는 마르크스의 걸출한 글을 예로 들어 마르크스는 자신의 해석을 궁극적인 해석으로 제시하지 않는다는 점을 극찬하기도 한다.

그러나 이 부분도 푸코가 마르크스에게 경의를 표했다기보다는(사실 푸코는 마르크스를 폄하하지도 숭배하지도 않는다), 니체, 마르크스, 프로이트로부터 우리가 우리 자신을 해석하는 지평이 달라졌고, 따라서 그들로

_____

7. 푸코 외, 「니체, 프로이트, 맑스」, 37쪽.

부터 '순환적인 해석의 시대'를[8] 맞이했다는 주장을 더 잘 드러내려 했을 뿐이다. 다시 말하면 마르크스의 정치경제학은 기호의 배치를 바꾸어 세계를 변화시킬 새로운 해석을 구성하고 있었다. 즉, 동일한 기호를 사용하면서도 다른 배치로 대상을 매번 다르게 해석함으로써 세상을 변화시킨다. 이 의미에서 마르크스는 해석 그 자체를 비판했다기보다, 세상을 변화시키지 못하는 고정된 해석들을 비판한 것이었다.

규율권력과 이데올로기적 국가장치

그러나 푸코는 '정통 마르크스주의자들의 마르크스'에 대해서 '19세기 어항의 물고기'라며 과소평가하는 발언을 서슴없이 해왔다. 특히 푸코는 국가권력의 전복에 집중하는 정통 마르크스주의적 혁명이론에 매우 비판적이었다. 푸코는 그의 강의록 『안전, 영토, 인구』에서 명시적이진 않지만 정통 마르크스주의와 알튀세리안들의 사유라고 할 수 있는 것들에 대해 매우 민감한 언급들을 하곤 했다. 예컨대 강의록 여러 곳에서 마키아벨리나 국가이성에 대해 이질적인 평가를 하는 등 민감한 발언을 어렵지 않게 만날 수 있다.[9]

하지만 이런 것에 속지는 말아야 한다. 푸코는 그의 주저 『감시와 처벌』에서 은밀하게 『자본론』을 인용하며 자신의 '규율권력' 개념을 더 세련되게 다듬는다. 독특하게도 그는 마르크스가 분석한 "결합노동일"(combined working day) 개념에 시선을 돌렸다. 예컨대 한 사람의 하

---

8. 기존의 용어와 개념들을 가지고 계속 바꾸어 배치, 사용하면서 새로운 의미와 해석을 생산하기 때문에 '순환적인 해석'이다.
9. 미셸 푸코, 『안전, 영토, 인구』, 오르트망 옮김, 난장, 2011, 103쪽, 345~346쪽.

루 노동시간이 12시간일 때, 12명이 결합하면 144시간이 된다. 그런데 한 노동자가 하루에 12시간씩 12일 일하여 144시간 일하는 것보다, 12명이 동시에 결합해서 하루에 일하는 144시간이 더 많은 생산물을 만들어 낸다. 즉, 결합노동일의 노동력은 노동의 사회적 생산력으로서 매우 독특할 뿐 아니라, 생산성을 높이기 위해 반드시 필요한 것이다.

여기서 중요한 것은 이 독특한 개념이 공장 노동자들을 모두 동일한 규율에 따르도록 요구하게 된다는 점이다. 사실 공장이 가동되려면 동일한 규율을 통해 기계와 인간들을 효율적으로 결합시키고 마치 한 몸인 것처럼 움직여 나가야 한다. 이렇게 보면 규율은 단지 개인의 신체를 배분하고, 그것으로부터 노동시간을 추출하여 축적하는 기술에만 머무는 것이 아니라, 노동집단 내의 여러 가지 힘을 조합해 더 많은 시간을 뽑아 내는 효율적 장치의 기술이 된다.[10] 이 기술은 엄청난 힘을 발휘한다. 떠밀리며 지하철 개찰구를 빠져나오면 어느덧 회사인 것처럼, 노동자들은 기계에 붙어 떠밀려 움직이다 보면 어느덧 상품을 뽑아낼 수 있었다.

이것은 알튀세르의 '이데올로기적 국가장치'(appareils idéologiques d'État, AIE)[11]와 어느 정도 같은 개념이기도 하다.[12] 하나의 '억압적 국가장치'(appareil répressif d'État, ARE)가 있겠지만, 그것은 공적인 영역에서 작동하고 있을 뿐이다. 사적인 영역에 오면 다수의 이데올로기적 국가장

---

10. 미셸 푸코, 『감시와 처벌』, 오생근 옮김, 나남, 2003, 257~258쪽.

11. "하나의 억압적 국가장치가 존재하는 반면, 다수의 이데올로기적 국가장치들이 존재한다. 단일화된 억압적 국가장치가 완전히 공적인 영역에 속하는 반면, 외견상 흩어져 있는 이데올로기적 국가장치들의 대부분은 반대로 사적인 영역에서 유래한다"(루이 알튀세르, 『아미앵에서의 주장』, 김동수 옮김, 솔, 1991, 90쪽).

12. 강민혁, 『자기배려의 인문학』, 북드라망, 2014, 103쪽. 나는 이 책에서 알튀세르의 장치 개념과 푸코의 규율권력 개념의 유사성을 이미 지적한 바 있다. 당시 나는 『감시와 처벌』에서 푸코가 결합노동일의 개념을 설명하는 장면을 보고 이들의 유사성을 강렬하게 직감했다. 이런 주장은 오래전부터 사토 요시유키 등 여러 사람들이 부분적으로 해왔고 최근에는 진태원 등 한국 학자들도 관심을 갖고 주장하고 있다.

치들이 작동해야만 한다. 학교나 회사의 직업훈련은 모든 노동력을 사회적 노동이 가능한 노동력 ─ 그러니까, 개인들이 마음대로 하지 않고, 주어진 규칙, 예컨대 정해진 시간, 정해진 장소, 정해진 명령에 맞추어 일하는 노동력 ─ 이 되도록 질적으로 다르게 구성해 낸다. 다시 말하면 부르주아의 입장에서 순종적으로 일할 수 있는 노동력으로 만들어 내야 진정한 노동력이 되는 것이다. 그것을 가능하게 하는 것이 푸코 식으로는 바로 '규율권력'이다. 따지고 보면 푸코는 스승인 알튀세르로부터 배운 개념들이나 통찰을 은밀하게 자신의 것으로 바꾸어 더 진전된 형태로 내놓고 있었다.

그러나 이상하다. 답답하다. 이 지점에서 논의가 끝나면 이들은 모두 아포리아에 빠질 수밖에 없다. 주체가 단지 권력에 의존하여 구성된다면 어떻게 새로운 주체가 가능할 것인가? 그저 장치가 만들어 놓은 순종적인 주체만 생성될 것이 아닌가? 꼼짝 않고 벽에 달라붙어 가만히 있는 좀비들의 낮. 대체 뭘 해야 할지 떠오르지 않는 우리들의 밤. 푸코도, 알튀세르도, 그들이 보여 준 세계는 여기서 그리 멀리 떨어져 있지 않다. 그들도 자유롭지 않다. 어쩌면 마르크스까지도 그런 것이 아닐까. 사실 이 아포리아는 우리에게 매우 잘 알려진 것이고, 푸코는 『성의 역사』 1권을 발표할 때까지도 이 아포리아를 벗어나지 못한 듯하다. 들뢰즈도 이 시기의 푸코에 대해 "하나의 출구를 발견하면서 다른 출구들을 막아 버린 것 같다"[13]라고 의문을 제기하기도 했다. 그만큼 푸코의 아포리아는 동료들에게도 심각하게 의문을 갖도록 했다.

---

13. 질 들뢰즈·펠릭스 가타리, 「욕망의 쾌락」, 서울사회과학연구소 엮음, 『탈주의 공간을 위하여 : 들뢰즈·가타리의 정치적 사유』, 이호영 옮김, 푸른숲, 1997, 108~109쪽.

바로 이 시점에서 푸코가 '통치성'과 함께 만난 주제는 '주체 변형의 문제', 즉 '영성의 문제'이다. 푸코는 또 다른 강의록인 『주체의 해석학』에서 이 문제를 집중적으로 검토한다. 그가 말하는 '영성'(spiritualité)이란 진실에 접근하기 위해서 주체가 자기 자신에게 필요한 변형을 가하는 탐구나 실천, 그리고 경험들을 말한다. 다시 말하면 그것은 주체가 진실에 접근하기 위해서 대가를 치러야 하는 수련들과 실천들이다.[14] 어떤 진실을 깨닫고, 내 자신의 것으로 만들려면 그것을 수동적으로 듣기만 해서는 안 된다. 진실은 위험한 실천 속으로 들어가야만 그 대가로서 획득되는 것이다.

우리가 경구의 형식으로만 알고 있는 진실이란 껍데기와 같다. 그저 경구 따위를 입으로 외울 수 있다고 그 진실이 내 것일 수는 없다. "네 이웃을 사랑하라"라는 경구를 정확히 되뇔 줄 알아도, 결정적인 순간에, 예컨대, 난민을 받아들일 줄 모르고, 오로지 자기 가족만을 감싸는 삶이라면 결코 진실을 아는 삶이 아닐 것이다. 진실의 알맹이는 어딘가 빠져 버리고, 진실의 겉옷만 이리저리 뛰어다니는 꼴이다. 영성이란 어떤 대가를 치르더라도 진실의 알맹이를 찾아 신체에 각인시키는 것이다. 영성은 진실을 나에게 새긴다.

푸코는 이 주제로 철학사 전반을 재구성하는 시도를 한다. 우선 푸코는 스피노자의 『지성 개선론』을 가지고, 그가 주체 존재의 변형 문제를 중요하게 여겼다는 것을 지적한다. 이런 문장들을 보라. "이 모든 것

---

14. 미셸 푸코, 『주체의 해석학』, 심세광 옮김, 동문선, 2007, 58쪽.

들[부, 명예, 감각적 쾌락 — 인용자]이 어떤 새로운 습관을 시작하는 데 상당히 방해가 된다는 것을, 오히려 이 모든 것들은 서로 크게 대립되므로 우리들은 하나를 아니면 다른 것을 필연적으로 포기하여야만 한다는 것을 내가 알았을 때, 어떤 것이 나에게 유용한 것인지 나는 탐구하지 않을 수 없게 되었다.”[15] 그리고 스피노자가 '어떤 삶의 규칙들'[16]이란 제목으로 나열한 몇 가지 규칙들도 보라. 그는 자신의 주체를 자신이 원하는 방식으로 바꾸기 위해서 어떤 대가를 치러야 하는지 줄기치게 탐구하고 있었다. 그에겐 그것이 곧 '철학'이기도 했다. 어쩌면 철학은 이런 규칙(로고스)을 내 몸에 지울 수 없는 흔적으로, 심지어 흉터로 남기는 강력한 시도일지도 모른다.

그는 이런 접근이 칸트, 헤겔, 셸링, 쇼펜하우어, 니체, 후설, 하이데거에 이르기까지 19세기 철학자들에게도 이어진다고 주장한다. 표면적으로는 그들이 영성에 대해서 높이 평가하지 않고, 심지어 비판적이기까지 하지만, 그들이 이야기하는 '인식행위'(activity of knowing)는 반드시 영성의 요청(requirements of spirituality)과 연관될 수밖에 없다는 것이 푸코의 주장이다.[17] 즉 은밀하게 숨겨져 있지만, 그들에게도 '영성 없는 인식'이란 존재할 수 없다. 푸코는 심지어 헤겔의 『정신현상학』도 이런 흐름에서 벗어나지 않았다고 본다. 그들은 현대에 이르러 철학사에 재출현한 새로운 영성주의자들이었다. 단지 그들의 영성이 자본과 과학의 눈꺼풀 안으로 움츠러들어 있을 뿐이다.

결국 데카르트 이후, 즉 17세기 철학 이후 사유의 역사는 '영성의 구

---

15. 바뤼흐 드 스피노자, 『지성 개선론』, 강영계 옮김, 서광사, 2015, 18쪽.
16. 스피노자, 『지성 개선론』, 25~26쪽.
17. 푸코, 『주체의 해석학』, 67쪽.

조'(주체 변형의 구조)를 다시 성찰하게 된 역사였다. 다시 말하면 그것들은 진실을 주어진 것으로만 생각하고 이미 해석된 것을 받아들이기만 했던 것에서[18] 벗어나, 진실을 획득하기 위해서 주체는 자신을 어떻게 변형해 나가야 하는지 성찰하는 철학들이었다. 그래서 나는 감히 말하고 싶다. 이들은 우리들의 정신에 로고스의 흉터를 남기려 했던 영성의 철학자들이라고.

영성주의자 마르크스

그런데 푸코는 묘하게도 '영성의 문제'가 정신분석학과 마르크스주의에서도 다시 발견된다고 주장한다. 그도 그럴 것이, 마르크스주의 혁명이 가능하기 위해서는 프롤레타리아 계급의 주체 변형이 동시적으로 일어나야 한다. 또한 혁명 이후에도 사회주의 공동체 변화와 동행적인 의식을 갖기 위해서 부단한 주체 혁명이 불가피하다. 어쩌면 사회주의 혁명은 영속적인 주체 혁명일지도 모른다.

이는 아마 '코뮨'이라는 껍데기 안에 갇히지 않고 부단히 자신들을 바꾸어 가는 주체들의 공동체를 지칭할 것이다. 그러나 푸코가 보기에 정통 마르크스주의자들과 정신분석학자들은 자신들의 이론 속에 내재되어 있었을 이 영성의 문제를 계급, 당, 조직이라는 사회 형식(social forms)만을 내세워 은폐했다.[19] 사회 형식의 변화와 함께 주체 변형의 문

---

18. 데카르트를 이렇게 바라보는 것은 푸코의 시각이다. 그러나 데카르트는 영성과 인식, 이 두 가지 모습을 모두 보여 준다고도 할 수 있다. 이 주제는 2017년 가을 프랑스철학회에서 김은주의 발표문 「푸코-데리다 광기 논쟁을 통해 본 데카르트라는 사건」을 참조할 수 있다. 종합토론 시간에 데카르트의 『성찰』은 영성의 전통과 인식의 사고가 중첩된 텍스트인 것 같다고 한 의견은 참고할 만하다.

제를 동시에 고민해야 하는데도 언제나 사회 형식의 변혁에만 몰두했다는 것이다. 이런 시선에는 정통 서구 마르크스주의에 대한 푸코의 탄식이 함께 서려 있다. 볼셰비키 혁명이 경직된 스탈린주의로 미끄러지고, 붉은 대장정이 결국은 국가자본주의로 회귀하고 마는 역사에 대한 탄식이….

그러나 푸코가 누군가. 늘 포기하지 않는, 그래서 기어코 훌쩍 넘어기 비리는 이 시대의 탈출지 아닌가. 이 지점에서 푸코는 그 험징에서 벗어나 '주체가 변형되는 장소'를 찾기 시작한다.

언제나 새로운 눈, 새로운 대상이 필요하다. 주체를 주체로 바라보지 마라. 주체도 실체가 아니다. 그것에 무언가 채워져 있다고 여기지 마라. 그것은 실하지 않다. 이쯤에서 그 유명한 '권력관계'의 통찰이 이 요지부동인 '주체'의 주위를 둘러싼다. 자, 밝은 눈으로 다시 보자. 주체도 관계다. 왜 아니겠는가. 모든 것은 관계다. 주체도 관계를 벗어나 존재하지 않는다. 그럴 수 없다. 그러면 그것은 무엇과 무엇이 관계하는가. 주체는 자기와 자기의 관계 속에서 구성된다.[20] 즉, 주체도 자기와 자기의 권력관계다. 푸코에게 그것은 완전히 새로운 통찰이면서 새로운 돌파구였다.

주체도 그것을 생성시킨 관계들이 변할 때 부단히 변한다. 이 관점에서 보면 새로운 주체는 자기가 자기와 투쟁하면서, 그리고 그 과정에서 자연스럽게 생성되는 사회, 예술 등과 다양하게 응전 관계를 맺으며 함께 형성될 것이다. 그 투쟁의 기술과 역사가 기독교가 들어오기 전 그리

---

19. 푸코, 『주체의 해석학』, 68쪽.
20. 이것도 명백히 경험적-초월론적 주체라는 칸트의 주제를 새롭게 전유한 것과 관계된다고 생각할 수 있다(강민혁, 『자기배려의 인문학』, 112~120쪽).

스·로마 사유에 자기배려의 대륙으로 아틀란티스처럼 파묻혀 있다. 자기배려는 주체 형식과 사회 형식 사이의 깊은 골을 메우고 회복시킨다. 신학과 통치기술에 의해 서로의 고리를 폭력적으로 끊어 버린 곳을 연결하고 다듬는다. 그것은 나의 문제가 사회의 문제이고, 사회의 문제가 나의 문제가 되는 것임을 분명히 인식하도록 하는 정신의 윤리적 장치이다.

세네카는 훌륭한 영혼은 나쁜 영혼, 즉 영혼의 오류 이전에 오지 않는다고 단언한다. 이 생각은 언제나 주체는 바꾸어 나가야 할 존재이며, 또 바꾸어 나갈 수 있다는 낙관적 통찰에 기댄다. 푸코는 이 통찰을 이어받아서 우리가 어떤 나쁜 상태에 있더라도 스스로를 재건할 수 있는 존재이므로 "단 한 번도 되어 본 적 없는 자기가 되기"(To become again what we never were is)를 권한다.[21] 마치 나쁜 영혼이 역설적으로 '주체 변형의 장소'이기도 하다는 듯, 어떤 어긋난 영혼, 오류의 영혼이야말로 새로운 주체로 가는 출발이라고 속삭인다. 이것은 마르크스의 걸출한 박사논문인 에피쿠로스의 우발성과도 만난다.[22] 그리고 그것은 알튀세르가 천착했던 "우발성의 유물론"[23]과도 만난다. 어쩌면 이것이야말로 푸코가 마르크스를 넘어선 마르크스, 새로운 마르크스가 되어 세상을 바꾸는 출발이 되는 것이 아닐까. 여기서 마침내 정신의 포로수용소에 갇힌 숱한 정신들을 개방하여 사방팔방으로 탈주시키는 새로운 마르크스가 개시된다.

---

21. 푸코, 『주체의 해석학』, 132쪽.
22. 카를 마르크스, 『데모크리토스와 에피쿠로스 자연철학의 차이』, 고병권 옮김, 그린비, 2001.
23. 알튀세르의 '우발성의 유물론'은 후기 사상에 국한된 것은 아니다. 그는 70년대 루소 강의에서도 우발성의 역사를 줄기차게 이야기해 왔다.

미셸 푸코의
『주체의 해석학』
후기

제가 미셸 푸코에게 완전히 매료된 계기는 친구들과 『감시와 처벌』이라는 책을 함께 읽으면서였습니다. 토요일 오후 두 시간 남짓 진행되는 프로그램에서 이 책을 처음 읽게 되었지요. 『임상의학의 탄생』을 읽은 직후라 도무지 이 난해한 푸코를 더 읽을 수나 있을까 하는 걱정이 앞섰습니다. 그러나 누구나 자신에게 궁합이 맞는 책이 있나 봅니다. 웬걸, 이 책은 매우 흥미롭게 읽기 시작했습니다.

당시에 저는 회사에서 꽤 큰 프로젝트를 맡아 진행하고 있어서 1년 넘게 휴일 오전에도 회사를 나가 일을 하고 있었습니다. 오전에 회사 일을 끝내고 세미나에 오기 전까지 한두 시간 회사에 남아 이 책을 꼼꼼히 읽었던 기억이 납니다. 또 출퇴근 시간에도 이 책에 줄을 그으며 버스와 지하철을 탔던 기억도 나지요.

특히 저는 푸코의 박진감 넘치는 문체를 이 책을 읽으면서 비로소 실감하게 된 것을 기쁘게 여겼습니다. 그전에는 도무지 느껴지지 않던 그의 문체가 온몸으로 스며들었습니다. 푸코의 문장은 시적이지도 서사적이지도 않습니다. 그렇다고 칸트처럼 논리적 엄밀함으로 무장한 개념적인 문장들도 아닙니다. 심지어 화려한 지식과 수사로 읽는 이에게 지식욕이나 문장욕을 일으키지도 않습니다. 『감시와 처벌』은 어떤 논픽션을 읽는 착각에 빠지게 하면서도 예상치 못한 지점에 가면 슬그머니 푸코가 들어와 그 논픽션 장면을 명징하게 해부하여 제게 보여 줍니다. 어떤 피투성이 해부학 실습실 같은 문장, 저는 그의 문장을 그렇게 표현하고 싶습니다. 그의 문장은 수사적 기교로는 도저히 도달할 수 없는 글들입니다.

그런데 이 책을 읽으면서 한 가지 더 인상에 남는 것이 있었습니다. 이 책을 읽기 전에 저는 연구소에서 진행하는 '마르크스주의' 강의를 듣고, 추가로 친구들과 정치경제학 세미나를 1년간 한 적이 있었습니다. 그래서인지 다른 사람들의 소개와 달리, 저는 이 책을 마르크스의 정치경제학과 연결해서 생각을 하곤 했습니다.

특히 『감시와 처벌』에서 『자본론』을 인용하며 자신의 '규율권력' 개념을 세련되게 다듬는 장면은 제게 큰 영감을 주었습니다. 마르크스가 분석한 바 있었던 '결합 노동일'(combined working day) 개념을 푸코가 사용하는 장면에선 '규율권력'이라는 개념이 왜 자본주의 구성을 설명하는 데 중요할 수 있는지를 실증적으로 보여줍니다. 비록 생산력이 바뀌더라도, 생산관계가 바뀌지 않는다면 자본주의는 성립되기 힘들었습니다. 그때 공장 내부에서 폭력적으로 관철되기 시작했던 것이 바로 이 '규율권력'이었지요. 규율권력이 작동하지 않았다면, 노동자라는 존재는 공허했을 것입니다. 노동자는 공장의 리듬과 함께 움직여야만 의미를 지니지요. 훗날 진태원 선생님이 이 부분을 가지고 제가 생각했던 것과 똑같은 생각을 학술회의에서 말씀하시는 것을 보고 깜짝 놀랐습니다. 당연히 저는 제가 틀리지 않았다는 안도감이 생겼지요.

이렇게 『감시와 처벌』을 읽고서 푸코의 시선에 관심을 갖고 있었는데, 저는 그 프로그램의 마지막 시간에 아주 감동적인 글을 읽게 됩니다. 바로 푸코가 죽기 직전인 1984년에 행한 인터뷰 녹취록입니다.[24] 우리나라에서는 『미셸 푸코의 권력이론』이라는 책에 편집되어 있는데, 당시에도 벌써 절판된 상태라 복사본으로 돌려 읽었습니다. 사실 복사본으로 나누어 주기에, 그저 참고삼아 읽어봐도 될 것으로 여겨서 수업 당일 수업 들으러 가는 지하철에서야 꺼내들고 읽기 시작했습니다. 아, 그런데 이 무슨 천지개벽이랍니까. 25페이지 남짓 되는 인터뷰에는 푸코의 핵심적인 생각들이 너무나 간이한 언어로 잘 표현되어 있습니다. 40~50분 되는 지하철 이동 시간에 완전히 몰입하여 읽었는데, 당시의 강렬한 느낌이 아직도 생생합니다. 어찌나 강렬했는지 지금도 이 글을 꺼내들기만 해도 그 당시 지하철 풍경이 확 떠오를 지경입니다.

진리놀이(games of truth)를 하는 인간 주체, 자기를 변형시키고 어떤 특정한 존재양식에 도달하려는 훈련, 고정적인 지배의 상태와 가변적인 권력관계에 대한 견해, 고정적인 지배관계를 최소화하는 놀이로서 윤리 개념, 윤리의 존재론적인 조건으로서 자유의 의미, 자유의 구체적인 표현으로서의 에토스, 자기가 자기를 다

---

24. 미셸 푸코 외, 『미셸 푸코의 권력이론』, 정일준 편역, 새물결, 1994, 100~125쪽.

스리는 관계로서의 원-권력, 실체가 아닌 하나의 형식으로서의 주체, 그리고 영성
(spirituality)에 대한 명쾌한 설명 등등, 1984년 인터뷰는 모든 것이 명쾌하여 어느 하
나 버릴 것이 없습니다.[25]

저는 푸코를 이해하려면 푸코의 책도 책이지만, 푸코의 인터뷰와 짧은 강연들을
되도록 많이 읽을 필요가 있다고 생각합니다. 그의 인터뷰에는 책에서는 복잡하게
설명했던 부분들을 간명한 언어로 명쾌하게 정리하고 설명해 주는 장면이 많이 있
습니다. 마치 니체가 그의 저작뿐 아니라, 『유고』를 읽어야 더욱 명쾌해지는 경우가
많은 것처럼 말이죠. 푸코는 그 자신의 저작과 인터뷰들이 상호보완적으로 얽혀 있
는 매우 특이한 저자입니다. 인터뷰와 강연도 명백히 그의 텍스트, 그것도 매우 중대
한 그의 텍스트입니다. 이 의미에서 푸코의 이런 글들만 모아 놓은 『말과 글』(Dits et
écrits)[26]이 하루빨리 번역되어 나왔으면 좋겠습니다.

또 우리나라에 『푸코의 맑스』라는 제목으로 출간된 이탈리아 공산주의자와의
인터뷰는 흥미롭기 그지없었습니다. 특히 다음과 같은 대답은 자기배려와 혁명의
관계에 대한 푸코의 분명한 대답이라고 생각합니다.

"우리는 다른 세계와 다른 사회를 원할 뿐 아니라, 더 근본적으로 나아가, 스스
로를 변화하기를 그리고 관계들을 변혁함으로써 완전히 '다른 사람'이 되기를 원했
습니다. 즉, 우리는 완전히 다른 세계에서 완전히 다른 사람이 되기를 원했던 것이지
요."[27]

1978년에 이루어진 대담임에도 불구하고, 자신이 하게 될 미래의 대답을 오래전
부터 예비하고, 심지어 이미 한 것처럼 느껴지기조차 합니다. 그리고 마르크스주의
자의 질문에 니체적인 대답들로 되돌려주는 모습 그 자체가 깜짝 놀랄 정도로 짜릿

25. 이 책 621~627쪽에 이 인터뷰의 내용이 서술되어 있습니다.
26. Michel Foucault, *Dits et écrits*, Daniel Defert, vol. 1~4, Gallimard, 1988. 이 저작은 최근 두 권짜리 책으로 재편집
되어 출간되었습니다. *Dits et écrits*, vol. 1-2, collection "Quarto", Gallimard, 2001. 3,000페이지가 넘는 이 책에는
푸코 전 생애에 걸쳐서 책으로 출간되지 않은 잡문들이 거의 모두 수록되어 있습니다.
27. 미셸 푸코, 『푸코의 맑스』, 이승철 옮김, 갈무리, 2005. 51쪽.

한 것이었지요. 공산주의자 사르트르의 사상을 제대로 평가해야 하지 않느냐는 질문에, 푸코는 사르트르가 옹호하는 '주체'를 강하게 비판하는데요, 그러면서 다시 반문하기를 주체가 자신을 기존에 구성하던 관계들과 더 이상 '자기-동일성' 속에 있을 수 없는 그런 경험을 할 수는 없을까라고 돌발적으로 반문합니다. 그러니까, 기존의 나와 다른 주체를 구성하는 경험을 할 수 없을까 묻는 것이었습니다. 이미 그는 주체의 새로운 변화에 큰 관심을 가지고 있었습니다. 그러면서 그 경험이 바로 영원회귀로 나타나는 니체의 경험이라고 말합니다.

저는 이 지점에서 절로 깨달았습니다. 영원회귀란, 기존에 구성된 '자기와 자기의 관계'에 파열이 일어나고, 그 관계가 새롭게 구성되는 원점이로구나! 더 이상 자기-동일성('자기와 자기의 관계'가 그 전과 그 후가 동일한 것) 속에 있을 수 없는 경험! 놀라웠습니다. 그는 모든 사회적 혁명은 자기의 혁명으로 수렴되어야만 가능하다는 듯이 끊임없이 주체의 변화를 이야기하고 있었습니다.

어떤 의미에서 보면 지배적인 국가장치가 주체를 사회적 생산력으로 만들어 내기 위한 노력에서 규율권력이 비롯되었다면, 프롤레타리아 혁명이란 그런 지배적인 장치들로부터 주체가 탈주하기 위해서 주체 변혁의 사회적 사건을 만들어 내는 일이라고 할 수 있을 겁니다. 둘 다 주체의 변화와 관련되는 것이죠. 그렇다면 푸코와 마르크스는 결국 같은 것을 말하고 있었는지도 모릅니다. 바로 그것이 푸코의 후기 철학, '자기배려'에 대한 새로운 이해의 출발입니다. 자기배려의 정치는 이렇게 개인으로 퇴행하는 것이 아니라, 기존의 사회철학들과 만나고 결합되면서 새로운 지층을 구축합니다. 아마 제가 사랑하는 푸코의 목소리, 『주체의 해석학』 강의록은 그런 새로운 지층을 구축해 나가는 가속의 언어들일 겁니다. 여러분이 이 놀라운 텍스트를 읽게 된다면 어느 누구든 푸코주의자가 되지 않고서는 배기지 못하리라 장담합니다.

자기 밖으로 나가기

—

뤼시앵 페브르, 『마르틴 루터 ─ 한 인간의 운명』

할 아 버 지 의 세 례

나의 고조할아버지 이야기다.[1] 고조할아버지는 꽤 활동적이셨는지, 마을 다반사를 거의 도맡아 하셨다고 한다. 하지만 뭐든 복잡해지고 어수선해지면 나쁜 일이 생기는 법. 몇 가지 일로 주변과 크게 다투게 되었나 보다. 땅 문제가 꼬이면서 이웃친척들과 큰 사달이 나고 만 것이다. 그 사달이 도무지 해결할 수 없는 지경에 이르자, 급기야 할아버지는 야반도주를 감행한다. 그러나 급하게 도망쳐 나왔지만, 사실 그 즈음 갈 곳은 마땅치 않았다. 사방이 산과 바다로 막혀 있는 섬에서 섬 밖으로 나서는 것은 목숨을 거는 일이고, 더군다나 섬의 공동체 네트워크는 매우 촘촘했기에 섬 안에서는 어디 도망가더라도 잡혀오기 십상이었다.

그야말로 할아버지는 나오자마자 막다른 곳에 서 있었다. 도무지 도

---

1. 할아버지와 아버지에게 들은 이야기를 기초로 약간 각색했다. 지금으로선 사실을 확인하는 것이 쉽지 않다. 사실과 다소 차이가 있더라도 성당과 나의 관계를 설명하는 것으로는 크게 문제없을 듯하니, 바라건대 그걸 보충하는 소재로만 한정하여 이해해 주면 좋겠다.

망갈 곳은 없고, 그렇다고 마을로 돌아가면 맞아 죽을 상황. 바로 그 순간, 할아버지 머리에 스치는 한 장소가 떠올랐으니, 바로 외국인 신부가 있는 성당(聖堂)이었다. 그때까지는 노랑머리, 파란 눈동자의 신부가 있는 성당을 이상한 사람들이나 다니는 곳으로 생각했던 당신이고 보면, 그 장소를 떠올리는 것 자체가 매우 의외이고 낯선 것이었으리라. 그러나 당시 마을사람들은 그곳을 치외법권이 있는 곳, 함부로 들어가지 못하는 곳으로 여겼다.

아무튼 지푸라기 잡는 심정으로 무작정 쳐들어가 신부님께 통사정을 한다. 아마 사제관에 주무시던 신부님은 아닌 밤중에 홍두깨처럼 깜짝 놀랐을 것이다. 그러나 외국인 신부님은 할아버지를 사제관에 잠자게 하고, 그 후에도 당분간 그곳에 머물게 하였다. 섬이라는 특수성을 생각해 보면, 할아버지가 성당으로 피신한 것은 기막힌 한 수였다. 이후 마을사람들이 어찌어찌 누그러지자 무사히 집에 돌아갔는데, 그때 할아버지가 맨 처음 한 일은 온 가족을 성당으로 이끈 일이었다. 당연히 할아버지도 세례를 받아, 다른 사람이 되었다. 이후 5대째 우리 집안사람들은 모두 예외 없이 가톨릭 신자가 되어야 했다. 그때 성당이 고조할아버지를 받아주지 않았다면 전혀 존재하지도 못할 후손들이었으니, 그럴 만도 했다. 삶이 나둥그러지며 가족과 신앙의 꽃이 핀 셈이었다.

수 도 사   루 터 ,   신 을   찾 다

1517년 10월 31일 루터(Martin Luther, 1483~1546)가 비텐베르크 성당 정문에 '95개조 반박문'을 게시한 지 500년이 지났다. 물론 그가 실제로 비텐베르크 성당 정문에 논제를 제시했는지는 논란이 많지만, 아무튼 지난 2017년은 종교개혁 500주년이었다.[2]

사실 루터는 뼛속까지 중세인이면서 마지막 중세인이었다. 그는 철저히 중세적인 분위기에서 성장하고 살아가며 구원을 추구했던 기독교인이다.[3] 그러나 아버지 한스 루터는 성공에 대해 야망을 갖고 있었고, 근면하고 성실하여 짧은 시간에 제련업자와 상인으로 성공하면서 계급적인 상승을 이룬 사람이었다. 당연히 아버지는 루터가 법률가가 되기를 확고하게 원했다. 그러나 운명은 모든 틈을 비틀어 잠가도 새어나오는가 보다. 막힌 틈을 뚫고 예기치 않은 어떤 사건이 발생한다.

에르푸르트 대학에 다니던 7월 어느 날, 루터는 에르푸르트에서 가까운 슈토테른하임 근처에서 갑자기 몰아친 폭풍우를 만난다. 그때 루터는 자신 바로 옆에 벼락이 떨어지는 것을 두 눈으로 지켜보았다. 죽음에 대한 극도의 공포에 사로잡힌 나머지 그는 성모마리아의 어머니이며 광부들의 수호성인인 성 안나를 부르며 수도사가 되겠다고 서원(誓願, vow, 하느님 앞에 맹세하여 소원을 세우는 것)하게 된다.[4] 그 순간 바로 그는 아버지의 뜻을 어기고 '아우구스티누스 엄수파 수도원'에 들어갔다. 이 사건은 루터 신학에서 보자면 매우 징후적이다. 그는 자신이 출

---

2. 보통 우리는 루터가 1517년 10월 31일 면죄부 판매에 항거하고, 고해성사를 비판하는 '95개조 반박문'을 직접 비텐베르크 성벽교회 문에 제시한 것으로 알고 있다. 그러나 이 사건의 역사성에 대해서는 아직까지 여러 가지 논란이 많다. 박흥식 교수의 글에 따르면 루터 본인이 직접 교회 문에 내걸었다는 증거는 아직까지는 발견되지 않았다. 왜냐하면 이 사실을 전해 준 멜란히톤(Melanchthon, 1497~1560)이 비텐베르크 대학으로 간 것은 1518년 8월이었기 때문에 루터가 실제 그랬는지 확인해 줄 사람이 아니었다. 가톨릭계 역사학자인 에르빈 이절로(Erwin Iserloh)는 루터가 95개 조항을 교회 문에 내건 것은 아니고, 고위 성직자들, 그러니까 브란덴부르크 주교와 마인츠 대주교에게 면죄부 오남용을 개선해 달라고 편지를 보냈을 뿐이라고 주장했다. 물론 루터의 가장 가까운 동료인 뢰러(Rörer)의 메모(자기 성경에 루터가 교회 문에 논제를 걸었다는 내용의 메모를 한다)가 증거로 제시되기도 하였지만, 여러 학자들에 의해 증거능력이 반박되었다. 자기 성경에다 써 놓은 것일 뿐이므로 증거력을 확보하기 힘들었을 것이다(박흥식, 『미완의 개혁가』, 21세기북스, 2017, 29~65쪽).
3. 김덕영, 『루터와 종교개혁』, 길, 2017, 46쪽.
4. 뤼시앵 페브르, 『마르틴 루터 — 한 인간의 운명』, 김중현 옮김, 이른비, 2016, 31쪽 ; 김덕영, 『루터와 종교개혁』, 55쪽.

자기 밖으로
나가기

구가 없는 상황이라고 느꼈고, 이렇게 막판에 몰린 상황을 돌파하기 위해서 신을 찾은 것이었다. 말하자면 그의 선택은 종말론적이었다.

수도사 루터는 수도원 규율을 유순하게 지킨다. 그러나 훗날 루터는 그 생활이 조금만 더 지속되었더라면 오래 버티지 못하고 죽었을 거라고 다소는 고통스럽게 회고한다.[5] 그래서인지 역설적으로 수도사가 된 후에는 자신의 구원에 대해 더 큰 회의를 품게 된다. 어쩌면 서원의 불꽃이 사그라들고 있었을지 모른다. 그러나 바로 그 순간, 루터에게 결정적인 것이 찾아왔다. 비텐베르크 대학에서 성서 주해를 가르치면서 「시편」과 「로마서」를 새롭게 읽게 된 것이다.[6] 페브르(Lucien Febvre, 1878~1956)의 말대로 루터는 책을 한 권 펼치면 자기 생각을 그것에서 끄집어내 읽어 냈다. 텍스트를 통해 자기 안으로 깊이 들어가 자신도 몰랐던 맑은 샘물을 찾아내는 것이다.[7]

루터의 신앙은 다른 신앙과 달리, 그 자신이 닦아 나가야 할 길과도 같다. 그의 삶은 새로운 길을 만들며, 새로운 길의 흔적을 남기며 나아가는 생이다. 그래서인지 페브르의 루터 전기는, 겉보기에 루터의 삶도 신을 찾아가는 다른 수도사의 삶과 다르지 않을 테지만, 신에게 매달리는 루터가 아니라, 신을 통해 자기 자신을 찾아가는 루터를 이야기 뼈대로 삼는다. 아니나 다를까, 초월적인 대상을 찾아가는 수도사의 전기임에도 불구하고 페브르의 글은 영성의 분위기가 넘쳐난다. 다음과 같은 「로마서」 강의에서 말한 주해 내용을 보라.

---

5. 페브르, 『마르틴 루터 ─ 한 인간의 운명』, 32쪽.
6. 「시편」 강의는 1513~15, 「로마서」 강의는 1515~16이다. 종교개혁의 해 1517년 바로 직전이다. 『성서』에서 가장 자연주의적 텍스트인 「시편」을 읽으면서 다른 사유가 찾아왔다는 것은 매우 징후적이다.
7. 페브르, 『마르틴 루터 ─ 한 인간의 운명』, 59쪽.

"그리하여 신은 예레미아를 통해 우리에게 '내가 너로 뽑으며 파괴하며 파멸하며 넘어뜨리게 하였느니라'고 말하였다 [중략] 신은 우리 자신의 의(義)와 지혜를 통해서가 아니라 외적인 의와 지혜를 통해서 우리를 구원하기를 원한다. 다시 말해 우리로부터 발생하고 우리 안에서 성장한 의와 지혜를 통해서가 아니라 외부로부터 우리에게 주어진, 여기 이 땅에서가 아니라 하늘에서 유래한 의와 지혜를 통해서 우리를 구원하기를 원한다. 그러므로 우리는 전적으로 외부로부터 오는, 따라서 이질적인 의에 대해서 배워야 한다. 그리고 우리는 우리 안에서 발생한 우리 자신의 의를 먼저 뿌리 뽑아야 한다."[8]

중세 교회는 선행을 통해서라야 신 앞에서 의롭다고 말한다. 여기서 선행은 현대적 의미의 착하고 어진 행실을 말하는 것이 아니라, 미사, 교회 축일, 서원, 자선, 면죄부 구매, 수도원의 금욕적 삶 등을 말한다. 다시 말하면 교회 차원의 의무를 수행하는 것이다. 이를 '행위의 의', '인간의 의' 또는 '행위칭의'(行爲稱義)라고 부른다. 여기서 '칭의'(δικαίωσις, dikaíōsis, 디카이오시스)[9]는 '의롭게 됨' 또는 '의롭다고 인정받음'을 뜻하는데, 죄인인 인간이 의로워졌다고 신으로부터 선언 받는 것이다. 중세 구원론은 선행을 통해 칭의되었기 때문에, 즉 인간이 스스로 행한 선행을 가지고 의로워졌다고 신이 판단해 주기 때문에, 역설적으로 인간 중심적 구원론이다. 즉, 인간이 선행하기 나름인 것이다. 그러나 루터는 이를 뒤집는다. 우리의 안으로부터 오는 인간적인 의(義, righteousness, 정

---

8. 루터, 「로마서」 강의」(김덕영, 『루터와 종교개혁』, 71쪽에서 재인용).
9. 라틴어로는 justificatio, iustisia, 영어는 justification, 독일어는 Rechtfertigung이다. 의화(義化)로 번역되기도 한다.

직하고 착하여 죄 없는 상태)를 폐기하고 우리의 '밖으로부터' 오며 우리에게 '낯선' 의인 '신의 의'를 설파한다. 즉, '믿음의 의', '그리스도의 의' 또는 '이신칭의'(以信稱義, Justification by faith)이다. 다시 말하면 오직 믿음을 통해서 외부로부터 찾아온 신에게서만 의롭게 된다는 뜻이다. 운명의 제목을 '행위칭의'에서 '이신칭의'로 바꿔 버린 셈이었다. 이렇게 말해도 좋다면, '이신칭의'는 문밖에서 찾아온 이방(異邦)의 의(義)이다.

신 을 경 유 해 찾 아 온 새 로 운 자 기

아마 내가 루터의 이 부분을 긍정적으로 여기면 의아하게 생각할 사람들이 있을 것이다. 그것은 자기를 버리고 신에게 자신을 의탁하는 것 아닌가. 그것은 대표적인 반(反)자기배려 아닌가. 맞다. 형식적인 방향만 보면 그렇게 여기는 것이 당연하다. 그러나 내 시점으로는 루터에게 '신'과 '자기'는 정신을 구성하는 기본 요소들이다. 신을 따라가다 보면 자기를 만나고, 자기를 따라가다 보면 신에 이른다. 신은 낯선 외부다. 인간적인 것을 깨버리고 새로운 존재로 올라가기 위해 나타난 '타자'다. 루터에게 이 둘의 엇물림은 숙명적이다.

　이 관점에 서서 루터의 전복을 주체의 변화로 해석하면 전혀 다른 결론이 나온다. 중세의 행위칭의가 주체 스스로 변하지 않더라도 교회 차원의 의무 행위가 축적되기만 하면 신이 구원을 준다는 뜻이지만, 루터의 이신칭의는 현재의 자기를 버리고, 성경이 말씀하신 '새로운 자기'로 변해야만 신이 내 안으로 들어와 구원으로 인도한다는 말이다. 즉, 행위칭의는 주체의 변형이 수반되지 않지만, 이신칭의는 주체의 변형이 결단코 수반된다. 결국 중세의 반자기배려적 행태가, 루터의 자기배려적 저항에 직면한 셈이었다. 굉장한 아이러니이다. 반자기배려적 현대 교회의 기원을 거슬러 올라가 보면, 그 자리에 자기배려적인 루터의 저항이 존재하고 있는 것이 아닌가.

페브르는 이를 더욱 명확하게 설명한다. 우리는 불완전성을 느낀다. 그런데 우리가 믿음을 가진다면, 우리는 우리 안에 신을 가지는 것이다. 우리 안에 있던 고통의 카타콤이 믿음의 장소, 의의 장소로 새롭게 변한다. 이렇게 외부로부터 신이 임재해야만 칭의될 수 있고, 그 순간에야 비로소 선택받은 자들의 일원이 될 수 있는 희망이 생겨난다. 매우 역설적으로 외부의 신이 찾아와야만, 완전히 새로운 존재로 탄생한다는 것이다. "신을 기뻐할 때 그는 신을 사용한다. 사용과 기뻐함(Uti, après frui)… 그의 삶은 계속 발전한다. '선함에서 더욱 선함으로'(de bono in melius)."[10]

여기서 어떤 역설이 생겨난다. 이 순간 찾아온 신은 거꾸로 인간에게 자기를 맡기는 신이다. 내가 나를 신에게 맡기는 순간, 신은 자신을 인간에게 맡긴다. 다시 말하면 기존의 어두운 자기를 버리고 신을 찾는 순간, 새로운 자기가 찾아온다. 신이 인간에게 자신을 맡김으로써 인간은 새로운 자기가 되고, 인간이 신에게 자기를 맡김으로써 신은 새로운 신이 된다. 아마도 사람의 아들이 된 그리스도는 이런 신의 임재, 나의 방식으로 이해하면 '새로운 자기의 임재'를 상징하는 사건일 것이다. 그리스도로부터 인간과 신은 새로워졌다. 그래서 루터의 사례는 자기배려의 여러 가지 형태 중 하나의 형태라고 말할 수도 있다. 페브르는 루터를 다음과 같이 설명하고 이해한다.

---

10. 페브르, 『마르틴 루터 — 한 인간의 운명』, 78쪽.

"[루터는] 신학자, 아니다. 그는 그리스도를 갈망하는 한 신앙인이자 신을 갈급해하는 한 인간이다. 그런 그의 마음상태는 욕망과 격정, 초인적인 환희와 끝없는 고뇌가 들끓고 그로 인해 온몸이 떨리며, 상황들의 여파로 그는 거칠게 밀어닥치는 불가항력의 물결들처럼 수많은 생각과 감정이 범람하고 요동친다. 그런데 물결들은 저마다 자기 리듬에 따라 흘러갈 뿐 앞서가는 물결이나 뒤이어 오는 물결을 생각지 않는다. 각 물결은 그것이 유래하는 머리와 가슴의 풍요로운 생각이나 감정에서 적당한 하나의 몫을 지닌다. 그러므로 그 물결들은 저마다 루터의 모습 가운데 하나를 반영한다. 그런데 바로 그런 식으로, 때로는 자신의 모든 통찰력을 믿음 자체에 집중함으로써 루터는 간절히 신을 소유하고자 애쓰며 율법을 건너뛰어 곧장 복음으로 달려간다."[11]

'신을 소유한다'는 이 관념은 종교개혁의 핵심, 교회형식의 변혁에도 영향을 끼친다. 루터는『독일 민족의 그리스도인 귀족에게 고함』에서 평신도와 사제, 군주와 주교, 영적인 것과 세속적인 것의 차이를 근본적으로 부정한다. 그는 「로마서」(12:4), 「고린도전서」(12:12), 「베드로전서」(2:9) 등 성서를 토대로 그런 내용을 강렬하게 주장하였다.[12] 즉, 우리는 모두 머리 되신 그리스도의 한 몸이며, 서로에 대하여 지체들(팔다

---

11. 페브르,『마르틴 루터 ― 한 인간의 운명』, 81쪽. 강조는 인용자.
12. "우리가 한 몸 안에 많은 지체를 가지고 있지만 그 지체가 모두 같은 기능을 하고 있지 않듯이, 우리도 수가 많지만 그리스도 안에 한 몸을 이루면서 서로서로 지체가 됩니다"(「로마서」 12:4~5), "몸은 하나이지만 많은 지체를 가지고 있고 몸의 지체는 많지만 모두 한 몸인 것처럼, 그리스도께서는 그러하십니다. 우리는 유대인이든 그리스인이든 종이든 자유인이든 모두 한 성령 안에서 세례를 받아 한 몸이 되었습니다. 또 모두 한 성령을 받아 마셨습니다"(「고린도전서」 12:12~13), "여러분은 선택된 겨레고 임금의 사제단이며 거룩한 민족이고 그분의 소유가 된 백성입니다"(「베드로전서」 2:9).

리와 몸)이라는 성경 구절에 의거해서 모든 그리스도교인은 참으로 '영적 계급(신분)'에 속하며 그들 가운데는 직무상의 차별 이외에 아무것도 없다는 이른바, '만인사제직'을 표명하였다.[13] 더불어 「고린도전서」(2:15)에서 "영적인 사람은 모든 것을 판단할 수 있지만, 그 자신은 아무에게도 판단 받지 않습니다"라고 한 바울의 말에 의거해서 교황의 성경 해석 독점권을 비판했고, 신앙, 이성, 성경, 성령을 소유한 모든 신자들이 동일한 권리와 능력을 갖고 있다고 생각하였다.[14]

대항품행과 자기배려

이런 내용을 읽다 보면 그의 생각이나 주장이 무척이나 급진적이라는 사실에 놀라게 된다. 아니나 다를까, 급진성이라면 빠지지 않을 푸코에게도 루터는 각별한 관심의 대상이다. 이 부분은 강의록 『안전, 영토, 인구』에서 '대항품행'에 대해 논하던 제8강에서 간단하게 다루어진다. 푸코는 그리스도교화된 서구가 체험한 품행상의 반란 중 가장 큰 것은 루터의 반란이었다고 명시적으로 이야기하는데, 이것은 숱한 근현대의 혁명들보다 종교개혁을 더 큰 사건으로 여긴 것이기도 했다.[15] 어떤 의미에서 보면 그것이 그렇게 평가되어야 할 이유들을 설명하는 강의가 사실 『안전, 영토, 인구』라고도 할 수 있다. 바로 이 지점에 무엇과도 바꿀 수 없는 푸코의 독특한 관점이 흐르고 있다.

---

13. 마르틴 루터, 『독일 민족의 그리스도인 귀족에게 고함』, 황정욱 옮김, 길, 2017, 31쪽. 사실 루터 본인이 '만인사제직' 이라는 이 용어를 직접 사용한 적은 없다.
14. 루터, 『독일 민족의 그리스도인 귀족에게 고함』, 38쪽.
15. 푸코, 『안전, 영토, 인구』, 273쪽.

명시적이진 않지만, 푸코가 이 부분을 설명하는 장면에 내용상 '만인 사제주의'에 대해 짧게 언급하고 넘어가는 부분이 있다. 사목권력(기독교 권력)은 그리스도교가 발전하면서 사목적 기술과 절차가 극도로 복잡해지고, 매우 엄밀하고도 조밀하게 제도화된다. 성직자와 평신도, 미사예식, 구원의 방식, 복잡한 성경해석 등등. 특히 푸코는 사목의 제도화 차원에서 성직자와 평신도를 대치시키는 이항대립적 구조가 형성되는 것에 주목한다. 우리 모두가 알고 있듯이, 이 둘은 동일한 권리도, 동일한 의무도, 동일한 시민적 특권도 갖지 않았다. 바로 이 지점, 이런 이항성은 그리스도교 공동체에 '사목적 대항품행의 충돌지점 중 하나'가 된다.

다시 말하면 그것은 바로 '성직자 대 평신도 구도'와 '만인사제주의' 간 충돌이다. 사목권력이 인간의 품행을 대상으로 삼는 매우 특이한 유형의 권력이므로(예컨대 고백성사를 보라. 그것은 신자들의 품행을 다룬다), 그 권력에 저항하는 운동도 품행상의 대항논리로 분명하게 나타났다. 여기서도 느껴지지만, 푸코가 자신의 사유에 얼마나 충실한지 알 수 있는 대목이다. 권력은 권력관계다. 저항은 이 관계 안에서 생산된다. 사목권력이 '품행'에 몰두하는 권력관계이므로, 그 관계 안에서 대항 '품행'적인 종교개혁도 가능했다는 것을 푸코는 다시 말하고 있는 것이다. 나무껍질의 무늬처럼 교회 도처에 해명되지 않은 것들이 무성하다.

이것은 푸코가 후기에 몰두했던 '주체 변형의 문제', 즉 '영성의 문제'와 만난다. 루터는 그때까지 있어 왔던 주체의 존재 방식에 문제 제기를 했던 사람인 것이다. 그는 사목권력이 구성하고 만들어 나간, 그러니까 사목권력에 의해 정해진 대로 성서를 해석하고 받아들이도록 조련된 기존 품행에 반기를 들고, 내 자신이 그것을 해석하여 판단하겠다는 새로운 주체였다. 루터는 신을 통해 새로운 자기를 소유함으로써 새로운 품행을 창조한 사람이었다. 그는 수많은 '나'의 뿌리를 뽑아서 '교회'라는 숲을 혁명했다. 루터의 신앙은 자신 안에 새로운 신, 새로운 자기를 구성하는 신앙이었던 것이다. 그리스도교가 생겨나 뿌리내린 지 1,500년이 넘어서는 시점이었지만, 새로운 대항품행의 정신은 살아나서 새로운 자기, 루터를 탄생시켰다.

자 신 밖 으 로 나 가 기

오래전 추석, 설이면 거대한 친족회의를 하듯이 성당에서 이웃친척들을 만났다. 결혼이나 장례가 발생하면 모든 친척이 성당에 모여 의례를 지냈다. 나는 한동안 이런 집안 문화가 익숙하면서도 몸에는 어울리지 않는 기묘한 상태에 있었다. 집안의 모든 명령체계가 성당을 통해서 전달되는 느낌인 것이다. 그래서 고향을 떠나면서 이 익숙하지만 어울리지 않은 의례를 손쉽게 벗어던져 버렸다. 고향을 떠나자, 성당이 떨어져 나갔고, 성당이 떨어져 나가자, 신앙이 사라졌다. 그러나 대신에 회사와 가족이 그 자리에 새롭게 자리 잡았다.

세월이 흘러 아이들이 크고, 아내가 다시 성당에 다니기 시작하자, 벗어던질 때의 손쉬움만큼이나 손쉽게 다시 그 의례의 옷을 입게 된다. 그만큼 내게 교회 장치는 무척이나 강고하고 깊은 것이다. 장치란 부드럽게 내리고 이내 딴딴해지는 눈, 그리고 따스해지면 녹아내리지만 이내 빙판이 되어 버리는 눈과도 같다. 성당에 대해 어쩌고저쩌고 이야기하려는 것이 아니다. 교회 장치만큼이나 사회의 장치들도 마찬가지인 것이다. 성당을 벗어던져도, 신앙을 버려도, 그 빈자리를 채운 회사와 가족이 새로운 자기를 막아선다면, 그것은 비판했던 성당이나 신앙과 마찬가지이다. 우리 사회의 거대한 의례들을 진정 벗어던지기 위해, 어떻게 자기를 배려해야 하는지 고민해야 할 때다. 언제나 멀리 갔다고 생각했음에도, 순식간에 다시 되돌아가고 마는 이 탄력을 어떻게 돌파해야 하나. 루터는 너무나 긴 역사여서 더 이상 바꿀 길이 없다고 여겼던 기독교 내부에서 주체를 변형시키는 반란을 일으켰다. 루터의 자신 밖으로 나가기, 그 미로를 따라가 보자. 장치를 거슬러 새로운 삶으로 노저어가는 그 빛나는 길을.

뤼시엥 페브르의
『마르틴 루터 — 한 인간의 운명』
후기

제가 기독교에 관심을 갖게 된 것은 역설적이게도 마르크스를 본격적으로 읽으면서
였습니다. 지금 생각해 보면 이것은 정말 기이한 경로이기도 합니다. 〈수유+너머〉(이
하 '연구실')에 들어가 철학 공부를 시작한 지 얼마 지나지 않아서 저는 마르크스 강
좌를 10주간 듣습니다. 그 강좌를 들으며 마르크스의 저작을 찾아 꽤 열심히 읽었습
니다.[16] 그러다가 재미가 들여서 토요일 아침 대중지성 프로그램에 참여하는 친구들
과 함께 '마르크스 저작 읽기 세미나'를 약 6개월간 진행하기도 했습니다. 때마침 강
의를 해주시는 고병권 선생님도 함께 참여했습니다. 선생님에게 여러 가지 물으며
꽤 진지하게 텍스트를 읽었던 것 같습니다.

특히 그 세미나에서 에티엔 발리바르(Étienne Balibar, 1942~)의 『마르크스의 철
학, 마르크스의 정치』(이 책은 오랜 시간이 지난 후 『마르크스의 철학』[배세진 역]으로
다시 번역되어 출간됩니다)를 읽었는데, 다른 책들과 달리 그 책은 마르크스에 대한
제 인식을 새롭게 바꾸어 놓는 계기가 되었습니다. 2009년에 이미 절판된 이 책을 연
구실 한 구석 서가에 있던 이진경 선생님의 책을 제본하여 보았던 기억도 새롭습니
다. 읽으면서 이진경 선생님이 여백에 메모해 놓은 것들을 잘 보이지 않아도 해독해
내려고 애를 썼습니다. 결국 전혀 알 수가 없었지만 말이죠. 그러나 덕분에 애쓰는
과정 자체가 뜻밖의 공부가 되었던 것 같아요. 선생님은 어떻게 읽었을까, 그리고 자
신이 이해한 것을 어떻게 책에다 메모해 놓았을까. 그래서 전문 학자들이 대가들의
아카이브(archive)에 직접 가서 그들이 소장했던 '그' 책들을 찾아 여백까지 샅샅이
검토하는 일을 하는 모양입니다.

---

16. 이 이야기는 이 책 343쪽 이하 루이 알튀세르의 『마르크스를 위하여』 후기에 있습니다.

발리바르는 '마르크스주의'라는 영역이 어떻게 새로워질 수 있는지, 또 그것이 어디까지 멀리 달아날 수 있는지를 알게 해주었습니다. 발리바르는 마르크스의 이론적 사유는 근대의 반(反)철학들 중 가장 위대한 반철학이고,[17] 그렇기 때문에 마르크스 이후에 철학은 더 이상 이전과 같을 수 없다고 합니다.[18] 그런 의미에서 이 책의 제목『마르크스의 철학』은 매우 역설적이기도 합니다. 그것은 철학을 뒤집어엎어 정통적으로 생각해 온 철학, 그러니까 세계를 해석하기 위한 개별적 기획에 불과한 철학을 이제는 더 이상 할 수 없도록 하는 반철학적인 철학이었으니까요.

그러나 혁명철학자 마르크스에 대한 관심이 기묘하게도 제게 새로운 길을 열어주었습니다. 저는 토요일 아침에 하는 마르크스 저작 읽기만으로 만족할 수 없었습니다. 마르크스 강좌를 했던 강사 중 한 분이 진행하는 '정치경제학 세미나'에도 들어갔습니다. 때마침『자본론』을 읽기 시작한 때였지요. 물론 회사일 때문에 세미나 지각 대장이었지만, 그래도 그때『자본론』1권을 나름 꼼꼼히 읽었던 것 같아요. 처음 읽었던 대학교 4학년 때로부터 거의 15년도 더 지나서 다시 읽게 된『자본론』은 제게 그때와는 또 다른 감각들을 만들어 주었습니다.[19]

아무래도 제가 은행에 15년이나 다니고 나서 이 책을 다시 보았을 뿐만 아니라, 철학 공부를 하면서 사고의 방향도 달라졌기 때문일 겁니다. 이해도도 달라지고, 관심사항도 무척 많이 달라져 있었습니다. 은행원의 실감으로 상품, 화폐, 가격, 노동, 자본 등등 마르크스의 개념들을 더듬었습니다. 대학생 시절 읽었던 그 실감과 완전히 다르게 다가옵니다. 아울러 철학을 읽기 시작하였기 때문에 마르크스가 퍼붓는 개념들이 생소하지만은 않게 됩니다. 사실 마르크스는 애초에 철학자였습니다. 텍스트는 홀로 존재하지 않습니다.『자본론』덕분에 텍스트가 읽는 이의 현장과 늘 함께 있으며, 그 현장이 변하면 텍스트와의 관계도 변한다는 것을 더 잘 알게 되었습니다.

그런데 여기서 새로운 지식들을 접하게 됩니다. 뜻밖에도 제가 그 세미나에서 인

---

17. 에티엔 발리바르,『마르크스의 철학』, 배세진 옮김, 진태원 해제, 오월의 봄, 2018, 62쪽.
18. 발리바르,『마르크스의 철학』, 64쪽.
19. 제가『자본론』을 처음 접한 이야기는 단테 알리기에리의『신곡』서평 본문에 나와 있습니다(이 책 518쪽).

상적이었던 것은 신자유주의자들의 사유였습니다. 마르크스를 공부하러 들어간 세미나에서 신자유주의자들의 사유와 마주치게 된 것입니다. 보다 현실적인 경제상황에 대해 알고, 새로운 정치경제학비판을 열기 위해서는 신자유주의 텍스트의 독서가 당연한 공부이기도 했습니다. 어떤 출판사가 야심차게(?) 내놓은 총서, '이근식 자유주의 사상 총서'에 포함된 『애덤 스미스의 고전적 자유주의』, 『존 스튜어트 밀의 진보적 자유주의』, 『서독의 질서자유주의 ― 오위켄과 뢰프케』, 『신자유주의 ― 하이에크·프리드먼·뷰캐넌』 등을 모두 읽을 수 있었습니다. 아마 급진적인 자유주의 사 존 스튜어트 밀(John Stuart Mill, 1806~1873)의 『자유론』을 읽은 것도 이때일 것입니다. 특히 서독의 질서자유주의와 신자유주의에 대해서 제가 몰랐던 세부사항을 더 체계적으로 이해할 수 있었지요. 우리는 신자유주의자인 하이에크(Friedrich Hayek, CH, 1899~1992)의 저작을 찾아 읽어 보기도 했습니다. 신자유주의자들에게는 거의 성경과도 같은 저작인 하이에크의 『노예의 길 ― 사회주의 계획경제의 진실』을 접한 것도 그때입니다.

여기서 한 가지를 깨달았습니다. 그것은 신자유주의가 단순히 경제학적 어젠다만 다루는 것이 아니라, 윤리, 문화, 정치, 사회 모든 분야에서 강력한 구조 변화를 추진해 왔다는 사실입니다. 그들은 나치 치하에서부터 이미 나치의 전체주의에 격렬하게 저항하면서 비판적인 질서자유주의의 기초를 닦았습니다. 출발부터 정치적인 것이었죠. 전체주의에 대한 대항으로 발터 오위켄(Walter Eucken, 1891~1950)은 자유시장경제의 효율성에 기댑니다. 독점의 부재, 물가안정, 외부효과의 부재, 완전한 정보 등 몇 가지 조건이 충족된 완전경쟁시장을 위해 '경쟁질서'를 옹호합니다. 특히 독점자본을 '사권력'(私權力)이라고 부르고, 국가에 의한 통화팽창으로 인플레가 만성적으로 발생하는 현대 관리통화제도의 고질적인 병폐를 정확하게 지적하기도 하지요.

오위켄과 더불어 질서자유주의에 입각한 사회적 시장경제의 이론적 기초를 세운 빌헬름 뢰프케(Wilhelm Röpke, 1899~1966)도 흥미롭습니다. 그는 하이에크, 미제스 등과 더불어 유명한 자유주의 클럽인 몽펠레렝 소사이어티(Mon Pelerin Society)를 결성하여 전후 서구의 자유주의 부활에 기여하였습니다. 이른바 서독의 '라인 강의 기적'은 뢰프케에게 영향을 받은 에르하르트 서독 경제장관이 추진한 경제정책에 힘입은 바 크다고 우파들은 주장하기도 합니다.

그런데 여기서 저에게 중대한 시사점을 준 내용이 있습니다. 뢰프케의 가장 두드러진 특징은 인간의 정신적인 측면을 중시한다는 것입니다. 서양사회의 흥망사는 서양정신의 흥망사이며, 현대 서양사회의 위기는 서양의 지성이 잘못된 길을 걸어왔기 때문이라고 주장합니다. 특히 그렇게 된 이유는 인간의 지력(intellect) 혹은 이성(reason)을 과신하는 근대 합리주의의 오만 때문인데, 뢰프케는 이런 교만함을 '지력의 교만'(hubris of intellect)이라고 불렀습니다. 뢰프케는 집단주의도 이런 교만에 빠진다고 하지요. 그는 사회도 이성과 계획에 입각하여 합리적으로 개조할 수 있다고 보는 현실 사회주의의 집단주의를 배격합니다. 그러나 시장경제는 부정하지 않습니다. 아주 묘한 시선이 성립합니다. 시장경제를 추구하지만, 자본주의와 사회주의는 배격하는 그런 시각 말입니다. 그에겐 이미 자본주의냐 사회주의냐는 중요한 문제가 아닙니다. 시장경제냐 아니냐만 있을 뿐입니다.

이 지점에서 좌파들과 매우 다른 시각이 나옵니다. 그는 시장경제와 자본주의를 엄격하게 구분합니다. 시장경제는 모든 역사적 경제 질서로부터 추출할 수 있는 영원한 요소로서 철학적 범주인 반면, 자본주의는 19세기와 20세기에 나타난 시장경제의 역사적 개별성(individuality)인 것입니다. 그러니까, 시장경제는 역사를 통해 지속되는 사태이지만, 자본주의는 기껏해야 19, 20세기에만 통용될 개별적인 형태라는 겁니다. 뢰프케가 자본주의를 혐오하는데도 시장경제를 극단적으로 신봉하는 이유는 여기 있습니다. 그는 비단 사회주의 계획경제뿐만 아니라 현대의 혼합자본주의 경제 내에 있는 집단주의적 요소도 비판하지요. 나아가서 그런 체제들이 도달할 '국가의 실패'(state failure), '정부의 실패'(government failure)까지도 지적하게 됩니다.

저는 그들을 비판하기에 앞서 그들의 스케일에 감탄하게 됩니다. 물론 여전히 그들의 사상에 동의하지는 않습니다. 그러나 그들의 사유를 배제하고 현대를 이해한다는 것은 불가능해 보입니다. 사실 20세기에 와서 국가장치에 격렬하게 저항하여 성공한 이론은 극히 드뭅니다. 물론 마르크스-레닌주의에 입각하여 일어난 20세기 혁명들이 있다고 할 테지만, 그것들은 모조리 다시 국가장치 안으로 포섭되어 버렸습니다. 그러나 인정하기 싫지만 신자유주의는 국가를 자신의 입장에 입각하여 타격하는 데 성공한 유일한 세력입니다. 어쩌면 제가 아는 한, '장치'를 타격하는 방법을 알고, 실제로 어느 정도 성공하기까지 한 유일한 세력이지 않을까 싶습니다. 그런 의미에서 보면 미셸 푸코의 빼어난 강의록 중 『생명관리정치의 탄생』에서 신자유주의를 분석한 것은 매우 가치 있는 일이라고 생각합니다. 저는 통치성에 대한 일련의 푸코 강의들을 마르크스가 고전파경제학을 대하는 모습과 오버랩하여 바라보게 되지요.

신자유주의는 부르주아의 실천들 중에서 가장 광범위하게 지배력을 가지고 있습니다. 다시 말하면 그들의 실천은 놀라운 수준에서 현실적인 통치성을 선취해 온 것입니다. 마치 마르크스가 고전파경제학을 학습하고 그것으로부터 다양한 개념들을 채취하여 변형해 내듯, 푸코도 그런 신자유주의를 샅샅이 탐구하고 있는 듯 보였습니다. 저는 20세기 푸코가 19세기 마르크스와 동일하게 '정치경제학비판'을 하고 있는 것은 아닌가 하고 가정해 봅니다. 그리고 그것은 유럽적인(서구적인) 사유에 한정되어 매끈한 논리로 해결될 수 없는 그런 것이라고도 생각합니다. 어쩌면 그것은 동아시아를 비롯해 제3세계의 다양한 사유들이 함께 도전해야 돌파할 수 있는 거대한 문제가 아닐까도 싶습니다. 제 무능력으로는 해결할 수 없을지 모르겠으나, 저는 분명히 푸코적인 통찰과 돌파는 아직도 진행되고 있고, 앞으로도 점점 커져 커다란 사유의 지층을 만들어 낼 거라고 믿고 있습니다.

그래서인지 저는 푸코가 사목권력, 즉 교회권력의 통치성을 연구한 것이 예사롭지 않아 보입니다. 푸코는 『안전, 영토, 인구』에서 그리스도교 사목의 특수성과 독창성을 그야말로 독창적으로 연구해 보여 줬습니다. 그리스도교에서 목자는 한 마리의 양을 구원하기 위해 전체를 구원하는 것만큼의 배려를 해야 합니다. 한 사람 한 사람 개별자 각각을 챙기는 구원입니다. 즉, 그는 각각의 양을 개별적으로 돌보는 자이고, 각자 개별적으로 필요한 배려를 베풀어주며, 각자의 안녕을 위해 불침번을 서는 자입니다. 그렇기 때문에 그리스도교의 복종은 법에 대한 복종이 아니라, 누군가에게 완전히 의존하는 상태에서 자기 자신을 맡기는 원칙입니다.[20] 그리고 이런 의존은 수도원공동체를 통해서 이루어진다고 하지요. 이런 방식들이 신자유주의의 프레임으로 스며들어 구축되고 있는 것입니다.

신자유주의적 사유 뒤에는 바로 이런 교회의 사목권력이 있습니다. 이 책을 읽을 때부터 저는 신학이나 교회학, 그리고 그것을 기반으로 형성된 사회학들, 이를테

---

20. 푸코, 『안전, 영토, 인구』, 249쪽.

면 막스 베버(Max Weber, 1864~1920)에 대해서도 큰 관심을 가지게 되었습니다. 막스 베버의 『프로테스탄티즘의 윤리와 자본주의 정신』을 읽은 것도 그때쯤이었을 것입니다. 저는 이 책을 읽고 깜짝 놀랐습니다. 어떻게 말끔한 금욕주의가 이윤추구와 결합했을까요? 사실은 인간 개개인의 구원은 하느님의 의지에 따라 미리 정해졌습니다. 칼뱅주의는 이 지점에서 놀라운 돌파를 감행합니다. 하느님에게 선택받은 자도 구원받기 전까지는 자신의 구원을 확신하지 못한다는 것입니다. 그래서 구원에 대해 자기 확신에 도달하기 위해서 부단한 '직업노동'이 필요하다고 가르칩니다. 베버는 이것을 "자신의 구원을 스스로 창조한다"라고 표현합니다.[21]

이런 '행위구원주의'가 완전히 새로운 생활양식을 만들어 냅니다. 현세적으로는 철저히 합리적인 직업 생활을 하도록 하면서도 오로지 매 순간 초월적인 구원에 의존하도록 의식을 규정합니다. 서구 사회의 근대 자본주의는 이런 생활양식과 결합함으로써 탄생할 수 있었습니다. 저는 이런 장면들을 보면서 섬뜩하기도 했지만, 한편으로는 이들의 논리를 더 깊이 들여다봐야겠다는 진지함을 가지게 되었습니다. 이 책을 번역하신 김덕영 선생님의 신학공부 스토리를 들으면서 더욱 그러했습니다.

마르크스에 대한 공부를 더 한다고 들어갔던 지대에서 신자유주의의 사유들이 어떤 경로를 통해 생성되어 왔는지 보게 되고, 다시 그것들이 어떻게 교회권력으로부터 전환되어 구성되었는지를 보게 되었습니다. 예전에는 기독교 텍스트를 굉장히 불편하게 대했고, 당연히 전혀 읽지 않았지요. 그러나 이제는 전체적인 맥락에서 왜 그것들을 읽어야 하고 배워야 하는지를 깨닫게 되었습니다. 아마 앞으로도 기독교 텍스트들을 열심히 읽어 나갈 것 같습니다. 이제는 기독교적 세계관을 알지 못하고 어떻게 서구 철학을 공부할 수 있을지 상상도 할 수 없습니다.

최근에는 루터교의 목사이자 반나치의 저항 신학자, 디트리히 본회퍼(Dietrich Bonhoeffer, 1906~1945)의 『나를 따르라』를 읽고 있는데, 짧은 시간에 200페이지를 홀쩍 읽게 되더군요. 이제는 흥미진진하기까지 합니다. 어쩌면 모든 사유는 자신의 입장을 가지고 있을 뿐입니다. 기독교도 마찬가지겠지요. 정말 중요한 것은 우리가 그것으로부터 무엇을 전유하여 지금 나의 삶에 어떻게 사용하느냐에 있지 않을

21. 막스 베버, 『프로테스탄티즘의 윤리와 자본주의 정신』, 김덕영 옮김, 길, 2010, 198~202쪽.

까 하는 것입니다. 저는 어떤 사유에 종속되지 않을 것입니다. 단지 그 사유들을 내 신체 위에서 연결 접속시킬 뿐이죠. 그때 수만 볼트의 사유가 번쩍이며 신체의 전원, 신체 중의 또 하나의 신체, 바로 '정신'을 켭니다. 아마 그런 연결 접속 그 자체가 저의 신체일 것입니다. 그렇게 사유의 뿌리들은 전혀 예측지 못하게 얽히고설키며 사방팔방으로 뻗어 나갑니다.

여가, 자기를 만드는 시간

—

마르쿠스 아우렐리우스, 『명상록』

미 래 의   아 이 에 게   쓰 다

글이란 걸 처음 쓰기 시작했던 마흔 즈음, 나는 대체 누구에게 글을 쓰고 있는 걸까, 라는 질문을 나름 심각하게 고민한 적이 있다. 사실 변변한 블로그 하나 없던 나는 내 글을 다른 사람에게 보여 주고 싶은 욕망 따위 애당초 없었고, 설사 있었어도 에세이 발표장이 아니면 내 글을 읽어 줄 사람도 딱히 없었다. 그런 상황이고 보면, 수표면에 올라오지 못하는 심해의 글들이 나 말고도 얼마나 많을까.

그런데도 고통스럽게 글을 쓰는 내 모습을 보면, 대체 누구에게 보이려고 이 괴로움을 감수하려는지 알쏭달쏭했다. 직장 스트레스도 감당 못하는 주제에 아무도 보지 않는 글에 쏟아내는 그 무의미한 고통이라니, 한심한 노릇 아닌가. 그 여가에 잠이라도 실컷 자 놓지, 이런 참.

고민 끝에 나는 한 가지 묘안을 냈다. 당시 초등학생인 큰 아이에게 이렇게 말했다. "아빠가 한 학기에 하나씩 에세이라는 걸 쓰는데 말이야, 나중에 아빠 기일이 되면 가족들과 함께 한 편씩 소리 내어 읽어 주렴." 난데없는 아빠의 요청에 영문을 모르는 아이는 대체 기일(忌日)이 뭐냐고 물었던 것 같다. 아무튼 현재의 독자를 확보하지 못한 나는 미래의 독자를 포섭해 두는 꼼수를 부린 것이다.

이렇게 독자를 확보하고 나니, 신기하게도 글을 쓰는 게 한결 수월해졌다. 미래의 기일에 모여들 내 글의 독자를 상상하며 글을 쓰기 시작한 것이다. 독자를 상상하는 것만으로도 마음이 달라지는 걸 보면 글이란 요상한 물건임이 틀림없다. 그러나 최근에 군대를 제대한 큰 아이에게 그 일을 물어보니, 전혀 기억하지 못하고 있었다. 믿을 녀석은 전혀 아니다.

자 기 자 신 에 게 쓰 다

이런 고민 중에 마르쿠스 아우렐리우스(Marcus Aurelius, 121~180)를 만난 것은 내게 우연한 행운에 속한다. 그는 생애 마지막 10년 동안 오로지 자기 자신이 읽기 위해 글을 썼다. 아우렐리우스 스스로 자신의 비망록에 붙인 그리스어 제목도 '타 에이스 헤아우톤(Tà εἰς ἑαυτόν, ta eis heauton)'.[1] '자기 자신에게'(To himself)라는 뜻이다. 이 책의 원제를 아는 것만으로도 나는 그에게 충분히 매료되었다. 이게 행운이 아니고 뭐란 말인가.

푸코는 자기가 자기에게 글을 쓰는 아우렐리우스의 이 기묘한 행위에 관심을 보이며, "자기 안으로의 은둔"을 보여 주는 대표적인 예로 든다. 여기서 말하는 '은둔'(retreat)은 산속에 들어가 도를 닦는 것과 하등 상관이 없다. 푸코에 따르면 '은둔의 글쓰기'란 자기 자신이 다시 읽어

---

1. 로마사가 프리츠 하이켈하임은 라틴의 산문 문학이 그리스어로 쓰인 이유로 기존의 그리스어 어휘와 개념을 사용하는 것이 라틴어로 새로운 어휘와 개념을 만들어 사용하는 것보다 더 쉽다는 점을 든다. 물론 라틴어를 너무 조야하고 자신들의 품위에 어울리지 않는다고 여긴 그리스인들과 로마의 엘리트층의 태도에서 연유하기도 한다(세드릭 A. 요· 프리츠 하이켈하임 지음, 세드릭 A. 요·앨런 M. 워드 개정, 『로마사』, 김덕수 옮김, 현대지성사, 1999, 303쪽).

보고 글에 담긴 일반 원칙들을 자기 자신의 삶에 되살리기 위해서 행하는 글쓰기다. 그것은 자기가 자기에게 가하는 작업(the work of oneself on oneself)이라고 할 수 있다.[2] 시작부터 자신 이외의 독자와 절연하고 독자의 환호와 인정이라는 쾌감을 누리지 않는다. 아니, 어쩌면 그런 것 자체를 상상하지 않았을 것이다. 오로지 세상에 응전하는 '나'를 응시하고 있을 뿐이다. 아우렐리우스에게 글쓰기는 자기 자신을 만들어 가는 실천 행위 그 자체였을 테니까, 그것은 당연하다.

언뜻 이해하기 쉽지는 않다. 어떻게 그리 한단 말인가? 아우렐리우스는 근심이 생길 때면 항상 그동안 작업하며 새겨두었던 이 원칙들이 머리와 몸에서 감각적으로 떠오르기를 기대했다. 다시 말하면 내가 근심이나 위기에 빠지면 그 순간에 내가 썼던 글들(원칙들)이 솟아나서 나와 함께 그것들을 돌파해 나가기를 원했다. 말하자면 글들은 나와 연대하는 동지들이다.

고통스러운 상황에 처하면, 예전에 써 놓았던, 예컨대 "고통을 당할 때마다 상기하라. [중략] 마음은 이성적인 한, 공동체적인 한, 고통으로 파괴될 수 없다"[3]라는 글이 살아나 움직인다. 글귀는 머릿속 생각으로만 남아 있는 것이 아니다. 그 글귀는 내 신체 안에서 움직이고, 그 자체로 환경과 신체의 새로운 구성요소가 되어, 신체를 새롭게 만든다. 그리고 마침내 그 새로워진 언어-신체가 고통과 대면하여 싸운다. 이 의미에서 내 몸에 받아들인 언어들은 일종의 기계 장치들인 셈이다. 위기 상황에 신체를 재구성해 주는 장치. 공상과학영화보다 더 깜짝 놀랄 어마

---

2. 미셸 푸코, 『성의 역사 3 : 자기배려』, 이혜숙·이영목 옮김, 나남출판, 2004, 70쪽.
3. 마르쿠스 아우렐리우스, 『명상록』, 천병희 옮김, 숲, 2005, 123쪽(VII, 64).

어마한 상상력이 아닌가. 글이 나와 함께 싸우다니.

그는 이런 재활성화가 순식간에 이루어지도록 그런 원칙들이 짧고 기본적이어야 한다는 말도 덧붙인다. "네 원칙들은, 그것들을 눈앞에 떠올리기만 해도 당장 네 근심을 모두 쫓아주고 네가 돌아가고 있는 것들에게로 아무 불만 없이 너를 보낼 수 있도록 짧고 기본적(short and elemental)이어야 한다."[4]

자 기 자 신 을 응 시 하 라

아우렐리우스는 이런 원칙들을 즉각적으로 사용하기 위해서 언제나 '자기 자신을 응시하라'(blepe se)고도 말한다.[5] 그는 충동적인 움직임이 자신의 이성적이고 지성적인 움직임을 제압하려고 하면, 평소 자신을 응시하면서 마련해 놓은 원칙들이 순식간에 나타나서 그런 충동에 기만당하지 않도록 함께 싸워 준다고 여겼다. 글은 이 순간을 위해 쓰인다. 궁극적으로 내가 아니라, 그 글들이 위기와 싸운다. 따라서 글쓰기란 사건들을 돌파하기 위해 준비하는 실천이다. 이 실천이야말로 모든 위기로부터 나 자신을 구원하고, 불안과 염려를 없애는 작업인 것이다. 그러니까, 글쓰기가 고통을 포말처럼 흩날려 버린다.

그렇다면 자신을 응시하고 언어를 통해 자신의 몸에 원칙이란 장치를 구축하는 것은 사활을 걸고 행해야 할 일이 된다. 그러나 그것은 홀

---

4. 아우렐리우스, 『명상록』, 53쪽(IV, 3). 펭귄 판(Marcus Aurelius, *Meditations*, Translated with notes by Martin Hammond, Penguin Books, 2006, p. 23)에서는 'few and fundamental'로 번역하고 있다. 천병희는 '짧고 원초적'이라고 번역했다.
5. 아우렐리우스, 『명상록』, 121쪽(VII, 55).

로 이루어 내기 어렵다. 왜냐하면 자신을 구원할 원칙들(이것은 일종의 진리이다)을 획득해야만 하기 때문이다. 그래서 스승의 존재는 매우 중요하다. 선대 황제인 하드리아누스는 어린 아우렐리우스를 옛 카르타고출신 수사학자인 프론토에게 글을 배우도록 하였다. 아우렐리우스와나이 차이는 스무 살 남짓. 그들은 서로 편지를 자주 주고받았는데, 독특하게도 아우렐리우스는 그 편지에 자신의 하루 일과를 시시콜콜한것까지 모두 써넣었다고 한다. "귀가하여 잠자기 위해 모로 돌아눕기전에 나는 내가 한 일을 펼쳐 늘어놓으며 달콤한 스승에게 나의 하루를보고한다."[6]

물론 여기에는 사랑에 가까운 정조가 흐르지만, 무엇보다 중요한 것은 아우렐리우스가 프론토에게 보고했던 내용에 있다. '모로 누워 자기', '목 가글하기', '식사 내용' 같은 건강과 양생술에 대한 내용들, 읽은책(카토의 『농업론』[7])과 쓴 글, 어머니와 토론한 내용같이 생활의 모든 것이 빠짐없이 서술된다. 마치 스승과 함께 자기 자신을 샅샅이 응시하고있는 것처럼 느껴질 정도이다. 이런 함께 응시하는 행위를 통해서 나는생활양식을 윤리적으로 끝없이 교정하게 되는 것이다. 그리고 이 응시는 스승과 함께여야 완결된다.

자기를 만드는 시간, 여가

여기서 하나 더 살펴봐야 할 게 있다. 편지 내용 중에는 여가 중에 실행

---

6. 푸코, 『주체의 해석학』, 194쪽.
7. 카토의 『농업론』(De Agricultura)은 현존하는 최초의 라틴 산문이자 기원전 2세기 로마의 삶과 경제사의 면모를 엿볼 수 있는 귀중한 자료이다.

하는 농촌 실습이 길게 서술되어 있는데, 언뜻 보면 황제 수업으로 적당해 보이지 않는다. 그 귀한 여가시간(otium)을 '포도 수확'에 할애하다니, 우리들의 현대적 감각으로 이해하기란 그리 쉽지 않다. 현대의 우리는 여가를 바다와 계곡으로 돌아다니는 유희의 시간이라고 여기지, 그것을 노동의 시간으로 여기지는 않기 때문이다. 더군다나 궁정생활과 황제수업 때문에 스트레스가 어마어마하게 심했을 예비 황제(아우렐리우스는 하드리아누스의 다음 황제인 안토니누스의 양자였다)가 그런 육체노동이라니. 나 같으면 여행이나 다니며 호기심을 충족하거나, 하다못해 늘어지게 잠이라도 잘 것 같은데 말이다.

그러나 은둔의 글쓰기가 의미하는 바가 뜻밖에도 여기에 숨어 있다. 로마의 여가 개념은 현대적인 여가와 매우 다르다. 아우렐리우스에게 농촌 실습은 두 가지 효과가 있다. 포도 수확은 아우렐리우스로 하여금 땀을 흘리게 하고, 또 마음껏 외치게 해준다. 다시 말하면 그것은 일종의 '양생술'인 것이다. 아울러 이 흔한 농부 생활을 통해서 가족관계, 주변 사람들과 자기와의 관계, 노예 등 아랫사람 돌보는 방식을 가장 단순한 형태에서 수행해 볼 수 있다. 다시 말하면 농부 생활을 통해 '작은 정치'를 경험하는 셈이다. 흥미롭게도 그것은 황제의 실험적인 장, 바로 조그만 왕궁이었다.

중요한 한 가지가 더 있다. 농촌 실습은 낮에 땀 흘리고 나서, 저녁에 충분히 독서하고 글을 쓸 수 있는 시간을 허용한다. 따라서 여가는 정신을 집중적으로 수련할 수 있는 장이기도 하다. 재활성화할 삶의 일반 원칙들은 이 순간에 글로 표현된다. 그러니까, 여가는 삶의 일반 원칙들이 언어라는 장치로 내 몸에 구축되는 시간인 것이다. 여가를 통해서 언어는 살아 있는 장치로서 황제의 정신과 신체에게 주어진다. 자기를 응시하고 로고스를 내 몸에 새기며, 세상의 응전을 예비하는 시간.

결국 여가는 통치 활동의 축소판이다. 일상은 일상 자신을 직접 보지 못하지만, 여가는 일상을 새롭게 보게 한다. 그래서 여가(otium)란 "타인과 함께하는 일종의 은거이지만, 이는 자기 자신을 위해, 자신을 보다 잘 형성하기 위해, 자기 자신에 대한 작업을 진척시키기 위해, 자기 자신에 도달하기 위해서 하는 은거 생활"이다.[8] 즉 여가는 자기 자신을 돌보고, 자신을 새롭게 만들어 내는 데 보내는 시간인 것이다.

우리는 여기서 고대 로마 귀족의 독특한 감각을 느낀다. 그들은 여가를 통해서 모든 단계의 통치를 통합하여 수련하는 노력을 한다. 그들에게 여가는 작은 세계를 구성하여 훈련하는 장이다. 그 훈련으로부터 자기를 돌보는 기술을 터득하고, 세상으로 다시 나아간다. 좀 더 말해 보자면, 여가는 그 안에 유희보다는 훈련을, 안락보다는 통치를 품고 있다. 로마 귀족에게 여가는 구멍 난 삶을 정성스럽게 깁는 재단사의 시간인 것이다.

그래서 그것은 현대적 여행과는 완전히 다르다. 그들 시선으로 보면 현대인의 여행 개념은 일종의 낭비다. 그것은 자기를 충실하게 하는 여가가 아니라, 자기를 포기하는 여가일지 모른다. 아마 로마 귀족은 현대적인 여행을 체험하고 나서 상투적이라고 여기고 곧 흥미를 잃고 말 것이다. 그런 여행들을 이런 아우렐리우스적인 여가로 재구성해야 한다고 여길 것이다. 그들은 땀을 흘리고, 현실과 다름없이 관계를 맺으며, 글을 읽고 쓰는 여행이라야 진정한 여가라고 부를 듯싶다. 제대로 된 여행이라면 그 과정에 삶의 원칙들이 언어화되고 그것을 내 몸에 장착시키는 여행이어야 한다. 그런 구성이 아니라면 그들에게 그것은 탕진

---

8. 푸코, 『주체의 해석학』, 197쪽.

에 가깝다. 구멍 난 삶이 여가 때문에 더 위태로워진다.

이렇게 보면 황제 수업이라는 게 별게 아니다. 아우렐리우스는 다음과 같이 말한다.

"(자신을) 카이사르 황제로 착각하거나(Caesarified) 궁전 생활에 물들지 않도록 조심하라. 그러기가 쉽기에 하는 말이다. 따라서 늘 소박하고, 선하고, 순수하고, 진지하고, 가식 없고, 정의를 사랑하고, 신을 두려워하고, 자비롭고, 상냥하고, 맡은 바 의무에 대하여 용감한 사람이 되도록 하라. 철학이 너를 만들려고 했던 그런 사람으로 남도록 노력하라. 신들을 공경하고, 인간들을 구하라. 인생은 짧다. 지상에서의 삶의 유일한 결실은 경건한 성품과 공동체를 위한 행동이다."[9]

아우렐리우스가 일러주는 황제의 행실은 보통 사람이더라도 일상에서 지켜야 할 것들이다. 황제이기 때문에 윤리적이어야 하는 것이 아니다. 지향하는 것은 황제 이전에 '철학이 만들려고 했던 그런 사람'이다. 즉, 그의 지향점은 황제가 아니라, 바로 자기 자신인 것이다. 따라서 철학이 가르치는 일을 해 나가면 황제의 임무도 자연스럽게 만나게 된다. 황제로서의 임무란 별게 아닌 거다. 궁극적으로는 보통사람도 자기 일을 진지하게 해 나가면 황제의 일도 당연히 잘 해낼 수 있게 된다. 결국 보통사람의 진리가 황제의 진리이다. 아우렐리우스는 너무나 범박하지만, 새삼 급진적인 주장을 하고 있는 것이다.

이 지점에 이르면 우리는 그들이 이야기하는 '여가'의 의미를 더욱

---

9. 아우렐리우스, 『명상록』, 97~98쪽(VI. 30).

여가,
자기를 만드는 시간

잘 이해하게 된다. 내가 어떤 위계 속에서 삶을 영위하더라도, 그리고 어떤 복잡한 난관을 헤쳐 나가더라도, 가장 기본적인 관계를 훈련하고, 지성적으로 사건을 예비한다면 그 어떤 것도 돌파할 수 있다. 여가 (otium)는 바로 그 기본적인 관계를 설정하고 지성적인 훈련을 수행하는 장이다. 따라서 여가는 나를 풀어 놓는 자유시간이 아니라, 자기를 수렴하는 훈련시간이라고 해야 한다. 이 시간이 지나고 나면 귀갑(龜甲)처럼 로고스가 신체에 새겨졌다. 공상과학영화와도 같은 신체 안의 언어-둥지는 이렇게 만들어진다.

고대 로마인은 묘비에 'NF F NS NC'를 새긴다고 한다. 'non fui, fui, non sum, non curo'(나는 존재하지 않았다. 나는 존재했다. 나는 존재하지 않는다. 나는 이를 신경 쓰지 않는다)라는 문장의 머리글자를 딴 것이다.[10] 아마 죽음이란 본래의 무로 돌아간다는 말이리라.

기일이 뭐냐고 물었던 아이의 얼굴이 떠오른다. 나에 대한 응시는 미래의 독자인 이 아이와 함께 완결되는 것일지 모른다. 아우렐리우스적인 글쓰기는 바로 이 지점에서 의미를 지닌다. 글은 현재의 나에게는 현재의 고정된 자기가 실제의 자기라고 착각하지 않게 해주고, 미래의 독자에게는 다시 시작된 그들의 미래-삶을 바꾸게 해준다. 내가 응시했던 것들이 되살아나서, 아이들과 함께 싸워주었으면 좋겠다. 내 싸움의 감각이 글에 고스란히 남아서 내 아이들의 팔 다리가 되었으면 좋겠다. 어쩌면 그것이 시간을 넘어 나와 아이를 연결하는 소중한 길이 될 것이다. 이게 내 소박한 글쓰기의 유물론이다.

---

10. 모토무라 료지, 『처음 읽는 로마사』, 이민희 옮김, 교유서가, 2015, 210쪽.

마르쿠스 아우렐리우스의
『명상록』
후기

저는 마르쿠스 아우렐리우스라는 사람의 진면목을 푸코의『주체의 해석학』을 통해서 처음 알게 되었습니다.『주체의 해석학』을 통해서 다르게 알게 된 철학자들은 엄청나게 많습니다. 그리스·로마 철학자들은 대부분 그렇습니다. 에피쿠로스. 저는 그를 그저 쾌락을 좋아했던 사람이고 그런 쾌락을 어떻게 하면 잘 즐길 수 있는지를 설파한 철학자인 줄로만 알았습니다. 세네카. 저는 그를 로마 제정시대에 높은 직위에 오른 사람이고, 근엄한 도덕주의를 그저 멋들어진 말로 설파한 사람 정도로 이해하는 편견을 갖고 있었습니다. 에픽테토스. 부끄럽게도 솔직히 저는 그를 전혀 알지 못했습니다. 플라톤과 소크라테스. 저는 그들을 읽을 필요도 없는 보수주의의 심장이라고 치부하고 있었지요. 심지어 당시에는 단 한 줄도 그들의 책을 읽어 본 적이 없었습니다. 마르쿠스 아우렐리우스. 저는 그를 그저 한 권의 책을 남긴 현명한 왕으로만 생각하고 있었습니다. 심지어 한글로 번역된 책 제목이『명상록』이므로, 그것을 서양식 명상의 진수를 보여 주는 마음수양서로만 알고 있었습니다. 디오게네스 라에르티오스(Diogenes Laertios, 180~240)[1]나 무소니우스 루푸스는 이 책을 읽고서야 비로소 알게 되었습니다. 이렇게 이야기하고 나니, 조금은 한심한 기분이 들기도 하네요.

그러나 푸코의『주체의 해석학』과『성의 역사』3권 '자기배려'편을 읽고 그들은 제 정신에서 새롭게 탄생하였습니다. 너무나 새로운 사람들이었죠. 모르면 용감하

---

1. 기원후 3세기 고대 그리스의 전기 작가였습니다. 그의 삶에 관해서 알려진 것은 매우 적습니다. 다만 그가 저술한 철학자 전기인『유명한 철학자들의 생애와 사상』만이 현재까지 전해지는데, 고대 그리스의 철학자들의 삶에 관한 많은 정보를 알려주는 귀중한 자료입니다. 우리나라에 번역된 책 제목은『그리스 철학자 열전』(전양범 옮김, 동서문화사, 2008)입니다.

다고, 그 시절 저는 에피쿠로스주의자이자 스토아주의자라고 떠벌리고 다니기도 하였습니다. 에피쿠로스주의자들과 스토아주의자들은 앙숙처럼 늘 서로 논쟁하던 사이였기 때문에 그런 저를 본다면 말도 안 된다고 할지 모르겠습니다. 아무튼 저는 제 정신에 새롭게 탄생한 그들을 정확히 알기 위해서 그들의 저작들을 찾아서 친구들과 읽게 됩니다.

에피쿠로스(Epikuros, BC 341? ~ BC 270?)의 저작들은 『쾌락』이라는 제목으로 번역되어 나와 있지요. 그가 쓴 책 수는 300편이 넘었다고 합니다. 그러나 우리에게 남겨진 글은 디오게네스 라에르티오스가 필사해 둔 세 통의 편지와 40개의 「중요한 가르침」, 그리고 81개의 단장들로 구성된 필사본으로 나중에야 발견된 「바티칸의 금언들」이 고작입니다.[2] 이를 모아서 우리나라에 소개할 때, 번역자가 하나의 키워드로 '쾌락'이라고 이름붙인 것이죠. 저는 이 책을 반복해서 읽었습니다. 짧은 단장들이 저에게 강렬한 인상을 남겼습니다. 특히 철학에 대한 그의 문장은 푸코가 인용하기도 하고, 저도 곧잘 인용하여 말하곤 합니다. "젊은 사람이 철학하기를 주저해서는 안 되며, 늙었다고 해도 철학에 싫증을 내면 안 된다. 왜냐하면 어느 누구도 마음의 건강을 얻기에 너무 이르거나 늦지 않았기 때문이다."[3] 그리고 현자에 대한 말, 즉 "현자는 단순히 긴 삶이 아니라, 가장 즐거운 삶을 원한다. 그래서 그는 가장 긴 시간이 아니라 가장 즐거운 시간을 향유하려고 노력한다"[4]도 그가 말하는 쾌락이 무엇인지를 잘 표현해 줍니다.

에피쿠로스에 대해서는 장 살렘(Jean Salem, 1952~2018)이라는 분의 연구서 『고대원자론』이 에피쿠로스 전문가이자 그의 제자인 양창렬 선생님의 빼어난 번역으로 나와 있습니다. 또 마르크스의 박사학위 논문이 놀랍게도 바로 에피쿠로스에 대한 것이었습니다. 제목은 『데모크리토스와 에피쿠로스 자연철학의 차이』. 고병권 선생님의 번역으로 출간되어 있습니다. 그리고 마르크스주의 철학자 알튀세르의 유

---

2. 이 이외에도 에피쿠로스를 언급하는 다수의 간접 증언들이 남아 있습니다. 즉 에피쿠로스를 추종하는 후세 사람들 (루크레티우스 등)이나, 에피쿠로스를 비판하기 위해 에피쿠로스의 말을 인용하는 상대 철학자들의 글(키케로나 플루타르코스 등)이 그것입니다. 에피쿠로스를 연구하는 데 이런 자료들을 종합하는 것은 무척 중요할 것입니다.

3. 에피쿠로스, 「메노이케우스에게 보내는 편지」, 『쾌락』, 오유석 옮김, 문학과지성사, 1998, 41~42쪽.

4. 에피쿠로스, 「메노이케우스에게 보내는 편지」, 44쪽.

고, 『철학과 맑스주의』는 에피쿠로스의 클리나멘을 주제로 유물론을 펼친 명작입니다. 저는 이 책들을 몇 번이고 반복하여 읽었습니다. 제게 에피쿠로스와 관련하여 영향을 준 책을 꼽으라면 이 세 권을 꼽고 싶습니다. 청소년을 위해 친구들과 쓴 책인 『우정은 세상을 돌며 춤춘다』[5](표제작이 제가 쓴 글 「우정은 세상을 돌며 춤춘다」입니다)와 『자기배려의 인문학』에 수록된 「자기배려와 우정」은 이 책들의 독해가 없었다면 불가능했을 것입니다.

장 살렘은 알제리 태생의 철학자이고, 생전에 데모크리토스, 에피쿠로스, 루크레티우스에 대해서 최고 수준의 전문가였던 마르크스주의자입니다. 박식한 그는 레닌에 대해서도 매우 깊이 연구하여 몇몇 글을 남겼다는 이야기도 들었습니다. 번역자인 양창렬 선생님의 전언에 따르면 살렘은 러시아어에도 능통하여 레닌을 원문으로 읽는 드문 연구자였다고 합니다. 물론 그의 해석이 정통에 가깝다고는 합니다만, 저는 이 글들도 번역되어 나왔으면 좋겠습니다.[6]

또 언젠가 에피쿠로스의 철학을 가지고 썼던 글, 그러나 안타깝게도 『자기배려의 인문학』에는 수록되지 못했던 글 「자기배려와 자연」[7]을 페이스북에 올린 적이 있습니다. 그랬더니 전문가 선생님께서 그 글을 보고 에피쿠로스 자신의 생각과 얼마나 부합하는지 여부와는 별도로(이것은 언제나 제 고민입니다. 아마도 선생님은 문헌적인 근거나 관련 연구들의 보완이 필요하다고 무언중에 말씀해 주시는 것도 같았습니다. 학자적 수련을 받지 않은 저로서는 평생 고민할 문제라고 생각합니다), 글의 짜임이 좋다고 격려해 주었습니다. 이왕이면 에피쿠로스를 후대에 전한 루크레티우스도 곁들이면 좋을 것 같다고 하시면서 나중에 어디에건 발표하라고도 하셨습니다. 그런 격려가 저를 무척 고무시킵니다. 언제나 응원은 힘이 나게 합니다.

그런데 중요한 것은 제가 인용했던 "생각할 수 있는 시간보다 더 짧은 시간"이라는 들뢰즈의 문구를 '순간'으로만 이해하면 풍요로움이 줄어들 것 같다는 의견을 주셨다는 것입니다. '속도'의 문제를 더 깊이 고민해 보라는 말씀과 함께요. 저에게는

5. 수유너머 R, 『우정은 세상을 돌며 춤춘다』, 김진화 그림, 너머학교, 2014.
6. 장 살렘의 레닌 관련 책은 *Lénine et la révolution*(Les Belles Lettres, 2016)이 있습니다.
7. 이 글은 북드라망 블로그(http://bookdramang.com/271)에 게시되어 있습니다. 수정본은 페이스북에 올려 두었습니다.

굉장히 고무적인 코멘트입니다. 물론 이런 일들이 공식적인 것이 아니므로 이런 이야기를 책에 쓰는 것이 약간은 두려운 일이기는 하지만, 일반 대중에게 이런 커뮤니케이션 자체가 매우 중요하다는 하나의 사례로 전하고 싶습니다. 저는 이런 커뮤니케이션 자체가 지식인들의 역할이고, 대중들에겐 그런 커뮤니케이션을 통해 새로운 시각과 정밀한 판단을 받는 것이 중요한 공부방법이라고 말하고 싶습니다. 언젠가 이 글을 더 보완해서 친구들 앞에서 읽어보고 싶네요.

제가 영향을 받은 사람으로 세네카(Lucius Annaeus Seneca, BC 4~AD 65)도 있습니다. 스토아주의의 대가입니다. 세네카에 관해서는 우리나라에 천병희 선생님이라는 너무나 고마운 분이 계시죠. 선생님이 그리스·로마 원전을 가지고 직접 번역하신 한글본들은 정말 귀중한 책들입니다. 선생님이 번역하신 『인생이 왜 짧은가』는 세네카의 대화편 중에 4편의 에세이 「인생의 짧음에 관하여」, 「마음의 평정에 관하여」, 「섭리에 관하여」, 「행복한 삶에 관하여」를 묶은 책입니다. 물론 『세네카 인생철학이야기』라는 제목으로 번역된 책이 있지만, 별로 신뢰할 수 없는 번역이기도 해서 천병희 선생님의 번역이 더욱 귀하지요.

그리고 푸코가 '의식 점검'(examination of conscience)에 대해서 논하면서 매우 중요한 텍스트로 삼았던 책, 『화에 대하여』도 매우 중요한 텍스트입니다. 격정의 노예가 된 마음은 흡사 폭군이 다스리는 영토에 머무는 것이라고 조언한 사람은 세네카입니다. 푸코는 세네카의 조언을 분석하면서, 화는 상급자가 하급자에 행하는 권력남용이라고 말합니다. 다시 말하면 화를 내는 것은 권력의 합법적 사용(jus utendi)에 반하는 것입니다. 권력을 남용하지 않으면서 권력을 사용하는 방법을 획득하지 않으면, 화를 내고 폭군이 되고 말지요. 결국 화는 권력관계의 불균형이 초래한 사태인 것입니다. 이 책에 대한 푸코의 분석은 이 책을 마음수양서와 완전히 다르게 읽게 합니다. 이 모든 책들이 권력관계에 기반하여 세상만사를 예리하게 분석한 정치적 텍스트였다는 것을 뒤늦게 알게 됩니다.

저는 세네카에 대한 글도 두 편 썼습니다. 하나는 친구들과 함께 낸 책, 『감히 알려고 하라』에 「자기는 자신의 것이 아니다」란 글로 참여했습니다.[8] 제가 제일 좋아

8. 수유너머 R, 『감히 알려고 하라』, 김진화 그림, 너머학교, 2014.

하는 제 글이기도 합니다. 좋은 문장이라서가 아니라, 제 생각을 세네카에게서 끄집어내어 정말 제 생각답게 정리해 준 글이거든요. 그리고 『자기배려의 인문학』에서 「자기배려와 공부」, 「자기배려와 우정」도 세네카의 생각이 주춧돌이 되어 쓰게 된 글이기도 합니다. 이 글들을 쓰기 위해서 친구들에게 점검을 받고 수정하는 과정 자체가 또 다른 공부이기도 했지요. 철학 공부는 글쓰기가 함께하지 않으면 앞으로 전진하기 힘듭니다. 철학 공부는 거의 글쓰기 공부에 가깝다고 말하고 싶습니다. 텍스트를 읽고 생각거리가 있는 부분에 줄을 긋거나 포스트잇을 붙이고, 여백에 자기 생각을 메모해 두고, 다시 그것을 풀어서 짧은 단락 문장들을 만들어 보관하고, 나중에 다시 그것을 열어 수정해 나가는 일. 그것이 바로 철학 공부입니다. 사유는 그 과정에서 구성되는 것이지, 하늘에서 뚝딱 떨어지는 게 아닐 겁니다. 보이지 않는 곳에 숨어 있는 그 메모들이 사유들을 피어나게 합니다.

그리고 에픽테토스(Epictetos, 55~135)가 있습니다. 저는 에픽테토스를 푸코를 통해서 알게 되었습니다. 에픽테토스는 첫번째 주인에게 구타를 당하고 다리가 부러져 평생 불구가 되었습니다. 다행히도 두번째 주인이 해방노예로 풀어주었고, 덕분에 스토아주의자인 무소니우스 루푸스에게 철학을 배울 수 있게 됩니다. 그는 평생 불구의 몸을 이끌고 독신으로 살면서 철학을 가르쳤습니다.

현재 『어록』(Discourses)이란 강의록이 일부 현존하는데, 그것을 축약해서 출간한 것이 바로 『엥케이리디온』(Encheiridion)[9]입니다. '엥케이리디온'(Εγχειρίδιον)은 손안의 작은 것, 즉 매뉴얼이나 핸드북이라는 뜻이고, 실제로도 이 책을 직접 읽어 보면 글 자체도 매우 짧을 뿐 아니라, 묶음도 몇 편 되지 않습니다. 그 짧은 중에도 '우리 자신에게 달려 있는 것과 달려 있지 않은 것' 등을 논한 에픽테토스의 글들은 엄청나게 파워풀합니다. 역설적으로 저는 그의 글을 읽을 때마다 마음이 편안해지는 것과 동시에 전투적인 의욕이 함께 샘솟습니다. 그래서 제게는 아주 묘한 책입니다.

---

9. 저는 김재홍 선생님이 번역한 『엥케이리디온』이 절판된 줄로만 알았습니다. 찾아 봐야 할 것이 있어서 인터넷 조회를 해보니, 『왕보다 더 자유로운 삶―에픽테토스의 엥케이리디온, 대화록 연구』라는 다른 제목으로 오래전에 재출간되어 있었습니다. 엄청나게 반갑습니다.

니체는 에픽테토스의 광팬이었습니다. 니체 책에는 에픽테토스를 언급한 문구들이 꽤 있는데, 그 중 『인간적인 너무나 인간적인』에 나온 아포리즘 하나를 옮겨보면 다음과 같습니다.

"들을 귀가 없는 것 — '항상 다른 사람에게 책임을 전가하는 사람은 아직 천민에 속한다.: 항상 자신에게만 책임을 돌릴 경우, 그는 진리의 궤도에 들어 서 있는 것이다.: 그러나 현명한 사람은 누구에게도, 즉 자신에게도 다른 사람에게도 책임은 없다고 생각한다.' — 누가 이렇게 말했던가? — 천 8백 년 전 에픽테토스이다. — 사람들은 그 말을 듣기는 했지만 잊어버렸다. — 아니, 듣지도 잊어버리지도 않았다: 모든 것이 망각되는 것은 아니다. 그러나 사람들은 그것을 들을 귀를, 즉 에픽테토스의 귀를 가지고 있지 않았다. — 그렇다면 그는 이것을 자신의 귀에 대고 말한 것일까? — 그렇다: 지혜란 사람이 넘치는 시장에서도 고독한 사람이 자신에게만 속삭이는 귓속말이다."[10]

지혜가 있어도 '들을 귀'가 없으면 들리지 않습니다. 판소리계에서 흔히 "귀명창 있는 곳에 명창이 있다"고들 하는데, 이 아포리즘은 딱 그 이야기여서 여간 반가운 게 아닙니다. 귀명창이란 소리판 안에서 연창자(演唱者) 그리고 고수(鼓手)와 함께 소리를 서로 주고받을 줄 아는 청중이라지요. 기본적으로 귀가 소리에 열려 있을 뿐 아니라, 그 소리를 비판할 줄도 아는 청중입니다. 나아가서 연창자에게 더 나은 단계로 독려하는 역량도 보유한다고도 하더군요. 니체의 아포리즘도 똑같은 소리를 하는 것 같습니다. 지혜는 누구에게나 열려 있지만, 아무에게나 도달하지는 않습니다. 니체의 주저, 『차라투스트는 이렇게 말했다』의 부제가 생각납니다. "모든 사람을 위한, 그러면서도 그 어느 누구를 위한 것도 아닌 책(1883~1885)."[11] 니체는 자신의 책이 모든 사람을 위해 쓰인 책이지만, 안타깝게도 자신의 책을 이해하고 사용할 줄 아는 사람은 극히 드물 거라고, 심지어 어느 누구에게도 도달하지 못할 수 있다고

---

10. 니체, 『인간적인 너무나 인간적인 II』, 207쪽(386절).
11. 니체, 『차라투스트라는 이렇게 말했다』, 1쪽.

여겼던 것 같습니다. 마치 미래의 책을 예견하고 있는 것처럼 보여 『인간적인 너무나 인간적인』의 이 아포리즘이 여간 예사롭지 않습니다.

언젠가 친구들에게 저는 『엥케이리디온』을 한 문장씩 읽어 주고 약간의 설명도 해준 적이 있습니다. 그 시간도 제게는 매우 큰 공부가 되었던 시간이지요. 한글 번역본 뒤에 김재홍 선생님이 설명해 주는 에픽테토스의 철학 이야기도 읽어볼 만합니다. 그리고 저는 에픽테토스의 철학을 이용하여 『자기배려의 인문학』에 「자기배려와 사랑」, 「글이 만든 삶, 삶을 불러온 운명」이란 글도 써서 수록하였습니다. 그는 제게 사랑과 운명에 대해서 새로운 생각을 불러 준 철학자였다고 할 수 있습니다. 아마 앞으로도 계속 읽고 또 읽을 귀한 철학자입니다.

그리고 마지막으로 마르쿠스 아우렐리우스. 저는 언젠가 마르쿠스 아우렐리우스에 대한 평전 겸 철학해설서를 쓰고 싶습니다. 그러나 아직은 부족하다고 여겨서 미뤄 두고 있습니다. 아마 그에 대한 글을 쓰는 시점은 그의 글쓰기에 대한 정신을 더욱 잘 이해하게 된 때가 되지 않을까도 싶습니다.

그는 글쓰기와 관련해서도 굉장히 독특한 위치에 있는 철학자입니다. 자신의 글을 생전에 출간해서 공표한 적이 없는 철학자이기도 하지요. 그는 평생을 게르만족과 국경을 두고 싸우며 살았습니다. 매일 이어지는 전투 중에 자신의 정신을 다듬고 정밀하게 하기 위해서 자기 자신이 읽을 글을 항상 써 두었습니다. 덕분에 후대 사람들에게 '자기가 자기에게 쓰는 글'이란 완전히 새로운 영역의 글들을 제시함으로써 큰 놀라움을 주었죠. 저는 마르쿠스 아우렐리우스 덕분에 글쓰기에 대한 새로운 시각, 새로운 패러다임을 갖게 되었다고 생각하고 있습니다. 어떤 의미에서 글쓰기에 대한 자의식을 홀가분하게 던져 버릴 수 있게 된 거죠.

니체도 비슷한 말을 한 적이 있습니다. "자신을 위해서 글을 쓴다—이성적인 작가는 자신의 후세만을 위해 글을 쓰지 어떤 다른 후세를 위해 글을 쓰지는 않는다. 다시 말하면 그는 자신의 노년을 위해, 즉 자신에게서 기쁨을 느끼기 위하여 글을 쓴다."[12] 니체는 마르쿠스 아우렐리우스와 같은 생각을 가지고 있었습니다. 마르쿠스 아우렐리우스는 자신의 글을 공표조차 하지 않았죠. 오로지 자신이 읽고 자신의

---

12. 니체, 『인간적인 너무나 인간적인 II』, 103쪽(167절).

신체 안으로 로고스를 새겨 넣기 위해서 글을 쓰고 읽습니다.

덕분에 저는 로마에 대한 관심도 커지게 됩니다. 프리츠 하이켈하임의 『로마사』도 알게 되고, 프랭크 매클린의 『철인 황제 마르쿠스 아우렐리우스』라는 전기도 읽게 되었습니다. 크리스토퍼 켈리의 『로마 제국』 같은 책은 매우 간결하면서도 정확하게 로마 제국에 대한 정보를 정리해 알려 줍니다. 또 모토무라 료지의 『처음 읽는 로마사』도 간결한 문장의 로마사여서 굉장히 훌륭한 책입니다. 오히려 저는 『로마인 이야기』가 그다지 끌리지 않았습니다. 아마도 작가의 우파적 시선이 다소는 불편했던 것 같아요.

이 외에도 로마와 관련된 책은 엄청나게 많습니다. 그 중 제게 마지막으로 하나를 골라 권해 보라면, 저는 마르그리트 유르스나르라는 소설가의 책 『하드리아누스 황제의 회상록』을 꼽고 싶습니다. 이 책은 마르쿠스 아우렐리우스의 양부이기도 한 황제 하드리아누스가 병상에서 죽음을 예감하고 지난날을 회고하는 글로 채워져 있습니다. 유르스나르가 이 책 마지막 장 제목을 'PATIENTIA'(파티엔시아), 즉 '인내'(사실 '인내'라는 단어보다 '확고부동함'이라는 말이 한국어로는 더 어울립니다. 그러나 죽음을 기다리는 시간을 감내하는 것이 이 장의 주요 내용이므로 '인내'도 맞습니다)라고 짓고 쓴 죽음에 대한 명상들이 생각납니다. 사실 하드리아누스에게 '자살'은 불면증에 걸린 사람들이 가까이에 진정제를 두는 것과도 같습니다. 삶이 극도로 초조해져서 감내하는 데 극히 어려워졌을 때 선택할 수 있는 진정제로서의 자살. 하드리아누스는 인간은 자신의 삶이 소용없는 것이 되면 죽음을 결정할 권리가 있다고 선언하면서, 왼쪽 가슴 밑에 붉은 잉크로 표시해 놓고 노예에게 찌르도록 하거나, 자신의 주치의에게 독약 처방을 하도록 시도합니다. 그러나 노예는 울부짖으며 미치광이가 되어 버리고, 주치의는 명령을 어기지 않기 위해 스스로 목숨을 끊어 버립니다.

이 지경에 이르러서야 하드리아누스는 깨닫습니다. 자살은 극히 개인적인 행위이거나 자유로운 인간의 은신처가 아니라, 나에 대한 친구들의 헌신적인 믿음을 저버리는 잔혹한 무관심의 표지이자 망은(忘恩)의 표지라는 것을요. 그래서 마음속으로 이렇게 다짐합니다. "내가 더 이상 베풀어 줄 것이 아무것도 없을 테지만, 내가 더이상 삶에서 배울 것마저 아무것도 없다고 믿지는 않으리라. 나는 나의 인생의 은밀한 가르침(instructions secrètes)을 끝까지 들을 것이다."[13] 삶의 긍정과 아울러 삶의 의무를 절대 놓치지 말아야 한다는 것. 어찌 되었든 살아내야 하는 것입니다.

그리스·로마 철학자들에 대한 이야기는 끝이 없을 것 같습니다. 이 세계는 정신이 이루어 낼 수 있는 최고의 세계 중 하나입니다. 무엇을 더 보태고 뺄 게 없는 최고도의 수준을 보여 주는 정신세계. 언제나 무언가 부족한 제 모습이 보이면 이 세계로 돌아와 다시 읽고, 또 읽는 시간을 가지게 될 것입니다.

---

13. 마르그리트 유르스나르, 『하드리아누스 황제의 회상록 2』, 곽광수 옮김, 민음사, 2008, 215쪽.

삶을 버리고 의를 택하다

—

맹자, 『맹자』

낭송, 정신을 바꾸다

공자나 맹자(孟子, BC 372?~BC 289?)라는 이름만 들어도 고개를 돌리던 때가 있었다. 공자나 맹자는 효도나 충성만 생각하는 고리타분한 사람처럼 여겨졌다. 물론 동양학 붐으로 동양 철학에 대한 편견이 조금은 사라졌다고 하지만, 그렇다고 스스로 찾아서 전통 유가 사상에 흥미를 느껴보진 않았다. 공맹(孔孟)은 여전히 고리타분하고, 보수적이며, 억압적이라는 게 당시 내가 가지고 있는 감각이었다.

그런 감각은 철학이라는 공부를 하게 되어도 여전해서, '사서'(四書)를 읽는 세미나나 강의에는 일절 기웃거리지 않았다. 심지어 연암 박지원의 「백이론」 수업을 듣고, 이게 무슨 보수 신문의 논조냐고 볼멘소리를 해대기도 했다. 어떤 정치적 입장이었든, 백이도 자기 길을 가고, 무왕과 태공도 자기 길을 간다고 한 것을 두고 도무지 이해하질 못했던 것이다. 그것은 입장을 애매하게 뭉뚱그리는 정치적 퇴행이며, 심하게 말하면 정신승리적인 횡설수설에 불과하다고 느꼈다. 그리고 나는 그것이 연암을 넘어서, 연암 사유의 젖줄이랄 수 있는 유가 사상이 근본적으로 품고 있는 문제일 거라고 주제넘게 결론을 내리고 있었다. 유가 사상은 내게서 그렇게 탄압 당했다.

그러나 세월이 흘러 어떤 계기들로 나는 좀 다른 감각을 갖게 되었다. 고미숙 선생님의『열하일기』수업을 듣게 된 일,『주역』과『주자어류선집』을 친구들과 함께 읽은 일, 리링(李零)이라는 걸출한 학자가 쓴 독특한『논어』해석을 접한 일, 마르셀 그라네나 프랑수아 줄리앙 같은 비교철학자의 시선을 통해 새로운 중국사유를 알게 된 일, 그리고 무엇보다 몇 년 동안『동의보감』을 가지고 고군분투했던 일 등 내 정신에 동아시아의 첨삭들이 이어졌다. 그러다가 이런 독서 행위와는 전혀 다른 경험이 찾아왔다.

중년의 친구들과 함께『맹자』(孟子)를 읽을 때의 일이다. 그때 연구실에는 낭송 붐이 일었고, 중년 프로그램에도 어김없이 그 바람이 불었다. 하지만 중년들이 낭송대회에 출전하기 위해 짧지 않은 문장들을 외우고, 연기까지 하는 것은 부담스럽기 그지없다. 더군다나 연습 시간마저 부족한 직장인들이 태반이니 오죽했겠는가. 그래도 나는 어설픈 시나리오를 가지고 약간은 고집스럽게 일을 진행해 보았다. 마치 낭송을 위해 이 땅에 태어난 사람인 듯이.

그러나 고백건대『맹자』낭송을 하면서 오히려 내가 다른 감각을 갖게 되었다. 낭송을 통해 다가간『맹자』는 지금까지 유가 사유에 대해 가졌던 관점을 완전히 다르게 만들어 주었다. 그동안 몇몇 동양 고전을 읽으면서도 느끼지 못했던 실로 새로운 감각인 것이다.

누구나 성인이 될 수 있다

고전은 고전인 모양이다. 그 뒤로 나는 고전을 읽으려는 중년 친구들에게『맹자』를 꼭 권하게 된다. 2,300년 동안 수많은 사람들이 수많은 이유로 이 3만 5천여 자의 글을 읽어 왔겠지만, 중년들은 중년 나름의 이유로 이 책을 꼭 읽어 보아야 한다.

첫째, 우선 『맹자』는 읽는 사람의 마음을 당당하게 해준다. 그의 호탕한 언변과 당당한 모습에 한번 빠지면 중년의 마음에도 전투력이 살아날 것이다. 한번은 제나라 대부인 경추씨가 맹자에게 왕(제나라 선왕)이 선생(맹자)을 공경하는 것은 봤어도 선생께서 왕을 공경하는 것은 보지 못했다고 투덜거렸다. 맹자더러 예의 없다고 공격한 것이다. 그러나 맹자의 대답이 걸작이다. 당신네 제나라 사람들은 왕과 함께 인의(仁義)를 논하지 않던데, 그것은 더불어 인의를 말할 가치가 없다고 왕을 무시하기 때문 아니냐. 이보다 더 불경한 게 어디 있느냐. 그에 비하면 나, 맹자는 왕이 요순의 도(道)를 행할 사람이라고 여겨서, 요순의 도가 아니면 왕 앞에서 말해 본 적이 없다. 그러므로 나야말로 왕을 제대로 공경하는 것 아니겠느냐!

맹자는 일개 빈사(賓師, 제후에게 빈객으로 대우받는 학자)에 불과하다. 그럼에도 항상 상대에게 주눅 들지 않고 자신의 의견을 펼쳤다. 사실 경추씨 질문에 앞서 조회에 참석하는 문제로 약간의 소란이 있었다. 왕이 다음날 아침 조회에 선생 만나기를 청했지만, 맹자는 단박에 병이 나서 참석 못한다고 답한다. 하지만 그 다음날, 그러니까 왕이 만나자고 청했던 그날 아침, 다른 사람의 문상에 가겠다고 길을 나서는 맹자. 제자인 공손추가 왜 왕이 부를 때와 다르냐고 강하게 의문을 제기하자, 맹자는 담담하게 대답한다. "어제는 병이 났지만 오늘은 나았는데 어째서 문상을 못하겠느냐?"[2] 이런 모습과 언변만 보아도 삶의 매 순간 을

---

1. 맹자, 『맹자』 「공손추 下」 2장, 박경환 옮김, 홍익출판사, 2005(개정판), 116쪽.

(乙)로 살아가는 중년들에게 당당함을 돌려주고, 힘이 불끈 솟아나게 할 것이다.

이런 당당함은 나름 이유도 있다. 이게 『맹자』를 읽어야 할 두번째 이유이기도 한데, 맹자는 나 밖에서 평안을 얻으려다 도리어 초조하기만 한 중년의 불안을 싹 다 지워 버린다. 맹자는 사람이라면 누구나 요순처럼 될 수 있다고 말한다. 어떻게? 대답은 이렇다. "어찌 남들과 다르겠소? 요순과 같은 성인도 보통 사람과 같을 뿐인데요."(何以異於人哉? 堯舜與人同耳)³ 성인 또한 보통 사람이 자신을 일구어 된 존재다. 놀랍게도 맹자는 이 혁명적인 말을 보수적인 이미지로 가득한 안연(顔淵)의 말을 인용해 거듭 말해 준다. "순임금은 어떤 사람이고, 나는 어떤 사람인가? 순임금처럼 노력하면 역시 순임금과 같아질 것이다."(舜何人也? 予何人也? 有爲者亦若是)⁴ 누구나 마음에 동일하게 갖고 있는 바(心之同然)⁵를 확충하기만 하면 모든 사람이 지선(至善)한 성인이 될 수 있다는 것. 보통은 과연 그럴까 하고 미덥지 않아서 내버려두는 이런 문제를 맹자는 지나칠 만큼 집요하게 물고 늘어진다.

물론 누구나 성인이 될 수 있는 가능성을 갖고 있는 것이지, 모두가 무조건 성인이 된다는 말은 아니다. 오해하지는 말아야 한다. 나는 성인이 될 잠재력을 갖고 있을 뿐, 지금 성인인 것은 아니다. 그러나 맹자가 말하는 성인이 되는 과정은 독특하기 그지없다.

2. 맹자, 『맹자』 「공손추 下」 2장, 115쪽.
3. 맹자, 『맹자』 「이루 下」 32장, 247쪽.
4. 맹자, 『맹자』 「등문공 上」 1장, 139쪽.
5. 맹자, 『맹자』 「고자 上」 7장, 311쪽.

"사람들이 하고자 하는 것[可慾]을 선(善)이라 하고, 선을 자기 몸에 갖추고 있는 것을 신(信)이라 하며, 충만하여 꽉 찬 것을 미(美)라고 한다. 충만하고 꽉 차서 광채가 나는 것을 대(大)라 하고, 크면서도 저절로 융화하는 것을 성(聖)이라 하며, 성스러우며 헤아릴 수 없는 것을 신(神)이라 한다."[6]

놀라운 것은 '선, 신, 미, 대, 성, 신'이라는 여섯 단계 모두가 내 안에서 이루어진다는 점이다. 최초의 단계인 선(善)은 인간 본성 중 하나다. 그 자체로 내 자신 안에 이미 갖추어져 있는 것이다. 그런데 그 이후 신, 미, 대, 성의 단계를 거쳐 신(神)이라는 최고의 단계에 이르러도, 그것은 '나'라는 존재 밖으로 나가지 않는다. 신(神)은 그저 최초의 선(善) 원래부터 내 안에 지니고 있던 내재적 선이 여전히 내재적인 상태에서 최상에 도달한 것일 뿐이다. 그것은 선이 몸에 꽉 차고 광채가 나서 헤아릴 수 없게 된 것일 뿐, 밖에서 끌어다 치장해 놓거나, 서양 신(God)처럼 밖으로 나아가 의탁한 것이 아니다. 그것은 오로지 내 안에서 성숙하여 최고가 된다. 맹자는 오로지 내 몸, 내 정신으로 세상을 관통하려고 하고, 또 할 수 있다고 여긴다. 이런 사실을 알고 나면, 중년이 밖을 기웃거리며 얻지 못해 애달파 하고 초조해 할 일이 어디 있겠는가.

우리가 우리를 바꾼다

누구나 성인이 될 수 있다는 것에서 우리는 우리 안에 나를 바꾸는 힘

---

6. 맹자, 『맹자』 「진심 下」 25장, 418쪽(번역은 채인후, 『맹자의 철학』, 천병돈 옮김, 예문서원, 2000, 35쪽을 따름).

을 갖고 있다고 하는 세번째 이유를 쉽게 발견해 낸다. 맹자는 이 힘을 다소는 감상적이라고 여겨질 마음, 그러니까 묘하게도 '측은하게 여기는 마음'(惻隱之心)을 가지고 풀어나간다. 그러나 그 마음을 우리가 흔히 아는 '동정심'이라고 이해하면 오산이다. "만약 어떤 사람이 문득 한 어린아이가 우물 속으로 빠지게 되는 것을 보게 된다면, 누구나 깜짝 놀라며 측은하게 여기는 마음을 가지게 된다"[7]라는 맹자의 유추(類推)는 동아시아 최고의 철학적 사고실험이다. 맹자는 이때의 마음을 '차마 남의 고통을 외면하지 못하는 마음'[不忍之心]이라고 하였다.

내가 보기에 더 중요한 것은 이 마음이 어떻게 일어났는지 설명하는 다음 장면이다. 이어진 바로 다음 문장에서 맹자는 이 마음이 어떤 주체가 어떤 상황을 계산하여 이익을 얻고자 생성된 것이 아님을 분명히 한다. 즉, 어린아이의 부모와 교분을 쌓기 위함도 아니고, 마을 사람과 친구들에게 칭찬을 듣기 위해서도 아니고, 아이의 울음소리가 싫어서도 아니다. 그것은 어떠한 이해관계도 상정되지 않고 즉각적으로 발생한 마음이다. 이 순간에는 어떤 목적론도 개입되지 않는다. 이 마음은 보자마자[乍見], 어떤 주체적 구속도 없이 곧바로 드러났다.

맹자의 주장 속에는 어떤 이기적(利己的)인 주체도 전제되지 않는다. 그의 반응은 내가 판단하여 일어난 것이라기보다, 어떤 사태와 상호작용 속에서 즉각적이고 자연발생적으로 드러난 것일 뿐이다. 이런 의미에서 그것은 사전에 상정된 어떤 주체가 상대가 불쌍하여 지니는 실체적 동정심과는 전혀 다르다. 사실 동정심은 아무리 정당화되더라도 주체가 상정된 감정인 이상, 논리적으로는 이기주의로 귀결되고 만다. 왜

---

7. 맹자, 『맹자』 「공손추 上」 6장, 106쪽.

냐하면 동정심은 상대의 고통을 보고, 내가 그 고통 속에 있지 않다는 안도감에서라야 가능한 감정이기 때문이다.

이런 의미에서 '불인지심'(不忍之心)은 내가 기존의 나를 떠나서 너가 되는 경험을 드라마틱하게 표현해 준 말이다. 내가 너가 되지 않고서는 도저히 참을 수 없는 지경이 우리들 '사이'에 존재한다. 더군다나 그것은 딱딱한 주체인 나를 사전에 상정하지 않고서도 가능한 사고방식인 것이다. 비교철학자인 프랑수아 줄리앙은 이것을 '개인횡단성'(transindividualité)이라는 말로 표현하기도 한다.[8]

불인지심의 횡단성은 인간을 넘어 동물에까지 미친다. 양혜왕(梁惠王)이 제물(祭物)이 될 소가 끌려가는 것을 보고, "차마 볼 수 없구나"(吾不忍其觳觫)라며 소를 놓아주고 양으로 바꾸라고 명한 일화는 유명하다.[9] 이른바 「곡속장」(觳觫章, '곡속'은 무서워서 벌벌 떠는 모습을 이른다)으로 알려진 이 이야기에서 우리는 양혜왕이 소와 양을 차별한다는 현대적 편견에 앞서, 양혜왕이 소와 감정적으로 횡단한다는 점을 우선 보아야 한다. 이 횡단성이야말로 우리 중년들이 반드시 다시 되살려야 할 본성이 아닐까. 특히나 너무 굳어 버려 더 이상 어떤 것에도 감동 받지 못하고, 자신을 바꿔 너가 되지 못하는 꼰대라면 무슨 말을 더 할까.

자기가 변하면 사회가 바뀐다

이제 마지막 네번째. 『맹자』를 읽으면 자신의 내적인 힘이 주변을 변화

8. 프랑수아 줄리앙, 『맹자와 계몽철학자와의 대화』, 허경 옮김, 한울아카데미, 2004, 53~54쪽.
9. 맹자, 『맹자』 「양혜왕 上」 7장, 45쪽.

시킨다는 테제를 쉽게 받아들이게 된다. 사실 유가의 심학(心學)이 개인의 퇴행적인 수양론을 뒷받침하기도 했다. 현대 중국 철학자 리쩌허우(李澤厚, 1930~)도 공자가 심(心)과 성(性)을 거의 언급하지 않았고, 맹자도 사회·정치적 문제보다 심성을 더 중시하지 않았는데 송명리학(宋明理學)이 심성론을 강조하면서 지나치게 추상이론으로 흘렀다고 비판한다.[10] 더군다나 맹자 사상은 귀족이나 대토지 소유 지주에게 접착되면서 인민을 이중 삼중으로 착취하는 데 활용되기도 했다.[11] 이미도 내가 공맹에 대해 오해가 생긴 것도 이를 지나치게 정형화시킨 텍스트나 규범들을 보았기 때문일 것이다. 유학이 한제국을 거쳐 동아시아를 지배하는 데 성공했는지 모르지만, 그보다는 현대에 와서 현대인의 오해를 불러일으키는 데 더 성공하고 있는지 모른다.

그러나 맹자는 나의 변화를 통해 타자를 변화시키고자 한 철학자라고 볼 수도 있다. 다시 '불인지심'으로 돌아가 본다. 불인지심은 타자가 위험에 빠질 때 무조건적으로 솟아난다. 그것은 어떤 관계가 구성되면 함께 자연발생적으로 구성되는 감정이다. 우리가 인간인 이유는 이런 타자와의 관계 속에서 불인지심을 느낄 줄 알기 때문인 것이다. 따라서 인(仁)도 두 사람의 관계 속에서라야 가능한 정신이자 상태이다. 그렇다면 불인(不仁)은 타자와의 관계가 제대로 작동되지 않는 몸의 상태인 것이다. 군자(君子)란 어떤 관계에 처하더라도 이런 자연발생적인 마음을 보존할 수 있느냐에 있다[以其存心].[12] 다시 말하면 군자란 새로운 관계에도 불구하고 선한 마음을 항상 되찾을 줄 아는 자인 것이다.

10. 리쩌허우, 『학설』, 노승현 옮김, 도서출판 들녘, 2005, 10쪽.
11. 임건순, 『제자백가 공동체를 말하다』, 서해문집, 2014, 288쪽.
12. 맹자, 『맹자』 「이루 下」 29장, 106쪽.

삶을 버리고
의를 택하다

여기서 맹자는 좀 더 앞으로 나아간다. 군자는 내재적으로 성장한 이 힘을 이용하여 타자들을 변화시킨다. 그는 "지극히 진실하다면, 남을 움직이지 못하는 경우가 없다"(至誠而不動者 未之有也)[13]라고 단언한다. 이 경우 어떤 물리적인 힘보다도, 군자의 인격적 성숙이 앞선다. 그가 힘의 관계를 무시하는 것은 아니다. 다만 군자의 인(仁)이 모든 힘의 관계에 앞서서 존재하고, 바로 그것이 힘의 관계를 움직이고 구성한다. 맹자의 말을 바꾸어 말한다면 진실이 힘을 움직이지 못하는 경우가 없다. 어쩌면 인(仁)이란 '힘을 움직이는 힘', 일종의 '원(原)-권력'이라고도 할 수 있다. 그게 현상으로 드러난 위계질서에 의해 은폐되어 있을 뿐인 거다. 아마도 군자란 니체의 초인처럼 걸어 다니기만 해도, 그의 덕이 흘러 넘쳐 자신뿐 아니라 타인도 군자의 길로 들어서게 하는 사람일 것이다.

동아시아의 텍스트는 서구 철학과 같은 현란한 개념과 논리들이 없어 보여 서구 철학의 박진감 넘치는 개념들을 좋아하는 자라면 대개 절반도 읽지 못하고 던져버리게 될 것이다. 나도 그랬다. 그러나 그런 밋밋함을 밋밋함으로 인정하고(언제나 좋은 것이란 단점의 구름을 뚫고 나가 청명한 곳에 가서야 나오는 것이다!), 텍스트를 되풀이해 읽어 보면 동아시아만의 기묘한 세계가 문장마다 편재해 있다는 것을 불현듯 깨닫는다. 이 감각에 휩싸이고 나면, 모든 문장이 살아나 나에게 놀라운 호소력을 발휘한다. 나에게 맹자는 그 기묘한 세계로 이끈 선구적 텍스트였다.

우리는 결국 낭송대회 본선까지 진출했다. 낭송은 『낭송 논어/맹자』

---

13. 맹자, 『맹자』 「이루 上」 12장, 202쪽.

의 『맹자』 부분인 「사생취의 — 삶보다 간절한 것」[14]과 「호연지기, 의로움으로 천지를 채우다」[15] 생선을 버리고 곰 발바닥을 택한다는 지문에서는 진짜 생선을 휙 버리며 큰 소리로 낭송을 하였다. "생선도 내가 원하는 것이고, 곰발바닥도 내가 원하는 것이지만 둘 모두를 얻을 수 없다면, 생선을 버리고 곰발바닥을 택할 것이다." 이어서 삶을 버리고, 의를 택한다는 문구가 이어진다. "삶도 내가 원하는 것이고, 의도 내가 원하는 것이지만 둘 모두를 얻을 수 없다면 삶을 버리고 의를 택할 것이다." 내 입에서, 그리고 모두의 입에서 낭송이 반복되자, 삶을 버리고 의를 택한다는 이 의심스러운 문구가 불현듯 이해되기 시작했다. 내 마음이 여기서 말하는 삶이란 "기존의 삶", "통념적인 삶"이라고 외치는 것 같았다. 그렇다면 맹자는 새로운 삶으로 난 길[義]을 가려면 기존의 삶[生]을 버리라고 외치는 것이었다. 신기한 일이다. 마치 커다란 군자가 우리를 지켜보며 눈짓을 하는 것 같았다. 우리는 함께 군자가 되고 있었다.

14. 공자·맹자, 『낭송 논어/맹자』, 류시성 풀어읽음, 북드라망, 2014, 217~219쪽.
15. 공자·맹자, 『낭송 논어/맹자』, 201~203쪽.

맹자의 『맹자』
후기

공자와 마찬가지로 저는 맹자도 일찍 만나지 못했습니다. 동아시아 텍스트를 배우러 자발적으로 찾아다니지 않았기 때문에 그것은 당연했습니다. 그러나 역시 이 바닥에 있으면 공자나 맹자는 만나게 되어 있나 봅니다. 2016년에 연구실에서 어떤 프로그램을 맡아 운영하고 있었는데, 그때 1학기 교재로 『맹자』가 채택되었습니다. 옳다구나, 했지요. 이번 기회에 그동안 읽지 못했던 동아시아 텍스트를 찾아서 읽어보자는 생각을 하였습니다.

『유학은 어떻게 현실과 만났는가』(박원재)라는 텍스트가 있습니다. 평유란의 『중국철학사』를 읽는 세미나에서 함께 읽었던 텍스트입니다. 동아시아 문화사 속에서 유학은 막대한 영향력을 가져 왔습니다. 그러나 이런 영향력을 가지기까지 유학은 엄청난 담론 투쟁을 겪어야 했습니다.

유학은 공자 철학에서부터 하나의 딜레마적인 상황을 안고 출발했습니다. 인간의 자연적 본성(필연의 영역)을 어떻게 인간의 능동적 실천(당위의 영역)인 문화적 질서와 일치시킬 것이냐는 문제입니다. 자연적 본성에 몰두하면 문화적 질서를 이루지 못하고, 능동적 실천만 강조하면 경직되고 인위적인 제도에 매몰될 수 있습니다. 어쩌면 『논어』는 이 두 가지 딜레마를 절묘하게 통합시켜 놓은 텍스트(아니면 간신히 연결시켜 놓은 텍스트!)일지도 모릅니다.

아마도 이런 상황을 감안하면 공자 이후 긴 담론 투쟁은 당연한 것이었습니다. 묵자(墨子)와 양주(楊朱)의 첫번째 태클이 들어옵니다. 이를 응전한 유학자가 바로 맹자라고 합니다. 묵자는 종교적 자연관(주재천[主宰天])에 따라 '보편적 겸애설'을 주장합니다. 하늘 아래 누구나 똑같으니, 누구든지 사랑해야 한다는 것이죠. 유학의 차별애(差別愛)를 비판한 것이었습니다. 그러자 맹자가 나섭니다. 맹자는 '겸애설'에 대해서 '가족주의'로 대응합니다. 묵자가 차별 없는 사랑을 강조하며 유학의 공동체주의를 깨부수자, 가족 공동체에 기초한 유대감(바로 이것이 인[仁]입니다!)을 가지고 싸운 것입니다.

또 다른 태클러, 양주는 중립적 자연관(자연천[自然天])에 따라 '개인주의'를 주장합니다. 그는 천하를 구한다고 해도 내 머리털 하나 내놓지 않겠다는 지독한 개인주의자입니다. 내 생명을 보존하는 것이 아니라면 어떤 실천도 의미 없다는 것이죠. 이 주장은 유학의 사회적인 실천을 무력하게 만들어 버립니다. 또 맹자가 나섭니다. 맹자는 외부 자연에 기대지 않고 자기 내면의 본성(성선설)에 기대어 그것과 싸웁니다. 양주에겐 개인보다 앞서는 것이 없습니다. 따라서 개인 이외의 것은 모두 중립적으로 같습니다. 가치의 우위가 없는 것이죠. 이렇게 양주가 모든 것을 중립화시켜서 사회적 실천을 무력하게 만든 것을 두고, 맹자는 '사단'(四端, 인의예지)을 통해 인간과 자연이 도덕적인 가치를 지닌다고 주장하며 싸웁니다. 도덕적인 가치에 따라 행위도 달라져야 한다는 것이죠. 그리되면 개인에 앞서서 다른 가치들을 논할 수 있게 됩니다. 사실 당시 묵자와 양주의 인기는 대단해서 맹자와 같이 '구라'가 센 사람이 나서지 않았다면 유학은 쉽게 무너지고 말았을 겁니다.[16]

이것에 그치지는 않습니다. 그것은 당연했는데, 당대는 종법적 질서가 걷잡을 수 없이 파국으로 치닫는 시대였고, 자연관 방면에서는 도가의 가치중립적인 자연관이 갈수록 지배적인 자연관으로 자리를 잡아가던 시대입니다. 여기서 가치중립적인 자연관이란 앞에서도 말했지만, 모든 것이 자연스럽고 상대적인 것이므로, 어느 것도 가치우위를 가지지 않는다는 생각입니다. 이런 생각에 기초하면 어떤 비판도 미끄러지고, 어떤 사회적 실천도 불가능해집니다. 도가 계열의 철학은 대부분 이러했다고 여겨집니다. 도가 계열이 줄기차게 유학을 공격하는 것은 당연했지요.

사실 당시까지만 해도 유학이 중국 철학사 속에서 지배적인 위치를 점했던 시기는 별로 없었습니다. 그러나 유학은 매우 영리하게도 흔치 않은 기회를 딱 한 번 잡는데, 그것이 바로 한나라 제국의 집권입니다. 바로 그때 유교는 맹렬한 담론적 혁신을 통해서 지배적인 이념으로 올라서지요. 자연으로부터 당위를 분리해 낸 순자의 예(禮)와 천명관(天命觀)에 의거한 음양오행설(陰陽五行說)을 절묘하게 결합하여

---

16. 박원재, 『유학은 어떻게 현실과 만났는가』, 예문서원, 2001, 55~64쪽.

삶을 버리고
의를 택하다

자신들을 바이블의 위치로 격상시켜 버립니다. 바로 '경학의 시대'입니다. 지금 봐도 놀라운 전투력이었습니다. 이후 이 지위를 놓치지 않고 오랫동안 중국과 동아시아인들의 정신을 자신의 지배 아래 두게 됩니다.

『유학은 어떻게 현실과 만났는가』는 매우 흥미로운 텍스트였습니다. 학계에서는 당연한 논리전개였는지 모르겠지만, 이 책은 이 분야의 문외한인 저에게 완전히 새롭게 동아시아 담론 전쟁을 바라보게 한 책이었습니다. 저는 바울이 로마에 가서 기독교 국가를 건설했던 것과 동일한 사태로 소수파인 유학이 한제국, 더 나아가서 동아시아 전체를 집어 삼키는 이 장면을 동등하게 꼽고 싶습니다. 어쩌면 우리들이 과거로부터 배워야 할 담론 투쟁이 있다면 바로 이런 것이 아닐까 생각하고요. 역사에서 이론이 이렇게 현실의 수신자를 얻는 경우는 매우 드뭅니다. 유학은 한제국이라는 현실의 수신자를 만나는 행운을 누렸습니다. 제가 보기에 마르크스-레닌주의 국가인 소련이 무너졌으니, 이런 행운을 누렸던 이론은 기독교와 유학밖에 없는 것 아닌가 싶습니다.

이런 책을 읽고 좋았던 경험이 있었기 때문에 맹자를 읽을 때도 맹자에 대한 좋은 설명서를 찾아보았습니다. 서점에도 가고, 동네 도서관에도 가서 뒤졌더니 두 권의 책이 눈에 띄었습니다. 하나는 차이런호우(蔡仁厚)가 쓴 『맹자의 철학』이고, 다른 하나는 프랑수아 줄리앙이 쓴 『맹자와 계몽철학자의 대화』입니다.

맹자의 수업시간이 10회였는데 차이런호우의 『맹자의 철학』을 매 수업시간이 도래할 때마다 일주일에 일정한 분량씩 스스로 정하여 읽어나갔습니다. 전체가 200페이지 남짓이라서 1회 수업마다 20페이지 정도밖에 안 되므로 그다지 부담이 되지 않을 것 같았습니다. 수업날 점심시간에 4~50분은 이 책에 집중해서 시간을 보냈을 것입니다. 거의 대부분 읽을 수 있었습니다. 또 당시에는 제가 진행하는 프로그램의 친구들과 단톡방을 개설하여 수시로 소통도 하고, 수업이 끝나면 뒤풀이도 했습니다. 우리는 서로 알고 있는 부분, 의문이 생기는 부분을 이야기 나누며 맹자를 더 정교하게 알아가게 되지요. 그때 차이런호우의 책에서 읽은 부분을 나름 공유도 하고 의견도 나누었습니다. 공부 친구는 동일한 지적 수준을 요구하지 않습니다. 중요한 것은 동일한 열의를 가지고 상대를 대하는 태도입니다. 이 태도만 있으면 어떤 지식 수준이어도 서로에게 큰 도움을 줍니다. 그 태도 위에서라야 통찰들이 용수철처럼 뛰어올랐습니다.

이 책은 맹자의 생애, '본심이 곧 성이며, 심과 성은 하나다'라는 심성론, 인의내재론, 수양론 등등 맹자 철학의 핵심들을 간결하게 정리하고 설명해 줍니다. 그는 중국인이므로 맹자 문체에 담긴 뉘앙스를 절묘하게 잘 새겨 설명합니다. 예컨대 "舜明於庶物 察於人倫 由仁義行 非行仁義也"(순명어서물 찰어인륜 유인의행 비행인의야)[17]란 문장을 해설할 때도 "인의를 따라 행하는 것"(내재된 천리)과 "인의를 행하는 것"(외부의 도덕)의 차이를 분명하게 정리하고 넘어갑니다. 맹자는 내재된 천리를 따르는 것이므로 순임금의 행위가 "인의를 따라 행하는 것"이라고 해석하지요.[18] 물론 이 구절은 대개 이렇게 해석하고는 있습니다. 그러나 그게 잘 와 닿지 않는데 차이런호우는 문구를 분해하여 간결하게 설명해 준다든지, 칸트 철학과 비교한다든지 하여 납득이 되게 설명해 준다고 느꼈습니다. 예컨대 "인의를 따라 행하는 것"은 칸트식으로 '자율 도덕'입니다. 따라서 "인의를 행하는 것"은 '타율 도덕'이 됩니다. 차이런호우는 맹자가 어떻게 가치들을 내재화시키고 있는지를 문장 하나하나를 가지고 섬세하게 설명해 주었습니다. 이런 방식을 거의 모든 페이지에 걸쳐서 보여 줍니다. 번역도 너무 좋아서 이 책 안에 번역된 맹자 문장으로 맹자 번역책을 만들고 싶을 정도였지요.

저희 수업은 전주에 배운 부분 중 마음에 드는 부분을 한 페이지씩 필사를 해서 제출하는 숙제가 있었습니다. 저도 그렇게 필사를 해서 갔지요. 수업 전 학기에 걸쳐 10장의 필사 페이지가 적다면 적지만, 필사를 하는 시간만큼은 맹자의 언어에 깊이 들어가는 느낌을 주어 마음이 편안해졌습니다. 이런 필사 숙제는 동양고전만 한 게 아니고, 이후에 과학책을 읽거나, 철학책을 읽거나, 이반 일리치의 책을 읽거나 모두에 적용되는 거였죠. 저에겐 굉장히 유용하게 활용되었습니다.

그런 과정에서 만난 또 하나의 책이 바로 프랑수아 줄리앙(François Jullien)의 『맹자와 계몽철학자의 대화』입니다. 프랑수아 줄리앙은 예전부터 잘 알고 있는 철학자였습니다. 줄리앙은 고등사범대학 시절부터 새로운 철학이 유럽사유의 뿌리인

---

17. "순임금은 사물의 이치에 밝으셨으며 인륜을 잘 살피셨다. 이것은 인의를 따라 행하는 것이지, 인의를 행하려고 하신 것은 아니었다"(맹자, 『맹자』 「이루 下」 29장, 231쪽). 번역은 『맹자의 철학』의 한글 번역을 따름.
18. 채인후, 『맹자의 철학』, 79쪽.

그리스로부터 탈출하는 데 있다고 생각합니다. 그래서 20대 초반의 줄리앙은 중국 베이징과 상하이로 가서 배우고, 다시 프랑스로 돌아가 1978년 루쉰으로 박사학위를 받았습니다.[19] 그의 책을 읽으면서 그럴 줄 알았다고 회심의 미소를 날리기도 했지요. 누구나 루쉰을 경유하면 반드시 동아시아와 유럽을 함께 보게 된다고 믿거든요. 루쉰은 그런 마력의 인간입니다. 물론 줄리앙이 루쉰을 알고 나서야 비교철학자가 된 건 아닌 것 같습니다. 그러나 아마도 루쉰으로부터 적지 않은 영감을 획득했으리라 믿습니다.

그에게는 기업의 경영자들을 대상으로 한 대중 강연록(우리나라에서도 『전략』이란 제목으로 번역되어 있습니다)이 있을 정도로 프랑스에서도 인기가 많은 철학자입니다. 그의 진가는 중국 전통 철학자들을 서양 철학자들의 사유와 비교해서 설명해내는 장면들에 있습니다. 맹자가 말하는 불인(不忍, 차마 참을 수 없는 반응)과 서양 전통에서 동정(pitié), 특히 루소의 동정을 비교해서 설명해 주는 부분은 압권입니다.

줄리앙이 보기에 루소는 "사람들은 자신에게도 생길 수 있는 불행에 대해서만 타인의 입장이 되어 동정심을 느낄 수 있다"라고 하였으니, 그의 동정심은 나에게도 일어날 수 있다고 믿는 경우에만 생길 수 있는, 그래서 논리적으로는 '이기주의'로 귀착되는 감정이라고 합니다. 더군다나 어쩌면 상대방의 고통을 보면서, 자신은 그러하지 않다는 안도감에서라야, 생기는 감정일지도 모르므로 '사디즘적 쾌감'(plaisir sadique)이라고 의심되기도 합니다.[20] 미래에 내게 생길 수 있지만, 지금 당장은 저 고통에서 벗어나 있다는 안도감이 전제되고 있는 것이죠. 그래서 그것은 이기적입니다. 대단한 설명이었습니다. 니체도 이런 동정심을 비판한 적이 있습니다. "너희는 이웃 사람을 주변으로 몰려간다. 그런 행동을 미화할 미사여구도 갖고 있다. 그러나 나 말하거니와, 이웃에 대한 너희의 사랑, 그것은 너희 자신에 대한 좋지 못한 사랑이다."[21] 자신의 미덕을 삼으려는 요량으로 이웃을 사랑한다는 것이지요.

하지만 제가 맹자를 무턱대고 옹호하는 것을 막아 준 책도 있었습니다. 바로 임

19. 프랑수아 줄리앙, 『전략』, 이근세 옮김, 교유서가, 2015, 105쪽. 줄리앙의 박사학위 논문은 *Lu Xun, Écriture et révolution*(Presses de l'École Normale Supérieure, 1979)으로 출간되어 있다.

20. 줄리앙, 『맹자와 계몽철학자와의 대화』, 45쪽.

21. 니체, 『차라투스트라는 이렇게 말했다』, 100쪽.

건순의 『제자백가 공동체를 말한다』와 『묵자 — 공자를 딛고 일어선 천민 사상가』입니다. 이 책은 맹자에 대해서 꽤 비판적이죠. 맹자는 귀족의 기득권을 인정했다고 합니다. 제사를 이유로 벼슬하는 자에게 토지를 따로 많이 떼어주고 소유하게 해야 한다고 맹자가 주장했다고 합니다. 또 지식인은 항산(恒産, 살아갈 수 있는 일정한 재산이나 생업)이 없어도 항상 항심(恒心, 늘 지니고 있는 떳떳한 마음)을 가지고 있는데 보통의 인민은 항산이 있어야만 항심을 가질 수 있다고 했다고 합니다. 맹자는 인민과 지식인을 구분했다고 지적합니다.[22] 이 지적은 귀담아 들어야 하는 말입니다. 맹자가 살았던 시대의 정치적 배경을 배제하는 순간, 다시 맹자를 신격화하는 위험에 빠질 테니까요.

오히려 맹자가 비판했던 묵자는 대중들의 경제에 관심이 컸던 철학자입니다. 전한 초기에 활동한 묵가(墨家)는 소멸하기까지 약 300여 년간 주로 물질적 이익을 실현하려고 노력했던 집단입니다. 그런데도 그는 "서로가 서로를 사랑해야 한다"라는 상호 사랑을 주장했습니다. 그런데 묵가의 혁명성은 "서로가 서로를 사랑한다"라고 말하는 그 언표에만 있지 않습니다. 사랑이라는 내면적 사상이 "서로가 서로를 이롭게 하기"라는 외면적 행위로 나타난다는 사실에 있습니다. 이렇게 되면 묵가에게는 유가와 달리 오히려 이(利)의 추구 그 자체가 새로운 도덕이 되어 버립니다. 이로써 "의로움(義)이란, 이롭게 하는 것(利)이다"(義利也)[23]라는 반시대적인 정의가 출현하게 되지요. 사랑의 놀라운 전개입니다.

10주 동안 『맹자』 원전에 대해 강독 수업과 함께 필사 숙제도 하고, 동시에 관련 설명서들을 같이 읽어나가다 보니, 한 학기가 훌쩍 갔습니다. 어떤 책을 학습할 때 그 책을 둘러싼 담론들을 함께 읽고 공부하는 것은 매우 중요한 것 같습니다. 자신이 읽고 느낀 감상이 과연 객관화될 수 있는 것이냐를 계속 검증하는 것이 되니까요. 특히 『맹자』 같은 저작은 한국에서 매우 많이 읽히고 연구되는 텍스트이기 때문에 읽지 않고도 읽은 것 같은 착각에 빠지기 쉬운 텍스트입니다. 이런 책은 더욱 그렇지요.

---

22. 임건순, 『제자백가 공동체를 말한다』, 285쪽.
23. 묵자, 『墨子』, 「經編 上」, 김학주 옮김, 명문당, 2003, 590쪽.

삶을 버리고
의를 택하다

그런 이유만 있는 것은 아닙니다. 『맹자』를 둘러싼 담론들을 함께 읽는 것은 『맹자』를 더욱 재미있게 읽기 위한 나름의 노력이기도 합니다. 읽기의 쾌락을 더욱 극대화하는 방식이라고 해둡시다. 저 같은 사람은 '친구들과 함께-읽기', '설명서와 함께-읽기', '비판서와 함께-읽기', 그리고 서평 본문에서도 말했지만 '필사·암송과 함께-읽기'가 그런 쾌락을 극대화하는 최선의 방식이었던 것 같습니다. 실제로 그 해 겨울 일 년 코스가 다 끝난 뒤 친구들과 함께 중국의 공자묘와 맹자묘에도 갔지요. 그곳에서 『낭송 논어/맹자』를 꺼내들고 낭송하는 기쁨은 어떤 즐거움과도 바꿀 수 없었습니다. 이것을 '여행하며 함께-읽기'라고 해야 할까요. 함께-읽기는 모든 읽기를 데치고, 볶고, 고아 냅니다. 함께-읽기는 모든 읽기의 요리사입니다. 그게 아니라면 '함께-읽기'는 모든 읽기의 소화기관인 듯도 합니다. 함께-읽기에 들어가면 어떤 어려운 책도 곧바로 분해하여 소화되거든요. 지금도 여러 '함께-읽기'와 함께(!) 맹자의 세계로 깊이 빠졌던 그 시절이 진정 그립습니다.

양지, 내 마음의 온당쾌락처

—

왕양명, 『전습록』

용 장 으 로   가 는   지 혜 의   길

중국 명나라 왕가에는 환관의 횡포가 끊이지 않았다. 왕양명(王陽明, 1472~1528)이 삼수 끝에 들어간[1] 조정에도 곧 어린 황제가 들어서고, 환관들이 그 틈을 타 어김없이 날뛰었다. 그 중 가장 대표적인 인물은 유근(劉瑾). 그는 뇌물의 액수에 따라 마음대로 인사를 결정했다. 당연히 간관(諫官, 군주의 과실을 직언하여 바로잡는 관리)들이 상소문을 들고 나섰다. 그러나 상소가 받아들여지기는커녕 바로 투옥되고 만다.

이런 상황을 두고 볼 수 없었던 열혈강호 양명이 가만있을 리 없다. 간언이 직무인 간관들을 투옥한 것은 지나친 일이며, 인심(人心)에도 나

---

1. 왕양명은 21세에 과거(국가고시)의 예비 시험이라 말할 수 있는 절강성 향시(鄕試)에 합격하였으나, 그 후 3년에 한 번씩 치르는 회시(會試, 과거의 제2차 시험)에 내리 두 차례나 떨어진다(22세, 25세). 그 후 낙향하여 용천산에서 시사(詩社)를 만들고 시문을 논하는 벗들과 어울리는 한편, 병법 연구에 정열을 쏟았다. 병법에 열심이었던 그는 친구들과 식사하는 자리에서 손에 잡히는 과일을 이용하여 군대의 진형(陣形)을 구상하기도 했다. 그가 후한시대에 베트남의 대란을 평정하였던 명장 마복파(BC 14~AD 49)를 흠모했다는 것은 잘 알려진 사실이다. 마침내 28세가 되어서야 그는 세번째로 회시를 치러 과거에 합격했다. 예비 시험인 향시에 합격한 지 꼭 7년이 지난 때이다. 회시에 이어서 제3차 국가고시라 할 수 있는 전시(殿試)에서도 상위권으로 합격하여 국가의 관리가 된다. 지금 대학입시로 보면 삼수(三修)였다.

뿐 영향을 끼친다고 상소를 했다. 그러나 통할 리 없었다. 오히려 유근에게 미움을 받고 양명도 곧 투옥되고 만다. 더군다나 '정장(廷杖) 40대'를 맞는 형벌까지 더해졌다. 계단 아래[廷]에서 몽둥이로 내려치는[杖] 가혹한 벌이었다. 양명은 30대 정도를 맞아 의식을 잃고, 다시 맞기를 반복한다. 결국 다시 의식을 되찾긴 했으나, 육체적으로나 정신적으로나 완전히 만신창이가 되었다.[2]

이 사건으로 양명은 서남방 귀주성 용장(龍場)역의 역승(驛丞, 역사를 맡은 관리)으로 좌천된다. 감옥의 친구들과 함께 공부한 『역경』(易經)을 보고 점괘를 뽑아 보았다.[3] 뽑힌 점괘는 명이(明夷).[4] 이 괘의 단사(彖辭)는 이 괘를 "밝음이 땅속으로 들어가는 것"(明入地中)이라고 설명하고 있다.[5] 다시 말하면 명이는 해가 져서 땅속에 숨는 것이다. 양명은 밖으로 유순한 태도를 지니되, 지혜는 안으로 감추고 참아야 한다고 해석했다. 이 해석에 따라 유배의 시련을 감내하기로 하고 양명은 용장에 가기로 결단한다. 그에게 역(易)은 마음에 수를 놓는 제일의 도구였다.

이때부터 평생 양명은 조용한 곳에서 체계적인 독서를 한다거나, 엘리트들과 지적 담론을 즐기고 체계적으로 연구하는 생활과는 멀어졌다. 북경에서 용장으로 가는 길은 멀고도 험한 도전이다. 형벌 때문에

---

2. 김길락 외, 『왕양명 철학연구』, 청계, 2001, 57쪽 ; 뚜 웨이밍, 『한 젊은 유학자의 초상』, 권미숙 옮김, 통나무, 1994, 168쪽.
3. 그는 형벌 이후 옥중에서 『역경』 연구에 열중하였다. 『역경』과 관련하여 「역경을 읽으며」(讀易)를 비롯해 여러 편의 시를 짓기도 한다. 또한 그의 대표적인 철학적 키워드인 '양지'(良知)를 '역'(易)이라고 천명하기도 한다. 그는 괘의 의미를 깊이 숙고하면서 자신의 마음을 우주의 리듬과 완벽하게 교류하는 상태로 들어가도록 했다. 괘의 의미를 숙고하는 과정 자체가 내적 평화를 얻는 과정이었던 것이다. 이것은 우리들에게도 시사하는 바가 크다. 점괘는 일종의 수단인 것이다. 점괘를 보는 이유는 미래를 예측하여 사건을 회피하기 위해서가 아니라, 점괘의 의미를 깊이 숙고하여 마음을 우주의 리듬과 연동시킴으로서 내적 평화를 얻고, 이를 바탕으로 어떤 사건이든 정면 돌파할 수 있는 힘을 얻고자 하는 것이다.
4. 뚜 웨이밍, 『한 젊은 유학자의 초상』, 171쪽.
5. 리링, 『리링의 주역 강의』, 차영익 옮김, 글항아리, 2016, 561쪽, 623쪽.

건강이 나빠진 양명은 잠시 병마가 덮치자 어떤 절에서 지내기도 한다. 지적 호기심이 많은 그는 그곳에서 어떤 지방 태수와 밤늦도록 이야기를 나누기도 하고, 특히 전국시대 초나라 시인인 굴원(屈原)을 애도하기도 하였다.[6] 물론 심한 눈보라, 구불구불한 산길, 진흙탕길, 심지어 난파 위험까지도 만난다. 더군다나 유근이 사람을 보내 살해하려고도 하였다. 사실 돌아갈 가망이 없을 거라는 두려움이 컸다. 죽음이 주위를 공기처럼 맴돌며 양명을 노렸다. 죽음에게 입이 있다넌 이미 그 입안으로 들어간 느낌이었다.

용장오도, 진리는 내 마음에 있다

그러나 용장으로 가는 길은 철저히 자기를 되돌아보게 한 둘도 없이 귀한 길이 되었다. 용장에 도착하자 양명은 자신과의 진지한 투쟁에 들어간다. 이즈음에 양명은 외부세계와의 의미 있는 관계를 만들려면 자기 내부의 근본적인 변화가 절실하다는 것을 어렴풋이 깨닫는다. 이런 생각이 끊이지 않던 어느 날 밤 중국사상사에 기념비적인 사건이 발생했다. 자정 무렵 잠 못 이루고 뒤척이고 있을 때, 갑자기 그는 격물(格物) 문제에 대해 그에게 이야기하는 목소리를 듣는다.[7] 자리에서 벌떡 일어났다. 양명은 "나의 본성은 물론 성인이 되기에 충분하다. 그런데 나는 이제까지 외부의 사물에서 리(理)를 구하는 실수를 범하였다"라고 불현듯 깨달아 버렸다.[8] 이것이 그 유명한 '용장오도'(龍場悟道, 용장에서 도를 깨침)다.

---

6. 뚜 웨이밍, 『한 젊은 유학자의 초상』, 175쪽.
7. 뚜 웨이밍, 『한 젊은 유학자의 초상』, 186쪽.
8. 뚜 웨이밍, 『한 젊은 유학자의 초상』, 186쪽.

양지,
내 마음의 온당쾌락처

1508년 양명의 나이 37세, 형벌을 받고 용장으로 쫓겨난 지 2년. 어쩌면 용장으로 쫓겨나 상황이 절망적이었으므로 찾아온 깨달음이었을지 모른다. 세상사의 모든 얽힘으로부터 벗어나서야 이런 깨달음이 찾아왔으니, 용장으로 쫓겨난 것은 이 대오(大悟)가 연출한 사건이었을지도. 이로써 '용장'(龍場, 룽츠앙)은 중국사상사의 성지가 되었다.

리(理)는 본래 외부 사물에서 온 것이 아니라 우리의 마음[心]에 내재해 있다는 용장의 깨달음은 가히 혁명적이다. 이것은 "마음은 텅 비고 영명하여 어둡지 않으니, 뭇 이치가 갖추어져 있고 온갖 일이 여기서 나온다. 마음 밖에 이치가 없고, 마음 밖에 일이 없다"(虛靈不昧, 衆理具而萬事出, 心外無理, 心外無事)[9]라는 문장으로 간략히 표현된다. 이것은 주자가 명덕(明德)을 설명하면서 "마음은 모든 이치를 통섭하여 (객관적인) 만사에 대응한다"(心具衆理而應萬事)고 했던 말과는 완전히 다른 이야기다. 주자는 '마음'이란 객관적인 이치[理]를 지각하고, 그 지각한 리에 따라 객관적인 외부 사물을 인식하는 '주체'라고 파악한다. 그러나 양명은 마음과 이치는 원래부터 하나였고, 따라서 사물의 이치는 마음에 이미 갖춰져 있으며, 그런 이유로 세상 모든 일들이 이 마음으로부터 산출된다고 보았다. 주자에게는 일단 마음과 진리가 분리되어 출발한다면, 양명은 애초 출발부터 마음과 진리는 하나다. 서로 출발과 결과가 뒤집혀 있는 것이다. 용장오도는 진리가 내 마음에 있다는 혁명적 발상이었다.

양명이 몸-마음-의념-앎-사물(일)을 하나로 엮어 설명하는 방식을 보면 용장오도의 의미가 더 분명해진다. 제자 서애와의 대화에서 양명은 다음과 같이 말한다.

---

9. 왕양명, 『전습록』, 정인재·한정길 역주, 청계출판사, 2007, 163쪽.

"몸을 주재하는 것이 바로 마음이고, 마음이 발한 것이 바로 의념이며, 의념의 본체가 바로 지(知)이고, 의념이 있는 곳이 바로 물(物)이다. 만약 의념이 부모를 섬기는 데 있다면 부모를 섬기는 것이 바로 하나의 물(物)이고, 의념이 임금을 섬기는 데 있다면 임금을 섬기는 것이 바로 하나의 물(物)이며, 의념이 백성을 어질게 대하고 사물을 사랑하는 데 있다면 백성을 어질게 대하고 사물을 사랑하는 것이 바로 하나의 물(物)이며, 의념이 보고 듣고 말하고 움직이는 데 있다면 보고 듣고 말하고 움직이는 것이 바로 하나의 물(物)이다."[10]

몸은 마음이 주재하는데 이 마음은 의념[意]으로 드러난다. 여기서 의념[意]은 주로 실천적 의향을 말하는데, 넓게 보면 '욕망'이라고 할 수 있다. 따라서 마음이 의념으로 드러난다는 말은 마음은 욕망으로 드러난다고 바꾸어 해석할 수 있다. 그런데 양명은 이 욕망의 본체가 지(知), 즉 앎이라고 한다. 욕망의 옳고 그름을 알 수 있는 능력이 앎이다. 무언가를 하려고 할 때 욕망[意]이 돋아나고, 그 순간 욕망이 옳은지 그른지를 바로 알아차리는 것이 앎[知]이다.

양명은 여기서 그치지 않고, 온갖 현실의 현상들은 이 욕망들이 맺히면서 천변만화하며 존재하게 된다고 설명한다. "의념이 있는 곳이 바로 물이다"(意之本體便是知)라는 말에서 물(物)은 사(事), 즉 실천적 활동을 포함한 모든 현상들을 일컫는다. 양명은 어린아이가 청소하고 응대하는 것이 바로 사물이라고 말하기도 한다.[11] 결국 마음이 몸을 주재하

---

10. 身之主宰便是心, 心之所發便是意, 意之本體便是知, 意之所在便是物. 如意在於事親, 卽事親便是一物, 意在於事君, 卽事君便是一物, 意在於仁民·愛物, 卽仁民·愛物便是一物, 意在於視聽言動, 卽視聽言動便是一物(왕양명, 『전습록』, 98~99쪽[권상 6조목]).

는데, 이 마음은 욕망으로 드러나고, 그 욕망이 옳고 그른 것은 앎이 알려주며, 또한 욕망은 고립되어 형성되는 것이 아니라, 대상과 이루어지는 실천적 활동으로 함께 구성된다는 것. 그래서 양명은 이렇게도 말한다. "뜻[意]은 허공에 매달려 있었던 적이 없으며, 반드시 사물에 부착되어 있다"(意未有懸空的, 必着事物).[12] 욕망[意]은 사물들과 함께 있는 것이지 홀로 존재하지 않는다. 욕망은 내 쪽에 있지 않다. 욕망은 사물 쪽에 있다. 이렇게 해서 몸[身] ‒ 마음[心] ‒ 욕망[意] ‒ 앎[知] ‒ 현상[物]이 하나로 주르륵 엮인다.

　모든 현상(사물)이 마음에 따라 존재한다면, 좀 이상하게 여겨질 것도 같다. 그렇다면 서양 철학의 대표적인 관념론자인 버클리(George Berkeley)의 생각과 같은 것 아닐까 싶기도 하다.[13] 깊은 산에 홀로 핀 꽃은 내 마음에 없으면 없는 것인가? 나아가서 내가 보고 있는 모든 사물들이 내가 보지 않으면 순식간에 없어지는 것인가? 외부 사물이 그 자체로는 무의미하고 모든 것이 마음에 달려 있다는 선적(禪的)인 직관과 내 마음이 작용하지 않더라도 있을 것이 뻔한 객관적 사물의 존재는 그렇게 쉽게 결합될 수 없다. 선적인 직관에서 보자면 객관적인 사물이 객관적이라는 사태 자체가 헛된 일이고, 객관적 사물에서 보자면 선적인 직관이란 실재를 보지 못하고 허망한 마음으로 도피하는 일일 것이기 때문이다.

11. 왕양명, 『전습록』, 833쪽.
12. 왕양명, 『전습록』, 623쪽.
13. 버클리의 철학은 지각하는 것만이 실체라고 보는 극단적인 경험론이다. 그의 철학에서 보자면 깊은 산에 홀로 핀 꽃은 내가 보지 않는 이상 존재하지 않는다. 그의 대표적인 철학 명제는 "존재하는 것은 지각되는 것이다"(Esse est percipi)이다.

아니나 다를까, 양명은 이를 놓치지 않고 이렇게 답하고 있다. "그대가 이 꽃을 보지 못했을 때 이 꽃과 그대의 마음은 함께 적막한 곳(고요함)으로 돌아간다. 그대가 이 꽃을 보았을 때는 이 꽃의 색깔이 일시에 분명하게 드러난다. 따라서 이 꽃은 그대의 마음 밖에 있지 않음을 알 수 있다."[14] 양명은 의(意)가 없다면 꽃이 없다고 말하지 않고, 꽃을 보지 못하면 마음은 꽃과 함께 고요함으로 돌아간다고 말한다. 양명은 꽃이 홀로 피고 지는 것의 실재성에 대해서 이의를 제기하지는 않는다. 그가 말하고 싶은 것은 꽃을 보았을 때에야 그 꽃은 내 마음에 의미 있게 다가와서 욕망을 일으키고, 따라서 그 순간에야 꽃은 일시에 '분명하게' 드러난다[花顏色一時明白起來]는 점이다. 그것은 욕망과 현상의 부착성을 강조하고자 한 것이었다. 버클리류 관념론에 대한 반론 중에 내가 보았던 가장 명쾌한 논리다. 욕망은 사물에 부착되어 있고, 사물은 그 욕망과 함께 내게 다가온다.

양지는 사리에 맞고 즐겁다

이런 식으로 해석하고 나면 양명의 상징인 '격물치지'(格物致知)는 좀 더 선명해진다. 양명의 비유처럼 격물은 마치 거울을 닦아 그것을 밝게 하는 것과 같다.[15] 여기서 '격'(格)은 임금의 잘못된 마음을 바로잡는다[格君]고 할 때의 격이다.[16] 앞에서 전개된 논지를 다시 적용하면, 몸은 마음이 주재하고, 그 마음은 욕망으로 드러나며, 다시 그 욕망이 부착되어

---

14. 왕양명, 『전습록』, 741쪽.
15. 왕양명, 『전습록』, 214쪽.
16. 왕양명, 『전습록』, 388쪽.

사물과 현상들이 나타난다. 그러므로 사물과 현상들을 바로잡으려면 욕망과 함께 바로잡아야 한다. 따라서 격물은 실천적 행위와 함께 이루어지는 마음공부라야 가능하다.

그러나 마음과 사물을 바로잡겠다는 생각만 있으면 안 된다. 욕망이 일어났을 때 옳고 그른 것을 사유할 줄 알아야 한다. 양명도 이를 분명히 이야기한다. "격물은 치지의 공부다. 치지를 알았다면 이미 격물을 안 것이다. 만약 격물을 알지 못했다면 치지의 공부도 아직 알지 못한 것이다."[17] 격물을 모르면 치지의 공부란 게 있는지도 모르므로 그것을 맛보지도 못한다[未嘗]. 두 가지는 언제나 함께한다. 그러나 치지하여야 격물할 수 있다. 결국 양명은 지(知, 앎)의 문제로 되돌아와 고투하고 있는 것이다.

하지만 여기서 '옳고 그름'이 도덕적 선·악을 판별하는 일이라면, 도덕군자들의 그렇고 그런 도덕론으로 도로 떨어지는 위험에 빠진다. 양명이 그럴 리 없다. 이 지점에 이르러 마침내 '치양지'(致良知)의 종지가 제기된다. 치양지 사상은 양명이 49세가 되어서야 도달한 사유다.[18] 이때 제자인 진구천(陳九川, 1494~1562)이 공부의 핵심을 조금 깨달은 듯하지만, 온당하며 시원스럽고 즐거운 곳을 찾기가 어렵다고 하자, 양명은 비결이 있다면서 이렇게 말한다.

---

17. "格物是致知工夫, 知得致知, 便已知得格物. 若是未知格物, 卽是致知工夫亦未嘗知也"(왕양명, 『전습록』, 450쪽).
18. 「연보」에 따르면 '치양지'의 종지를 제기한 시기가 정덕 16년(1521년)이라고 되어 있다. 그러나 1520년 6월 건주로 가는 길목에 나흠순에게 답장을 보낼 때 간략하게나마 양지에 대해 언급하였다. 또 황관은 양명이 43세때 처음 나왔다고 진술하기도 한다. 진구천에게 양지에 대해 설명한 『전습록』의 기록은 1520년 49세로 되어 있다(왕양명, 『전습록』, 641쪽 ; 진래[陳來], 『양명 철학』, 전병욱 옮김, 예문서원, 2003, 257쪽, 277쪽).

"그것은 앎을 실현하는 것일 뿐이다. 그대가 갖고 있는 한 점의 양지가 그대 자신의 준칙이다. 그대의 의념이 붙어 있는 곳에서 그것은 옳은 것을 옳은 것으로 알고 그른 것을 그른 것으로 아니, 다시 조금이라도 그것을 속일 수 없다. 그대가 다만 자신의 양지를 속이려 하지 않고 착실하게 그것에 의거하여 (무엇이든) 행한다면 선은 곧 보존되고 악은 곧 제거될 것이다. 그러한 곳이 얼마나 온당하며 시원스럽고 즐거운가!"[19]

양지는 내가 갖고 있는 한 점의 준칙이다. 그러나 그것은 선험적으로 정해진 도덕준칙이 아니다. 그것은 욕망이 온당(穩當, 사리에 맞음)한지, 궁극적이고 진정한 쾌락(快樂, 즐거움)이 있는지 없는지를 진실로 알게 해주는 내 마음의 감각이다. 물론 그것이 사회적으로 통용되는 도덕준칙이 될 때도 있다. 그러나 그것은 상황에 따라서 끊임없이 바뀌는 과정에서 선택된 준칙일 뿐이지, 고정불변하여 끊임없이 사람을 구속하는 규범은 결코 아니다. 그리되면 오히려 도덕과 정의가 나를 타락시키는 제일의 가치들이 되고 만다. 무엇보다 중요한 것은 양지가 온당하여 좋다고 여기고 즐거움을 느끼는 것에 기댄다는 점이다. 즉, 양지는 오로지 좋음과 즐거움을 향한다. 이름하여 온당쾌락처(穩當快樂處)!

물론 이것은 퇴행적인 자아가 안온한 쾌락을 추구하는 오류에 빠질 수 있다. 그러나 그런 '허구적인 양지'는 진정한 양지의 투쟁에 의해 끊임없이 배제되어질 것이다. 바로 이 지점에서 온전한 양지를 되살리는, 그러니까 양지의 거울을 닦고 또 닦는 사유가 진정 필요해진다. 몸은

---

19. 只是致知. 爾那一點良知, 是爾自家底準則. 爾意念著處, 他是便知是, 非便知非, 更瞞地一些不得. 爾只不要欺他, 實實落落依著他做去, 善便存, 惡便去, 他這裡何等穩當快樂(왕양명,『전습록』, 641쪽[권하 206조목]).

마음이 움직인다. 마음은 욕망으로 드러난다. 양지는 그 욕망을 조절한다. 조절된 욕망으로 일과 사물을 대하면 현실의 현상이 바뀐다. 결국 양지란 온당하고 즐거운 결단을 매 순간 할 수 있는 역량이다.

'한 줌의 양지'가 삶을 바꾼다. 그러나 양지조차 허구적인 것들에 둘러싸여 고정된 관념에 굴절되어 버리기도 한다. 이 굴절을 바로잡기 위해서 철학이, 그러니까 사유가 필요하다. 온당쾌락처, 바로 좋음과 기쁨을 추적하는 사유가 말이다. 오로지 좋음과 기쁨을 향하자. 도덕과 정의에 속지 말자. 이를 위해서는 어떤 논리적 복잡함도, 어떤 부끄러움도 마다하지 말고 온당쾌락처인 양지를 따라야 하는 것이다. 결국 양지란 정확한 쾌락으로 가는 정확한 정신이다.

깨달음 이후 양명은 용장에서 생활하면서 묘족(귀주성 등 중국 남방의 소수민족) 말을 조금씩 익히게 되었다고 한다. 양명은 그들에게 집 짓는 법과 학문을 가르쳤다. 이들과 함께 집을 짓고, '군자가 거주한다면 어찌 누추함이 있겠는가'라는 뜻으로 '하루헌'(何陋軒)이라고 이름을 붙였다. 순박한 주민들은 양명의 인품에 감화되었다. 높은 관리가 와서 양명을 모욕하려고 하자, 마을 사람들이 분개하여 대항해 싸우려고도 하였다. 그만큼 양명의 마음이 현실의 실천과 혼연일체가 되었기 때문일 것이다. 양명이 말한다. "나는 온갖 도깨비들과 함께 몇 번이고 죽을 정도의 위험에 처했지만 태연하게 되었다. 그것은 때때로 일어날 재앙에 대한 하루아침의 걱정은 잊고, 성인이 되지 못하는 평생의 걱정은 잊지 않기 때문이다"라고.[20] 양명은 단 하나의 마음, 한 줌의 양지로 평화를 획득한 성인이었다.

---

20. 김길락 외, 『왕양명 철학 연구』, 68쪽. 인용문은 인용자가 일부 수정.

왕양명의
『전습록』
후기

제가 수업으로 처음 접한 동양고선은 기묘하게도 주자(朱子, 1130~1200)가 편찬한
『근사록』입니다. 대중지성 프로그램에서 첫 학기 한문 고전 수업으로 채택된 교재였
을 겁니다. 선생님은 매시간 중요한 문장 10편 정도를 뽑아서 강독하셨습니다. 기억
이 아물아물하긴 한데, 아마 전주(前週)에 배운 강독 내용은 숙제로 암송을 해야 하
기도 했을 거예요. 은행의 토요일 오전근무가 끝나면 달려가서 맨 뒤에 앉아 이 수
업을 들었습니다(사실 토요일 근무는 사라진지 오래였지만, 저는 프로젝트 때문에 토요
일 오전을 회사에 바쳤습니다).

『근사록』은 주자가 송대 성리학의 선도자들인 주돈이, 정호, 정이, 장재 네 선생
의 저술에서 학문과 일상생활에 절실한 글들을 뽑아 입문서로 만든 책입니다. 여기
서 '근사'(近思)라는 명칭은 『논어』에 나온 "子夏曰 博學而篤志 切問而近思 仁在
其中矣"(자하왈 박학이독지 절문이근사 인재기중의)[21]란 문장에서 따온 말입니다. 이
문장은 "널리 배우고 뜻을 굳건히 하며, 절실히 묻고 가까운 데서 생각하면, 인(仁)
은 그 가운데 있으리라"라는 뜻이지요. 이 말을 한 자하는 이론적으로 깊은 식견을
가졌다고 공자가 인정했던 제자입니다.

자하는 여기서 네 가지 학문방법론, 즉 박학(博學)과 독지(篤志), 절문(切問)과
근사(近思)를 통해 인(仁)을 획득할 수 있다고 말하고 있습니다. 이중에 근사(近思),
즉 '가까운 데서 생각한다'는 유교의 정통적인 사유방식이라고 할 수 있습니다. 생활
주변, 살아가는 현장 가까운 곳(近)에서 생각을 펼치면서 인(仁)을 획득한다는 것은

---

21. 공자, 『한글세대가 본 논어 2』, 배병삼 주석, 문학동네, 2002, 461쪽.

유교가 지향하는 정신이기 때문입니다.[22] 아마 주자는 이 지점을 강조하면서 유학을 은둔주의인 불교나 노장과 차별화하려는 의도를 가지고 있었을 것입니다.

그러나 당시 저는 동아시아 고전 수업시간에 아무리 들어도 그 뜻을 독실하게 하지도 못했고, 절실하게 여기지도 못했고, 가까운 데서 생각하게 되지도 않더군요. 그저 고리타분한 문자들의 나열일 뿐이었습니다. 전혀 흥미를 느끼지 못했습니다. 단지 암송하는 시간이 조금은 이색적으로 다가왔을 뿐이었습니다.

이어서 드디어 연암 박지원(朴趾源, 1737~1805)의 문장들을 배우게 되었습니다. 기대가 컸습니다. 연암은 아주 다를 것이라는 편견 아닌 편견을 갖고 있었던 것이죠. 연암에 대한 희대의 명저, 고미숙 선생님의 『열하일기, 웃음과 역설의 유쾌한 시공간』을 이미 읽은 뒤였지요. 저의 동아시아 고전에 대한 정신 중 탁월한 부분이 있다면 모두 이 책으로부터 비롯됩니다. 당시 이 책이 끼친 영향은 대단했습니다. 또 이 책이 엄청나게 유쾌한 글인 것은 읽지 않은 사람도 알고 있던 터라, 당연히 연암의 글도 유쾌하고 통쾌할 줄만 알았습니다. 수업시간에 강독 선생님이 가지고 와서 저희에게 가르쳐주신 글은 『연암집』에 나온 「백이론」[23]이었습니다. 조선 시대 전체에 걸쳐 조선 선비들이 가장 고집스럽게 따르면서도, 또한 그들 사이에 논란도 가장 많은 백이를 연암이 논한 글이었지요.

주나라가 은나라를 정벌한 것은 당대의 반역에 해당합니다. 백이와 숙제는 무왕의 말고삐를 끌어당겨 못가도록 충고합니다. 한편 태공이나 무왕은 이런 백이의 말을 뿌리치고 왕조를 뒤집는 반역의 길에 들어섭니다. 조선 선비들은 언제나 백이·숙제의 정치적 순결성을 높이 사 왔습니다. 백이·숙제를 숭앙하는 정통 보수 유학자들에게 태공과 무왕의 무리는 왕조를 배신한 세력이었습니다. 그런데 제가 수업을 들어보니, 연암의 문장은 태공·무왕이나 백이·숙제 모두에게 면죄부를 주는 듯한 뉘앙스였습니다. 아무리 들어도 그런 혐의를 벗을 수 없었습니다. 그래서 용감하게 질문했습니다. "선생님, 쿠데타도 맞고, 항거한 사람도 맞다고 말하면 사이비 언론의 논조나 다름없지 않습니까?"

22. 공자, 『한글세대가 본 논어 2』, 462쪽.
23. 박지원, 『연암집 중』, 신호열·김명호 옮김, 돌베개, 2007, 85~93쪽.

선생님께서 나름대로 대답하셨지만, 저는 전혀 납득이 되지 않았습니다. 제 주변의 다른 학인들도 같은 느낌이었습니다. 수업이 끝난 후 선생님을 쫓아갔습니다. 복도에 서서 이것저것 따져 묻고, 연암에 대해 실망감을 토로했습니다. 그때 고미숙 선생님이 지나가시다가 그 모습을 보시고, 옆에서 제가 따져 묻는 것을 잠자코 들으셨습니다. 당시 고 선생님은 저를 전혀 모르셨을 거예요. 선생님은 제가 따지는 모습을 보시고, 의문이 해소될 때까지 끝까지 따지라고 오히려 저를 독려하셨습니다. 아마 논쟁 말미라 내용 전체를 전부 듣지는 못하셨을 것 같습니다. 이제는 전혀 기억이 나지 않으실지도 모르겠습니다. 복도에서의 내화는 다음 수업 때문에 유야무야되어 지나갔던 것 같습니다. 그러나 제게는 공부 전 기간 동안 매우 인상적인 장면으로 남아 있습니다. 공부의 유토피아가 있다면 바로 그 모습이 아닐까, 하고 가끔 그 장면을 떠올립니다.

그러나 안타깝게도 그 수업 이후 제게는 편견 하나가 생겼습니다. 조선시대 성리학은 전혀 배울 것이 못 된다, 연암도 그 성리학에서 허우적댔구나, 그런 편견이 말입니다. 동아시아 고전과 첫 대면은 그렇게 편견만 남겨 두고 떠나 버렸습니다. 한편 그즈음 회사에서 맡아 진행하고 있던 프로젝트가 힘들어지고 있었습니다. 시작부터 걱정스러웠던 부분을 잘 넘기지 못하고 차질이 생기고 말았죠. 결국 대중지성 프로그램 3학기 말미부터 수업에 전혀 나가지 못하는 상황이 되고 말았습니다. 새벽 7시 반에 출근해서 밤 11시는 족히 넘어야 퇴근하는 날들이 이어졌습니다. 몸만 고달프면 그나마 나을 텐데, 프로젝트가 위험에 빠지자 내부에서 프로젝트에 대한 회의와 비난도 커져갔습니다. 워낙 큰 비용이 들어가는 일이고, 미래에도 큰 영향을 끼칠 수 있는 일이라서 책임이 큰 것이 사실이었으니까 그것은 당연한 일이기도 했습니다.

사람은 언제나 이중적인 책임 상황에 처하는 것 같습니다. 무슨 문제가 발생하면 그 문제를 해결해야 한다는 책임이 우선 찾아옵니다. 프로젝트가 위험에 빠지자 저는 그 위험을 해결하려고 백방으로 뛰어다녔습니다. 즉 '미래에 대한 책임'이지요. 그러나 그 위험이 발생하게 된 원인에 대해서도 책임을 져야 합니다. 다시 말하면 '과거에 대한 책임'입니다. 언제나 문제가 발생하면 그 문제가 발생한 이유에 대해서 책임지고(과거의 책임), 동시에 그 문제를 해결하는 책임(미래의 책임)도 요구받게 되지요. 그러나 언제나 과거의 원인도 분명하게 찾아내기 힘들고, 미래의 해결방식도 정확하게 정리하기 힘듭니다. 이른바 현장은 거의 아수라장이 되어 버리죠. 마음은 억울하기만 한데, 낯선 비난과 암담한 전망만 온통 지배하는 우울한 날들이 도래하였습니다. 그 시간을 온전히 나 자신이 감당해야 했습니다. 제 인생의 가장 우울한 시간 중 하나였지요.

그런 어려운 상황을 겪은 뒤 다음해. 전해에 대중지성 프로그램을 3학기에 끝낸 게 아쉬워서 또 그 프로그램에 들어가 다시 1년을 고군분투하기로 합니다. 아, 그런데 글쎄, 첫 학기 수업이 운명처럼 연암 박지원의 『열하일기』와 『연암집』이었습니다. 고미숙 선생님께서 직접 가르쳐주셨습니다. 이미 조선 유학에 대해 강한 편견이 있었기 때문에 큰 기대를 하지 않고, 무조건 끝까지 읽어내자, 그리고 가능한 편견을 줄일 수만 있다면 성공이다, 라고 생각하며 책을 읽었습니다. 그런데 이게 웬일입니까? 전년도와 완전히 다르게 읽히는 것입니다. 언제나 읽기라는 사건은 기존의 나를 성큼 넘어서는가 봅니다. 『열하일기』에서 연암 일행이 열하에서 겪은 마술이야기, 눈뜬 소경 이야기, 삼류 선비론, 그리고 『연암집』에서는 법고창신의 「초정집서」, 성인의 도는 오랑캐에게서도 배워야 한다는 「북학의서」 등등 거의 모든 글들이 완전히 새로운 글로 다가왔습니다. 급기야 이렇게 생각하기까지 하였습니다. 소세키와 루쉰이 너무 뒤늦은 19세기인이라면, 연암은 너무 빨리 출현한 20세기인이다!

특히 「백이론」이 완전히 다르게 읽혔습니다. 그 전해에 프로젝트 현장에서 사람들의 행위와 비난들이 모조리 상호배타적인 선택지만을 가지고 행하는 것을 보았던 터라, 태공·무왕이나 백이·숙제, 모두에게 길을 터주는 연암의 접근법이 마음으로 와 닿았습니다. 어느 누구든 오직 자신의 길을 가고 있을 뿐이었습니다. 아수라장 같은 현장 가까이에서 느꼈던 그 마음으로 연암의 텍스트를 읽으니 완전히 다른 감각이 생겨난 것입니다. 프로젝트의 위기가 저에게 텍스트를 읽는 마음을 갱신해 준 것입니다. 순간순간 마음은 색깔을 바꾸어 왔지만 저는 그것을 알아채지 못했나 봅니다. 놀랍게도 저는 '가까운 데서 생각한다'라는 근사(近思)의 정신으로 텍스트를 읽어내고 있었던 것입니다. 제가 원문과 함께 읽은 최초의 동양고전, 『근사록』이 이렇게 돌고 돌아 제게로 회귀하였습니다.

이것은 굉장한 일입니다. 그 학기 마지막에 제게는 평생 잊을 수 없는 에세이를 썼습니다. 이 에세이는 『자기배려의 인문학』에 「사이의 길, 평등과 차이의 드라마」라는 제목으로 수록되어 있습니다.[24] 수록된 내용은 그때 발표했던 내용 거의 그대로입니다. 수록할 때도 미숙한 부분이 많이 있었지만, 공부를 시작했을 때의 패기를 온전히 담고 있었기 때문에 거의 그대로 수록하였습니다. 이 에세이는 저로 하여금 완전히 다른 정신을 가지게 한 글입니다. 쓰는 동안에도 그것을 강렬하게 느낄 수 있을 정도로 나의 변화를 확인하고 깨달으며 쓴 글이었지요. 그 해 연구실 학술제 때, 다시 학인들 앞에서 발표도 했습니다. 흰 여백투성이 글쓰기 영토에 나의 글들이 침투하기 시작한 최초의 순간이었습니다. 제게 굉장히 중요한 시간이었습니다.

그리고 나서 배운 이가 이지(李贄, 1527~1602. 호는 탁오[卓吾])의 『분서』입니다. 이 책은 수업시간 전에 몇몇 친구들과 별도로 서브 세미나를 만들어서 1시간 정도 함께 읽기도 했습니다. 매우 열성적으로 텍스트를 읽었고, 도론도 했던 것 같습니다. 이탁오는 격렬한 이단아입니다. 그는 유자(儒者)들뿐만 아니라 『논어』, 『맹자』 같은 유교의 핵심 경전들에도 칼날을 들이댔습니다. 그는 이런 경전들이 그저 제자들이 붓 가는 대로 기록한 것일 뿐이고, 성인의 말씀이 아니라고 생각했습니다. 심지어 공자나 맹자의 글들이 거짓된 무리들의 소굴이라는 반응마저 보였습니다. "『육경』, 『논어』, 『맹자』 따위는 도학자가 내세우는 구실이고 거짓된 무리들의 소굴일 뿐이니, 그것들이 결코 동심에서 나온 말이 아님은 너무나 자명해진다."[25] 이런 이단아적 결과를 내놓은 그의 「동심설」(童心說)은 어쩌면 니체의 어린아이와 맞닿아 있는 것도 같습니다. 이 소재는 두고두고 생각해 볼 만합니다.

그런 과정을 거쳐서 드디어 왕양명이 다가왔습니다. 그런데 제가 왕양명이라는 희대의 사상가를 처음 알게 된 것은 『전습록』 이전에 왕양명의 평전을 통해서입니다. 그것은 『한 젊은 유학자의 초상』이라는 한글 제목으로 번역된 뚜웨이밍(杜維明) 교수의 저작인데, 왕양명의 생애뿐 아니라, 그의 사상에 대해서 매우 수준 높은 연구를 보여 주는 책입니다. 이 책이 번역된 해가 1994년이니까, 제가 은행에 들어간 지 2년차가 되었을 때였습니다. 지금은 기억이 가물가물합니다만, 아마도 총각시절 휴일이면 종로에 있는 〈종로서적〉에 가서 이 책 저 책 뒤적이며 시간을 보내다 한두 권 사들고 집에 들어가곤 했을 때 샀을 것 같습니다. 그러나 왕양명을 배우기 전까지 서가에 꽂혀 전혀 읽지 않고 있었던 책이었지요.

---

24. 강민혁, 『자기배려의 인문학』.
25. 이지, 『분서 I』, 김혜경 옮김, 한길사, 2004, 351~352쪽.

양지,
내 마음의 온당쾌락처

이 책 앞에는 지금도 유명한 도올 김용옥 선생님의 해제가 들어가 있습니다. 김용옥 선생님의 다른 글은 모르겠지만, 저는 지금도 주자와 왕양명, 지행합일, 격물치지에 대해서 이 글만큼 통찰력을 주는 글도 별로 없다고 생각합니다.

도올은 양명학이 주자학보다 분명 불학(佛學)이념에 가까운 것은 사실이지만, 어디까지나 주자가 이룩해 놓은 신유학의 패러다임 내에서 어느 특정한 문제의식을 새롭게 인식하고 새롭게 형성해 나간 사상가일 뿐이라고 말합니다. 심지어 양명은 주자가 대중화되는 과정에서 나타난 결정적 계기라고까지 주장하지요.[26] 즉, 양명의 가장 핵심적인 문제의식은 주자의 사회주의(socialism, 도올의 맥락에서는 '관계주의'라고 불러야 할 것입니다)[27]나 윤리주의(ethicalism)를 고수하면서 어떻게 인간평등의 보편주의를 확립하는가 하는 것이었다는군요. 그런 의미에서 양명학은 사대부의 위계질서를 무너뜨릴 수 있는 아나키즘적인 요소가 다분했습니다. 그럼에도 불구하고 도올은 양명을 주자의 자장 안에 놓고 있었습니다.

도올은 리(理)와 기(氣)에 대해서도 간결하게 잘 설명해 줍니다. 주자가 되었든 양명이 되었든 이 세계가 기로 구성되어 있다는 기일원론적(氣一元論的) 세계관에는 이론의 여지가 없습니다. 그러나 주자는 『주자어류』에서 명백히 모순적인 언술들을 병렬시켜 놓습니다. 리는 기 없이는 존속할 수 없다든가, 리는 기와 무관하게 독자적으로 천지가 생기기 전부터 있었다든가 하는 상호 모순되는 말들이 공존한다는 거지요. 그 이유는 주자가 리의 내재성과 초월성을 동시에 확보하려고 애쓰기 때문입니다. 그러나 리의 초월성이 서구처럼 물리적·과학적 법칙의 확보가 아니라, '존천리거인욕'(存天理去人慾)이라는 도덕적 명제를 정당화하는 데 기여하면서, 격물(格物)이 객관적 사물에 대한 탐구가 아니라, 독서를 통한 수양에 불과한 서생주지주의(academic intellectualism)에 불과한 것이 되고 말았습니다. 양명은 바로 이것으로부터 벗어나기 위해서 싸운 사람이었습니다. 어쩌면 양명의 대나무 사건[28]은 이런

26. 뚜 웨이밍, 『한 젊은 유학자의 초상』, 12쪽.
27. 도올이 이야기하고 있는 주자의 사회주의란 레닌식 사회주의를 말하는 것이 아니라, 모든 도덕적 실현이 인간관계를 통하여(더불어)만 구현된다고 하는 믿음을 말합니다(뚜 웨이밍, 『한 젊은 유학자의 초상』, 15쪽).
28. 1492년 스물 한 살의 양명이 주자의 격물치지(格物致知)를 깨닫기 위해 7일간이나 대나무 앞에 정좌하며 탐구했다는 이야기는 유명합니다. 그는 대나무의 이치를 깨닫기는커녕 신경쇠약으로 탈진하고 말았습니다. 물론 표면적인

제스처의 단면일지도 모르겠습니다.

아무튼 저는 왕양명이라는 사람을 왕양명의 저서에 앞서 그의 일생을 논한 평전과 김용옥 선생님의 간결한 해제를 통해 처음 접했습니다. 그리고 중국의 천라이(陳來)가 쓴 묵직한 양명철학 연구서 『양명철학』이 번역되어 있습니다. 심즉리설, 심물동체, 미발과 이발, 지행합일, 격물 논쟁, 치양지설, 유무지경 등 왕양명이 말하고 있는 철학 전모를 매우 꼼꼼히 살피는 책입니다. 전체 700페이지가 넘고, 본문만 600페이지에 가까운 대작인데, 도전해 볼 만한 저작입니다. 저는 몇 년에 걸쳐 왕양명을 접할 때마다 이 책을 조금씩 끼고 읽었는데, 어느덧 본문을 모두 완독할 수 있었습니다. 이 책을 통해서 양명철학의 전모를 조금은 이해할 수 있었습니다. 지금도 필요할 때마다 이 책을 꺼내서 읽고 또 읽고 있습니다.

이렇게 우여곡절 끝에 동아시아 저작, 특히 주자학에 대한 거부감이 많이 사라졌습니다. 3~4년이 지나고 나서 친구들과 『주자어류선집』을 읽을 기회가 생겼습니다. 미우라 구니오가 『주자어류』 중 중요한 문구를 뽑아 역주를 한 책이었지요. 이제는 동아시아 저작, 특히 성리학에 대해서도 편견이 거의 사라지고 없게 되었습니다. 오히려 이제는 주자가 친밀하기까지 합니다. 동아시아 고전에 대해 저의 편견이 지워지는 장면들을 회고해 보면, 제가 보아도 너무나 눈부십니다. 내 자신이 새로운 행으로 치닫는 시(詩) 그 자체로 여겨집니다. 내 자신이 시라고 언명하고 나니, 저의 동아시아 고전 분투기는 어쩐지 뒤늦게 찾아온 청춘 같아 보이는군요. 오래 오래 이 고전들이 제 곁에 있으면 좋겠습니다.

사람들이 주자에게 가난 때문에, 혹은 선생님과 너무 멀리 떨어져 있기 때문에 공부에 전념할 수 없고, 책을 볼 수 없다고 하자, 주자는 "하루 24시간, 언제 여유가 있는지를 보고 두 시간 여유가 있으면 두 시간을 공부하고 15분 여유가 있으면 15분을 공부하면 된다. 이런 노력을 오래도록 지속하다 보면 자연히 달라진다"[29] 라고

이야기로만 보면 웃음거리 에피소드에 불과하지만, 격물치지를 머리로만 인식하려고 한 것이 아니라, 자신이 직접 체험함으로써 신체적으로 각성하려고 시도했다는 점에서 이 에피소드는 양명이 전 생애에 걸쳐 행한 싸움을 징후적으로 보여 줍니다.

29. 미우라 구니오, 『주자어류선집』, 이승연 옮김, 예문서원, 2012, 76~77쪽.

양지,
내 마음의 온당쾌락처

도 하였고, "나는 나 혼자서 공부했었다. 스스로 노력하는 수밖에 없다"[30]라고도 하였습니다. 물론 주자도 훌륭한 스승과 사우가 있었지만, 결국 스스로의 힘으로 자신의 길을 개척해 왔다는 자각을 드러내 보여 주는 것이겠죠.

또 어떤 사람이 "선생님은 천재적인 분이시니, 저는 발꿈치도 따라가지 못합니다"라고 칭송하자, 이렇게 말했습니다. "그런 말을 하다니, 자신을 어떻게 책망해야 하는지 전혀 모르고 있군. 그런 말은 모두 자신을 변호하는 말로 그것이야말로 가장 큰 결함이다."[31] 이런 가차 없는 언사들을 읽노라면 어떤 편견을 뚫고 새로운 세계에 다가가고 있다고 여기게 됩니다. 제가 최초의 편견을 유지하고 있었다면 도무지 다가가기 힘든 세계였겠죠. 그것은 도무지 저항할 수 없는 아름다움입니다. 이 아름다운 세계가 제 마음에 비수처럼 박혔습니다. 이 새로운 세계가 어쩌면 저의 새로운 정신을 만들어 줄지도 모르겠습니다.[32]

---

30. 미우라 구니오, 『주자어류선집』, 76~77쪽.

31. 미우라 구니오, 『주자어류선집』, 76~77쪽.

32. 앞에서 말한 천라이(陳來)는 『주희의 철학』(이종란 옮김, 예문서원, 2002)이라는 또 다른 중요한 책을 썼습니다. 이 책도 우리나라에 번역되어 있습니다. 그리고 미우라 구니오가 쓴 주자 평전, 『인간 주자』(김영식·이승연 옮김, 창작과비평사, 1996)도 나와 있습니다. 최근에 주자 평전의 결정판이라 할 수 있을 수징난(束景南)의 『주자평전』(김태완 옮김, 역사비평사, 2015)도 출간되었습니다. 주자 시대 송대 사대부에 대한 정치 문화 연구서인 위잉스의 『주희의 역사세계』(이원석 옮김, 글항아리, 2015)도 있습니다. 야마다 게이지가 짓고, 도올 김용옥이 해제한 『주자의 자연학』(김석근 옮김, 통나무, 1991) 같은 자연학적 탐구도 있습니다. 이 훌륭한 책들을 읽어 보지 못하고 주석으로만 소개하는 게 너무나 안타깝습니다. 언젠가 꼭 동지들을 규합하여 함께 읽어 보고 싶은 책들입니다.

자유로운 운명, 그럭저럭 돌파!
—

질 들뢰즈, 『차이와 반복』

긴 긴 겨 울 , 돌 멩 이 의 삶

바야흐로 봄날이 오리라 생각하면서 '쓸쓸히 지나 보내야 하는 긴긴 겨울'(김소월, 「오는 봄」)이 찾아왔다. 어떤 이는 겨울에 첫사랑 생각이 난다지만, 나는 남쪽 사람이라 그놈의 추위 때문에 더럭 겁부터 난다. 서울 올라와 가장 힘든 것이 무엇이냐 물으면, 나는 천정부지 전세값도, 야박한 이웃들도 아닌 눈바람 매섭게 부는 겨울을 첫째로 들 것이다. 정말이지 처음엔 추위 앞에서 아무런 대책이 서지 않았다. 내 고향 남쪽나라에선 도무지 '추위대처법' 같은 걸 배워 본 적 없기 때문이다. 덕분에 나는 서울의 매서운 추위 앞에서 무능력 그 자체였다.

　어떤 겨울에는 늦은 귀가로 눈발 속 밤길을 서너 시간 헤맨 적이 있다. 얼어붙은 손발이 걷는 내내 마음을 때리고 때려 육신이 끔찍해지고 끔찍해졌다. 그때의 끔찍함은 나로 하여금 모든 것을 제쳐두고 추위를 제1의 적(敵)으로 삼게 하였다. 그만큼 나에겐 추위가 주는 트라우마가 세상에서 가장 컸다. 겨울만 되면 곰이 되어 한 석 달 따뜻한 곳에서 푹 자고 나오면 좋겠다는 공상을 하기도 한다. 「쿵푸팬더」를 볼 때도 팬더 포의 감동적인 무술보다 그 친구의 따뜻한 털가죽이 더 부러웠을 정도다. 뭐, 공상은 공상일 뿐 별수 없이 두꺼운 이불을 둘둘 말아 고작 낮잠이나 자야 하지만 말이다. 그래도 이제는 이불 따위로 그럭저럭 살아내는 것이 참 신기할 따름이다.

이런 생각을 하고 있자니 문득 추위를 그럭저럭 견뎌내는 내 삶이, 집 앞 시냇가에서 손에 쥐고 던지면 그저 그렇게 포물선을 그리며 날아가는 돌멩이의 삶과도 같아 보인다. 그 친구는 한 번도 경험해 보지 못한 저 바람에 얼마나 추울까? 내가 던졌으니까 별 수 없이 날아가겠지만, 어떻게 날아가는지 아무도 알려주지 않은 길이었을 텐데, 그래도 그럭저럭 바람을 가르며 앞으로 나아가는 걸 보면 참으로 기특한 일이다. 사람들은 내가 던진 힘 때문에 운동에너지가 생겨서 날아간다고 할 테지만, 나는 왠지 그렇게만 생각되지 않는다. 돌멩이도 자신을 새처럼 생각하면서 날아가고 있을까? 공기를 가르며 새처럼 앞으로 나아가는 돌멩이의 운명. 그리고 추위 속에도 곰처럼 앞으로 나아가는 나의 운명. 돌멩이와 나 사이에 운명은 그리 멀리 떨어져 있어 보이지 않는다.

그림, 차이를 산출하는 행위

하얀 백지 위에 아래로 볼록한 포물선을 그려 보자.[1] 그리고 오른편에 그 포물선을 따라서 '똑같이' 하나 더 그려 보자. 이렇게 그림을 그러고 나서, 왼쪽 포물선과 오른쪽 포물선을 비교해 보라. 똑같은가? 당연히

---

1. 이 글은 질 들뢰즈의 『차이와 반복』(김상환 옮김, 민음사, 2004) 「4장 차이의 이념적 종합」 '제2절 미분'에서 극한과 미분에 대한 몇 가지 설명을 기준으로 제임스 윌리엄스의 『들뢰즈의 차이와 반복』(신지영 옮김, 라움, 2010) 「6장 이념이란 무엇인가」, 고이즈미 요시유키(小泉義之)의 『들뢰즈의 생명철학』(이정우 옮김, 동녘, 2003) 「2장 보편수학」 등의 도움을 받아 작성하였다.

다를 것이다. 대체적인 윤곽이야 같아 보일지 몰라도, 디테일한 것까지 따져보면 각도나, 선의 길이나 두께 등 다른 것투성이일 것이다. 다시 똑같은 것을 그리려고 하여도 결과는 똑같다.

이 두 포물선의 차이는 어디에서 출현하는 것일까? 그림을 그린 나의 '의도'가 차이를 출현시킨 것일까? 그러나 우리는 그리려 했던 최초의 순간에는 요구한 대로 '똑같이' 그리려 하지 않았나. 그림을 그린 이의 의도가 이런 차이를 출현시킨 것은 아닌 섯 같다. 그림을 그릴 때마다 머릿속에 떠올린 포물선의 모습은 매번 똑같은데, 손에 연필을 쥐고 하얀 백지에 그 포물선을 그리기만 하면, 그때마다 '다른' 포물선이 그려진다. 내 의도와는 하등 상관없이 그렇다.

생각해 보면 이것은 참으로 기묘한 일이다. 같은 생각을 가졌더라도 무언가를 손으로 현실화시키기만 하면 그 순간 '다르게' 그려지고 있는 것이다. 또 조금만 더 생각해 보면 두 개의 포물선을 비교하기 전에 하나의 포물선 내에서도 이미 이 '다름'이 진행되고 있었다는 것을 알 수 있다. 하나의 포물선을 그리기 시작해서 끝마칠 때까지, 우리는 그리는 각각 순간마다 그 전 순간과 다르게 그려야, 즉 '차이'를 산출해야만 계속 그려나갈 수 있다. 하나의 포물선 안에서도 앞서 그린 선과 뒤이어 그려지는 선은 방향, 각도, 굵기 등등이 서로 다르다. 사실 이 다름 때문에 포물선을 그리는 행위가 끊이지 않고 진행될 수 있었을 것이다. 만일 앞서 그린 선과 완벽하게 똑같은 선만을 고집한다면, 우리의 손은 시작점조차 넘어서지 못할 것이 분명하다. 이처럼 '뒤이어' 그린다는 의미 안에는 언제나 앞과 다르게 그린다는 뜻이 들어가 있다.

따라서 '그림을 그린다'는 것은 차이를 출현시키는 행위 그 자체이다. 그림을 그리면 차이가 발생한다. 차이가 출현해야 그림은 그려진다. 방향과 각도 그리고 선을 긋는 순간적인 움직임들의 차이가 선의 행로

자유로운 운명,
그럭저럭 돌파!

를 시시각각 결정한다. 위에서 아래로 내려가면서 이 순간적인 움직임들이 매번 달라야만, 즉 그려진 것과 그릴 것 사이에 어떤 차이들을 발생시키고서야 포물선이라는 그림은 완성된다. 따라서 두 개의 포물선이 서로 다르다면, 각각의 포물선 안에서 산출된 차이들이 서로 다르다는 말일 것이다. 결국 두 개 포물선의 차이는 각 포물선 내에서 산출된 차이들 간의 차이이다. 즉 왼쪽 포물선이 그려지면서 출현한 차이들과 오른쪽 포물선이 그려지면서 출현한 차이들의 차이인 것이다.

차 이 는   미 분 이 다

질 들뢰즈(Gilles Deleuze, 1925~1995)는 수학을 통해 이를 좀 더 정교하게 설명한다.[2] 고등학교 수학을 잠시 떠올려 보자. 포물선은 방정식 $y=ax^2$으로 일반화해서 표현된다. 이 방정식은 수많은 포물선들을 대표한다. 이 포물선의 방정식 $y=ax^2$을 미분하면 $dy/dx=2ax$라는 미분방정식을 얻는다. 이 미분방정식은 $y=ax^2$의 점 (x, y)에서 접선의 기울기를 나타낸다. 이 식에 따르면 $x=1$ 근처에서는 기울기가 $2a$인 직선을 따라 '움직이고' 있다고 할 수 있다. 즉 x가 한 칸 가면 y는 두 칸 가는 '움직임'을 보인다. 이처럼 미분은 포물선에 내재되어 있는 보이지 않는 '움직임'을 포착하는 개념이다.

　　바로 여기서 우리는 '차이'에 대한 수학적 포착을 보게 된다. 눈에는

---

2. 들뢰즈가 모든 이념과 문제들이 수학적으로 사유되어야 한다고 말하는 것은 아니다. 단지 수학은 이념에 대한 하나의 예시로 제시되고 사용된다. 오히려 들뢰즈는 자신이 전개한 철학의 수학적 계산 가능성을 차단한다. "미분법은 공리주의자의 단조로운 계산이 아니다. [중략] 미분법은 오히려 순수사유의 대수학, 문제들 자체의 고등 반어법이다 — 그것은 '선악을 넘어서' 있는 유일한 계산법이다"(질 들뢰즈, 『차이와 반복』, 397쪽).

보이지 않지만, 명백히 움직임의 정도를 드러내 주는 이 기울기는 여러 차이들 중 하나를 표현한다. 결국 차이를 산출하는 장은 수학적으로 말한다면 '미분적'(微分的)인 것이다. 선을 긋는 순간적인 움직임을 창출하는 것은 포물선에 내재된 각 순간의 차이들이다. 그리고 그 차이들 중 중요한 것 하나가 바로 기울기이다. 수학은 그것을 미분으로 개념화한다. 즉 차이는 미분적인 것이다.

그런데 이 미분이라는 놈은 극한에 의해서만 성의될 수 있다. 미분을 표시해 주는 식 dy/dx은 lim Δy/Δx이다. 여기서 d는 lim이 취해졌다는 것, 즉 극한값이라는 것을 표시해 주는 것이다. 델타(Δ)는 lim가 취해지기 전을 의미한다. 따라서 dy/dx는 극한의 순간, 그러나 극한 그 자체는 아닌 순간에 생성된 비율이다. 다시 말하면 그것은 차이와 차이의 관계가 극한으로 다가갈 때 산출된다(lim Δy/Δx라는 수식 모양을 보라).

들뢰즈는 "극한이나 경계는 함수의 극한이 아니라 어떤 진정한 절단(coupure)으로 파악되어야 한다"라고 말하고, 극한을 "변화하는 것과 변화하지 않는 것 사이의 어떤 경계"로 파악한다.[3] '극한'이란 무한급수를 무한히 이어갈 뿐 결코 도달할 수는 없는 것이지만, 결국에는 그렇게 될 것이라고 생각되어지는 어떤 존재이다.

아마 0.9999……의 '……'가 가능한 것은 이것이 무한히 이어진다면 어떤 극한값, 즉 1에까지 이르리란 생각이 있기 때문일 것이다. 그러나 묘한 것은 그렇게 될 것이란 추론은 가능하지만, 0.9999……가 결코 그 1에 도달할 수는 없다는 것이다. 그렇기 때문에 1과 0.9999…… 사이가 아무리 작아지더라도 그 속에 있는 극한 1과의 '차이'는 사라지지 않는

---

3. 질 들뢰즈, 『차이와 반복』, 377쪽.

다. 즉, 미분이 가능해진다. 그런 의미에서 보면 극한을 미리 전제하고 있기 때문에 미분적인 것도 가능하다. 거꾸로 말한다면 미분이 가능하기 위해서 극한이 요청되고 있다고 말할 수 있다. 1이란 극한이 있기 때문에 0.9999……의 '……'가 아무리 많아도 1과의 차이는 소멸되지 않는다. 즉, 차이는 끊임없이 산출된다. 보이지 않는(!) 극한이 전제되고 있는 것이다. 이것은 차이가 산출되기 위해서는 보이지 않는 극한을 전제해야만 한다는 말이기도 하다. 그러므로 그것은 '이념적인 것'이다.[4]

아울러 이런 차이로서의 미분은 접선의 기울기로서 벡터다. 벡터는 화살표로 표시된다. 그러나 화살표 벡터는 좌표평면 위에 현실적으로 그릴 수 없다. 화살표 벡터는 접점이 어느 방향, 어떤 크기로 향하는가를 나타내는 것이므로 좌표평면 위에서는 보이지 않는다. 하지만 그것은 분명히 '있다'. 보이지 않지만 실재하는 것이다. 그런 의미에서도 그것들은 실로 '이념적인 존재'다. 또한 포물선에 내재되어 있을 뿐, 하얀 백지 위에 현존(現存)하게 할 수 없다는 점에서 그것은 '잠재적인 존재'이기도 하다. 그것은 현실적이지 않으므로 이념적이며, 현존적이지 않으므로 잠재적이다.

결국 벡터는 이념적이고 잠재적인 존재다. 더군다나 미분은 하나의 특정 벡터로서만 존재하지 않고, 무수히 많은 벡터들로 구성된다. 그래

---

4. 들뢰즈는 보르다스의 해석에 기대어 다음과 같이 말한다. "극한은 더 이상 연속적 변수나 무한한 근사치 등의 관념들을 전제하지 않는다. 그와는 달리 극한이라는 기초개념은 연속성에 대한 새로운 정의를 근거짓는다. 그 개념을 통해 연속성에 대한 정태적이고 순수하게 이념적인 정의가 가능해지는 것이다"(질 들뢰즈, 『차이와 반복』, 377쪽). 결국 극한, 미분은 눈에 보이지도 않고 현실적이지도 않다. 그것들은 이념적이고 잠재적으로 전제되고 요청되는 것이다. 들뢰즈는 이런 이념의 요소들을 순수 차이들이라고 생각한다. 이 관점에서 보면 현실적인 사태(여기서는 포물선)는 이념, 즉 순수 차이(여기서는 기울기와 기울기를 가능하게 하는 극한)를 실현(포물선은 미분의 적분이다)하고 전제한다. 즉, 이념은 경험의 현실적인 대상과 규정성의 이상을 조건 짓고 불러일으킨다.

야 포물선이 그려질 테니 말이다. 따라서 미분은 무수히 많다는 의미에서 이념적이면서 잠재적인 어떤 '장'(場)이다. 앞서서 보았듯이 그것을 위해서 극한이 요청되었고, 또 그 극한으로부터 도출된다는 점에서 이미 예견되었던 것이기도 하다. 극한과 미분의 존재방식은 이념적이고 잠재적이며, 심지어 극한으로부터 이미 예견된다는 점에서 운명적이기까지 하다. 결국은 차이는 이념적이고 잠재적이며 운명적이다. 어쩌면 이념 자체가 차이일 것이다. 현실적으로 존재한다는 것, 그것은 이렇게 보이지 않는 것들이 전제되어야만 가능한 사태다.

미 분 , 자 유 로 운 운 명 을 살 다

그렇다면 미분방정식을 푼다는 것은 차이가 산출되는 원리가 파악된다는 것이므로,[5] 미분방정식을 풀기만 하면, 현실의 모든 사태를 정확하게 예측할 수 있지 않을까? 다시 말해서 초기값만 있다면 주어진 미분방정식을 통해서 미래의 값들, 즉 궤도를 '정확하게' 계산할 수 있을 것이라는 낙관적인 생각을 갖게 된다. 이런 생각이라면 $y=x^2$라는 포물선은 (0,0), (1,1), (2,4)……과 같은 궤도를 이미 가지고 있는 듯이 보인다. 마치 정해진 운명처럼.

그러나 현실의 운동은 그렇게 녹록하지 않다. 돌멩이를 들고 위로 던졌을 때, 그 돌멩이가 그리는 포물선을 $y=x^2$의 공식으로 전부 예측할 수 있을까? 그러나 dy/dx=2x라는 미분방정식을 세울 수는 있어도, 돌멩이의 궤도를 아무런 오차 없이 그야말로 정확하게 예측하는 것은 불

---

5. 수학적으로는 미분방정식을 적분하여 포물선식을 구하고 좌표 위에 그려 내는 것이다.

자유로운 운명,
그럭서럭 돌파!

가능하다. 언뜻 보면 미분방정식의 해들이야말로 포물선의 기울기로서 순간순간의 속도를 가르쳐주는 것이므로, 이 방정식을 풀기만 하면 돌멩이의 미래 궤도를 정확하게 그릴 수 있을 것처럼 보인다.

하지만 $y=x^2$이라는 방정식은 수학적 공간에나 맞는 식이다. 현실적 공간에서는 그 유효성이 심각하게 훼손된다. 방정식은 각종 변수들, 즉 바람, 지형, 돌멩이를 쥔 손가락 모양 등등에 따라 수도 없이 수정되어야 할 것이다. 그 과정에서 방정식의 안정성은 쉽게 무너지고 만다. 돌멩이를 던질 때, 최초의 속도를 알아낸다는 것은 사실상 불가능하다. 최초에 내가 돌멩이를 던지는 순간의 속도가 결정될 리가 없다. 설사 사전에 정했다고 해도, 정해진 대로 정확하게 속도를 내리라는 보장도 없다. 따라서 완전한 상태의 실험적 상황이 아니라면 초기값을 사전에 결정하는 것은 불가능하다(사실 실험적 상황에서도 그런 신적인 정확성은 불가능하다).[6] 더군다나 속도만 안다고 될 일도 아니므로 상황은 더 절망적이다. 어떤 사건이 발생하고 진행되는 과정에는 도처에 차이가 우글거리고 북적댄다. 말끔한 수학식으로 포착할 수 없는 무수히 많은 차이들이 말이다.

물론 궤도 예측을 위해서 현실을 더 정확하게 반영하여 수정된 어떤 방정식을 세울 수는 있다.[7] 그러나 아이러니하게도 방정식이 현실을 더 정확하게 반영하면 할수록 그것의 해는 점점 더 풀기 어려운 상황이

---

6. 이를 실험오차, 관측오차라고 한다.
7. 수학적 계산 가능성을 염두에 두는 현실에서는 방정식의 수정은 일정하게 제한된다. 제한된 조건 내에서 방정식은 완성되고, 그 범위 내에서 계산한다. 그러나 여기서는 모든 현실적 요소들을 제한 없이 반영하여 만들어질 방정식을 원리적으로 상정하고 있다. 현실의 모든 상황을 완벽하게 고려한 방정식은 현실에는 없으나, 원리적으로는 있을 수 있다고 상정할 수 있다. 그러나 그런 방정식이 세워진다면 아이러니하게도 해는 전혀 산출되지 못할 것이다.

된다. 정확하면 정확할수록 해(解)와 더 멀어지는 것이다. 방정식의 해가 어딘가에 있을 수 있겠지만 실제로는 찾을 수 없다. 모든 조건을 고려해 정확하게 세워진 방정식은 현실에서 '해가 없는 방정식'이 되고 만다.[8] 이런 상황에서는 해가 없기 때문에 돌멩이의 운동이 어떤 경로로 가게 될지 조금도 결정되어 있지 않다.

자, 이제 기묘한 상황이 된다. 돌멩이 입장에서 보면, 자신의 궤도를 알려줄 방정식은 있을 테지만, 방정식의 해는 알 수 없는 상태가 되는 것이다. 그런데 앞서 말한 대로 방정식은 미분을 품고 있으므로, 그리고 그 미분은 운명이라고 할 수 있으므로, 방정식을 가진 돌멩이는 운명을 품고 있는 셈이다. 따라서 돌멩이는 미분방정식의 '어떤' 기울기를 '운명'으로 갖고는 있을 것이다. 물론 모든 조건이 고려된 방정식의 기울기가 쉽게 파악되진 않겠지만, 그 방정식이 있긴 있을 것이므로 운명을 가지고 있는 것은 확실하다. 그러나 보다시피 그 방정식은 해를 알 수 없는 방정식이다. 그러므로 운명이 있긴 있지만, 답을 알 수는 없는 운명이다. 즉, 실제 어떤 경로를 가게 될지에 해당하는 '삶'은 아무것도 결정되어 있지 않다. 운명은 주어져 있지만, 답에 해당하는 삶은 결정되지 않았다. 어떤 외생적인 정답도 돌멩이의 궤도를 가르쳐 주지 못한다. 그래서 운명은 있지만, 삶은 결정되지 않았다고 할 수 있다.

그러나 바로 그 순간 놀라운 일이 발생한다. 궤도가 알려지지 않았는데도 돌멩이는 위로 치솟으며 보란듯이 포물선을 그려내는 것이다. 마치 그 방정식을 이미 풀기라도 한 듯이 말이다. 풀 줄 모르는데도 푼

---

8. 현대수학은 '해가 없는 방정식'을 수치해석 등을 이용해 근사치(수치해)로 해결하기도 한다. 예컨대 푸앵카레는 벡터장에서 특이점을 구하여 그 근방의 국소적인 움직임들을 모아 전체적인 궤도를 그리기도 한다.

자유로운 운명,
그럭저럭 돌파!

다! 어떤 '미분비'를 지닌 돌멩이는 자신의 운명을 받아들이면서(모든 존재는 방정식을 품고 있다!) '자유롭게' 그 미분방정식을 풀어내고야 만다. 스스로의 몸으로 포물선을 그려내며, 차이를 산출한다. 즉 돌멩이는 자기 스스로 미분방정식의 정확한 해를 찾아낸다. 돌멩이는 적분을 모르면서도 적분을 수행해 내고 있는 것이다.[9]

　미분이라는 운명은 모험에 찬 운명, 긍정으로 가득한 운명이다. 그것은 도무지 '해를 알 수 없는 방정식', 즉 '풀 수 없는 문제'다. 하지만 그것은 끊임없이 현실로 흘러나오면서 미래를 전투적으로 돌파하는 운명이다. 어찌 보면 그것은 매번 극한으로 다가가면서 차이를 만들어 내는 몸짓일지 모르겠다. 그 순간 돌멩이는 자신의 미분을 긍정하며, 그것이 던져 준 문제를 풀어내어 앞으로 전진한다. 누가 가르쳐주지 않았는데도, 온몸으로 배우면서 앞으로 나아가는 것이다. 이것이 돌멩이의 눈물겨운 비행이다. 실로 '자유로운 운명'이라고 할 만하다. 돌멩이는, 그리고 우리는 모두 다 이런 자유로운 운명 속에서 삶을 그럭저럭 돌파하며 살아가고 있는 것은 아닐까? 그래서 우리는 이 추위에 "사무치는 눈물은 끝이 없어도, 하늘을 쳐다보는 삶음의 기쁨"(김소월, 「오는 봄」)으로 '오는 봄'을 기다리는 것일 게다.

---

9. 들뢰즈, 『차이와 반복』, 382쪽.

질 들뢰즈의
『차이와 반복』
후기

처음 연구실에 와서 본격적으로 철학원진들[10]을 읽기 시작했을 때 저는 깜짝 놀랐습니다. 내가 아무리 무식한 놈이지만, 도대체 한 페이지도 제대로 읽히는 책이 없었으니까요. 원어로 된 책도 아니고, 친절하게 번역된 책인데도 말입니다. 아기와도 같은 정신이라고 할까, 아무튼 그랬습니다. 철학원전 앞에서는 아무것도 모르고 책장만 넘기는 아기였습니다. 책을 쥐어주면 책장을 넘기기만 할 뿐 전혀 의미를 모르는 그런 아기의 상태. 딱 그런 상태였습니다. 그러고 보면 그 당시 저야말로 철학언어를 순수한 문자로서, 그러니까 물질로서 바라보던 그런 시절이었던 것도 같습니다. 어쩌면 매우 중요한 시기였던 것이죠. 역설적으로 철학의 물질적 순수성을 즉물적으로 접하던 시절이었으니까요.

　연구실에 간 지 얼마 되지 않았을 때, 저는 용기를 내어 니체 전집을 읽는 일요일 아침 세미나에 참여했습니다. 당시 저로서는 큰마음을 먹고 감행한 나름 큰 결심이었지요. 니체의 『비극의 탄생』을 쥐고 읽기 시작한 첫 주가 기억납니다. 그때 저는 한 시간이 걸리는 출근길 내내 이 책 첫 부분인 「자기비판의 시도」를 펼쳐 들고 있었습니다. 읽긴 읽는데 도무지 뜻이나 맥락은 전혀 모르겠고, 그야말로 '문자'만 읽는 괴로운 상황이 일주일 내내 이어졌습니다.

　사실 「자기비판의 시도」는 『차라투스트라는 이렇게 말했다』가 출간된 후에 쓰인 글입니다. 초판 『음악정신으로부터 비극의 탄생』 출간으로부터 14년이 지나 쓴 것이죠. 이미 니체는 『비극의 탄생』의 초판 『음악정신으로부터 비극의 탄생』의 문제의식을 넘어서 있었기 때문에 산전수전 다 겪은 자신의 미래 위에 서서 이렇게 말합니다.

---

10. 여기서 철학원전은 프롤로그에서 말한 바대로 번역본을 포함하는 말입니다. 이 책 27쪽 각주를 참조해 주세요.

자유로운 운명,
그럭저럭 돌파!

"청년의 용기와 우수로 가득 차 있는 책이며, 어떤 권위와 숭배의 대상에 굴복하는 것처럼 보이는 대목에서도 독자성을 잃지 않는 반항적이고 자립적인 책이다. 요컨대 이 책은 노숙한 문제의식에도 불구하고 처녀작이라는 단어가 지닌 모든 나쁜 의미에서의 처녀작이며, 청년기의 모든 결점, 무엇보다도 '장황함'과 '질풍노도'와 같은 격정에 의해서 규정된 책이다."[11]

전혀 배경 지식이 없었던 저는 왜 이런 이야기를 하고 있는지조차 도무지 알 수 없었지요. 저에게는 저 문장들이 의미 없는 문자들의 나열로만 보였습니다. 결국 읽은 부분을 거의 이해하지 못한 채로 첫 세미나에 들어가고 말았습니다.

그러나 이 책뿐만이 아니었습니다. 니체 세미나를 한지 얼마 지나지 않아서 용감무쌍하게도 일요일 저녁 들뢰즈의 『차이와 반복』 세미나에도 참여했습니다. 『차이와 반복』의 첫 페이지를 펼쳐들었습니다.

"책의 취약성 배후에는 종종 실현될 수 없는 헛된 의도들이 있다. 이런 의미에서, 의도를 선언한다는 것은 이상적인 책에 대한 진정한 겸손(real modesty)을 나타낸다. 서문은 맨 마지막에 가서야 읽어야 한다는 말이 있다. 거꾸로 결론은 때로 가장 먼저 읽어야 한다. 결론을 읽으면 나머지 부분의 독서가 불필요하게 될지도 모르는 우리네 책의 경우 이는 옳은 말이다."[12]

아주 폼 나는 첫 문장입니다. 책이란 원래 의도한 대로 쓰이기 힘든 것입니다. 언제나 의도를 배반하여 글은 쓰입니다. 혹시 저자 자신이 의도대로 실현되었다고 생각할 때조차 언제나 의도는 미완성인 채 책으로 뽑혀 나오기 마련이지요. 사실 의도에 맞는 책이란 가장 이상적인 책입니다. 그래서 서문에 의도를 선언하는 것은 이상적인 책만 지킬 수 있는 것이죠. 그렇다면 대부분의 책은 이상적인 책이 아닐 것이므로 보통의 경우 의도를 선언하는 행위는 언제나 저자의 잘못을 개방하여 보여 주는

11. 프리드리히 니체, 『비극의 탄생』, 박찬국, 아카넷, 2007, 18쪽.
12. 들뢰즈, 『차이와 반복』, 17쪽.

것이 되어 그것은 항상 겸손한 태도가 되는 것입니다. 자신의 예정된 잘못을 그대로 보여 주는 꼴이니까요. 들뢰즈는 아예 이렇게 말합니다. 저자가 겸손하게 밝힌 의도를 염두에 두고, 서문보다 결론부터 먼저 읽으라고요. 서문에 쓴 저자의 의도를 따라가다가 시간을 낭비할 위험을 줄여 주니 꽤나 냉정한 판단입니다.

그러나 바로 다음 단락에 가서 저는 여지없이 또 좌절을 맞보고 맙니다. 들뢰즈 말이, 하이데거는 점점 더 심각하게 존재론적 차이의 철학으로 향하고 있답니다. 그리고 구조주의의 실천은 공존의 공간에 뭐뭐…, 라고 말합니다. 두번째 문장부터 대체 무슨 말을 하고 있는지 모르겠더군요. 이런 문장들이 그 뒤로 끊임없이 이어지고 있었습니다. 반(反)헤겔주의, 동일자, 부정적인 것, 재현, 동일성, 시뮬라크르, 전치와 위장, 발산의 운동 등등 도무지 어떤 의미를 가리키는지 전혀 알 수 없는 단어들이 쏟아져 나오고 있었습니다. 이렇게 되면 읽기 시작하자마자 망연자실해지지요. 완전 갑갑해지기 시작합니다. 도무지 읽을 전의를 못 느끼게 됩니다. 어찌어찌 세미나 분량을 우격다짐으로 읽긴 했으되, 그냥 빼곡히 들어찬 돌담의 돌들을 바라보는 사람이 되고 말았습니다. 처음부터 끝까지 책은 이런 식으로 저를 애 취급했습니다. 이쯤 되자 속이 좀 불편해지기 시작합니다.

그런 상태가 되면 그때부터 제 정신은 혼미해지고 온갖 핑계를 찾기 시작하지요. 번역이 문제이거나, 아니면 주석이 친절하지 않다고 말입니다. 혹은 내가 원전으로 직행한 것이 문제일 거라고 보고, 선행학습이 부족하니까, 라고 위안을 하게도 됩니다. 아무튼 그런 상태로 세미나에 들어갔습니다. 그래도 세미나 시간에 해야 할 분량을 끝까지 읽고 나름 중요하다고 생각하는 부분에 줄은 긋고는 들어갔습니다. 그러나 딱 거기까지였습니다.

이런 멘붕 상태는 데리다(Jacques Derrida)를 공부할 때 절정에 달했습니다. 『마르크스의 유령들』, 이 책도 서문부터 어떤 외계어를 읽는 느낌이 들었습니다. 이런 문장을 보십시오. "죽음을 향해서가 아니라, 경계 위에서의 삶을 향해, 곧 삶이나 죽음이 그것의 흔적들이며 흔적의 흔적들일 어떤 흔적을 향해, 그것의 가능성이 미리, 현재 살아 있는 것/생생한 현재 및 모든 현실성의 자기 동일성을 어긋나게 하거나 어그러지게 한 어떤 경계 위에서의 삶을 향해. 이렇게 되면 어떤 정신/혼령이 존재한다. 정신들/혼령들이 존재한다. 그리고 그것들을 고려해야/셈해야 한다."[3] 대체 이런 문장을 왜 쓰는지 모르겠더라고요. 온갖 비비꼬는 문장들이 계속 이어집니다.

자유로운 운명,
그럭저럭 돌파!

더군다나 「1장 마르크스의 명령들」에 들어가자 멘붕이 사라지기는커녕 더욱 커집니다. "시간이 이음매에서 어긋나 있다"는 유명한 제사(題詞)와 셰익스피어의 「햄릿」 구절을 인용하면서 이야기는 시작됩니다. 그리고 역시 아무 의미 없이 책장을 넘기다 보면 데리다가 이렇게 말하는 곳이 나옵니다.

"이질성은 개방시키며, 독특하게 타자로부터 밀려오고 도래하는 것, 도래할 것으로 남아 있는 것의 틈입 자체에 의해 자신이 개방되도록 내맡긴다. 이러한 이접이 없이는 명령도 약속도 존재하지 않을 것이다. [중략] 이러한 열림은 긍정된 또는 오히려 재긍정된 장래의 유일한 기회로서 이러한 이질성을 보존해야 한다. 그것은 장래 자체이며, 장래로부터 도래한다. 장래는 이러한 열림의 기억이다. 종말에 대한 경험에서, 집요하고 일시적인, 항상 임박하게 종말론적인 그것의 도래에서, 오늘날의 극단의 극단성에서, 도래하는 것의 장래가 예고될 것이다."[14]

제가 읽기의 어려움을 이야기하려다 보니, 좀 길게 인용하고 말았습니다. 그러나 데리다가 진정 멘붕의 철학자임을 알려주려면 이렇게 길게 인용하여 보여 주는 수밖에 없는 것 같습니다. 이질성에 개방시킨다거나 타자로부터 밀려오고 도래한다거나, 심지어 도래할 것으로 남아 있는 것의 틈입 자체라거나 하는 문구는 일상어로 대화해 왔던 은행원에게는 정신병자들의 언어로만 들렸습니다. 도무지 정상인의 언어가 아닌 것만 같았습니다.

다음 세미나에 참여하려면 읽기는 읽어야 했습니다. 그러나 도무지 읽어 낼 수가 없습니다. 단 한 줄도 이해되는 것이 없습니다. 이 지점에서 두 개의 갈림길이 생깁니다. 번역 탓, 저자 탓, 재능 탓을 하고 깨끗이 그만 멈추는 것입니다. 그리고 저주를 퍼붓는 것이죠. 아니, 이 따위 책을 다 쓰고 그래!!! 더 생각을 진전시켜 더 이상 내가 철학에 맞지 않다거나, 심지어 철학이 불필요하다는 나름의 정당성을 확보하기 시작하지요. 급기야, 철학 자체가 이 세상에 전혀 의미 없는 것이란 생각까지도

13. 자크 데리다, 『마르크스의 유령들』, 진태원 옮김, 그린비, 2014, 15~16쪽.
14. 데리다, 『마르크스의 유령들』, 81~87쪽.

하게 됩니다. 나에게 의미 없이 다가온 철학 문자들을 근거로 철학 자체가 의미 없다고 결론을 내리는 겁니다. 저도 그러기를 여러 번 반복했던 것 같습니다. 그만둘 때 슬쩍 그만두게 되지만, 그렇게 그만두는 행위 속에서도 끊임없이 정당성을 확보하는 것이 인간이니까요.

그러나 이상하게도 저는 약간은 전투적으로 변했습니다. 그리고 어느 순간 제가 잘못 살아왔나, 하는 평범한, 너무나도 평범한 반성마저 하게 되더군요. 반성이라는 단어가 약간은 어폐가 있긴 한데, 아무튼 반성 비슷한 그런 기분을 가지기도 하였습니다. 도무지 해독되지 않는 문자들의 나열 앞에서 하는 삶에 대한 반성이라…. 그것 참, 안타까운 삶입니다.

아, 그런데 이게 굉장히 중요합니다. 더 이상 문자로부터 의미를 해독하지 못하게 되는 지경을 맞보게 되는 것, 저는 이것을 "의미는 없고 문자만 있는 읽기"라고 불렀습니다. 어떤 의미에서 굉장히 열패감 가득한 조소라고도 할 수 있습니다. 실제로 그러했으니까요. 난생 처음 읽기라는 행위에 대해 심각하게 의문을 갖게 된 때를 맞이하게 된 것이죠. 나름 사회적으로 멀쩡하게 살아왔다고 여기고 있는데, 난데없이 찾아온 문자의 침입 앞에서 당황하고 있었습니다. 사회에서 하던 시험공부는 참고서도 있고 기출문제도 있습니다. 그걸 열심히 외고, 풀면 얼추 시험은 볼 수 있습니다. 회사일도 전임자나 상사에게 물어보거나, 매뉴얼을 읽으면 당장의 문제는 해결할 수 있습니다. 그러나 지금 저는 철학 언어라는 물질 앞에서 도무지 의미를 찾아내지 못하고 절대적으로 막혀 있는 것입니다.

이것을 분명하게 아는 것이야말로 독해의 출발입니다. 어쩌면 언어를 의미가 아니라, 물질로 받아들이기 시작하는 것, 그래서 도무지 내 삶 전체를 걸고서 읽어 내야겠다는, 그래서 내가 납득할 수 있는 의미를 찾아 내야겠다는, 아니, 의미를 만들어 내서라도 읽어 내 버리고 말겠다는 일상인과는 다른 결기가 필요합니다. 어떻게 보면 나 자신을 일상인과 다른 경지에 데려가서 이 책과 대면시켜야겠다는 결심이 섭니다. 즉 내 자신을 이 책에 맞게 바꾸어야겠다는 소망을 갖게 되지요. 이 지점, 이 순간이 철학 독서의 쾌락이 시작되는 지점입니다.

자, 들뢰즈의 『차이와 반복』을 다시 들여다봅니다. 반헤겔주의, 동일자, 부정적인 것 등등 이런 용어들이 난무하는 중에 이런 문장이 나옵니다. "동일자에서 벗어나 있고 부정적인 것에 의존하지 않는 순수한 차이들을 불러들이는 데에는 많은 위험이 따른다. 가장 큰 위험은 아름다운 영혼의 표상들로 전락하는 데 있다. 그것은 피흘리는 투쟁들과는 거리가 먼 차이, 서로 연합하고 화해할 수 있는 차이들에 그치고 마는 위험이다." 어찌 되었든 저는 문자의 모양만 아는 아이니까, 그런 아이처럼 글을 읽어 보기로 하였습니다. 물건들이 있으면 아이들은 해당 물건의 용도에는 아랑곳하지 않고, 물건들을 아무렇게나 나열하여, 그 순간의 느낌으로 물건에게 각각 역할을 부여한 후 자신들만의 게임을 합니다. 저도 그런 기분으로 들뢰즈의 언어나 문구를 보기 시작했습니다. 아마 '동일자', '부정적인 것'은 들뢰즈의 적(敵)인가 봅니다. 그 뜻은 전혀 모르겠는데, 들뢰즈는 '동일자'에 빠지지 않으면서, 그렇다고 '부정적인 것'에도 포섭되지 않는 어떤 것을 원하고 있다는 것을 느끼게 됩니다. 그것을 '순수한 차이'라고 말하고 있고요. 뜻은 전혀 모르겠습니다. 단지 제 기준으로 개념들을 배치부터 하고 보았습니다. '동일자', '부정적인 것'은 적, '순수한 차이'는 동지.

그러고 나서 이제 앞 단락에 인용한 문장을 다시 보면 들뢰즈가 원하는 것을 유추하게 됩니다. 그는 그저 화해하고 마는 차이라면 진정한 의미에서 차이가 아니라고 생각하는 듯합니다. 가장 큰 위험이 아름다운 영혼의 표상들로 전락하는 데 있다는 그의 우려는 더욱 저의 심증을 강하게 굳혀 줍니다. 번역자의 주석에 잘 나와 있듯이 아름다운 영혼의 표상으로서 차이는 잘못된 현실을 비난하고 고고한 이상에 머물지만 정작 그 현실에 대한 자신의 책임과 역할을 잊어버리는 사람들이 말하는 '차이'입니다. '차이'에도 여러 가지가 있나 봅니다. '화해하고 마는 차이'는 적인가 봅니다.

들뢰즈가 비판하는 것과 원하는 것을 어렴풋이나마 유추해 볼 수 있는 문장들입니다. 그는 지금까지 생각해 왔던 차이, 전통적 차이와는 완전히 다른, 그만의 차이를 개념적으로 만들어 내고 있다고 할 수 있었습니다. 이런 식으로 들뢰즈의 문장과 개념들을 적과 동지로 구분하여 재배치하면서 읽어봅니다. 의미는 정확히 확정할 수 없으나, 들뢰즈식 언어 게임에 익숙해지면서, 철학책이 만들어 놓은 세계 속으로 점점 빠져 들어가게 됩니다. 마치 아이들이 물건들을 가지고 게임을 하면서 상황에 빠져들 듯이요.

이제 이런 게임이 다른 책에도 넘어갑니다. 『마르크스의 유령들』도 보지요. 이 책도 서문부터 어떤 외계어를 읽는 느낌이 들었습니다. 앞에서 인용했던 첫 문장을 보면서, 역시 여기서도 의미 없이 문자들을 배치하고 게임을 시작해야 합니다. 저는 아마도 이 책이 어떤 경계에 대해서 이야기하고 있는 것 같다는 짐작만 할 뿐입니다. 그리고 여기서도 '동일성'이라는 용어가 나오고, '동일성을 어긋나게 하거나 어그러지게 한 어떤 경계'라는 어구도 있는 것을 보니, 아마 데리다도 들뢰즈와 마찬가지로 '동일성'이라는 개념에 대해 비판적인 태도이거나, 적어도 문제를 삼고자 작정한 사람처럼 보입니다. 일단 '경계'는 친하고, '동일성'은 친하지 않은 듯합니다.

그렇다면 '동일성'은 데리다의 적일까요? 그러나 여기서는 좀 이상합니다. 동일성을 문제 삼고는 있지만, 들뢰즈와 아주 살짝 다른 뉘앙스로 문제 삼고 있는 것 같습니다. 즉, 동일성을 문제 삼으면서도, 완전히 적으로 돌려서 내쳐버리는 방식이 아니라, 동일성이 어긋나게 하는 어떤 경계가 있고, 그래서 그런 경계에서 동일성과 다른 어떤 것이 흐릿하게 겹쳐져 있는 그런 상태를 상정하고 있는 것 같지요. 적과 동지 사이에 무언가가 또 있는 것 같습니다. 또 경계를 설명하는 문구에 삶과 죽음이라는 용어가 함께 섞여 있는 것을 보면, 그것이 삶과 죽음의 문제와도 긴밀하게 연결되었다는 중요한 힌트처럼 보입니다. 이 정도 배치가 보이기 시작하면 드디어 데리다 게임에 한 발짝을 내딛는 것입니다. 이 상황이 되면 이제 내 욕망의 몸은 가벼워져서 오로지 데리다의 언어와 문구에 푹 빠져들기 시작합니다.

이어서 「1장 마르크스의 명령들」에 들어가면 이런 문구가 보입니다. "지금 마르크스의 유령들을 유지하기"[15] 아마도 마르크스가 유령으로 존재하고(?) 있는가 봅니다. 그리고 데리다는 유령으로 존재하고 있는 마르크스를 지금 현재 계속 존재하도록 하는 것에 대해 이야기하고 있는 듯합니다. 물론 저는 그렇게 유지하는 마르크스가 옳은 것인지 아닌지는 잘 모르겠습니다. 지금 이 순간은 나의 이런 의문이 중요하지 않습니다. 의문은 의문대로 간직한 채(아마 책 여백에 이런 의문을 간단히 메모하게 될 테지요) 다음으로 넘어갑니다. 의미는 어떤 한 문구, 한 의문으로 생성되지 않습니다. 개념과 문구의 여러 배치를 보고서야 내게 의미는 다가옵니다.

여기서도 이 문장만 보면 유령 이야기를 하는 것이 엄청 뜬금없게 여겨집니다. 그 밑 단락을 보면 '하나 이상/하나 아님'(plus d'un)이라는 용어를 설명하는데, 유령들이 하나 이상이라고 하면서 '유령 주민' 혹은 '우두머리가 있거나 없는 공동체'라

---

15. 데리다, 『마르크스의 유령들』, 19쪽.

자유로운 운명,
그럭저럭 돌파!

고도 말합니다. 유령들로 구성된 공동체라…. 이게 무슨 뚱딴지 같은 소리랍니까. 더 읽어 내려가다 보면 '다수성', '이질성'이라는 말이 나옵니다. 아하, 앞에서 보았던 주제들이 다시 변주되고 있다는 '느낌적 느낌'이 솟아오릅니다. 유령들은 들뢰즈가 거리를 두었던 동일성, 또한 데리다도 무언가 찝찝하게 생각하고 있던 동일성, 바로 그 동일성에 대항하여 존재하고 있는 어떤 것들인 것 같습니다.

그렇다면 동일성 - 경계 - 유령 - 삶과 죽음이 연결되기 시작합니다. 동일성이 어긋나는 경계, 그것은 삶과 죽음이 혼재되어 있고, 거기에는 유령이 여럿 있습니다. 바로 그 지대에서 유령이 살아 있는 자들에게(아마도 살아 있는 자들은 동일성 속에 있겠지요), 햄릿의 한 장면처럼 살아 있는 자들의 동일성과 다른 이야기를 하기 시작하는가 봅니다. 그리고 그런 유령들 중에서 마르크스도 포함되어 있고요. 이런 유추가 계속됩니다. 확신은 전혀 없습니다. 오로지 저만의 유추입니다.

이쯤에서 저의 엉뚱한 철학책 읽기 장면들을 멈추겠습니다. 아무튼 이렇게 저는 철학책을 읽기 시작했고, 또 읽을 수 있게 되었습니다. 이게 진짜 철학책을 읽는 방법인지는 잘 모르겠습니다. 그러나 어느 누가 와서 이 방법이 잘못되었으니, 바꾸시오, 라고 해도 바꾸지는 않을 것 같습니다. 왜냐하면 이런 식의 책읽기야말로 실제 제가 깨달은 철학의 본류이기도 하기 때문입니다. 이것이 기존 철학자들이 알려주는 개념들을 가지고 나만의 철학게임 안으로 들어가서 나만의 게임 규칙을 만들어내는 유일한 길처럼 보이니까요. 저는 철학책을 읽을 천 개의 눈을 가졌습니다. 그러나 구백 아흔 아홉 개의 눈은 바로 이 눈, 그러니까 개념들을 내 손으로 배치하여 바라보는 이 눈이 없으면 작동하지 않을 것입니다. 어쩌면 이것이 유물론자의 책읽기라고도 할 수 있습니다. 도무지 의미가 다가오지 않는 문자들과 직접 대면하고(언어를 물질로서 만나고 있습니다!), 그 문자들을 재료삼아 내가 스스로 그것들을 재배치하는 행위이므로(그 물질들을 가지고 새로운 물질을 만들고 있습니다!), 가장 유물론적이라고 말하고 싶습니다. 언젠가 이런 이야기를 책으로 써서 친구들과 공유하고 싶네요. 일종의 강독책으로요. 대중의, 대중을 위한, 대중에 의한 철학책 읽기.

2부

———

'관계'를
생각하는 책들

다른 관계, 다른 자기

—

미셸 푸코, 『주체의 해석학』 ② / 세네카, 『자연에 대하여』

단일재배, 단일품종

제주에서는 감자를 '지슬'이라고 부른다. 땅 속 열매라는 뜻의 한자 표현인 '지실'(地實)의 사투리 발음이다. 우리가 알다시피 감자는 땅속 줄기마디에서 기는줄기가 나와 그 끝이 비대해진 덩이줄기이다. 이 점을 생각하면, '지슬'은 감자의 정체를 아주 정확하게 표현한 말이라고 할 수 있다. 감자는 땅 속에 거주하는 실한 놈이니까.

땅에 붙어 도무지 멀리 가지는 못할 것 같은 이 감자의 원산지는 놀랍게도 안데스 산맥이다. 당시 잉카인들이 재배했던 감자는 3,000종이 넘었다고 한다. 사실 야생 감자는 동물에게 먹히는 일이 없도록 독이 들어 있고, 그 맛도 쓰다. 이를 잘 알고 있던 잉카인들은 자신들만의 해독 작업을 통해 '츄뇨'라는 아주 독특한 에너지원을 고안하기도 한다. 그들은 다양한 품종을 유지하면서도 감자의 독특한 맛과 에너지를 잘 활용했다. 어쩐지 감자의 외모만큼이나 소박한 시절이었을 것 같다.

그러나 감자는 한 번의 사건으로 그 시절을 뒤로 보내야 했다. 잉카 제국을 단 180명으로 정복한 프란시스코 피사로의 군대가 이 우스꽝스러운 덩이줄기를 유럽으로 가지고 온다. 바다를 건너오면서 감자는 유럽의 식탁을 휩쓸었다. 유럽인들의 강력한 식료가 되었고, 심지어 이 녀석이 산업혁명을 일으켰다는 말이 있을 정도다. 그러자 유럽에서는 너도나도 넓은 지역에 감자만 심어 기르는 '단일재배'(monoculture)가 유행한다.

현대에 와서 그것은 더 심해졌다. 패스트푸드점의 감자튀김도 단일재배된 단일품종, '러셋 버뱅크'로 만들어진다. 이제는 러셋 버뱅크가 세계 감자 재배량의 50%나 차지한다고 한다. 재배되는 품종이 하나로 모아지면서, 우리들의 입맛도 하나가 되어 갔다. 패스트푸드점의 프렌치프라이 봉지 안에는 이런 획일성이 숨어 있는 것이다. 단일재배라는 의미의 영어 '모노컬쳐'(monoculture)는 '단일문화'라는 의미도 담고 있다.

가만히 생각해 보면 나 자신도 단일품종으로 재배된 느낌일 때가 있다. 은행에 앉아 똑같은 단말기 조작을 온종일 반복하고 나면 도떼기시장 같은 곳에서 내가 왜 이러고 살까라는 생각이 수도 없이 솟아난다. 그저 아내가 부지런하게 안팎살림을 건사하는 것을 보고 이런 마음을 먹으면 안 되지 할 뿐이다.

자 기 가   자 기 에 게   예 속 되 다

하지만 의문은 의문이다. 어째서 나는 단일품종으로 재배된 기분일까? 철학에서는 이런 주제가 나오면 '주체'라는 개념을 중심으로 생각을 전개한다. 우리는 애초에 내가 하고 싶어서 행동을 하게 된 것이라고 생각하기 마련이다. 물론 어째서 하고 싶었는지 알 길은 없지만, 아이가 공부 잘길 바라는 마음에 '내가' 아이에게 숙제를 하라고 했을 것이며, 유쾌한 저녁을 바라며 '내가' 리모콘을 돌려 「무한도전」에 몰두하고 있을 것이다.

이렇게 사물의 작용이나 어떤 행동이 이루어지는 출발이나 원인이 되는 것을 철학에서는 '주체'(主體, Subject)라고 부른다. 손이 글을 쓰는 행위, 눈이 TV를 보는 행위가 내 의지로 이루어진다고 여긴다면, 그 '나' 가 행위의 주체라고 할 수 있다.

결국 단일품종으로 단일 재배되어진 기분이란, 주체가 하나로 고정되어 도무지 다른 모습은 보여 주지 못하게 된 상태를 말한다. 이른바 '고루하고 보수적인 은행원'이란 하나의 정체성으로 단일재배되어 버린 모습을 통념적으로 표현한 말일 것이다. 이런 내 모습을 도무지 고쳐 보려고 해도 그리 쉬운 일은 아니다. 마치 언 강물에 저어가지 못하고 꼼짝없이 멈춰 삐걱거리는 배와도 같다.

이것은 철학적으로도 무척이나 중요한 문제다. 의도치 않게 고루해져 버린 자기, 하나로 고정되어 버린 정체성, 그래서 내 모든 생각과 행동이 꼰대같이 하나의 주체로 환원되어 버리는 위험성, 이런 것들로부터 자기를 구원하기 위해 철학자들은 오랫동안 깊이 생각해 왔다. 특히 내가 무척이나 좋아하는 철학자, 미셸 푸코는 이 문제를 두고 세네카 (Lucius Annaeus Seneca, BC 4?~AD 65)를 언급하며 이런 말을 한다.

"세네카는 자기 자신에게 노예가 되는 것(To be the slave of oneself, sibi servire)이 모든 예속 가운데서 가장 심각하고 무거운 것이라고 주장합니다. 그리고 그것은 부단한 예속입니다. 다시 말해서 이 예속은 인간을 지속적으로 압박합니다. 세네카에 따르면 이 예속은 밤과 낮 간극도 없이 쉬지 않고 인간을 압박한다고 합니다. 또한 그것은 불가피합니다. 물론 불가피하다고 해서 그 예속을 전적으로 극복할 수 없는 것은 아닙니다. 그러나 세네카는 그것을 피할 수 없고 누구도 그것을 면제받을 수 없으며 인간은 항시 자기에의 예속으로부터 출발한다고 말합니다.

하지만 무겁고 지속적이며 누구도 사면 받을 수 없고 강요된 이 예속에 저항해 인간은 투쟁할 수 있습니다."[1]

푸코의 말은 다소 뜻밖이다. 앞서서 우리가 답답해했던 문제, 그러니까 하나로 고정된 정체성이 생긴 이유로 우리가 '자기'에게 예속되어 버린 것을 든다. 그리고 이 예속이 누구도 면제받을 수 없는 그런 것이라고도 못 박는다. 급기야 그는 인간은 항상 "자기에의 예속으로부터 출발한다"고까지 선언한다.

이건 참 이상한 논법이다. 주체라고 여기고 있는 '자기'가 어떤 이유에서인지 남도 아닌 '자기'에게 예속되었다고 말하고 있는 것이다. 아니, 내가 나에게 예속되었다는 말이 가당키나 한 말인가.

그러나 조금만 생각해 보면 '나(자기)'라는 것이 무척이나 애매모호하다. 생각할수록 "나는 누구인가?"라는 질문처럼 어이없는 질문도 없다. 그 질문엔 답이 없는 것이 아닐까 생각마저 들기 때문이다. 그만큼 '나'는 오리무중인 대상이다. 평소엔 전혀 의심이 없다가도, 조금만 관심을 가지고 다가가 눈 크게 뜨고 살피면, '나'라는 관념이, 죽으면 부서져 흙으로 흩날릴 육신처럼, 그렇게 바스러져 내려앉을 듯이 애매하고 흐릿하다. 대체 '나'가 무엇이란 말이냐.

좀 다른 접근이 필요할 것 같다. '나'란 집에서는 아이를 둔 가장이고, 아내의 남편이며, 동생들의 형이면서, 엄마의 아들, 아빠의 아들이기도 하지만, 큰애의 아빠이면서, 동시에 작은 애의 아빠이고, 어떤 때는 큰

---

1. 미셸 푸코 지음, 『주체의 해석학』, 심세광 옮김, 동문선, 2007, 302쪽 ; 세네카, 「자연에 대하여」, 『세네카 인생론』, 김천운 옮김, 동서문화사, 2007, 733쪽. 인용은 『주체의 해석학』의 한국어 번역을 따라 인용자가 일부 수정.

애와 작은 애가 같이 있을 때의 아빠이다. 회사에서는 팀원들과 팀장들을 꾸려 나가는 부장이지만, 은행 전체에서 보자면 본부장, 행장의 부하직원이며, 옆 부서장의 동료이다. 그나마도 집, 회사에서라면 형편이 좀 나은 편이다. 집과 회사 밖에만 나가면 그게 더 오리무중이다. 보도블록에서는 걸어가는 행인에 불과하고, 은행 창구에서 순서를 기다릴 때면, 대기표 'XX번 고객님'이 되고 만다.

어떤 관계에 서느냐에 따라 나는 천변만화로 바뀐다. 생물학적으로는 똑같은 신체라 하더라도, 맺는 관계에 따라 내가 하는 행동 방식과 말투는 차이가 날 수밖에 없다. 그래야만 관계가 유지되고 여러 욕망들이 관철될 것이다. 엄마의 아들로서 부리던 어리광을 본부장의 부하직원으로 실행하면 끔찍하여 회사가 아수라장이 되지 않을까?

철학, 정신의 등산

푸코는 주체의 이런 모습에 주목한다. 내 안에는 기묘하게도 상이한 종류의 주체들이 존재한다는 것이다. 그리고 그것은 '자기'를 둘러싼 타자와의 관계 속에서 매 순간 다양하게 구성될 것이다. 결국 푸코가 바라보는 '자기'는 맺는 관계에 따라 다르게 구성되는 '변화하는 자기'이다.

그렇다면 자기가 자기에게 예속된다는 말은 어떤 하나의 관계에 묶여서 능동적으로 다른 관계를 잘 다루지 못하는 상태라고 풀어 말할 수 있다. 세네카는 이런 사람을 노예적이라고 말한다. 어쩌면 '나'는 단일 재배된 관계에만 고정되도록 자기 자신을 다루고 있는지 모른다. 수많은 자기를 뒤로 하고, 오로지 가장으로서의 관계, 은행원으로서의 관계만 말이다. 자신도 모르게 하나의 관계에 예속되어 버린 것이다.

세네카는 이렇게 된 이유로 두 가지를 든다. 우선 자기 자신에게 너무 많은 것을 요구하고 있다는 것이다. "어째서 나는 광란하고 있는 것인가? 어째서 허덕이고 있는 것인가? 어째서 땀을 흘리고 있는 것인가? 어째서 대지를, 어째서 광장을 마구 휘젓고 다니는가? 나에게는 많은 것도 긴 시간도 필요하지 않은데."[2]

우리는 사업을 위해서, 집을 구하기 위해서, 토론에서 이기기 위해서, 정치적으로 우위에 서기 위해서, 다른 사람이 아니라 자기 자신에게 너무 많은 고통을 주고, 또 자기 자신에게 너무 많은 노고를 부과한다. 우리는 아주 짧은 순간의 영광을 위해 너무 지나친 책무를 자기 자신에게 부과한다. 세네카는 영광과 책무 사이의 불균형을 명확하게 지목했다.

다음 두번째 문제는 책무도 책무지만, 책무에 대한 보상에 자신을 너무 지나치게 결부시키는 행위이다. 그 보상은 금전적 이익, 육체적 쾌락, 평판 등등이 될 것이다. 이런 결과에 지나치게 몰입하면, 금전적 이익 관계나 평판에 의해서만 일상을 판단하는 위험에 처한다. 위험이 커지면 급기야 내 모든 삶을 이익 관계나 평판에만 몰두하도록 탕진시킨다. 이건 분명 큰 위험이다. 금전이나 쾌락이 주는 기쁨은 아주 짧은 순간인데, 책무가 부여하는 고통은 지나치게 크다. 내 모든 일상이 짧은 쾌락인 금전과 평판 속으로 사라져 버린다. 경제적 관계에 들어가면 수익 대비 위험을 그리 잘 계산하던 사람도 자기 자신의 책무-보상 상의 불균등을 보지 못하거나, 애써 덮어 두고 있는 것은 아이러니다.

세네카는 이런 책무-보상체계는 최소한이어야 한다고 주장한다. 대부분 돌이켜보면 그것은 매우 짧은 순간, 작은 이익에 불과하기 때문이다. 그러므로 이렇게 생각해야 한다. "자신의 노예가 되는 것은 가장 가

---

2. 세네카, 「자연에 대하여」, 『세네카 인생론』, 김천운 옮김, 동서문화사, 2007, 734쪽.

다른 관계,
다른 자기

혹한 노예상태이지. 그것을 타파하려면, 자네가 자신에게 너무 많은 것을 요구하는 것을 그만두고, 또 자기 자신에게 이익을 가져다주는 것을 그만두어야 한다네."[4]

결국 푸코가 '자기 자신에게 예속되었다'고 말할 때 그 의미는 그 많은 자기들 중에서 특정한 '책무-보상관계'에 빠진 자기에게 묶여 있다는 뜻이다. 인간은 자기 자신을 위해 이득을 얻으려고, 자기 자신에게 지나친 책무를 부과한다. 어쩌면 현재의 고통은 자기가 스스로 걸어 들어간 관계의 당연한 결과일 것이다.

이런 관계 속에서는 도무지 다른 자기, 다른 관계를 발견하기 힘들다. 이런 경우에는 좀 뒤로 물러날 필요가 있다. 이를 위해서 세네카는 나의 시선을 높은 곳으로 위치시킬 필요가 있다고 말한다. 이를테면 '정신의 등산'이다. 세네카는 이 등산을 '철학'이라고 불렀다. 세네카에게 철학이란 기존 관계로부터 벗어나서 나를 둘러싼 관계들을 응시하고, 새롭게 발견하는 작업이었다.

그런데 이 등산에서 중요한 점은 내가 처한 위치, 그러니까 내 일상에서 눈을 떼지 않고 올라가야 한다는 점이다. 세상 밖에서 보는 것이 아니라, 세상 안에 있는 가장 높은 곳에서 보아야 한다. 이 등정이 이루어지고 정상에서 우리 일상을 보면, 그러니까 철학적 시선으로 우리를 응시하면, 우리 인생이 항해하는 곳은 하나의 점에 불과하다는 것을 금세 안다. 정신의 산봉우리에 올라가 세상을 바라보면 내 자신도 산봉우

---

3. 한글판 『주체의 해석학』에서 이 문구는 "자기 자신을 이익에 결부시키는 행위"(Mercedem sibi referre, making a profit for yourself)로 번역되어 있다.
4. 세네카, 「자연에 대하여」, 『세네카 인생론』, 734쪽 ; 인용은 『주체의 해석학』의 한국어판을 따름. 푸코, 『주체의 해석학』, 303쪽.

리로 부풀어 올라 세상을 본다. 그 순간 우리가 몰입했던 책무-보상 관계는 무척이나 작은 점인 것이다.

그러나 책무-보상 관계를 무턱대고 없애라거나 무시하라는 비현실적인 이야기를 하는 것이 아니다. 우리가 등산을 한다고 산 정상에서 살라는 말이 아니듯이. 오로지 그것은 우리가 자기 자신을 다시 파악하기 위해 필요한 것이다. 그러고 나서 언제나 다시 마을로 내려와야 한다. 즉, 철학은 세상으로 다시 돌아와 세상 속에서 작동해야 한다. 시간과 공간상 하나의 점에 불과한 우리의 실존을 매 순간 정확히 측정하기 위해 정신은 등산을 한다. 새로운 자기가 별똥별처럼 뚝뚝 떨어져 내게 박히는 그 정상으로 정신은 등산을 한다. 철학은 그것을 위해 존재한다.

* * *

앞에서 만났던 감자를 다시 만나 보자. 이 녀석은 안데스 산골짜기에서 유럽으로, 다시 미국, 아시아로 건너갔고, 급기야 유전공학에 의해 해충에 강한 품종('뉴리프')으로 개량되기까지 한다. 사람들은 오로지 이득을 위해 이런 품종만을 재배하였다. 이렇게 되자 혼합재배일 때는 땅에 독소를 만들지 않던 것이 이제는 그러지 못하게 되었다. 심지어 감자가 다른 작물을 공격하기까지 한다.

사람도 마찬가지다. 어떤 특정 책무와 큰 보상에만 몰두하면 그 보상에 눈이 멀어 더 큰 상실을 맛보고 만다. 남들을 해치지 않고서는 목표를 획득하지 못하는 상황에 처하기도 한다. 더 창의적이고 더 능동적인 관계가 가져올 '다른 자기'를 자기도 모르게 잃고 마는 것이다. 따라서 그 '다른 자기'로부터 향유할 더 큰 이익을 스스로 내던져 버리는 꼴이 된다. 그것은 남을 해치는 것일 뿐 아니라, 자기를 해치는 일이기도 하다.

그러나 이렇게도 생각해 볼 수 있겠다. 땅 속에서만 거주했던 감자가 안데스 산맥을 넘어 유럽과 미국, 아시아로 움직여 나갔던 것처럼, 애초에 우리는 다층적으로 뻗어 나갈 잠재력을 품고 있었다. 고루하고 보수적인 은행원이라고 이내 낙담하기엔 이르다. 언젠가는 내 안에 숨은 자기들이 고루하고 보수적인 관계를 뚫고 반드시 새로운 꽃을 피울 것이다. 그 순간을 위해 정신은 항상 등산을 하고 우리 일상을 매번 둘러봐야 한다. 정신의 정상에서 우리의 무기력과 불감증을 불러내 던지자. 그리고 다시 삶의 마을로 돌아와 새로운 길을 가자. 그때에 비로소 '나'라는 땅도 갈아엎어질 것이 틀림없다.

미셸 푸코의 『주체의 해석학』
세네카의 『자연에 대하여』
후기

청소년들을 위해 「자기는 자기의 것이 아니다」[5]란 글을 쓴 적이 있습니다. 그 글 서두에 이런 질문을 던져 본 적이 있지요. 과연 '자기'란 무엇일까요? 이렇게 질문을 던져놓고 보면 참 이상한 게 '자기'입니다. 통념적으로 우선 제 몸은 '자기'이겠지요. 이어서 제 생각, 제 감정들도 그렇고요. 그리고 또 이렇게도 확장해 볼 수도 있을 것 같네요. 제 체취가 묻어난 잠바며 바지도 '자기'라고 해야 하지 않을까라는 생각도 듭니다. 제 냄새가 묻어난 그것을 들고 아내는 다른 누가 아닌 바로 저를 떠올릴 테니까요. 또 SNS에 쓴 글들, 제가 써서 보낸 이메일, 제 목소리가 녹음된 녹취록들도 모조리 '자기'가 아닐까요? 이렇게 생각해 보면 '자기'는 골치 아픈 말입니다.

저에게 '자기'라는 말이 중요해진 것이 언제부터였을까 생각해 봅니다. 제일 먼저 '자기'라는 존재에 대해서 다시 생각하게 한 철학자는 역시 니체였습니다. 제가 처음 연구실에 가서 본격적으로 세미나를 한 것은 니체였지요. 『비극의 탄생』으로부터 출발한 세미나는 4~5개월이 지나서 드디어 그 유명한 『차라투스트라는 이렇게 말했다』에 도달합니다. 역시 이 책도 지하철에서 처음 읽기 시작했습니다. 언제나 그렇듯이 대중을 위해 쓰인 설명서를 읽을 때는 그렇게 잘 이해가 되더니, 정작 원전을 찾아 읽기 시작하면 내가 이해했던 니체가 과연 맞나, 그리고 과연 이 책을 제대로 읽을 수 있을까라는 의심이 들지요. 그래도 막 읽어 나가야 합니다. 홀링데일의 영어 번역본을 참조하고, 고병권의 설명서도 옆에 끼고, 또 기타 등등 책들을 참조해 가며 무조건 돌파해 보겠다는 맹렬한 정신으로 무장해야 합니다.

아무튼 사람을 짐승과 위버멘쉬 사이를 잇는 밧줄이라고 일갈하는 '서문'을 넘어

---

5. 수유너머R 글, 김진화 그림, 『감히 알려고 하라』, 163~196쪽.

다른 관계,
다른 자기

서 낙타-사자-어린아이의 비유까지 읽자 제 밑천이 다 빠지고 만 것을 알게 되었죠. 역시 원전을 읽을 때는 결국 자신의 정신으로 읽게 되는 수밖에 없습니다. 다른 사람의 설명은 너무나 부분적으로만 도움이 되지요. 역시나 그렇구나, 하고 체념하고 있을 무렵, 책의 진도는 제가 지금까지 니체에 대해 들었던 ─ 물론 당시까지만 해도 니체에 대한 논문도 전혀 읽지 않았던 때라 매우 협소한 지식이었습니다 ─ 내용과는 다른 이야기들로 전개되기 시작했습니다. 「배후 세계를 신봉하고 있는 사람들에 대하여」라는 장에서 니체가 '신체'(Leib)에 대해서 이야기하기 시작한 것입니다. "형제들이여, 내 말을 믿으라! 신체에 절망한 것, 그것은 바로 그 신체였다. 절망에 빠진 신체가 혼미한 정신의 손길로 그 마지막 벽을 더듬었던 것이다"[6]

여기서 'bethörten Geistes'가 한글로는 '혼미한 정신'으로 번역되어 있는데, 홀링데일은 이 문구를 'deluded spirit'로 번역하고 있습니다.[7] 'delude'는 속이다, 착각에 빠지다'란 뜻입니다. 그렇다면 '착각에 빠진 정신'이라고 뜻을 다시 새겨볼 수 있습니다. 신체가 절망에 빠지다 보니까, 신체의 하나인 정신도 착각에 빠지고, 그렇게 '착각에 빠진 정신'을 따라서 신체도 배후세계를 더듬게 되었다는 뜻으로 이해해 볼 수 있습니다. 다른 분들은 이런 것 따위 중요하지 않을 수 있습니다. 그러나 저는 이렇게 바꾸어 읽으니, 이해할 수 없는 문구가 갑자기 환하게 이해됩니다. 신체도 착각에 빠져 엉뚱한 곳으로 이끌려 갈 때가 있는 것이죠.

이렇게 시작된 신체 이야기가 매우 흥미롭게 전개됩니다. 그리고 마침내 니체의 글에 '자아'(나, Ich)[8]가 튀어 나옵니다. 드디어 제가 궁금해 하는 '자기'에 대해 자그마한 단초를 살펴볼 수 있을 것 같습니다. 「배후 세계를 신봉하고 있는 사람들에 대하여」편에서는 '자아'(나, Ich)만 나옵니다. 이것은 우리가 보통 알고 있는 '나'입니다. 앞서 신체가 착각에 빠져 그릇된 곳으로 이끌리게 될 때, 그것을 이끄는 것도 바로 자아(나)입니다. 니체가 흔히 정신과 신체를 대립시켜 바라보며 정신을 신체보다 더 우위에 두는 상황을 묘사할 때, 그 정신을 '자아(나)'라고 부르지요. 정신이 신체에

6. 니체, 『차라투스트라는 이렇게 말했다』, 47쪽.
7. Friedrich Nietzsche, *Thus Spoke Zarathustra*, Translated with an introduction by R. J. Hollingdale, Penguin Books, 1961, p. 59
8. 홀링데일은 'Ego' 혹은 'I'로 번역합니다.

서 분리되어 있다고 착각에 빠지고(그래서 홀링데일의 'deluded spirit' 번역이 정확하게 사태를 보여 주는 번역이라고 생각합니다), 급기야 자신의 신체를 경멸합니다. 심지어 정신이 신체를 지배한다는 생각까지 하지요. 바로 지금의 우리들이 그렇다고 하고 있습니다. 그러니까, 우리는 착각에 빠진 정신에 이끌려 현실세계가 아닌 배후세계를 더듬는 존재인 것입니다. 현실에는 무기력하고, 현실에 존재하지 않는 안락한 천국에나 이끌리는 자.

그러나 이렇게 착각에 빠진 정신들 틈에도 정직한 자아(나)들이 어딘가 반드시 있긴 있습니다. 이들이 가만히 있지는 않습니다. 정직한 '나'들이 점점 더 정직하게 말할 줄 알게 됩니다. 어떤 의미에서 니체는 이 '나'들에게도 굉장한 낙관을 갖고 있는 셈입니다. 아마도 그것들은 혼란스럽게 뒤섞여 있을 것 같습니다. 어떤 상황에서는 그것들이 착각에 빠져 이상한 곳으로 정처 없이 가기도 합니다. 그러나 그 틈에 정직한 자아들도 분명히 있습니다(이 믿음은 굉장히 중요합니다). 그래서 금세 혼란스러운 곳을 빠져나와 정직한 말들을 하게 되지요. "자아는 점점 더 정직하게 말할 줄 알게 된다. 그리고 그럴수록 자아는 신체와 이 대지를 찬미하게 되며 그것들에게 보다 많은 경의를 표하게 된다."[9]

그런 자아가 자신에게 새로운 긍지를 가르쳤다고 선언하지요. 이제는 더 이상 머리를 "천상적인 것들의 모래"[10]에 파묻지 말라고 합니다. "지상의 머리"를 들라고 외칩니다. 천상과 지상이 대비됩니다. 보다시피 니체는 천상을 비판하고, 지상을 옹호하고 있습니다. 천국이나 형이상학적인 것에 매몰되지 말고, 현실 세계에 발을 딛고 살아가라는 뜻이겠지요. 이제 그는 "보다 높은 신체"(höheren Leib, higher body)를 창조하기 바란다고 말합니다. 착각에 빠진 정신에게 이끌리는 신체가 아니라, 보다 정직한 자아가 리드하는 신체, 건강을 되찾는 자, 자신을 극복하는 자의 신체이지요. 저는 이 부분을 굉장히 흥분하며 읽었습니다. 사실 나중에야 독일어본이나 영어본을 참조할 수 있었습니다. 그러나 그때 그냥 한글로 읽어도 그때까지 제가 생각했던 신체 개념과 완전히 다르다는 것을 단번에 깨달을 수 있었지요.

---

9. 니체, 『차라투스트라는 이렇게 말했다』, 48쪽.
10. 니체, 『차라투스트라는 이렇게 말했다』, 49쪽.

다른 관계,
다른 자기

이 주제는 다음 편인 「신체를 경멸하는 자들에 대하여」에 가면 더 강렬하게 드러나지요. 이제 아예 "신체가 자아이고 영혼이다"(Leib bin ich und Seele)라고 선언합니다.[11] 이제는 완전히 뒤집혔습니다. 니체는 노골적으로 신체를 앞세워 이야기하기 시작합니다. 마치 자아(나)나 영혼은 신체의 여러 모습 중 하나, 심지어 신체의 일부분에 불과한 것으로 보이기까지 합니다. 사실 이 구도에서 보면 「배후 세계를 신봉하고 있는 사람들에 대하여」편에서 착각에 빠진 정신에 이끌려 가는 신체의 모습은 참 어처구니없는 상황이기도 한 것이죠. 착각에 빠진 부분에 이끌려 전체가 몰락해 가는 모습이니까요.

이어서 "신체는 커다란 이성이며, 하나의 의미를 지닌 다양성이고, 전쟁이자 평화, 가축 떼이자 목자"라는 『차라투스트라는 이렇게 말했다』의 가장 감동적인 문장 중 하나가 펼쳐집니다. 저는 여기에 이르자 감격이 치솟았습니다. 지하철에서 신음 같은 환호소리를 저도 모르게 내기도 했습니다. 우와~ 우와~ 혹시 그런 거 느껴보셨습니까? 어려운 개념 하나가 확 뚫리며 내 신체에 다가올 때 느끼는 전율을 말입니다.

앞 장에서 자아(Ich, 나)라고 부르던 것은 "작은 이성"(kleine Vernunft, little intelligence)에 불과하고, 신체야말로 "커다란 이성"(grosse Vernunft, great intelligence)이라고 규정합니다. 정신, 자아, 나, 감각 등등은 모조리 '작은 이성'에 불과합니다. 이 뒤에는 커다란 이성인 신체가 있습니다. 신체는 나에 대해서 말만 하지 않습니다. 오히려 그것은 나를 움직입니다. 드디어 이 장면에서 "자기"(das Selbst, Self)가 등장합니다. 커다란 이성, 신체, 자기는 모두 같은 말입니다. 그리고 이를 니체는 "강력한 명령자"(ein mächtiger Gebieter, mighty commander), "알려지지 않은 현자"(ein unbekannter Weiser, unkown sage)라고 은유합니다. 자기는 나를 움직이는 강력한 명령자이고, 알려지지 않은 현자입니다. 이 개념들이 계열화되어 이해되는 순간, 저에게 정신적으로 커다란 도약이 발생하는 느낌이 들었습니다.

그런데 저는 여기에서만 니체가 멈춘다고 생각하지 않습니다. 제가 엄청나게 놀라워했던 것은 니체가 신체를 경멸하는 자가 되는 것도 신체의 의지라고 말한다는

---

11. 니체, 『차라투스트라는 이렇게 말했다』, 51쪽.

점입니다. 즉 자기가 나로 하여금 신체를 경멸하도록 명령하는 자가 되었다는 것입니다. 놀라운 논리 전개입니다. 다음과 같은 문장을 보십시오.

"너희의 자기는 몰락하고자 한다(Untergehen), 바로 그 때문에 너희는 신체를 경멸하는 자가 되고 만 것이다! 너희로서는 이제 더 이상 너희 자신을 뛰어넘어 창조할 수 없기 때문이다."[12]

만일 더 이상 자신을 새롭게 창조하지 않으면 자기는 스스로 몰락하려고 합니다. 여기서 "몰락"(Untergehen)은 '소멸'이라는 뜻입니다. 내가 더 이상 기존의 나를 뛰어넘어 새로운 나를 창조할 수 없을 때 자기는 기존의 나를 소멸시키려고 합니다. 커다란 이성이 기존의 작은 이성을 없애려고 하는 것입니다. 내가 나를 새롭게 만들지 않으면 커다란 이성인 자기가 나서서 기존의 나를 소멸시켜 버립니다. 그리고서 새로운 나를 만들어 냅니다. 어떤 의미에서 보면 자기는 잔인합니다. 나의 착각을 유도하여 소멸시켜 버리니까요. 그러나 사실 몰락과 생성은 자기가 늘 하는 일인 것이죠. 기존의 나를 바꾸어 새로운 나를 만드는 일이야말로 명령자이자 현자로서 자기의 중요한 역할이죠. 니체의 자기는 잔인합니다. 그러나 그것은 새로운 나로 살기를 부추기는 새로운 잔인함, 깊은 잔인함입니다.

오랜 시간이 지나 스피노자의 『에티카』를 읽게 되었습니다. 연구실의 다른 사람들에 비해 비교적 늦게 스피노자를 접하게 된 것인데, 그래서인지 연구실에서 스피노자를 오랫동안 공부해 오신 선생님의 강의를 매우 의욕적으로 들었습니다. 강의가 끝나고 나서 스티븐 내들러(Steven Nadler)의 『에티카를 읽는다』와 함께 스피노자의 『에티카』를 다시 읽어보았더니, 꽤 많은 걸 이해할 수 있었지요. 지금도 스피노자를 다시 살펴야 하는 상황이 오면 반드시 스티븐 내들러의 『에티카를 읽는다』를 경유하여 『에티카』 본문으로 들어갑니다.

이제는 니체만큼이나 스피노자도 저에겐 중대한 철학자가 되었습니다. 특히 스피노자의 삶 자체에도 큰 흥미를 느끼고 있습니다. 스티븐 내들러는 스피노자 평전

---

12. 니체, 『차라투스트라는 이렇게 말했다』, 51쪽.

(『스피노자—철학을 도발한 철학자』)으로도 유명합니다. 아마 앞으로 제가 경제학이나 정치학적인 글을 쓸 때 니체만큼이나 제 글에 자주 출몰하여 분석, 참조해야 할 철학자가 되지 않을까 예감하고 있습니다.

그러나 읽으면서 딱 하나 걸리는 게 있었습니다. 바로 '코나투스'(cōnātus)라는 개념입니다. 이게 그냥 '자기보존의 욕망, 충동, 경향, 노력' 쯤으로 이해하게 되어 도무지 앞에서 말한 니체의 자기 개념과 연결이 되지 않는 것입니다. 무지하게 고민하기 시작했습니다. 니체는 커다란 이성을 '자기'로 보고 있습니다. 그리고 이런 자기는 '기존의 나'가 스스로를 뛰어넘어 '새로운 나'를 창조하지 않는다면 스스로 몰락하려고(/몰락시키려고)까지 합니다. 한글 말대로만 보면 니체의 자기는 보존을 목표로 하지 않지요. 그러나 스피노자는 이렇게 분명히 말합니다. "어떤 실재도 그 실재가 파괴될 수 있는, 즉 그 실재의 실존을 빼앗는 것을 그 자체 안에 가지고 있지 않다"(『에티카』 3부 정리6 증명)[12]. 한동안 이 문제를 가지고 고민을 굉장히 많이 했습니다.

지금도 저는 이 문제로부터 해방되지 못했습니다. 그러나 가느다란 하나의 출구를 찾았습니다. 스피노자는 욕망을 두 가지로 나누어 보는 것 같습니다. "선과 악에 대한 참인 인식으로부터 나온 욕망은 우리를 괴롭히는 정서들로부터 나오는 다른 많은 욕망에 의해 소멸되거나 억제될 수 있다"(『에티카』 4부 정리15)라고 말합니다. 인식은 탁월하지만, 정념적 정서로부터 나온 욕망에 의해 쉽게 타격을 입을 수 있다는 것입니다. 그러니까 참된 인식이 정신적인 장애에 이끌려 굴복할 수 있다는 것입니다. 스피노자는 시인 오비디우스의 시 구절까지 인용하면서 이 이야기를 강조하지요. "더 나은 것을 보고 그렇다고 시인하면서도 나는 더 못한 것을 따르고 있어"(『에티카』 4부 정리17 주석).

또 『에티카』 4부 정리 22를 보면, "자기 자신을 보존하고자 하는 노력(코나투스)은 덕의 최초이자 더 나아가 유일한 기초"라고 말합니다. 그런데 그 덕은 "단지 자신의 본성의 법칙으로부터 행위를 하는 것일 뿐이다"(『에티카』 4부 정리 18)라고도 정

---

13. 이후 『에티카』 인용문은 스티븐 내들러의 『에티카를 읽는다』(이혁주 옮김)에 번역된 『에티카』 인용문을 따르겠습니다. 필요한 경우 강영계 선생님이 번역하신 서광사판 『에티카』를 참조하였습니다. 인용문 끝에 달아놓은 정리 번호를 참조하면 해당 부분을 쉽게 찾을 수 있기 때문에 서광사판 『에티카』의 페이지는 따로 표기하지 않았습니다.

리하고 있습니다. 이어서 "각 사람이 자신의 존재를 보존하기 위해 노력할수록, 그리고 자신의 존재를 보존할 수 있을수록 그는 더 많은 덕을 갖게 된다"(『에티카』 4부 정리20 증명)라고 합니다. 이것들을 좀 이어서 정리해 보지요. 코나투스는 덕입니다. 그 덕은 본성에 따라 행위를 하는 것입니다. 결국 본성에 따라 행위를 하면 할수록 덕을 더 많이 갖게 된다고 합니다. 이렇게 되면 코나투스의 삶이란 자신의 본성에 따라 사는 삶이 됩니다. 더군다나 그것은 참된 인식으로부터 나온 욕망에 따라 사는 삶인 것입니다.

이렇게 연결하여 보면 니체와 스피노자가 연결될 수 있는 토대를 보게 됩니다. 니체는 커다란 이성(=신체=자기)이 착각에 빠진 정신 때문에 이상한 곳으로 정처 없이 이끌리기도 한다고 말했습니다. 스피노자는 정념적 정서로부터 나오는 욕망들 때문에 참된 인식으로부터 나온 욕망이 소멸될 수 있다고 합니다. 제가 보기엔 두 사람이 같은 사태를 다르게 이야기하고 있을 뿐인 것으로 보입니다. 이 지점이 중요합니다. 커다란 이성으로 표현하든, 참된 인식으로 표현하든 제가 보기에 그것은 모두 니체가 말한 자기 혹은 신체를 말하는 것 같습니다. 그리고 스피노자는 자기를 보존하고자 하는 이 충동을 코나투스라고 말하고 있는 것입니다. 다시 말하면 커다란 이성을 보존하는 노력, 경향, 충동을 코나투스라고 해야 할 것입니다.

그렇다면 참된 인식이 정념적 정서에 억제되어 소멸되어 버리는 것도 니체식으로 이해해 볼 수 있습니다. 이것은 참된 인식으로부터 나온 욕망이 정념적 정서에 억제되는 것이 아니라, 참된 인식으로부터 나온 욕망이 창조력을 보여 주지 못하는 자기가 되어 버렸을 때, 스스로 약해지며(이것조차 능동적입니다) 정념적 정서로 하여금 신체를 지배하게 하고 몰락을 재촉하는 것이 아닐까 하는 것입니다. 그래야만 새로운 자기, 새로운 코나투스가 구성될 공간을 마련하니까요. 그렇게 새로운 코나투스(어찌 보면 형용모순이기도 한 '새로운' 이 코나투스)가 끊임없이 생성되어야만 진정한 자기보존, 즉 진정한 코나투스인 것이 아닐까 스스로 자문해 보고 있습니다.

고백했듯이 저는 아직도 이 문제를 말끔하게 정리하지 못하고 있습니다. 어쩌면 제멋대로의 생각이어서 위험하기조차 합니다. 그래서 스피노자에 대한 글을 여태껏 한 번도 쓰지 못했습니다. 그렇게 좋아하는 철학자임에도 불구하고 말입니다. 그러나 최근에 경제학과 정치철학에 대한 관심이 깊어지면서 스피노자의 코나투스 개념에 대한 더 철저한 탐구가 필요하다고 생각하고 있습니다. 경제(economy)라는 말

자체가 코나투스 개념과 통할지 모른다는 생각을 하고 있거든요. 이것은 아직 정제되지 않았습니다. 그러나 『차라투스트라는 이렇게 말했다』와 『에티카』를 연결하여 사유하는 일은 굉장한 일이 될 것 같습니다. 더군다나 스피노자가 정치경제학과 연결되는 상상을 하면 새로운 의욕이 솟아납니다. 아마 그럴 수 있을 때 '자기'에 대한 저의 이해가 태양처럼 환해지지 않을까요. 그 태양이 '자기'를 환하게 비추어 뒷걸음치는 '나'를 빛으로 삼켜 버리면 좋겠습니다.

걷기, 증여의 마음을 연습하다

—

프레데리크 그로, 『걷기, 두 발로 사유하는 철학』

고 향 이 증 여 한 기 쁨

오랜만에 고향인 제주에 갔다. 고등학교 동창들과 옛 담임선생님을 만나기 위해서다. 좀 일찍 도착한 나는 남은 시간을 보낼 요량으로, 제주 시내를 무작정 걸었다. 제주라면 자연경관부터 떠올리는 이들은 언뜻 이해할 수 없겠지만, 이곳에서 나고 자란 나에겐 시내 골목골목이 더 강렬한 흔적으로 남아 있다. 제주도도 역시 사람 사는 마을인 것이다. '사람 나면 서울로 보내고, 말 나면 제주로 보낸다'라는 말은 그래서 무책임하다.

관덕정에서 동문시장까지 이곳저곳 발길 닿는 대로 걸었다. 친구들과 떠들썩하게 먹어 대던 낡은 자장면 집, 술 취한 내가 기대어 토악질해 대던 옛 술집의 담벼락, 그리고 중간고사 마지막 날이면 몰래 숨어들어간 에로영화 동시상영관. 동문시장 명패 앞에 서자 극장 안에 웅크리고 있던 그 시절의 감각들이 되살아나 나를 다시 덮쳤다. 문득 이 건물이 오랜 시간 나를 기다렸다가, 그간 품었던 감각들을 기쁨으로 싸서 베풀어 준다는 생각마저 들었다.

그것은 일종의 '증여'(贈與)와도 같다. 씨족사회에서 일어나는 '증여'

와 자본주의 사회에서 화폐를 매개로 한 '상품교환'은 서로 다르다. 말 그대로 상품교환은 쌍방이 주고받는 것이라면, 증여는 일방이 주기만 하는 것이다. 그러나 이 둘은 형태만 다르지, 교환이라는 점에서는 같다.

우리가 잘 알다시피 상품교환은 화폐를 매개로 한 상품 간 교환이다. 그것은 서로 거래하고 나면 바로 끝나는 좀 야박한 관계다. 하지만 증여는 다르다. 부모와 자식 간의 교환이 그 예다. 부모는 아이가 사는 데 필요한 모든 것을 증여한다. 아이는 바로 답례하지는 않는다. 답례할 수도 없다. 그러나 아이는 커갈수록 부채감이 커진다. 물론 자라서 부모에게 그것을 갚기도 하겠지만, 그 큰 은혜를 다 갚기란 불가능한 일이다. 결국 답례는 자기 아이에게 하거나, 공동체 내 다른 누군가에게 해야 한다. 따라서 그것은 미지의 타자와 교환하는 것이다. 결국 증여와 답례는 공동체적으로 일어난다. 씨족사회에서는 이 증여가 의무를 이행하는 일과도 같았다. 또 증여를 할수록 의무를 덜어 지위도 높아지고, 마음도 평화로워졌다고 한다. 가진 것을 사람들에게 나누어야 지위가 높아지는 사회라니! 마음이 푸근해지지 않는가.

나는 증여가 사람들 간에만 일어나는 일이 아니라고 생각한다. 고향의 극장 앞에서 나는, 옛 건물들이 사람들의 감각을 품고 있다가 기쁨과 함께 내게 증여한다고 느꼈다. 누군가 건물을 통해 나에게 기쁨을 증여하고 의무를 다했을지도 모른다. 시내를 거닐며 옛 건물들을 보고 내가 기뻤다면, 아마도 이 때문일 것이다. 그래서 나도 누군가에게 이 기쁨을 이어서 증여해야 할 의무감이 생긴다. 여기에 이르면 증여하는 것은 사람만이 아니다. 우리 주위의 모든 것들이 기쁨이든, 슬픔이든 뭔가를 우리에게 증여한다. 이런 증여들이 이어지고서야 세상은 은하수처럼 길게 빛난다. 우리도 이런 감각들을 증여받고서야 삶을 삶답게 살아간다.

그러나 사회생활이 끊임없이 이어지다 보면 이 증여의 마음을 잊게 된다. 삶다운 삶을 살아내기 위해 이 마음을 끊임없이 되살릴 필요가 있다. 푸코 철학의 대가, 프레데리크 그로(Frédéric Gros, 1965~)는 이 마음의 회복을 철학자들의 걷기를 통해서 전달해 준다.

프레데리그 그로는 푸코의 마지막 깅의록 중 하나인 『주체의 해석학』을 책임편집하고 책 끝에 이 강의가 이루어진 정황들을 '강의상황'으로 기술해 준 사람이다.[1] 나는 그가 쓴 '강의상황'을 무척 좋아한다. 특히 나는 그가 푸코의 말년을 개념적 가속화(conceptual acceleration)가 발생한 놀라운 시기이자, 문제틀(problematics)이 급작스럽게 증식하는 시기였다고 평가한 장면을 인상 깊게 기억하고 있다. 덧붙여서 그는 푸코의 이 시기를 들뢰즈가 '사유의 속도'(speed of thought)라고 불렀던 바가 명료하게 드러난 때라고도 말한다.[2] 이런 이유 때문에 그로는 '푸코의 생성'을 생생하게 보여 주는 책(혹은 강의)으로 『주체의 해석학』을 주저없이 꼽는다. 바로 그 프레데리크 그로가 이 생성의 현장을 자신의 저서, 『걷기, 두 발로 사유하는 철학』에서 걷기와 함께 더 다채롭게 보여 주려 한다.

그로에게 걷기는 일종의 일탈이다. 그것은 평소 구속되어 있는 일과 습관의 굴레에서 벗어나는 일이다. 사회를 감싸고 있는 '교환의 이불'을 걷어 내기, 켜켜이 쌓인 정보와 이미지, 상품들로부터 도망가기. 걷기

---

1. 프레데리크 그로의 주저는 『푸코와 광기』(김웅권 옮김, 동문선, 2005)이다. 푸코의 전 사유에 있어서 '광기'가 차지하는 위치에 대해 서술한 책이다.
2. 푸코, 『주체의 해석학』, 545쪽.

는 그런 체계들과 정보들이 살아가는 데 그다지 중요하지 않다는 것을 깨닫게 해주는 교사다. 다시 말하자면 걷기는 기존의 관계를 가차 없이 끊기를 권하는 충고인 것이다. 특히 흔히들 '사교'라고 말하는 그 세계, 그러니까, "살다보니 무엇보다 인간관계가 중요해"라고 했을 때, 그 인간관계를 끊어 보라고 유혹하는 역설적인 행위다. 그럼으로써 오히려 지리멸렬한 삶을 지우고 좀 더 나은 관계를 복원하리라고 속삭이는 것이다.

'개'를 뜻하는 그리스어 쿠노스(Κύνος, kunos)에서 유래한 견유학파 (犬儒學派) 철학자들. 그들은 항상 길거리를 돌아다니고 어슬렁거렸다. 학파의 이름처럼 '개 같은 생활'(kynicos bios)을 했던 것이다. 지팡이를 손에 들고, 양쪽 어깨에는 담요와 망토, 두꺼운 천 조각을 걸친 채, 허리에는 볼품없는 바랑을 차고, 신발도 없이 도시 곳곳을 걷고 또 걷는다.

설교사들이 복음을 전하기 위해서, 말 그대로 사람들에게 하늘나라의 행복을 전하기 위해 돌아다녔다면, 견유학파 철학자들은 그 반대다. 그들은 도발하고 불안하게 만들기 위해 걷는다. 그들은 설득이 아니라 독설의 기술을 구사했다. 사람들에게 충격을 주고 공격했다. 사람들은 이를 듣고 개그인 양 즐거워하기도 하지만, 그중에 어떤 이들은 불안을 느낀다. 그 독설에 비추어 자신의 습관과 확신들을 되돌아보게 돼서다. 이제 깊숙이 접어 놓은 진실들 때문에 소스라친다. 신랄한 빈정거림에 자신의 삶이 대상으로 떠오르게 되는 것이다. 그제야 비로소 끈적거리는 기름접시처럼 되고 만 자신을 되돌아보게 된다.

그래서 견유학파의 걷기는 다이너마이트다. 걷는 곳마다 삶을 두껍게 덮고 있던 껍질들이 폭발하여, 날것 그대로를 노출시킨다. 어쩌면 '날것'이야말로 혁명적인지 모른다. 자신의 정신적 풍요를 위해 웅크리고 작업하는 당대 철학자들의 진리나 혁명이 얼마나 빈약한지를 단번에 드러내 보여 준다. 진리가 사람을 경악하게 만드는 폭풍우라는 것을 그들만큼 일관되게 보여 주는 철학자는 그 전에도 그 후에도 보기 드물다. 그들의 걷기는 우리들의 일상에 다이너마이트를 장착시켜 주는 '혁명적 걷기'다.

또 어떤 이에게는 걷기가 치료다. 니체는 끔찍한 두통에 시달렸다. 15분 동안 글을 읽거나 쓰면 몇 시간씩 두통에 시달렸다고 한다. 더군다나 눈까지 지독히 나빴다. 이런 사정을 알고 나면 니체의 글들이 기적처럼 느껴질 정도다. 이런 때 니체는 걷고 걸었다. 위대한 시기라고 부를 수 있는 1879년부터 1889년까지, 그러니까 질스마리아에서 '영원회귀'를 깨달았던 시기이자, 위대한 문장인 『차라투스트라는 이렇게 말했다』를 쓴 그 시기에 니체는 최고의 건각(健脚)이 되었다.

그는 친구들에게 걷기를 통해서 "자신의 자연과 자신의 원소를 발견했다"[3]고 말한다. 걷기는 그에게 새로운 건강을 가져다주었다. 그는 검은 숲을 걸으며 생각하고 상상한다. 그 생각들이 그에게 기존의 건강과는 확연히 다른 건강 개념을 안겨 주었다. 혹시 그의 걷기는 손글씨 공책 밖으로 삐져나온 사유가 아니었을까. 사유가 공책을 넘어서 걷는다. 그는 걸으며 '사유의 여행자'가 된 것이다. "나는 다시 은둔자가 되어 하루에 열 시간씩 걷는다네."[4]

걸으면서 생각하고 상상하는 사람은 자유롭다. 그는 걷기와 함께 책의 노예에서 벗어난다. 그동안 나를 억눌렀던 확신과 의견, 지식의 무게가 한결 가벼워진다. 걷는 순간에는 참고할 문헌도, 토론할 상대도 없

---

3. 프레데리크 그로, 『걷기, 두 발로 사유하는 철학』, 이재형 옮김, 책세상, 2014, 30쪽.
4. 그로, 『걷기, 두 발로 사유하는 철학』, 32쪽.

걷기,
증여의 마음을 연습하다

다. 물론 약간의 메모는 필요할지 모른다. 그러나 오로지 나의 생각, 나의 언어로만 생각이 진행된다. 걷기는 어느 무엇보다 가볍고 경쾌한 것이다. 니체가 얻은 건강법이란 바로 이런 경지에 들어가 '걸으면서 사유하기', '사유하면서 걷기'였다. '영원회귀'는 이 걷기 건강법에 빚진 걷기의 사유다.

걷기, 나를 증여하는 시간

괴짜 철학자, 루소도 걸어야만 정말로 생각할 수 있다고 생각했다. 심지어 그는 책상과 종이, 책만 봐도 지겨워진다고까지 말한다.[5] 그는 '옛날 인간'을 자신 속에서 발견하기 위해서 걷는다. 그가 찾는 것은 그렇게 '절대적인 원시성'이었나 보다. 그렇다고 다른 곳에서 그것을 찾고 있는 것은 아니다. 걷기를 통해서 내 안에 있는 그것을 찾는다.

그는 걸으면서 수없이 질문을 던진다. 타로카드를 뽑아 겹겹이 쌓인 운명을 밝히듯 그 질문들이 내 안에 있는 껍질을 벗겨낸다. 왜냐하면 질문들은 사회생활을 통해 두텁게 형성되었던 통념들을 깰 것이기 때문이다. 그는 부자연스럽고 사람을 피곤하게 만들었던 상류사회를 떠나서 오로지 혼자 걸음으로써 유목인의 충만감에 이르려 했다. 그 순간 에고이즘도 아니고, 그렇다고 편애도 아닌 진정한 자기 사랑(amour de soi)을 발견한다. 자기 사랑은 사회와 더불어 늘 편애로 퇴행하고 만다. 편애는 사랑이 아니다. 거짓 사랑인 편애를 지우고 자기 사랑으로 돌아가려면 걷고 또 걸어야 한다. 걸으면서 통념의 껍질을 벗겨내야만 하는

---

5. 그로, 『걷기, 두 발로 사유하는 철학』, 101쪽.

것이다.

그러나 루소는 나이 육십이 넘어가자, 이제는 아무런 이유도 없이 걷는다. 더 이상 '대단한 인물'이 될 필요가 없었기 때문에 존재들이 흐르는 실개천이 자신을 관통해 지나가는 것을 그냥 내버려둔다.[6] 마침내 다음과 같은 상태에 이른다.

"더 이상 있을 게 없다. 그냥 걸을 뿐이다. 그러면 주변의 모든 것이 새로운 모습으로 바뀐다. 겁이 많아 사방을 살피는 새에게도 관대함을 발휘하고, 연약해서 구부러지는 꽃에게도 관대함을 발휘하고, 새로 돋아난 나뭇잎에게도 관대함을 발휘한다. 왜냐하면 세상에서 더 이상 아무것도 기대하지 않고 평온하게 걷는 그 순간, 자신을 내맡기고 자신을 주고 자신을 버리기 때문이다. 더 이상 아무것도 기대하지 않을 때 모든 것이 덤으로, 현존에 대한 무상의 축복으로 주어진다."[7]

걷기 위해서는 '밖'에 있어야 한다. 우리는 평상시 어느 '안'에서 다른 '안'으로 건너가기만 한다. 이 사무실에서 저 사무실로, 자기 집에서 근처 가게로. 그러나 우리는 진짜배기 밖으로 나가고 싶다. 그래서 밖에 나가 걷는다. 지도를 뒤져보고, 배낭을 메고, 오솔길을 찾아보고, 방향을 가늠하며 걸어간다. 손과 발의 규칙성에 몸을 맡긴 채 끊임없이 걷는다. 그러나 걷다 보면 '안'과 '밖'이 더 이상 확실하게 구분되지 않는다는 것을 깨닫는다. '진짜배기'라는 것 자체가 없다는 것을 깨닫는 것이다.

---

6. 그로, 『걷기, 두 발로 사유하는 철학』, 119쪽.
7. 그로, 『걷기, 두 발로 사유하는 철학』, 120쪽.

걷기,
증여의 마음을 연습하다

이걸 깨닫는 순간 나를 둘러싼 모든 풍경이 천천히 다가와 내게로 젖어든다. 이제 '밖'은 모든 '안'의 풍경들과 우정이 깊어지게 된다. 내 식대로 말한다면, 풍경이 내게 기쁨을 증여하는 것이다. 내가 그에게 나를 증여하니까, 풍경이 나에게 그들을 증여한다. 나를 사로잡았던 교환체계가 사라지고, 한순간에 증여 체계가 내게로 스며드는 것이다.

제대로 걸으려 한다면 혼자 걸어야 한다. 그러나 혼자 걸어도 완전히 혼자인 법이 없다. 그로는 걷기가 자연 속에 잠기는 것이라고 말한다. 나무들과 꽃들, 길들이 나에게 말을 걸고 인사를 한다. 시냇물 흐르는 소리, 빗소리들은 나의 길 동무이다. 어떤 감각들을 불러일으키며 그들과 독특한 관계가 구성되면서 어떤 도취감이 생긴다.

이 순간 '소유'의 긍정적인 면이 열린다. 산꼭대기까지 낑낑대고 기어오르는 수고를 통해 내 눈 아래 펼쳐진 모든 정경이 내 것이 된다. 내 눈에 들어오는 것이 나의 소유, 온전히 긍정적인 소유가 된다. 그러나 그것은 착취가 아닌 소유, 나와 그것들이 함께 하는 소유이다. 어쩌면 자연이 나를 소유하게 되었을지도 모른다. 공동소유란 서로 소유하는 것이다. 그래서 걷기는 혼자가 아니다. 걷는 즉시 둘이 된다. 혹시 그게 아니더라도 나는 나의 다리에게 격려를 하며 걸어야 할 것이기 때문에 나는 나에게 동무가 된다. 걷기는 끊임없는 관계망의 장관 속으로 들어가는 것이다. 도대체 걷기의 증여가 주는 혜택은 끝이 없다.

다시 고향으로 돌아가 본다. 고향 제주의 저녁은 평화롭다. 저녁이 되자 약속 장소에 사람들이 모여들었다. 안부를 전하고, 서로 흥을 돋우기 바쁘다. 이미 은퇴하신 선생님도 즐거우신지, 옛 노래를 한껏 흥얼거리신다. 우리도 지겨운 삶을 견디려는 듯, 목청껏 옛 노랫자락을 불러 젖힌다. 가라타니 고진(柄谷行人) 같은 철학자는 씨족사회의 교환양식인 '증여-답례'를 "고차원적으로 회복하자"라고 말한다. 이런 친구들이라면 그리 어려운 일도 아니란 생각이 든다. 세상 야박한 걸 탓하지 말고, 우리가 속한 공동체에서 먼저 증여의 마음을 연습해야 하지 않을까. 그게 세상을 바꾸는 출발일 테니 말이다. 프레데리크 그로의 제안대로 바로 당장 걷기부터 시작해 보자. 풍경과 나누는 그 증여를 우선 연습해 보자.

걷기,
증여의 마음을 연습하다

한동안 어떤 세미나에서 인류학 고전들을 몇 권 읽게 되었습니다. 마르셀 모스 (Marcel Mauss, 1872~1950), 피에르 클라스트르(Pierre Clastres, 1934~1977) 같은 낯선 인류학자들의 이름을 알게 한 귀한 기회였지요. 아마도 『안티 오이디푸스』를 읽는 세미나였거나, 데이비드 그레이버(David Graeber, 1961~)의 방문을 앞두고 그의 책을 읽는 기획 세미나였지 싶습니다. 아무튼 그때 처음 읽은 책은 마르셀 모스의 『증여론』이었습니다. 당연히 책 제목처럼 '증여'에 대해서만큼은 절대적 권위를 가지고 있는 책입니다. 그러나 아둔한 저는 이 책의 처음부터 끝까지 끊임없이 나오는 '증여'의 의미에 대해 쉽게 이해할 수 없었습니다.

이런 몰이해가 민망해서였는지, 저는 '증여'에 대한 설명이 복잡하고, 명징하지 않다고 처음부터 끝까지 책 탓만 하였습니다. 교환이나 증여를 아무리 그럴듯하게 설명해도 저는 정확하게 이해할 수가 없었지요. 아마도 제가 큰 관심을 갖고 있는 주제도 아니었고, 세미나 커리큘럼에 따라 억지로 읽었기 때문에 내용에 대한 구체적 상상이나 창의적인 해석이 절대 부족했던 것 같습니다. 어쩌면 그런 증여적 삶 자체를 이해할 수 없었기 때문일지도 모르겠습니다.

그러나 내용을 모르면 언제나 '기타 등등'에 관심을 갖게 마련입니다. 이 경우도 예외는 아니었습니다. 저는 증여 그 자체에 대해 몰입하기보다, 증여에 대해 마르셀 모스나 원주민들이 묘사하는 시적인 표현들에 더 관심이 가더군요. 예컨대 어느 공동체가 공동체 구성원들의 법적인 유대를 표현하는 묘사는 이렇습니다. "우리의 축제는 지푸라기로 만든 지붕의 각 부분을 한데 이어서 단 하나의 지붕, 단 하나의 말(parole)을 만드는 바느질이다."[8] 이는 공동체가 증여로 연결되어 하나로 이루어진 형상을 묘사합니다. 모스는 증여로 서로 연결된 공동체 구성원들의 모습을 지푸라기로 연결되어 단 하나의 지붕 아래 있게 된 마을의 형상으로 표현했습니다. 그 모습은 마치 엄마와 아기가 탯줄로 연결되어 있는 것을 연상시켰습니다. 마을이 탯줄로 하나가 된 것이었습니다. 참 아름답게 느껴졌지요.

또 원주민들의 '선물'에 대해서 모스는 다음과 같이 묘사합니다. "물건 속에 영혼을 섞고, 영혼 속에 물건을 섞으며, 생명과 생명을 섞는다. 이상과 같은 이유로, 섞인 인격과 물건은 각각 자신의 영역을 떠나서 서로 혼합된다. 이것이 바로 (원주민들의) 계약과 교환이다."[9] 어떤 사람에게 전달하는 선물은 단순한 물건이 아니고, '주는 이'의 영혼이 섞여 있습니다. 동시에 영혼이 섞인 이 선물은 '받는 이'의 영혼에 섞여 들어갑니다. 결국 이들에게 선물은 영혼의 교환입니다. 아무튼 저는 이 책을 읽으면서 논리저으료는 이해하지 못하고, 아름다운 표현에만 눈길이 갔던 것 같습니다. 물론 이 아름다움이 결국 증여가 내게 준 아름다움이었다는 것을 뒤늦게 깨닫게 되지만요.

그러나 제가 '증여'에 대해서 다시 생각하고, 좀 더 명확하게 이해하게 된 것은 뜻밖에도 동아시아의 자이언트 사유인, 가라타니 고진의 책을 접했을 때입니다. 2013년 한국에 가라타니 고진의 『세계사의 구조』라는 책이 번역되어 나왔습니다. 고진의 광팬이든 고진에게 거리를 둔 비판자이든 이 책에 대한 관심은 대단했지요. 저도 예외는 아니었습니다.

물론 저는 가라타니 고진의 핵심 저서로 『세계사의 구조』보다 『트랜스크리틱』을 듭니다. 고진의 통찰, 고진의 열정 그리고 참신함 측면에서 『세계사의 구조』가 『트랜스크리틱』을 따라가지 못한다고 생각하고 있습니다. 물론 고진처럼 마르크스 정치경제학의 싸움을 생산영역에서 유통영역으로 바꾸면, 소비자의 가치를 지나치게 강조하게 되고, 그러다 보면 자본주의적 상품교환을 그대로 인정해 버리는 꼴이 되어 자본주의에 대한 투쟁이 역설적으로 자본주의화되어 버릴 위험, 심지어 투쟁 자체가 허구적인 것으로 변질될 위험마저 있지요.[10] 그러나 『트랜스크리틱』은 사유를 추동하는 박진감에서 저에게 너무도 강력한 인상을 남겼습니다. 이 책 바로 앞서 쓴 『윤리21』과 함께 보면 고진이 트랜스크리틱의 사유를 추동하는 과정을 투명하게 볼 수 있습니다.

---

8. 마르셀 모스, 『증여론』, 이상률 옮김, 류정아 해제, 한길사, 2002, 95쪽.
9. 마르셀 모스, 『증여론』, 이상률 옮김, 류정아 해제, 한길사, 2002, 94쪽.
10. 아마 모든 유통영역의 투쟁이 그럴 위험에 처해 있을 것이다. 블록체인이 대표적이다.

이와 달리 『세계사의 구조』는 『트랜스크리틱』과는 다른 특이점, 이를테면 고진의 강력한 지식 흡수력이라든지, 무엇보다 그런 지식들을 연결하고 간결하게 설명하는 역량을 엿볼 수 있지요. 세계사를 '교환양식'의 변화로 일관되게 설명하면서 동서고금의 거의 모든 철학들을 총동원해서 종횡무진 엮어내고 있습니다. 저는 오히려 철학 교과서로 이 책을 먼저 읽어도 좋겠다는 생각도 합니다. 실제로 철학에 처음 입문한 친구에게 이 책을 읽어보라고 권하기도 했지요.

공교롭게도 이 책 『세계사의 구조』의 키워드 중 하나가 바로 '증여'입니다. 저는 마르셀 모스가 설명해 줄 때는 이해하기 힘들던 이 개념을 고진이 간결하게 설명하고 활용하는 것을 보고 쉽게 이해할 수 있었다고 고백합니다. 가라타니 고진은 마르셀 모스가 그랬던 것처럼 말리노프스키의 연구를 인용하면서 '호수적 증여'와 '순수증여'를 새롭게 소개합니다. 여기서 '호수'(互酬, reciprocity)란 서로 호혜적으로 주고받는 것을 말합니다. 호수적 증여는 어느 한 쪽이 증여를 하면 다른 한 쪽이 상대에게 증여로 되갚아 주는 것입니다. 순수증여는 가족 같은 곳에서 부모가 아이에게 아낌없이 주는 행위와 같이 서로 주고받지 않는 증여입니다.

그러나 마르셀 모스는 순수증여나 호수적 증여나 모두 호수적이라고 합니다. 증여하는 자 자신이 어떤 종류의 만족을 느낀다면, 그것은 호수적이라는 것이죠. 어느 증여나 모두 증여받는 자는 일정한 '부담'을 안게 되고, 증여한 자는 '만족'이라는 증여로 돌려받게 됩니다. 여기에 역설이 존재합니다. 증여받는 자는 '부담'을 가지게 되지요. 예컨대 마르셀 모스가 자신의 저작의 첫 장부터 설명했던 '포틀래치'(potlatch)는 답례할 수 없는 증여로 상대를 굴복시키는 것이기도 한 것입니다.[11] 무상적이고 선의로 가득 차 있는 것처럼 보이지만, 증여받는 자는 그 이상으로 증여를 되돌려줘야 하는 부담을 통해 증여하는 자에게 지배당하게 됩니다. 이렇게 선의로 가득 찬 행위에는 어떤 종류의 힘이 존재합니다. 이 힘을 '하우'(hau)라고 하지요. 여기서도 마르셀 모스의 통찰력 넘치는 표현이 나옵니다. "하우는 그 탄생지, 숲과 씨족의 성소 그리고 그 소유자에게 돌아오려고 한다."[12] 어떤 원환처럼 힘은 되돌아옵니다. 증

11. 가라타니 고진, 『세계사의 구조』, 조영일 옮김, 도서출판 b, 2012, 78쪽.
12. 마르셀 모스, 『증여론』, 이상률 옮김·류정아 해제, 한길사, 2002, 70쪽.

여한 자는 자신의 것을 상대에게 주었으되, 힘은 되돌아와 더욱 강성해집니다.

　이런 증여 행위는 보이지 않는 곳에 존재합니다. 예컨대 가족은 증여로 이루어져 있습니다. 모든 부모는 대가를 바라지 않고 자식을 부양하고 사랑을 베풀죠. 이런 증여는 부모가 자식에게, 다시 자식은 그의 자식에게 이어집니다. 어쩌면 이런 증여가 없이는 공동체가 단 하루도 유지되지 못할 것입니다. 증여는 공동체의 보이지 않는 기초인 것입니다.

　저는 이런 증여를 아주 다르게 적용할 수 있다고 생각합니다. 이런 증여의 정신이 사람과 사람 사이의 문제만이 아닌 것 같더라는 거죠. 자연과 인간, 자연과 자연, 결국 모든 것과 모든 것이 서로 증여를 기초로 주고받으며 존재하고 있는 것처럼 여겨지는 겁니다. 저는 이런 생각을 엉뚱하게도 '걷기'에 대한 철학자들의 사유를 읽으면서 깨달았습니다. 프레데리크 그로는 미셸 푸코에 대한 연구로 유명한 프랑스 철학자입니다. 특히 그는 제가 가장 사랑하는 푸코 강의록 『주체의 해석학』을 책임 편집한 사람이지요. 그래서인지 그의 걷기에 대한 글들이 아주 가볍게 정리하는 수준의 서술인데도 예사롭지 않게 읽혔습니다.

　특히 그가 예찬하는 걷기는 자연 만물의 증여 그물망으로 자신을 삽입시키는 행위로 보였습니다. 그러니까, 저는 걷기를 통해 자연으로부터 기쁨을 증여받는 자가 됩니다. 아니, 원래 태생부터 저는 자연으로부터 증여받은 자인데, 평소에는 그런 것을 알지 못하다가 걷기를 통해 이 보이지 않는 증여를 분명하게 깨닫게 되는 것입니다. 보이지 않는 저 곳에서 이 세상을 지탱하고 있는 증여를 말이죠. 아마 자연이 주는 증여로 기쁨을 느끼면 느낄수록 우리는 자연에 대해서 다시 그것을 되돌려 주어야 할 의무를 갖게 됩니다. 이 세상을 살면서 가장 기초적인 윤리가 바로 이 증여로부터 생성되는 것 같습니다.

　결국 걷기를 통해 획득한 증여 그물망은 우리 존재 자체가 '증여적 존재'라는 생각을 하게 합니다. 그렇다면 나는 증여를 받고, 다시 증여를 함으로써 비로소 '나'가 되며, 더 나아가서 그런 증여가 끊임없이 반복되면, 궁극적으로 나는 그저 증여의 흐름에 불과한 것이 아닐까요? 증여를 통해서 내 존재를 생각한다는 것, 무척이나 기묘한 세계를 열어젖힙니다.

일상의 독재
—
마르틴 하이데거,『존재와 시간』

퇴락, 빈말에 빠지다

금연시대인 요즘 흡연 장소가 극히 제한되어 있다. 담배를 피우지 않지만, 나는 팀원들과 차 한 잔 하며 이야기도 나눌 겸 아주 가끔 따라간다. 참 묘하게도 사무실 의자에 앉아서는 나오지 않던 정보가 담배와 함께하는 대화에선 좀 더 빈번하게 등장한다. 그러나 그런 대화들도 우리가 보통 나누는 잡담들의 주제에서 크게 벗어나는 것은 아니다. 곧 돌아올 승진 시즌을 앞두고 승진 인원 편성은 어떻게 될 것이며, 또 이번 승진 기준은 어떻게 구성될지, 또 저쪽 부서 이 아무개는 업무처리 스타일이 왜 그러느냐는 둥, 혹시 조그만 정보라도 나올라치면 아주 깊이 빠져 듣게 된다.

퇴근하여 돌아온 집에서도 마찬가지다. 아내나 아이와 대화를 나눈다고는 하지만, 그저 뻔한 이야기뿐이다. 아내는 오늘 집에서 일어난 일들 중 몇 가지 에피소드를 간추려 말해 준다. 아이는 제 딴에 기이하다고 여겨지는 일들을 과장을 섞어 이야기해 준다. 물론 나도 깊이 빠져 그 이야기들을 들어주고, 가끔은 놀라워하긴 한다. 그러나 지나서 보면 서로를 풍부하게 만들어 주는 대화는 아닌 듯하다. 우리는 마치 두터운

솜이불인 양 잡담을 온몸에 당겨 덮고 산다.

최근의 놀라운 정치 상황을 이야기할 때도 마찬가지다.[1] 우리들은 여러 가지 뉴스들을 떠들어대며 대통령과 행정부의 무능을 질타하고 비난하지만, 대화는 여전히 뻔하게 전개된다. 그저 뉴스들을 되뇌고 그들을 비난하며 놀라워해 주는 게 전부다. 비아그라나 무당 이야기가 나오면 호기심으로 가득차 정신없이 이야기해 대다가 지루해지면 다시 각자 자기 할 일로 돌아가는 시대다. 이 사건을 통해 우리들 자신이 변화해 갈 수도 있을 텐데, 우리는 전혀 우리 자신의 변화에 대해서는 이야기하지 않는다. 비난과 놀라움으로 빈말들이 오고갈 뿐이다. 그런 이야기들에는 우리 자신의 새로운 삶에 대한 전망이 있을 턱이 없다. 그것은 갈수록 빈곤해지는 우리들의 정신만 더욱 밝게 드러내 줄 뿐인 것이다.

하이데거(Martin Heidegger, 1889~1976)는 이런 상태를 '현존재[2]의 퇴락(das Verfallen)[3]'이라고 부른다. 우리는 언제나 항상 다른 사람들과 함께 살아간다. 아무런 관계도 없이 완전히 고립되어 살아가는 것은 불가능하다. 그러다 보니 우리가 원하든 원하지 않든 세상 사람들의 세계 속에 빠져(verfallen) 지낸다고 할 수 있다. 다시 말하면 우리는 항상 다른 사람들과의 관계 속에서만 존재하는 것이다. 나는 은행이라는 생

<hr />

1. 이 글을 쓴 시점은 '최순실 국정농단' 사건이 한창 우리 사회를 강타할 때이다.

2. 하이데거에게 '현존재'는 우리 각자가 그것인 존재자, 즉, '인간'을 말한다.

3. 마르틴 하이데거, 『존재와 시간』, 이기상 옮김, 까치글방, 1998, 240쪽 ; 박찬국, 『하이데거의 『존재와 시간』 강독』, 그린비, 2014, 237쪽. 이기상은 "빠져있음"으로 번역했다. 영문판(Martin Heidegger, *Being and Time*, translated by Joan Stambaugh, State University of New York Press, p. 164)은 "entanglement", 즉 '얽혀 듦'으로 번역했다. 박찬국의 번역어인 '퇴락'은 다소 오해가 있는 번역이다. 잘못 생각하면 도덕적 타락, 심지어 세상이 타락했다는 기독교적인 질타마저 느껴지기 때문이다. 퇴락은 도덕적 타락을 진술하기 이전의 존재론적 개념이기 때문에 이를 타락으로 여기면 굉장한 오독을 가져온다. 그러나 Verfallen에는 현존재의 본래적 존재가능성에서 떨어져 나왔다는 부정적인 맥락이 분명 있기 때문에, 그런 의미를 살린다면 '퇴락'이 다른 번역어보다 더욱 명확하다고도 보인다. 이 글에서는 일단 박찬국의 번역을 따르기로 한다.

활세계에서는 은행원으로서 자기 자신을 이해하면서 다른 사람들(팀원들)과 관계하고, 집에서는 가장으로서 자기 자신을 이해하면서 다른 사람들(아내와 아이들)과 관계한다. 우리가 살아가는 세계는 항상 '공동세계'(Mitwelt)이며 우리의 존재는 항상 다른 사람과 관계 맺어야만 살아가는 '공동존재'(Mitsein)인 것이다.[4]

이렇게 다른 사람들과의 관계 속에서만 자신이 의미를 갖기 때문에, 사람들은 다른 사람들의 관계에 빠져서(verfallen) 살 수 밖에 없다. 아마도 일요일 오후 홀로 집에 있을 때 느끼는 고독감은 그 시간 동안 '공동존재'가 결여되어 있어 생기는 감정이라고도 할 것이다. 누군가는 이렇게 항변할 수 있다. "아, 나는 그런 고독이 좋아요. 홀로 게임도 하고, 드라마도 보고, SNS도 하잖아요. 아니면 홀로 등산도 하고, 달리기도 하면 좋지요." 그러나 하이데거의 입장에서 보자면 게임이나 드라마, SNS도 다른 사람과 관계를 맺는 행위이다. 등산의 경우도 다른 사람이 제작한 등산복과 등산 신발을 차려입고 행선지까지 버스를 이용해 가는 행위를 포함하므로 당연히 다른 사람과 관계를 맺는 행위이다. 물론 다른 행위들에 비해 공동존재의 양상이 덜할지는 모르지만 말이다. 그러나 다른 사람들이 없으면 도무지 행할 수조차 없는 행위인 것은 분명하다.

타 인 의 통 치 , 존 재 를 빼 앗 다

물론 이 정도까지만 이야기한다면 사회 교과서에 나온 그 흔한 공동체 이야기처럼 보인다. 하이데거도 이런 이야기를 했군, 할 것 같다. 그러나

---

4. 하이데거, 『존재와 시간』, 166쪽(이기상); 171쪽(박찬국).

하이데거는 이렇게 더불어 사는 것을 우리들의 특성으로 지적한 다음, 아주 다른 차원에서 그 문제점을 비판해 들어갔다.

"현존재는 일상적인 서로 함께 있음으로서 타인의 통치(Botmäßig-keit) 안에 서 있다. 현존재 자신이 존재하고(ist) 있는 것이 아니라 타인들이 그에게서 존재를 빼앗아 버렸다(abgenommen). 타인들이 임의로 현존재의 일상적인 존재가능성들을 좌우한다. 이때 이러한 타인들은 특정한 타인이 아니다. 오히려 그 반대로, 어느 타인이건 다 그 타인을 대표할 수 있다. 결정적인 것은 오직 더불어 있음으로서의 현존재가 뜻하지 않게 떠넘겨 받은 눈에 띄지 않는 타인들의 지배일 뿐이다."[5]

나는 이 문장을 읽으며 아주 강한 공감을 느꼈다. 우리가 살고 있는 일상세계에서는 사람들이 고유한 현존재로 나타나는 것이 아니라, 내가 속하는 조직이나 규범 속에 숨겨 있는 세속적인 가치들을 추구하는 자로서만 나타난다. 팀장인 나는 회사가 은밀히 요구하는 목적들(어느 회사든 사람들이 회사라면 흔히 그러리라고 믿는 목적들), 그러니까, 사고가 나지 않도록 조심하면서 돈을 버는 것이 자신의 전부인 것처럼 행동하고 사고한다. 그래야 승진도 하고, 또 나름 주변 사람들에게 인정도 받으면서 다소의 행복감을 획득할 수 있는 것이다. 집에서도 사람들 입에 회자되는 바람직한 가장의 모습을 추구하면서 아내와 아이들의 불만을 없애야 가정의 평화를 지킬 수 있을 것이다. 아이들이 학교 성적도 좋고 말썽도 없으면 금상첨화다.

---

5. 하이데거, 『존재와 시간』, 176쪽(이기상) ; 177쪽(박찬국).

그러나 이것은 자기 자신을 상실하면서 획득하는 행복감이자 평화다. 자기 자신보다 항상 다른 사람들의 해석에 의존해서 자신의 삶을 만들어 간다는 것을 의미하기 때문이다. 그런데 그 다른 사람들(타인)이 특별하거나 특정한 사람은 아니다. 그들은 눈에 띄지 않고 확인할 수 없는 일반적인 사람들이다. '그들'이야말로 그들의 '본래적인 독재'(eigentliche Diktatur)를 행한다고까지 말한다.[6] 그렇기 때문에 우리는 남들이 즐기는 것처럼 즐기며 좋아할 뿐 아니라, 남들이 보고 판단하는 것처럼 읽고 본다. 누구인지도 모르는 '세상 사람들'(das Man)이 나의 일상을 규정하고 있는 것이다.

중요한 것은 사람들이 이것을 당연하게 생각한다는 점이다. 사람들은 여러 가지 지식을 쌓으면서, 또 경험이 깊어지면서 자신의 삶이 점점 풍부해지고 좀 더 확실해진다고 생각한다. 이런 자기 확신이 커지면 이제는 '본래적인 자기'(eigentlich Selbst)를 좀 더 파고들 필요가 없다고까지 생각하게 된다. 그러니까, 다른 사람들의 해석대로 살아가는 삶이 완전하고 진정한 삶이라고 생각하면서 현존재는 그렇게 사는 것이 최상이라고 여기게 되는 것이다.

독재의 기원 ― 빈말과 호기심

하이데거는 여기서 멈추지 않고 좀 더 파고든다. 그는 이렇게 되는 이유로 일상성을 규정하는 몇 가지 양식을 분석해 낸다. 이 분석 중 특히 인상적인 것은 일상적인 '말'에 대한 하이데거의 비판이다. 대부분 말하고

---

6. 하이데거, 『존재와 시간』, 177쪽(이기상) ; 179쪽(박찬국).

듣는 평균인은 화제가 되고 있는 것을 근원적으로 이해하는 데까지 이르지는 않은 채 사람들 사이에 이야기되는 것을 듣고, 단순히 따라 말하는 식으로 또 다른 사람에게 전달할 뿐이다. 이야기되는 것이 사태에 부합되고 근원적인 존재의 모습을 제대로 드러내 주고 있느냐는 관심 밖이다. 내용은 텅 빈 채 말 그대로만 떠돌 뿐이다.

예를 들면 직위가 높은 분이 "그 친구 예의가 없어"라고 규정하면, 진위와 무관하게 복제되어 아무런 맥락 없이 소문으로 퍼진다. 사람들은 그런 소문이 왜 발생했는지, 그렇게 발생한 맥락이 무엇인지, 이유와 맥락을 고려했을 때 그것이 진실일 수 있는지 등등에 대해 깊이 고민하지 않고 받아들이고 전달할 뿐이다. 심지어 진위에 상관없이 그 말을 이용하기까지 한다. 그런 말을 '빈말'(das Gerede, 잡담)이라고 부르는데, 하이데거는 그런 빈말이 우리가 세상을 제대로 바라보는 것을 가로막는다고 본다. 오히려 그런 말들 때문에 우리는 마치 세상에 대한 이해가 모두 완성된 것인 양 착각하기까지 할 정도다. "누구든 긁어모을 수 있는 잡담(빈말)은 진정으로 이해해야 하는 과제로부터 면제해 줄 뿐만 아니라, 무차별한 이해가능성을 형성해 준다."[7]

보통 우리는 이른바 세평이나 세론을 모두 모으면 그것들이 세상의 진실한 모습인 것처럼 여기곤 한다. "안테나를 세운다"라는 흔한 속어는 그런 모습을 보여 주는 대표적인 말일 것이다. 이제 우리는 안테나를 통해 들어오는 세론에 따라서만 움직이는 사람이 된다. 이때 안테나는 정보습득의 도구가 아니라, 타인의 독재로 가는 예속화의 막대기인 셈이다. 이런 전체 과정을 이해하고 보면, 우리는 예속되기 위해서 정보를

---

7. 하이데거, 『존재와 시간』, 232쪽(이기상) ; 233쪽(박찬국).

습득하는 것 같다. 빈말은 뚫고 나가기엔 너무 두껍지만, 사람들이 새어 들어오기엔 굉장히 얇다.

하이데거는 빈말과 함께 우리를 퇴락으로 이끄는 또 하나의 양식을 드는데, 그것은 '호기심'(die Neugier)이다. 사람들은 다양한 볼거리에 자신을 내맡긴다. 영화, 드라마, 스포츠에서부터 문학이나 예술이라고 부르는 것까지, 그들은 세상을 제대로 보기 위해서가 아니라, 그저 마주치는 것을 끊임없이 교체하여 흥분을 느끼기 위해서 그렇게 한다. "호기심은 본 것을 이해하기 위하여, 다시 말해서 그것에 대한 존재에 이르기 위하여 보려고 애쓰는 것이 아니라 그저 보기 위해서 보려고 애쓴다."[8] 오히려 호기심 추구는 우리의 관심을 분산시켜서 존재의 참다운 모습을 획득하지 못하게 가로막는다. 내가 보기에 그것은 호기심에게 따귀를 후려치라고 뺨을 쉴 새 없이 내놓는 꼴이다. 호기심 때문에 얼이 빠지고, 다시 새로운 호기심이 생기면 또 얼이 빠진다.

자 기 배 려 의   정 치

빈말과 호기심은 우리를 세상 사람들(das Man)에게 예속시켜 휘둘리게 만든다. 그럴수록 사람들은 본래적 자기(eigentlich Selbst)로부터 멀어져 간다. 이 의미에서 보면 하이데거는 자기가 자기로부터 멀어져 가는 모습을 철학적 개념들로 아주 치밀하게 논구해 들어간 셈이었다. 또한 그는 인상적이게도 그런 모습을 독재적 통치와 연결하여 바라보았다. 하이데거의 눈으로라면 대통령이나 의회정치에만 독재가 있는 것이 아니

---

8. 하이데거, 『존재와 시간』, 236쪽(이기상) ; 234쪽(박찬국).

다. 우리들 안에 이미 타인의 통치, 그것도 독재적 통치가 스며들어 있는 것이다. 그러고 보면 하이데거의 존재탐구는 애초부터 정치적이었던 셈이다. 우리의 일상이 이미 정치적이기 때문에 그것은 당연한 것일지도 모른다.

우리들의 힘으로 대통령의 탄핵이 가결되었다. 하지만 이것이 끝은 아니다. 언제나 사건이 일어나면 그 사건의 맥락을 끝까지 의심하고 그 의심을 풀기 위해 고투해야 한다. 예컨대 이번 기회에 '박정희 체제'를 무너뜨리게 될 계기를 마련했다는 의견들이 있다. 그러나 나는 그것으로 박정희주의가 사라질 것이라고 생각하지 않는다. 오히려 역설적으로 박근혜를 무너뜨린 여러 원천 중 하나가 우리가 무너뜨리려고 했던 그 '박정희주의'인 것은 아닌지 의심해야 한다. 그게 모든 걸 좌우하진 않았지만, 우리들의 심상엔 '무능력한' 사람이 통치자였다는 비난이 있는 것이다. 효율과 능력을 중시하는 가치가 박근혜 집단의 무능력을 비도덕으로 전환하는 데 성공했다고도 볼 수 있다. 그러나 그것은 세상 사람들에 의해 구축된 다른 사람들의 가치이다. 아마도 그것은 경제발전 시대에 오랜 세월 우리 신체에 빈말과 호기심을 통해 스며들어온 가치들일 것이다. 박근혜를 끌어내리더라도 여전히 우리는 우리들 안에 스며든 박정희 식 통치 안에 서 있다고 해야 한다.

만일 비선실세가 역량을 지닌 명망가그룹이었다면 탄핵할 정도의 저항이 불가능했을 수도 있다. 그런 상황이었다면 대중은 직관적으로 박근혜의 무법성을 비판하고 체제 자체를 겨냥하기 쉽지 않았을 것이기 때문이다. 그런 의미에서 박정희체제를 공격하면서도 그 저항 자체가 박정희체제에 딛고 서 있을 수밖에 없는 것이 이번 운동의 형용모순이다. 여전히 효율과 능력을 기준으로 돌아다니는 '빈말'이 완전히 사라지지 않은 것이다. 오히려 독재의 기원은 그대로인 채로 껍데기만 사라졌는데도, 문제가 해소된 것으로 오인될 위험마저 있다.

그러나 언제나 기존 관계를 끊고 다른 관계를 구성하는 것은 바로 자기가 자기를 무너뜨려야만 가능하기에, 그 형용모순이 새삼스럽지 않다. 언제나 새로운 것은 이 형용모순의 갑옷을 입고 등장한다. 이제 우리는 이 자기모순을 분명히 인식하는 데까지 나아가야 한다. 그래야 효율과 능력으로 위장한 다수자가 소수자의 생명을 짓밟는 횡포에 저항할 수 있게 될 것이다. 자신의 다수성과 싸우는 '자기배려의 정치'는 그렇게 시작된다. 그런 의미에서 하이데거는 자기(Selbst)가 다른 사람들의 가치에 의해 얼마나 은폐되는지, 그래서 일상의 독재가 얼마나 우리들 안에 들어와 있는지를 엄밀한 개념으로 알게 해주는 '정치' 철학자이다. 그는 가까이 있지만 가장 멀리 있는 것, 즉 '자기'가 저 하늘의 별보다 더 먼 까닭을 알려줌으로써 우리를 급진적인 존재로 만들어 낸다.

2부
'관계'를 생각하는 책들

하이데거의
『존재와 시간』
후기

현대 프랑스 철학에서 후설과 하이데거의 영향은 짙습니다. 심지어 20세기 프랑스 철학의 발흥을 '3H', 그러니까 헤겔, 후설, 하이데거의 영향과 독해 결과로 환원하려는 시각마저 존재합니다.[9] 그러다 보니 현대 프랑스 철학자들을 후설이나 하이데거의 모방자 혹은 제자로 축소해서 평가하는 경우가 많습니다. 예컨대 사르트르 같은 이는 마치 하이데거 강단에서 성적을 매겨야 할 제자인 것처럼 취급되어서, 경우에 따라서는 철학자가 아니라 한 사람의 '작가'로만 여겨지곤 합니다.

그도 그럴 것이 사르트르의 『존재와 무』(1943)에 나오는 '불안'은 키르케고르로부터 획득한 것이지만, 사르트르는 이를 하이데거를 보완하거나, 하이데거에게 이의 제기를 하기 위해서 활용하는 것처럼 보이니까요. 하이데거의 '존재'에 대립하여 자신이 주장하는 '자유'의 근거를 키르케고르에게서 찾으려고 했다고 말할 수도 있겠지요. 그러니까 사르트르는 자신에게는 자명해 보였던 '자유'를 증명하기 위해서, 또 하이데거에게 이의제기하기 위해서 단지 전략적인 방식으로만 키르케고르적 '불안'을 이용한 것은 아닐까, 하는 의심이 가능한 것입니다.[10] 결국 하이데거의 철학 주위를 맴돌며 사유를 하고 있는 것이죠.

이렇게 현대 프랑스 철학에서 후설과 하이데거의 영향은 지울 수 없는 것이죠.

---

9. 프레데릭 보름스, 『현대 프랑스 철학』, 주재형 옮김, 도서출판 길, 2014, 493쪽.
10. 보름스, 『현대 프랑스 철학』, 238쪽. 레비나스는 아예 키르케고르의 명제들이 철학적인 것은 하이데거 덕분이라고 명시적으로 말합니다(같은 책, 241쪽). 그러나 어떤 의미에서 보면 사르트르는 하이데거와 정통적 마르크스주의가 모두 '자유'를 이해하지 못했다고 보고 있는 것 같습니다. 하이데거에게서 자유는 인간이 처한 조건을 도외시한 자유가 되어 버리고, 정통 마르크스주의에서는 어떤 조건에 갇힌 객관화된 인간에 매몰되어 실제 자유를 없애 버렸다고 말입니다.

일상의
독재

현대 프랑스 철학에 대한 훌륭한 해석서, 『현대 프랑스 철학』을 쓴 프레데릭 보름스(Frédéric Worms)는 프랑스에서 후설이나 하이데거의 현상학에 대해서 두 가지 변경적 수용이 있었다고 합니다. 한편으로는 실존의 문제로 수용한 것이고(아마 사르트르일 테지요), 다른 한편으로는 차이의 문제로 수용한 것(아마 데리다나 들뢰즈일 겁니다)이 그것입니다.[11] 어쩌면 프랑스 현대 철학은 독일 근대 철학의 현대 버전이라고 말해도 과언이 아닐 정도입니다. 푸코, 데리다, 들뢰즈에게 드리워진 니체의 짙은 그림자만 봐도 이런 느낌은 더욱 강렬하게 느껴지지요.

저는 현상학 혹은 하이데거에 대해서 두 개의 책을 통해 출발할 수 있었습니다. 한 권은 피에르 테브나즈(Pierre Thévenaz, 1913~1955)의 『현상학이란 무엇인가』이고, 다른 한 권은 대우학술총서로 출간된 한전숙의 『현상학의 이해』입니다. 이 책들을 접하게 된 계기는 2012년도 즈음 대략 1년간 진행했던 '데리다 세미나'였습니다. 플라톤 전집, 에피쿠로스, 에픽테토스나 마르쿠스 아우렐리우스 같은 스토아철학자들, 그리고 미셸 푸코의 '자기배려' 관련 강의들이나 책들을 읽는 '그리스·로마 세미나'가 끝나고 나서, 그 세미나를 했던 친구들과 함께 새로운 철학자를 공부해 보자고 하여 시작한 세미나입니다.

데리다는 대중지성 프로그램에서 고병권의 강의로 한 차례 들은 바 있고, 저는 그때 놀라운 성실성을 보이며 『마르크스의 유령들』을 완독하기도 했지요. 그러나 데리다의 문장은 도무지 접근할 수 없는 난공불락의 난해함을 갖고 있었습니다. 몇 마디 알아듣는가 싶다가도, 항상 데리다 특유의 함정에 미끄러져, 전혀 그 의미를 헤아리지 못하는 미궁에서 헤매고 맙니다. 아마 당시에는 단 한 페이지도 이해하지 못했을 겁니다. 그래도 학기말 숙제에는 마치 다 안다는 듯이 젠체하는 문투로 글을 써서 제출했습니다. 데리다는 푸코나 들뢰즈와는 또 다른 난공불락 그 자체였습니다. 하긴 뭐, 다른 철학자들에게도 이런 절망을 느끼기는 마찬가지여서 제 무지와 무능력에 대해서 그렇게 충격을 받지는 않았습니다.

아무튼 현대 철학을 돌파하려면 아무래도 데리다는 반드시 독파해야겠다는 생각이 들어서 5명 남짓 되는 친구들과 '데리다 세미나'를 열고 꽤 열심히 참여했습니

---

11. 보름스, 『현대 프랑스 철학』, 493쪽.

다. 그런데 데리다가 에드문트 후설의 논문 「기하학의 기원」을 해설하고 동시에 후설의 논증과정에 문제제기하는 책, 『기하학의 기원』으로 철학계에 혜성같이 등장했다는 것을 알게 됩니다. 친구들과 의논하여 현상학 개설서와 현상학자들의 책을 몇 권 읽고 데리다로 들어가자고 의견을 모았습니다. 철학은 언제나 이런 식입니다. A라는 철학자를 공부하려니, A에게 강력한 영향을 준 B를 공부해야 하고, B를 공부하려고 딱 펼쳐보니, C라는 철학자가 나와서, 도무지 앞으로 나가지 못하는 공부의 모순. 그래도 이런 모순을 알고서도 어느 정도는 이 모순의 길을 가야만 철학을 제대로 공부할 수 있습니다. 어쩌면 그것은 철학 공부가 불가피하게도 철학사 공부라는 반증이기도 하고요.

피에르 테브나즈는 스위스의 기독교 철학자입니다. 그는 후설 현상학이 말하는 '대상으로의 전화'(Wendung zum Objekt)라든지, '문제시되는 사태 자체로'(Zu den Sachen selbst)라는 생소한 철학 어구들에 대해서 비교적 정확하고 쉽게 설명해 줍니다. 우리 대부분은 무의식적으로 '뭐든지 경험을 해봐야 안다'고 생각하는 암묵적인 경험주의자들입니다. 잘 모르던 것도 해보면 알게 된다고 믿고들 있지요. 그러나 현상학은 바로 그런 경험 자체에 의문을 제기합니다. 경험이 혹시 나의 인식을 왜곡하고 있는 것은 아닐까. 경험했던 것이 남아서 어떤 편견에 사로잡히고 있는 것은 아닐까.

그래서 현상학은 잠정적으로 그런 경험에 침묵을 고하고, 오로지 '의식 안에서의 현실', 그러니까 의식 안에서 지향되는 대상으로 우리의 주의를 돌려야 한다고 주장합니다. 일체의 주관적 관점이나 이념적 현실화를 배격하여 오로지 '현상들' 그 자체만을 가지고 이해해야 한다고 하지요. 이렇게 해서 주관적인 경험이나 이념에 오염되지 않은 새롭고 참신한 대상이 드러나는데, 바로 그것이 '대상으로의 전환'이면서, '사태 자체로'인 것입니다.

이 책의 설명을 듣고 후설의 『엄밀한 학문으로서의 철학』을 읽으니까, 눈에 쏙쏙 들어왔습니다. 후설의 문장도 군더더기가 전혀 없는 매우 간결한 문체였고요. 이걸 계기로 현상학에 대해서 조금이나마 알아가는 느낌을 얻었습니다. 이어서 한정숙 선생님의 개론서인 『현상학의 이해』에서도 매우 큰 도움을 받았습니다. 오랫동안 후설을 연구해 온 노학자가 정성들여 정리한 설명들이 한 땀 한 땀 제 정신으로 들어와서 후설의 논의를 좀 더 명징하게 이해하게 하였습니다. 한정숙 선생님이 인용을 위해 번역한 후설의 철학서 원문들은 책을 읽은 이후에도 다시 찾아 그 부분만 반복하여 읽기도 합니다. 물론 이제는 이종훈 교수님의 번역으로 후설 대부분의 저작들이 번역되어 있지만, 당시만 해도 후설의 번역이 부족했었지요.

스피노자도 그런 경우입니다. 그래서 라틴어 문외한인 저는 진태원 선생님의 박사학위 논문[12]이나 스티븐 내들러의 『에티카를 읽는다』에 번역되어 나온 한글 인용문을 즐겨 찾아 읽습니다. 『에티카』 한글 번역본에서 이해하지 못한 부분을 이렇게 찾아 읽으면 꽤 많은 성과를 얻을 수 있습니다.

그러나 안타깝게도 하이데거는 어쩐지 인연이 없는 것도 같았습니다. 연구실에서도 하이데거 세미나나 강좌가 틈틈이 있었는데, 저는 그런 곳에 갈 시간을 얻지 못했습니다. 왜냐하면 아무래도 직장인이어서, 그나마 공부할 만한 시간을 관심이 가는 마르크스나 들뢰즈, 푸코에 더 투자하게 되지, 하이데거에게는 그런 시간을 주지 못했지요.

이렇듯 저에게 『존재와 시간』은 아주 오래전에 혼자 읽어보려고 했으나 포기했던 가슴 아픈 책이었습니다. 그 후에도 이 책을 독파할 기회를 쉽게 얻지는 못했습니다. 이기상 선생님의 좋은 번역인 『존재와 시간』도 사놓기만 하고 읽을 여력도, 읽을 능력도 못되었지요. 이러다가 하이데거는 제대로 읽을 수도 없는 것 아닌가, 하고 자포자기하는 심정이었어요.

그러다 2년 전 박찬국 선생님의 『하이데거의 『존재와 시간』 강독』이 나와서, 뜻밖에 큰 도움을 받았습니다. 이 책을 따라서 이기상 선생님의 번역본을 함께 읽자 훨씬 이해도가 높아졌습니다(참고로 박찬국 선생님은 이기상 번역본이 아니라 소광희 번역본으로 강독을 하셨습니다). 물론 이 책도 그리 쉽진 않습니다. 저도 완벽하게 독파했다고 자신하지는 못하겠습니다. 그러나 하이데거의 논의를 우리 현실에 맞게 사례를 들어 설명한다든지, 난해한 문장을 우리말에 맞게 풀어 써주어 제가 홀로 읽어 나가는 데 큰 부담을 없애 주셨습니다. 집중력을 가지고 읽어 나가면 독자 스스로 하이데거를 읽을 수 있게 해주는 거죠.

강독책으로 제게 큰 도움이 된 책은 두 권이 있습니다. 이마미치 도모노부의 『단

---

12. 진태원, 「스피노자 철학에 대한 관계론적 해석」, 철학박사 학위논문, 서울대학교, 2006.

테 『신곡』 강의』와 지금 설명한 박찬국 선생님의 『하이데거의 『존재와 시간』 강독』.
우리나라에서도 대학 강단의 전문가들이 이런 강독책을 내주면 참 좋을 것 같습니다. 강독책처럼 학자의 스칼라쉽이 온전히 드러나면서도 독자 대중에게 도움을 주는 경우도 드문 것 같거든요.

저는 여전히 아주 조금 이해한 것에 불과하겠지요. 제대로 이해했는지도 잘 모르겠습니다. 이기상 번역본은 완독했다고 자신하지도 못하겠습니다. 박찬국 강독책을 따라 읽되, 도무지 어려우면 때론 다음을 기약하고 넘기며 꾸역꾸역 읽었으니까요. 그러나 이만큼이라도 저는 매우 기쁩니다. 오랫동안 입구에서만 서성이던 하이데거의 동굴에 드디어 들어갔으니까요. 그리고 이 책을 읽으면서 크게 깨달은 것은 하이데거가 '자기배려의 철학자'라는 것입니다. 특히 그가 '자기'의 문제를 통치의 관점에서 고민했다는 것을 발견하고서 무척 기뻤습니다. 푸코도 자기배려에 대해 집중적으로 강의한 『주체의 해석학』에서 주체와 진실의 문제를 유일하게 제기한 20세기 철학자로 하이데거와 라캉을 듭니다. 또 자신의 강의를 하이데거의 편에서 진행하겠다는 취지의 이야기도 합니다.[13] 그만큼 '자기배려'의 대륙에서도 하이데거는 중대한 철학자인 것이죠. 앞으로도 계속 하이데거를 반복해 읽어 볼 욕심이 생겼습니다. 언젠가는 현상학과 하이데거, 그리고 푸코와 들뢰즈가 하나로 엮여서 새로운 개념들이 제게 솟아오르기를 기대합니다.

13. 푸코, 『주체의 해석학』, 221쪽.

마음을 움직이는 자

—

손자, 『손자병법』

자 네 의 약 점 은 기 술 이 아 니 야 !

영화 「매트릭스」에서 토머스 앤더슨이 빨간 약을 삼키고 난 후, 물컹물
컹해진 거울에 이끌려 그것에 손을 댄다. 그러자 거울이 액체로 변해서
그의 팔을 타고 흘러 올라온다. 아마 앤더슨이 보던 것들이 보던 그대
로가 아니라는 뜻일 게다. 이내 그 다음 장면에서 앤더슨은 '토끼 구멍'
으로 쑥 빠져 들어가는데, 바로 그 순간 앤더슨은 유선형 용기 안에 담
겨 있는 자신의 진실과 대면한다. 알몸인 채로 환상에서 깬 것이다. 그
는 현실이 우리가 아는 그 현실이 아니고, 컴퓨터가 만들어 낸 꿈의 세
계라는 '진실'을 깨닫는다.

    그러나 영화는 묘하다. '진실'을 찾았고, 더 이상 새로운 진실을 찾
아 나서야 할 이유가 없어 보이는데, 앤더슨 일행은 끊임없이 다시 매
트릭스로 돌아와서 싸운다. 이 내러티브는 불교의 보살론(보디사트바,
Bodhissattva)을 상기시킨다. 앤더슨은 깨달았으므로 속세(매트릭스)에서
벗어났지만, 해탈의 문을 열어 그 속세를 빠져 나가지는 않는다. 앤더슨
일행에게 매트릭스 안은 진정 현실이 아니지만, 인간들을 가두어 지배
하는 장이기 때문에 여전히 현실인 것이다. 따라서 매트릭스 안에 들어

가야만 매트릭스와 싸울 수 있었으며, 그 시스템을 무너뜨릴 수 있었다. 즉, 그들은 그들의 해방구를 여전히 매트릭스 안에서 찾아야만 했다.

그러했기 때문에 모피어스는 네오에게 가상현실에서 싸우는 기술을 가르쳐준다. 영화에서는 가상현실에서 죽으면 현실에서도 죽는 것으로 묘사된다. 따라서 현실이 아니지만 여전히 현실인 이곳, 그러니까 환상 속에서 목숨을 바쳐 싸운다는 설정은 무척이나 의미심장하다. 처음 대련에서 네오는 모피어스에게 덩하기만 한다. 모피어스가 말한다. "사네의 약점은 기술이 아니야." 네오가 지는 이유는 기술 때문이 아니다. 그 다음 말이 더욱 인상적이다. "내가 빠르거나 힘이 센 게 내 근육 탓일까? 여기서? 네가 공기를 마신다고 생각해?" 대련 장면에만 몰입했던 우리 관객들은 불현듯 그들이 우리가 사는 '여기'에서 숨 쉬는 것이 아니란 점을 깨닫는다. 그곳은 '현실'이 아니라, '가상'이었다. 그러므로 네오가 싸움에 번번이 지는 이유는 '마음' 때문인 것이다. 마치 우리들이 매 국면마다 마음이 무너져서 세상살이가 헝클어지는 것처럼.

그러나 '마음'을 이야기할 줄 안다고 싸움에서 이기는 것은 아니다. 싸움은 마음이라는 '말'로 해결되는 게 아니다. 옛날 조(趙)나라에 조사(趙奢)라는 유명한 장군이 있었다. 적국인 진(秦)나라에서는 그를 매우 두려워했다. 그런 조사에게 조괄(趙括)이라는 아들이 하나 있었다. 조괄은 어려서부터 병서(兵書)를 읽고 군사를 논했는데, 세상에 자기보다 뛰어난 사람은 없다고 여겼다. 아버지 조사도 말로는 아들 조괄을 당해내지 못했다. 그러나 조사는 전쟁은 위험하고 무서운 것인데 아들이 분별없이 전쟁을 가벼이 보는 것을 걱정했다. 사실 조괄은 병서를 읽고 머리로만 전쟁을 그릴 줄 알았지, 실제 전쟁을 수행해 본 경험이 한 번도 없었다. 그런 조사가 죽자 진나라에서 조나라에 유언비어를 퍼뜨렸다. 조괄이 아버지를 이어 장군이 되는 것을 진나라가 제일 두려워한다는 내용이었다. 전형적인 '가짜뉴스'였다. 여기에 넘어간 조나라 왕은 반대에도 불구하고 조괄을 장군으로 삼고 만다. 아니나 다를까, 결국 조괄은 장평에서 진나라에 대패해 40만 병사가 구덩이에 생매장당하고, 단지 어린아이 240명만 돌아오는 참혹한 일이 일어났다. 이게 그 유명한 장평대전(長平大戰)의 전모다.[1]

조괄은 병서를 읽을 줄만 알았지 병사를 거느리고 직접 싸운 경험이 없어서 사람을 마음대로 쓰고, 규정도 마음대로 고쳤다. 결국 현장의 여러 변화에 어떻게 대처하는지 몰라 우왕좌왕하다 싸움에 대패하고 만 것이다. '종이 위에서 전쟁을 논한다'[紙上談兵]의 대표적인 사례. 허망한 장군 때문에 조나라는 허망한 나라로 덜렁 남아 버렸다.

우리들의 현실도 마찬가지다. 현실에서도 우리가 생각하는 그대로의 현실은 존재하지 않는다. 마치 네오가 들어가 싸우는 매트릭스의 현실처럼, 진짜라고 말할 수 없는 것들로 가득해 있다. 그러나 그런 가짜들로 둘러싸인 세상에서 다치고 죽는 일은 진짜로 다치고 죽는 일이기도 하다. 그러니까, 현실이 아니면서도 현실인 것이다. 그래서 마음으로 그런 환상들과 싸울 줄 아는 것은 현실에서 총칼을 들고 싸우는 것만큼이나 귀하고 무겁다. 환상과 싸우는 그 싸움에서 지는 것은 진짜로 지는 것이니까. 좀 서둘러 말해 본다면 우리들의 현실은 마음과 더불어 싸워야 하는 전장(戰場)인 셈이다.

1. 사마천, 『사기 열전 상』 「백기왕전열전」, 정범진 옮김, 까치글방, 1995, 193~194쪽.

형세, 승리는 나와 적 사이에 있다

『손자병법』(孫子兵法)은 마음의 훈련서이자, 현장의 매뉴얼이다. 나는 오래도록 이 책을 대중서에나 인용되는 처세술서이거나 자기계발서로만 여겼다. 그러나 몇 년 전 중국 철학자 리링(李零, 1948~)이 풀어 준 『손자병법』을 읽고, 손자(孫子, BC 6세기경)가 기술한 마음의 현장을 더욱 리얼하게 여기게 되었다. 중국 현대 철학자인 리쩌히우도 같은 관점을 가지고 있다. 고대 병가의 이론은 단순히 '경험적 귀납'이기만 한 것도 아니고, 그렇다고 '관념의 연역'도 아니라는 것.[2] 그것은 마음과 현장이 결합된 사유였다.

리링은 그것을 손자의 '형세' 개념으로 강렬하게 드러낸다. 춘추전국시대의 백과사전인 『여씨춘추』(呂氏春秋)도 제자백가들을 비교하면서 손자가 '형세' 개념을 중대하게 여겼다고 소개하였다.[3] 『손자병법』에서 형세부문은 「형」, 「세」, 「허실」 세 편이다. 이 세 편은 모두 병력의 배치에 대해 설명하는 챕터들이다. 리링은 형세를 '병력의 배합 방법'이라고 정의한다. 그리곤 영어로 '레시피'(recipe)라고 소개하고 있다. 우리가 흔히 알고 있듯, 레시피는 요리법, 처방전, 비결을 의미한다. 요리를 만

---

2. "그것은 명확한 주체 활동과 이해를 목적으로 삼아 감정에 휩쓸리지 않는 관찰과 현실을 빠르게 파악하는 바탕 위에서 다른 많은 부차적 요소들을 가능한 한 빨리 제거해 버리고 잡다한 세부적인 내용들을 피하여 사물의 핵심을 분명하고 집중적으로, 신속하고 분명하게 발견하고 파악하려는 것이다"(리쩌허우, 『중국고대사상사론』, 정병석 옮김, 한길사, 2005, 185쪽).

3. 여불위, 『여씨춘추』, 김근 옮김, 글항아리, 2012, 499쪽. "노자는 부드러운 것을 중요하게 여기고, 공자는 어진 것을 중요하게 여기고, 묵자는 몸을 다 갈아서라도 천하에 봉사하는 것을 중요하게 여기고, 관윤은 순정한 기운을 중요하게 여기고, 자열자는 빈 것을 중요하게 여기고, 진변은 도를 따라 행하여 치우침이 없는 것을 중요하게 여기고, 양자는 자기 자신을 중요하게 여기고, 손자는 기세를 중요하게 여기고, 왕료는 계략을 먼저 써놓고 싸우는 것을 중히 여기고, 아량은 싸움의 결과를 중히 여긴다."

들려면 식재료 간의 배합 방법을 알고 있어야 할 것이다. 요리가 아니더라도 무엇이든 사람이 무엇을 만든다고 할 때, 그것은 주어진 어떤 것들을 적절하게 배합하는 것을 말한다. 병을 치료하기 위한 처방전도 마찬가지다. 그래서인지 병서에서는 의약 처방으로 병법을 비유하는 일이 잦았다.

처방전과 병법의 유사성이라는 주제는 대단히 흥미롭다. 그러나 당연한 것이기도 하다. 병을 적으로 상정하고, 약을 아군으로 비유하는 것은 매우 자연스러운 것이다. 이 지점에서 동아시아와 서구의학의 중대한 차이가 드러난다. 아마도 병법의 차이가 의학의 차이로 드러난 것이 아닌가 싶다. 동아시아는 싸우지 않고서도 이겨야 진짜 이기는 것이라는 병가(兵家)의 오랜 관점이 의학 처방에도 스며들어 있었다고 할 수 있다. 의사는 사람을 구하고, 병사는 사람을 죽이는 일인데 서로가 서로를 비유한다고 하니, 왠지 기묘한 느낌인 건 사실이다.

배합 방법에는 두 가지가 있다. 그것이 바로 '형'(形)과 '세'(勢)이다. 리링의 절묘한 설명에 따르면 '형'은 미리 조제해 놓고 약국에 진열해 놓은 약들이고, '세'는 의사가 병의 증세와 기운의 허실에 따라 그때그때 내리는 처방들이다. 조금 더 정리해 보면, '형'은 사전에 축적되어진 가시적인 것들이고 '세'는 아직은 가시적이지 않지만 상황에 따라 조성되는 것이다. 이런 정의부터가 동아시아 전쟁술이 가시적인 것들만을 가지고 논한 것이 아니라는 점을 대변해 준다. 전쟁의 현장은 이미 가시적인 것들을 넘어서 있는 것이다.

형은 가시적으로 축적되어진 것이므로 병법에서 보자면 우리가 보통 '실력'이라고 말하는 것이 이 '형'을 가리킨다. 그러나 실력만 갖고는 적을 이길 수 없다. 실전에 들어가면 전장의 기상조건이나 지형이 굉장히 난해할 수 있고, 상대인 적도 예상치 못하게 움직일 수 있다. 그러므로 그때그때 상황에 따라서 변화를 주며 적에게 대응해야 할 것이다. 바로 이 변화가 '세'다. 결국 승리는 이 두 가지를 잘 합쳐야 성취할 수 있다. 손자는 이렇게 말한다. "적이 나를 이길 수 없게 하는 조건은 나에게 있고, 내가 적을 이길 수 있는 조건은 적에게 있다"(不可勝在己 可勝在敵, 「형」4-1)[4] 실력은 내가 방법을 찾아 쌓는 것이지만, 현장의 상황은 적에게 달려 있는 것이다.

이렇게 보면 승리는 나에게만 있는 것도 아니고, 적에게만 있는 것도 아니다. 승리의 길은 나와 적 사이에 있다고 할 수 있다. 내가 축적해 놓은 실력과 적들의 움직임들을 어떻게 연결하여 배치시키느냐에 따라서 승리는 좌우된다. 형과 세는 서로의 꼬리를 물며 현장을 만들어 낸다.

그렇다면 승리의 논리는 의외로 단순하다. 평소에 '형'을 최대치로 끌어올려서 극대화시켜 놓고, 실전의 상황에 맞추어 순간적으로 그 '형'을 제대로 사용하면 되는 것이다. 전자가 '형'이고 후자가 '세'다. 물에 비유하자면 물을 저장하는 것이 '형'이고, 적절한 때에 물을 방류하는 것이 '세'다. 리링은 '형'의 영어 표현을 '포텐셜 에너지'(potential energy, 위치 에너지)로, '세'를 '릴리즈드 에너지'(released energy, 방출 에너지)로 제안한다.[5] 물을 저장한 통을 산꼭대기에 들고 가서(위치 에너지를 극대화한다!), 한꺼번에 쏟아 부으면(방출 에너지를 극대화한다!) 웬만한 것들은 물의 힘에 휩쓸릴 것이다. 손자의 말은 굉장히 단순하지만 정확한 것이다.

4. 리링, 『전쟁은 속임수다 ― 리링의 『손자』 강의』, 김숭호 옮김, 글항아리, 2012, 330쪽 ; 손무·오기, 『낭송 손자병법/오자병법』, 손영달 풀어읽음, 북드라망, 2015, 41쪽 ; 손자, 『손자병법』, 김원중 옮김, 글항아리, 2011, 120쪽.
5. 리링, 『전쟁은 속임수다 ― 리링의 『손자』 강의』, 358쪽.

마음을
움직이는 자

기정상생, 마음이 현장과 함께하다

결국 쌓은 실력도 없으면서 요행을 바라고 승리하는 일도 없으며, 그렇다고 평소 실력만 쌓으면 승리가 자연스럽게 획득되는 것도 아니다. 이 지점에 이르러서 손자는 승리에 대해 강렬한 문장을 남긴다.

"무릇 전쟁은 정직함으로 적과 싸우고 기발함으로 승리한다. 그런 까닭으로 기발함을 잘 쓰는 자는 작전의 변화가 천지처럼 다하지 않고 강과 바다처럼 마르지 않는다. 끝난 것 같지만 다시 시작하는 것이 해와 달과 같으며, 죽은 것 같지만 다시 살아나는 것이 사계절의 변화와 같다. 소리의 기본은 다섯 가지에 불과하지만 오성이 변하면 다 들어올 수 없을 정도로 많으며, 색의 기본은 다섯 가지에 불과하지만 오색이 변하면 다 볼 수 없을 정도로 많으며, 맛의 기본은 다섯 가지에 불과하지만 오미가 변하면 다 맛볼 수 없을 정도로 많으며, 전세는 기와 정 두 가지에 불과하지만, 기정이 변화하면 다 알 수 없다. 기정은 상생하여 순환하는 것이 끝이 없는 듯하니 누가 다할 수 있겠는가?(奇正相生, 如循環之無端 孰能窮之哉)"(「세」, 5-2)[6]

정직하게만 싸워서는 승리를 절대 획득할 수 없다. 손자는 승리가 기발함의 발휘에 달렸다고 한다. 그리고 그 기발함의 발휘는 '기정'(奇正)의 상생에 달려 있다고 덧붙인다. 그러니까 기발함(기[奇])과 정직함(정

---

6. 리링, 『전쟁은 속임수다 ─ 리링의 『손자』 강의』, 373쪽 ; 손무·오기, 『낭송 손자병법/오자병법』, 41쪽 ; 손자, 『손자병법』, 135쪽. 김원중은 '정'(正)을 '정공법'으로 '기'(奇)를 '기습'으로 번역하였다.

[正])이 서로 짝을 이루고 서로 보완하는 데 달려 있다고 본 것이다. 그러면서 그것을 오음(五音)·오색(五色)·오미(五味)의 배열조합에 따라 음악의 선율, 그림의 형상, 음식의 맛이 끝없이 변하는 모양에 비유했다.

사람들은 이 지점에 오면 결국 끝임없이 변한다는 말이로구나, 하고 감탄하여 생각을 멈춘다. 그러나 내가 보기에 여기서 중요한 것은 그저 끝임없이 변한다는 사실이 아니다. 더 중요한 것은 '기'와 '정'이 서로 상생한나[奇正相生]는 데 있다. 기발함, 그 자체만 보면 그게 기밀해 봐야 얼마나 기발하겠는가. 또 정직한 실력, 그 자체만 보면 그걸 아무리 많이 축적했다 한들 그게 얼마나 많겠는가. 그 각각만으로는 한계가 있는 것이다. 어느 한쪽이 아무리 많아도 전쟁은 질 수 있다. 미국도 실력은 누구보다 많았지만, 베트남전에서 기습전에 번번이 지면서 결국 전쟁에 패배하고 말았다.

다시 말하면 '기'와 '정' 각각만 본다면 최대한 노력을 한다고 해도 어떤 제한된 선 안에 있을 수밖에 없다. 즉 전세(戰勢)의 출발은 '기'와 '정' 두 가지 제한된 요소뿐이다. 그러나 손자는 '기'를 얼마나 사용하고 '정'을 얼마나 사용하며, 그것들을 어느 방향으로 더 투입하고 덜 투입하느냐에 따라서, 다시 말하면 '기'와 '정'의 상생하는 방식[결합하는 방식]에 따라서 작전의 변화가 끝없이 달라질 수 있으며, 오로지 그것만이 승리를 획득한다고 말하고 있다. 승리는 정직함[형]과 기발함[세] 사이에 있는 것이다.

훈련을 통해 마음은 단련되지만(정[正]), 그것은 현장에서 다른 모든 것들의 움직임과 함께 완성된다(기[奇]). 모피어스가 말했던 '마음의 감옥'(prison for the mind)은 영어 표현에서도 드러나지만, 그것은 물을 담은 용기와도 같다. 우리가 앞서 말했던 위치 에너지(potential energy)인 바로 그 '형'(形)이다. 그것은 훈련을 통해서 끝없이 축적해야 할 것이다. 마음의 훈련, 그것은 바로 정(正)이다. 그러나 그것만으로는 승리는 불가능하다. 훈련된 마음이 현장에 있는 모든 사물들과 혼연일체가 되어 함께 움직여야만 한다. 그 현장성, 그것은 바로 기(奇)다. 그래서 손자가 말한다. "적의 변화에 따라 승리를 빼앗는 사람을 '신'이라 한다"(能因敵變化而取勝者, 謂之神, 「허실」 6-5).[7] '마음의 감옥'을 그릇처럼 자유자재로 움직이는 자, 바로 그런 자여야 비로소 싸움을 이긴다.

네오가 싸움에서 이기는 문제는 언제나 마음을 자유롭게 하는 문제였다. 그는 시스템이 주는 훈련 방식에 따라서 끊임없이 실력을 쌓는다. 그러나 싸움은 그것만으로 이루어지지 않았다. 결국 영화 마지막에 네오는 스미스 요원이 쏜 총알에 심장이 관통되어 죽는다. 그 순간 트리니티가 네오에 대한 사랑을 드러내는데, 그것이 네오를 부활시킨다. 그 사랑이 네오의 의심을 없애고 새로운 네오로 부활시켜 되돌려 보낸 것이다. 그는 이제 어느 한 곳에 마음을 붙잡아 놓지 않는 자가 되었다. 총알이 쏟아지는데도 그는 전혀 미동도 하지 않는다. 마음이 총알과 함께 움직이고 있기 때문일 것이다. 비로소 기정상생할 줄 알게 된다. 영화에서 앤더슨은 두 번 깨닫는다. 토끼 구멍에서 빠져나오면서 한번, 총알들과 함께한 현장에서 다시 한 번. 비로소 싸울 줄 알게 된 것이다. 진정한 현실, 현실의 현실에 드디어 다가갈 수 있게 된다. 손자의 말대로 적의 변화에 따라 승리를 빼앗는 사람, 즉 그는 신이 되었다.

7. 리링, 『전쟁은 속임수다 — 리링의 『손자』 강의』, 453쪽 ; 손자, 『손자병법』, 174쪽.

손자의
『손자병법』
후기

저는 오랫동안 공자(孔子)에 대해 세미나를 하거나 특별히 강의를 신청하여 듣지 않았습니다. 대중 인문학 공간에서 이것은 매우 특이한 케이스에 속할 것입니다. 인문학을 공부하는 대중들 사이에 꼭 읽어야 할 인문학 고전으로 『논어』를 꼽지 않는 사람은 없습니다. 강의나 세미나도 지천으로 깔려 있어서 마음만 먹으면, 아니, 마음을 먹지 않더라도 어떤 프로그램에 들어가 따라가다 보면 커리큘럼에 공자 하나쯤은 끼어 있어서 배우지 않을 수 없으니까요.

또한 한국인이라면 『논어』는 제목 자체가 매우 친숙할 뿐 아니라, 본문의 문장도 정치인의 말이나 신문 칼럼에 자주 인용되기 때문에 읽지 않아도 읽은 것 같은 텍스트입니다. 술자리에서 오랜만에 만난 동료에게 『논어』의 첫 문장, "학이시습지, 불역열호! 유붕자원방래, 불역낙호!"를 외치는 모습은 이제 너무 낡아서 아무도 반응하지 않는 평범한 의례가 되고 말았습니다. 그만큼 공자는 죽어 버린 지식이 되었다고 할 수 있을 겁니다. 아마 저도 그런 죽은 지식 정도로 공자를 이해하고 있었습니다.

그렇지만 어찌된 영문인지 공자의 평전은 한권 찾아 읽은 적 있습니다. 당시 저는 루쉰의 글들을 집중적으로 읽고 있었습니다. 동아시아의 어떤 텍스트에도 흥이 나지 않던 제가 루쉰이라는 자이언트를 만나면서 완전히 새로운 정신을 가지게 되던 때였습니다. 사실 루쉰은 중국고전에 대해 무척 부정적으로 말을 하던 사람입니다. 예컨대 루쉰은 광저우(廣州)시절 한 강연에서 '낡은 곡조'에 대해 말한 적 있습니다. 중국인들은 조화와 절충을 좋아한다고들 하지만, 루쉰이 보기에 그것은 옛 길로 돌아가는 것이고 '낡은 곡조'를 다시 노래하는 것에 불과하다고 냉정하게 이야기합니다. 사실 이 낡은 곡조는 부드러운 칼날이기 때문에 더욱 위험하다고도 덧붙입니다. 강철 칼로 난자당하는 고통은 느끼면서도, 그 칼날이 부드럽기만 하면 머리를 잘라도 죽음을 모르니, 정말 한심하다는 것이죠. 그러므로 살아나려면 '격렬하고'

마음을
움직이는 자

'위험한' 방법을 사용해서라도 주인 섬기던 구(舊)문화를 철저히 벗어나야 한다는 것이 루쉰의 생각이었습니다. 급기야 다음과 같은 이야기까지 합니다.

"나는 중국 책을 볼 때면, 늘 마음이 차분히 가라앉아 실제의 삶과 유리된 듯한 느낌을 받는다. 외국 —— 인도를 제외하고 —— 책을 읽을 때면, 흔히 인생과 마주하여 무언가 하고 싶은 생각이 든다. 중국 책에도 세상에 뛰어들라고 사람들에게 권하는 말이 들어 있기는 해도, 대부분 비쩍 마른 주검의 낙관이다. 반면 외국 책은 설사 퇴폐적이고 염세적일지라도, 살아 있는 사람의 퇴폐와 염세이다. 나는 중국 책은 적게 보거나 —— 혹은 아예 보지 말아야 하며, 외국 책은 많이 보아야 한다고 생각한다. 중국 책을 적게 보면 그 결과는 글을 짓지 못할 따름이다."[8]

그래서인지 저는 더더욱 중국고전인 『논어』를 찾아 읽을 일이 없었습니다. 그런데 당시 루쉰이 살던 시대를 더 잘 이해하기 위해서 조너선 스펜스(Jonathan D. Spence, 1936~)의 『천안문』이란 책을 찾아 읽었는데, 중국근대사를 서술하는 그의 문체나 시선이 매우 참신해서 한달음에 전부 읽었던 기억이 납니다. 그 뒤로 스펜스의 작품은 줄곧 찾아서 읽곤 했지요. 그러던 중 당시 신문기사에 그의 중국계 미국인 부인이 같은 중국학자인데, 그녀가 쓴 『공자평전』이 번역되어 나왔다는 겁니다. 그녀의 이름은 안핑 친(Annping Chin, 金安平).

그날은 춘천에서 친구들에게 루쉰 에세이를 발표하는 날이었는데, 춘천 가는 버스에서 몇 페이지라도 읽을 요량으로 이 책을 들고 갔습니다. 스펜스-안핑 친 부부는 모두 글을 잘 쓰는 학자들이었습니다. 스펜스가 마치 추리소설처럼 역사의 속살을 찾아 흥미진진하게 서술하는 사람이라면, 안핑 친은 너무나 잘 알려진 대상에 대해 요란한 신화들을 걷어내고 현실의 인물 그대로 담담하게 풀어내는 솜씨가 있었습니다. 둘은 글쓰기를 통해 서로를 상호보완해 주는 정말 이상적인 글쓰기 부부 같아 보이더군요. 아무튼 저로선 이 책이 공자에 대한 첫 대면이었습니다.

그러나 이후 『동의보감』이나 『주역』 그리고 『중국철학사』, 『중국사유』 등등 동아

---

8. 루쉰, 『화개집 / 화개집속편』(루쉰전집 4), 루쉰전집번역위원회(이주노, 박자영) 옮김, 그린비, 2014, 32쪽.

시아 사유에 대해서 새로운 생각을 가지고 공부를 하게 되자, ——이 이야기는 『중국철학사』를 이야기하는 곳에서 말하도록 하겠습니다.[9] —— 동아시아 텍스트들을 봇물 터지듯 찾아 읽게 됩니다. 그럼에도 이상하게 공자의 『논어』는 접하지 못하고 이리저리 피해갔습니다. 여전히 『중국철학사』를 비롯하여 여러 중국 철학책에 인용된 『논어』 구절들에 의존해서 공자를 이해하고 있었습니다. 그렇게 해도 된다는 생각도 컸습니다.

그러던 중 친구들과 1년짜리 강좌 프로그램을 기획하다가, 뜻밖에도 리링이라는 걸출한 고전학자를 만나고 말았습니다. 책 제목은 『집 잃은 개』(喪家狗). 『논어』 본문에 대해 고문헌학을 동원하여 한 문장씩 설명하는 책으로, 아마 제가 읽기 전에도 매우 유명한 책이었던가 봅니다. 친구들과 본격적으로 읽기로 하고 세미나를 몇 번 하였는데, 글쎄, 뜻밖에도 저는 이 학자에게 푹 빠지고 말지요. 특히 단어 하나하나를 고고학과 고문헌학을 이용해서 정확하게 해석해 가는 과정이 경이로웠습니다. 아마도 엄밀한 학문 방법론을 습득해 본 적 없던 저에게 학문이란 이런 것이로구나, 하고 깨닫게 되는 계기가 되었을 것입니다. 아무튼 그의 자구 해석은 지루하지 않았고, 매우 설득력이 있어서 줄을 긋지 않고서도 너무나 잘 읽었습니다.

그런데 저에게 그는 문체 면에서 더 흥미로운 학자입니다. 매우 학술적인 지식을 이용해 전개해 나가고 있기 때문에 그의 책에 담긴 지식들은 논문을 방불케 합니다. 그럼에도 불구하고 그는 생각의 단위를 분명하게 잘라 내어, 마디마디마다 명쾌하게 문장을 구성하고 있었습니다. 더군다나 그런 학술적인 문장 속에 초탈이랄까, 유머랄까 하는 묘한 정신을 숨겨 둘 줄도 알았습니다. 이를테면 다음과 같은 문장을 보십시오.

"[공자는] 만년을 고독하고 처량하게 보내야 했다. 공자는 68세의 고령으로 노나라로 돌아갔는데, 거의 매년 마음 아픈 일이 일어났다. 69세에는 아들이 죽었고, 71세에는 『춘추』를 절필했고, 안회가 병으로 죽었으며, 72세 때는 중유가 위나라에서 죽었다. 그러나 가장 이상한 것은 70세 이후에 인생의 여정을 마감하려고 하던 그가 오

---

9. 이 책의 670~674쪽에 서술되어 있습니다.

히려 '마음이 가는 대로 따라도 법도를 넘지 않는' 경지에 이미 도달했다는 점이다. 죽음은 가장 큰 해방이다. 사람은 끝까지 살아봐야 비로소 사는 것이 무엇인지 분명하게 알 수 있다. 그러나 많은 사람은 여전히 죽음에 이르러서도 알지 못한다."[10]

이어서 공자 평전도 몇 가지를 더 읽었습니다. 특히 크릴(H. G. Creel, 1905~1994)의 『공자』는 현실적인 공자의 다양한 면모를 전기, 인간, 제자, 교사, 학인, 철인, 개혁가 등의 모습으로 잘 설명해 줍니다. 아울러 리링은 『논어, 세 번 찢다』라는 책도 썼습니다. 이 책을 집중적으로 읽고서야 내가 알고 있는 『논어』는 『논어』가 아니라는 생각이 들게 되었습니다. 공자는 매우 현실적인 사람이었고, 그가 말한 것들도 현실적인 정치 상황에서 발언한 내용들이며, 그것도 매우 일상적인 언어로 서술된 이야기였다는 것을 깨닫게 되었습니다. 나는 어쩌면 루쉰조차도 이런 공자의 정신으로 설명해 볼 수 있지 않을까 하는 공상마저 하게 됩니다. 이렇게 공부는 아이러니합니다. 전혀 대립될 것 같은 사람들이 기묘한 지대에서 만나게 되기도 하니까요.

급기야 그 친구들과 중국 여행을 가서 노나라 곡부에 있는 공자묘도 보고 왔습니다. 낭송용으로 출판된 『낭송 논어/맹자』를 들고 공자묘 앞에서 친구들과 낭송도 하였습니다. 옆으로 지나가는 중국인들이 신기하게 바라보며 미소를 지어 보이기도 하더군요. 공자의 고향에서 공자의 말을 낭송하는 기분이라니. 중국인들은 우리가 읊고 있는 이 문구가 무엇인지 전혀 모르겠지요. 그들이 모르니 더 짜릿한 기분이었습니다. 이게 어쩌면 리링이라는 학자의 멋진 문체와 문장들이 있었기 때문에 가능한 일인지 모르겠습니다. 리링은 공자보다 손자로 더 유명합니다. 리링 스스로 중국의 사유는 기본적으로 병법에서 출발했다고 주장하고 있으니까요. 그렇지만 제가 리링을 만난 것은 공자의 『논어』라는 텍스트를 통해서입니다. 이런 문체를 가진 학자들, 그러니까 정확하지만 초탈한 문체로 고도의 학술 지식을 전달해 주는 그런 학자들이 많아졌으면 좋겠습니다. 혹시 안 읽어보셨다면 리링의 책들은 꼭 읽어 보시길 바랍니다. 공자가 비로소 자신의 온 정신을 산산이 뜯어 헤쳐서 선연히 드러내는 그 눈부신 장면을 여러분은 바라보게 될 것입니다. 정말 꼭 읽어보십시오.

---

10. 리링, 『집 잃은 개』, 김갑수 옮김, 글항아리, 2012, 109~110쪽.

새로운 물신, 혁명의 순간

데이비드 그레이버, 『가능성들』

보이지 않는 손 – 영구불변한 체계?

니체의 『차라투스트라는 이렇게 말했다』에서 마지막 '나귀의 축제' 장면[1]은 볼수록 우스꽝스러우면서도 어딘지 아주 장엄하다. 신이 죽었다는 것을 이미 알고서도 우중(愚衆)들은 나귀를 대상으로 다시 경건하게 신앙을 찾아 나선다. 특히 지체 높은 경배자들이 연도를 하자 그때마다 나귀가 마치 신의 목소리인 양 "이-아" 하고 화답하는 장면은 교회 미사와 오버랩되어 무척이나 현대적이며 영화적이다. 이 장면은 제 발로 거렁뱅이가 된 자, 그리고 차라투스트라와 그림자가 쫓고 쫓기는 장면과 함께 이 책에서 가장 연극적이고 영화적인 장면이라고 말하고 싶다. 모두 다 자기 이외의 것, 자기 자신을 구속하고 마는 것에 자기를 의탁하는 피로한 자의 모습을 우스꽝스럽게 보여 주려는 것이 아닌가.

나는 오랫동안 이 장면을 그저 신이 죽은 자리에서 신앙의 부활을 보여 주는 우스꽝스러운 장면으로만 해석해 왔다. 그런 해석만으로도

---

1. 니체, 『차라투스트라는 이렇게 말했다』, 509~520쪽.

니체의 천재성이 유감없이 드러나는 장면이라고 느꼈던 것이다. 그러나 인류학자 데이비드 그레이버(David Graeber, 1961~)의 글들을 읽고 그것을 완전히 다르게 해석하게 되었다. 그것도 니체와는 멀어도 한참 먼 경제학의 통념들을 뒤집는 전복적 희열을 느끼면서 말이다.

경제학은 애초에 도덕철학으로부터 분리되어 나온 학문이었다. 경제학은 시장의 기능과 행위에 관련되어 있다. 그리고 그것은 시장이 스스로 자동조절된다고 가정한다. 다시 말하면 어떤 중앙 집권적 통제장치 없이도 '보이지 않는 손'(이른바 '가격')에 의해 스스로 작동한다는 것. 가격이 비싸지면 수요가 줄어들고, 공급은 늘어난다. 그 순간 초과 공급이 생겨서 가격은 다시 싸지는데, 그러기를 반복하다 보면 어떤 가격에서 수요와 공급이 균형을 이룬다는 원리이다. 이 신기한 장치가 역사의 어느 시기부터 작동하자, 경제 이론가들이 등장하여 시장은 자동적으로 잘 작동하는 균형 체계이며, 심지어 인간 본성에서 유래된 자연스런 체계라고 주장한다. 우리도 모르게 시장이라는 제도가 영구불변한 체계가 되어 버렸다. 근대 이래 수백 년 동안 이런 경제 체제를 당연한 것처럼 여기며 살게 된 것에는 경제학 이론이 기여한 바가 엄청나다. 그래서 이제는 뒤집기 어려워졌다. 우리가 어어, 하는 사이 온갖 가격들이 시장 안에 가득 차 버린 것이다.

상 상 력 이 필 요 하 다

그레이버는 이런 완고한 체계에 균열을 가하려면, '상상력'이 필요하다고 주장한다. 그러나 뭐, '상상력'을 들먹이는 게, 그다지 새로울 것도 없어 보인다. 지금에 와서 보면 오히려 진부하지 않은가. 그러나 그레이버가 이야기하는 상상력은 공상과학에 나오는 그런 상상력은 아닌 듯하다. "상상력에 권력을"(give power to the imagination)이라는 1968년 혁명의 슬로건이 지시하는 것처럼, 새로운 사회, 그러니까 경제학에 의해 영구불변 체제가 된 현대 사회를 넘어서서 새로운 사회를 만들려면 어떤 특정한 상상을 사회적 실재에 부여해야만 한다는 것이다. 68혁명 전까지만 해도 사람들은 기존의 완고한 사회적 실재를 바꾸려면 오로지 국가(정부)라는 억압적 메커니즘을 타도해야만 가능하다고 상상했다. 그러나 그레이버는 다른 상상이 있다고, 더군다나 실제로 존재한 적이 있는 과거의 '실재'에 기초한 급진적인 상상들이 존재한다고 주장한다. 정통 마르크스주의가 보지 못했고, 심지어 무시하기까지 했던 주제, 그러니까 가장 '정신적인 주제'에 대해 질문을 제기하고 있는 것이다. 마치 정신의 개조가 필요하다는 듯이.[2]

그레이버에게는 인류학(anthropology)이란 바로 그런 상상력의 실제적 원천들을 찾는 작업이다. 68혁명의 이론가인 카스토리아디스(Cornelius Castoriadis)는 옛 상상력 아래에서 역사는 기존 제도에 구속되어 버렸고, 그만큼 지리멸렬해졌으므로, 새로운 상상력으로 그 옛 상상력에 대항해 역사를 새롭게 만들어야 한다고 생각했다. 그레이버는 99%가 경제학적 통념으로 가득한 세계일지라도 남아 있는 1%의 인류학적 자원에 새로운 상상력이 '실재로서' 숨어 있다고 여겼다.

그래서 그는 인류학에서 일종의 "상상의 민족지"(ethnography)를 발굴하여 소개하고, 새로운 상상을 구성하려고 한다. 상상 그 자체에 대한 인류학을, 그러니까 상상이 어떻게 세상을 바꾸어 왔는지를 생생한 인류학 자료로 찾아 보여 주는 것이다.

---

2. 이 의미에서 나는 마오쩌둥의 문화대혁명이 가지는 가치를 부정적이든 긍정적이든 다시 되돌아봐야 한다고 생각한다.

새로운 물신,
혁명의 순간

예컨대 '농담관계'(Joking relation)와 '회피관계'(Relations of avoidance)를 들어 근대 예절이 어떻게 생성되는지를 보자. '농담관계'는 친구들처럼 서로 조롱하고, 희롱하고, 괴롭히는, 그야말로 무례하고, 비격식적인 관계다. 대개 그것은 평등한 관계다. 반면 사회 내 어떤 한 집단(노예들)이 다른 한 집단(귀족들)을 쳐다보지도 못하고, 극단적인 존중과 격식을 갖추는 관계를 '회피관계'라고 한다. 대개 그것은 위계적인 관계다. 친구는 서로 격의 없이 농담을 주고받지만, 부하직원은 상사를 피해 다닌다. 농담관계에 참여하는 자들의 신체는 서로 상호작용한다. 욕을 한다는 사실 자체가 동물들의 행위와 같은 것이어서, 흡사 야생적인 관계라고도 할 수 있다. 미하일 바흐친이 "생성하는 몸"(a body in the act of becoming)이라고 했던 그 카니발적 신체는 이를 말한다.[3] 그러나 회피관계에 참여하는 자들의 신체는 서로가 서로를 피한다. 아랫사람은 고개를 숙이고, 윗사람은 그 사람에게 관심을 두지 않는다. 오로지 지시가 있고 복종이 있을 뿐이다. 즉 신체는 닫히고, 신체의 모든 구멍은 막히고 폐쇄된다.[4]

사실 회피관계에 있는 자는 터부(tabu)를 가진 사람, 즉 추장이나 왕에 불과했다. 몇몇을 뺀 공동체 구성원 대부분이 농담관계였던 것. 그러던 것이 '문명화과정'을 거치면서 회피가 일반화되는 단계에 이른다. 국가가 강제력을 독점하면서, 신하들의 공격적 충동(이것은 농담관계를 구성하는 충동이었다)을 억누른다. 이것이 완전히 내면화되고, 궁정을 넘어 신흥 부르주아지에게 영향을 미치기 시작하면서 농담관계의 평등한 상상

3. 데이비드 그레이버, 『가능성들』, 조원광·황희선·최순영 옮김, 그린비, 2016, 40쪽.
4. 그레이버, 『가능성들』, 40쪽.

력들이 역사 저편으로 사라지고 만다. 함성들로 만발한 상상력들이 더이상 소리치지 못한 채 사그라들었다.

그 이후 그런 상상력(농담관계는 동물적이므로 자연과 연결되었다고 여기는 상상력이다)은 특정한 시기, 특정한 장소, 즉 카니발적 장소(the place of the carnivalesque)[5]에서만 용인된다. 그 이외의 장소에서는 상상력은 제한되고, 들뜬 신체는 진정되었다(drying out).[6] 상상력이 변하면서 사회도 변한다. 그만큼 네질의 변화, 그리고 그에 따른 사회의 변화는 상상력의 조절과 연관된다. 다시 말하면 농담관계라는 평등한 관계 속에서 제각기 상상한 대로 행동하고 발언하던 것이 어느 순간 조절되고 억압당한다. 이런 과정을 거치면서 인간에게는 경계 지어진 관계, 경제학이 제시한 세계관만 남게 되는 것이다. 이제 에너지 넘치는 함성들이 원한에 찬 아우성이 되어 버렸다.

몽상의 즐거움, 소비를 창조하다

이런 상상의 중대함은 소비(consumption)의 개념을 인류학적으로 추적하는 과정에서 더욱 크게 드러난다. 우리 시대에 소비는 필요에 의해서 상품 등을 구입하여 소유하는 행위를 말한다. 그러나 고대적 의미에서 '소비'는 원래 가지고 있는 것을 파괴하고, 태우고, 증발시키고, 낭비하는 것을 의미했다. 새로운 것이 나오려면 기존의 것들은 파괴되어야 한다. 철학자 바타유(George Bataille, 1897~1962)도 이런 관점에서 문화

---

5. 그레이버, 『가능성들』, 80쪽.
6. 그레이버, 『가능성들』, 78쪽.

새로운 물신,
혁명의 순간

의 본성은 야생의 희생적 파괴와 같은 비합리적 행동에 존재한다고 보았다. 북아메리카 연안의 포틀래치(potlatch)는 엄청난 양의 재화 더미에 추장이 불을 붙이는 장면에서 극적으로 연출된다.[7] 그것은 새로운 것을 위한 엄청난 소비였던 것. 그들은 현대의 소비사회와는 완전히 다른 소비를 보여 주었다.

이런 관점은 욕망을 완전히 다르게 이해하게 한다. 사실 욕망은 필연적으로 상상을 포함한다. 즉 욕망의 대상은 객관적으로 존재하는 물건이기만 한 것이 아니라, 항상 '상상적 대상들'이다. 탁자 위에 있는 사과는 그냥 객관적인 사과가 아니다. 그것은 내게 안겨줄 상쾌한 맛을 떠오르게 하는 존재로서의 사과다. 어떤 끌림이나 지향이 부과된 상상적 구조물인 것이다. 헤겔의 인정욕망을 여기에다 얹어 설명하면, 모든 욕망의 대상은 다른 사람들과의 관계 속에서 인정받고자 하는 마음과 함께 생성된 상상적 구조물이다. 동물들이 단지 성적 충동만을 가지고 섹스를 한다면, 인간은 단지 섹스만을 원하는 것이 아니라, 훌륭한 파트너와 함께 섹스를 할 만한 사람으로 인정받기를 원한다. 즉 그들은 사랑받기를 원하는 것이다. 다시 말하면 인간욕망은 상호 인정을 상상하면서 형성된다.

그렇기 때문에 상호 인정하는 상상력을 선취하여 조작할 수만 있다면, 그러니까, 인간 존재를 지배하는 이미지(타인의 상상력을 조정하는 이미지)를 가질 수만 있다면, 인간을 실제로 지배할 수 있다는 말이기도 하다. 현대에 와서 다른 이의 마음에 영향을 미치거나 그것을 '구속하는'

---

7. 포틀래치는 북미 인디언 부족사회의 관습으로 본디 치누크족 말로 '소비한다'라는 뜻이다. 의식의 주관자는 자신들이 소장하고 있는 모피나 귀금속 같은 잉여재산을 불태우거나 이웃에 나눠준다. 이때 불태우거나 나눠주는 재화의 양에 따라서 지위나 계급이 달라졌다.

기술(광고 등)을 발전시키게 된 것은 이것 때문이리라. 매체는 상상력을 뜯어 먹으며 인간의 행동을 가두기도 하고 움직이기도 한다. 상상력을 제한하여 오로지 물리적 대상인 상품에만 집중하도록 구속하는 것, 단지 소비하는 것이 소유하는 것이라고 생각하게 하는 것, 바로 그것이 현대 소비의 핵심이라고 할 수 있다.

그러나 그레이버는 진짜 즐거움이 물리적 대상을 소비하는 데 있지 않다고 단언하면서, 그 즐거움은 몽상 그 자체에 있다고 진단한다. 욕망은 상당 부분 상상에서 쾌락을 얻는다. 그렇다면 욕망의 충족은 재화의 소비보다 상상의 조련에 달려 있다고도 할 수 있다. 제한된 재화를 소량만 소비해도 새롭게 상상하면 즐거움을 극대화할 수 있다. 내가 직접 야채를 길러서 요리해 먹고, 친구들과 낡은 기타를 들고 록밴드를 결성하여 우리들의 음악을 하는 것, 그것은 상상력에 기반한 창조적 소비주의이다. 상상력이 소비 그 자체를 수정한다. 이제 우리의 상상력이 우리의 쾌락을 낚아채 뜯어 먹는다.

혁명적인 순간, 상상이 바뀌다

사실 상상은 경험적인 영역과 근본적으로 연결되어 있었다. 즉 상상 자체가 경험이었다. 그러므로 욕망은 근본적으로 상상에 의해서 충족되어도 실제로 충족되는 것이었다. 그러던 것이 데카르트에 와서 변하기 시작했다고 한다. 상상이 경험과 본질적으로 구분된다고 생각하게 된 것이다. 이후 꿈이나 마음속 상상은 실재가 아니므로, 비경제적인 것이 된다. 이제 케이크는 상상으로만 먹으면 먹은 게 아니고, 빵집에서 사서 실제로 '소유하여' 먹어야만 먹는 것이 되었다. 상상이 경제에 끌려 다니는 꼴이다. 이제 나는 내 마음대로 상상하기도, 내 마음대로 즐거워지기도 힘들다.

그러나 이 순간 거꾸로 생각해 볼 수도 있다. 우리를 지배하는 현재의 상상을 뒤엎고, 상상을 새롭게 직조하여 구성하면 기존 위계와 소비를 무너뜨리고, 새로운 사회를 구성할 수 있지 않을까? 언제나 적이 우리를 겨냥하는 곳, 그 위험한 곳에 가서야 그들을 고꾸라뜨릴 무기를 벼릴 수 있다. 우리를 패배케 한 무기가 우리의 무기가 되는 것이다.

이 지점에서 그레이버가 꺼낸 카드는 마르셀 모스(Marcel Mauss, 1872~1950)의 '총체적 상호의존성'이란 개념이다. 그는 시장이라는 것이 없어도 잘 작동하는 사회의 모습을 찾아 보여 준다. 놀랍게도 두 집단 또는 두 개인 사이에서 서로에게 물품을 무한정 제공하겠다는 협정으로 작동하는 사회가 있었다. 다시 말하면, 사회계약의 가장 기본적인 형식이 원래 '공산주의'였다는 것. 내가 보기에 그것은 '믿음의 공산주의'로 자본주의 사회 밑에서도 보이지 않게 작동하고 있는 듯하다. 총체적으로 상호 의존해야만 즉, 내가 화폐를 주면 상대가 그에 맞는 상품을 줄 것이라고 믿어야만, 화폐교환이 가능할 테니 말이다. 화폐를 중심으로 믿음이 구성된 공동체.

이 순간 뜻밖의 것이 우리들 앞에 떠오른다. 이것을 가능하게 해주는 것은 뜻밖에도 '물신주의'(Fetishism)인 것이다. 마르크스가 자본주의에서 모든 것을 '화폐 환상'으로 바꾸는 신비한 현상이라 했던 그 '물신주의'. 마르크스가 부정적 맥락에서 묘사한 듯했던 그 물신주의를 그레이버는 완전히 다르게 돌려세운다.

물신은 사람이 만들거나 행하는 그 무엇인데, 사람들이 추구하기를 그치지 않는 그런 것이다. 물신이 될 수 있는 것이 특정되는 것은 아니다. 예컨대 '의무적인' 욕설이 물신을 구성하기도 한다. 의무를 이행하지 않으면 맹세한 사람을 죽여 버릴지 모른다고 협박함으로써, 공동체의 물신은 강화된다. 화폐, 국가도 바로 그런 물신들이다. 그런데 중요한 것은 사람들이 이런 무언가를 창조하고 나서, 마치 그것이 자신에게 지배력을 행사하는 것처럼 행동한다는 점. 마치 늪 속에서 더 깊은 늪으로 들어가는 양상이다. 그러니까 돌이킬 수 없이 누구나 그 물신에게 복종하고 또 복종한다. 물론 이런 물신은 그 무엇도 표상하거나 재현하지 않는다. 그것 자체로 스스로 힘을 갖는다. 그리고 그것을 만든 사람들이 스스로 그것에 복종한다. 마치 새로운 신을 창조하는 것과도 같은 일이다. 우리 자신에게 되돌아오는 우리의 행동들(our own actions coming back at us)[8]인 것이다. 우리가 만들고 우리가 복종한다. 그레이버는 바로 이 순간이 '혁명적인 순간'이라고 선언하고 있다. 상상력을 바꾼 뇌가 반란이라도 일으킨 듯이 말이다.

"(아프리카 상인들의) 보통의 목표는 작은 시장체계를 창조하는 것이었다. 지속적인 거래의 기초가 될 수 있는 교환 항목과 비율, 신용과 재산의 관리에 대한 규칙을 규정하는 것. 심지어 물신이 명시적으로 계약을 확립하는 것에 관련되는 것이 아닐 때조차, 그것들은 거의 변함없이 새로운 무언가(새로운 신도, 새로운 사회적 관계, 새로운 공동체들)를 창조하는 기초가 되었다. 따라서 최소한 처음에 모든 '총체성'(totality)은 잠재적이고 상상적이며 관점에 의존하는 것이었다. 게다가, 이것이 정말로 결정적인 지점인데, 그것은 모든 사람이 마치 물신적 대상이 실제로 주체적인 성질을 갖고 있는 것처럼 행동할 때에야만 실제로 존재할 수 있는 상상적인 총체성(imaginary totality)이었다. 계약의 경우에 그것은 다음을

---

8. 그레이버, 『가능성들』, 216쪽.

의미한다. 만약 당신이 위반을 하면 그것이 당신에게 벌을 주기라도 할 것처럼 행동하라. 다시 말해서, 이것은 혁명적인 순간이다"[9]

이제 다시 니체의 나귀 축제로 되돌아가 보자. 신이 사라진 자리에서 지체 높은 인간들이 나귀를 중심으로 새로운 신앙을 구성하고 있었다. 차라투스트라는 화들짝 놀란다. "하나같이 다시 경건해졌구나. 기도를 하고 있구나. 실성들을 했나보다!" 두 사람의 왕, 실직한 교황, 고약한 마술사, 거렁뱅이, 나그네, 예언자들이 모두 어린애처럼 무릎을 꿇고 나귀를 경배하고 있으니, 그럴 만도 하다. "이-아"하는 나귀의 울음소리와 함께. 그들은 신을 다시 깨워 일으켰다. 그러나 차라투스트라는 이내 당혹스러움을 거두고 이 전대미문의 사건을 두고 새로운 평가를 내린다. "나귀의 축제를 잊지 말라! 그것은 내 곁에서 생각해 낸 좋은 징조(good omen)이다. 건강을 되찾는 자만이 이와 같은 것을 생각해 낼 수 있으니 말이다"[10]

나는 이 순간이 그레이버가 통찰한 그 혁명의 순간이 아닌가 싶다. 지체 높은 자들은 기존의 신이 사라진 자리에서 새로운 물신을 창조함으로써 새로운 공동체를 구성하고 있었다. 물론 그들이 이 새로운 물신 앞에서 헤쳐 나갈 길은 험난하고 낯설 것이다. 그러나 저 경배의 순간은 완전히 새로운 길로 들어선 순간임이 틀림없다. 아마도 경배는 새로운 물신 앞에서 새로운 믿음으로 이루어진 행위이리라. 건강을 되찾은 자들만이 만들어 낼 수 있는 새로운 행위로서 말이다.

---

9. 그레이버, 『가능성들』, 228쪽.
10. 니체, 『차라투스트라는 이렇게 말했다』, 520쪽.

데이비드 그레이버의
『가능성들』
후기

아마 제가 레비-스트로스(Claude Levi-Strauss, 1908~2009)라는 사람의 책을 직접 들고 읽은 것은 어느 강의 프로그램에서 인류학 교재로 『슬픈 열대』를 읽어야 했기 때문일 것입니다. 그러나 아주 짧은 시간에 그 긴 책을 읽어야 해선지, 인류학에 대한 정교한 인식은 생겨나지 않은 채, 인류학을 원시인들을 연구하는 학문 정도로 보게 되는 편견만 얻게 되었던 것 같습니다. 지금 생각해도 무얼 어떻게 읽었는지 전혀 기억나지 않습니다. 아쉬움이 큰 시간이었습니다.

보통 일반적인 대중 교양층은 레비-스트로스라면 대부분 인류학자라고 알고 있을 것입니다. 맞습니다. 그만큼 레비-스트로스는 인류학자로서 대단한 명성을 갖고 있습니다. 그러나 레비스트로스가 인류학 이론으로 유명한 것은 당연히 맞지만, 철학에서 보자면 20세기 현대철학의 핵심인 '프랑스 구조주의'에 큰 영향을 끼친 매우 중요한 학자이기도 합니다.

레비-스트로스의 주요 저작인 『친족의 기본 구조』는 1949년에 출간되었습니다. 그리고 인류학적 기행문인 『슬픈 열대』가 나온 것은 1955년의 일입니다. 아울러 그가 『야생의 사고』 마지막 장에서 사르트르를 강력하게 비판한 것은 1962년입니다. 레비-스트로스는 향후 이른바 '구조주의자'라고 불리는 이들, 그러니까 미셸 푸코, 자크 라캉, 롤랑 바르트, 알튀세르 등 불꽃 같은 현대 철학자들이 솟아나기 전에 쏘아 올린 예광탄이었습니다.

일본 학자인 오카모토 유이치로가 쓴 『흐름으로 읽는 프랑스 현대사상사』는 이 과정을 무척 인상적으로 전달해 주는 독특한 교양서입니다. 대개 교양 사상사는 여러 철학자를 잡다하게 집어넣어, 읽는 이로 하여금 그만큼 잡다한 지식을 얻게 하는 데 만족하지요. 그러나 이 책은 '구조주의'라는 주제에 집중해 깊게 들어가면서도, 그것을 복잡하고 현학적으로 서술하기보다, 가장 쉬운 언어로 풀어 써 준 보기 드

새로운 물신,
혁명의 순간

문 수작입니다. 그럼에도 불구하고 각 사유인들의 사유 핵심을 결코 어설프게 소개하지 않습니다. 마치 좋은 음식을 잘 먹고 잘 소화한 자가 생기롭게 아침 일을 처리하듯, 철학자들의 복잡한 사유를 조심스럽게 해체한 후, 그 해부도를 매우 간결하게 정리하여 전달합니다. 우리나라에도 이런 서술 능력을 지닌 전문가들이 나왔으면 좋겠습니다.

대개들 알고 있는 바대로 레비-스트로스는 언어학과 유사한 방법을 이용해 인류학을 새롭게 탐구해 보려고 했습니다. 뉴욕에 체류하는 동안 야콥슨의 강의를 들으며 받은 영향 덕분입니다. 그는 친족관계의 현상들이 언어 현상과 다른 차원의 현실에 속하긴 하지만 그것과 동일한 유형의 현상이라고 보았죠.

그리고 또 하나 더 있습니다. 음운론과 동시에 그에게 영향을 끼친 것은 수학의 구조주의입니다. 부르바키파 수학의 일원이었던 앙드레 베유의 도움을 받아 복잡한 혼인규칙을 수학적으로 해독하고자 했습니다. 이를 통해서 부모·형제자매와의 근친혼과 평행사촌혼이 금지됨과 동시에 교차사촌혼이 실시된다는 것을 알게 됩니다. 정리하면 야콥슨의 언어학과 부르바키파의 수학이 만나서 인류학은 레비-스트로스의 구조주의를 탄생시킵니다. 그리고 그 구조주의가 현대 철학을 강력하게 추동시킵니다. 현대 철학의 근본적 변화를 추동한 분야가 '인류학'이었다는 것은 무척 신기하긴 합니다.

그러나 제게 인류학에 대해서 근본적인 인식 변화가 생긴 것은 레비-스트로스가 아니라 미국의 젊은 인류학자 데이비드 그레이버 덕분입니다. 2009년 데이비드 그레이버가 방한을 하면서, 연구실에서 국제워크숍을 열었습니다. 당시로서는 일반인인 저에게 이 워크숍은 매우 신기한 행사였습니다. 일단 외국의 유명한 저자를 직접 볼 수 있다는 것, 그리고 생전 처음 인류학에 대해 시도해 보는 공부라는 것, 그리고 데이비드 그레이버 자신의 특이한 이력에 대한 호기심 등이 어우러져 기대가 남달랐죠. 그때 완독하여 읽었던 책이 바로 『가치이론에 대한 인류학적 접근』이었습니다.

데이비드 그레이버는 단순히 인류학자이기만 한 것이 아니라, 저항운동을 강력하게 펼치는 '아나키스트 인류학자'라는 사실로 잘 알려져 있습니다. 그는 반자본주의 운동의 정치적 문제의식을 인류학적 논의들과 결합시켜 사유하려고 노력하는 특이한 인류학자였지요. 저는 그가 『가치이론에 대한 인류학적 접근』 서문에 다음과 같이 쓴 인류학의 역할에 크게 공감했습니다.

"위대한 사상가들을 위한 기념비를 세우거나 각 학파의 신념이나 입장을 방어하는 논쟁의 생산에만 몰두한다면 사회이론은 결국 그 존재의의를 상실하고 말 것이다. 아리스토텔레스에서 데카르트와 하이데거로 이어지는 대륙의 정통 교육코스를 거친 소수의 엘리트만이 사유체계와 개념을 생산해 낼 수 있고 그 외의 사람들은 모두 그들에 대한 주석가가 되고 마는 지적 변방의 현실에서라면 이는 더욱더 절실한 경고라고 할 수 있다. 나는 인류학이야말로 이런 식의 고루한 헤게모니에 맞서 싸우면서 사유와 개념의 전지구적 민주화를 도모할 수 있는 최적의 학문 중 하나라고 생각한다."[11]

이런 생각에는 특유의 사유가 들어가 있습니다. 그는 예술이나 문학의 생산같이 흔히 추상적 개념이라고 생각하는 것들도 물질적 생산 과정의 일부라고 말합니다. 읽고 쓰는 행위도 피와 살을 가진 사람들이 실행하는 것이고, 시간과 자원, 이를테면 펜과 타자기, 컴퓨터를 필요로 하며, 그것을 순환시키기 위해서 실질적이고 물질적인 네트워크 장치들이 필요합니다. 다시 말하면 그는 우리가 상부구조라고 부르는 것들도 언제나 구체적이고 물질적인 조건과 분리될 수 없다고 이해하는 유물론자입니다.[12]

그렇게 되면 모든 것이 물질이고, 동시에 생산의 대상이 되지요. 예컨대 '사회구조'도 생산의 대상이 됩니다. 모든 종류의 의도적인 인간 행위가 서로 결합되고, 그런 결합들이 사물들과 구성원 자신을 재정의·재형성하며, 그 과정에서 동시에 구조를 이루는 모든 조건들이 재생산됩니다. 모든 것이 행위들의 결합을 통해서 다시 생산되고, 재형성될 가능성을 품게 되지요. 고대사회의 보물들, 예컨대 마오리의 도끼와 망토, 콰키우틀족의 구리, 쿨라 교역의 목걸이들이 보물일 수 있었던 것은 그런 물건들을 알아본 사람들의 욕망을 자극해서 그것들을 보물로 여기는 행동을 하도록 만들었기 때문입니다. 그것을 획득하기 위해 서로 싸운다든지, 획득한 것을 집에 차곡차곡 쌓아 놓는다든지 하면서 말입니다. 아울러 그런 행동들이 결합해서 보물

---

11. 데이비드 그레이버, 『가치이론에 대한 인류학적 접근』, 서정은 옮김, 그린비, 2009, 9쪽.
12. 그레이버, 『가치이론에 대한 인류학적 접근』, 138쪽.

의 가치와 그것을 소유한 자들을 가지지 않은 사람들과 구별하고, 다시 그 기준으로 파생된 행동들을 형성해 나갑니다. 가지지 않은 사람은 결핍을 느끼고 부러워하게 하는 거죠. 그 결과가 이른바 '사회구조'인 것입니다.

결국 보물의 가치는 '다른 사람들이 이 물건을 확보하려고 애써 왔다'는 사실을 통해 암묵적으로 '그러니 당신 역시 그래야만 한다'는 메시지가 전달되면서 구성된 것입니다. 이제 사람들은 '당신 역시 그래야만 한다'는 구조 속에서 상상하면서 행동합니다. 이렇게 사회구조는 '당신 역시 그래야만 한다'고만 상상하게 만드는 그런 구조입니다. 그렇다면 사회구조를 바꾸는 일은 사람들의 행동을 바꾸는 일이고, 사람들의 행동을 바꾸는 일은 사람들의 상상을 바꾸는 일이라는 사실이 그리 황당하게 들리지 않습니다.

그레이버는 고대부터 현대에 이르기까지 '고루한 헤게모니'에 맞서 싸울 수 있는 상상들을 찾고 또 찾습니다. 이 의미에서 보자면 일본의 종교학자이면서 인류학자인 나카자와 신이치(中沢新一)가 『대칭성 인류학』이라는 책에서 그동안 일신교 아래에서 억압되었던 야생의 사고를 다시 살려야 한다고 했을 때, 우리는 그 야생의 사고를 현대에서 찾는 것이 아니라, 아주 오래된 고대에 이미 미래가 된 그 세상에서 찾아야 하는 것입니다. 데이비드 그레이버는 그런 미래를 획득하기 위해서 시간을 거슬러 고대로 깊이깊이 들어가는 현대의 고대인이면서, 동시에 그것들을 가지고 다시 돌아와 현대 자본주의와 신나게 싸우는 최첨단의 아나키스트 혁명가입니다. 이 혁명가에게는 인류학이 최적의 학문이 아닐 수 없습니다. 서문에 쓴 그의 말이 정확히 이해됩니다.

그 이후 나카자와 신이치의 책들을 더 찾아 읽기도 하였습니다. '카이에 소바주'(Cahier Sauvage) 시리즈는 거의 다 읽었던 것 같습니다. 인류학에 친숙하지 않는 분이라면 이 시리즈를 강력하게 추천합니다. 매우 평이한 언어로 인류학적 주제들을 풀어나가기 때문에 우리 같은 문외한들에게는 매우 적합한 책입니다. 김윤식 선생님이 번역하신 루스 베네딕트의 『국화와 칼』도 수업 교재로 채택되어서 읽어 보았습니다. 『국화와 칼』은 당시에 바쁜 일이 많아서 아쉽게 완독하지는 못했던 책인데, 기이하게도 학기말에 이 책을 가지고 에세이 쓴 친구들이 굉장히 많아서, 에세이 발표일에 친구들의 에세이를 읽고 토론을 한 것만으로도 수십 번 읽어 본 책처럼 느껴질 만큼 친근한 책이 되었습니다. 루스 베네딕트가 레즈비언이었고, 문화인류학의 대모이자, 평생 사회활동가로 활약한 마거릿 미드와 연인관계였다는 사실도 흥미로 웠습니다. 최근의 페미니즘 열기 때문에 베네딕트와 미드의 사유를 검토해 보고 싶 다는 생각도 하게 되지요.

우리나라에서는 재레드 다이아몬드라는 작가가 매우 유명합니다. 그의 책은 엄 청난 베스트셀러라서 그의 책을 읽지는 않아도 책제목 정도는 많이들 알고 있지 요. 특히 『총, 균, 쇠』는 워낙 유명해서 안 읽은 사람이 없을 지경에다 이곳저곳에서 극찬일색입니다. 저는 수업시간 교재로 채택되어 꾸역꾸역 읽었습니다. 그러나 저 는 저자 재레드 다이아몬드가 철학적 훈련이 전혀 되어 있지 않은 듯 여겨졌습니다. 『총, 균, 쇠』도 그렇고, 다른 책 『어제까지의 세계』에서도 온통 지식과 사실들만 나열 할 뿐입니다. 그렇다고 논증 자체가 치밀한 것도 아닙니다. 예컨대 총이 왜 유럽에서 사용되느냐는 질문에 유럽은 만성적으로 분산되어 있어서 만성적으로 통일되어 있 는 중국과 달리 서로 싸우느라 기술을 받아들이는 데 최선을 다하였고, 따라서 기술 확산이 광범위했다고 허무하게 대답합니다.[13] 그것도 매우 짧게 말입니다. 동아시아 가 서구처럼 총(기술)이 발달하지 않은 이유가 정녕 그 이유 때문이라는 말입니까. 왜 700페이지나 썼는지 모를 지경입니다. 물론 여러 가지 자료를 정리하려는 성실성 이 없지 않아 보입니다. 그러나 그것도 또한 통계학자가 해도 될 만한 일을 한 꼴이 되어 버렸습니다. 데이비드 그레이버 같은 인류학자와 결정적으로 달라지는 지점입 니다. 다이아몬드는 지식과 사실만을 채굴하는 채굴업자에 불과한 것입니다.

이를테면 모스의 『증여론』이나, 클라스트르의 『국가에 대항하는 사회』에서 "인 류학적 사실들"은 자본주의를 떠받들고 있는 교환체계라든지 국가체계를 그 근본 에서 무너뜨리려 펄펄 살아 있습니다. 데이비드 그레이버의 『가치이론에 대한 인류 학적 접근』은 인류학적 사실들로부터 우리들의 '현재'를 뒤집으려는 정신으로 가득 합니다. 공산주의가 자본주의의 토대라고 주장하는 장면에선 제 신체가 발끝부터 머리끝까지 확 깼죠. 하다못해 데리다의 표적이 되었던 레비-스트로스는 『슬픈 열 대』에서 새로운 마르크스주의를 꿈꿉니다. 모두 다 인류학자이면서 어느 누구보다 강력한 사유로 무장한 철학자이고, 강력한 변화를 꿈꾸는 실천가였습니다.

---

13. 재레드 다이아몬드, 『총, 균, 쇠』, 김진준 옮김, 문학사상사, 2012, 604~607쪽.

새로운 물신,
혁명의 순간

최근에 한국에는 에두아르도 콘의 『숲은 생각한다』, 에두아르두 비베이루스 지가스뚜루의 『식인의 형이상학 : 탈구조적 인류학의 흐름들』이라는 걸출한 인류학책들이 속속 번역, 출간되고 있습니다. 『식인의 형이상학』은 예전에 한국의 인류학자 차은정 선생님이 블로그에 번역하여 올려주신 몇몇 장면을 읽은 기억이 납니다. 그때 기억으로 매우 지적이고, 급진적인 생각들을 글로 옮겨 놓은 것들이었습니다. 이 책 2부의 제목 '인류학의 시점에서 본 『자본주의와 분열증』'이 보여 주듯이 들뢰즈와 가타리 철학을 종횡무진 횡단하는 인류학적 사유였습니다. 이제 이 멋진 책들을 읽어 보기로 합니다. 내가 갈 수 없는 고대의 풍경을 인류학자들은 몸을 부딪혀 열어젖히고, 우리들의 언어로 쏟아내고 있습니다. 서구 정신의 나르시시즘, 또 그것에 오염된 우리들의 정신을 이 책들이 어떻게 바꾸어 놓을지 흥미진진합니다.

동물이 되는 순간

—

고쿠분 고이치로, 『인간은 언제부터 지루해했을까?』

지루한 너무나 지루한

은행에 갓 입행했을 때 내 나이 스물다섯. 호기심 많고, 하고 싶은 일도 많은 나이. 그러나 어느 직장이나 개인사에는 도통 관심이 없다. 하루 종일 창구에 붙잡혀 온통 일만 해야 했다. 차츰 알게 되었지만, 어느 직장인이든 항상 같은 처지에 빠져 있었다. 그런 밑창 빠진 영혼에겐 토요일 오후가 꿀보다 더 꿀 같은 시간이다. 오전 근무를 끝낸 후, 은행 문을 박차고 나가면 서울의 황홀한 장면들이 온통 펼쳐졌다. 아마 단조롭고 힘겨운 일에 결박당한 평일을 기대와 흥분으로 만발한 토요일로 보상받으려 했으리라.

그러다 나는 평소 가보지 못했던 기묘한 장소를 가게 되었다. 90년대 초 대학로에 우리나라 최초의 예술영화관이 생겼는데, 내가 어떻게 알았는지 그곳을 찾아가게 된 것이다. 당시로선 무척 의외의 장소인 셈인데, 아마 근처 술 약속을 기다리다가, 큰맘 먹고 들어갔을 것 같다. 그러나 아뿔사, 처음 본 영화가 안드레이 타르코프스키(Andrei Tarkovsky)의 「희생」(Offret ; The Sacrifice, 1986). 첫 장면부터 세 명의 동방박사가 아기 예수에게 경배하는 레오나르도 다빈치의 그림과 바흐의 아리아가 나오는, 그만큼 무겁고 진지한 영화였던 것이다. 토요일의 흥분은커녕, 울분이 생길 지경인 영화.

아니나 다를까, 첫 장면부터 인내심을 갖고 아리아를 들었으나, 5분이 지나지 않아서 아주 당황했던 기억이 난다. 주인공 알렉산더가 벙어리 아들 고센에게 들려준 이야기를 겨우 듣고선 나는 이내 잠에 빠져들고 말았다. 이후 억지로 깨어나 어떻게든 보려 했지만, ──중간에 폭탄소리에 잠시 깼으나, 그 장면이 제3차 세계대전을 알리는 소리인 줄은 아주 오래 지나서야 알았다 ── 줄거리와 심지어 등장인물도 돌이켜 알기 힘들 정도였다. 아니, 이런 처참한 영화가 다 있단 말인가. 햇빛에 꽃몽우리 터트리기 좋은 토요일을 이렇게 망치다니.

지루함의 계보학

내가 이 지루함을 다시 생각하게 된 것은 일본 철학자, 고쿠분 고이치로(國分功一郎, 1974~)의 책을 읽으면서다. 우리의 고이치로는 지루함을 좀 더 계보학적으로 고민한다.

인류는 오랫동안 유목생활을 해왔다. 그러나 기후가 크게 변하고, 함께하는 집단이 커지면서 유목생활을 포기하고 정착생활을 할 수밖에 없게 된다. 고이치로는 좀 다른 감각에서 그것을 '혁명'이라고 부르는데, 그 이유는 뜻밖에도 쓰레기 문제와 관련해서다. 유목민들은 있던 자리를 떠나면서 쓰레기를 버리면 그만이다. 그러나 정착민은 유목민과 달리 새로운 습관을 강요받는다. 쓰레기는 쓰레기장에만 버리는 습관을 창조해야 했던 것이다. 그러지 않고서는 쓰레기더미에 삶의 터전이 무너지니, 그것은 당연했다. 모든 생활이 땅에 속박당하고 만다.

이건 그리 간단한 문제가 아니다. 정착생활은 '죽음'에 대한 생각도 바꾸어 버렸다. 누군가 죽으면 유목민은 묻고 떠난다. 그러나 정착민은 죽은 자를 묻고 떠날 수 없다. 살아 있는 자는 죽은 자와 함께 있어야 했다. 그러자 기묘한 일이 생겼다. 죽은 자와 함께 살자 묘하게도 영혼과 영계(저승)라는 관념이 만들어진다. 죽은 자들이 함께 묻혀 있으니, 그들에게도 다른 세계가 있을 것 같다는 관념이 구성된 것이다. 물리적 공간을 휘젓던 인류는 정착으로 말미암아 묘한 심리적 공간을 창조하게 되었다. 이제 인류는 광활한 물리 공간에서 발휘되던 능력이 불필요해진다. 좀 더 다양한 일을 할 수 있는데도 정착생활에서는 할 이유도, 할 방법도 없게 되었다. 지루함은 여기서 생겨난다. 움직일 일이 별로 없는 것이다. 길이 멈춘 곳에 지루함이 솟아났다.

자본주의 시스템은 이 지루함을 교묘하게 이용한다. 스마트폰만 해도 그렇다. 약정 기간이 지나면 온전히 내 것이 되는데도, 그때쯤이면 쓰던 기종이 지루해진다. 마음이 이미 다른 모델을 원하고 있는 것이다. 스마트폰 산업은 사람들의 요구나 욕망에 응하는 것이 아니라, 사람들의 욕망 그 자체를 만들어 낸다. 고이치로는 이게 가능한 이유가 지루함 때문이라고 말한다. 소비자들은 '모델' 그 자체를 원하는 게 아니라, '모델 교환'으로 지루함에서 벗어나 기분을 전환하고 싶을 뿐이다. 고이치로의 말대로 우리는 필요에 의해 '교환'하고 있는 것이 아니라, '교환했다'는 정보 자체를 소비한다.[1] 지루함이 소비를 촉진하고(그래서 우리는 소비자가 된다!), 소비는 다시 지루함을 낳는다(그래서 우리는 다시 소비를 욕망하게 된다!).[2] 그래, 빚으로 젖은 바짓가랑이는 그 놈의 지루함 때문이라네.

1. 고쿠분 고이치로, 『인간은 언제부터 지루해했을까?』, 최재혁 옮김, 한권의 책, 2014, 126쪽.
2. 고쿠분 고이치로, 『인간은 언제부터 지루해했을까?』, 148쪽.

동물이 되는
순간

지루함을 하이데거처럼 좀 더 정교하게 정리해 볼 수도 있다. 자, 기차역 대합실로 가보자. 외진 시골에 있는 기차역에 기차는 네 시간 후에야 도착한단다. 이런저런 곳을 두리번거리지만 시간은 고작 15분이 지났을 뿐이다. 마치 「희생」 앞머리에 아리아를 오래 들었다고 생각했지만 실제로는 5분밖에 지나지 않았던 것처럼, 그것은 지루하기 짝이 없다. 그러나 기차역이 나를 지루하게 한 것은 아니다. 기차가 오지 않기 때문에 지루한 것이다. 무언가 때문에 지루함이 생긴다. 지루함의 제1형식은 대상(기차)과 주체(기차역에서 기다리는 나) 사이에 시간차가 존재하여 생기는 지루함이다.

그러나 꼭 무언가를 기다릴 때만 지루해지는 것은 아니다. 무언가에 처해서, 무언가를 하고는 있는데도 지루해지는 경우도 있다. 나는 기분도 전환할 겸 친구들과 근사한 레스토랑에 갔다. 음식이며 친구들이 모두 괜찮았다. 겉보기엔 전혀 지루할 틈이 없어 보인다. 그러나 집에 돌아와 다른 일을 보는 중에 이런 기분이 든다. "오늘 밤 회식 장소에서 나는 무척 지루했어." 회식자리에서 느끼지 못했던 지루함이 그곳에서 벗어나자마자 생겨난다. 외부세계가 나를 공허하게 한 것이 아니라, 스스로가 공허해진다. 지루함의 제2형식은 그렇게 스스로 공허해짐이다.

제3형식도 있다. "아무튼 그냥 지루해." 그냥 아무 이유도 없이 공중에 덩그러니 매달린 듯한 지루함이다. 제1형식의 지루함은 외부에서 온다. 외부에 있는 기차가 오지 않기 때문에 지루해진 것이다. 반면 제2형식의 지루함은 우리 안에서 치고 올라온다. 외부에서 즐거운 회식이 제공되었는데도 내 안에서 스스로 지루함이 생겨난다. 이런 의미에서 보면 제2형식이 제1형식보다 좀 더 깊은 지루함이다. 하지만 제2형식에서는 파티나 게임 같은 것을 선택하여 기분전환을 도모해 볼 수 있다. 그래도 제1형식보다는 능동적이다. 그러나 제3형식은 어떤 것이 제공되더라도 그냥 지루해하는 상태다. 지루함의 극한이다. 인간은 이 상황에서야 자신을 향해 눈을 돌린다. 궁지에 몰려서야 스스로의 가능성을 돌아본다는 말이다.

동물-되기, 새로운 것에 압도되다

이 지루함을 다른 각도에서 살펴볼 수도 있다. 생물들은 단일한 세계에서 살지 않는다. 모든 생물은 각자 서로 다른 시간과 공간 속을 살아가고 있다. 윅스퀼(Jakob von Uexküll, 1864~1944)이라는 생물학자는 진드기의 세계로 이를 잘 말해 주었다. 진드기의 암컷은 수컷과 교미가 끝나면 여덟 개의 다리로 적당한 나뭇가지에 기어오른다. 이들은 무성한 나뭇가지에 매달려 먹잇감을 노리며 잠복해서 포유류를 기다린다(나무에 매달린 채 십 수 년간 기다리기도 한다!). 적당한 포유류 먹잇감을 발견하면 순식간에 뛰어내려 양껏 피를 빨아 먹는다. 즉 포유류의 피부 위에 제대로 착지하면 흡혈이 시작되는 것이다.

이 숨겨진 생물학적 과정을 눈 밝은 들뢰즈가 철학으로 끌어낸다. 들뢰즈는 이 인상적인 동물의 세계를 '연합된 환경'(milieu associé)이라는 새로운 개념으로 다시 포착해 냈다. 낙하 중력의 에너지, 포유류의 땀 냄새(뷰티르산)를 맡을 수 있는 지각 능력, 포유류의 피부 위에 작은 구멍을 팔 수 있는 행동력, 이렇게 세 개의 요소로 형성된 세계를 '연합된 환경'이라고 부른다. 진드기는 이 세 가지로만 이루어진 세계에서 살아간다.[3] 진드기에게 포유류라는 대상은 없는 것이나 다름없다. 오로지

---

3. 들뢰즈·가타리, 『천 개의 고원』, 106쪽.

뷰티르산 냄새로서 어떤 대상을 지각할 뿐이다. 이 의미에서 보면 그들은 뷰티르산 냄새에 '압도된'(Hingenommenheit) 세계에 살고 있다. 그 외에는 알지도 못하고, 알 필요도 없다. 뷰티르산에 대한 욕망으로 헐떡거리면서 다른 어떤 것도 지향하지 않는 진드기, 그는 세 개의 요소에 압도되어 생을 이어간다. 이처럼 진드기와 나는 완전히 다른 세계에서 살고 있는 것이다. 진드기는 우리가 포유류라고 인지하는 대상(포유류-세계)을 그저 뷰티르산 냄새를 풍기는 존재(뷰티르산-세계)로만 감각하면서 산다.

고이치로는 지루함을 벗어나는 방법으로 이 '연합된 환경'에서 아이디어를 얻는다. 만약 인간이 하나의 환경세계에만 빠져 있으면, 그 순간 그는 극도로 지루해진다. 인간은 '환경세계 이동 능력'(inter-umwelt mobility)이 있기 때문에 다른 환경으로 이동하지 못하면 더욱 그럴 가능성이 커진다. 사실 이런 능력 때문에 '자유'라는 관념도 가능해졌다. 특정 환경에 빠져 있지만, 언제나 다른 환경으로 이동할 꿈을 꾸기 때문에 그 꿈을 '자유'라고 생각한다. 그런데 실상 현실이 그러지 못할 때 인간은 지루해진다. 다시 말하면 자유롭기 때문에 자유로울 꿈을 꾸고, 그런 꿈을 꾸기 때문에 그러지 못할 때 한없이 지루하다. 그런데 바로 여기에 역설 같은 해법도 함께 거주한다. 즉 뒤집어 말하면, 동물처럼 무언가 특정 대상에 '압도된 상태'로 계속 있을 수 있다면, 즉 압도되는 상태로 계속 몰입할 수 있다면 어떻게든 인간은 지루하지 않을 수 있다. 말하자면 지루함에서 벗어나기 위해서 기꺼이 동물처럼 살아내야 하는 것이다. 해답은 바로 '동물-되기'이다. 여기가 로도스다. 여기서 뛰어라!

새로운 사고가 불법침입하다

인간에게 '살아서 성장한다는 것'은 안정된 환경세계를 획득하는 과정으로 파악할 수 있다. 이 과정을 돕는 것은 '습관'이다. 습관이란 안정된 환경세계를 획득하기 위해 노력한 결과 자신과 환경 사이에 생성되는 것이다. 습관이 완성되면 안정된 환경세계가 구축된다. 즉 인간은 습관을 통해 최소한의 에너지로 살 수 있는 환경을 획득하게 된다. 그러나 그 순간 생각은 멈춘다. 왜냐하면 더 이상 생각하지 않아도 습관에 의해 저절로 삶이 굴러가기 때문이다. 아이러니하게도 이제 다시 지루해진다. 참 묘한 일이다. 살아남기 위해서 습관을 만들지만, 또 그 습관 때문에 지루해져서 살 수 없게 되다니. 고이치로는 이 지점에서 동물처럼 어떤 새로운 것에 압도되기를 권하고 있다.

"무언가의 충동에 의해 환경세계가 파괴되어 버린 인간이 사고를 시작하는 때다. 세계를 뒤흔드는 뉴스여도 좋다. 주변의 일이어도 괜찮다. 예술 작품이라도 상관없다. 새로운 사고여도 좋다. 환경세계로 '불법침입'한 어떤 대상이 그 인간을 사로잡고 놓아주질 않는 것이다. 그때 사람은 대상에 의해 '붙잡혀' 그 대상에 대해 사고하는 일밖에는 할 수 없다. 생각한다는 것은 무언가에 의해 '붙잡힌' 상태다. 그때 사람은 대상에 의해 일어난 새로운 환경세계에 빠질 수밖에 없다. 그리고 충동에 의해 '붙잡혀' 하나의 환경세계에 빠져 버리는 상황에 숙달된 존재를 동

---

4. "사유는 비자발적인 한에서만 사유일 수 있고, 사유 안에서 강제적으로 야기되는 한에서만 사유일 수 있다. 사유는 이 세계 속에서 불법침입에 의해 우연히 태어날수록 절대적으로 필연적인 것이 된다. 사유 속에서 일차적인 것은 불법침입, 폭력, 적이다"(들뢰즈, 『차이와 반복』, 310~311쪽).

물이라고 한다면, 이 상태를 '동물 되기'로 칭할 수 있다. 인간이 '동물이 되는 것'이다."[5]

지루함에서 벗어나는 것은 동물처럼 무언가에 압도되어 그 길 이외에는 다른 길을 생각할 수 없을 때 가능하다. 그 순간이 진정 생각이 시작되는 시점이기도 하다. 여기서 '불법침입'은 기존의 환경세계에 새롭고 이질적인 사건이 들어온 것을 말한다. 내가 더 이상 어쩌지 못하는 사건이 나를 사로잡아 버릴 때 나는 그 불법침입에 맞서 사고를 시작한다. 새로운 환경세계에 사로잡히게 되는 것이다. 그때에야 비로소 지루함에서 벗어날 계기를 마련하게 된다.

어쩌면 내가 그렇게 지루해했던 영화 「희생」도 '알렉산더의 동물-되기'라고 할 수 있지 않을까? 제3차 세계대전이라는 불법침입에 맞서 알렉산더는 기존의 자신을 버리는 사유를 시작했다. 이 의미에서 내가 잠결에 들은 폭탄소리는 알렉산더에게는 미래를 흔드는 예포(禮砲) 소리다. 내가 「희생」에서 유일하게 기억하는 장면은 알렉산더가 자신의 집을 불태우는 마지막 롱테이크 장면이다. 알렉산더는 제3차 세계대전을 멈추기 위해 자신의 모든 것을 버린다. 가족과의 인연뿐만 아니라 집까지 불을 지른다. 가족들은 불타는 집을 보고 절규하고, 알렉산더는 앰뷸런스에 실려 간다. 인류의 구원을 위해 자기 자신을 철저하게 희생한다는 은유일 것이다. 아마도 그것은 그 자신이 살고 있던 환경을 부숴 버리는 것이리라.

이 희생의 의미는 이 장면에 앞서 마리아를 찾아가 했던 말, "내가 만

---

5. 고쿠분 고이치로, 『인간은 언제부터 지루해했을까?』, 304~305쪽.

든 정원은 폭력이 휩쓸고 간 현장이었지"[6]를 통해 우회적으로 전달된다. 자신의 집을 비롯해 인류가 만들어 놓은 모든 것은 폭력이 휩쓸고 간 현장에 불과하다. 그런 현장을 불태우고 모든 것을 무로 돌려 버리는 것, 그것이 알렉산더에게는 구원의 출발이다. 그런 의미에서 앰뷸런스는 의미가 크다. 이 세상의 상징체계와 완전히 결별한다는 의미일 테니까. 더는 정상적인 일상을 유지할 수 없게 자신을 구속시키는 작업인 것이다. 그것은 알렉산더가 '기존의 자기'를 소멸시키고(내 +노에선 이것이 '희생'의 진정한 의미일 것이다) 마침내 '동물-되기'에 성공하는 순간이다. 그가 들어간 샛길은 아무도 들어가 보지 않은 청명하고 고요한 길일 것이다. 지루할 틈이 없는 길인 것이다.

---

6. 안드레이 타르코프스키(Andrei Tarkovsky)의 「희생」(Offret:The Sacrifice, 1986) 중 알렉산더의 대사.

고쿠분 고이치로의
『인간은 언제부터 지루해했을까?』
후기

철학자 고쿠분 고이치로의 저작 중 한국에 번역된 것은『인간은 언제부터 지루해했
을까?』,『들뢰즈 제대로 읽기』,『다가올 민주주의』세 권입니다. 저는 앞의 두 권을
읽어보았습니다. 특히『들뢰즈 제대로 읽기』는 전부 동의할 수는 없지만, 일본 철학
계가 들뢰즈에 대해 얼마나 높은 수준에서 이해하고 있는지를 잘 보여 줍니다. 특히
초심자들에게 이 책 각 장마다 붙어 있는 두 페이지짜리 '연구노트'는 들뢰즈를 정리
하는 데 크게 도움이 됩니다. 요즘 문제가 되고 있는 비트코인과 관련해서 내 자신
의 관점을 정립한 것은 고이치로가 매우 잘 정리해 준 들뢰즈의 '국가와 고고학'이라
는 연구노트[7] 덕분입니다.

　　그런데 저는 이 책들에 앞서 오래전에 고쿠분 고이치로를 다르게 만난 적이 있습
니다. 그가 다른 일본 친구들과 함께 연구실을 방문해 어떤 인상적인 에세이를 발표
했던 일이 있었기 때문입니다. 저같이 아카데미 밖에서 공부를 시작한 일반 대중에
게는 매우 소중한 기회였지요.

　　오랜만에 책꽂이 수납장에 쌓아 두었던 10년 전 고이치로의 발표 에세이를 찾아
보았습니다. 맨 밑에 '환대'라고 쓰여 있는 포스트잇이 붙은 당시 발표 자료가 있습
니다. 10년 전인 2009년 2월 겨울, 고쿠분 고이치로를 비롯해서 일본의 젊은 학자들
이 연구실에 찾아왔습니다. 국제워크숍「인문학에서 현장이란 무엇인가?」에 참여
하기 위해서였습니다. 그들은 한국의 지식 공동체 운동에 상당한 관심을 갖고 있었
습니다. 그 중 한 명인 니시야마 유지는「인문학에서 대학이란 무엇인가 ― 자크 데
리다 '조건 없는 대학'을 둘러싸고」라는 자료를 발표했고, 〈수유+너머〉의 고병권은

---

7. 고쿠분 고이치로,『들뢰즈 제대로 읽기』, 박철은 옮김, 동아시아, 2015, 230~231쪽.

「앎」과 '삶'을 구원할 수 있는가 —— 인문학자와 '현장'」이라는 발표로 응답합니다.

그런데 제가 크게 관심을 갖고 들었던 발표는 고쿠분 고이치로의 「무엇이 환대가 아닌가」라는 발표였습니다. 당시에는 제가 고쿠분 고이치로가 어떤 학자인지도 잘 모르던 때였고, 아마 그도 일본 내에서 그다지 유명세를 타지 않은 상태였을 것입니다. 펑크 머리모양을 하고 나타난 젊은 일본 철학자의 모습이 저에게 호기심을 불러일으켰죠. 물론 그가 발표한 주제에 관심을 가지고 순수한 일반 청중으로 그 발표를 들었을 뿐입니다. 그러나 그런 외모에서 비롯된 편견과 달리, 그의 발표는 저를 압도하였습니다.

〈수유+너머〉와 일본의 젊은 학자들은 서로가 서로를 환대하고 있다고 여겼기 때문에, 당연히 '환대'(영어, 불어, 독어로 각각 표기하자면 hospitality, hospitalité, Hospitalität)는 그들에게 매우 중요한 주제였습니다. 그런데 고이치로는 데리다의 개념을 데리다의 텍스트를 가지고 설명하지 않았습니다. 그가 '환대'를 설명하기 위해서 꺼내든 책은 클로소프스키(Pierre Klossowski, 1905~2001)의 『환대의 법』(*Les lois de l'hospitalité*)이었습니다. 안타깝게도 저는 이 책을 읽은 바 없습니다. 저는 프랑스어를 자유롭게 읽을 수 있는 사람이 아니기 때문입니다. 불행히 한국어로도 번역되어 있지 않았습니다.

고이치로가 소개한 내용에 따르면 '로베르트 삼부작'이라고 부르는 이 책의 중심은 제2부 「로베르트는 오늘밤」입니다. 로베르트의 남편 옥타브는 아내 로베르트를 낯선 방문객에게 선사해, 그가 성적으로 기꺼이 만끽하며 누려 주기를 바랍니다. 이 소개 내용만 봐서는 성적 묘사가 무척이나 난삽할 것 같다는 느낌입니다. 그러나 자신의 아내를 낯선 사람에게 선사한다는 내용은 그야말로 환대의 극치를 보여 준다고도 할 수 있습니다. 이상야릇하지만 이렇게 규정하여 말하고 보니 더욱 그럴 듯합니다.

흥미롭게도 고이치로는 『의미의 논리』라는 책에서 들뢰즈가 클로소프스키에 대해 평한 것을 끌고 와 환대에 대해 새로운 해석을 내리고 있습니다. 아마 제가 이 발표에 흥미로워했던 이유는 2009년 초 당시 제가 들뢰즈의 『차이와 반복』이라는 책을 가지고 고군분투하기 시작했기 때문일 것입니다. 저는 그 시절 들뢰즈라는 철학자의 엄청난 글들에 푹 빠져 있었지요. 이 책에서 들뢰즈는 클로소프스키의 모든 저작들이 단 하나의 목적으로 향한다고 말합니다. 그 단 하나의 목적이란 "인격적 동일성을 무너뜨리고 자기(le moi)를 파기하는 것"입니다.[8] 그러고 나서 들뢰즈는 그런 파기가 클로소프스키의 인물들이 광기의 언저리(au bord de la folie)까지 여행한 뒤 가져온 빛나는 전리품이라고 극찬하기까지 합니다. 즉, 그것은 스스로의 정체성을 무너뜨리고, 자신의 바깥으로 나간다는 것이고, 자기(le moi)가 복수화되는 것을 말합니다. 내가 하나의 나가 아니라, 여럿의 나가 되는 것입니다.

고이치로는 바로 그렇게 인물들이 본질적인 변화를 일으켜서 자기가 복수화되는 사건을 환대라고 보고 있었습니다. 정말 멋진 연결이었습니다. 고이치로가 인용한 클로소프스키의 글을 보면 매우 감동적입니다.

"주인은 자신과 이방인 사이에 실체적 관계를 열게 된다. [중략] 마치 막 들어온 지 얼마 안 된 귀인과의 관계가 이미 자기의 자기 자신에 대한 관계 이하도 무엇도 아니라는 듯이, 주인과 이방인이 구별하기 어렵도록 서로 섞여 들어가는 것이다. [중략] 주인은 초대받은 손님의 하나의 가능성을 현실화하고(actualiser une possibilité), 초대받은 손님도 마찬가지로 맞이하는 남자의 하나의 가능성을 현실화하는 것이다."[9]

즉, 고이치로가 일러주는 환대란 각각이 스스로의 본질에 있어서 교차하는 것을 말합니다. 그리고 그 교차를 통해서 서로에게 하나의 가능성을 현실화합니다. 그러니까 상대방에게 아직 현실화되지 않은 어떤 새로운 것을 만들어 냅니다. 그것은 일종의 변용, 좀 더 강하게 말해 본다면 본질적인 변용입니다. 주인과 손님이 구별불가능하게 되어, 새로운 관계에 들어서고, 그럼으로써 서로에게 현실화되지 않은 본질을 현실화합니다.

이 지점에 이르러서 고이치로는 『환대의 법』의 제1부인 「낭트칙령의 파기」를 끄집어 내어 한 걸음 더 나갑니다. 이 제목은 프랑스 왕 앙리 4세가 1598년 내린 낭트칙령이라는 관용령을 1685년 루이 14세가 파기한 역사적 사실을 말합니다. 이후 프

---

8. 질 들뢰즈, 「보론 3. 클로소프스키의 신체·언어」, 『의미의 논리』, 이정우 옮김, 447쪽.
9. 피에르 클로소프스키, 『환대의 법』(Les lois de l'hospitalité), 고쿠분 고이치로 발표문에서 재인용, 강조는 인용자.

랑스 신교도는 격심한 박해의 대상이 되었다고 합니다. 그러니까, 이 파기는 신교도에 대한 관용을 없애 버린 것을 말합니다.

그러나 고이치로는 클로소프스키가 이 제목을 통해서 관용을 옹호하고자 한 것이 아니라고 단언합니다. 관용과 환대는 각각 다르게 구별해야 한다는 것이죠. 관용(toleration)이란 기존에 있던 자신을 유지하면서 타인을 받아들여 그 존재를 견뎌내는 것(tolerate)이지만, 환대는 앞서 말했던 것처럼, 타자를 받아들임으로써 주인과 손님이 함께 변용되는 것입니다. 어디까지가 자기이고, 어디서부터 손님인지를 구분할 수 없는 상태가 되는 것이죠. 어찌되었든 나는 나가 아닌 것이 됩니다. 마찬가지로 손님도 원래 걸어 들어온 그 손님이 아닌 것이 됩니다. 결국 중요한 것은 변용이 일어나느냐, 안 일어나느냐입니다.

그러므로 환대는 법률화할 수 없습니다. 변용은 법으로 명령할 수 없기 때문입니다. 명령한다고 이루어질 일도 아닙니다. 그것은 주인과 손님이 서로 섞이고, 각자가 완전히 새로운 존재가 되어야만 성공하는 것이니까요. 그러고 보면 클로소프스키가 성적인 형태로 이것을 묘사하고자 한 이유를 이해하게 됩니다. 또한 데리다가 말한 '불가능성'(impossibility)이란 개념도 이해하게도 됩니다. 환대와 변용은 법률로 사전에 정해 놓은들 그렇게 되기는 불가능한 것입니다. 다시 말하면 사전에 정해 놓고 그렇게 하자고 한들 할 수 있는 것이 아닙니다. 그것은 법률 명령에 의해 실행되는 것이 아니라, 서로가 서로에게 자신을 완전히 개방하고, 심지어 자기 자신을 무너뜨리고서야 진행될 일이지요. 사전에 약속하기도 불가능하고, 실제 상황에 돌입하여 그렇게 예정대로 나와 상대가 변하리라 여기는 것도 불가능합니다. 다시 말하면 성공가능성을 보장받지 못하는 행위입니다. 아예 실패를 예정하고 있을지도 모릅니다. 또 변용되고 있는 '나'가 그 변용되는 현장을 인식할 수 있을지도 잘 모르겠습니다. 환대와 변용은 온통 불가능성으로 가득한 현장인 것입니다. 결국 그것은 불가능한 것이 없으면 있을 수도 없는 것 같습니다(il faut l'impossible). 그러니까 환대와 변용은 애초에 불가능하다고 여겼던 것이 여전히 불가능인 채로, 그러나 불가능을 뚫고 이루려 할 때나 있을 수 있는 일인 것입니다.

그래서 이렇게도 생각해 볼 수 있습니다. 만일 그냥 있어도 자연스럽게 되는 것이라면, 즉 누구나 아는 방법이 투명하게 있고, 또 그것이 언제나 가능한 것이라면, 그리고 실행하기 전에 결과를 예측할 수 있다면, 애써 사유하고, 애써 실천하는 것이 불필요한 것이 되고 말 것입니다. 그래서 아마 관용의 프로세스는 다분히 법률적일지도 모릅니다. 관용의 기준이나 과정을 사전에 정해 놓을 수 있을 테니까요. 따라하기만 하면 관용을 실천하는 것이 될 것입니다.

그러나 환대와 변용은 성공 여부에 대해 전혀 모르는 상황 속에 발을 디뎌 펼쳐내는 일입니다. 상대와 섞이는 일은 전혀 결과를 알 수 없는 길에 나를 내던지는 것과도 같습니다. 어쩌면 우리는 우리 앞에 '불가능'이 있기 때문에, 그것을 넘어서려고 움직이게 되는 것인지도 모릅니다. 물론 그것은 사실상 실패를 예정한 행위일 수도 있습니다. 아니, 이미 실패를 하면서 시작하는 행위일 수도 있습니다. 어쩌면 그래야 사전에 예정되지 않은 완전히 다른 변용을 꿈꿀 수 있을 테니까요. 지금까지와는 절대적으로 차이 나는 변용을 말이죠. 환대와 변용은 이렇게 앞길을 알 수 없는 안개 같은 지대에 거주합니다.

고이치로는 이런 환대의 내용을 극소화하여 '방문의 권리'[Besuchrecht]로 이해해 보자고 제안합니다. 이것은 칸트의 제안이기도 합니다. 고이치로는 칸트가 방문의 권리, 이 한 가지를 모두 받아들이기만 한다면 나머지는 저절로 이루어질 것이라고 했다고 전합니다. 어떤 누구에게든 내 집을 방문할 권리를 주는 것입니다. 그러기만 하면 우리가 불가능성의 지대에 성큼 다가설 수 있게 되고, 그 지대에 거주하는 환대가, 그리고 그 환대를 통해서 손님과 함께 이룰 변용이 우리에게 찾아올 수 있을 테니까요. 칸트가 말하는 환대의 비전은 이렇게 단순하였습니다. 일본의 학자들은 글을 매우 단순하면서도 감동적으로 구성할 줄 압니다. 아마도 개념이 자기 언어로 체화되어 있기 때문일 것입니다. 매우 부럽습니다. 저도 저렇게 정확하게 개념들을 사용하여 스스로 생각하고 싶습니다.

마지막 거처

———

에드워드 사이드, 『말년의 양식에 관하여』

마 지 막   거 처 로   밀 어   넣 었 다

2000년 9월 30일. 소년 라미는 아빠 자말 알두라와 함께 중고차 시장에 갔다. 아마 아빠는 일을 얻기 위해서 싼 중고차가 필요했을 것이다. 아빠는 살짝 걱정되긴 했지만, 오랜만에 구경도 시켜 줄 겸 아들 라미와 같이 길을 나섰다.[1]

아빠는 최근 팔레스타인인에 대한 봉쇄와 통제가 심해진 걸 피부로 느낀다. 소년이 사는 가자지구(Gaza Strip) 주변에 이스라엘군이 철조망 장벽과 검문소를 세운 지 오래다. 소년은 친구들과 이 알 수 없는 장벽 밑으로 굴을 파 놀기도 한다. 소년에게 장벽 밖은 하나의 유혹이다. 그러나 그런 소년을 보고 엄마는 그러면 혼난다고 고래고래 소리를 지르곤 했다.

오늘 아침도 호되게 한 소리를 들은 참이라 소년은 시무룩하다. 그런 소년이 안쓰러웠는지, 아빠가 아들과 나섰다. 얼마 전부터 고심 중이

———

1. 이 글에서 소년 라미 자말 알두라의 이야기는 기사를 기반으로 상상을 첨가하여 지은이가 구성한 에피소드다.

던 차도 고를 겸 가자지구 밖 중고차 시장으로 갔다. 아내도 철조망 앞에서 놀다가 시위대에 휩쓸리는 것보다 아빠를 따라 시장에라도 가는 게 낫다고 생각했다. 그런 걱정을 아는지 모르는지, 소년은 장벽 밖에 나오는 것만으로도 즐겁기만 하다. 소년의 눈동자는 속임 없이 맑다.

오랜만에 잡아 본 아들의 손은 참 따뜻하다. 그러나 손에 잡힌 부드러운 아이 손길과 달리, 현실은 매섭고 냉혹했다. 여느 팔레스타인 노동자와 다름없는 아빠 자말 알두라는 매일같이 철조망 검문소를 오가며 이스라엘 기업에 제공한 값싼 노동력으로 하루하루 입에 풀칠하고 있었다. 그러나 팔레스타인 자치정부는 다른 나라의 원조를 받아야 겨우 유지할 수 있는 상황. 오슬로 협정[2] 이후, 사람들은 팔레스타인과 이스라엘의 공존에 대해 기대를 품기도 했다. 그러나 평화에 대한 기대는 점점 실망과 분노로 바뀌어 바야흐로 팔레스타인인들의 알 아크사 인티파다(Al-Aqsa Intifada, 이른바 '2차 민중항쟁')[3]가 시작된 상황이었다.

예루살렘에서 태어나 열두 살 때까지 살다가 이스라엘의 시오니즘

---

2. 이스라엘은 가자지구와 요르단강 서안 등 점령지를 반환해 팔레스타인 자치국가를 설립케 하는 대신, 아랍권은 이스라엘의 생존을 보장한다는 이스라엘의 라빈 총리와 팔레스타인해방기구(PLO)의 아라파트 의장 간 협정으로 정식명칭은 '팔레스타인자치협정선언'이다. 노르웨이 오슬로에서 극비 접촉을 했으므로 '오슬로협정'(Oslo Accords, 1993)이라고도 부른다. 협정은 '영토와 평화의 교환'을 기본원칙으로 한다. 이 협정에 따라 이스라엘은 점령지에서의 철군을 진행시켰고, 팔레스타인은 1996년 2월 잠정 자치정부를 본격 출범시켰다. 그러나 에드워드 사이드는 협정 직후 인터뷰(1993년 9월 27일)에서 이 협정은 "시온주의가 거둔 두번째로 위대한 승리의 날"이며, "팔레스타인의 항복"이라며, "수치스럽기 그지없다"고 평가하였다(에드워드 사이드·데이비드 버사미언, 『펜과 칼: 침묵하는 지식인에게』, 장호연 옮김, 마티, 2011, 93~94쪽).

3. 알 아크사 모스크(Al-Aqsa Mosque)는 성전산(mount Moriah, 아브라함이 아들 이삭을 번제물로 바치려 했던 예루살렘의 산으로, 유대교, 기독교, 이슬람교의 성지)를 말한다. 남쪽에 위치한 은색 둥근 지붕의 이슬람교 사원이다. 이 사원이 있는 동예루살렘의 주권을 둘러싸고, 양 당사자 간 주장이 팽팽히 맞선 상황에서 2000년 9월 28일, 이스라엘 리쿠드당 당수인 샤론이 무장 경찰 수백 명을 대동하고 당시까지 금기였던 이곳을 방문해 동예루살렘의 이스라엘 주권을 주장했다. 다음날 금요 집회에 참석했던 사람들이 통곡의 벽을 향해 투석했고, 대응 사격에 나선 이스라엘군에 의해 팔레스타인인 4명이 죽고, 200여 명이 부상을 당하는 사건이 발생한다. 이를 기점으로 서안과 가자지구 전역에서 대규모 시위가 일어나는데, 이를 두고 '인티파다'(intifada), 즉 (2차) '민중항쟁'이라고 부른다.

에 의해 쫓겨난 팔레스타인 지식인, 에드워드 사이드(Edward Said, 1935~2003). 그는 이런 상황을 두고, 팔레스타인 저항 시인 마흐무드 다르위시의 시를 인용하면서, "세상이 밀려와 우리를 마지막 거처로 밀어 넣었다"라고 설명한다.[4]

표현 그대로 그것은 팔레스타인이 처한 기막힌 상황을 말한다. 우리는 다윗왕의 유대국가가 멸망하고 나서, 팔레스타인 땅이 로마의 지배를 받게 된다는 것을 안다. 또 유대인은 로마와 누 차례 유대전쟁에서 패하고, 우리 귀에도 익숙한 '디아스포라'(Diaspora, 離散, '흩어진 사람들'이라는 뜻으로 고향을 떠나 흩어져 살게 된 유대인들을 말함)가 된 것도 안다. 이때가 서기 135년.

그러나 언제나 살아남아 끈질기게 삶을 이어간 사람들이 있게 마련이다. 이슬람교 아래 단결한 이곳 아랍인들이 장장 500년을 버티고 살아남아 637년, 드디어 로마를 격파하였다. 그 이래로 팔레스타인 땅은 이슬람과 유대 문화가 공존하는 독특한 곳이 되어 간다.

그러나 역사는 앞으로 나갈수록 추해지고 나쁜 냄새가 나는 모양이다. 거의 2,000년 가까이 지나서, 흩어졌던 디아스포라가 '시오니즘'(Zionism)[5]이라는 듣도 보도 못한 깃발을 들고 이 땅에 갑자기 나타난다. 그런데 이번엔 다르다. 미국이라는 슈퍼권력을 등에 업고 등장한 것이다. 1948년, 팔레스타인 땅에 이스라엘 독립이 선포되면서 이 지역은 전

---

4. 사이드·버사미언, 『펜과 칼 : 침묵하는 지식인에게』, 26쪽. 시인 마흐무드 다르위시(Mahmoud Darwish)도 에드워드 사이드와 같이 오슬로 협정을 반대했다. 그는 1978년에 팔레스타인해방기구(PLO)에 들어가 집행위원, 대변인, 문교상 등을 역임했으나 1993년 오슬로 평화협정에 관한 집행부 내의 이견으로 탈퇴했다.

5. 시온(Zion)은 예루살렘의 작은 산이다. 다윗은 법궤를 이곳으로 옮겨왔으며, 나중에 솔로몬은 이곳에 성전을 세웠다. 이후 시온은 이스라엘을 상징하는 말이 되었다. 유대인들은 세계 각지에 흩어져 있던 자신들이 그들 조상의 땅인 팔레스타인에 국가를 건설하려는 운동을 시온으로 돌아간다는 의미에서 '시오니즘'이라고 붙였다.

쟁의 포화에 휩싸였다. 난데없이 나타난 이스라엘은 이 지역의 80퍼센트를 차지하고, 300만 명에 달하는 팔레스타인인들은 자신의 터전을 잃고 난민으로 전락하고 만다. 이제 살아내기에도 벅찬 삶들이 가득해졌다.

물론 팔레스타인은 완강하게 저항했다. 그러나 그것은 참으로 이상한 저항이었다. 전혀 친구가 없는 저항인 것이다. 그들의 저항은 전략적 동맹이 전혀 없는 역사상 유일무이한 해방운동이 되어 버렸다. 그러니까 그들 뒤에는 식민지 운동 뒤에 흔히 서 있던 '소련' 같은 나라가 하나도 없다. 상대인 이스라엘은 미국을 등에 업고 팔레스타인인들이 죽거나 사라지기만을 원했다. 그들은 땅만 가지면 될 뿐이었다. 시오니즘과 인티파다 사이의 거리는 한없이 멀다. 그 사이에 길은 전혀 보이지 않았다.

이 의미에서 팔레스타인이 직면한 상황은 죽음 앞에 선 사람들이나 다를 바 없었다. 둘러봐도 도무지 자신의 친구들을 찾을 수 없었다. 심지어 정당성과 도덕성마저 박탈당했다. 그러나 이스라엘은 홀로코스트라는 인류 최대의 박해와 고통을 받았다는 이유로 세계인의 동정을 얻고 있었다. 당혹스럽게도 이런 사람들이 자신들이 겪었던 고통을 팔레스타인 사람들에게 고스란히 가하고 있었던 것이다.

세계인들의 눈 먼 동정이 상대(이스라엘)의 가혹함을 덮었다. 이런 은폐가 겹치면서 이들을 적으로 삼은 팔레스타인 사람들은 육체적으로나, 정신적으로나 더 이상 앞으로 나갈 수 없는 지대에 서 있게 된다. 사이드의 말대로 미국, 이스라엘, 이웃 아랍국가 등 온 세상이 밀려와 그들을 마지막 거처로 내몰았다고 할 수 있었다. 그들에게는 옥박지르는 세상만 있는 셈이었다.

나는 에드워드 사이드를 뜻밖에도 푸코 수업을 통해서 알게 되었다. 그
때만 해도 나는 그가 쓴『오리엔탈리즘』서문만 읽으라는 과제도 제대
로 하지 못한 채 수업에 들어갈 정도로 그에게 그다지 열성적이지 않았
다. 아마도 중동 출신의 문예비평가가 말하는 주장이 뭐 그리 별스럽겠
는가, 라는 건방진 생각을 했을 것이다. '오리엔탈리즘'이란 용어에 내
해 설명을 듣는 수준에서 넘기고 말았다. 그와 다시 만난 것은 오랜 시
간이 지나 그가 남긴 마지막 책,『말년의 양식에 관하여』를 서점에서 발
견하면서였다. 나는 당시 후기 푸코의 자기배려 개념에 꽂혀서 그리스
와 로마에 푹 빠져 지내던 때이기도 했다.

특히 스토아주의자들이 이야기하는 노년은 나에게 독특한 감각을
키워주었다. 쇠약하기만 하고, 타인에게 의존할 수밖에 없는, 그래서 능
동적일 수 없는 노년이 갑작스럽게 내 의식의 주제가 된 것이다. 스토아
주의자들에게 노년은 육체적 쾌락이나 야망에 결코 기대하지 않고 자
기 자신에게서 완전한 기쁨을 얻을 수 있는 자, 따라서 자기 자신을 완
전하게 향유하는 자이다.[6] 이 순간 편견이 뒤집힌다. 후미진 골목 같았
던 노년이 실존의 긍정적인 목표로 바뀌는 것이다.

이 문제를 에드워드 사이드는 좀 더 현대적으로, 그리고 정치적으
로 다룬다. 그는 자신의 처지, 그러니까 고향 팔레스타인에서 쫓겨나고,
심지어 동지도 '다 빼앗겨 버린'(dispossessed)[7] 아포리아의 지대를 '말년

---

6. 푸코,『주체의 해석학』, 143쪽.
7. 에드워드 사이드가 이 단어를 자주 썼다고 오에 겐자부로가 알려준다(오에 겐자부로,『읽는 인간』, 정수윤 옮김, 위
   즈덤하우스, 2015, 228쪽). 나는 "모조리 빼앗김"이야말로 극한의 수동성에서 반전의 능동성이 솟아나는 극적 지대라

성'(lateness)이라는 사유로 장엄하게 돌파한다.

우리는 어떤 일이든 시의적절(時宜適切)해야 한다고 통념적으로 생각한다. 따라서 건강한 삶이란 때에 맞게 움직일 수 있을 때나 가능하다고 여기게 된다. 노년이란 주제와 호응해 말한다면 '시의성'(timeliness)이란 시간에 맞게 늙어가는 것일 게다. 아나나 다를까, 그런 현명한 노년의 이미지로 지혜롭고 느긋한 모습을 당연하다고 상상한다.

그러나 사이드는 예술가들의 말년을 통해 완전히 다른 이야기를 토해 낸다. 뜻밖에도 그것은 시의적절하지 않은 노년, 모순이 가득한 말년이다. 그가 우리에게 전해 주는 예술가들의 말년은 조화와 해결의 징표가 아니라 비타협, 난국, 풀리지 않는 모순으로 가득하다. 이제까지 쌓아올린 경력과 솜씨를 허물고, 심지어 성공적으로 예술 인생을 마무리할 가능성조차 내던지는 말년이다. 한마디로 당혹스럽고 불안하기 짝이 없는 말년인 것이다.

사이드는 베토벤의 말년 작품들을 특별히 "망명의 형식"이라고 말한다.[8] 그도 그럴 것이 이미 명망을 쌓아 올린 작가가 생의 마지막에 가서 자신을 허물어 버릴 수 있다는 것은, 예술과 함께 현실에 저항하여 그곳을 떠날 수 있기 때문일 것이다. 그는 오래도록 아로새겨왔던 자신의 흔적을 지우고 가려는 듯, 여전히 없는 길을 꿈꾸고 떠난다.

재미있는 것은 그게 아주 "뻔뻔하고 원시적인" 모양으로 나온다는데 있다. 예를 들면 중기의 작품인 「영웅」 교향곡은 대단히 설득력 있고

고 생각한다. 그렇다고 물리적으로 빼앗겨야만 그게 가능하다는 말은 아니다. 이 극적 지대를 일상에서 매 순간 생성해 내는 역량은 무척 중요하다. 거칠게 말하면 그 역량을 만드는 훈련이 바로 고대의 숱한 철학자들이 말하는 '죽음의 훈련'이었다.
8. 에드워드 사이드, 『말년의 양식에 관하여』, 장호연 옮김, 마티, 2012, 29쪽.

통합적인 논리에 따라 진행하지만, 말년의 작품인 「31번 소나타」는 산만하고, 투박하고, 때로는 반복적인 패턴만 보여 준다. 다시 말하면 학생이 작곡한 듯이 둔탁하다. 그곳에는 완벽하게 숙달되지 않은 재료들로 넘쳐난다. 오히려 미완성으로 느껴질 정도다. 베토벤은 더 이상 안정적이지도 않고, 자연스럽지도 않게 뻣뻣하기만 한 음악 언어를 구사하고 있었다.

사이드의 말년성에는 다른 사람들에게 용인된 것과 정상적인 것을 넘어서서 살아남는다는 의미가 내포되어 있다. 즉 말년에 이르면 일생을 두고 이어 오던 통일성이 무의미해진다. 어떻게 연결하여 통일시켜도, 그런 통일성은 죽음으로 끊기고 말 것이다. 그리고 그의 말년성에는 누구든지 이 말년의 시기를 넘어서지 못한다는 또 다른 의미도 내포되어 있다. 즉 어느 누구나 죽음 앞에 다다르고, 결코 그것을 초월하지 못하는 것이다.

앞서 말한 '비타협과 모순의 말년성'과 결합하여 이것을 다시 음미해 볼 수도 있다. 그것은 어느 누구나 언젠가는 비타협적이고 모순된 지대, 정상적인 것을 넘어서는 지대에 들어설 수밖에 없다는 말인 것이다. 그 지대가 바로 인생의 말년(lateness)이다. 초월도 통일성도 없는 모호한 지대, 우리는 말년에 이르러 이 지대를 통과해야만 한다.

자 신 과 반 대 로 쓰 다

이 말년성의 개념은 자신의 정체성을 무너뜨리는 것으로도 설명된다. 여기에 프랑스의 작가, 장 주네(Jean Genet)가 소환된다. 장 주네는 기회가 될 때마다 자신이 쓴 모든 글이 '자신과는 반대로'(contre moi-meme) 쓰였다고 말한다. 그 말대로 사이드는 자신이 만난 장 주네의 실제 모습이 책으로 접한 이미지와는 도무지 닮지 않았음을 증언했다.

　사이드는 사람들에게 잘 알려진 『도둑 일기』보다 주네의 말년 작품인 『사랑의 포로』에 주목한다. 이 책은 주네가 1970년 초반에 팔레스타인 난민촌에서 만났던 팔레스타인 병사들에 대한 개인적인 경험과 감정, 회고를 담고 있다. 사이드의 말에 따르면 주네는 이국적 취미를 가진 연구자로서가 아니라 아랍의 현재 모습을 즐기고 편안하게 생각하는 사람으로 아랍의 세계에 들어왔다고 한다. 그런 의미에서 주네는 사이드가 비판했던 그 흔한 오리엔탈리스트들과는 완전히 다른 사람이다. 아랍을 서구화하여 발전시켜야 한다고 생각하거나, 아랍을 이국적인 대상으로 신비화하는 사람들, 이른바 오리엔탈리스트들은 주네와 같은 문화적 공감을 전혀 갖고 있지 않다.

　이 의미에서 장 주네와 아랍인들의 관계는 조용하지만 대담한, 그래서 전복적인 특징을 갖는다. 이와 관련해서 사이드는 주네의 언어관을 예리하게 잡아냈다. 주네에게 언어는 늘 정체성을 위반하고 파괴하는 배반의 양태로서 나타난다고 한다. 주네는 이 배반의 황홀함이 성애의 흥분에 필적할 만하며, 이걸 경험하지 못한 사람은 황홀함을 전혀 모른다고까지 말했다.[9] 다시 말하면 언어에 의해 자신의 정체성을 배반하는 황홀함을 경험해야만, 진정한 의미에서의 황홀함을 경험할 수 있다는 말이다. 주네는 말년에 맞닥뜨린 배반의 황홀함을 이기지 못한다. 가슴이 황홀함으로 벅차 숨이 가쁠 지경이다. 말년에 자신을 배반하는 글쓰기가 주는 황홀함이라니, 한사코 방심하지 말지어다.

　주네는 말년에 프랑스인의 정체성을 버리고 추방자이자 이방인인

---

9. 사이드, 『말년의 양식에 관하여』, 119쪽.

팔레스타인 사람들의 문화에 강한 공감을 느낀다. "내 마음은 거기에 있었다. 내 몸은 거기에 있었다. 내 영혼은 거기에 있었다"(장 주네). 사이드가 말하는 말년성은 바로 거기에 있었다. 더 이상 정체성을 고집하지 않아도 되는, 그래서 편안하게 즐기고 상대에게로 들어가는 말년의 전복성. 바로 그 전복성을 이끌어 내는 언어. 이어서 그 전복적인 언어로 자신을 배반하는 황홀함. 그래서 이렇게 말할 줄 아는 말년이다. "그들 편에(지배 엘리트의 편에—인용자) 흡수되어서는 안 된다. 길들여진 혁명가나 순교자가 되어서는 안돼."[10] 사이드는 말년이야말로 가장 힘이 넘치는 때라고 웅변하고 있는 듯하다.

사이드에겐 마르크스주의자 영화감독 비스콘티도, 시칠리아의 작가 람페두사도 모두 젊은 시절의 이력을 배반한 말년의 예술가들이다. 말년에 다다른 글렌 굴드의 비르투오시티(virtuosity, 대가적 연주기술)를 사이드는 이렇게 평한다. "굴드는 어떤 공동체에도 속하지 않았고, 영향을 받은 음악가나 사상가도 없다. 그에 대한 모든 것이 관습적인 영토에서 벗어나 연주를 통해 자신의 거주지를 스스로 만들어 가는 초연한 남자의 이미지를 드러낸다."[11]

사이드가 굉장히 좋아했던 이븐 할둔과 비코는 역사가 인간노동의 산물이라고 말한다. 사이드에게 역사는 자연의 역사와 세속적인 인간의 역사로 나뉜다. 전자는 우리가 이해해야 하는 영역이다. 반면 후자는 스스로 만들어 가는 과정이라고 할 수 있다.[12] 이 과정에는 세 가지 거대한 국면이 있는데, 첫째로 시작하는 국면, 둘째로 번식하고 성숙하는 국

10. 사이드, 『말년의 양식에 관하여』, 125쪽.
11. 사이드, 『말년의 양식에 관하여』, 174쪽.
12. 사이드, 『말년의 양식에 관하여』, 25쪽.

면, 셋째로 마침내 삶의 마지막 국면으로서 신체가 부패하고, 질병이나 죽음이 공습하는 말년이다.

놀라운 것은 글렌 굴드를 두고 평했던 것처럼, 위대한 예술가들은 오히려 이 부패의 시기, 질병과 죽음의 시기인 말년에 이르러서, 아주 당혹스런 새로운 이디엄(idiom, 표현양식)을 창안해 낸다는 사실이다.

바흐가 작곡한 '생각하는 작품'[13]을 말년의 글렌 굴드는 자기 나름대로 해석하고 개정하고 재조정한다. 그것은 바흐가 원했던 바이기도 했다. 그의 작품은 스스로 생각하는 작품이다. 왜냐하면 만나는 연주자의 비르투오시티에 따라 내용이 바뀔 것이기 때문이다. 어쩌면 그것이 바흐가 창조한 대위법의 본질일지 모른다. 바흐와 굴드에게 대위법은 각자가 자기로 있으면서도, 상대와 완벽하게 결합하는 연주다. 이 의미에서 대위법은 대위법적으로만 연주할 수 있는 것일지 모르겠다.[14] 기적이 있다면 바로 이것이 기적이다. 말년의 대위법은 우리들 안에 갇혀 있던 기적을 꺼내 해방시킨다.

말년은 이렇게 대위법이 만발하는 시기이다. 통일성에 연연하지 않고, 그렇다고 자기가 내몰린 마지막 거처를 초월하지도 않으면서, 바로 그 자리에서 다른 곳과 결합할 줄 아는 시기인 것이다. 스토아주의자들이 이야기하는 노년도 사이드의 이런 말년과 통하지 싶다. 그럴 때에야 비로소 완전히 자기를 향유할 수 있을 것이니까. 그런 노년이어야 서슬처럼 쩡쩡 빛난다.

---

13. 생각하는 지적 비르투오소가 자기 나름대로 해석하고 창안하고 개정하고 재조정할 수 있도록 바흐가 작곡한 작품을 사이드는 '생각하는 작품'이라고 부른다(사이드, 『말년의 양식에 관하여』, 172쪽).

14. 사이드는 자신의 생각을 표현할 때 대위법이라는 단어를 자주 사용했다. "제가 주장하는 것은 많은 목소리들이 어우러져서 하나의 역사를 구성하는 일종의 '대위법적 독서'입니다"(사이드·버사미언, 『펜과 칼: 침묵하는 지식인에게』, 62쪽).

소년 라미 자말 알두라와 아빠 자말 알두라는 어떻게 되었을까? 그
들은 마음에 드는 차를 고르지도 못하고, 걸어서 가자지구의 집으로 돌
아오게 된다. 좀 낙담하긴 했으나 오늘은 아들과 아빠가 같이 손잡고
이야기를 나눈 것으로 충분하다. 차는 나중에 찾아도 그만이다.

그러나 그들은 불행히도 시위대를 진압하던 이스라엘군과 마주치고
만다. 이스라엘군은 아빠와 아들에게 가차 없이 총을 쏘아댔다. 아빠
는 벽돌담 뒤에서 아이를 자기 등 뒤로 숨기고 "아이가 있으니 쏘지 말
아 달라"고 소리를 질렀다. 하지만 그들은 들은 척도 하지 않고 총을 끊
임없이 쏘아댔다. 계속 총성이 울렸고, 아빠와 아들은 그 자리에서 죽고
말았다. 이스라엘은 "팔레스타인측의 오인발포에 의한 것일 수도 있다"
고 주장했다.

여전히 그들은 전혀 세상의 도움을 받지 못하고, 마지막 거처에 내몰
린 사람들이다. 그러나 팔레스타인이 다다른 이 '마지막 거처'를 사이드
는 이렇게 말한다.

"죽음의 느낌이 물론 있지만, 당신의 말대로 새로운 삶, 다시 말해 마
지막 하늘과 마지막 거처를 지나면 비록 마지막처럼 보일지도 모르겠
지만 또 다른 길, 또 다른 하늘, 또 다른 영토가 반대편에 존재한다는 것
을 암시하고 있습니다."[15]

사이드의 묘소는 삶의 대부분을 살았던 뉴욕도 아니고, 그가 태어났

---

15. 사이드, 『말년의 양식에 관하여』, 26쪽.

던 팔레스타인도 아닌 레바논의 작은 마을 브루마나에 마련되었다. 그의 마지막 거처는 이곳이지만, 그가 만들어 낸 말년의 양식은 팔레스타인으로 상징되는 모든 마지막 거처에 다른 길, 다른 하늘, 다른 영토를 마련해 줄 것이다.

에드워드 사이드의
『말년의 양식에 관하여』
후기

1993년에 에드워드 사이드는 영국 BBC방송의 오래된 프로그램인 「리스 강좌」(Reith Lecture)에 초청되어 강의를 한 적이 있습니다. 이 강좌의 강의록은 『지식인의 표상』이란 책으로 출판되어 있지요. 이 강의록은 내게 '지식인'(intellectuals)에 대해서 좀 더 명료한 인식을 갖게 해주었는데, 특히 '전문가'(professionals)라는 개념에 대항하여 '아마추어'(amateurs)의 정신을 새롭게 정립함으로써 그렇게 해주었습니다.

사이드는 오늘날 지식인들이 안정된 소득을 보장받고 강의실 밖 세계에는 관심을 보이지 않는 폐쇄적인 사람들이 되어 버렸다고 진단합니다. 그들은 주로 자신들의 학문적 발전에만 기여할 뿐 사회적 변화와는 전혀 무관한 '난해하고 야만적인 산문'(esoteric and barbaric prose)만을 쓴다고 혹평하지요.[16] 그들은 도무지 속내를 알 수 없는 '강단기술자'(classroom technicians), 그러니까, 토론은 하지 않으면서 명성이나 쌓고 비전문가를 겁주거나 하는, 학문적 자격증과 사회적 권위로 무장한 사람들입니다. 그들은 영문표현 그대로 강의실에서나 쓰일 지식들로 대중들에게 으스대는 사람인 것이죠. 그것은 교수이거나 아니거나 상관없습니다. 제가 인상적이었던 것은 그런 사람들이 쓰는 글을 사이드가 '야만적'(barbaric)이라고 표현하는 장면입니다. 그들은 지식인이 아닙니다. 그들은 야만인입니다.

사이드가 추구하는 지식인의 모습은 조각상같이 하나의 형상으로 고정된 사람들이 아니라, 개인적인 소명과 에너지, 그리고 어떻게 보면 고집스러운 힘을 가지고 있는 사람들입니다. 온갖 이슈에 대해서 열성적이면서도 이해할 수 있는 목소리를 가지고 언어로 개입하거나, 사회활동에 참여해서 계몽과 해방, 자유의 연합체를 추

---

16. 에드워드 사이드, 『지식인의 표상』, 최유준 옮김, 마티, 2012, 86쪽.

구하는 사람들입니다.

그러나 '전문가주의'(professionalism)는 이런 진정한 지식인들을 위협합니다. 전문가들은 큰 논란을 일으키지 않고, 일반적으로 인정되는 패러다임이나 한계 밖으로 벗어나지 않으면서 자신의 상품가치를 키웁니다. 사이드는 오히려 전문가는 각 분야 내에 있게 마련인 리더들에게 더 고분고분하다고 혹평하지요. 전문가란 '자기 분야의' 리더들에게 고분고분한 사람들이라고 보면 틀림없습니다. 자기분야를 벗어난 현실 정치세계의 권력자에게가 아니라, 자기 분야의 명망가나 세력가에게 고분고분하다는 것입니다. 예컨대 정치세력이나 교회세력을 강력하게 비난하지만, 자기 분야의 명망가에게는 칭송을 아끼지 않는 과학자라면, 비록 그가 비판적 과학자로 명성을 쌓고 있을지라도 이런 전문가주의에 빠진 고분고분한 사람일 수 있습니다.

사이드는 여기에 저항하기 위해서 '아마추어주의'(amateurism)를 내세웁니다. 아마추어주의는 이윤이나 보상에 따라 움직이지 않고, 전문성에 묶이는 것을 거부합니다. 그렇기 때문에 직업적 제약을 넘어서서 보다 넓은 이념과 가치를 살피면서 여러 경계와 장벽을 가로지르며 더 큰 그림을 그리는 욕망으로 출발합니다.[17]

얼핏 보면 그가 푸코나 데리다와 완전히 동일한 것 같기도 합니다. 그러나 사이드는 그들을 좋아하고, 그들의 많은 부분을 수용하기까지 하지만, 결국은 푸코나 데리다의 방법이 빠질지도 모르는 환원주의나 냉소, 혹은 방관하는 태도를 경계하기도 합니다.[18] 그러니까, 그는 우리 지식을 변화시키고 그 질을 높여서 인간을 해방시키고 계몽하는 행위를 일정하게 옹호하는 사상가였습니다. 다시 말하면 데리다가 모든 지식에 대해서 결정불가능성과 불확실성을 보여 주고, 푸코가 모든 것이 관계에 따라 구성되어질 뿐 실체적이지 않으며, 심지어 환영일 수 있음을 보여 주기 때문에 —— 그런 이해가 적정하든 적정하지 않든(저는 그렇게만 이해하고 있지는 않으나 많은 사람들이 그렇게 이해하고 있기도 하지요) —— 그런 사유에 허탈해 하는 사람

---

17. 에드워드 사이드, 『지식인의 표상』, 91쪽.
18. 실제로 사이드는 자신이 푸코의 논의를 수용한 것은 1970년대 중반에 나온 『감시와 처벌』이 나왔을 때까지라고 말한 바 있습니다. 사이드는 푸코가 저항에 관심을 갖고 있지만, 사실은 권력의 필경사, 권력의 승리를 기록한 사람에 가깝다고 말합니다. 즉, 푸코가 저항의 지점을 찾지 못했다고 평가한 것입니다(에드워드 사이드, 『권력 정치 문화』, 최영석 옮김, 마티, 2012, 300쪽).

이라면, 사이드에게서 편안함을 느낄 수 있을 것 같습니다. 그는 새로운 계몽주의자, 새로운 해방주의자인 셈이죠.

이런 관점에서 사이드는 독특한 인문주의적 실천을 소개합니다. 일단 그는 인문학의 최고봉은 '독해의 과학'이라고 합니다. 그의 독해란 "오직 더욱더 주의 깊게, 더욱더 세심하게, 더욱더 폭넓게, 더욱더 수용적으로, 더욱더 저항적으로" 읽는 행위를 말합니다. 사실 너무나 주의 깊게 읽다가 권력이나 권위에 매몰되어 잘못된 길로 갈 수도 있습니다. 그러나 너무나 자유로운 태도로만 텍스트를 다룬다고 권위로부터 자유롭게 되는 것은 아닙니다.

그래서 사이드는 '수용'(reception)과 '저항'(resistance)이라는 두 가지 움직임 안에서 독해를 해야 한다고 말합니다.[19] 우선은 인문학자 자신이 저자의 입장에 서는 행위가 바로 '수용'입니다. 사실 저자의 글쓰기는 단어 하나하나를 결정하고 선택하는 어려운 과정입니다. 세심한 인문학자의 독해란 저자가 다른 가능성들을 제치고 왜 하필 그런 방식으로 그 단어, 그 은유, 그 문장을 선택해야만 했는지 이해하는 과정입니다. 우리는 어려운 텍스트를 앞에 두고 언제나 멍해지고, 약간은 저자를 비난하는 마음을 품게 됩니다. 그러나 어떤 마법을 풀어야만 길을 찾을 수 있는 동화 속 아이들처럼 마음을 다잡는다면 다를 것입니다. 우리는 그 텍스트 안으로 점점 스며들어서 읽고 또 읽으며 저자의 삶 속으로 들어가야 합니다. 이 과정이 바로 '수용'입니다.

사이드는 역시 이슬람 문화에 정통한 사람답게 이런 수용적인 독해를 『코란』 독해와 연결시킵니다. 『코란』은 쉽게 이해되지 않는 경전입니다. 그러나 앞선 사람들이 이해하기 위해서 엄청나게 노력해 왔을 터입니다. 그러므로 앞선 사람들에게 의존할 필요가 있습니다. 이런 상호의존적인 독해가 '이스나드'(isnad)입니다. 코란이라는 텍스트가 가지고 있는 공통의 지반에 접근하려는 노력이지요. 물론 개인적이고 예외적인 노력은 언제나 존재합니다. 그런 노력을 '이즈티하드'(ijtihad)라고 합니다. 그러나 이즈티하드는 마음대로 허용되지는 않습니다. 개인적인 독해는 어떤 책임감이 뒤따르고, 허용되는 정도가 있습니다. 우리가 좋은 대로만 말할 수 없으며,

---

19. 에드워드 사이드, 『저항의 인문학』, 김정하 옮김, 마티, 2012, 92쪽.

원하는 방식으로만 말할 수 없습니다. 결국 '수용'이란 저자의 삶 속으로 들어가 그가 쓴 글을 보는 것이고, 앞서 읽은 사람들이 만들어 놓은 지반 위에서 읽어 보는 것입니다.

그러나 수용 단계에만 멈추어서는 안 됩니다. 사이드는 인문주의가 '곤경의 기술'이라고 합니다. 우리는 어느 누구나, 언제 어디서나, 특정한 학교나 대학에, 일하는 장소에, 특정한 국가나 특정한 시간 혹은 상황에 놓여 있기 때문에, 그런 수동적인 틀 안에 갇혀서 텍스트를 독해할 위험에 빠집니다. 아마 저도 은행에 다니므로 경제서를 읽을 때는 은행원의 사고방식과 경험으로, 심지어 은행의 이해관계에 따라서 글들을 읽고 독해하고 있을지 모릅니다. 그래서 사이드는 인문학자라면 우리의 사회, 누군가의 사회, 타인의 사회에서 문제시되며 유통되는 사상과 가치에 '내부인이면서 외부인'(both insider and outsider)이어야 한다고 말합니다.[20]

결국 궁극적으로 필요한 것은 '저항의 독해'입니다. 각자가 살고 있는 다양한 세계 속으로 자신들의 독해를 확장해야만 합니다. 이를 위해서는 자신을 자신의 소속과 분리시키는 것이 필요합니다. 스피노자, 하이네 같은 철학자들은 자신들의 전통 안에 있으면서도 동시에 그것을 부인했습니다. 또한 자신의 전통에 신랄한 물음을 던져 그것을 넘어서면서도 전통과 근본적인 유대를 유지했습니다. 제가 보기에 "이스나드의 독해"를 넘어서서 어느 순간 "이즈티하드의 독해"를 강렬하게 작동시키는 지점이 도래하는 것 같습니다. 수용과 저항의 독해가 절묘하게 위치 바꿈이 일어나는 지점이지요. 저는 이것이 바로 이 글 앞에서 사이드가 이야기한 '아마추어주의'가 내 몸에서 솟아나는 순간이라고 말해 주고 싶습니다. 사이드는 삶과 글 모두에서 '저항'이라는 행위와 함께한 저항하는 사유인이었습니다.

저는 여전히 이스나드의 독해에 머물고 있는 것 같아 안타깝습니다. 제 밥벌이를 벗어나 자유롭게 이즈티하드의 독해를 작동시킬 줄 알아야 합니다. 시간이 갈수록 정치경제학에 대한 관심과 공부가 깊어지고 있습니다. 이 사회의 정치경제적 사건들과 정치경제학 이론들에 대해서 언젠가는 이즈티하드 독해의 결과를 보여 주고 싶습니다. 그 순간에야 저에게 '내부인이면서 외부인'이 되는 기쁨이 찾아오겠지요. 지

---

20. 사이드, 『저항의 인문학』, 108쪽.

금은 열망에 불과하지만, 또 그때까지 티끌과도 같은 날들이 필요할지 모르지만, 어디선가는 어디를 벨지 모를 저의 칼날이 매일매일 꽃처럼 자라 피고 지기를 반복하고 있을 겁니다. 이런 바람이, 이런 정신이 언젠가는 잘 세운 날이 되어 사회에 쓰이기를 바랍니다.

3부
———
'일'을
생각하는 책들

공생, 감각을 공유하는 공동체

—

린 마굴리스, 『공생자 행성』 /
질 들뢰즈·펠릭스 가타리, 『천 개의 고원』 ①

강 한 규 율 , 강 한 조 직 ?

온몸에 받은 봄햇살로 머리도 가뿐하다. 그러나 방심하는 사이에 곡우
(穀雨)를 지나 벌써 입하(立夏)가 돌아왔다. 봄에는 몸 이곳저곳이 간질
간질하고, 아지랑이에 눈도 맵다던데, 이번엔 꽃향기는커녕 풀내음도
제대로 못 즐기고, 떨어져 누운 꽃잎을 바라보며 눈만 껌벅거린다. 집
근처 좁다란 도랑에는 벌써 여름을 알리는 개구리들이 밤새 울어대고,
늦은 봄비가 내리자 양기 가득한 지렁이가 보도블록 사이로 머리를 내
민다. 벌써 여름이 성큼 다가온 것이다.

이런 때면 은행일도 손에 안 잡힌다. 안 그래도 팀원들에게 이런저
런 업무 착오가 많아졌다. 새해에 전입한 팀원들은 여전히 업무에 익숙
하지 않고, 기존 팀원들은 너무 익숙해져 자신을 경계하지 않은 탓이다.
실수는 방심하는 후방을 비집고 들어와 우리의 일상을 헝클어트린다.
오늘도 어떤 팀은 업무 착오가 한꺼번에 몰려들어 팀 전체가 쩔쩔맨다.
나도 본능적으로 그냥 넘어가지 않는다. 실수한 직원을 불러다 몇 가지
주의를 주면서 약간은 강하게 질책해 본다. 실수들이 우정을 나누면 걷
잡을 수 없이 강성해지는 법이다. 그것들과 싸우는 팀원들의 정신도 강

하게 깨워 세우는 수밖에 없다.

로마인들은 '팔랑크스'(Phalanx)라는 밀집대형으로 전투를 했다. 그것은 100명씩 모여 대형을 이룬다고 해서 '켄투리아'(centuria), 즉 백인대(百人隊)라고 불린다. 앞줄에 있는 병사가 어느 정도 싸운 뒤 물러나면, 다음 줄 병사가 교대해 나가서 차례차례 싸우는 식이다. 총과 폭탄이 없던 시대에 상대에게는 팔팔한 병사와 끊임없이 싸워야 하는 중압감을 주었다. 이런 대형을 유지하기 위해 한 사람이라도 실수를 하거나 튀는 행동을 하면 가혹한 처벌이 뒤따랐다.

나는 오랜 은행 생활을 통해 규율과 기풍이 무척 중요하다고 여기며 살았다. 이런 규율과 기풍이 무너지면 큰일날 것 같아서 그럴 조짐만 보이면 안절부절못한다. 로마가 대제국을 건설하게 된 것도 이런 규율과 기풍 덕분 아닌가. 그래서 로마의 공화정을 '공화정 군국주의'라고 부른다. 기껏 팀 하나 관리하면서 로마까지 거론하는 게 귀에 거슬릴 것도 같다. 그러나 한 개인의 실수는 분명하게 다루어져야 다시는 그 실수를 반복하지 않게 될 것이다. 그게 속한 조직과 다른 구성원들에게 피해를 주지 않는 길인 것이다.

공생하다, 감각을 공유하다

그러나 곧 뒤돌아서서 잠시 다른 기분과 함께 몇몇 질문들이 생긴다. 과연 실수가 그 직원만의 잘못인 걸까? 또 그런 실수들이 그 직원만의 힘으로 없어지고 해결될 수 있는 걸까? 물론 일어난 사건만 바라보면 그 특정 직원이 잘못한 거라고 말할 수 있겠지만, 사달이 난 과정 전체를 살펴보면 잘못의 조짐과 흔적들이 그 직원 말고도 앞뒤 과정 곳곳에 배어 있는 것 같다.

그것은 당연한 일이기도 하다. 어떤 업무든 유기적으로 연결되어 있을 뿐 아니라, 언제나 동료들의 보이지 않는 협조 속에서라야 무난히 처리될 것이기 때문이다. 앞에서 처리한 사람이 실수한 직원에게 한번쯤은 특이사항을 환기시켜 주고, 뒤에 이어 받은 사람이 자기 일이 아니더라도 그 주의사항을 되새겨 보았더라면 그런 잘못은 없었을지도 모른다. 꼭 그런 정도까지는 아니어도, 앞뒤 사람들이 뭔가 강하게 주의한다는 느낌이 전달되었다면, 그 직원도 좀 더 주의해서 일을 처리했을지 모른다. 일의 과정에는 그 과정에 달라붙은 사람들의 주의력도 달라붙는다. 실수는 과정에 달라붙어 있는 주의력들의 크기가 작아졌을 때 터지는 것이다.

그렇게 큰 눈으로 살펴보면 사소한 업무조차도 한 개인이 하는 게 아니라, 팀 전체가 수행하고 있는 듯하다. 다시 말하면 업무는 아무리 개인별로 역할을 쪼개어 실행하더라도, 떼려야 뗄 수 없는 것들과 함께 팀원들 전체가 같이 하고 있는 꼴이다. 그래서 불가피하게 함께 살고, 함께 일하는 것일 게다. 언제나 일은 소란스러움 속에서 꽃핀다.

이건 생명의 문제이기도 하다. 4억 5,000만 년 전 식물의 기원을 살펴보면 놀라운 이야기들이 이어진다. 우리가 흔히 보는 식물은 물속에 있던 조류(藻類, 김, 미역 등)와 물 밖에 있던 곰팡이가 같이 공생하면서 진화했기 때문에 생겼다고 한다. 초창기 지구에서 물속의 조류가 여러 자연변화 때문에 물 밖으로 내던져졌다. 난데없는 변화에 조류는 얼마나 혼미해했을까. 당연히 많은 조류가 소리 소문도 없이 소멸해 버린다.

그러나 어쩌겠는가. 어찌되었든 살아야지. 그들은 순식간에 삶의 커브를 튼다. 불굴의 의지를 가진 어떤 조류는 가파른 바위에 달라붙은 곰팡이를 보호 덮개 삼아, 자신의 서식지인 물을 떠나 땅 위로 올라올 수 있게 된다. 다른 생물에 기대어 기어코 살아낸다. 궁극적으로 조류는 내부로 들어온 곰팡이에게 수액을 제공했고, 곰팡이의 균사는 튼튼한 가지와 뿌리로 발달한다. 사전에 길이 정해지지 않은 채 뜻밖에 결합된 정말 놀라운 경우이다. 조류와 곰팡이는 서로 장기간 관계를 맺다가 '식물'이라는 단일 개체가 된 것이다. 우리가 아는 식물이란 물속 조류와 물 밖 곰팡이가 한 살림을 하다 몸까지 붙어 버린 '조류-곰팡이 복합체'이고 '위계 없이 구성된 공동체'였다.

결국 식물의 잎과 뿌리는 서로 나른 개체였나가 공생(共生, symbiosis)을 통해 하나가 된 경우다. 그런데 둘이 함께 살다가 하나의 개체가 된 것도 신기하지만, 내가 더 흥미로워 한 것은 다른 것이다. 어떻게 하나가 되어 상대가 느끼는 감각을 함께 느끼게 되었을까? 사실 식물들에게 감각이 있으면 얼마나 있겠나, 하는 통념이 있으므로 이런 질문이 낯설게 느껴질지 모르겠다. 그러나 사람도 서로 다른 개체가 합쳐져서 하나의 개체가 된 경우라고 하면 이야기가 달라진다.

생물학자 린 마굴리스(Lynn Margulis, 1935~2011)는 인류의 놀라운 기원을 공생 발생적 관점으로 설명한다.[1] 초창기 지구는 태양의 자외선과 고온에 노출되어 있었다. 대기는 암모니아, 메탄, 수소로 가득했다. 그런 중에도 최초의 생명이 탄생한다. 초기 박테리아는 태양을 피해 물밑이나 진흙탕 속에서 번식했다. 또 어떤 미생물은 대기 중에 풍부한 질소를 이용해 살기도 한다. 그러나 먹이였던 천연 화학물질이 줄어들자, 새로운 먹이와 새로운 물질대사 방식을 만들어 내야 했다. 생명은 막힌 곳에서 늘 길을 만들어 내는가 보다. 세상은 넓고 세균은 많다. 대기 중

---

1. 이 미생물의 모험은 린 마굴리스의 다른 책 『마이크로 코스모스』(홍욱희 옮김, 김영사, 2011)에 더 상세하게 나와 있다. 여기서는 그 내용을 참고하여 간략하게 설명했다.

공생,
감각을 공유하는 공동체

의 이산화탄소를 획득하는 능력을 갖는 미생물도 생겨나고, 광합성 박테리아도 나타났다. 광합성 박테리아는 당시에 수소를 이용해 유기물과 에너지를 얻었다.

그런데 어떤 일이 생긴다. 어떤 광합성 미생물이 수소 공급원을 찾다가 물(H_2O)을 이용하게 된 것이다. 아뿔싸, 이 우연한 사건이 지구의 운명을 완전히 바꾸어 버렸다. 이 미생물이 걷잡을 수 없이 늘어나면서 대기에 이들이 배출하는 산소가 가득 차게 되었다. 대기가 산소로 오염되고 만 것이다. 그러나 산소는 당시 생물체에게 독보다 더 치명적이다. 산소는 효소, 단백질 등 세포 성장과 번식에 필요한 물질과 결합해 산화시키기 때문이다. 그렇게 되자 그때까지 지구를 장악하고 있던 원핵세균들이 산소에 노출되어 치명타를 입고 만다.

그러나 역시 생명은 막힌 곳에서 늘 길을 만들어 내는가 보다. 세상은 넓고 세균은 많다! 그중에도 새로운 물질대사를 위해 산소를 사용할 수 있는 박테리아가 생겨났다. 이제 다른 생명체들은 너도 나도 이 박테리아를 삼켜서 이들이 산소로 만들어 내는 에너지를 이용해 함께 살아가는 길을 택한다. 그런데 놀랍게도 마굴리스는 그때 삼킨 박테리아가 지금도 우리 안에 있다고 말한다. 그것이 바로 세포소기관, 미토콘드리아(mitochondria)다. 산소 이용능력을 가진 세균으로서 지금 우리 몸에도 존재하는 세포소기관, 미토콘드리아! 그야말로 '내 안에 너 있다'의 생물학적 실현 아닌가. 이게 린 마굴리스가 이야기하는 인류 버전 공생 이야기이다.

결국 내 안의 세포들도 코나 입과는 다른 개체들이었다. 그럼에도 불구하고 코나 입은 미토콘드리아의 에너지 생성을 위해 자연스럽게 코와 입을 열어 주고 산소를 들이밀어 준다. 아주 자연스럽게, 마치 원래부터 하나인 듯이 함께 감각을 공유하고 있는 것이다. 호흡 그 자체가 바로 공생의 결과라니, 무척이나 낯설게 느껴진다. 아마도 이들은 수많은 시행착오를 거쳐서 '이심전심'의 감각을 터득했을 것이다. 한 순간도 호흡에 차질이 생기지 않도록 말이다. 생각해 보면 정말 낯설고 놀라운 일이다.

공 생 하 다 , 세 상 을 창 조 하 다

하지만 함께-살기에도 두 가지가 있을 수 있다. 이를 잘 설명한 철학자가 질 들뢰즈이다. 그는 '리좀'(Rhyzome)이라는 독특한 체계를 설명하면서 다음과 같이 말한다.

"위계적인 방식으로 소통하며 미리 연결되어 있으며 중앙 집중화되어 있는 체계와는 달리, 리좀은 중앙 집중화되어 있지 않고, 위계도 없으며, 기표작용을 하지도 않고, '장군'도 없고, 조직화하는 기억이나 중앙 자동장치도 없으며, 오로지 상태들이 순환하고 있을 뿐인 하나의 체계이다. [중략] 리좀은 나무 형태의 관계와는 완전히 다른 모든 관계이다. 말하자면 모든 종류의 '생성(=되기)'이 중요한 것이다."[2]

'리좀'은 뿌리처럼 줄기가 땅속으로 뻗어 나가는 땅속줄기 식물이다. 들뢰즈는 하늘로 솟구쳐 자라는 '나무 형태'(arborescent)의 위계질서와 대비하기 위해 즐겨 이 말을 사용하였다. 리좀과 나무는 서로 완전히 다르다. 리좀이 땅속을 기면서 사전에 정해진 길이 없이 다양하게 뻗어

---

2. 들뢰즈·가타리, 『천 개의 고원』, 48쪽. 인용문 일부 수정.

나가는 반면, 나무는 사전에 정해진 길에 따라서 위로만 자란다. 리좀이 위계 없이 함께 사는 반면, 나무는 정해진 위계대로 지시하고 지시받는 관계로 구성되어 굴러간다. 우리가 어떻게 구성하느냐에 따라 공생의 방식도 달라지는 것이다.

애초에 식물과 동물은 리좀 체계로 서로 엮이면서 생성된 창조물들이다. 그러니까 우리들 자체가 세균들이 예기치 않게 만나면서 결합된 무리들, 다양체들이다. 아마도 이렇게 우글거리며 무리 짓고 창조되지 않았다면 지구라는 곳에서 살아남기조차 힘들었을 것이다. 들뢰즈는 이 무리 속에서 끊임없이 상대방으로 변형되어 들어가고, 서로 상대방에게 이행해야 한다고 말한다. 린 마굴리스도 미생물들의 융합을 다음과 같이 전해 준다.

"고세균의 막을 뚫고 들어간 스피로헤타는 에너지와 먹이를 계속 얻을 수 있었을 것이다. 세월이 흐르자 침입자와 침입당한 자의 증식 속도가 조화를 이루게 되었다. 유영자인 침입자 중에서 살아 있는 새 집을 망가뜨린 것들은 오래 살아남지 못했을 것이다. 지금 우리는 침입자들이 공생자가 되고 시간이 더 흐르면 결국 세포소기관이 될 수 있다는 것을 안다. 융합은 새로운 생존 비결들을 낳는다. 나는 산소를 싫어하는 꿈틀이 세포들이 먹이를 계속 구할 수 있는 곳을 찾아다니다가 고세균의 가장자리에 달라붙고 마침내 안으로 들어가는 광경을 상상해 본다."[3]

무리를 이룬 우리들이 상대의 감각 속으로 들어가지 못한다면 생명

3. 린 마굴리스, 『공생자 행성』, 이한음 옮김, 사이언스북스, 2007, 88~89쪽.

그 자체가 굴러가지 못할 수 있다. 우리가 한시도 쉬지 않고 늘 숨을 쉬고 몸에 에너지를 공급할 수 있었던 것은 코와 입을 이룬 신경조직과 고대로부터 박테리아였던 미토콘드리아 간에 감각의 공유가 있었기에 가능한 일이다. 한 순간이라도 감각을 서로 공유하지 못하면 우리의 생명은 끝장이다. 그것은 지시하고 지시받는 나무 체계로는 도저히 이루지 못할 경지인 것이다.

이 의미에서 함께 산나는 것은 서로의 감각 속으로 들어가서 새로운 공동체를 창조하는 일이다. 그러지 못한다면 함께 살지 못할 뿐 아니라, 각자의 생명조차 위급해지는 그런 일이다. 함께 산다고 하는 순간부터 우리는 각자의 감각을 서로에게 전달하고, 서로의 감각을 이해하는 일에 예민해야 한다. 그럴 때에야 그 공생체계는 차질 없이 작동한다. 어떤 붙박이별도, 어떤 판박이 삶도 이 리좀의 감각 없이는 한 발자국도 움직이지 않는다. 사전에 정해지지 않은 연결, 위계 없이 매 순간 서로를 감각하며 자기 할 일을 스스로 해내는 움직임. 그러지 않고서는 살 수조차 없는 리좀적인 공동체이다. 공생은 언제나 매 순간 감각을 공유하여 창조하는 일인 것이다.

해조류를 먹는 나라는 우리나라와 일본뿐이다. 다른 나라에서는 해조요리를 해먹지 않는다고 한다. 다시마나 미역, 김이 없는 식탁을 상상하지 못하는 나는 이런 얘기를 듣고 조금 놀라기도 했다. 특히 제주가 고향인 내게 꼬들꼬들한 톳의 감각은 워낙 깊은 것이다. 팀원들을 불러 해조요리에다 소주를 한잔 나눠 마시며 우리들의 '공생체'에 대해 이야기해야겠다. 우리들의 놀라운 기원과 함께 우리들의 실수를 반추하면 감각도 새로워지지 않을까. 밀집대형적인 위계를 버리고 리좀적인 공생 감각을 공유하는 것, 그래서 삶을 새롭게 창조하는 것. 언제나 매뉴얼보다 감각이 문제인 것이다.

린 마굴리스의 『공생자 행성』
질 들뢰즈·펠릭스 가타리의 『천 개의 고원』
후기

저는 연구실에 찾아가고 오래지 않아서 과학세미나에 참여하게 됩니다. 그때 여러 가지 과학 텍스트를 읽고 무척 많이 놀라기도 했습니다. 그러나 제게 물리학이나 수학은 크게 매력적이진 않았습니다. 나중에 스티븐 호킹의 『위대한 설계』를 읽을 때도 철학처럼 깊이 빠져 읽지는 않았던 것 같습니다. 또 빌 브라이슨이 대중을 위해 쓴 『거의 모든 것의 역사』를 읽을 때도 물리학적 사건들은 크게 인상적이지 않았던 것 같습니다. 단지 스티븐 호킹의 아름다운 문체가 인상적이었다는 기억만 납니다.

그러나 생물학 계열의 텍스트는 달랐습니다. 처음으로 읽은 책은 진화생물학자 제리 코인(Jerry Coyne, 1949~)이 진화에 대해서 차근차근 설명한 『지울 수 없는 흔적』이란 텍스트였습니다. 그는 창조주 이론이나 지적 설계론의 강력한 반대자입니다. 그의 설명은 이렇습니다. 다윈이 고안한 진화 이론의 정수는 '자연선택'입니다. 그런데 자연선택은 설계가 아니라 땜장이라는군요.[4] 자연선택은 무에서부터 절대적인 완벽함을 이루어 내는 설계자와 달리, 주어진 재료를 가지고 최선을 다할 뿐이지요. 그때그때 필요에 의해 이루어진 땜질일 뿐인 것이 지나고 나서 진화로 여겨지는 것입니다. 여기에는 초자연적인 힘에 의한 창조나 안내를 전혀 필요로 하지 않습니다. 다만 자연선택이 오랜 세월 작용하면서 마치 설계한 듯이 동식물을 조각해 냅니다. 설계하지 않았으나 결과적으로 설계한 효과처럼 보이는 거죠. 결국 조화와 아름다움은 자연선택의 효과 중 단지 하나일 뿐입니다.

조화와 아름다움의 이면에는 적응에 실패한 사례가 무수히 숨어 있습니다. 그 종수는 지금까지 이 땅에 살았던 전체 종수의 99퍼센트가 넘는다고 합니다.[5] 이 사

---

4. 제리 코인, 『지울 수 없는 흔적』, 김명남 옮김, 을유문화사, 2011, 37쪽.

실만 하여도 지적 설계론의 오류가 여지없이 드러나지요. 끝내 멸종할 종을 신이 수백만 종이나 설계했다는 것은 도무지 납득할 수 없습니다. 20세기 벽두에 일본의 소세키가 고양이의 입을 통해 조롱해 댄 것도 바로 이것입니다. "신이 인간의 수만큼 많은 얼굴을 제조했다고 하는데 과연 처음처럼 흉중에 무슨 계산이 있어 그런 변화를 꾀했는지, 아니면 고양이든 주걱이든 모두 같은 얼굴로 만들려고 시도했는데 뜻하는 바대로 잘 되지 않아 이렇게 혼란스러운 상태에 빠졌는지 알 수 없지 않은가. 그러니 전능이라고 할 수도 있지만 그 반대인 무능이라고 해도 별 지장은 없다."[6]

이렇듯 생물체는 추첨이나 다름없는 돌연변이에 운을 맡긴 꼴입니다. 하지만 자신의 모든 존재를 걸었음에도 이미 존재하는 속성에 일부 변화를 가할 뿐이지요. 완전히 새로운 속성을 만들어 내는 것이 아닙니다. 더군다나 완벽한 적응을 이끌지도 못합니다. 그저 이전에 있던 것을 조금 개량할 뿐입니다. 언제나 어정쩡한 상태로 그럭저럭 환경에 적응합니다. 자연선택은 더 잘 적응하는 것을 만들 뿐, 최고로 잘 적응한 것을 만들지는 못합니다. 어류의 생식샘은 배 속에서 생기기 시작하여 배 속에 남았습니다. 우리도 처음에는 어류와 비슷한 내부 고환으로 시작했지만, 내부 열기를 피해서 그것을 밖으로 내보내면서 결국 어정쩡한 상태로 체벽에 붙어 있게 하였습니다. 그래서 남성은 탈장에 걸리기 쉽습니다. 이쯤 되면 세계가 마냥 조화롭고 아름답다고만 말할 수 없습니다. 그것은 그저 어정쩡하게 끊임없이 상호적응하고 있는 상태일 뿐입니다.

이렇게 진화의 역사는 '상호적응의 관계들'이 변해 온 경로입니다. 생명은 순간순간 자신을 몰아세워서 그 순간의 관계에 간신히 맞춰 왔습니다. 비록 완벽하지 않더라도 생명은 자신에게 주어진 재료를 가지고 그럭저럭 세상을 돌파해 나갑니다. 아마도 현재의 종들이 과거로 되돌아간다면 돌아가는 즉시 환경에 적응하지 못한 채 사라져 버릴지 모릅니다. 그런 의미에서 현재 살아남아 있는 종의 형태가, 과거 활동하던 종의 형태보다 더 훌륭하다고 말할 수는 없습니다. 그저 그 순간에 타 개체들, 환경과 최소한이나마 관계성을 확보한 존재일 뿐이지요. 즉, 우리는 단지 현

5. 코인, 『지울 수 없는 흔적』, 31쪽.
6. 나쓰메 소세키, 『나는 고양이로소이다』, 김난주 옮김, 열린책들, 2009, 163쪽.

공생,
감각을 공유하는 공동체

재적 존재일 뿐입니다. 어쩌면 이 변화의 경로를 발전이나 완성 과정으로 보는 것은 '인간 정신'이 지닌 유전적 결함일지도 모르겠습니다.

하지만 이렇게도 생각할 수 있습니다. 이렇게 어정쩡하므로 아름다움을 만들어 내는 것은 우리의 몫으로 남겨집니다. 아름다움은 신의 역할이 아니라 우리의 역할인 것이죠. 그런 의미에서 진화의 역사를 안다는 것은 이런 어정쩡한 것의 계보를 살펴보고 우리들의 아름다움을 생산하는 출발이 되지 않을까요? 혹시 진화가 아름답다면 이것이 아름다운 게 아닐까요?

아무튼 제리 코인의 진화에 대한 텍스트는 인상적이었습니다. 그 이후에 친구들과 함께 생물학 공부를 하자고 제의하여 세미나를 조직했습니다. 처음 읽은 책은 후쿠오카 신이치(福岡伸一)라는 일본 분자생물학자가 쓴 『생물과 무생물 사이』입니다. 그는 바이러스가 생물인가, 라고 도발적인 질문을 던집니다. 바이러스는 단독으로는 아무것도 하지 못합니다. 바이러스는 세포에 기생해야만 복제가 가능하지요. 그것을 입자 단위로 바라보면 무기질적이고 딱딱한 기계적 오브제에 지나지 않아 생명으로서의 움직임은 전혀 느껴지지 않는다고 합니다. 생물과 무생물 사이에 도대체 어떤 경계선이 있는 것일까요? 그는 생명이 그저 자연 요소들이 모여 생긴 구성물이 아니라 그 요소의 흐름이 유발하는 효과에 불과하다고 말합니다.[7] 아주 놀라운 시선입니다. 생물이 구성의 결과물이 아니라 요소들이 흐르는 과정에서 출현한 효과라니요. 조금 더 정교하게 말하면, "생명은 동적 평형(Dynamic Equilibrium) 상태에 있는 흐름"입니다.[8] 후쿠오카 신이치는 이 주제를 『동적 평형』이란 책으로 더 상세하게 설명해 줍니다. 친구들과는 이 책도 이어서 읽었는데, 정말이지 후쿠오카 신이치는 글을 너무나 재미있게 쓰는 재주를 가졌습니다.

그러고 나서 읽게 된 이가 바로 린 마굴리스입니다. 저는 린 마굴리스를 읽고 그녀를 절대적으로 존경하게 되었습니다. 『공생자 행성』, 『마이크로 코스모스』, 『생명이란 무엇인가』로 이어지는 마굴리스 읽기는 저에게 새로운 세계를 보여 주었습니다. 마굴리스는 과학자의 사유가 무엇인지를 실천적으로 보여 주는 과학자입니다.

---

7. 후쿠오카 신이치, 『생물과 무생물 사이』, 김소연 옮김, 은행나무, 2008, 135쪽.
8. 후쿠오카 신이치, 『생물과 무생물 사이』, 146쪽.

제가 이런 이야기를 하니까, 누군가 그런 사람으로 스티븐 제이 굴드(Stephen Jay Gould, 1941~2002)가 있다고 말해 줍니다. 솔직하게 말하면 저는 굴드의 책을 부분적으로 뒤적이기는 했지만(『풀하우스』의 3부 '4할 타자의 딜레마[9]'는 하도 유명해서 도서관에서 읽어 보았으나 결국 구글에서 뒤져 읽는 게 더 빨리 알아먹었습니다), 본격적으로 탐구해 들어가 보지 못했습니다. 지금도 안타까워하는 부분입니다. 다음에 『판다의 엄지』, 『다윈 이후』 같은 책들을 친구들과 함께 읽어 보고 싶습니다.

린 마굴리스와 스티븐 제이 굴드를 비교한 글(마이클 F. 돌런, 「린 마굴리스와 스티븐 제이 굴드」)에서 마굴리스와 굴드는 좋은 친구였으며, 둘 모두 생물학의 역사를 꿰뚫고 있었고, 공개 강연을 좋아했으며, 대중과 소통하는 데 관심이 많아서, 대중 앞에 나서기를 좋아했다고 합니다. 더군다나 그들은 모두 현대 과학의 주류에서 벗어나서 연구했다고 전합니다. 그러나 굴드는 고생물학자였고 화석기록을 기본 토대로 삼았지만, 린은 살아 있는 현생 생물을 이용해서 과거를 재구성했습니다. 굴드가 통계학을 중시한 반면, 린은 통계학을 비난했습니다. 결정적으로 린은 평생 공생을 연구의 중심에 놓았지만, 굴드는 공생을 아예 염두에 두지 않은 듯했습니다. 굴드는 자신의 저서, 『진화론의 구조』의 찾아보기에서 공생이라는 단어를 아예 빼기도 했습니다.[10]

이와 함께 저는 친구들과 『동의보감』을 비롯해서 한의학 텍스트를 몇 권 읽게 되었습니다. 수업시간마다 나름 충실하게 듣고 암기도 곧잘 하던 학생이었습니다. 물론 지금은 거의 잊어버려서 쓸모없는 사람이 되었지만요. 1934년에 첫 출판되어 지금도 한의학 초심자들이 찾아서 읽는 책, 조헌영 선생님의 『통속 한의학 원론』을 교재 삼아 한의학의 세계를 공부하기 시작했습니다. 이 책은 대중적인 서술이 빛나는 대중 의학서라고 말하고 싶습니다. 일상생활에서 누구든지 경험할 수 있는 것만 가지고 상식적으로 공부할 수 있도록 간단하게 서술하고 있습니다. 『동의보감』을 읽다가 간추린 정리가 필요하면 이 책을 열어 간단히 살펴보고 들어가곤 했지요.

『동의보감』은 우리나라 최고의 고전 중 하나라고 생각합니다. 이 책의 고전됨은

9. 스티븐 제이 굴드, 『풀하우스』, 이명희 옮김, 사이언스북스, 2002, 111~177쪽.
10. 도리언 세이건 엮음, 『린 마굴리스』, 이한음 옮김, 책읽는수요일, 2015, 95~96쪽.

이 책 안에 있는 지식 자체에 있기보다, 이 책을 구성하는 전략에 있습니다. 『동의보감』은 그 구성에서 진정 독특했습니다. 『동의보감』은 총 5편 106문(門)으로 이루어져 있지요. 몸 안의 세계(內景), 몸 겉의 세계(外形), 병의 세계(雜病), 약물의 세계(湯液), 침구의 세계(鍼灸). 이렇게 나눈 이유를 허준은 다음과 같이 말했습니다.

"신이 삼가 살펴보건대, 몸 안에는 오장육부가 있고 밖에는 근육, 뼈, 살, 혈맥, 피부가 있어서 그 형체를 이루는데, 정·기·신이 또한 장부와 온갖 부위의 주체가 된다. (…) 도가는 맑고 고요히 수양하는 것을 근본으로 하고 의학에서는 약물과 침구로 치료를 하니, 이것은 도가가 그 정미로움을 얻었고 의학은 그 거친 것을 얻었음을 말한다."[11]

결국 정·기·신 등 생명의 기본 요소가 가장 안쪽에 자리 잡고, 그 바깥에 오장육부 등이 자리하며, 맨 바깥에 근육, 살, 뼈 등이 자리합니다. 허준은 안의 두 동심원을 몸 안의 영역(內景, 內境)으로 보았고, 바깥의 동심원을 외형(外形, 外境)의 영역으로 보았습니다.

그런데 특이한 점은 허준이 인체를 내외로 나누는 것이 의학 전통에 따른 것임을 강조한다는 점입니다("『황정경』에는 내경이라는 글이 있다"). 그러나 이렇게 내외로 구분되는 것을 기준으로 의학을 송두리째 재구성하는 것은 가히 혁명적이라고 할 수 있었습니다. 기존의 의학 내용을 근본적으로 재배치해야 함을 뜻하는 것이니까요. 신체적 요소들 중 내경이 있다고 말하는 것과 그런 관점으로 지식체계 전체를 뒤집어 배열하는 것은 완전히 다른 이야기입니다. 즉 모든 의학적 내용을 신체 내부로 가야 할 것, 신체 외부로 가야 할 것, 이 둘에 속하지 않는 것들로 일관성 있게 재분류해야 하는 것입니다. 그것은 의학 지식에 대한 완벽한 통달이 없고서는 불가능한 일이지요.

특히 『동의보감』은 전체적으로 원리적 측면인 '내경', '외형', '잡병'(내경과 외형에

---

11. 허준, 『동의보감』, 동의문헌연구실 옮김, 법인문화사, 2009(수정증보판), 62쪽 ; 번역문 인용은 다음 책을 참조하였습니다. 신동원, 『조선사람 허준』, 한겨레신문사, 2001, 179쪽.

포함시키기 힘든 부위의 병과 처방)을 앞에 배치하고, 여기에 파편적으로 섞여 서술되어 있던 구체적인 치료수단들, 즉 약과 침구를 뒤에다 다시 일목요연하게 정리해 놓았습니다. 이렇게 배치하여 서술되자 『동의보감』은 중국 의서나 『의방유취』, 『향약집성방』 등 조선 초의 기존 의서들과 다른 차이를 생성시킵니다. 자연스럽게 양생과 몸의 근본을 다루는 내용이 맨 앞에 놓이고('내경'), 그것과 표리를 이루는 몸 바같이 다음에 놓이게 되었습니다('외형'). 또 병증의 파악과 각 병들에 대한 내용을 그 다음에('잡병'), 그리고 치료법인 약물학과 침구학을 마지막에 놓게 된 것입니다('탕액'과 '침구').

그러자 놀라운 효과가 발생합니다. 몸에 대한 자연철학적 인식이 다른 의서들에 비해 훨씬 더 부각되어 우리들에게 다가오게 되지요. 몸과 병에 대한 전체적인 인식이 훨씬 분명해졌고, 몸을 수양하는 방법과 병증에 대한 치료법이 더욱 짜임새 있게 파악되었습니다.[12] 무엇보다 양생과 몸의 근본이 맨 앞에 집중적으로 서술됨으로써 단순히 치료법을 학습하는 기술서(技術書)라기보다 동아시아의 몸-철학을 집대성한 자연철학서로 자리매김되는 위대한 전환이 이루어집니다. 어떤 의도를 갖고 그런 순서를 구성하지 않았을 수 있지만, 서술의 배치를 다르게 함으로써 결과적으로 동아시아의 무의식인 '양생술'이 더욱 분명하게 드러나게 된 것 같습니다. 다른 배치가 다른 의미를 생성한 것이죠.

결국 『동의보감』은 몸과 우주에 대한 시각 자체를 완전히 다르게 품은 책입니다. 『동의보감』을 보면 볼수록 '내' 신체가 '내 것'이 아니라는 느낌이 강해집니다. 신체는 그냥 '천지'인 것입니다. 그게 아니라면 대체 무엇인지 의문이 들 정도입니다. 정말 신비의 책입니다. 서양의학을 공부할 때도 그런 느낌이 드는지 정말 궁금합니다. 동아시아 의학만이 아니라, '의학'이라는 모든 형식이 그런 의식을 갖게 하는 것인지, 의문이 들기까지 합니다. '의학'이란 형식이 이런 의식을 강화하기도, 없애기도 하는 것인지 잘 모르겠습니다. 내 신체가 내가 아니라는 이 느낌을 강화해 주는 이것들은 대체 어디서 유래하는 것일까요? 또 내가 아닌 것들을 내 것이라고 느끼게 해주는 힘은 또 어디서 생성되는 것일까요? 이런 신기한 책을 접하게 된 것은 일생

---

12. 신동원, 『조선사람 허준』, 182쪽.

의 천우신조라고 여기고 있습니다. 모두 친구들이 있어서 가능했습니다.

　조금 공력이 붙어서 우리는 『도표 본초문답』도 읽었습니다. 저는 선생님이 이 책을 하나씩 읽고 설명해 줄 때, 또 다른 감동을 받게 됩니다. 어쩌면 충격을 받았는지도 모릅니다. 본초(本草)란 한약에 쓰는 약재들을 말합니다. 이 책은 우선 사물을 관찰하여 그 약성(藥性)을 궁리합니다. 그런 후 그 사물을 병든 환자의 몸속으로 들여놓아 병들을 고치는 작용을 탐구합니다. 제가 신기해한 것은 사물의 음양기운과 신체의 음양기운이 서로 절합(節合)하거나, 사물의 음양기운을 신체의 음양기운으로 변환(變換)시키는 방식이었습니다. 예컨대 망초(亡草)의 약성은 모두 하강합니다. 그 이유는 수(水)의 음미(陰味, 음은 내려가는 기운입니다)만 얻고 수중(水中)의 양기(陽氣, 양은 올라가는 기운입니다)는 얻지 못했기 때문이라고 설명합니다.[13] 그렇기 때문에 망초는 배설시키는 작용에 효험이 있습니다. 사물(망초=음)의 음양기운을 신체의 음양기운(배설=음)으로 변환시킨 경우입니다. 한약방에서 만들어 주는 대승기탕(大承氣湯)에는 이런 움직임을 보이는 망초와 대황이 들어가 있습니다.

　이런 글을 읽다 보면 동아시아가 어떻게 철학과 물리(物理)를 만나게 하는지 엿볼 수 있게 됩니다. 당종해는 "사물은 천지 기운의 치우친 일부분을 받았고, 사람은 천지 기운을 온전하게 받았다는 점이 다를 뿐이다"라고 하고 "사물의 음양을 빌려서 인체의 음양을 변화시키는 것이다"라고 말합니다.[14] 당종해의 본초는 기존의 음양들을 가지고 새로운 음양을 만들고 있었습니다. 저는 여기서 린 마굴리스의 '공생'을 다시 보게 됩니다. 동식물들의 음양이 흘러들어와, 우리 인체의 음양을 바꾸어 버립니다. 타자로서의 약재가 우리 신체에 들어와 타자들의 공동체를 구성함으로써 병을 퇴치합니다. 아니, 병을 새로운 타자로서 받아들이고 우리들의 신체 공동체와 어울리게 합니다. 『동의보감』을 볼 때, 내 몸이 내 몸이 아니라고 했던 그 느낌이 그냥 느낌이 아니라, 실제적 의미에서 그렇다는 강한 확신을 가지게 됩니다. 다시 말하거니와, 신체는 그냥 '천지'(天地)인 것입니다. 우리 몸이 처음부터 천지였기 때문에 천지의 사물들이 들어와 어울릴 수 있습니다. 한의학이든 서양의학이든 그것들이

---

13. 당종해, 『도표 본초문답』, 최철한 편역, 대성의학사, 2009, 154쪽.
14. 당종해, 『도표 본초문답』, 24~25쪽.

품은 생리학적 인식과 함께 철학이 앞으로 새롭게 갱신될 것이라고 믿게 되는 장면입니다. 마치 신체가 본초를 받아들여 새로운 신체가 되듯이, 철학은 생리학을 자신의 타자로 받아들임으로써 새로운 철학이 될 것입니다.

삶의 새로운 규칙들

—

루트비히 비트겐슈타인, 『철학적 탐구』

밑 바 닥 까 지　설 명 하 였 다 .　그 러 나 ⋯

회사란 때마다 사람이 들어오고 나가는 곳이다. 인사이동 철이면 신입이 들어오기도 하고, 다른 부서에서 전입해 들어오기도 하는데, 그때마다 사무실은 어수선해진다. 해마다 돌아오는 소란이라 익숙해질 만도 하건만, 그때마다 신경 쓸 일이 여간 많은 게 아니다. 원래 일이란 정작 그 일에 드는 노력보다 그 일을 준비하고 사후 처리하는 노력이 더 드는 법이다.

그런 상황에 나도 그리 자유롭지는 못하다. 무엇보다 팀에 새 직원이 들어오면 맞춰 일을 조정해야 한다. 그러다 보면 이른바 '업무 인계인수'(引繼引受)라는 것을 하게 되는데, 한동안 서로 이어주고(繼) 받아주다(受) 정작 팀은 곧 허물 다리마냥 끊기고 삐거덕거리기 일쑤다.

어떤 보고서를 담당할 때였다. 분기마다 감독당국에게 각종 계수들을 보내야 하는 나름 민감한 일이었는데, 종류도, 양식도 복잡해서 족히 열흘은 걸리는 일이었다. 때마침 신참 직원을 받은 나는 그 직원에게 보고서 작성방법을 하나하나 가르쳐 주어야 했다. 처음부터 이해하기 쉽게 잘 설명해 줘야 나중에는 내가 편안해지리라는, 나름 미래지향적인 안목(?)을 가지고 이것저것 적극적으로 가르쳐 주었다. 내 기억에 숫자들은 아스라이 사라졌지만, 그 친구에게 보고서 파일을 열어 침 튀기며 설명하던 장면은 생생하니, 내가 꽤 성실한 직원이었던 것은 지금도 의심의 여지가 없다.

보고서에서 제일 중요한 것은 칸칸이 채워야 할 숫자의 의미다. 그 의미들을 이해해야만 그 의미에 맞게 자료를 찾아 넣을 수 있을 것이다. 보고서 양식에는 각 칸에 채워야 할 수의 산략한 정의늘이 적혀져 있다. 그러나 처음 보는 사람이 그 정의들을 이해하기란 그리 쉬운 일은 아니다. 마치 수학 공식처럼 나열된 정의의 의미들을 나는 몇 가지 핵심보고서를 중심으로 나름 꼼꼼하게 설명했다. 아마 그 보고서를 거의 만들다시피 하며 모든 작업 과정을 진행했던 것 같다. 심지어 엑셀 시트의 매크로 원리까지 가능한 논리적으로 설명했다. 구성요소의 구성요소까지 설명하고 보여 주었다고 자부하였기에, 나의 설명은 거의 완벽해 보였다. 더 이상 설명할 수 없는 경지의 숫자, 그러니까 보고서 밑바닥에 침전된 순수 결정체(!)까지 설명해 주었다고 확신했다.

아마 며칠은 꼬박 걸렸을 것이다. 쓸데없는 이야기는 완전히 배제하고 오로지 보고서에만 집중한 무척 효율적인(!) 시간이었다. 내 노력에 화답하듯 그도 고개를 끄덕였기에 나는 마음속으로 잘 되어 간다고 여겼다. 그리고 다른 전문가에게도 이 친구에게 잘 설명해 주라고 신신당부해 뒀기에 핵심보고서 외에도 잘 인계인수되고 있으리라고 믿었다. 당연히 우리의 후임자도 아주 열심히 작업하기 시작했다. 아마 역대급 인계인수가 아니었을까.

날이 흘렀다. 그럭저럭 인사이동의 소란스러움은 사라지고, 드디어 보고서 마감 하루 전날. 나는 작업한 결과를 보자고 했다. 물론 워낙 난해하고 방대한 보고서인지라, 여러 부분 틀렸을 수 있지만, 하루 정도면

무리 없이 수정할 수 있으리라 생각했다. 마침내 그가 보고서 파일을 연다. 그러나 아뿔사, 엑셀을 열고 수십 종의 보고서를 보는 순간, 나는 정신적 아노미에 빠지고 말았다. 보고서 파일은 오류들로 가득 펼쳐져 있었다. 이 친구는 내가 가르친 숫자들을 완전히 다르게 이해하고 작업한 것이다. 아니, 나는 내가 하던 방식 그대로(정말 그대로!) 설명하고 보여 주었는데, 그걸 어떻게 이리 다르게 작업할 수 있는가. 아, 이를 어쩐단 말인가.

규 칙 따 르 기 는 실 천 이 다

흡사 이것은 비트겐슈타인(Ludwig Wittgenstein, 1889~1951)이 말했던 그런 상황과도 같아 보인다. 그는 어떤 사람이 누군가에게서 선 긋는 방식(예컨대 '지그재그 선'이라고 해두자)을 배우는 장면을 예로 든다. 선 긋는 방식을 제대로 가르쳐 줄 때, 선 긋는 사람이 어떤 규칙을 따라서 선을 긋는지, 그 규칙이 작동하는 방식 그대로 시연해 보여 주면 배우는 사람도 그 규칙을 제대로 이해할 수 있으리라 생각할 수 있다.

비트겐슈타인은 그것을 제대로 보여 주기 위해서 가상의 장면 하나를 상상한다. 가르치는 사람이 컴퍼스 하나를 잡는다. 그리고 한 쪽 끝을 '규칙'으로 상징되는 표준선을 따라 움직이게 한다. 한편 컴퍼스 다른 쪽 끝으로는 그 규칙을 따르는 선, 그러니까 표준선을 따르는 실제 선을 진짜 긋는다. 그렇게 되면, 그가 규칙(표준선)을 따라 움직이는 동안, 마치 그 규칙이 그의 행동을 결정하는 듯이 반대편 컴퍼스가 실제로 선을 긋는 것이 육안으로 보이게 될 것이다.

비트겐슈타인은 가르치는 사람이 머릿속으로 생각할지 모르는 선 긋는 규칙을 육안으로 드러내 주면서, 어떻게 그 규칙을 따르며 선을 실제 긋는지를 투명하게 보여 주는 장면을 고안해 낸 것이다. 이 사고 실험은 추상적인 규칙과 실제(컴퍼스의 한쪽은 규칙, 다른 쪽은 실제)를 함께 보여 준다.

이것은 마치 내가 신참 직원에게 보고서 작성 방식(이것은 일종의 규칙이다)에 따라 직접 작업하는 과정(이것은 일종의 실제이다)을 가감 없이 보여 주면 그 직원이 충분히 이해하고 배울 수 있으리라 생각했던 것과 너무나 흡사하다. 나의 작업 과정을 통해서 그는 보고서의 규칙과 실제 모습을 동시에 보게 될 것이니, 그와 나 사이에 가르침과 배움이 순수하게 교환될 것이다. 이처럼 결정적인 게 세상 어디에 있겠는가.

그러나 비트겐슈타인은 이 예를 제시하고서는 우리의 바람과 달리 다음과 같이 강하게 단언한다. "우리는 그(여기서 선 긋는 사람)에게서 그가 그 선을 따르는 방식을 배울 수 없다." 그리고 이어서 이렇게 말한다. "이 예에서 그(가르치는 사람)가 어떻게 해야 하는지를 그(배우는 사람)에게 암시하는 듯이 보인다. 그러나 그것은 규칙(rule)이 아니다."[1]

우리는 언제나 규칙이란 하나이고, 그 하나의 규칙을 참여자들이 똑같이 이해하고 따라야 한다고 생각하기 쉽다. 그게 사실이라면 규칙을 따를 줄 안다는 것은 매우 중요한 문제가 된다. 그러고 보면 우리는 매우 다양한 규칙들로 둘러싸여 따르고 있다. 엄마, 아빠, 아이들은 부지불식간에 어떤 역할을 하면서 가족-규칙을 따르고 있고, 회사에서는 각자의 작업들이 물 흐르듯 연결되도록 업무-규칙을 따르고 있다. 각종 기호들을 이용할 때도 그렇다. 산수에서 계산을 제대로 하려면 '공식'이라는 규칙을 따라야 하고, 말을 할 때는 '문법'이라는 규칙을 따라야 한

---

1. 루트비히 비트겐슈타인, 『철학적 탐구』, 이승종 옮김, 아카넷, 2016, 263쪽(237절).

다. 계산이나 말하는 것을 일종의 게임이라고 한다면, 공식이나 문법이라는 것은 게임의 규칙들이다.

그런데 규칙을 인지하고 있다고, 규칙을 따를 수 있는 것은 아니다. 그러니까 계산 공식을 외우고 있다고, 공식대로 계산할 줄 아는 것은 아니다. 계산 공식을 머릿속에 떠올릴 수 있는 것과 계산할 줄 아는 것은 다르다. 결국 '규칙'과 '규칙 따르기'는 다르다. 무언가를 안다는 것은 규칙뿐 아니라 그 규칙이 어떻게 적용되는지를 아는 것을 포함해야 한다. 비트겐슈타인이 말한다. "그러므로 '규칙 따르기'(following a rule)는 하나의 실천(practice)이다. 그리고 규칙을 따른다고 생각하는 것은 규칙을 따르는 것이 아니다."[2]

아마도 나는 신참 직원에게 규칙을 철저하게 분해하여 보여 주었을지는 모르겠으나, 신참 직원이 해당 규칙을 따를 줄 알게 하지는 못했다고 할 수 있다. 계산 공식은 전해 주었지만, 계산 공식을 적용할 수 있게 하지는 못한 것이다. 그럼에도 불구하고 그 신참 직원이 내가 지칭하는 의미대로 보고서의 규칙을 따를 수 있게 된 것으로 오인하였다. 규칙을 충실하게 재현하여 보여 주는 것만으로는 규칙을 적용할 수 없는 것이다. 그것을 넘어서는 무언가가 더 필요한 것이었다. 비트겐슈타인의 말대로 진정 가르치는 자가 전달해야 하는 것은 규칙이 아니다. 이 관점에서 서면 보고서 미결의 책임은 오히려 내게 있었다.

규칙이 신체에 스며들다

비트겐슈타인은 인지하고 암기되는 것으로는 규칙이 아니라고 말하고 있다. 좀 이상하게 들릴지 모르지만, 계산 공식 자체는 규칙 그 자체가 아니다. 물론 그것을 규칙이라고 불러야 하겠지만, 그것만으로는 규칙의 의미가 제대로 드러나지 않는다. 그에게 규칙의 의미는 규칙을 실천에 적용하는 것까지를 포함해야 드러난다. 즉 규칙의 의미는 '쓰임'인 것이다. 비트겐슈타인은 이렇게 정리한다.

"나는 이 기호에 특정한 방식으로 반응하도록 훈련을 받았고 (trained), 지금 그렇게 반응하고 있다. 그러나 이 말을 통해 당신은 인과적 연관만을 지적했을 뿐이다. 즉 이제 우리가 어떻게 도로 표지판을 따르게 되었는지를 설명했을 뿐, 이처럼 기호를 따르는 일이 실제로 무엇에 있는지는 설명하지 않았다. 아니다. 나는 확립된 용법(established usage), 관습(custom)이 있는 한에서만 누군가 도로 표지판을 따라서 간다는 점도 암시했다."[3]

어떤 훈련을 통해 규칙이 신체에 스며드는 과정이 없다면, 규칙의 의미를 파악했다고 할 수 없다는 뜻이다. 결국 규칙은 내 신체에 스며든 용법으로 작동할 때, 그래서 그것이 관습이 되었을 때에야 규칙을 이해하고 있는 것이 된다. 따라서 규칙은 규칙적인 사용에 존재한다. 그때서야 비로소 그 게임의 규칙이 작동하고, 동시에 게임이 개시되는 것이다. 규칙은 정식처럼 존재하는 명사적 양식이 아니라, 신체에 장착되어 사용되는 때에야 비로소 움직이는 동사적 작동이다.

보고서 마감 하루 전날, 난데없이 긴급한 사태가 벌어지고 말았다. 당시 팀장님께 보고하고 그 친구와 함께 모든 보고서를 하루 종일 다시

---

2. 비트겐슈타인, 『철학적 탐구』, 244쪽(202절).
3. 비트겐슈타인, 『철학적 탐구』, 240~241쪽(198절).

작성하기로 한다. 결국 업무 시간을 넘어서 밤을 새게 되었다. 별수 없이 내가 자료를 모조리 다시 추출하고 확인하는 작업을 한다. 그런 나를 보면서, 그도 자기가 수정할 수 있는 보고서를 찾아내어 어떻게든 해본다. 원래 심성은 착하고 성실한 직원이라서 내게 많이 미안했는지 잘못을 만회해 보려고 애를 쓰고 있었다. 지금 생각해 보면 그의 잘못도 아닌 것을.

아무튼 그와 나는 밤을 꼬박 새게 되는데, 그때 우리는 보고서 작업도 작업이지만 서로의 삶에 대해 아주 많은 이야기를 하게 되었다. 그 긴급한 순간에 그 친구 아내가 농구선수였다는 이야기를 듣고는 한참 딴 얘기로 정신이 나가고, 간혹 난해하게 얽힌 보고서 엑셀 함수를 가지고 농담을 곁들이며 장난을 치기도 한다. 우리들에게 뜻밖의 시간이 찾아온 셈이다. 우리들의 보고서는 우리들에게 새로운 관계, 새로운 인내를 요구하고 있었다.

그런데 이상한 일이다. 한참 딴 얘기가 진행되면서, 그리고 함수를 가지고 주고받은 농담들 사이로 보고서 규칙들이 차곡차곡 그 친구의 신체 속으로 스며들고 있었다. 어쩐 일인지 새벽이 되어가자 그 친구의 이해도가 무척 높아지고 있다는 것을 강렬하게 느끼게 되었다. 예전에 인계인수할 때의 느낌과는 확연히 다른 것이었다. 어떤 곳에서는 내 방식과는 다른 방식으로 숫자를 추출하기도 하고, 심지어 나의 오류를 은근히 지적할 줄도 알았다. 순수 결정체 같은 나의 논리적 설명보다, 서로의 삶이 교환되는 과정 속에서야 우리의 목적이 달성되고 있었다. 그는 그 과정을 통해서 보고서의 규칙을 넘어서서 자기 나름의 다른 형식을 창안하고 있었다고도 할 수 있다.

비트겐슈타인은 "하나의 언어를 상상한다는 것은 하나의 삶의 형식 (form of life)을 상상한다는 것을 의미한다"[4]라고 말한다. 보고서의 규칙을 획득하는 일은 그에게 작지만, 명백히 다른 삶의 형식을 받아들이는 일이었는지 모른다. 왜냐하면 밥벌이의 중요한 토대가 바뀌는 일이기도 했을 테니까. 내가 그에게 잘 설명해 주었다고 기억하는 것 자체가 당시 내가 얼마나 내 자신을 착각하고 있었는지 보여 준다. 나는 그의 삶과 함께 일을 나누어야 했다. 삶 속에서라야 새로운 게임의 규칙들이 스며드는 것이니까 말이다. 명징한 설명과 정확한 기교와 매끈한 정식들은 필요할지언정, 결정적으로 충분하지 않다. 새로운 삶을 위한 새로운 규칙들이란 그렇게 실제적인 삶의 실감 속에서라야 구성되고 완성된다. 그 친구는 지금도 그때의 그 밤샘을 이야기한다. 그는 내게 중요한 삶의 친구이자 은행의 후배로 남았다. 그와 나 사이에 부는 따뜻하고 달착지근한 바람은 그렇게 만들어진다. 내게 그날은 아주 오래된 미래다.

---

4. 비트겐슈타인, 『철학적 탐구』, 45쪽(19절).

루트비히 비트겐슈타인의
『철학적 탐구』
후기

저는 비트겐슈타인 전기 철학을 『지식의 고고학』 시절의 푸코와 자주 비교합니다. 물론 푸코는 비트겐슈타인의 글을 거의 읽지 않았습니다. 전 생애를 걸쳐서 겨우 두세 번 정도 인용했을 뿐입니다. 그리고 흔히들 비트겐슈타인의 전기와 후기가 무척 많이 다르다고들 말합니다. 그러나 저에겐 푸코와 비트겐슈타인이 매우 다른 경로로 유사한 철학적 통찰에 도달한 사람들처럼 보입니다. 물론 명백히 대립하는 부분도 있지만요. 그러나 그들은 철학이 더 이상 '설명적'이길 바라지 않았습니다. 비트겐슈타인은 "나는 언어를 기술할 뿐, 아무것도 설명하지 않는다"라고 말합니다. 푸코도 이런 것을 의식했는지, "영미 철학은 엄청난 자격을 박탈하거나 부여하는 대신에, 언어가 결코 속이지도 않고 계시적이지도 않다고 말하려 시도한다"라고 넌지시 평가하기도 합니다.[5]

그러니까, 진리의 근거를 찾아서 정리하려는 것을 두 사람 모두 거부한 것이죠. 이렇게 되면 어떤 진리인가는 중요하지 않습니다. 어떻게 이런 진리가 나왔느냐만 중요하게 되지요. 진리 자체가 아니라, 진리라고 일컬어지는 것을 둘러싸고 있는 권력과 주체들의 모습, 결국 삶의 모습에 주목해야 합니다. 결국에는 이런 태도가 비트겐슈타인의 후기철학인 『철학적 탐구』에서 "하나의 언어를 상상한다는 것은 하나의 삶의 형식(form of life)을 상상한다는 것을 의미한다"[6]라는 강력한 통찰을 낳았

---

5. 프레데리크 그로·아널드 데이비슨 엮음, 『푸코, 비트겐슈타인』, 심재원 옮김, 필로소픽, 2017, 25~26쪽. 푸코는 일본 강연(1978. 4. 27., 아사히 강당)에서 자신의 권력 분석을 '정치의 분석철학'이라고 부르고 언어의 일상적 사용법에서 출발하여 사유의 비판적 분석을 시도하는 영미 분석철학과 유사하다고 말한다(미셸 푸코·와타나베 모리아키, 「정치의 분석철학 — 서양세계의 철학자와 권력」, 『철학의 무대』, 오석철 옮김, 기담문고, 2016, 139쪽).
6. 비트겐슈타인, 『철학적 탐구』, 45쪽(19절).

다고 생각합니다. 새로운 진리는 새로운 언어이고, 그것은 새로운 삶의 형식이라는 것. 사람들은 비트겐슈타인의 전기와 후기가 매우 많이 다른 것처럼 말하지만, 저는 그렇지 않다고 생각해요. 오히려 전기의 사유를 끝까지 밀고 들어갔다고 생각하지요. 그런 의미에서 비트겐슈타인의 전기 철학은 여전히 매우 중요합니다.

저는 비트겐슈타인을 생각하면 값나가는 한식집이 생각납니다. 값나가는 한식집은 나오는 음식 가짓수가 수십 가지입니다. 그러다 보니 잔칫상 차림처럼 종업원이 5~6차례 오가며 차리는 사이에 채 먹지도 못하고 배가 부르지요. 음식에 들인 정성을 생각해서 먹어야지 하다가도 부른 배가 도저히 받아들이지 않으니, 나중에는 결국 눈으로 먹는 수밖에 별 수 없게 됩니다. 상 위에 차린 음식들은 제게 문제를 던지고, 나는 그 앞에서 받아든 문제를 풀지 못하는 형국처럼 됩니다. 온갖 양념에 젖어 있을 도미며 장어들이 갈길 막혀 밥상 위에 갇혀 버린 꼴입니다. 생각 같아서는 바다로 도로 보내 버리고 싶습니다.

회사에서 흔히 작성하는 보고서에서도 똑같은 걸 보게 됩니다. 보고시간이나 보고 상대방을 고려하면 보고서 내용은 한정될 수밖에 없습니다. 그러나 작성자는 좀 더 잘 보이려 하거나, 좀 더 잘 설명하려는 마음에 다른 내용들을 끌어들여 이리저리 치장합니다. 결국 그 보고서가 감당하지 못하는 것까지 집어넣는 바람에, 도리어 핵심적인 사항은 찾기 어려워집니다. 게다가 대개 그런 보고서는 전개과정이 의심스럽고, 심지어 문장마저 난삽하기 이를 데 없습니다. 경영진에게 그걸 보고하려면 가슴이 다 아프지요. 예쁘게 치장해 주려다 도리어 망쳐 놓은 미용사의 민망함이 이런 때 이해가 됩니다. 음식상도, 보고서도 너무 많은 걸 하려다 망쳐 버린 셈이지요. 언제나 먹고 나서야, 항상 다 작성하고 나서야 뒤늦게 깨닫는 어리석음이라니.

이런 때는 덜어내야 합니다. 비트겐슈타인은 철학에 대해서도 똑같은 생각을 합니다. 그는 지금까지 철학자들은 언어가 허용하는 범위를 넘어서서 언어를 사용했기 때문에 철학이라는 밥상이 해결할 수 없는 문제들로 가득하게 되었다고 생각합니다. 그가 보기에 지금 차려진 철학밥상에는 먹지도 못할 음식들로 가득한 것이죠. 다시 말하면 '진리란 무엇인가?', '정의란 무엇인가?'와 같이 대답할 수 없는 질문들로 철학밥상을 가득 채우다 보니, 정작 좋은 음식들(질문들)은 찾아 먹기 힘들거나, 아예 밥상에 올리지도 못하는 불행한 사태가 발생해 버렸다고 봅니다. 비트겐슈타인은 이런 쓸모없는 문제들을 철학에서 싹 몰아내야 한다고 생각했습니다. 어떤 의미에서 매우 급진적인 사유의 소유자라고 할 수 있습니다.

조금은 샛길이지만, 또 들어보면 우스운 이야기일지 모르겠지만, 저는 뜻밖에도 『동의보감』을 공부하다가 우연한 계기로 비트겐슈타인의 텍스트에 손을 대게 되었습니다. 한의학에서도 병이 생기면 몸에 담을 수 없는 것들이 너무 많이 쌓여 있다고 보고, 우선 이를 내보내는 데 주력합니다. 그 방법에는 땀을 내고(汗) 설사시키고(下) 토하게(吐) 하는 3가지가 있습니다. 특히 상초(上焦)[7]에 병이 있을 때는 토하는 것이 좋습니다. 『황제내경』에도 "병사(病邪)가 상부에 있는 경우는 월(越)하게 한다"(『동의보감』「잡병편」권일 '토문')[8]라고 쓰어 있습니다. 여기서 '월'(越, 넘긴다)은 토(吐)하게 한다는 말입니다.

토하게 도와주는 약을 '용토제'(涌吐劑)라고 하는데, 여기에 사용된 용(涌)이라는 한자어도 토하게 한다는 뜻입니다. 많이들 알고 있듯이 대표적인 것으로 '과체산'(瓜蔕散)이 있습니다. 저도 어릴 적에 체하면 할머니가 흰 가루를 먹여주었던 기억이 납니다. 그 가루가 과체산이었다고 합니다. 뭐, 별거 아닙니다. 참외꼭지를 가루로 갈아 만든 약입니다. '과체'는 70년대 서유석이란 가수가 불러 잘 알려진 민요 '타박네'의 그 개똥참외를 말합니다.[9] 시골길을 걷다보면 흔히 보는 그 개똥참외가 우리들 병에는 즉효였던 것이죠.

저는 비트겐슈타인이 철학으로부터 '말할 수 없는 것들'을 몰아낸 것이 한의학에서 치료법으로서 소개한 '토'(吐)와 같다고 여기고 있습니다. 몸에 담을 수 없는 것들이 너무 많이 쌓여 있기 때문에 토를 해서 없애는 치료를 하는 것처럼, 철학에 무의미한 것들이 너무 많이 쌓여 있어서 싹 없애 버리는 것은 어떤 의미에서 같은 행위라고 보는 것이죠. 『동의보감』에서는 이런 치료를 위해 '도창법'(倒倉法)이라는 다소는 급진적인 치료법을 소개하고 있습니다. 먼저 장(腸)과 위(胃)는 시장과 같아서 없는 것이 없습니다. 그래서 위장을 창고란 의미로 '창'(倉)이라고 지칭한 것입니다. 창고에 재고가 많이 쌓이면 썩을 수 있습니다. 있어서 안 되는 것들이 쌓이는 것이죠.

---

7. 한의학에서는 심장 아래를 상초, 위(胃) 부근을 중초, 방광(膀胱) 위를 하초라 하는데, 이들 세 개를 삼초라고 한다.
8. 허준, 『동의보감』, 1000쪽.
9. "우리 엄마 무덤가에 기어 기어 와서 보니/빛깔 곱고 탐스러운 개똥참외 열렸길래/두 손으로 따서들고 정신없이 먹어보니/우리 엄마 살아 생전 내게 주던 젖맛일세."

마치 말할 수 없는 것들이 철학의 그릇에 기만적으로 쌓이듯 장과 위에 적취가 쌓여 버린 것입니다. 오랫동안 쌓여 있으면 몰아내고 잘 씻어서 깨끗하게 해야 합니다. 이를 '도'(倒)라고 합니다. 결국 '도창'(倒倉)이라는 것은 창고에 있는 묵은 것과 썩은 것들을 가려서 버린다는 뜻입니다. 방법은 고깃국물이 점차 물엿처럼 되도록 끓여서 고약을 만들어 먹는 것입니다. 기록에는 서역(西域)에서 전해졌다고 하니, 아마도 인도나 중동에서는 쉽게 관찰되는 치료법인가 봅니다.

저는 비트겐슈타인도 이런 식의 급진적인 치료법에 매료된 사람이라고 생각하고 있습니다. 무의미한 질문들로부터 해방되기 위해서는 사유가 명료해야 하고, 사유가 명료해지려면 그 사고를 드러내는 문장들이 명료해져야 합니다. 그에게 사유할 수 있는 것이란 말로 담을 수 있는 것입니다. 그래서 그 유명한 명제, "말할 수 없는 것에 관해서는 침묵해야 한다"(『논리철학논고』, 7. 이하 괄호 안의 숫자는 같은 책의 명제 번호)라는 명제가 탄생합니다.[10] 이 의미에서 철학은 말로 담을 수 있는 것만 다루어야 한다는 것이죠. 그 외의 것은 싹 몰아내야 한다, 뭐, 그런 것입니다. 그는 지금까지와는 완전히 다르게 철학을 규정하고 있었습니다. 그는 칸트와 달리 문제가 '생각하는 것'에 있는 것이 아니라, '생각한 것을 말로 표현하는 것'에 있다고 보았습니다.

그는 모든 철학은 언어에 대한 비판이라고 단언합니다(4.0031). 그러므로 비트겐슈타인에게 철학은 언어 탐구일 수밖에 없습니다. 물론 언어와 세계가 똑같은 것은 아닙니다. 그러나 그 둘은 서로 대응하는 구조를 가지고 있을 거라는 게 비트겐슈타인의 생각입니다. 즉 언어를 구성하는 문장들과 세계를 이루고 있는 사실들 사이에 대응관계가 성립한다는 것이죠. 따라서 문장들을 모두 모아 놓으면, 그 자체로 세계의 사실들이 모인 집합이 됩니다.

훗날 사람들은 비트겐슈타인의 언어이론을 '그림이론'(picture theory)이라고 불렀습니다. 화가가 현실을 본떠서 그림을 그리듯, 철학자는 세계의 사실들을 본떠서 문장으로 써냅니다. "그림은 현실(실재)과 일치하거나 일치하지 않는다.; 그림은 올

---

10. 루트비히 비트겐슈타인, 『논리-철학 논고』, 이영철 옮김, 책세상, 2006, 117쪽. 이후 같은 책에서 인용하였습니다. 다만 비트겐슈타인의 'reality'는 '현실(실재)'로 수정하여 인용하였습니다.

바르거나 올바르지 않다. 즉 참이거나 거짓이다."(2.21) 즉 세계에는 사실들이 발생하고, 사실들은 자신의 모형으로서 문장들을 가집니다. 바로 이 문장(sentence)을 명제(proposition)라고 불렀습니다. 여기서 문법적으로 하자 없이 단어들을 단순 배열한 것이 문장이라면, 그 문장들 중에서 참, 거짓을 판별할 수 있는 것들을 가려서 명제라고 했습니다. "그림은 현실(실재)의 모형이다"(2.12), "명제는 현실(실재)의 그림이다"(4.01).

『논리철학논고』는 "세계는 사실의 총체이다"(1.1)라는 문장으로 시작합니다. 여기서 말하고 있는 '사실'이란 이른바 '원자사실'(사태)입니다(2). 원자사실(사태)은 비가 내리거나, 내가 집에 있는 것같이 단순한 사실들을 말합니다. 그런 사실들 중에서도 가장 최소 단위를 이루는 사실들이 원자사실입니다. 사실 차원에서는 더 이상 쪼갤 수 없는 사실들. 이런 원자사실들은 대상들이 모여서 생성됩니다(2.01). 즉 '비'라는 대상과 '내린다'라는 대상이 모여서 "비가 내린다"라는 원자사실이 발생합니다. '나'와 '집'이 결합해서 "내가 집에 있다"라는 원자사실이 발생합니다. 또 이런 원자사실들이 모여서 '복합사실'이 되기도 합니다. "만일 비가 오면, 나는 집에 있게 될 것이다"와 같이 말이죠. 대상들이 배열되어 사태를 형성한다거나(2.0272), 그 대상들이 사슬의 고리들처럼 서로 걸려 있다(2.03)는 비트겐슈타인의 표현은 마치 불교의 연기론을 연상시키기까지 합니다. 아마도 비트겐슈타인의 통찰들을 불교의 연기론과 연결해 바라보는 것도 무척 흥미로운 탐구일 것 같습니다.

이를 그림이론에 따라 '명제'라는 개념어로 표현하게 되면, 대상은 '이름'에, 원자사실들은 '원자명제'(요소명제)에, 복합사실은 '복합명제'에 대응합니다. 비가 내리는 원자사실은 "비가 내린다"는 요소명제로 표현된다는 말입니다. 다시 말하면 이름들이 일정한 방식으로 결합하여 요소명제를 이룹니다.(4.22) 이 요소명제들의 합이 바로 '언어 전체'인 것입니다. 앞서 말한 복합사실은 "만일 비가 내리면, 나는 집에 있을 것이다"란 복합명제로 표현되지요.

여기까지 오는데 좀 어려운 구석이 있습니다. 아무튼 여기서 중요한 것은 요소명제(언어)와 원자사실(현실) 간에 구조적 동일성을 갖는다는 것입니다. 이를 비트겐슈타인은 논리적 형식(logical form)이라고 표현했습니다. "모든 그림이, 그 형식이 어떠하건, 아무튼 현실(실재)을 —올바르게 또는 그르게— 모사할 수 있기 위해 현실과 공유해야 하는 것은 논리적 형식, 즉 현실(실재)의 형식이다"(2.18). 이에 따라 "그림은 모사된 것과 모사의 논리적 형식을 공유한다"(2.2)라고 할 수 있습니다. 우리가 산을 그린 그림을 보고, "와, 산이 정말 높네"라고 감탄하게 되는 것은 현실의 산과 그림의 산이 구조적으로 동일하기 때문일 것입니다. 그림의 산을 그림으로만 보아도 그림 안의 다른 사물보다 산이 높게 그려져 있을 것이기에, 우리는 산이 높다고 느끼게 됩니다. 현실의 산과 구조적으로 동일한 것이죠. 사실과 명제 간에도 똑같습니다. 비가 내리고 있는 현실의 사실과 "비가 내린다"는 언어적 명제는 말로 표현하지는 못하지만 무언가 구조적으로 동일하기 때문에 우리는 그 명제만 보고도 비가 내리는 사태를 이해할 수 있게 됩니다. 결국 비트겐슈타인에게 명제는 사실의 재현 혹은 표상(representation)이라고 할 수 있습니다. 명제가 사실을 제대로 표현하기 위해서는 명제와 사실은 서로 재현의 형식을 공유하고 있어야 합니다. 비트겐슈타인은 이 재현 형식(=모사 형식)을 논리적 형식이라고 말하고 있는 것입니다.

그러나 재미있는 것은, 아니 안타까운 것은 이 논리적 형식이, 그러니까 사실과 명제가 함께 공유하는 논리적 형식이 말로 표현할 수 없다는 것입니다. 이것은 마치 제 눈이 세상을 보고 이해하고 있지만, 정작 제 눈이 제 자신의 눈을 바라볼 수는 없는 것과도 같습니다. 이것은 당연합니다. 명제는 사실을 재현할 뿐, 명제와 사실 간에 서로 공유하고 있다는 그 논리적 형식(=구조적 동일성) 자체는 재현하지 못합니다. "명제는 논리적 형식을 묘사할 수 없다"(4.121). 논리적 형식을 묘사하려면, 우리가 그 논리적 형식 밖에 서야 하기 때문입니다. 산을 그리려면 화가는 산 밖에 서야 합니다. 이는 눈이 자기 눈을 보기 위해 자기 눈 밖에 서야 한다고 말하는 것과 같습니다. 앞에서도 말했지만 그것은 불가능한 일이지요.

그러므로 논리적 형식은 단지 명제 안에서 스스로를 드러낼 뿐입니다. 다시 말하면 명제와 사실이 구조적으로 동일하다는 것은 명제를 보고 우리가 느끼는 수밖에 없습니다. "실로 언표할 수 없는 것이 있다. 이것은 드러난다. 그것이 신비스러운 것이다"(6.522). 이렇게 말로 표현할 수 없는 것들이 세계에는 많습니다. 비트겐슈타인에게 철학은 그것을 대상으로 하지 않습니다. "말할 수 없는 것에 관해서는 침묵해야 한다"(7). 즉, 말할 수 없는 것들은 철학으로부터 몰아내야 한다는 것이 비트겐슈타인의 생각이었습니다.

따라서 신체가 토(吐)하는 것과 같이 비트겐슈타인의 철학은 일종의 쇄신입니다. 몸과 정신을 비워 내고, 완전히 새로운 것으로 출발하도록 하는 것입니다. 그것은 봄에 만물이 싹 터 나오는 것과 같습니다. 봄의 출발에 맞춰 꽉 차서 막혀 있던 양기가 통하게 되는 것이죠. 아마 비트겐슈타인은 철학에도 이런 치료가 필요하다고 생각했을 것입니다. 그는 청진기 없이도 철학 속의 시뻘건 허파가 숨가빠하고, 정신의 주름진 내장이 꼬인 것을 봅니다. 철학과 정신에 난삽하게 뭉쳤던 문제들을 토하게 할 필요가 있는 것입니다. 조개처럼 닫혀 있는 철학의 입을 벌려 토하게 해야 합니다. 『논리철학논고』의 1부터 7까지 명제들은 비트겐슈타인이 내린 철학의 처방전, 정신의 용토제라고 할 수 있습니다. 어쩌면 너무나 진부하고, 엘리트적인 사고로 가득한, 심지어 도덕주의에 갇혀 있거나 기대고 있을지 모르는 한국 철학에게는 더욱 필요한 철학자가 아닌가 싶습니다. 우리들의 지성과 철학이 그것들로부터 벗어나 날아오르기를 진심으로 기원합니다.

새로운 도주선, 새로운 철학

—

질 들뢰즈·펠릭스 가타리, 『천 개의 고원』 ②

다 른 하 나 와 함 께 , 다 른 하 나 의 안 에

들뢰즈는 자신의 미시정치를 설명하기 위해 '절편성'(切片性, Segmentarity)이라는 용어를 사용했다. 일상에서는 잘 사용하지 않지만, 절편성은 말 그대로 조각조각 잘려 있다는 말이다. 구분 없이 길게 늘어져 있는 것이 아니라, 어떤 이유로든 하나하나 식별되어 쪼개져 있을 때 그 조각들을 '절편'이라고 하고, 그렇게 조각조작 나뉘어져 있는 모양새를 절편성이라고 부른다. 즉 절편성은 구간으로 나누어진 것이다.

원래 이 용어는 원시사회를 논의하기 위해 인류학자들이 만들어 낸 개념이었다.[1] 그들은 원시사회가 고정된 중앙 국가도 없었고, 그와 유사한 포괄적인 권력도 없었으며, 전문화된 정치 제도도 없었으므로, 원시사회가 매우 '유연한 절편성'(supple segmentarity)을 갖고 있었다고 분석한다. 원시사회는 하나의 구조로 확정되거나 수렴되는 일이 없었다.

---

1. 참고로 생물학에서 '절편'은 현미경으로 관찰하기 위하여 생체조직의 일부를 얇게 자른 것을 말한다. 또한 의학에서 '절편'은 조각, 분절, 부분이다. 예컨대 척수 분절(spinal segment)이 있다.

이를테면 '원시적 절편성'(primitive segmentarity)은 일종의 다성적 코드 (polyvocal code)의 절편성을 보여 준다는 것이다. 즉 원시사회는 다양한 목소리를 갖는 다양한 사회-조각들로 나뉘어 있어서 어떤 하나로만 구조화되지 않았다.

그들이 그렇게 주장한 것은 원시사회가 현대사회와 완전히 달랐다는 점을 강조하기 위해서였다. 현대사회는 국가를 중심으로 매우 중앙집권적으로 구성되어 있다. 국가를 보라. 국가는 중심의 중앙정부에서 주변의 지방정부까지 하나의 이념 아래 하나의 위계질서로 구성되어 있다. 국가 안에 사는 모든 사람들은 동일한 법률 체계 아래에서 동일한 언어로 전달되는 행정명령서에 따라서 동일하게 움직인다. 이 관점에 서면 모든 것들은 국가체계 안에서 하나로 통일되어 움직이는 것처럼 보인다. 원시사회의 다성적 코드와는 달라도 너무 다른 것이다. 유니폼의 세계, 그것이 바로 중앙집권적인 현대 사회다.

그러나 들뢰즈는 현대국가도 이런 절편성과 멀리 떨어져 있지 않다고 뜻밖의 주장을 펼친다. 들뢰즈는 현대국가들이 그처럼 중앙집권적이므로 원시사회보다 덜 절편적이라고 말하는 것이 혹시 환형동물(절편성)과 중추 신경계(반[反]절편성)라는 거짓된 배경과 인식에 기초한 것이 아닐까라고 반문한다. 즉 우리들이 갖고 있는 착각이 그런 대립(원시사회 대 현대사회)을 만들어 낸 것은 아니냐는 의문이다. 그러면서 들뢰즈는 중앙집권적이라고 알려진 뇌조차도 더 절편화된 벌레(more segmented worm)라면서 중앙집권적인 것과 절편적인 것 사이의 통념적인 대립관을 반박한다.

그러고 보면 현대 사회도 그런 절편성에서 멀리 떨어져 있지 않아 보인다. 현대의 기술 관료주의는 세부적으로 나뉜 분업과정을 통해서 진행된다. 칸막이로 구획된 사무실의 현대적 모습은 이런 사정을 반영한 그림이다.[2] 그러나 그것도 절편성 측면에서는 원시사회의 모습과 전혀 다르지 않다. 다만 들뢰즈는 중앙집권적인 것과 절편적인 것 사이의 구분을 폐기하고, 절편성의 두 유형으로 구분하기를 제안한다. 원시적이고 유연한 절편성(supple segmentarity)과 현대적이고 견고한 절편성(rigid segmentarity).

들뢰즈가 이렇게 바라보는 것의 의의는 중앙집중적인 국가체계를 새롭게 볼 수 있는 길을 열어 준다는 데 있다. 들뢰스는 이 두 개의 절편성이 서로 뒤얽혀 있다는 의견을 제출한다. 그 둘은 구분되기는 하지만 서로 분리될 수 없으며(inseparable), 하나가 다른 하나와 함께, 하나가 다른 하나의 안에 뒤얽혀 있다는 것이다(they overlap, they are entangled).[3] 즉 그것들은 시간적으로 딱 구분되는 것이 아니라, 어느 사회에나 원시적인 것과 현대적인 것이 뒤섞여 있다는 말이다.

"유연한 절편성을 원시인들만의 특전으로 생각할 수는 없다. 유연한 절편성은 우리 내부에 살아 있는 야만성의 잔존이 아니라, 전적으로 현행적인 어떤 기능(contemporary function)이며 견고한 절편성과 분리할 수 없다. 유연한 절편화란 견고한 절편성과 분리할 수 없는 철저하게 현대적인 하나의 기능인 것이다. 따라서 모든 사회와 모든 개인은 두 절편성에 의해, 즉 그램분자적인(molar) 절편성과 분자적인(molecular) 절편성에 의해 가로질러진다."[4]

---

2. 현대의 견고한 절편성은 집, 학교, 회사 등 절단된 사회적 단위나 출·퇴근 시간, 회의 시간, 근무 시간 등 일의 단위가 절단되는 것을 말한다. 이 절단 자체가 내용의 정체성을 규정해 버린다. 회사에서는 집에서 하던 행동이나 생각을 그대로 할 수 없다.
3. 들뢰즈·가타리, 『천 개의 고원』, 405쪽.

새로운 도주선,
새로운 철학

예컨대 성이나 계급처럼 절대 불변일 것 같은 이항 대립들을 보자. 물론 겉보기에는 남자와 여자가 생물학적으로 완벽히 구분되어 있는 것처럼 보인다. 실제로도 우리는 그런 구분에 의해 생활을 한다. 목욕탕도 따로 쓰고, 옷도 다르게 입고, 심지어 말투나 태도도 다르게 교육받는다. 그러나 생각해 보면 남자인 나는 다른 사람과 관계를 맺을 때 필요와 상황에 따라 내 안에 있는 여자의 특성을 활성화하여 대응해야 하는 경우가 있다. 더 살갑고, 더 정다운 태도로 상대에게 친밀함을 내보이며 내 안의 매력을 이끌어 낸다든지, 좀 더 모성적인 몸짓을 통해 엄마와 같은 보호자로서 등장하여 상대를 대해 준다든지 하면서 말이다. 또 상대방인 여자 내부에 있는 남성적 면모를 자극하여 좀 더 강한 움직임을 유도해야 하는 경우도 있다. 나무에 구멍을 숭숭 뚫는 딱따구리처럼 언제나 여자와 남자 사이의 벽을 뚫어 넘나들어야만 우리는 살아간다.

거시정치인 동시에 미시정치

그러나 이런 움직임은 기존의 남·여 구분이 거시적 차원에서 유지될 때에야 가능한 전략들이다. 다시 말하면 거시 사회적으로는 남자, 여자라는 구분이 있어야 미시적인 차원에서 그런 전략들이 실행될 수 있다. 만일 남·여라는 식별이 부재한 지대라면 애초부터 남·여의 성질을 활성화한다는 것 자체가 불필요한 것이다. 이렇게 거시적인 구분 속에서 남자이지만 여성이, 여자이지만 남성이 미시적으로 활성화되어야 오히려 남

4. 들뢰즈·가타리, 『천 개의 고원』, 406쪽.

자와 여자의 정체성이 유지된다. 만일 남자가 남성으로서의 거시적 특성만을 고집하게 되면 오히려 남자로서의 특성이 그 고집으로 쉽게 파괴되고 말 것이다. 왜냐하면 남자로서 강한 힘이 필요할 때와 여자로서 부드러운 힘이 필요할 때는 상황에 따라 다르기 때문이다. 오히려 남성은 여성적일 수 있어야 하고, 여성은 남성적일 수 있어야 살아갈 수 있다. 남자는 남자로서만 살 수 없고, 여자는 여자로서만 살 수 없다. 이 의미에서 모든 정치는 거시정치인 동시에 미시정치인 셈이다.

사회계급에 오면 이런 의존성은 더욱 강해진다. 개념적인 계급은 부르주아지와 프롤레타리아트로 명확히 구분될 수 있을지 모르지만, 사회의 실제 현상을 분석하면 계급은 '군중'과 쉽게 구분되지 않는다. 다만 계급이 군중들을 몇 가지로 잘라내고, 유동적인 양태를 하나로 결정화할 수 있을 뿐이다. 즉 군중은 들뢰즈의 표현대로 계급들로부터 새어 나온다.[5] 사건이 터지면 군중들은 계급 밖으로 곧잘 쏟아진다. 계급이 그다지 견고하지 않은 것이다.

그러므로 견고한 관료주의 안에서도 유연한 절편화가 진행될 수 있다. 이 의미에서 카프카는 관료주의에 관한 최고 이론가이다. 그의 소설들은 사무실들을 나누는 장벽들이 엄밀한 경계선이기를 그치고 어떻게 분자적인 환경에 빠져드는지를 절묘하게 보여 준다. '분자적인 환경'에 빠져들면 거시적인 시각으로는 도무지 식별이나 인지가 불가능한 요소들이 돌아다닐 수 있다.

이런 관점에서 보면 정치적 권력을 장악하려면 단순히 국가 행정 기구를 넘겨받기보다, 오히려 사회의 모든 세포들로 침투해 들어가서 분

---

5. 들뢰즈·가타리, 『천 개의 고원』, 407쪽.

새로운 도주선,
새로운 철학

자적인 환경을 구성하고, 그 속에서 돌아다니는 '흐름'(flux)을 수중에 넣는 것이 더 중요한 일일 수 있다. 그러나 권력은 이 흐름을 따라 중도에서 사라지기를 수도 없이 한다. 그것들은 엉뚱한 곳에서 흥하고, 엉뚱한 곳에서 소멸한다. 히틀러는 이 부분을 지나치게 잘 알고 있었다. 히틀러는 이런 흐름을 장악한 후에 자연스럽게 국가기구를 획득하였다. 오히려 그랬기 때문에 자본주의 국가들에게 히틀러는 스탈린보다 더욱 위험하게 여겨졌다. 자본주의 국가와 완전히 동일한 것을 대상으로 권력을 나누었기 때문이다.

그만큼 분자적인 것이 상상의 영역에나 속한다는 생각은 매우 크나큰 오해다. 이미 20세기 초 국가들은 나치즘을 통해서 그런 나이브한 생각이 얼마나 큰 문제를 야기했는지를 분명하게 깨닫는다. 견고한 절편들 밑에 유연한 절편들이 생생하게 흐르고 있는 것이다.

어쩌면 박근혜로 대표되는 세력은 이런 흐름을 누구보다 먼저 장악했기 때문에 국가기구를 획득할 수 있었고, 또한 이런 흐름에서 급격히 멀어졌기 때문에 국가기구를 내놓아야 했던 것일지 모르겠다. 그들은 오랫동안 한국사회 내의 수많은 분자들을 흐름 차원에서 장악하여 왔다. 그리고 그런 흐름 위에서 국가를 탈취하였던 것이다. 사실 브렉시트나 미국 대통령 트럼프의 등장도 이런 흐름과 무관하다고 할 수 없다. 우리를 둘러싸고 있는 사회는 언제나 이미 이런 흐름 위에서 구성되어 왔다. 오히려 지금의 사태들은 이 흐름의 실재성을 완벽하게 드러내 주고 있다고밖에 할 수 없다. 그러므로 그들이, 그리고 이런 사태들이 새삼스러운 것은 아니다. 다만 우리가 잊을 만하면 그 실재성을 드러내 주어 놀라고 있을 뿐.

우리는 두 가지 절편을 모두 바라보고 있어야 한다. 어느 절편이 본성상 또는 필연적으로 더 좋거나 나쁘다고 말할 수 없다. 견고한 절편과 유연한 절편들은 서로 뒤섞여 있으면서 서로와 함께하지 못할 때 순식간에 멀어지곤 한다. 어떤 흐름은 예상치 못한 순간에 절편 밖을 기웃거린다. 그때 우리가 견고하다고 느끼는 설선틀 사이로 흐름들은 새어나와서 일종의 변이를 일으키는데, 이 변이의 결과물이 언제나 우리가 통념적으로 생각하는 정의의 편에 속하는 것은 아니다.

자본이나 파시즘은 이런 변이의 흐름을 자신의 소유로 고정시키기 위해서, 역설적으로 흐름을 예리하게 쫓으며 선취하는 역량을 지녔다고 봐야 한다. 오히려 우리는 자본이나 파시즘에게서 이런 역량을 배워야(!) 하는 것이다. 물론 자본이나 파시즘이 궁극적으로 골몰하게 되는 죽음과 허무를 피하면서 말이다. 그래야 흐름을 그들에게 빼앗기지 않는다. 자본이나 파시즘과 같은 지대에서 그 전쟁을 수행할 수 있어야만, 그리고 그런 전쟁을 수행할 역량을 가지고 있어야만 우리들의 변이가 완성되는 것이다. 그것은 단순히 인문학적 지식이나 관념적인 관조로 되는 것이 아니다. 내가 있는 그곳의 자본주의와 함께 실천되는 것이다.

이 의미에서 나는 요즘 내가 몸담고 있는 '금융'이라는 현상에 대해 완전히 다르게 접근하는 자세를 갖게 되었다. 그것을 그저 자본주의의 핵심적 수단이라고만 생각하여 비난하기만 하는 인식에서 벗어나서, 그것 자체가 갖고 있는 전쟁기계적 성격들을 철저하게 이해해 보려는 것이다. 지금 생각해 보면 내가 몸담았던 금융이야말로 역사 이래 가장 가벼운 신체를 가지고, 가장 오래도록 변이를 일으켜 온 역설적인 추상기계가 아닌가도 싶다. 오랜 시간을 돌아서 나는 가장 큰 전쟁이 있어

왔던 이곳에 다시 서 있다. 견고한 절편과 유연한 절편이 뒤섞인 이곳,
나는 이곳이 나의 새로운 도주선인 것 같다. 결국 나의 철학은 내가 있
던 이곳에서 생성되고 있을지도.

질 들뢰즈·펠릭스 가타리의
『천 개의 고원』
후기

대학 시절 친한 친구가 술자리에서 들뢰즈와 가타리, 앙띠 오이디푸스 등의 용어를 거론하면서 "혁명은 욕망을 해방하는 것이다"라고 표현했던 것을 기억합니다. 술자리 다음날, 그 친구의 말이 인상적이었던 저는 생소하기 그지없는 들뢰즈와 가타리 그리고 앙띠 오이디푸스라는 말을 정확히 기억해 내고 도서관에서 『앙띠 오이디푸스』(김재인 선생님의 새 한글 번역본 제목은 『안티 오이디푸스』입니다)라는 책을 찾아 보았습니다. 그러나 한글 번역본은커녕 관련 자료도 거의 없는 실정이더군요. 단지 현대 철학 명저를 설명하는 책들이나 잡지 등에서 몇 가지 소개 자료만 찾을 수 있었지요. 아마 그 친구는 강의 시간이나, 동아리 선배로부터 이야기로 들어 알게 되었던 것 같습니다. 아무튼 저는 들뢰즈를 그렇게 처음 알게 되었습니다.

들뢰즈는 말년에 천식이 심해서 인공호흡기를 달고 아파트 안에서만 지냈습니다. 추측건대 아마 읽기도 쓰기도, 심지어 생각하기도 쉽지 않았을 것입니다. 어쩌면 이미 육체적으로나 정신적으로나 죽음의 상태였는지도 모릅니다. 그는 결국 1995년 11월 4일 아파트에서 호흡기를 빼고 창밖으로 뛰어내렸습니다. 선배들의 다양한 철학들을 콜라주하면서 공상과학소설처럼 철학하라고 했던 들뢰즈, 그리고 언제나 어떤 순간에도 삶을 긍정하고 살아가라던 들뢰즈, 지금에 와서 보면 저는 그의 자살이 이미 죽음에 돌입한 상태에서 죽음 그 자체도 긍정하는, 일종의 스토아적인 행위였다고 감히 생각하곤 합니다. 그것은 죽음도 삶의 한 국면으로 생각하고 행동하는 것이며, 그리고 지금 이곳의 삶을 떠나 다른 곳의 삶으로 돌입하기 위해 실행하는 행동이었다고 말입니다. 아무튼 그가 이 논란 많은 자살을 감행한 날로부터 벌써 20년이 훌쩍 넘어갑니다.

당시 저는 은행에 들어간 지 3년이 되어 어느 정도 직장에 적응하던 시점이었습니다. 들뢰즈가 사망한 지 며칠이 지나서 은행에 배달된 신문을 보다가 그가 자살했다는 소식을 접합니다. 대학 시절 친구의 이야기를 추억하며 그 기사를 찬찬히 읽었습니다. 급진 좌파 철학자 어쩌고저쩌고 하는 내용이었고, 아마도 그의 철학에 비추어보면 자살이 당연하다는 식의 글이었습니다. 지금 보면 참 어처구니없는 그 부고기사를 당시의 저는 무심히 읽었습니다. 그것은 당연했습니다. 그를 전혀 모르던 때였으니까요. 그러나 그 이후로 왠지 들뢰즈라는 이 이름이 제 머리에서 떠나지 않았습니다.

그러다가 오랜 시간이 지난 2000년쯤이었을 겁니다. 이진경의 한겨레신문 인터뷰를 보았습니다.[6] 대학시절 『사회구성체론과 사회과학방법론』으로 유명했던 분이 들뢰즈에 대해 이야기하고 있었습니다. 일명 '사사방'이라고 불리던 이 유명한 책을 쓰신 분이 마르크스-레닌주의가 아니라 들뢰즈에 대해 말하는 것은 어쩐지 기이한 느낌을 불러일으켰습니다. 드문드문 들뢰즈에 대한 기억을 놓치지 않고 있던 저에게 아주 새로운 감정을 갖게 했지요. 푸코가 다음 세기는 들뢰즈의 세기가 될 거라더니(물론 이 말을 푸코가 했다는 것은 한참 뒤에 알았지만, 들뢰즈에 대해서 좀 아는 사람들이 이렇게 말한다는 것은 알고 있었지요), 아, 드디어 들뢰즈라는 철학자가 자신의 시대를 맞이하고 있구나. 그리고 그런 들뢰즈가 마르크스와도 연결된다니, 정말 파워풀하군. 지금은 이런 이야기가 식상한 것이 되었고, 심지어 조롱의 대상이 되기도 합니다만, 그 당시 저에겐 매우 신선하고 중요한 사실들이었습니다.

좀 더 시간이 지나 뜻밖에도 2008년, 제가 직접 그 연구실에 찾아가서 공부를 시작했습니다.[7] 이미 한국사회에 들뢰즈나 푸코와 같은 철학자들이 잘 알려지고, 자료도 풍부해지기 시작하던 때입니다. 특히 들뢰즈의 책들이 대부분 번역되어 있었습니다. 제가 대학에 다니던 80년대 후반, 90년대 초반과는 전혀 다른 상황이었죠. 이정우, 이진경, 김재인, 서동욱 같은 들뢰즈 전문 철학자들이 들뢰즈 해설서를 쓰고, 관련 번역도 많이 해놓은 상태였습니다. 제가 은행에 몰두하며 생계를 이어가고 있을 때 그들은 한국의 지적 풍토를 완전히 바꾸어 놓고 있었던 거지요. 제가 공부를 시작한 〈수유+너머〉뿐 아니라 〈다중지성의 정원〉이나 〈철학 아카데미〉 같은 대중 인

6. 한겨레신문, 「인문학 데이트」 ⑨ 이진경, 2000. 7. 20.
7. 이 책 「벤야민의 『일방통행로』 후기」에 연구실에 찾아간 이야기 참조(427~429쪽).

문학 공동체들이 대부분 들뢰즈에 대해 강의를 하고 세미나를 하는 상황이었으므로, 대학에 다니지 않는 저 같은 대중들도 마음만 먹으면 들뢰즈에 다가갈 수 있는 환경이 이미 만들어져 있었습니다.

제가 처음 찾아간 연구실에서 들뢰즈의 『차이와 반복』 세미나가 시작되었습니다. 평일에는 전혀 연구실에 다닐 수 없는 상황이었는데, 때마침 들뢰즈 세미나는 일요일 저녁에 진행되어 해볼 만했습니다. 용기를 내어 이 세미나에 참가하기 시작했습니다. 그러나 첫 시간부터 좌절의 연속이었습니다. 전혀 책을 이해할 수 없었으니까요. 단 한 문장, 단 한 페이지도 쉽게 앞으로 나아가지 못했습니다. 세미나에서 오고가는 말들이 무슨 말인지, 어떤 맥락에서 나온 것인지 전혀 알 수가 없었습니다. 철학책이란 것이 어떤 책인지 정말 뼈저리게 깨닫는 시간들이었지요. 도대체 "동일자에서 벗어나 있고 부정적인 것에 의존하지 않는 순수한 차이들"[8]이란 것이 무엇이란 말입니까.[9]

그러나 그런 상황에서도 이상하게 들뢰즈의 철학 문장들은 가슴을 뛰게 하였습니다. 이건 참으로 기묘한 일입니다. 전혀 이해되지 않는데, 가슴을 뛰게 하는 것. 들뢰즈에겐 그런 힘이 있습니다. 특히 저는 『차이와 반복』의 짧은 머리말을 너무나 좋아합니다. 지금도 들뢰즈 책을 읽다가 막히면 그 머리말을 다시 읽어 봅니다. 그러면 왠지 가슴이 뻥 뚫리는 것 같지요. 예컨대, 머리말에 있는 한 문장, "철학책은 한편으로는 매우 특이한 종류의 추리소설이 되어야 하고, 다른 한편으로는 일종의 공상과학소설이 되어야 한다"[10]는 저를 무척 흥미롭게 했습니다. 철학책 이곳저곳에 배치되어 있는 '개념'들이 서로 정합적으로 묶여 있으면서도, 문제들에 따라 스스로 바뀌며 힘을 행사한다는군요. 들뢰즈는 자신이 개념들을 만들고 주조하고 부순다고 하지요. 철학책은 문제에 따라 개념들이 만들어지고 부서지면서, 이미 움직이는 지평자체입니다. 또한 그것은 언제나 탈중심화되면서 새로운 것을 분화(分化)시키는 존재이기도 합니다. 그렇게 함으로써 철학은 '반시대적인 것'이 됩니다.

---

8. 들뢰즈, 『차이와 반복』, 19쪽.
9. 이 책을 읽는 과정을 기술한 글이 이 책 158~164쪽에 나와 있습니다.
10. 들뢰즈, 『차이와 반복』, 20쪽.

새로운 도주선,
새로운 철학

그러다 보면 '지금-여기'가 우리가 알고 있는 '지금-여기'가 아닌 게 됩니다. 우리들이 알고 있던 통념적인 세상이 그렇게 순수하지 않다는 것을 철학책을 통해서 알게 되는 것이죠. 철학책은 그것을 파고들기 시작하여 "비인격적이고 독특성들이 전-개체적인 세계, 곧 눈부신 익명인 '아무개'의 세계"[11]를 드러내는데, 그 세계는 우리가 익히 알고 있는 세계가 아닙니다. 아직 누구의 것도 아니고('비인격적'), 심지어 아직 하나의 개체로 확립되기도 전인('전-개체적인') 눈부신 익명. 그야말로 아무개들이라고 할 수밖에 없는 것들이 온통 난무하는 세계의 독특성. 그것은 마치 공상과학소설과도 같은 세계로 출현합니다.

또 들뢰즈는 철학사에서 어떤 철학을 활용하게 될 때, 철학책이 그 철학의 분신이기도 하지만(즉, 니체를 활용하면 활용하는 사람과 책은 니체의 분신이어야 합니다), 그 분신에는 적절한 최대치의 변화를 포함해야 한다고 주장합니다. 다시 말하면 후배 철학자가 선배 철학자들의 책으로부터 개념을 가지고 와서 자기 철학을 설명하는 데 사용할 때, 그것은 선배 철학자의 분신으로서 그렇게 해야 하지만, 그 분신은 선배 철학자가 변할 수 있는 최대치를 상상하면서 그렇게 해야 한다는 것이죠. 선배 철학자가 갈 수 있는 최대치를 후배 철학자가 대신 가주어야 하는 것입니다. 그래서 심지어 선배 철학자의 책에 대해서는 그것이 상상의 책, 위조된 책이라도 되는 것처럼 말하는 데까지 이르러야 한다지요. 결국 여기서도 후배 철학자의 책은 공상과학소설, 추리소설이 됩니다. 선배 철학자의 철학이 완전히 새로워지는 경지에 이르게 되는 것이죠.

아무튼 저는 이 세미나를 6개월간 꼬박꼬박 나가서 마쳤습니다. 물론 『차이와 반복』을 완독(?)하긴 했습니다. 그러나 6개월이 지나서도 차이가 무엇이고, 반복이 무엇인지 전혀 알 수가 없었습니다. 그러나 그 뒤로 읽게 되는 들뢰즈의 책들을 좀 더 편안하게 접근하고 읽게 하는 효과를 획득했습니다. 너무 어려운 책을 읽어서일까요, 들뢰즈의 다른 책은 좀 부드럽고, 편안하게 읽을 수 있었던 것 같습니다. 전적으로 그 세미나 덕분입니다. 그 뒤로 프루스트의 『잃어버린 시간을 찾아서』를 읽으면서, 들뢰즈의 프루스트 해설서인 『프루스트와 기호들』, 그리고 화가 베이컨의 그림

---

11. 들뢰즈, 『차이와 반복』, 21쪽.

을 설명한 『감각의 논리』를 읽었습니다. 특히 『감각의 논리』를 통해 저는 예술과 철학이 어떤 관계에 있는지를 보다 명확하게 이해할 수 있었습니다. 철학이 개념을 통해서 '아무개'의 세계로 들어가 잠재적인 것들을 밝혀내고 있다면, 예술은 감각을 통해서 똑같은 행위를 하고 있는 것이라고 이해하고 있습니다.

아무튼 그 이후 틈나는 대로 시중에 출판된 들뢰즈 관련 책을 닥치는 대로 사서 읽고, 메모하고, 또 글로 표현해 보았습니다. 특히 니체 세미나를 하면서 읽은 『니체와 철학』은 니체를 이해하는 데 큰 도움이 되었습니다. 물론 번역이 나쁘다고들 하여 한글본 『니체와 철학』을 비판하기두 하지만, 영어본을 함께 읽으면서 보면 힌글본이 없는 경우보단 나았습니다.

특히 적극적인 것(the active)과 반응적인 것(the reactive)을 구분한 후, 영원회귀의 사유에서 반응적인 것들은 되돌아오지 않는다고 해석하는 장면은 저를 기쁘게 하였습니다. 영원회귀는 생성의 존재입니다(The eternal return is the being of becoming).[12] 물론 반응적인 것들도 생성됩니다. 그러나 반응적인 것들은 존재를 가지지 않습니다. 그런데 생성하여 존재하게 된 것들은 지금 이곳에 현존해 있는 것들입니다. 그렇다면 지금 있다고 할 수 있는 것들은 모두 적극적인 힘에 의해서 구성된 것일 수밖에 없습니다. 따라서 영원회귀되는 것들은 언제나 적극적인 것들입니다. 현존하는 것들 중 부정적으로 보이는 것들도 모두 적극적인 힘이 운동하여 생성된 결과들입니다. 단지 우리가 부정적인 것들을 생성시키는 적극적인 힘을 알아차리지 못하여, 그것을 부정적으로 여기고 있을 뿐인 거죠. 모든 것을 긍정하는 정신은 여기서 개시하고 있습니다. 『니체와 철학』의 「제2장 적극적인 것과 반응적인 것」은 이 이야기를 매우 치밀하게 파고 들어가 보여 주면서도, 들뢰즈 자신의 사유를 거기에 얹어서 적극적으로 개진한 글입니다.

저는 이런 적극적인 힘과 반응적인 힘이 '사유'에서도 마찬가지로 적용된다는 생각도 합니다. 사유는 언제나 가상을 만들어 냅니다. 마치 비계와도 같이 말입니다. 사유는 완전히 그것을 도려내지 못하는데, 그래서 언제나 항상 비판이 필요한 것입니다. 이로부터 사유는 항상 비판을 함께 생산합니다. 비판이 가상을 찾아내 싸우기

---

12. 질 들뢰즈, 『니체와 철학』, 이경신 옮김, 민음사, 2008, 136~137쪽.

새로운 도주선,
새로운 철학

를 반복하는 것, 그것이 들뢰즈가 실행한 초월론적 경험론의 기획이 노리는 핵심일 것입니다. 이 관점에서 들뢰즈는 철저히 칸트적이라고도 생각됩니다. 물론 들뢰즈는 칸트가 비판을 철저히 밀고 가지 못했다고 아쉬워했지만 말입니다. 그래서 들뢰즈는 그의 완전한 스승이랄 수 있는 니체를 놀랍게도 칸트의 계승자로 간주했던 것입니다. 그 관점에 서면 철학은 사유에 대한 초월론적 비판입니다. 그것은 반응적인 힘(가상)과 싸우는 적극적인 힘(비판)인 것이죠. 이 힘에 의해서 영원회귀는 언제나 적극적인 것만을 회귀시키는 것입니다. 아마도 우리의 삶에는 우리가 원하든 원하지 않든 이 비판이 서려 있기에 언제나 적극적인 것들로만 존재하고 있을 거라고 생각합니다. 그렇다면 비판은 삶의 조건이지요.

드디어 2009년도에 『앙띠 오이디푸스』(당시에는 최명관의 구판 번역본)를 가지고 세미나를 하였습니다. 6개월 정도 진행했는데, 책을 전부 완독하지 못하고 끝냈던 것 같습니다. 옛날 버전으로 번역되어진 구판의 책을 보니, 「제3장 미개, 야만, 문명」까지 열심히 줄이 그어져 있습니다. 마지막 「4장 분열-분석 입문」을 남겨두고 세미나가 끝났나 봅니다. 그러나 역시 들뢰즈라면 저는 단연 『천 개의 고원』을 꼽고 싶습니다. 이 어마어마한 책을 용감하게도 저는 『앙띠 오이디푸스』를 읽으면서 함께 곁들여 읽게 됩니다. 그때는 〈수유+너머〉에서 번역한 복사본을 가지고 읽었습니다. 그러나 그 당시에는 혼자 읽고서 뜻을 이해하지 못했습니다.

마침내 2014년 함께 공부하는 친구들과 김재인 선생님의 번역본으로 다시 읽게 되었습니다. 친구들과 세미나를 조직하였죠. 특히 저희는 들뢰즈가 이 책에서 언급한 소설들을 찾아내서 함께 읽는 시도를 하였습니다. 이를테면 「서론: 리좀」과 「2장 늑대는 한 마리인가 여러 마리인가?」를 읽으면서 카프카의 『성』과 버지니아 울프의 『댈러웨이 부인』을, 「3장 도덕의 지질학」을 읽으면서 코난 도일의 『잃어버린 세계』를, 「4장 언어학의 기본 전제들」을 읽으면서, 프란츠 카프카의 『소송』과 『구약성서』의 「창세기」, 「출애굽기」, 「민수기」, 「신명기」를, 「5장 몇 가지 기호 체제에 대하여」를 읽으면서, 도스토예프스키의 『분신』, 스트린드베리의 『다마스커스를 향하여』, 조제프 베디에의 『트리스탄과 이즈』를 읽는 식이죠. 한 주는 『천 개의 고원』을, 다른 한 주는 선정된 소설을 읽고 와서 토론하였습니다. 물론 각 장의 내용과 직접적으로 연결되지 않는 소설도 있었으나, 언젠가는 『천 개의 고원』에서 언급되는 책들이어서, 무척 도움이 되었습니다.

『천 개의 고원』도 『천 개의 고원』이지만, 선정된 소설들을 함께 읽는 것은 너무나 즐거웠습니다. 세미나원 한 명은 작가에 대해서, 다른 한 명은 작가의 시대에 대해서, 또 다른 한 명은 소설의 배경과 역사적 사실에 대해서 조사해 오면 그것을 참고로 해서 소설을 함께 이야기하는 식이었지요. 혼자 읽을 때는 서사 구조나 미세한 변곡점들을 알아채기 힘든데, 여러 사람들과 소설을 읽고 토론을 하면 전혀 예상치 못한 곳에서 이야기의 변곡점들을 알 수 있게 됩니다. 나중에 세계 명작 전집을 가지고 세미나를 하고 싶은 생각이 있습니다. 난해하기 이를데 없는 현대소설들을 사랑하게 된 것, 이것도 들뢰즈가 저에게 안겨준 선물인 것 같습니다.

아무튼 들뢰즈는 저에게 새롭게 정신을 다듬어 준 철학자입니다. 또 오래도록 제 머릿속을 차지한 철학자이기도 합니다. 대학교 1학년 때부터 줄기차게 정신의 중심을 차지한 철학자 이름은 들뢰즈가 유일합니다. 그게 허영이었을지도 모르니 누군가는 비웃을지도 모릅니다만, 저는 그것이 저의 정신적 운명이라고 생각하고 있습니다. 아마도 들뢰즈를 앞으로도 끊임없이 다시 읽고, 거듭 다시 읽을 것 같습니다. 그리고 그때마다 지난번 독해가 잘못된 것을 알고 다시 수정해 나가기를 그치지 않겠지요. 그렇게 들뢰즈는 저의 사유에 숨어 있는 반응적인 힘들을 제거하는 비판적 텍스트로 항상 남아서 저를 수정시켜 나갈 것입니다. 대체 몇 됫박이나 그의 철학을 부어 주어야 제 정신이 깨어나갈지는 아직 잘 모르겠습니다. 그러나 그를 아는 시대에 살게 된 것은 매우 큰 행운인 것 같습니다.

새로운 도주선,
새로운 철학

중국이 부르주아 경제를 다루다

—

원태천, 『백년의 급진』

언 제 나 시 작 부 터 모 순 이

무슨 일을 할 때면 언제나 시작부터 모순에 빠지는 경우가 허다하다. 무언가 새로운 공부를 하려면, 새로운 공부보다 더 많은 기초공부가 먼저 필요하다. 이를테면 수리통계학을 공부하려면 방정식, 기하학 등 일반 수학에 능통해야 할 뿐 아니라, 고급 미적분학을 알아야 한다. 나 같은 저질 학력을 보유한 자는 그것을 공부하다 수리통계학의 코빼기도 못 볼 가능성이 크다. 결혼을 해서 가정을 이루려면, 돈을 들여 집을 구하는 것이 우선 필요하다. 그러나 우리는 기초공부도, 집을 구할 자본도 없는 경우가 허다한 것이다. 그래서 시간은 지연되고, 다시 고민에 빠진다.

 '경제개발'이라는 사태에 직면한 개발도상국들도 마찬가지였다. 보통 개발도상국들은 서구국가들의 강력한 군사력과 눈부신 경제력을 만나면 그 순간 여지없이 그들의 힘에 매혹된다. 그리고 그 힘의 배후에 언제나 틀림없이 공업화의 성공이 있다는 것을 깨닫고 그것을 모델로 그들을 따라잡기 위해 애를 쓰게 된다. 그러나 그러는 순간 즉시 어려움에 봉착하는데, 그것은 언제나 개발도상국들에게 자본이 극단적으로 모자란다는 사실이다. 돈이 있어야 외국에서 재료를 수입해서 물건을 만들어 팔 것 아닌가.

이런 결핍에서 벗어나려면 다른 수를 써야 하는데, 대개는 외국에서 자본을 빌려야 했다. 바로 외채다. 외채를 도입해 공업 생산품을 만들어 수출하고 무역에서 남긴 이익으로 외채를 상환한다. 그러나 기묘하게도 성공적으로 이 과정을 이룬 나라는 몇 나라 되지 않는다. 그만큼 외채를 상환할 정도로 경제를 일으키는 것이 굉장히 어렵다는 뜻일 게다.

중국도 예외는 아니다. 당연히 중국도 외채를 들였다. 또한 제2차 세계대전 이후 모든 자본 도입국이 그랬듯이, 투자국이 정해 놓은 틀에 따라 자국의 정치체제를 수립했다. 소련의 자본을 도입했던 중국은 1950년 이후 상부구조와 이데올로기 수립 과정에서 '전반적 소련화'의 길을 간다. 이를테면 소련의 요구에 따라 경제부문에 8대 공업부와 5대 경제위원회가 만들어졌다. 정부 관리방식도 소련식으로 도입되어, 고급 간부들은 이를 학습해야 했다. 그런데 1957년 돌연 정치적인 문제로 소련이 중국에 대한 투자를 중단해 버린다.

이렇게 되자 소련화된 정부조직이 더 이상 정상적으로 운영되지 않았다. 소련의 투자라는 경제적 토대가 사라진 이상 소련식 상부구조는 지속되기 어려웠다. 더욱이 세계는 바야흐로 완전히 다른 경제체제를 예비하고 있었다. 1971년 미국이 브레튼우즈 체제를 통해 간신히 유지되던 금본위체제를 폐기하였다. 이로써 세계는 화폐를 통해 무한 팽창하는 장으로 진입한다. 이른바 금융 중심의 글로벌 자본화 시대이다.

혁명 이데올로기가 자본을 축적하다

중국은 어떻게 이 위기를 돌파할 수 있었을까? 원톄쥔(溫鐵軍, 1951~)의

중국이
부르주아 경제를 다루다

『백년의 급진』은 이 고민을 지금까지와 다른 시선을 가지고 파악한 책이다. 서구의 발전에는 발전의 전제 조건이자 '경로 의존성'인 '식민화'라는 특징이 있게 마련인데, 개발도상국은 그런 경우가 하나도 없었다. 아니, 하나도 있을 수 없었다. 그러니까, 어떤 개발도상국도 서구 선진국처럼 식민지를 건설하여 자본을 발전시킨 경우는 없는 것이다. 그럼에도 많은 개발도상국들이 선진국이 가르쳐 준 이론에만 의존하여 발전을 추구하게 되고, 언제나 뒤늦게야 그 함정을 깨닫는다. 원톄쥔은 중국이 어떻게 이 함정에 빠지지 않게 되었는지를 자기 나름의 시각을 갖고 파헤쳤다.

중국은 광대한 농촌을 가지고 있는 국가다. 농촌에는 '향촌사회'가 존재하고 있다. 어느 나라나 향촌사회는 장구한 역사적 과정을 통해서 형성된 집단문화다. 중국의 독특한 향촌문화는 시장경제의 심각한 외부성(externality) 문제를 내부화(internalization)해서 처리할 수 있게 하였다. 그러니까 외부 외채나 식민지 건설로 해결할 수 없는 문제를 내부 농민을 통해 해결할 수 있게 하였다. 사실 수천 년 이어진 농가경제는 '대가를 따지지 않는 노동력을 자본에 대신해서 투입'할 수 있는 메커니즘이었다. 대규모 자본을 투입해야 할 곳에 농민 노동력으로 메꾸었다. 최소량만 남아 있는 자본은 꼭 필요한 곳에 효과적으로 배분할 수 있게 된다. 이를 통해서 소련의 투자 중지로 갑작스럽게 발생한 극도의 자본 부족 문제를 완화시킬 수 있었다는 것이 원톄쥔의 시각이다.

서구가 식민지를 통해서 자본을 축적해 나갈 기반을 마련했다면, 중국은 이와 달리 내향형의 자본 축적을 이룬 셈이었다. 중국에서도 자본의 원시적 축적은 노동과 자본의 관계로 이루어졌지만, 중국에서는 특이하게도 극도로 결핍된 자본의 자리에 노동이 대체하는 특수한 모델로 창조되었다. 다시 말하면 국가의 기초자본 건설에 투입된 대규모 노동력을 농촌에서 거의 무상으로 빼올 수 있었다. 이런 과정 속에서 대중을 설득할 수 있는 논리를 제공하여 효과적으로 일반대중을 동원하게 한 것은 뜻밖에도 바로 '혁명 이데올로기'였다.[1] 이건 아주 커다란 아이러니다. 자본의 시초축적을 위해서 자본을 타도하는 혁명 이데올로기가 사용되었으니 말이다.

공장이나 기계나 원료를 자본으로 만들려면 노동력을 자본에게 팔아 주는 무산대중이 있어야 한다. 아무리 기술이 있고, 땅이 있어도 공산품을 만들 노동력을 만나지 못하면 자본화는 불가능하다. 그런 의미에서 자기 노동력을 팔아야만 먹고살 수 있는 임금노동자가 충분하지 않으면, 자본가가 노동자를 활용하여 이윤을 얻는 자본주의는 성립할수 없다. 또한 자본가가 이 이윤을 모아 자본을 축적하는 것이 자본주의 사회의 발전으로 표현된다. 마르크스는 이 발전을 '자본주의적 축적'이라고 말한다.

그러나 이 경우도 자본가가 노동자에게 제값을 주고 그 대가로 노동력을 구매하는 방식으로 이루어진다. 그러니까, 애초에 자본이 있어야하는 것이다. 그러기 위해서는 마르크스의 말대로 자본주의적 축적을 최초로 가능하게 했던 역사적 조건들이 어떻게 형성되었는가를 살펴보지 않으면 안 된다. 마르크스는 이렇게 말한다. "우리는 자본주의적 축적에 선행하는 시초축적(primitive accumulation), 즉 자본주의적 생산양식의 결과가 아니라 그의 출발점인 축적을 상정하지 않으면 안 된다."[2] 자본주의 앞에 자본주의의 은폐된 전사(前史)가 있는 것이다.

---

1. 원톄쥔, 『백년의 급진』, 김진공 옮김, 돌베개, 2013, 53쪽.
2. 마르크스, 『자본론』(I-하), 김수행 옮김, 비봉출판사, 1989, 897쪽.

이 시초축적의 순간은 인간이 갑자기 그리고 폭력적으로 그들의 생존수단으로부터 분리되어 자유롭고 의지할 곳이 없는 무일푼의 프롤레타리아로 노동시장에 투입되는 순간이다. 서구 선진국들은 이런 은폐된 순간들을 국민 혹은 식민지에 대한 폭력적 수탈을 통해서 구성하여 왔다.

그러나 중국은 이런 순간을 획득할 역사를 가지지 못했다. 당연히 중국은 다른 방향을 추구해야 했다. 바로 내부에서 자본 축적을 이루어내는 것이다. 사실 혁명전쟁에서 농민을 정치적으로 동원할 수 있었던 것은 '경자유전'(耕者有田, 농사짓는 사람이 밭을 소유하도록 함)의 선포 덕분이었다. 혁명전쟁은 토지전쟁인 셈이었다. 경자유전은 중국공산당이 농민을 동원하는 핵심 정책이었다.

농민들이 항상 바라는 것은 안심입명할 수 있는 소자산 계급의 지위이다. 결국 중국이 세 차례의 토지혁명전쟁과 반세기의 노력을 거쳐 세운 것은 공산주의 국가가 아닌 셈이다. 농민이 주력이 되고 경자유전을 목표로 벌인 혁명전쟁은 세계 최대의 소자산 계급 국가를 건설하였다. 그러나 오히려 역설적으로 이런 토대가 외부의 경제 공격을 막아낼 수 있는 터전이 된다. 즉 농민들이 노동력을 무상 투입할 수 있는 기반이자, 국가를 안정적으로 지탱하는 기초가 된 것이다. 뒤에 땅이 있었던 농민은 안심하고 국가가 동원하는 노동력으로 기꺼이 '희생'하였다. 다시 말하면 중국의 공업화는 농업의 희한한 희생 위에 비용을 전가할 수 있었기에 가능했다. 아이러니하게도 자본축적 뒤에 혁명이 있었다.

공산주의가 자본주의를 다루다

이 책을 읽으면서 눈길을 끄는 장면은 하나 더 있었다. 그것은 중국이 글로벌화한 금융자본에 당하지 않게 된 역사를 설명하는 장면이다.

원테쥔이 보기에 구소련의 붕괴는 오늘날 오해하듯이 이데올로기의 붕괴가 아니다. 그들은 오랫동안 실물경제 단계에만 머물러 있으면서 경제를 금융화(화폐화)시키지 않았기 때문에 불의의 일격을 당했다는 것이다. 구소련은 당시 동유럽과의 네트워크를 통해서 물물교환 무역의 전체 시스템을 장악하고 있어서 부등가교환을 통해 가장 좋은 위치에서 부를 획득할 수 있었다. 이런 시스템을 유지하기 위해 '동유럽경제상호원조회의'(COMECON)라는 것까지 만들어 운영하였다. 그래서 굳이 금융화(화폐화)를 통해 글로벌 경제에 대응할 필요가 없었다. 원테쥔이 보기에 그들은 외부의 변화에 대응하지 못하고 그 안에서 가라앉고 있었던 것이다.

그러나 앞서도 말했지만, 세계경제는 브레튼우즈 체제가 무너지면서 점점 금융자본이 헤게모니를 장악하는 쪽으로 발전하여 갔다. 예를 들면 미국은 1973~1985년 금융부문의 이윤이 국내 기업 이윤의 16퍼센트를 넘은 적이 없다. 그러나 1990년대에 이르러 21~30퍼센트 수준으로 뛰어오르기 시작한다. 전쟁 이후 역사상 최고 수준을 넘어선 것이다. 특히 이들은 미국 밖이나 산하의 금융자산을 운영하여 이윤을 획득한다. 일국적 수준에서 이익을 얻는 것이 아니라 세계적 수준에서 이윤을 획득하여 축적한다. 즉 글로벌 차원에서 산업이 재배치된 것이다.

이 상황에서 나 홀로 산업자본에만 머물러 경제를 운영하면, 외부의 은밀한 공격을 견뎌내지 못한다. 개발도상국들이 수출을 통해 외화를 벌어들이기는 하지만, 벌어들인 그 외화를 유지하기 위해서는 선진국 채권이나 금융상품에 투자하지 않을 수 없다. 그래야 다음 투자기까지 외화자금 규모를 인플레나 이자율 상승에 견디며 가치를 훼손시키지 않고 유지할 수 있었다. 사실 71년 브레튼우즈 체제는 모든 자산의 가치를 극도의 변동성에 노출시켜 버렸던 것이다. 그러나 선진국의 투자은행들은 이 변동성 틈바구니에서 개발도상국의 투자를 중개하며 수입을 챙기고, 그 수입을 가지고 거꾸로 M&A(인수합병)에 나서서 개발도상국의 전략적 산업들을 사들이거나, 통화전쟁을 통해 개발도상국의 부를 도로 빼앗아 온다. 결국 개발도상국은 애써 번 돈들을 선진국에게 빼앗기게 되는 것이다. 글로벌 차원의 전략적 통제는 이렇게 이루어진다.

이 지점에서 바라보면 중국이 소련과 달리 금융화(화폐화)를 받아들일 수밖에 없는 상황을 이해하게 된다. 중국은 소련처럼 안주하지 않고, '화폐화'를 통해서 글로벌 경제상황에 적극 대응하였다. 중국은 자신들이 금융자본의 주도권을 가지고 있지 못하기 때문에 별 수 없이 통화문제와 인플레이션이라는 이중의 부담을 감수해야 한다는 사실을 누구보다 뼈저리게 느낀다. 아무리 산업자본으로 자본을 축적하여도 곰팡이에 움푹 파먹히듯 금융자본에 자신들이 파먹히는 것이다. 이로부터 기묘한 일이 발생한다. 이들은 공산주의 공동체를 유지하고 발전시키기 위해서 외부의 적들과 싸워야만 하는데, 그러기 위해서 자신들이 자본주의를, 특히 글로벌 금융을 직접 다루어야만 했다. 공산주의가 자본주의를 다룬다!

결국 원톄쥔은 중국경제가 발전해 온 경로를 두 가지로 주장했다. 서구 선진국들은 자국 노동자나 식민지 노동자에게서 시초축적을 획득하였지만, 중국은 향촌사회에서 무상으로 노동력을 공급받아 축적을 이루었으며, 심지어 글로벌 경제위기의 외부충격도 향촌사회로 흡수시키면서 견뎌왔다. 그런 쿠션을 기반으로 외부의 글로벌 금융에 직접 뛰어들어 싸운다. 이 부분이 구소련과 결정적으로 다른 것이었다.

현대 부르주아 경제학은 경제현상이 근거하고 있는 뒷면의 역사를 철저히 배제한다. 역사분석은 필연적으로 정치적이므로 부르주아 경제학의 오류를 쉽게 폭로하기 때문이다. 경제 뒷면의 역사는 두 가지다. 경험의 역사 축에서 이루어진 '시초축적의 역사'와 이론의 역사 축에서 이루어진 '노동착취의 역사'. 두 가지 모두 탈취의 역사를 보여 주기 때문에 정치적이지 않을 수 없다. 그래서 부르주아 경제학은 경제와 경제학이 성립되는 역사를 숨기고, 경제의 기계적 현상만을 표면화하여 보여 준다.

그러나 현대 부르주아 경제학이 경제현상에 대해 항상 잘못 이야기하고 있는 것은 아니다. 아주 묘한 위치에 서서 현상을 오히려 과학적으로 규명해 주는데(그 요체를 획득하려면 우리도 아주 묘한 위치에 서서 그것들을 보아야 한다!), 그것은 뻔한 서사를 반복하면서 현상을 그릇되게 이끈 '소비에트식 정치경제학'(이들은 외부의 충격을 견디지 못하고 무너졌다!)보다 훨씬 정확한 정보와 시각을 포함하고 있다. 왜냐하면 부르주아의 분석은 수용자들을 부르주아 이데올로기에 포섭시키는 역할을 하면서도, 부르주아에게는 정확한 정보를 제공하고자 하는 의지가 반영되어 있기 때문이다. 부르주아 경제학을 공부하고, 부르주아 경제정책을 경험하는 것은 부르주아의 의지를 이해하고, 그와 싸우기 위해서 필수적인 것이다.

그러나 부르주아 경제학만 그런 것은 아니다. 모든 공부가 그렇다. 언제나 항상 내가 지향하는 이데올로기와는 다른 이데올로기로 작동하는 지식, 심지어 적대적인 관계에 서 있는 지식조차 제대로 파악하고, 그 작동 방식을 경험하여 우리를 둘러싼 이데올로기의 현실태를 이해할 수 있어야 한다.

이것은 어떤 공동체가 외부와 관계를 맺고 싸우기 위해서 언제나 필수적인 과정이다. 어떤 공동체도 자신을 유지하고 성장해 나가려면 내부와 외부를 모두 잘 다루어야 한다. 내부에서는 수많은 갈등들이 벌어진다. 아마 '오이코노미아'(οἰκονομία, oikonomia)[3]는 오랫동안 이런 갈등을 해결하는 과정에서 그 프레임이 발전하여 왔을 것이다. 그러나 내부 갈등만 해결한다고 문제가 없어지는 것은 아니다. 외부의 문제는 그것보다 더 크리티컬하다. 아무리 안정된 내부를 유지한다고 하더라도 외부의 움직임에 대처하지 못한다면 한순간 위기에 몰린다. 아마 이 의미에서 중국이 외부지식(부르주아 경제학)을 다루는 방식은 정말이지 배워야 할 새로운 영역일지 모른다는 생각이 든다.

---

3. 경제를 의미하는 영어 'economy'의 그리스 어원이다. 집을 뜻하는 'oikos'와 법 혹은 다스림을 뜻하는 'nomia'가 합쳐져서 구성된 단어다. 엄밀하게 말하면 '가정관리술'을 말한다.

원톄쥔의
『백년의 급진』
후기

중국사가 조너선 스펜스(Jonathan D. Spence)가 쓴 『천안문』을 보면 근현대 중국에는 다양한 사람들이 출현합니다. 저는 근현대 중국에 대해 이리 재미있게 풀어낸 책은 찾기 힘들 거라고 생각합니다. 스펜스는 서구인임에도 불구하고 근현대 중국의 미묘한 상황과 사람들의 마음 그리고 행동들을 간결한 문체에 잘 담아냅니다.

근대 중국의 많은 지식인들은 중국 역사의 지연을 '노예근성' 때문이라고 여겼던 것 같습니다. 당연히 중국인들은 그 '노예근성'을 넘어서기 위해서 엄청난 싸움들을 시도하지요. 물론 그런 싸움들이 마음먹은 대로 성공했는지는 잘 모르겠습니다. 그러나 확실한 것은 그 엄청난 싸움들이 다양한 사람들을 만들어 냈다는 사실입니다. 그리고 그것은 그런 다양성 중에서도 중국만의 독특한 평등 정신을 만들어 내는 싸움이기도 했습니다. 스펜스가 쓴 마오쩌둥 평전, 『무질서의 지배자 마오쩌둥』은 근대 중국의 무질서를 돌파하는 싸움의 현장, 대장정(大長征, 1934~1936) 속으로 들어가 엿볼 수 있게 해줍니다. 그들이 돌파할 수 있었던 힘은 '모든 고난을 함께, 평등하게 짊어진다'는 원칙이었지요.[4]

그들의 에피소드를 좀 더 보고 싶다면 김명호가 쓴 『중국인 이야기』도 읽을 만합니다. 이 책은 수많은 중국인들의 모습을 생생하게 알 수 있도록 짧은 편들로 구성되어 있습니다. 예컨대 1907년 유학길에 오른 리스쩡은 치즈와 우유가 영 비위에 맞지 않아서 프랑스 파리 교외에 두부공장을 세웁니다. 여기서 벌어지는 이야기는 영화를 보는 듯 혁명가들의 모습을 생생하게 보여 줍니다. 리스쩡은 여기서 번 돈으로 청 왕조 전복을 위해 쑨원에게 혁명자금을 지원하고 파리의 중국인들을 위해 야학

---

4. 조너선 D. 스펜스, 『무질서의 지배자 마오쩌둥』, 남경태 옮김, 푸른숲, 2003, 124쪽.

중국이
부르주아 경제를 다루다

을 개설합니다. "일하면서 배운다"라는 그 유명한 구호, '근공검학'(勤工儉學)은 이 두부공장을 중심으로 실행되었습니다. 이것은 예기치 않은 결과를 초래했습니다. 저우언라이, 차이허썬, 리리싼, 덩샤오핑, 천이, 리푸춘, 샹징위, 차이창, 녜룽전 등 당대의 전설적인 혁명가들이 모조리 여기에 기원을 두고 있습니다.

이것뿐 아니라 주자파(走資派, 중국 공산당 내에서 자본주의 노선을 주장하는 파로 문화대혁명 때 자주 사용했던 단어이다)인 류사오치가 몰락하는 장면, 물과 햇빛과 바람을 싫어했다는 린뱌오의 오타쿠 성향, 음험하지만 지혜로운 문화대혁명 설계자 캉성, 쿤밍에 모인 시난연합대학, 고전의 대가 류원뎬이 장제스와 만나는 장면 등등, 이 흥미진진한 이야기들을 읽으면, 복잡했던 현대 중국의 소시오 매트릭스(sociometrix)가 한 눈에 들어옵니다. 아, 이들이 이렇게 관계를 맺으면서 오늘에 이르게 되었군, 이라고 쉽게 이해가 되지요.

그러나 근현대 중국에 대해서라면, 우리는 루쉰(魯迅)을 절대(!) 빼놓을 수 없지요. 루쉰은 중국만의 사유인이 아니었습니다. 일본 소설가 오에 겐자부로는 중학교 입학 선물로 어머니에게 『루쉰 선집』을 받아 루쉰을 알게 되었다고 합니다.[5] 겐자부로의 어머니가 도시로 진학한 소꿉친구로부터 받은 문고본을 겐자부로에게 전해주었던 것입니다. 나중에 겐자부로 어머니가 대학생이 된 겐자부로에게 「고향」을 읽었느냐고 묻자, 겐자부로는 그 소설의 마지막 장면을 암송합니다.

"생각해 보니 희망이란 본시 있다고도 없다고도 할 수 없는 거였다. 이는 마치 땅위의 길과 같은 것이다. 본시 땅 위엔 길이 없다. 다니는 사람이 많다 보니 길이 되어버린 것이다."[6]

그러자 겐자부로 어머니는 "나는 고향에 남은 룬트가 좋던데"라시며 실망감을 드러냅니다. 아마 겐자부로 어머니는 고향에 남아 있던 루쉰의 친구, 룬트가 자신과 닮았다고 여겼던 것 같습니다. 겐자부로는 단번에 어머니와 자신의 마음이 차이가

5. 오에 겐자부로, 『말의 정의』, 송태욱 옮김, 뮤진트리, 2014, 301~302쪽.
6. 루쉰, 『외침, 방황』(루쉰전집 2권), 루쉰전집번역위원회(공상철, 서광덕) 옮김, 그린비, 2010, 104~105쪽.

난다는 사실을 직시합니다. 루쉰이 룬트에게서 느꼈던 그 감정을 말이죠. "우리 사이엔 이미 슬픈 장벽이 두텁게 가로 놓여 있었다. 나도 아무 말을 할 수 없었다."[7] 그러나 저는 그런 슬픈 장벽을 다른 누구에게서가 아닌 저에게서 느꼈습니다. 사실 어머니의 위치에 제가 있었으니까, 그것은 당연합니다. 저야말로 지방에서 올라와 서울에 겨우 정착하게 된 사람이었으니까요.

저의 경우는 루쉰을 글쓰기와 함께 알게 되었습니다. 10년 전 저는 '대중지성'이라는 인문학 프로그램에서 고전 공부를 하고 있었습니다. 그 프로그램은 다른 무엇보다 글쓰기를 무척 많이 강조했지요. 3개월마다 한 학기가 끝나면 공부한 내용을 중심으로 각자 에세이를 발표했고, 청중인 선생님과 학인들이 그 에세이에 대해서 강하게 코멘트를 했습니다. 그런 과정이 제 정신을 뒤흔들어 놓았던 것 같습니다. 경험해 본 사람은 알겠지만, 자신의 글을 향한 동학들의 공개적인 코멘트는 글쓴이의 가슴을 아프게 합니다. 그건 저도 마찬가지여서 매번 그 시간이 괴롭기 그지없었습니다.

그러던 중 어떤 학기에 루쉰을 읽게 되었습니다. 우리가 읽은 텍스트는 루쉰 소설들이었는데, 루쉰의 초기 작품집인 「외침」, 중기 작품집 「방황」, 그리고 후기 작품집인 「새로 쓴 옛날이야기」까지 모두 읽었습니다. 하지만 그렇게 읽은 소설에 대해 전혀 흥미를 느끼지 못했습니다. 어딘가 어설프고 괜스레 어두운 게 영 마음에 들지 않았던 것입니다. 그러나 곧 루쉰 잡문집 『아침꽃 저녁에 줍다』를 읽고 그의 엄청난 정신에 완전히 압도되고 말았습니다. 그 전에 읽었던 니체만큼이나 강력한 문장들이었지요. 당시에는 일본의 루쉰 대가, 다케우치 요시미가 편집한 전집의 한글 중역본[8]이 있었는데, 흥분한 저는 출판사에 직접 전화해서 창고에 남아 있는 것을 모조리 구해 밤새워 읽기도 했습니다.

더불어 다케우치 요시미의 빛나는 해설서, 『루쉰』도 단번에 읽었습니다. 다케우치 요시미가 군대에 입대하기 직전에 원고를 마감했다는 사실은 루쉰을 더욱 강렬하게 만들어 주기도 했습니다. 또 다케우치 요시미를 루쉰과 묶어 설명한 쑨거의

7. 루쉰, 「외침, 방황」(루쉰전집 2권), 루쉰전집번역위원회(공상철, 서광덕) 옮김, 그린비, 2010, 101쪽.
8. 『노신문집 I~VI』, 죽내호(다케우치 요시미[竹內好]) 역주, 한무희 옮김, 일월서각, 1987.

『다케우치 요시미라는 물음』도 훌륭한 참조점이 되었습니다. 다케우치 요시미는 루 쉰을 참조하며 "노예는 자신이 노예가 아니라고 생각하는 것 자체로 노예다"[9]라고 일갈합니다. 루쉰은 노예를 거부했던 니체와 같으면서도, 다르게 변주된 니체였습니다. 어쩌면 저는 루쉰이 대중에게 발견한 노예근성을 제 스스로에게서 발견하고, 다시 저는 '나'에게서 '슬픈 장벽'을 느꼈을지 모르겠습니다. 저는 루쉰에게서 저의 장벽을 직시하는 강렬함을 느꼈습니다.

이때 알기 시작한 루쉰이 제게는 공부의 전환점이었던 것 같습니다. 당시 저는 은행에서 힘든 프로젝트 하나를 이끌고 있었는데, 프로젝트 자체가 굉장히 어려운 처지에 놓여 있었습니다. 아침 7시까지 출근하고, 밤 11시가 되어서야 겨우 퇴근하는 일상이 자주 반복되었고, 심지어 출근시간을 줄이려 집을 나와 회사 근처 합숙소에서 생활하기까지 하였습니다. 정신적으로도 괴로움이 컸던지라, 출근이 두려울 지경이었지요. 무간도(無間道) 같은 시간, 딱 그 지경이었습니다.

그때 저를 구원해 준 것이 루쉰이었습니다. 아침에 출근하면 루쉰 책을 몇 페이지 복사해서 가슴에 품고 있다가, 회의 시간을 기다리는 5분 정도 자투리 시간에 남몰래 꺼내어 읽거나, 잠시 쉬는 시간에 한두 문장을 베껴 보았습니다. 그러다가 걸어 다니는 동안 루쉰 문장에서 제 생각을 더 전개하여 새 문장을 만들어 보곤 했지요. 마치 언어라는 모듈을 내 식대로 조립하여 일종의 '언어로봇'을 만드는 재미 같았습니다. 루쉰이라는 고유명이 내뿜는 강력한 전투력이 그 문장들을 통해 내 신체에 전달되고, 내 몸 어딘가에 장착되는 느낌도 들었습니다. 그러니까 루쉰의 문장이 괴로움에 찌든 나를 충만하게 만들었던 거죠. 제게 수사나 문장력은 전혀 문제가 되지 않았습니다. 오로지 루쉰이 건네주는 충만한 감각에 집중하고, 그것을 완전히 향유하고 있었습니다. 생각은 그 순간에 진행되었습니다. 즉 쓴다는 것이 곧 생각하게 하는 것이었습니다. 참 신기한 일입니다.

아마도 제가 루쉰을 통해 저만의 글쓰기 정신을 획득한 것은 우연일 뿐 아니라, 어쩌면 오로지 저에게만 의미를 가질지도 모르고, 더군다나 나만의 완벽한 착각이거나 망상일지도 모르겠습니다. 그러나 저는 그로부터 글을 쓴다는 것의 의미를 너

---

9. 다케우치 요시미, 『일본과 아시아』, 서광덕·백지운 옮김, 소명출판, 2004, 60쪽.

무나 강렬하게 느끼게 된 것을 즐겁게 생각합니다. 그 뒤로 글을 쓴다는 것에 대해서 나만의 생각을 갖게 되었다고 여기고 있습니다. 루쉰은 그야말로 내 삶을 응원하는 하나의 '외침'(루쉰의 첫 소설집 제목은 '외침'입니다)이었던 것이죠.

어느 누구나 루쉰을 읽으면 절대 피할 수 없는 그 글, 즉 쇠철방에 대한 짧은 이야기를 만나게 됩니다. 그 이야기는 저를 무한히 생각하게 만듭니다. 저의 방식으로 해석해 보면, 기존의 쇠철방에서 벗어나는 것이 공부입니다. 그러나 그것은 새로운 쇠철방을 마련하는 것이기도 합니다. 다시 벗어나는 공부를 하도록 그렇게 합니다. 어쩐지 기묘합니다. 이렇게도 말해 보고 싶습니다. 기존의 구속에서 벗어나는 것이 자유입니다. 그러나 그것은 새로운 구속으로 가는 것이기도 합니다. 다시 자유로워지기 위해서 그렇게 합니다. 제 생각에 결국 루쉰은 영구혁명을 하는 중에 있는 것이 공부이고, 자유라고 우리들에게 말해 주고 있는 것 같습니다.

이것은 제게 대단히 중대한 생각입니다. 단 한 번에 이 세상을 넘어서지 못한다는 절대적 유한성을 분명히 해주는 것이기도 하고, 오히려 그렇기 때문에 희망이나 절망 모두를 헛되게 바라지 않는 아주 담담한 정신을 품게 해주는 것이기도 합니다.

그래서 저는 루쉰이 그토록 안타까워하며 사용했던 '적막'이라는 단어를 다르게 이해하게 되었습니다. 우리는 적막을 피할 수 없습니다. 적막의 순간이야말로 기존의 쇠철방을 벗어나서 새로운 쇠철방을 맞이하는 순간이니까요. 루쉰은 이 적막 속에서, 그러니까 전환의 순간에 소리 높여 외치며 친구들을 응원하고 있었던 것이죠. 루쉰의 전투력이 어디서 어떻게 응축되어 나오는지를 어렴풋이 느끼게 됩니다. 이런 프레임으로 쇠철방 이야기를 읽으면 세상이 완전히 다르게 보이는 것도 같습니다. 그러니까, 루쉰이 제게 준 큰 선물은 이것입니다. 별일 없이, 담담하게, 삶을 '전. 투. 하. 라.' 그는 제 정신의 쇠철방입니다. 날마다 새로워지는 루쉰-쇠철방입니다. 어찌 이런 루쉰을 벗어날 수 있겠습니까.

저는 루쉰의 모든 글을 좋아합니다. 특히 잡문의 강렬한 문장들은 거의 마약과 같아서, 한번 빠져들면 더 이상 헤어 나오지 못한다고 봐야죠. 그런데 잡문의 강렬함과 루쉰식 소설의 담담함이 절묘하게 결합된 글이 있습니다. 바로 『새로 쓴 옛날 이야기』(古事新編)에 수록된 「검을 벼린 이야기」입니다. 젊은 시절 루쉰이 인용한 바 있던 시인 바이런의 문장, "나는 스스로 무너진 자다"를 이야기로 절묘하게 풀어낸 소설입니다. 쇠철방을 무너뜨리는 긴 싸움은 자신 내부에 쌓인 인습과 투쟁하면서 시작됩니다. 그 투쟁은 결국 자신에게 들러붙어 있던 적들이 자신과 함께 몰락하면서 성공합니다. 적을 무너뜨리기 위해서는 자기 내부에 스며들어 있는 적들을 함께 무너뜨려야 하는 것이죠. 그러기 위해서는 그 적들이 기거하고 있는 '나'를 우선 무너뜨려야 가능합니다. 언제나 적은 내가 무너지지 않고는 무너지지 않습니다. 그러니까, 복수는 '나'를 무너뜨리는 것입니다. 이것이 제가 루쉰에게 배운 복수의 역설입니다.

그런데 이 소설은 그 싸움 뒤를 매우 감동적으로 그려 넣습니다. 루쉰은 내가 무너지고, 적이 무너진 그 자리를 아주 담담하게, 그러나 통념을 거슬러 보여 줍니다. 그의 복수에는 '승리제전' 같은 것은 찾아볼 수 없습니다. 미간척의 복수가 끝나자 솥 안에는 미간척과 검은빛의 사나이, 그리고 왕의 머리가 물 밑으로 같이 가라앉아 있습니다. 세 개의 두개골을 들어 올리자 왕비가 묻습니다. "우리 상감마마는 머리가 하나뿐인데 어느 것이 우리 상감마마의 것이오?"[10] 왕이 왕으로서 식별되지 않습니다. 미간척조차 무너졌기 때문에 미간척과 왕이 구분되지 않습니다. 복수한 자와 복수당한 자가 뒤섞여 한 덩이가 되어 버린 상태. 루쉰은 복수 이후에도 승리라는 통념적인 쾌감을 지워 버리고 맙니다. 저는 이 짧은 소설을 읽고 오랫동안 멍하니 벽을 쳐다보았습니다. 아마도 무너지면서 새로워지는 이 강렬함이 제대로 저를 사로잡았을 것입니다. 앞에서 이야기했던 중국인들이 평등을 만들어 내는 싸움을 했다는 것은 이것을 말합니다.

루쉰은 적과 대놓고 싸울지언정 뒤에 숨어 냉소를 보내진 않았습니다.[11] 그만큼 적들에게 최선을 다했다는 말이기도 하지요. 그러나 적들은 루쉰의 에너지를 한없이 갉아 먹었습니다. 말 그대로 적들이 도처에서 나타났습니다. 그가 나타나면 마치 자석에 쇠붙이가 붙듯이 어느새 적들이 나타나서 달라붙는 느낌이 들 정도입니다. 아마도 루쉰은 엄청난 에너지가 소요되었을 것입니다. 실제 "이들의 후면 공격에 대비하기 위해 나는 '옆으로 서는' 수밖에 없을 것 같네. 적을 정면으로 바라보지 못하

10. 루쉰, 『들풀, 아침 꽃 저녁에 줍다, 새로 쓴 옛날 이야기』(루쉰전집 3권), 루쉰전집번역위원회(한병곤, 김하림, 유세종) 옮김, 그린비, 2011, 387쪽.
11. 임현치, 『노신평전』, 김태성 옮김, 실천문학사, 2006, 326쪽.

고 항상 앞과 뒤를 동시에 경계하다 보니 정말 힘이 드네"[12]라고 말하기도 했습니다.

그러나 루쉰의 글들을 보면 루쉰만 구사할 수 있는 유머들이 곳곳에 스며들어 있습니다. 밤새 읽다 보면 숨어 있는 유머들 때문에 읽는 내내 미소가 그치지 않습니다. 그러다 보면 내 자신이 새로워지는 감각을 반드시 겪게 됩니다. 당대의 통념을 향해서 반전과 비틀림으로 비수를 날리는 언어에 대해서 제 신체가 꼭 반응하게 되는 것이죠.

'언어의 불실성'이란 바로 이런 게 아닐까 생각해 봅니다. 평상시에는 그저 그렇고, 당연하며, 쉽게 이해되는 잡담 같은 말이 갑자기 이해할 수 없는 것이 되어 불가피하게도 내가 스스로 그것의 의미를 구축해야 할 때, 바로 그 순간 언어가 어떤 질량감을 지니고 툭 떨어지는 물질로 출현합니다. 루쉰의 글들은 그런 물질성을 드러내고 제 신체를 때립니다. 기존의 의미를 싹 지우고 물질 그 자체로 출현해서 저를 때립니다. 강렬하다는 말만으로는 설명할 수 없는 그런 글들입니다.

그렇다고 루쉰이 냉혹한 싸움꾼은 아닙니다. 3·18참사가 지난 후, 학생이 루쉰에게 편지를 보냅니다. 모두가 돈만 벌려고 한다며, '생명의 출로'는커녕, '생존의 출로'조차 봉쇄되어 이제는 앎 자체가 고통이 되었다고 하소연 합니다. 이에 대해서 루쉰은 수단을 가리지 말고 생계를 이어가면서 애인을 위로해야 한다는 담담한 말로 답변합니다. 싸움터에서 휴식을 권하는 루쉰. 루쉰이 권하는 휴식을 제대로 맛보고 싶다면 루쉰의 저 언어들을 직접 접해야 합니다. 그의 싸움들과 함께요. 아마 루쉰 속으로 들어가 고투한다면 '충만한 전투'라는 게 뭔지 깨달을 것이라고 장담합니다. 아, 루쉰은 생각만 해도 가슴이 뜁니다.

---

12. 임현치, 『노신평전』, 김태성 옮김, 실천문학사, 2006, 342쪽.

중국이
부르주아 경제를 다루다

잊어야 하는 것으로부터 배우기
—
루이 알튀세르, 『마르크스를 위하여』

마르크스가 벤치마킹하다

회사에서 새로운 업무나 제도를 도입하려 할 때면 으레 남들은 어떻게 그것을 도입했는지 살피게 된다. 우리보다 앞서서 제도나 프로세스를 운영했던 내용을 잘 살펴보고 우리 회사에 맞게 고치는 일은 실무자로선 당연하다. 새로운 것을 따르다 발생할 시행착오를 줄이고, 모범을 연구해서 내게 잘 적용하면 경쟁자보다 더 잘 장착시킬 기회가 생기므로 그런 작업 자체가 회사 미래에 큰 영향을 끼치는 일이기도 하다. 특히 우리나라에 아직 정착되지 않은 일이거나, 국내 첫 시도이기라도 하면 "선진사례 벤치마킹(Benchmarking)"이라는 이름으로 해외 유수 기업들의 사례를 조사하는 것은 필수를 넘어 필사적인 일이 된다. 그것은 목표가 되어 앞으로 내가 할 모든 일에 들이댈 기준이 될 터이기 때문이다.

그러나 벤치마크라는 게 그리 쉽게 찾아지지는 않는다. 오래전 팀 업무와 관련해서 해외 기관들의 조직형태를 찾아보라는 지시를 받은 적이 있었다. 거래하는 부서와 그것을 관리하는 부서가 하나의 의사결정체계로 구성되어 있는지 확인하는 것이었다. 이 결과에 따라서 구성원들의 운명이 일정하게 바뀔 태세였다. 하지만 우리와 동일한 업무를 하고 있는데도 해외기관들은 제각기 다른 형태들을 가지고 있어서 하나의 표준을 제시하기가 무척이나 난감했다. 그러니까, "이 업무의 해외 선진 조직의 구조는 무엇인가?"라는 질문은 답할 수가 없는 상황이 되고 만 것이다. 벤치마크의 실체란 언제나 질문을 비웃는 형태로 우리에게 다가온다. 그것은 언제나 하나의 모범으로만 나타나는 것이 아니었다. 오히려 벤치마크기 혼란을 가중시켰다.

이런 벤치마크 이슈는 현대 기업들에게만 난감한 것은 아니다. 마르크스가 고민하고 삶을 이끌었던 19세기 초 독일에서도 동일한 고민이 존재한 듯하다. 1830년대와 1840년대 독일은 프랑스혁명과 나폴레옹 전쟁의 혼란 속에 처박혀 있었고, 자신들이 가야 할 길이라고 여겼던 민족 통일과 부르주아 혁명은 도무지 실현하지 못할 것 같은 무기력이 사회를 감돌고 있었다. 이런 무기력한 상황 때문에 독일은 독일 밖에서 진행되는 역사 현장(혁명과 전쟁을 통해 민주주의와 자본주의가 발전하는 역사)에서 구경꾼이 되어 버렸다. 다시 말하면 경제적이고 정치적인 지체 현상이 독일 사회 전반을 지배하고 있었다.

이런 상황이 놀라운 불균형을 산출하는데, 그것은 이런 "역사적 저발전(underdevelopment)"에 대응하여 초래된 "이데올로기적·이론적 과잉발전(over-development)"이다.[1] 경제적으로나 정치적으로 역사는 한참 지체되어 발전하는데, 그런 것들을 이루려는 욕망 때문에 그것을 사고하는 능력은 과잉발전하게 된 것이다. 보드라운 모래로 갓 지은 성처럼, 여린 나뭇가지에 달린 감처럼, 그것은 추락할 듯이 위태롭다. 독일 관념 철학의 화려한 성공은 이런 사정을 반영한다. 프랑스인들은 정치적 머

---

1. 루이 알튀세르, 『마르크스를 위하여』, 서관모 옮김, 후마니타스, 2017, 142쪽.

잊어야 하는 것으로부터
배우기

리를 가졌고(프랑스혁명), 영국인들은 경제적 머리를 가졌으며(산업혁명), 독일인들은 이론적 머리를 가졌다(독일 관념철학)는 농담도 이를 두고 만들어진 말이었다.

벤 치 마 크 는   거 짓 환 상 이 다

우리로선 독일 관념철학 정도라면 대단한 발전, 엄청난 성공이라고 칭송하면 될 것도 같다. 칸트로부터 피히테, 셸링을 거쳐 헤겔에 이르는 이 엄청난 이름들을 보면 이론적 머리, 정치적 머리 어쩌고 하는 게 꼭 맞아 보인다. 그러나 프랑스 마르크스주의자, 알튀세르(Louis Althusser, 1918~1990)는 당대 독일의 이론적 발전은 자신들이 고찰할 현실적인 문제와 구체적인 대상이 존재하지 않은 채 허구적으로 발전된 것이라고 꼬집는다. 그러니까, 그것은 소외된(alienated) 발전이었다는 것이다. 다시 풀어서 말하면, 그것은 현실과 동떨어진(alienated) 발전이었다.

사실 한 사상가가 언제 어디선가 태어나 주어진 세계에서만 사고를 시작할 수밖에 없다면, 마르크스의 경우 그 세계는 독일 관념론이 지배하던 세계, 따라서 역사의 현실적 발전은 지체되었지만, 이데올로기와 이론은 과잉 발전하던 19세기 초 위태로운 독일의 세계이다. 마르크스는 그 세계에서 그 세계가 준 이론들에 기대어 사고하고 글을 쓰기 시작했다. 결국 마르크스는 현실에 동떨어진 이론에 기대어 글을 생산하는 시공간에서 시작한 것이다. 해변가 입 벌린 조가비 안으로는 오로지 소금물과 모래만 들어가듯이 마르크스에게도 오로지 소외된 이론들만 들고 나갔다.

사정이 이러하므로 마치 현대의 우리 기업들이 미국에서 글로벌 선진사례를 찾는 것처럼 독일은 프랑스와 영국을 마치 자유와 이성의 땅인 듯이 바라보았다. 알튀세르의 표현에 따르면 그들은 "남들이 행한 것을 살 수가 없었으므로, 남들이 행한 것을 사고"하기만 했다. 즉, 프랑스와 영국의 역사 경로를 직접 경험해 볼 수 없으므로, 머리로만 끊임없이 상상하고 그 사회를 동경하기만 했다. 넓고 엉성한 그물코로 고기를 잡듯, 그것은 머리로만 세계를 쫓는 현대의 벤치마킹과 똑같다.

독일 관념론의 발전이라는 과잉발전이 그래서 발생하는데, 이로부터 프랑스의 정치적 감각과 자신들 독일 이론의 결합에 미래가 날려 있다는 거짓 환상이 생겨 버린다. 그러나 그것은 독일 자신의 이데올로기 도식과 문제설정에 의해 왜곡된 현실들에 사로잡혀서 생긴 환상일 뿐이다. 프랑스와 영국을 무조건적인 정답으로 지향해야 하는 일종의 신화로 생각하게 된 것이다. 그러나 거듭 거듭 되돌아오는 권투장 샌드백처럼 아무리 돌파하여도 여전히 독일 현실의 문제들은 풀릴 리 없었다. 1843년 마르크스가 프랑스로 떠나기를 결정한 것은, 일종의 신화(myth)를 찾아 떠난 것이었다. 식민지의 청년들처럼 말이다. 알튀세르는 이 점에서 마르크스에 대해 매우 냉철한 평가를 하고 있었다.

두 개 의 현 실 , 새 로 운 현 실

그러나 세상은 넓고, 삶은 묘하다. 마르크스는 환상을 갖고 떠났던 프랑스에서 자신을 새롭게 뒤집을 근본적인 발견 앞에 선다. 프랑스와 영국이 자신들이 상상했던 신화와 들어맞지 않는다는 발견, 계급투쟁과 적나라한 자본주의와 조직된 프롤레타리아트의 발견, 그래서 순수한 정치운동을 통해 자유를 획득할 수 있으리라는 거짓말에 대한 발견. 그러니까, 그들의 이론적 머리로는 도무지 볼 수 없었던 현실, 독일 관념철학 텍스트에서는 어떤 모습도 드러나지 않았던 "근원적으로 새로운

현실"(a radically new reality)을 발견한 것이다.[2]

어쨌든 마르크스는 언제 어디선가부터 자신도 모르게 '시작'이란 것을 하였다. 그것은 우연에 둘러싸인 사건이다. 그가 독일을 선택하여 태어난 것은 아니니까. 그는 거대한 환상들이 두껍게 둘러싸여 있는 곳, 19세기 초 지체된 독일에서 사고를 시작했다. 특히나 그곳은 독일 관념론의 과잉발전이 의식을 짓누르는 곳이었다. 이 관념론은 도무지 현실을 말한 적이 없었다. 그 관념에 맞는 현실은 존재하지 않으면서, 어마어마한 거짓 사고의 화석층이 현실을 왜곡시키고 있는 곳. 바로 그곳에서 청년 마르크스(the Young Marx)는 아직 '마르크스'(Marx)가 아니었다. 청년 마르크스는 '마르크스'가 되기 위해 거대한 환상들의 층을, 그것이 얼마나 두꺼운지 지각하기도 전에, 뚫고 나가야 했다. 이 돌파로부터 알튀세르는 마르크스에게 두 개의 현실이 드러난다고 말한다.

"청년 마르크스의 지적 진화에서 결정적인 역할을 행한 것은 이런 이중의 발견이었다. 이데올로기의 이쪽 편에서, 이데올로기가 왜곡했고 '이데올로기가 말한 현실(the reality)'을 발견한 것과, 당대의 이데올로기의 저 너머에서, '당대의 이데올로기가 무시한 새로운 현실(a new reality)'을 발견한 것이 그것이다. 마르크스는 이 '이중의 현실'(double reality)을 엄밀한 이론 속에서 사고함으로써, 요소를 바꿈으로써, 그리고 이 새로운 요소의 통일성 및 현실성을 생각함으로써 마르크스 자신이 되었다."[3]

---

2. 알튀세르, 『마르크스를 위하여』, 150쪽.
3. 알튀세르, 「청년 마르크스에 대하여」, 『마르크스를 위하여』, 151쪽.

'이중의 현실'(double reality). 알튀세르가 청년 마르크스를 두고 말한 이 용어에 비추어 보면, 우리도 우리가 보는 현실이 어떤 왜곡에 의해 뒤틀린 현실일 수 있지 않은가 생각해 볼 수 있겠다. 우리도 항상 주어진 세계에서만 자신의 사고를 시작한다. 언제나 내가 그 세계를 선택할 수는 없으니까. 그러나 알튀세르가 맞다면, 그 시작은 언제나 거대한 환상층을 품고 왜곡되어 있는 듯하다. 그것은 이데올로기가 구성한 기존의 현실(the reality)일 것이다. 만일 우리가 새로운 현실(a new reality)로 나아가려면, 자신이 우연히 시작했던 자신의 기원들과 결별하는 대가, 자신을 배양한 환상들과 영웅적 전투를 해야 하는 대가, 환상이 감추고 있는 어떤 현실과 직접 대면해야 하는 대가가 반드시 필요하다. 청년 마르크스가 마르크스로 나아가며 거쳐 간 그 대가가.

뒤로 돌아가기 — 이론을 위해 훈련하다

이것은 마르크스가 변증법을 해방시키는 과정에서 더욱 극적으로 나타난다. 마르크스는 "변증법이 헤겔의 수중에서 기만을 겪었다"라고 주장한다. 그런데 우리가 흔히 상상하듯이 좋은 변증법이 있지만, 그 외부가 신비화된 요소로 둘러싸여 있기 때문에 그것을 걷으면 원래 좋았던 그 변증법이 나타나는 식이 결코 아니다. 물론 둘러싸고 있는 기만적인 외부 요소들이 있긴 하므로 '첫번째 싸개'(first wrapping)로부터 끄집어내긴 해야 한다.

그러나 그것으로는 부족하다. 헤겔 변증법과 같은 몸인 내적 요소, 그러니까 그것의 몸에 붙어 있는, 변증법 자체로부터 분리 불가능한 변증법의 살갗이자, 심지어 그 자체인 원리, 결국 두번째 외피(second wrapping)로부터도 벗어나야 한다. 이 외피를 깎아내는 일은 언제나 고통이 수반되는 작업이다. 그것은 그저 본래적인 것을 끄집어내는 작업이기만 한 것이 아니다. 그것은 추출한 것을 변형하는(transform), 마치 자기 자신을 원래와는 완전히 다른 모습으로 깎아 만들어 내는 작업이라고 할 수 있다.

알튀세르는 이런 작업을 "뒤로 돌아가기"(retreat)라고 부른다. 그것은 거대한 환상이 이루어 놓은 층을 뚫고 나가 적나라하게 진행되는 '현실적 역사'로 되돌아가는 귀환(return to real history)이다.[4] 알튀세르와 마르크스에게 '존재들'(êtres)이란 되돌아갈 현실적 역사를 말한다. 그것들은 심각하게 은폐되어 있어서 지금까지는 유언비어로도 돌지 않았던 낯선 비밀들이 꽁꽁 감싸고 있는 현실이다. 실감으로 다가오는 역사. 독일 의식에 감도는 환상의 안개 속을 뚫고 현실적 역사를 정면으로 바라보기. 그러기 위해서 마르크스는 이데올로기 맞은편으로 돌아가야 했다.

이 지점에서 알튀세르는 '청년 마르크스'를 논하는 이 사랑스런 논문(「청년 마르크스에 대하여」)에서 아주 중요한 물음을 던진다. 환상으로 둘러싸여 있는 지대(즉, 억눌린 독일)에서 마르크스는 과연 무엇을 할 수 있었을까? "그가 결말로부터 그토록 먼 곳(독일)에서 시작함으로써, 철학적 추상(독일 관념론) 속에 그토록 오래 체류함으로써, 현실을 다시 발견하기 위해 그런 공간들을 편력함으로써 얻은 것은 무엇인가?"[5] 즉, 환상 투성이인 독일 사변철학으로부터 그는 무엇을 얻을 수 있었던가?

알튀세르의 대답은 훈련, 바로 이론을 위한 훈련이다. 마르크스가 되기 전의 청년 마르크스가 끊임없이 고투했던 '장정'(Long March)은 이

---

4. 알튀세르, 『마르크스를 위하여』, 143쪽.
5. 알튀세르, 『마르크스를 위하여』, 156쪽. 괄호 안은 인용자.

론이 형성되는 시기(theoretical formation)가 아니라, 앞으로 형성될 이론을 위해 훈련하는 시기(formation for theory)였다는 것이다.[6] 이데올로기에 의해 거대한 환상으로 둘러싸인 환경에서 그는 이론적 지성을 자기에게 스스로 교육시키고 있었다. 분명 새로운 이론이 형성되고 있는 것은 아니지만, 그 시기는 어느 한 순간에 폭발하여 드러날 새로운 현실(a new reality)과 이론을 위해서 그 사건에 앞서서 스스로를 단련하는 시간이다.

알튀세르의 주요 공저자이면서 제자이기도 했던 알랭 바디우도 같은 이야기를 한다. 그는 사건을 대비한다는 것은 지배 세력들이 변화의 가능성들을 절대적으로 통제하고 있지 않다는 정신 상태에 있는 것이라고 일갈한다.[7] 다시 말하면 우리는 우리 정신이 지배세력에게 무조건적으로 구속되어 있지는 않다고 여기고, 기존 이데올로기 속에서도 끊임없이 자신을 단련시켜서 도래하는 사건을 준비해야 한다. 기존의 것에서 스스로를 단련시킨다는 것, 아마도 그것은 사라질 것들 속에서 자신을 단련한다는 것이기도 하다. 그래서 알튀세르가 말한다. "자기가 잊어버려야 하는 것 바로 그 속에서 자기가 발견하게 될 것을 말하는 기술을 배워야 한다"[8]라고. 잊어버려야 할 것, 그러니까 사라지고 말 것들로부터 사건을 예비하며 중얼거림을 배우고, 끊임없이 단련해 나가는 것, 그것이 필요하다. 퀴퀴하게 쌓여서 썩는 곳에서도 배움과 훈련이 있는 것이다.

---

6. 알튀세르는 청년 마르크스가 고투한 시기를 마오쩌둥의 장정을 비유하여 '긴 길'이라고 표현한다(알튀세르, 『마르크스를 위하여』, 156쪽).
7. 알랭 바디우·파비앵 타르비, 『철학과 사건』, 서용순 옮김, 오월의 봄, 2015, 30쪽.
8. 알튀세르, 『마르크스를 위하여』, 158쪽.

루이 알튀세르의
『마르크스를 위하여』
후기

신기하게도 알튀세르라는 철학자 이름은 철학을 공부하기 오래전부터 알고 있었습니다. 아마 저널 학술면이나 서평란에 워낙 유명한 이 철학자의 이름이 자주 나왔기 때문일 겁니다. 우선 아내를 목 졸라 죽인 마르크스주의자라는 센세이셔널한 사건의 당사자로 그를 알고 있었습니다. 그러니까, 그의 철학 내용보다 저널을 통해 그의 파란만장한 만년을 먼저 알아버리고 만 것입니다. 1980년 알튀세르는 아내 엘렌느를 정신착란 상태에서 교살하였습니다. 법원은 정신착란이라는 이유로 감옥에 보내는 대신 감호와 치료를 명령합니다. 이른바 면소판결. 제가 보기에도 경천동지할 스캔들입니다.

알튀세르는 이를 자서전의 형태로 기록해 두죠. 아내를 마사지하던 중 교살하고 나서 정신을 차린 직후 기억부터 시작되는 이 책(『미래는 오래 지속된다』)에서 그는 "이 작은 책, 나는 이것을 우선은 내 친구들을 위해 그리고 가능하다면 나 자신을 위해 쓰고 있다"라고 말하고 있습니다.[9] 저는 이런 말에 크게 공감하는 사람입니다. 언제나 글은 친구들에게 쓰는 것인 동시에 항상 글의 첫 독자인 글쓴이 그 자신에게 쓰는 것이므로, 글은 친구들과 나로 대표되는 '우리'들을 치유하고 앞으로 나아가게 하기 때문입니다. 물론 글은 언제나 수신자인 '우리'에게 잘못 전달되어 오해를 일으키며 미끄러지는 경우가 허다하죠. 그렇지만 오히려 그런 오해의 과정이 '우리'를 새로운 길로 몰아세우고, 앞으로 나아가게 하는 원동력이 된다고도 할 것입니다. 저는 알튀세르가 자서전이라는 형태의 글을 통해서 자신도 예비하지 못했던 그 사건을 돌파하려고 새로운 사건, 그러니까 치유의 사건을 필사적으로 만들어 내고 있었다

---

9. 루이 알튀세르, 『미래는 오래 지속된다』, 권은미 옮김, 이매진, 2008, 41쪽.

고 생각합니다. 그는 글을 통해서 자신의 파국과 싸우고 있었지요.

아무튼 이름과 스캔들만 알았지, 전혀 그의 책을 읽거나 강의를 듣지 못하고 있다가 드디어 그를 읽을 기회가 생겼습니다. 철학공부를 시작한 지 얼마 안 있어 연구실에 마르크스를 집중적으로 소개하는 강의가 생겼습니다. 지금 생각해 보면 그 강의를 꽤 열심히 듣고 공부했던 것 같습니다. 출퇴근하는 지하철에서 박종철출판사의 『칼 맑스 프리드리히 엥겔스 저작선집』(이하 『선집』)을 부여잡고 집중적으로 읽었습니다. 대학생 시절 이래로 마르크스를 그렇게 열심히 읽었던 것은 처음이었던 것 같습니다. 지하철 승객들 틈에서 줄 그으며 읽는 마르크스라니, 아침마다 암중모색하는 혁명가의 마음으로 지하철에 오르는 것 같았죠. 내 자신을 다르게 만드는 장면이어서 오래도록 기억에 남습니다.

『선집』에 나온 마르크스의 글은 모두 좋았습니다. 『독일 이데올로기』, 『철학의 빈곤』, 『공산주의당 선언』 같은 단행본뿐 아니라, 「헤겔 법철학 비판을 위하여」, 「1844년의 경제학 철학 초고」, 「포이에르바하에 관한 테제들」, 「루이 보나파르트의 브뤼메르 18일」, 「1848년에서 1850년까지의 프랑스에서의 계급투쟁」 같은 중요한 글들도 대부분 읽었습니다. 이런 글들이 수록된 『선집』 1, 2권은 그때 시간을 들여 샅샅이 훑어보았던 것 같습니다. 마르크스를 읽을 때는 눈이 글을 읽는 것이 아니라, 몸이 글을 읽었습니다. 한바탕 헤엄을 치고 올라선 모래사장에서 젖은 몸을 뒹굴면 하얀 모래들이 달라붙듯이, 마르크스 책을 잡아끌면 제 몸에 수많은 마르크스들이 달라붙었습니다.

특히, 「루이 보나파르트의 브뤼메르 18일」 같은 글은 마르크스의 박진감 넘치는 문체와 함께 제게 굉장히 큰 흔적을 남겼습니다. 마르크스의 정치론을 엿볼 수 있다는 세간의 평도 평이지만, 무엇보다 그 글은 저에게 마르크스를 엄청난 파워라이터로 각인시킨 글이었지요. 또한 마르크스를 교조적으로 해석한 글만 봐왔던 저로선 그가 직접 쓴 글에 나타난 다이내믹한 사유가 신선한 충격이기도 했습니다. 그 글을 읽으면서 저는 마르크스가 마르크스와 전혀 관련이 없는 철학자와도 충분히 연결할 수 있는 다양성의 철학자로 여겨졌습니다. 당시 니체 세미나를 열심히 다니던 얼치기 니체주의자로서 마르크스의 분석이 훌륭한 "힘-관계 분석"이라며 니체 스타일로 풀어 말하기도 했지요.

그런데 왜 마르크스에게는 사상의 친구들이 없을까. 왜 언제나 홀로 숭배를 받는가. 마르크스를 내가 사랑하는 니체나 들뢰즈와 연결하여 설명할 수 있다면 얼마나 멋질까. 그때 제 심정이 그랬습니다. 그러나 저의 그런 생각을 후련하게 지지해주는 책들을 찾기는 쉽지 않았습니다. 그래서인지 이런 생각이 무의미한 줄 알고 쉽게 잊히는 듯했습니다. 그러나 언제나 지적 욕망은 척추만큼이나 곧은 모양입니다. 강의가 끝난 뒤풀이 자리에서 이런 의문을 토로했더니, 강사 한 분이 알튀세르 이야기를 해주더군요. 특히 마키아벨리에 대해서 알튀세르가 긍정적으로 사유했다는 이야기와 함께, 그가 에피쿠로스, 스피노자, 몽테스키외 등등을 마르크스주의와 접목시키면서 새롭게 해석해 냈다고 설명해 주기도 했습니다. 비-마르크스주의 철학자들이 마르크스와 연결되는 것이 가능하다는 이야기에 저는 조금은 흥분했던 것도 같습니다. 마르크스 나무 주위로 우정의 꽃들이 만발한 풍경이 기대되었습니다. 이런 풍경을 일군 알튀세르가 대단하게 보였습니다. 센세이셔널한 스캔들의 당사자인 알튀세르가 새롭게 보이기 시작했습니다. 드디어 알튀세르를 고유의 철학내용으로 온전히 만나게 되는 계기가 되었다고 할 수 있었지요.

알튀세르가 프로이트의 '낯선 친숙함'(unheimlichkeit)이라는 말을 끄집어내며 마키아벨리를 설명하는 장면은 인상적입니다.[10] 친숙하고 안락한 어떤 것을 대면하지만, 어쩐지 낯설게만 느껴지는 존재가 있습니다. 저는 가족들에게 그런 느낌을 가질 때가 간혹 있습니다. 너무나 잘 알고 있는 친숙한 아들이지만, 내가 모르는 행위를 해서 나를 깜짝 놀라게 할 때는 완전히 다른 존재가 됩니다. 사람들은 흔히 마키아벨리를 잔혹한 군주를 옹호하는 사상가로만 알고 있지요. 그러나 알튀세르는 이 통념적인 마키아벨리를 친숙하지만 낯선 존재로 다시 세우고 나서, 그의 사유를 새롭게 재창조합니다. "오직 새로운 군주국의 새로운 군주만이" 이탈리아 민족국가를 건설할 수 있다는 마키아벨리의 의제를 급진적으로 재해석해서 프롤레타리아 독재(군국주의적 계기), 그리고 다수자들에 의한 복합정체(공화주의적 계기)와 연결합니다.[11] 대단히 감각적인 문체와 함께 이렇게 연결시켜 놓으니, 기존 통념이 완전히 휩쓸려가는 느낌이 들더군요. 그 순간만큼은 마키아벨리가 영락없이 마르크스주의자

10. 루이 알튀세르, 『마키아벨리의 고독』, 김석민 옮김, 새길, 1992, 225쪽.
11. 알튀세르, 『마키아벨리의 고독』, 227~229쪽.

였습니다.

이어서 그레고리 엘리어트의 알튀세르 개론서인 『알튀세르 : 이론의 우회』라는 책과 알튀세르가 당내에서 벌이던 사상투쟁이 쓰인 『당내에 더 이상 지속되어선 안 될 것』도 접했습니다. 이 책을 읽으면 알튀세르가 프랑스 공산당 내에서 첨단의 이론가이면서도, 한편으로는 매우 고립된 이론가였다는 것을 알게 됩니다. 스탈린을 통과하면서 국제 공산주의 운동은 교조적으로 변해 갔습니다. 더군다나 유럽은 마르크스를 인간주의적으로 해석하면서 비과학적인 인식경향도 커져 있었습니다. 여기에 반기를 들었기 때문에 당내에서도 그다지 환영받지 못하는 철학자였습니다. 어처구니없게도 영국의 마르크스주의 역사학자인 톰슨(E. P. Tompson)이 알튀세르를 "이데올로기로서 이론화된 스탈린주의"[12]라고 거꾸로 비판하는 경우까지 생겼습니다. 알튀세르는 자신의 자서전에 이렇게 말하지요. "멋진 시대다! 나는 결국 내 욕망의 절정에 이른 것이다. 즉 모든 사람에 반대해 혼자만이 옳은 것!"[13] 이 문장을 읽으면서 알튀세르가 논했던 마키아벨리의 문장이 생각났습니다. "누군가가 새로운 국가를 세우기 위해서는 혼자여야 한다."[14] 이 순간만큼은 알튀세르가 마키아벨리를 두고 말했던 것과 동일한 시선을 자신에게도 던지고 있었습니다. 군주의 고독이 이론가의 고독으로 그대로 투영되고 있었지요.

알튀세르 자서전을 보면서 아주 흥미롭고, 어떤 면에서 깜짝 놀랐던 장면들이 있습니다. 그것은 알튀세르가 푸코를 자신의 사유와 매우 긍정적으로 연결 짓는 모습들입니다. 마르크스를 '19세기 어항에 갇힌 물고기'에 비유했던 푸코를 알튀세르가 옹호하는 모습은 좀 낯선 것입니다. 인간주의적 마르크스주의자들에 맞서 싸우며 푸코가 자신과 같은 진영에 있기라도 한 듯이 묘사한 장면,[15] 푸코가 저자의 죽음을 이야기하고, 감옥에 갇힌 자들을 위해 투쟁하는 모습을 극찬하면서 푸코가 매우 겸허했다고 회상하는 장면[16] 그리고 자신이 주장했던 '이데올로기의 물질성'이 푸코의

---

12. 그레고리 엘리어트, 『알튀세르 : 이론의 우회』, 이경숙·이진경 옮김, 새길, 1992, 13쪽.
13. 알튀세르, 『미래는 오래 지속된다』, 248쪽.
14. 알튀세르, 『마키아벨리의 고독』, 231쪽.
15. 알튀세르, 『미래는 오래 지속된다』, 248쪽.
16. 알튀세르, 『미래는 오래 지속된다』, 279쪽.

345

잊어야 하는 것으로부터
배우기

'규율권력'과 유사한 것처럼 언급하는 장면[17] 등 알튀세르가 푸코를 소환하는 문장들은 그가 죽기 직전까지도 푸코를 매우 성실하게 읽었다는 것을 말해 줍니다. 심지어 저는 알튀세르가 은밀한 푸코디언(Foucauldian, 푸코주의자)이 아닌가 의심해 볼 만하다는 다소 엉뚱한 생각마저 들었습니다. 물론 알튀세리안(Althusserian, 알튀세르주의자)들은 푸코야말로 알튀세르 표절자라고 할 테지만 말이죠. 이 별과 저 별은 몇 백 광년 떨어져도 우주(宇宙)라는 큰 집에 함께 삽니다. 아마 푸코와 알튀세르는 아주 멀리 있는 것처럼 보이지만, 어쩌면 한 집에 살고 있었을지 모릅니다.

푸코는 정신병원에 갇힌 알튀세르를 두 번 찾아갔다고 합니다. 당시 푸코는 『성의 역사』를 쓰고 있던 시절입니다. 푸코가 알튀세르에게 4세기 기독교가 '사랑'이라는 가치를 무척 높게 평가하면서도, 에피쿠로스주의자들의 우정에 대해서는 강경하게 경계한 사실을 전합니다. 그 이유는 동성애로 전환될 수 있기 때문이라고 하면서요. 우정을 두려워하는 기독교 이야기였지요. 아무튼 이런 이야기를 길게 하고서 알튀세르는 그와의 긴 대화가 자신이 감금되어 있다는 고통을 없애 주었다고 말합니다. 친구들과의 머릿속 대화가 자신을 감옥 밖에서, 외부 세계 속에서 살게 해주었다고 덧붙이면서 말이죠.[18] 그만큼 알튀세르는 푸코에게 깊은 동지애를 느꼈습니다. 우정을 두려워한 기독교를 이야기하면서 우정을 진하게 느꼈다니 기묘하기도 합니다.

스캔들로 파국을 맞이한 이 고독한 이론가는 친구들의 머릿속 대화 속에서 다시 살아갔을 것 같습니다. 어찌 보면 대단히 아름다운 장면들인데, 알튀세르의 고유명이 풍기는 논쟁적 아우라 때문에 그런 아름다움이 감추어진 것 같아 안타깝습니다. 물론 알튀세르는 역사에 남은 철학자들은 서로 싸우는 일만 했다고 말한 바 있긴 합니다.[19] 그러나 푸코나 데리다에 대한 그의 호감은 우정 또한 매우 갈구했다는 느낌도 듭니다. 사실 알튀세르는 마르크스에게 에피쿠로스, 스피노자, 몽테스키외, 루소, 마키아벨리라는 사유의 우정 공동체를 만들어 준 사람이었습니다. 어쩌면 우리는 알튀세르 덕분에 유물론적 우정 공동체로부터 사유를 출발할 수 있게 되었는지

---

17. 알튀세르, 『미래는 오래 지속된다』, 535쪽.
18. 알튀세르, 『미래는 오래 지속된다』, 353쪽.
19. 루이 알튀세르, 『철학에 대하여』, 서관모·백승욱 옮김, 동문선, 1997, 192쪽.

도 모르겠습니다.[20] 그는 교조적이고 고착된 세계 뒷마당에 우발성이 난무하는 '마주침의 유물론'(matérialisme de la rencontre)[21]의 세계를 펼쳐 놓았던 것입니다. 그런 의미에서 알튀세르의 우정은 항상 열려 있는 것이 아닌가 싶습니다. 알튀세르는 어디까지 알튀세르일 수 있을까요? 알튀세르는 자신이 마르크스를 두고 그러했듯이 자신을 다른 철학자들과 무한히 접속시키면서 그의 다른 얼굴을 무한히 드러낼 것입니다. 알튀세르와 푸코의 접속은 더더욱 그럴 것 같습니다.

---

20. 1982년에 쓴 알튀세르의 짧은 글, 「마주침의 유물론이라는 은밀한 흐름」은 이 공동체를 설명하는 글입니다.
21. 루이 알튀세르, 『철학적 맑스주의』, 서관모 옮김, 새길아카데미, 1996, 36쪽.

4부

'정치와 사회'를
생각하는 책들

생각하기, 모든 것이 무너지는 자리

—

용수, 『중론』

생 각 한 다 고 세 상 이 바 뀌 나 ?

늦은 오후 소파에 널브러져 '생각한다'는 것에 대해 생각해 본다. 대개 '생각한다'고 하면, 무언가 머릿속에 떠올리며 연쇄적으로 작동시키는 현상을 상상한다. 이런 상상을 철학적 용어로 바꾸면, 사유를 곧 재현(再現/representation : 사람이나 장소 또는 사물을 그대로 모사하는 것)으로 상상하는 것이 된다. 이 개념에는 어떤 객관적이고 현재적인 외부 세계가 이미 있고, 사유는 그 세계에 대한 그림 혹은 사본이라는 가정이 숨어 있다. 아마 이런 틀이라면 사유가 세계를 바꾸는 일은 절대 벌어지지 않을 것이다. 이 경우 사유란 그저 기존 세계를 떠올리는 것에 불과하기에, 그것은 자기 자신조차 변형시킬 수 없을 것이 틀림없다. 그러니 세상 사람들이 이렇게 되묻는다. "생각한다고 세상이 바뀌나?" 이런 따위의 사유는 고정된 세계를 모사할 뿐 전혀 세상에 영향을 미치지 않을 것임을 되묻는 자도 너무 잘 알고 있는 것이다. 이런 식이면 잘 생각한다고 세상이 바뀔 턱이 없다.

들뢰즈는 이런 사유를 '독단적인 혹은 교조적 이미지'(dogmatic or orthodox image)라고 하고, 그런 이미지를 충실히 받아들이는 생각들을 격렬하게 비판했다. 재현적 사유는 차별화된 세계를 그저 충실하게 보여 줄 뿐이기 때문에 새로운 차이를 일체 허용하지 않는다. 오로지 하나의 변하지 않는 세계만을 인정할 뿐이다. 즉 다른 세상을 꿈꾸지 못하게 한다. 그래서 독단적이고 교조적이다. 단 한 가지 이미지만을 허용하는 생각인 것이다. 이런 생각은 세계를 의미 있고 논리적으로 이미 질서 지어진 양 다룬다. 즉 사물들을 변할 수 없는 단 하나의 현전(現前/presence : 앞에 드러난 세계)으로 보고, 또한 보이는 그 세계가 전부라고 이해해 버린다. 다시 말하면 눈앞에 보이는 세계만 독단적이고 교조적으로 인정된다.

이런 관점에서는 우리가 익히 알고 있는 '차이'도 문제다. 이미 주어진 세계에서 식별되는 차이는 기존 세계를 그대로 인정한 채로 그 세계가 지정한 대로 사물들을 분류하고 식별하는 것에 불과하여 존재의 동일성(기존 세계)에 아무런 영향도 미치지 못한다. 다시 말하면 세계는 그대로인 채로(이것을 '존재의 동일성'이라고 해두자) 그 안에 있는 사물들을 지시한 대로 구별할 뿐이다. 내 앞에 책이 펼쳐져 있고, 그 밑에는 테이블이 있다. 그러나 책, 테이블의 차이는 다른 관점에서 보면 일종의 무늬에 불과하다. 즉, 그것들을 구성한 소재로 보면 책, 테이블은 나무로 같다. 그러나 사람들이 이것은 책, 저것은 테이블이라고 무늬처럼 돋을하게 새겨 놓고 내 눈 앞에 펼쳐 고정시켜 놓았을 뿐이다. 사전에 규정된 차이(책, 테이블)는 동일성의 세계(이것들을 차이 나는 사물들로 인식하게 하는 단 하나의 고정된 세계)에서 한 발자국도 벗어나지 못한다.

그리고 보면 우리는 이상한 습관에 사로잡혀 있는 것 같다. 뭔가 진

---

1. 들뢰즈, 『차이와 반복』, 294~295쪽.

생각하기,
모든 것이 무너지는 자리

정한 차이를 사유하려고 할 때면, 우리는 언제나 그것에 라벨을 붙여서 식별한 후 고정시키고, 그 고정시킨 것들을 한 다발 묶어 "이게 세계의 모습이다"라고 말한다. 그러나 그것은 차이를 일으켜 세상을 새롭게 보여 주는 생각이 아니고, 기존 세상을 그저 되풀이 말하고 수많은 차이 중 단 하나의 차이를 식별하는 것에 불과하다. 그러니까 다시 상식과 재현에 종속되고 마는 것이다. 즉, 차이가 고정되고 만다. 아니, 이렇게 말해 주고도 싶다. 차이들이 고정된 세계에 억압당하고 배척당하고 있다. 단 하나의 차이만이 이 세계에 들어올 수 있을 뿐, 다른 차이들은 이 세계에 입장조차 못하고 있으니 말이다. 그런 사고 패턴이 반복되고 강화됨으로써 어느 순간 고정된 세계를 당연한 것으로 인정하고, 차이들이 그 고정된 세계에 종속되어 노예가 되어 버린 것 같이 느껴진다. 나는 이런 차이를 '동일성을 머금은 차이'라고 이름 붙여 주고 싶다. 이제 차이는 전혀 차이를 일으키지 않는다.

운 동 은 없 다 !

대승불교의 핵심 경전인 『중론』(中論)²은 이런 문제에 대해서 정면으로 다룬다. 용수(龍樹, 150?~250?)는 들뢰즈가 말한 "사유의 독단적 이미지"를 끊임없이 비판한다. 다음은 『중론』의 저자, 용수의 게송이다.

---

2. 『중론』의 중관사상이 말하는 '중관'(中觀)이란 문자 그대로 '올바른 견해'로서 '중'(中, madhya)과 '중도'(madhyamā pratipat)에 대한 관찰을 의미한다. 무엇과 무엇의 중인가? 그것은 비유비무(非有非無)로서의 중이다. 그리고 '관'(觀)은 마음을 밝힌다는 뜻이다. '중관'에 대응하는 인도어도 '마디야마카'(Madhyamaka)인데, 이것은 '중' 혹은 '중도'를 의미하는 '마디야'(madhya)와 사람 혹은 논서(論書)를 의미하는 접미사 '카'(ka)가 결합된 말이다. 결국 '중도를 설하는 논서', '중도를 주장하는 사람'이라는 뜻이다. 즉 비유비무를 주장하는 논서나 사람인 것이다. 『중론』은 일체의 법에 대해서 '중'을 논하는 책이다.

"모든 법은 스스로 생겨나는 것도 아니며
다른 것으로부터 생겨나는 것도 아니다.
스스로와 다른 것이 합쳐진 데서
생겨나는 것도 아니며
아무런 원인 없이 생겨나는 것도 아니다.
이런 까닭에 생겨남이 없다는 것을 알 수 있다."

(諸法不自生 亦不從他生 不共不無因 是故知無生)[3]

불교에서 '인연'(因緣)은 대단히 중대한 주제다. 인연은 말 그대로 무엇이 생겨나는 원인을 말한다. 원인들이 얽히고설켜서 사건들을 만들어 낸다고 할 때, 그 원인들의 집합이 바로 인연이다. 용수에 따르면 독단적 사유는 인연을 하나로 고정된 법칙으로 인식함으로써 생겨난다. 여러 가지 원인들 중에서 어떤 원인들의 집합만을 진리로 떠받들고, 이것을 재현하는 것으로 사유를 대체할 때 사유는 독단과 교조가 된다는 뜻이다. 단 하나의 인연이 일사불란하게 법칙의 세계에 입장하여, 다른 인연들을 억누른다.

인연이 생겨나는 경우는 네 가지로 나누어 볼 수 있다. 스스로 생겨나거나, 다른 것으로부터 생겨나거나, 스스로와 다른 것이 합작해서 생겨나거나, 원인이 될 만한 어떤 개연성도 없는데 불쑥 생겨나는 경우이다. 그러나 위 인용문에 보면 뜻밖에도 용수는 '모든 법은 생겨나지 않는다'라고 결론짓는다. 그는 인연이 스스로도, 다른 것으로부터도, 서로 합작해서도 생겨나지 않으며, 더군다나 아무 이유 없이 불쑥 생겨나지

---

3. 용수, 『중론』, 정화 풀어씀, 도서출판 법공양, 2007, 43쪽.

도 않는다고 단언한다. 결국 네 가지 경우 모두를 부정하기 때문에 법 자체도 생성되지 않는다. 결국 '원인들의 집합' 자체가 생성되지 않으므로 고정적인 원인들도 당연히 존재하지 않는다는 시각이 가능하다.

'운동'이어도 마찬가지다. 흔히들 운동은 실체론적이지 않은 듯이 생각하는 경향이 있다. 운동이라는 단어가 뭔가 역동적이라고 여기는 것이다. 그러나 용수는 다르다. 예컨대 '간다'라고 할 때, 우리는 '아직 안 간 것'(未去)과 '이미 간 것'(已去)을 상정하고 그 사이에 '가고 있는 현재'(去時)가 있는 듯이 여기고 상상한다. 그러나 가만히 생각해 보면 현재는 과거도 미래도 아닌 '지금 이 순간'을 말하고 있으므로, 그 순간의 꼭짓점에서 바라보는 현재는 정지된 상태가 틀림없다. 현재를 콕 집어 이야기해야 한다면 그럴 수밖에 없다. 그렇다면 그 순간의 운동이라는 것(즉, 동사 형태로 표현되는 '감'이라는 운동)은 형용모순이고, 따라서 가고 있다는 사실도 거짓이 되고 만다. 운동이라는 개념적 자성(自性)이 결국 성립되지 않는다고 말할 수밖에 없게 된다. 뜻밖에도 운동에는 운동이 없다! 운동이 있으리라 여긴 '현재'[去時]의 극장에 입장했으나, 무대는 텅 비어 있고 곧 아무런 보람도 없이 퇴장당한 꼴이다. "'이미 간 것'에는 '감'이 없다. '아직 안 간 것'에도 '감'이 없다. 이 두 경우를 떠나 '가고 있는 현재'도 '감'이 없다"(已去無有法 未去亦無法 離已去未法 去時亦無法).[4]

독 단 적 주 체 , 고 정 된 인 연

이 부분은 「인과에 대한 관찰」(觀因果品, 이하 「관인과품」)에서 더욱 곤혹

---

4. 용수, 『중론』, 63쪽.

스럽게 파고든다.

> "현재의 원인을 말한다 해도 그 원인은
> 현재의 (결)과와
> 미래의 (결)과 그리고 과거의 (결)과와
> 결코 만나지 않는다."
> (若言現在因 而於現在果 未來過去果 是則終不合)[5]

앞서 용수는 인연의 잘못된 개념설정을 지적하고 '인연은 없다'고 선언했었다. 이제 「관인과품」에 와서 용수는 여러 인연이 스스로 자성을 가지고 결과에 앞서 존재하는 것이 아니라면 결과를 발생시키는 원인이라고 할 수 없다고 지적한다. 다시 말하면 무언가를 '원인'이라고 지목하는 순간, 그것은 다른 원인에 영향을 받아 생성된 것이 아니라 스스로 생성된 것이어야 한다. 그래야 지목한 그것이 '순수 원인'(다른 원인에 영향 받지 않는 최초의 원인)일 수 있다.

그러나 어떤 결과이든 그 결과에 앞서 존재하는 원인이 무수히 많고, 다시 그 원인을 결과로 하는 또 앞선 원인들이 무수히 많기 때문에, 또 그런 원인의 연쇄가 무한히 계속될 것이기에 무언가를 순수 원인이라고 정확히 말할 수 없다. 이렇게 되면 원인이라고 말하는 어떤 것도 현재의 결과를 말해 줄 수 없다. 어떤 원인 A를 생각한다고 하자. 그러면 다시 그 원인을 발생시키는 다른 원인 B를 생각하지 않을 수 없다. 이렇게 거슬러 올라가다 보면 무한히 소급하게 되는 문제에 봉착한다.

---

5. 용수, 『중론』, 434쪽.

자, 여기서 묘한 일이 발생한다. 원인, 원인의 원인, 원인의 원인의 원인, 끊임없이 이어지는 원인들이 뭉쳐서 무엇이 원인이고 무엇이 결과인지 모르는 뒤섞인 상태. 바로 이때 원인들에 피로한 자, '누군가'는 이런 문제를 참지 못하고 무한 소급을 단절하여 "최초의 원인"이라는 가상으로 미끄러뜨려 버린다. 아니, 원인들이 뭉쳐서 뒤엉킨 상태가 원인들에 피로한 자를 떨구어 만들어 낸다. 원인들을 끊어 내는 자 혹은 원인들이 끊어 낸 자, 그는 바로 '나'다. 그 순간 세계는 고정된 이미지가 되고 마는 것이다. 단지 건널목의 신호등에 불이 켜지면 멈춰서는 사람들처럼 어떤 원인들이 고정되면서 '나를' 만든다. 그 뒤에 신호등이 바뀌어 다시 길을 가야 하는데도 가지 않고 주구장창 그 '나'로 서 있는 것이다.

이 무한 소급을 단절시키는/이 단절한 자, 바로 그가 곧 주체, '나'다. 어떤 흐름에 따라 무한히 바뀌어 나가는 장이, '나'에 의해서 단절이 되어 과거와 미래를 기억하고 추상하면서 '나'가 그 흐름 밖에 있는 것같이 여겨지게 된다. 그런 의미에서 원인과 결과의 얽힘을 잘 이해해야 한다. 사실은 용수에게도 원인과 결과라는 얽힘의 관계가 부정되지는 않지만[6], 변화하여 무상(無常)하기 때문에 끊임없이 서로 다른 것이 되므로 고정된 원인과 결과라는 자성은 있을 수 없다. 따라서 얽힘도 굉장히 다양하게 변한다. 용수는 이 극단에 서서 과거의 원인이 현재나 미래의 결과와 결코 만나지 않는다고 단언하기까지 한다. 그러나 흐름이 중단되면서 '어떤 주체'가 등장하고, 그와 동시에 원인과 결과들에 대한

---

6. 「관인과품」의 마지막에 "결과는 여러 인연이 만나서 생겨난 것도 아니고 만남이 없이 생겨난 것도 아니다'라고 말한다. 결국 사건은 인연이 없이 생겨나지도 않고, 그렇다고 인연이 있다고 생겨나는 것도 아니다(용수, 『중론』, 439쪽).

사고들이 독단적으로 고정된다. 주체는 사유를 독단적으로 만드는 자로 등장하는 것이다.

이렇게 고정된 인연의 입장(주체의 입장)에서 세상을 바라보면 세상은 어떤 위계적 질서에서 벗어나지 못한다. 그러니까, 인연이란 용어를 머리로는 알 뿐, 실제로는 불교의 핵심을 잘못 알게 되는 것이다. 여전히 고정된 원인들의 집합에 자성을 부여하고 벗어나지 못하게 된다. 전혀 차이를 만들어 내지 못하는 인연법인 것이나.

현실적인 것이 잠재적인 것이다

'차이'는 근대 서구 사유사의 양대 산맥인 헤겔이나 구조주의에서도 강조했던 개념이긴 하다. 그러나 그들은 차이를 우선적인 것으로 간주했음에도 불구하고 여전히 주체에 정초되어 있었다. 물론 구조주의가 '인간'을 '언어', '문화' 등으로 전환했다고 해도, 그것조차 여전히 주체주의(subjectivism)의 변형이라고 비판받을 여지가 있다. 차이가 여전히 고정된 무엇인가에 기원하기 때문이다. 용수의 공사상에 비추어 묻는다면, 그것들에게 이렇게 물어야 한다. "원인의 모습이 없다면 결과를 있게 하는 것은 무엇인가?"(若無有因相 誰能有是果)[7] 구조주의조차 원인의 모습을 구성하여 그곳에 안착하려고 했다.

들뢰즈는 이런 문제를 '내재면'(plane of immanence)이라는 개념으로 돌파한다. 그것은 어떤 사물이나 존재로 환원되는 그런 것이 아니라, 일단 역동적이고 열린 생성의 흐름이다. 그 흐름 속에서는 원인과 결

---

7. 용수, 『중론』, 438쪽.

생각하기,
모든 것이 무너지는 자리

과가 끊임없이 자리바꿈을 하면서 매 순간 새로운 생성이 이루어진다. 그러다 보니 그것은 '현실적'이라기보다, '잠재적'이다. 과거도 미래도 결정되지 않은, 그래서 현재도 매번 바뀌는 그런 면. 그것들은 원인들의 집합이 아니라 항상 새롭게 생성되는 '생성의 잠재적 포텐셜'(virtual potential)이다. 그곳에서는 미분화되어(나눠지지 않아) 아직 무엇이 될지 목적조차 생성되지 않았기 때문에 어느 무엇도 원인이나 결과로 확정할 수 없다. 결국 그것들은 어떤 정형화되고 지각된 단위에서도 벗어나 있다. 용수가 비판했던 원인과 결과는 이런 단위를 말한다. 용수가 비판했던 것들은 이미 현실화되어 화석화된 원인과 결과다. 그것은 껍데기로 떨어지는 사후적 주체에 의해 소급된 원인과 결과일 뿐인 거다.

그렇다면 진정으로 사유한다는 것은 이미 주어진 세계 내에서 이미 존재하는 항들 사이의 차이를 분별하는 것이 아니라, 어떤 바탕도 갖지 않고 끊임없이 차이를 발생시키는 과정 그 자체여야 한다. 인간도, 언어도, 문화도 전혀 사유의 근거가 될 수 없다. 용수는 근거 없이 사유하는 것, 그것에 대해 고투한 것이었다.

그러나 그런 사유가 지금 보고 있는 것들과 무관한 다른 어떤 것에서 이루어지는 것은 아니다. 사실 모든 현실적인 것은 모든 잠재적인 것이 통과하는 중에 생겨난 잠정적인 모습이다. 그것도 하나의 인연인 것이다. 어쩌면 이 세상은 온통 잠재적인 것들만 가득한 세상일지도 모른다. 그러니까 우리가 비판했던 독단적인 이미지도 차이 중 하나이며, 잠재적인 것들 중 하나다. 그러므로 잠재적인 것으로 들어가기 위해서라도, 현실적인 것, 독단적인 이미지에서 벗어나는 것은 불가능하다. 다시 말하면 현실적인 것은 우리가 잠재적인 것으로 들어가는 유일한 도관(導管, pipe)인 셈이다.

그러므로 현실적인 것조차 이미 잠재적이다. 어쩌면 용수에게는 인연이 없었던 것처럼, 현실적인 것도 없는지 모른다. 그러나 그 '없음'은 그냥 없는 것이 아니다. 잠재적인 것들이 생성 중에 잠시 상대적으로 안정적인 점이 될 때 현실적인 것으로 잠시 드러난다고 할 수 있다. 우리의 '주체'는 그 잠시 동안 안정적인 점들을 분별하고 있을 뿐이다. 현실적인 것들은 안정성이 훼손되면 언제든 사라질 운명에 처해 있다. 그래서 있다고도 할 수 있고, 없다고도 할 수 있는 '없음'이다.

그렇지만 그런 점들 속에서라야 또한 잠재적인 것들 속으로 들어가 '내재면'에 도달하게 된다. 단지 필요한 것은 일체의 선입관을 배제하고 그것을 바라보는 눈이다. 그래서 용수가 말한다. "모든 법이 공(空)하기 때문에 세간(世間)은 항상하다(常)는 따위의 견해를 어느 곳, 어느 때에 제기하겠는가?"[8] 그것은 들뢰즈가 예견한 바, 철학이 참된 시작을 발견하는 장소는 독단적 이미지와 치열한 싸움을 벌이는 바로 이곳이다. 결과적으로 현실이라고도 할 수 있고, 현실이 아니라고도 할 수 있는 현실, 지금-여기를 입구라고 여길 수밖에 없는 상태에서 우리는 싸움을 시작할 수밖에 없다. 그 의미에서 현실은 현실의 미래다. 언제 어디에선가 일어날 모든 가능성을 머금은 것이 현실일 테니, 그것은 당연하다. 어쩌면 이런 싸움은 '비-철학'이라는 비난도 듣게 될 것이다. 그만큼 여기서 치러야 할 대가는 크다.[9] 모든 것이 무너지는 곳이므로.

---

8. "一切法空故 世間常等見 何處於何時 誰起時諸見"(용수, 『중론』, 623쪽).
9. 들뢰즈, 『차이와 반복』, 295~296쪽.

용수의
『중론』
후기

고등학교 2학년 때 크리슈나무르티의 『자기로부터의 혁명』이란 책을 읽었던 기억이 납니다. 그때 남들 따라 무의미하게 다니던 집 근처 독서실에서 저는 이 책의 몇 페이지를 읽으면 마음이 편안해지는 느낌이 들기도 했던 것 같아요. 아마 그즈음 한국에서는 명상책들이 유행이었던 시절이었을 겁니다. 동네 서점에 가면 진열장에 이런 책들이 가득했지요. 그렇다고 제가 라즈니쉬니 크리슈나무르티니 하는 인도 그루들의 책에 깊이 빠졌던 것은 아닙니다. 가끔 몇 페이지를 들여다보고 마음이 편안해지는 느낌이 들면 바로 덮고 그랬던 것뿐이지요. 지금은 그들의 말이 전혀 기억나지 않습니다. 크리슈나무르티가 나름 급진적이었다고 다시 기억하게 된 것도 한참 뒤의 일이지요. 그렇다고 크리슈나무르티를 다시 읽지는 않았습니다.

그러나 대학교 1학년 때 함석헌 선생님이 번역하신 『바가바드기타』와 『간디 자서전』을 참 진지하게 읽었습니다. 『바가바드기타』는 힌두교 경전 중 가장 중요한 것입니다. 이 책의 주인공 아르주나는 두료다나와 결전을 앞둔 상태입니다. 그러나 아르주나는 여전히 두렵고, 의심스러우며, 탐욕에 사로잡혀 있습니다. 그 번민의 순간 아르주나는 자신이 선택한 스승, 크리슈나와 대화를 나눕니다. 이 책은 아르주나의 정신적 번민을 둘러싸고 크리슈나가 펼치는 설법이지요. 대단했습니다. 저는 즉각 이 책에 매료되어 대학교 내내 필요할 때면 펼쳐서 읽었습니다. 어쩌면 크리슈나무르티의 대학교 버전이 이 책이었을지도 모르겠습니다. 간디는 젊어서 공부할 때 이것을 외우기 위해 한 절씩 써 붙여놓고 아침마다 칫솔질을 하는 동안 외웠다고 합니다. 이 구절 때문에 그 뒤에 읽은 『간디 자서전』도 흥미롭게 읽을 수 있었던 것 같습니다.

이런 기억이 있어서인지 제 집안이 지독한 천주교 집안인데도 불교에 대해서는 굉장히 우호적일 수 있었습니다. 연구실에 처음 갔을 때 선뜻 『유마경』 강독을 들으러 갈 수 있었던 것도 그런 호감이 있기 때문일 것입니다. 그러고 보면 이 책은 제가 정식으로 읽은 첫 불교경전이었습니다. 매우 뜻깊은 경전이랄 수 있지요. 이 경의 주인공은 특이하게도 석가세존이 아니고 유마힐(維摩詰)이라는 재가신자(在家信者)입니다. 그래서 보통은 유마거사(維摩居士)라고 부릅니다. 거사란 출가하지 않고 집에 있으면서 불교에 귀의한 남자를 말합니다. 유마거사는 제도 밖에서 공부하는 사람들의 로망인 듯합니다. 당시에 술자리에서 제가 키득거리며 그를 두고 "대중지성의 큰 형님"이시다, 라고 농담을 했던 기억도 있습니다. 아무튼 유마힐은 석가와 맞장 뜬 대중지성이라고 할 수 있지요.

강독 수업은 선생님이 한문으로 읽어 주면 학인들이 따라 낭독하고, 그 뒤 낭독한 부분을 간단히 설명해 주는 방식으로 이루어졌습니다. 교재가 따로 있기는 했지만, 선생님이 나눠주시는 한문본을 따라서 한자도 공부하고, 불교도 공부하는 일석이조 강독이었습니다. 아마 제가 연구실과 친해진 첫 강의라고도 할 수 있지요. 그런 강의가 불교 강의였다는 것도 지금 생각해 보면 의미심장합니다. 천주교 신자인제가 철학을 공부하러 가서 첫 강의로 불교 강의를 들은 것이죠. 뭔가 망명하는 느낌, 월경하는 느낌이기도 했던 것 같아요.

이런 계기로 강독이 끝나자마자 알아보니, 그 강독 수업을 준비하는 데 주축이 셨던 선생님들이 진행하는 불교 세미나가 있다는 것을 알게 되었습니다. 『유마경』 강독 수업도 그 불교 세미나팀이 주축이 되어 개설한 거더군요. 일요일 오전에는 이미 니체 세미나를 하고 있던 저는 고심 끝에 오후에 이 불교 세미나에 참여하기로 하였습니다. 평일 연구실에 오지 못하는 저는 휴일에 최대한 할 수 있는 만큼 하자는 생각을 했지요. 아마도 고등학교 시절에 보았던 크리슈나무르티류의 명상책이 기억나서 한편엔 그런 안온함을 구하자는 욕망도 있었나 봅니다. 당시의 저는 정신적으로나 육체적으로나 처참한 상황이었으니까 그럴 만도 했습니다. 연구실에 요가 프로그램도 있었지만 평일 저녁은 참여하지 못하기 때문에, 일요일 오후 불교 세미나는 그 대체용으로도 적당하다고 여겼습니다. 연구실 내에 식당이 있으니까, 밥을 먹고 산책을 한 후 아주 가벼운 마음으로 세미나를 하면 되겠다 싶었지요.

그러나 직접 접한 불교 텍스트들은 제 생각과 전혀 달랐습니다. 세미나 2시간 중한 시간은 나카무라 하지메의 수준 높은 개론서 『불타의 세계』와 우마 차크라바르티의 『고대인도사회와 초기불교』를 읽었습니다. 특히 『불타의 세계』는 최신의 불교

생각하기,
모든 것이 무너지는 자리

학과 인도학을 각종 컬러 사진과 함께 소개해 주는 책이었는데, 인도, 스리랑카, 파키스탄 등 불교의 생생한 현장을 사진과 함께 알게 해줘서 불교의 살아 있는 모습을 온 몸으로 감각할 수 있었지요. 그러면서도 불타의 개념, 불교 교설과 교단의 특성, 인도불교의 문화적인 배경들, 의례와 제사들이 굉장히 촘촘하게 설명되어 있습니다.

힌두의 신들은 매우 인간적입니다. 술을 마시고, 고기를 먹고, 여인을 사랑하고, 질투도, 저주도 합니다. 예컨대 시바 신은 술에 취하고, 취해서는 춤을 춥니다. 이 책에는 인상적인 시바 신의 사진이 있습니다. 이 책의 저자들은 그의 춤을 우주적 춤(cosmic dance)이라고 묘사하고 그 사진을 보여 줍니다.[10] 계속 읽어 보니 이 춤의 신(나타 라자)이 바로 파괴의 신이자 생산과 생식의 신이기도 하더군요. 시바는 생식 행위의 상징이지만 전혀 음란스럽지 않습니다. 오히려 생명과 자연의 풍요로움이 너무 잘 느껴졌습니다. 이처럼 힌두 문화에서 신은 자연 그 자체이지요. 그만큼 상상력이 풍성한 세계입니다.

또 「석존의 생애」 편에는 룸비니 동산의 탄생 전승들, 그리고 사문유관(四門遊觀) 및 출가유성(出家踰城), 그리고 고행의 이야기들이 다채롭게 펼쳐집니다. 어느 페이지에는 고행하는 석존의 모습을 표현한 석존상 사진이 삽입되어 있습니다.[11] 가슴뼈와 실핏줄만 드러난 석존의 신체가 퍽이나 인상적이지요. "석존은 극도로 여위어 금빛이던 몸이 검은빛으로 변했다"던 바로 그 모습이었습니다.[12] 이어서 석존이 행한 최초의 설법(이것을 '초전법륜'이라고 하지요), 현장법사가 건물이 하늘을 찌를 듯이 솟아 있고, 사방으로 긴 복도가 이어져 있다던 녹야원의 모습, 많은 불교 경전이 "어느 날 세존은 왕사성 독수리봉(혹은 기사굴산)에 계셨습니다"라는 문장으로 시작하는데, 이 문장에 나오는 그 독수리봉의 사진과 설명 등등 정말 귀한 사진과 설명들이 이어집니다. 아무튼 저희들은 이 책을 1년 동안 주 1시간씩 읽어서 완독하였습니다. 이 책은 지금도 제게 불교에 대한 전체적인 인식을 완전히 새롭게 바꾼 매우 감각적인 개론서로 남아 있습니다. 불교의 여러 가지 용어가 나오면 아직도 이

---

10. 나까무라 하지메·나라 야스아끼·사또오 료오준, 『불타의 세계』, 김지견 옮김, 김영사, 2005, 63쪽.
11. 나까무라 하지메 외, 『불타의 세계』, 130쪽.
12. 나까무라 하지메 외, 『불타의 세계』, 130쪽.

4부
'정치와 사회'를 생각하는 책들

책에 나온 사진부터 떠오르지요.

세미나의 나머지 한 시간은 『디가니까야』란 초기 불교경전을 함께 낭독하고 토론하는 시간으로 채워졌습니다. 우리나라에서는 보통 『아함경』으로 알려져 있지요. 당시에는 선각자의 교설을 귀로 듣고 마음속에 암기해 두는 것이 전부였습니다. 석존 입멸 후 오래지 않아 아난다(아난, 阿難)가 기억을 더듬어 가며 석존이 설한 대로 낭독을 했습니다. 아난다는 "나는 이와 같이 들었나니"(여시아문, 如是我聞)라는 말을 서두로 내뱉고 낭독했다고 합니다. 참가자 일동은 이렇게 제출된 교법을 정정하여 확인한 후 모두 함께 '합송'(合誦, 상기티)해서 마무리했습니다. 이것을 '결집'(結集, 상기티)이라고 합니다.[13] 여러 사람이 낭독했지만, 아난다가 설한 경이 제일 길었습니다. 그래서 '길게 설하신 경'의 의미로 책 제목이 '디가니까야'(Dīgha Nikāya)[14]입니다.

이 장면은 상상하는 것만으로도 감동적입니다. 스승이 말씀하신 언어를 마음에 새겨 두었다가, 스승이 죽은 후 제자들만 모여 합송하면서 그 언어를 기억해 내는 모습은 장엄미 넘치는 장면입니다. 사람들이 언어를 불러들이기보다, 언어가 사람들을 소환하는 가장 대표적인 모습이 아닐까 생각해 봅니다. 스승은 언어라는 흔적으로 남았습니다. 그 흔적이 제자들을 불러들여 다시 스승의 가르침을 외칩니다. 그 순간 스승이 살아납니다. 일요일 오후 10명 남짓한 세미나원들이 『디가니까야』를 읽는 모습은 그런 감동을 공유하고 있었다고 생각합니다. 한동안은 이 낭독의 기쁨 때문에 연구실에 가게 되기도 하였습니다.

이러던 중에 대승불교의 중대한 경전, 『중론』 수업을 듣게 되었습니다. 다시 『유마경』을 강독하셨던 김영진 선생님의 강의였습니다. 당시 수업 교재는 김성철 선생님이 번역한 『중론』이었습니다. 김성철 선생님은 원래 치과의사였는데 뒤늦게 『능엄경』을 읽다가 깨달은 바가 있어서 불교학자로 다시 살아가는 분이십니다. 우리나라

---

13. 나까무라 하지메 외, 『붓타의 세계』, 256쪽. 부처님이 열반하신 이후 부처님의 법을 후대에 바르게 전달하기 위해 제자들이 모여 경전을 편찬하는 것을 '결집'이라고 합니다. '결집'은 산스크리트어 중에 '함께 암송(暗誦)하는 것'을 의미하는 '상기티'(合誦, saṃgīti)에서 유래했지요. 그래서 '결집'과 '합송'은 산스크리트어로 모두 '상기티'(saṃgīti)입니다.

14. '디가'(Dīgha)는 길이가 '긴'이라는 뜻이고, '니까야'(Nikāya)는 '모은(collected) 가르침', 즉 경전이란 뜻입니다.

에서 가장 유명한 중관학자이기도 하시죠. 물론 김영진 선생님은 지난번『유마경』 강독처럼 한문본을 읽어 주고, 우리가 따라 낭독한 후, 한 문장 한 문장씩 설명해 주시는 방식으로 강의를 하셨지요. 그리고 참조 교재로 다니 다다시의『무상의 철학』을 읽게 했는데, 이게 진짜였습니다. 그러나 무척 어려웠습니다. 그래도『무상의 철학』은 7세기 인도 사상계의 파워맨인 다르마키르티(Dharmakīrti, 600~660)의 사유를 치밀하게 논구한 책이라서, 이른바 '중관사상'의 방대한 영역을 재확인해 주었던 책이었지요. 오래 지나서 다시『중론』에 관심이 갔을 때, 사이토 아키라의『공과 중관』, 신상환의『용수의 사유』같은 책들도 크게 도움이 되었습니다.

제게『중론』은 두고두고 읽어야 할 책으로 남았습니다. 다시 이 책을 읽을 때는 정화스님이 풀어쓰신『중론』으로 읽어 보았습니다. 정화스님은 매우 평이한 언어로 불교의 진리를 풀어 주시는 특이한 괴력을 갖고 있는 분이십니다.『중론』을 읽은 후, 5년이 훨씬 지난 후에 정화스님에게 직접『육조단경』을 배울 기회가 생겼습니다. 2013년 그 해는 육조 혜능 열반 1,300년이 된 때라, 불교계가 대대적으로 중국 선종을 소개하고 있었지요. 저는 열성적으로 이 수업을 들었습니다. 황매 오조사 선방 안에서 남루한 남장 옷을 입은 청년이 노승과 나누는 엄청난 대화부터 저를 짜릿하게 하였습니다. "오랑캐의 몸으로는 화상과 같지 않으나 불성에서 보면 무슨 차별이 있습니까?"[15]

정화스님은 수업에 들어가기 전에 칠판에 그날 강의할 내용들의 키워드나 문구를 빼곡하게 써놓으십니다. 좀 일찍 가면 스님께서 그 키워드들을 쓰시는 모습을 볼 수 있지요. 저는 그 시간이 참 좋았습니다. 무언가 불교의 맥들이 스님의 손을 통해 풀려나오는 기분이 들곤 했지요. 어떤 내공 깊은 고승의 손을 통해 불교의 정신이 흘러나오는 느낌이랄까요. 사실 그 개념들이나 문구가 불교철학을 정교하게 구성하고도 있었습니다. 2~3회 수업을 듣고 단박에 그 학기의 에세이는 이 책으로 써야겠다고 결심했습니다. 이 글은 나중에『자기배려의 인문학』에 부록으로 「부처의 출발은 '부처'다」로 수록되었습니다.

언제나 책을 읽기만 할 때와 글로 풀어내려고 할 때 생각은 크게 달라집니다. 글

---

15. 혜능,『육조단경』, 정화 풀어씀, 법공양, 2012, 14쪽.

을 쓰려고 보니까, 지금까지 읽은 불교 경전들이 매우 다르게 보였습니다. 제가 읽은 경전들이 모조리 대승불교의 핵심 경전들이었던 것입니다. 그래서 다른 불교 경전들도 마저 찾아 읽기로 하였습니다. 우선 도올 김용옥이 풀이한 『금강경 강해』. 저는 김용옥의 책 중에서 가장 읽을 만한 책으로 이 책을 꼽습니다. 공(空)의 사상을 담고 있으면서도 공이란 용어마저 쓰지 않는 가장 대중적인 경전인 이 책을 도올은 다양한 방식으로 설명해 줍니다. 예컨대 중간 중간에 예수와 비교하여 설명해 주는 장면들은 김용옥 특유의 통찰이 빛납니다.

그리고 김달진 선생님이 번역하신 『법구경』과 법정 스님이 번역하신 『숫타니파타』. 명확하고 유쾌한 게송들로 가득한 보배의 책들입니다. 한동안 잠들기 전에 꼭 이 책들을 들고 십여 페이지를 읽고서야 잠이 들었습니다. 마음을 가라앉히는 초능력을 가진 책들이지요. 그리고 선(禪)의 진수이자 선 문학의 최고봉이라고 할 『벽암록』이 있습니다. 나중에 한형조 선생님이 풀어 번역해 주신 『무문관, 혹은 "너는 누구냐"』와 함께 사람을 깜짝 놀라게 한 명작입니다. 깜짝 놀랄 이 책은 언젠가 꼭 글로 풀어 써 보고 싶습니다.

일본 종교학자이자 인류학자인 나카자와 신이치와 일본 융 학파의 선구자인 가와이 하야오가 대담한 것을 기술한 『불교가 좋다』도 영감으로 가득한 책입니다. 대담 내용도 좋지만, 지금도 그 기억이 생생한 팔리어 성전 『율장』이 중간에 삽입되어 있어서 흥미로웠던 책이기도 합니다. 웬만하면 찾아 읽지는 않을 『율장』 일부를 석존과 제자의 섹스 문답집이란 아주 센세이셔널한 제목으로 읽게 되지요. 당연히 센세이셔널한 섹스 장면들이 난무하였지만, 저는 이 부분이 공동체가 어떻게 규율을 만들어 가고, 어떻게 지키게 하며, 또 그래서 어떻게 공동체를 유지해 나가는지를 보여 주는 생생한 인류학적 보고서로 여겨졌습니다. 몇 페이지 안 되지만, 색정으로 가득한 이 증언들로부터 묘한 감동을 받았습니다. 불교는 놀라운 종교입니다. 섹스 장면에서조차 감동을 주니까요.

그리고 조성택 선생님의 『불교와 불교학』도 매우 훌륭한 소개서입니다. 2008년 처음 불교세미나를 할 때 세미나원들이 조성택 선생님 강의를 들으러 갔다 와서 전달해 준 강의록을 지금도 들고 있습니다. 이 강의록 몇 편을 읽기도 했지요. 그 강의가 기반이 되어 이 책도 나왔다고 합니다. 저는 선생님이 불교가 종교교리(religious doctrine)일 뿐만 아니라 철학적 체계(philosophical system)라고 말해 주는 것이 참 좋았습니다.[16] 저 같은 비신자들도 석가모니의 설법을 믿을 수 있게 해주니까요. 조성택 선생님 같은 분이 현대의 거사가 아닐까요.

니체는 불교에 각별한 관심을 가지고 있었습니다. 물론 니체는 불교도 결국 수동적 니힐리즘으로 규정합니다. 거기엔 복잡한 사정이 있는데, 니체가 불교를 베단타 철학과 혼동했다는 이야기, 쇼펜하우어 숭배자였던 자신의 친구 파울 도이센의 영향 때문에 불교를 협소하게 이해했다는 이야기 등이 있지요. 특히 당시에는 대승불교나 선불교에 대한 소개가 극히 부족했기 때문에 니체는 자신의 사유와 유사한 불교(선불교, 대승불교 등)를 접하지는 못합니다. 물론 니체의 철학과 대승불교가 유사하다고 해도 전적으로 서로 다른 경로를 통해서 유사한 점을 찾을 수 있을 뿐이지, 니체의 철학이 불교 그 자체와 같다고 말할 순 없을 것입니다. 이런 사정들은 박찬국 선생님의 『니체와 불교』에 자세하게 나와 있습니다. 저는 이 책으로 불교와 니체에 대한 혼란이 비교적 많이 정리되었습니다.

마지막으로 한 가지만 이야기하고 마무리할게요. 니체의 『안티크리스트』에는 우울함을 극복하는 방법이 적혀 있습니다. 이 방법은 니체가 불교를 기독교보다 우월한 종교로 묘사하는 장면에서 나오지요. 불교는 기독교처럼 '죄에 대한 투쟁'을 가상적으로 말하지 않고, 오로지 '고통에 대한 투쟁'만을 설파한다는 점에서 실증주의적인 종교라는군요. 니체의 표현에 따르면 불교는 선악의 저편에 있는 종교입니다.[17] 불교는 선과 악을 판별하여 벌을 내리는 종교가 아닙니다. 오직 현재의 고통에 대답하는 솔직한 종교였던 것이죠. 이런 니체가 부처의 우울증 치료법을 아홉 가지로 정리해 놓았습니다.

1. 광활한 대기 속에서의 생활과 유랑생활.
2. 식생활에서의 절제와 선택.
3. 모든 주류(酒類)에 대한 경계.
4. 분노를 일으키고 피를 끓게 하는 모든 격정에 대한 경계.

16. 조성택, 『불교와 불교학』, 돌베개, 2012, 45쪽.
17. 프리드리히 니체, 『안티크리스트』, 박찬국 옮김, 아카넷, 2013, 50쪽.

5. 자신을 위해서도 타인을 위해서도 번뇌하지 않을 것.

6. 평안하게 하거나 마음을 밝게 하는 상념.

7. 선량함과 친절.

8. 기도는 금욕과 마찬가지로 배제, 어떠한 정언적인 명령도 어떠한 강제도 배제. 이러한 모든 강제는 지나친 민감성을 강화하는 수단이기 때문이므로.

9. 복수심, 반감, 원한을 경계. 이런 정념이야말로 중요한 섭생 목적에 비추어볼 때 전적으로 불건강한 것이기 때문이므로.[18]

니체가 불교를 제대로 이해했든 이해하지 못했든, 이렇게 정리된 우울증 치료법은 제게도 유효합니다. 실제로 '니체-불교적인 치료법'이라고 말해 주고도 싶습니다. 물론 이를 하찮게 여기는 사람들도 있겠지요. 그래도 불교는 저의 정신을 건강하게 해주는 치료제입니다. 가끔은 불교 경전을 통해서 제 정신을 초기화시키는 작업이 주기적으로 필요한 것 같습니다. 그래서 저는 불교를 '초기화 종교'(the religion for/of initialization)라고 농담처럼 부르곤 합니다.

---

18. 니체, 『안티크리스트』, 50~51쪽.

우리의 농단과 싸우자
—
장자, 『장자』

농단, 세금의 계보학

정치권이 시끄럽다.[1] 대통령이 이른바 비선실세의 꼭두각시 노릇을 했
다고 한다. 장관들도 얻기 힘든 연설문이나 국정 자료가 사전에 비선실
세의 손으로 넘어갔다. 대통령은 재벌회장들을 불러 이름도 이상한 어
떤 재단에 돈을 내라고 했다는 소식도 들린다. 청와대에는 '문고리 3인
방'이 있어서, 대통령에게 보고하려면 이 세 사람을 통하지 않고는 불가
능했다고도 한다. 도무지 상상하기도 힘든 '국정농단'(國政壟斷)이 만천
하에 드러났다.

　'농단'이라는 단어는 『맹자』에 나오는 말이다. 맹자가 제나라에 있을
때의 일이다. 수년간 제나라 선왕(宣王)의 정치고문이던 맹자는 왕이 도
무지 자신의 진언을 들어주지 않자, 객경(客卿, 외지 출신 관리)에서 물러
나 고향으로 돌아가려고 했다. 선왕은 그제야 후회를 했는지 제나라의
수도인 임치에다 맹자의 집을 마련해 주고 만종(萬鐘)의 곡식을 녹으로

---

1. 이 글을 처음 쓴 시점은 2016년 11월 8일이다.

주겠으니, 제발 다시 머물러 달라고 부탁한다. 객경으로 있으면 비정기적으로 지원하게 되지만, 이제부터는 정규직 고위 공무원으로 등용시키겠다는 소리였다.

그러나 그것은 말 잃고 마구간 문 잠그는 꼴. 그렇게 할 요량이었으면 평소에 잘 대접해 주지, 떠나겠다니까 손을 끄는 모습이 영 탐탁지 않다. 아니나 다를까, 맹자는 단번에 그 제안을 거절하는데, 바로 그 거절의 변에 '농단'의 흥미로운 이야기가 담겨 있다.

맹자는 자신이 결코 부귀를 추구하는 사람이 아니라면서, 사람들이 쉽게 돈을 벌려고 한다는 예로 그 유명한 '농단'(龍斷)을 끄집어냈다. 물건을 사고파는 시장에서 어떤 사람이 사방을 훤히 볼 수 있는 높은 곳에 올라갔다. 그는 시장을 살피다 이익이 많이 나는 곳을 혼자 알아내고선 시장의 이익을 그물질하듯 싹 거두어 갔다(必求龍斷而登之, 以左右望, 而罔市利).[2] '농단'이란 모든 일이 훤히 보이는 높은 언덕이라는 뜻이다. 다시 말하면 남몰래 이익을 취할 수 있는 위치이다. 당시 사람들은 남몰래 자신만을 위해 하는 이런 행동을 천하게 여기고 그에게서 더 많이 세금을 징수했다고 한다. 이렇게 보면 '농단'은 우화 하나로 설명한 세금의 계보학이다. 맹자의 이 계보학으로 보자면 세금은 정보를 독점하여 혼자만 이익을 취하는 자에게 처음 매겨진 것이다.

그러나 나는 이 우화를 읽을 때 좀 이상하게 여겼다. 뭐든 남들보다 먼저 사태를 파악하고 행동하는 것이 무엇이 잘못인가. 전체 구도를 잘 볼 수 있는 곳에 자리 잡아 사건에 정확하고 신속하게 대응하는 것이야말로 삶의 기술이 아니던가 말이다. 그렇게 하지 못해 문제지, 만일 내

---

2. 맹자, 『맹자』 「공손추 下」, 132쪽.

우리의 농단과
싸우자

게 그런 기회가 주어진다면 그리 안할 이유가 없어 보였다. 이 문제는 이후에도 내게 계속 골칫거리였다. 전체 구도를 알고, 그 구도 아래에서 가장 유리한 길을 찾는 것이 왜 비판받는가.

무한한 앎, 유한한 우리

그런데 이 문제 깊은 곳에는 만만치 않은 주제가 스며들어 있음을 깨달은 것은 뜻밖에도 『장자』를 읽으면서였다. 문체나 성격이 전혀 다른 책인 『장자』로부터 맹자의 주장을 이해했다는 것이 좀 어색하게 들릴지 모르겠다.

그러나 맹자와 장자(莊子)는 동시대인이다.[3] 사마천의 『사기열전』에서도 제나라 선왕이나 양나라 혜왕과 동시대 인물로 장자를 소개한다. 하지만 『맹자』를 통틀어 보아도, 그는 장자를 전혀 언급하지 않았다. 마치 니체와 마르크스가 동시대인이지만, 서로 전혀 언급하지 않았던 것처럼 말이다. 대개 유교와 도교 간에 비판적인 입장 때문이었다고 보기 쉽지만, 나는 그들이 적대하기 때문이라기보다, 사유하고 노니는 세계가 다르기 때문에 서로에 대해 언급하지 않았다고 추측해 본다. 맹자는 '질서의 세계'에 있었지만, 장자는 '자유의 세계'에 있었다.[4] 단지 다른

---

3. 장자가 대략 기원전 369년~기원전 286년, 맹자는 기원전 372년~기원전 289년에 나고 자랐다. 둘 다 공자 사후 100년이 지나서 태어나 살았다. 물론 맹자와 장자는 서로 활동하는 장소가 너무나 달랐기 때문에 서로 모르고 있었을 수도 있다. 그러나 나는 서로를 지켜보았다고 상상하고 싶다.

4. 장자는 이를 '방내'(方內)와 '방외'(方外)로 구분한다. 이때 방(方)은 법(法)이다. 방내는 질서가 있는 곳으로 통상 '천하'라고 일컫는다. 방외는 자유로운 곳으로 통상 '강호'라고 일컫는다. 전호근 선생은 방내와 방외를 넘나드는 초절정 고수로 공자(孔子)를 든다(전호근,『장자강의』, 동녘, 2015, 8쪽). 그러나 장자는 공자의 입으로 공자 자신을 방내인(方內人)으로 규정하도록 한다. 자상호(子桑戶)라는 사람이 죽자 자공이 문상을 갔는데, 슬퍼해야 할 친구들이 오히려 자상호가 근본인 진실로 돌아갔다고 노래를 부르고 있었다. 이를 전해들은 공자가 "그들은 이 세상 밖에서 노

세계에 있었던 것이지, 그들은 서로 적대하는 자들이 아니다. 오히려 나는 그들이 서로를 지극한 시선으로 바라보았을 거라고 상상해 본다.

장자는 삶과 앎에 대하여 독특한 시각을 갖고 있다. 「양생주」 맨 처음에 나오는 잠언은 이 독특한 시각을 대변하는 문장인데, 그것은 맹자의 '농단 비판'을 이해할 열쇠다.

"우리의 삶에는 끝이 있지만 앎에는 끝이 없다. 끝이 있는 것으로써 끝이 없는 것을 좇으면 위태로울 뿐이다. 그런데도 알려고 한다면 더욱 위태로울 뿐이다. 착한 일을 하면 소문이 나지 않게 하고, 악한 일을 하더라도 형벌에 저촉되지 않게 한다. 그렇게 정 가운데 길[督]을 따르면 몸을 온전히 지킬 수 있고 평생을 무사히 보낼 수 있으며, 부모를 공양하고 천수를 다할 수가 있다."[5]

현실 세계로 떨어져 '어떤 한 몸'을 얻어 살아간다는 것은 '끝이 있는 세계'로 들어왔다는 뜻이다. 현실의 우리는 아무리 애를 써도 '어떤 한 몸'의 한계를 넘어서지는 못한다. 즉, 몸은 죽음을 벗어나지 못하는 것이

니는 사람들이고, 나는 이 세상 안에서 노니는 사람이다"(彼遊方之外者也, 而丘遊方之內者也)라고 했다(장자, 『장자』, 안동림 역주, 현암사, 1993, 205쪽). 이어서 그는 이 두 세계가 서로 미치지 못한다(內外不相)고 명확히 말한다. 공자는 상대의 세계를 지극한 시선으로 바라볼 줄 아는 자다. 결코 이를 적대하지 않는다.

5. 안동림 역주, 『장자』, 현암사, 1993, 91쪽(번역은 인용자가 약간 수정). 吾生也有涯, 而知也无涯. 以有涯隨无涯, 殆已. 已而爲知者, 殆而已矣. 爲善无近名, 爲惡无近刑. 緣督以爲經, 可以保身, 可以全生, 可以養親, 可以盡年. 여기서 '督'은 등의 중앙을 중심으로 상하로 뻗은 혈맥인 독맥을 일컫는다. 독맥이 등의 중앙에 있기 때문에 '정 가운데 길'이라고 번역해 보았다. 독맥의 독(督)은 '총괄하다'는 뜻이다. 독맥은 '양맥(陽脈)'의 바다'로서 양경의 맥기를 통솔하는 작용이 있다. 또한 독맥은 척추 안쪽을 순행하여 뇌에 낙하하므로 뇌와 척수에도 밀접하게 관계가 있다. 더욱 중요한 것은 독맥은 '생식기'(胞中)에서 시작되어 신(腎)에 속하므로 생명력을 의미한다. 역대 의가들은 생식기능장애 질환을 치료할 때 이 독맥을 보하는 방법을 상용하였다. 즉, 독맥은 생명력의 중심인 것이다. 장자의 양생은 이 생명의 길을 중시한 것이라고 할 수 있다(배병철 편, 『기초한의학』, 성보사, 2005, 320~321쪽 참조).

다. 이리 이야기하면 어떤 사람들은 그런 한계를 넘어서게 한 것이 바로 '과학'이지 않느냐 반문한다. 과학과 같은 지식은 내 몸의 한계를 훌쩍 넘어 버린다. 내 몸은 전혀 날지 못하지만, 인류는 과학의 힘으로 우주선을 타고 달에도 간다. 이런 의미에서 앎은 끝이 없는 것이 틀림없다.

그러나 이 끝없는 앎을 획득하려면, 우리는 생명력을 크게 소모해야 한다. 예컨대 몇 백 광년 너머 행성으로 가는 방법을 아주 짧은 시간(한 인간의 생애 정도로 생각해 보자)에 알아내야 한다면, 설사 그게 가능하더라도, 아마 삶의 다른 가치를 희생하고서야 실현할 수 있을 것이다. 혹 한 세대가 아니어도 여러 세대가 그 앎을 획득하는 데 투신해야 할 것이다. 즉 여러 세대가 그 앎을 획득하는 데 자신의 생명력을 사용해야 하는 것이다. 마치 6~70년대 우리나라의 압축 경제성장처럼 말이다. 그러나 더 중요한 것은 그렇게 생명력을 소모하여 획득한들 그 지식이 우리 생명력을 더 풍요롭게 하는 것이냐는 또 다른 문제다.

우리들의 몸은 유한하다. 그러나 무한한 앎이 유한한 몸을 무시하고, 자신을 모두 한꺼번에 구현하려는 순간, 그것은 곧바로 내 삶을 위태롭게 한다. 즉 내 생명이 무너지고 마는 것이다. 그래서 알아도 하지 않는다. '지금-여기 나', 그러니까 어떤 한 몸으로 태어나 일상인으로 살고 있는 유한한 '나'에게 그것은 도무지 불가능할 뿐 아니라, 위협적이기까지 하다. 사실 끝이 없는 앎이 삶의 영역으로 스며드는 것은 아주 오랜 시간이 드는 일이다. 그러므로 그것을 획득하는 것이 필요하더라도 매우 오랜 시간을 두고 생명력을 해치지 않으면서 이루어야 생명에 위태롭지 않다. 그럼에도 불구하고 유한한 내 몸에 그것을 한꺼번에 욱여넣어 실현하고자 할 때, 나는 바로 부서지고 만다. '끝이 없는 앎'을 '끝이 있는 삶'에 구현하고자 하면 구체적인 생명은 무너져 버린다. 그리되면 비극적인 사태마저 벌어진다. 아마 핵무기는 이런 대표적인 비극일 것이다. 이 유한을 이해하지 못하는 한 이런 파괴는 끝나지 않는다.

맹자가 '농단'을 비판한 뜻은 바로 여기에 있다. 동아시아의 현인들은 '초월적인 앎'에 대해 극도로 경계했던 것이다. 삶의 크기를 벗어나 어떤 초월적인 위치에서 무한한 앎을 획득하고자 하는 것은 에너지와 생명력을 한없이 필요로 한다. 심지어 어떤 거짓을 동반하지 않고서는 앎을 현실화시키는 것이 사실상 거의 불가능하기도 하다. 삶은 자신의 크기와 시간만큼 앎을 받아들인다. 앎은 삶의 크기와 시간만큼만 삶에 스며들 수 있다. 동아시아인들이 과학과 같은 앎의 유형을 몰라서 획득하지 못한 것이 아니라, 생명적 잠재력을 보존하면서 삶을 살아내기 위해 그런 소모적인 앎에서 의도적으로 등을 돌렸다고 해야 할 것이다.

이 의미에서 보면 유럽과 동아시아의 앎에 대한 전략에는 큰 차이가 있다. 유럽은 앎에 대해서 가능한 최대치를 획득해 나가되, 어떤 경계에 섰을 때 '비판'을 통해서 몸을 보존하려고 한다. 아마 칸트의 초월론적 비판은 그 자리에 있을 것이다. 그러나 동아시아는 끝이 없는 앎의 파괴적 성격에 대해 처음부터 경계해 나갔기 때문에 알아도 알지 않고, 알아도 실행하지 않는 전략을 택하여 몸을 보존한다. 앎은 삶의 폐활량만큼만 숨쉰다. 장자의 양생술은 이것을 보여 주는 것일 게다.

맹자의 농단 비판은 바로 그런 초월적인 앎을 통해 획득한 이익에 대한 비판이다. 농단으로 얻은 이익은 어디선가 생명력을 파괴하거나 소모하여 획득했을 것이 틀림없고, 그런 이익은 반드시 획득해서는 안 될 '초과이익'일 것이다. 그러므로 그런 자는 모두 천하다고 생각했다 (人皆以爲賤).[6] 말하자면 세금은 그런 초과이익에 대하여 물린 것이다.

---

6. 맹자, 『맹자』, 132쪽.

즉 그것은 초월하고자 하는 것에 대한 벌금이었다. 이런 의미에서 고대에 초월적인 것과 초과이익은 같은 것이다. 맹자의 '농단 비판'은 맹자가 그리 의식하지 않았을지 모르지만, '초월적 앎 = 초과이익'에 대한 동아시아의 오랜 경계심이 표출된 계보학적 비판이라고 할 수 있다. 이 점에서 장자의 양생(養生)은 맹자의 무의식을 보여 주고 있었다. 맹자와 장자는 사유의 앞뒷면이다.

우 리 는 언 제 나 농 단 에 서 있 다

그러나 이미 우리 신체에는 '초월적인 앎 = 초과이익'에 대한 유혹이 프로그래밍되어 있기도 하다. 우리가 흔히 아는 「조릉(雕陵)의 고사」는 이를 잘 보여 주는, 어쩌면 무섭기도 하고, 한편으론 우울하기도 한 우화다. 장자는 조릉이라는 밤나무 밭 울타리를 거닐다가, 문득 남쪽에서 이상한 까치 한 마리가 날아오는 것을 보았다. 이 새는 장자의 이마를 스쳐 지나가, 숲에 가서 멎었다. 장자는 재빨리 다가가 활을 쥐고 그 새를 쏘려 했다. 그러다 문득 보니 매미 한 마리가 시원한 그늘에 멎어 제 몸을 잊은 듯 울고 있는 것이 보였다. 그런데 바로 그 곁에 사마귀가 이 매미를 잡으려고 정신이 팔려 스스로의 몸을 잊고 있는 것이 아닌가. 그 순간 장자가 잡으려고 했던 까치가 이 사마귀를 노리고 거기에 정신이 팔려 제 몸을 잊고 있는 것이 눈에 들어왔다. 매미 – 사마귀 – 까치 – 장자. 이 절묘한 장면을 포착한 장자는 갑자기 무서운 생각이 들었는지, 활을 버리고 도망쳐 나왔다. 이 우화의 참여자들은 모두 이익이라는 미끼에 이끌려 자신을 잊고 외부 대상에 자신을 맡기고 있었다. "나는 외물에 사로잡혀 내 몸을 잊고 있었다. 즉 흙탕물을 보느라고 맑은 못을 잊고 있었다."[7] 결국 장자는 밤나무 밭지기로부터 밤을 훔쳤다고 꾸짖음을 당한다. 매미 - 사마귀 - 까치 - 장자 - 밤지기. 그 뒤로 석 달 동안 이나 장자는 불쾌했다.

이 이야기는 두 가지가 중첩되어 있다. 하나는 우리가 이익이라는 미끼와 그 이익을 보장해 주리라는 초월적인 착각(장자가 상대 몰래 사냥을 할 수 있으리라는 착각)에 쉽게 빠져든다는 사실이다. 그러나 이익은 미끼일 뿐이고, 앎은 망상일 뿐이다. 왜냐하면 결국 밤나무 밭지기에게 꾸짖음을 당하고 말 것이니까. 그런데 장자는 다른 하나를 너 일러준다. 삶의 자리에서는 이런 연쇄가 부득이하다는 것이다. 거꾸로 이야기한다면 산다는 것은 그런 '초월적인 앎 = 초과이익'의 유혹 앞에 매번 부득이하게 선다는 것이다. 이 의미에서 삶은 위태롭다. 삶은 미끼와 착각에 쉽게 빠지며, 그런 미끼와 착각을 알면서도 매번 그 앞에 설 수밖에 없다. 심지어 그런 미끼와 착각을 따라갔기 때문에 조금이라도 먹고살 수 있었는지도 모른다. 밥벌이 자체가 그런 미끼와 착각에 들어갔다가 나오기를 반복하는 것이 아닌지 싶다. 그만큼 밥벌이란 위태로운 것이다.

아마도 장자가 조릉의 사건을 겪고 석 달 동안이나 불쾌했다고 한 것은 이런 사실을 불현듯 깨달았기 때문이지 않을까. 우리가 '초월적 앎 = 초과이익'에 쉽게 빠지며, 또한 그것이 생명력을 쉽게 없애기 때문에 경계해야 한다는 것도 알지만, 그럼에도 불구하고 살아내기 위해서는 그런 외물의 연쇄 속에 자신을 밀어 넣지 않을 수 없는 부득이함을 장자는 느닷없이 깨달아 버린 것이다. 그렇게 잘 아는 장자도 매번 자신을 잊고 이 속으로 굴러 떨어지고 만다. 장자의 불쾌함은 이것에서 비롯된다. 알면서도 당하고 있는 것이다.

---

7. "吾守形而忘身, 觀於濁水而迷於淸淵"(장자, 『장자』 「산목」 제20, 503~504쪽).

그래서 나는 맹자가 말하는 '농단'이 바로 위태로운 우리의 삶을 대변하는 말인 듯이 보인다. 나는 언제나 농단에 서 있는 것이다. 그 높은 언덕에 올라 어디 이익이 있는지 두리번거리며 자신을 잊고 있는 나야말로 '최순실'이 아니던가. 언제나 알면서도 그 자리에 기어코 올라가 다른 이들의 삶을 부수고 나만 획득할 수 있는 꿀을 착각하여 찾는 '내'가 바로 '최순실'이 아닌가.

나는 언제나 농단에 서 있다. 우리 안에 숨어 있는 괴물은 언제나 농단에 올라 자신도 모르게 추한 짓을 해대고 있는 것은 아닌가. 심지어 이제 농단을 찾아 나서고, 그 농단이 보이면 다툼 속에서 그 농단을 차지하려고 서로 싸우고 있는 것은 또 아닌가. 우리에게 초월적이고 초과적인 앎과 이익에 대한 유혹이 이리도 깊다. 그런 것에 유혹 당한 삶은 조롱의 장자처럼 나 자신을 잊고 만들어진 기만적인 삶이 된다. 이런 기만적인 삶과 싸우는 투지를 보여야 할 때다. 우리 모두 그런 기만적인 나와 싸우기 위해서 모여야 할 때다. 각자가 자신의 사소한 농단과 싸워나갈 때 그 사소한 것들이 조금씩 변하여 기어이 장엄한 혁명이 되는 것이다.

장자의
『장자』
후기

플라톤, 니체, 푸코, 들뢰즈 등 서양 철학 텍스트도 읽게 되었고, 한문을 하는 친구들 덕분에 공자나 맹자, 불교 텍스트들도 조금 읽게 되었을 즈음, 동시에 저는 『동의보감』이라는 희대의 동아시아 의학 텍스트를 접하고 있었습니다. 그때 수업을 해주시는 선생님이 『동의보감』은 유·불·도 삼교가 모두 들어 있다면서, 노장계열의 텍스트들을 읽어야 한다고 말해 주었습니다.

실제로 신동원 선생님이 지은 『조선사람 허준』을 보면 허준이 오랫동안 유·불·도 삼교회통 사상가들과 빈번하게 교류를 하였고, 그들의 자연철학이 허준에게 큰 영향을 끼쳤다고 합니다. 특히 허준의 스승인 양예수, 유의(儒醫) 정작 등 주변 사람들의 선가적(仙家的) 분위기가 매우 중요한 의미를 지녔다고 하더군요. 또 『동의보감』을 저술할 때 의학 내부 전통을 더 중시할 것이냐 자연철학적 논리를 더 중시할 것이냐 하는 선택의 지점에 서면 허준은 늘 후자를 택했다고 합니다.[8] 사실 『동의보감』의 서문을 직접 읽어 보면 도가를 매우 중요하게 다룬 문구가 있습니다. "도가는 청정과 수양을 삶의 근본으로 삼고, 의가는 약과 침으로 치료의 근본을 삼습니다. 이것은 도가가 그 정수를 얻은 것이요, 의가는 그 조략을 얻은 것입니다."[9]

『동의보감』을 읽다 보니, 제가 노장계열의 책들을 집중적으로 읽은 바가 없다는 것을 깨달았죠. 이제나 저제나 노장철학 텍스트들을 읽어 봐야겠다고 마음만 굴뚝같았지 그럴 기회를 좀처럼 찾지 못했습니다. 이러다 노장철학은 나와 인연이 없을지 모르겠다는 생각을 하기도 했지요.

---

8. 신동원, 『조선사람 허준』, 한겨레신문사, 2001, 191쪽.
9. 허준, 『동의보감』, 62쪽.

그러던 때, 기회가 왔습니다. 연구실의 한문학 선생님이신 우응순 선생님께서 노장계열의 텍스트들을 강의하시기 시작한 것입니다. 특히 중화서국(中華書局) '중국고전명저역주총서'로 나온 『노자주역급평개』(老子註譯及評介)를 직접 강독해 주는 강의였습니다. 한문 강독을 들으면서 한글 번역본도 함께 구입해서 읽어 보기로 하였습니다. 그 이후에도 한문 강독을 들으면 언제나 좋은 한글 번역본을 사다가 함께 완독해 봅니다. 사실 한문 강독은 진도를 모두 나가기 쉽지 않습니다. 10주 정도 하면 언제나 1/4~1/3정도 하시는 것 같습니다. 그러나 함께 읽는 한글번역본은 10주 정도 분량을 나누면 1회독을 할 수 있습니다. 그렇게 한문 강독을 하러 갈 때마다 그날 진도와는 상관없이 책을 나누어 꼭 예정된 분량을 읽어 보려고 하였습니다.

실제 강의로 들어가 보니, 중화서국판은 본문 바로 직후에 나오는 '주석'(注釋)이 정말 일품이었습니다. 예컨대 『노자』 33장에 나온 "自勝自强"(자승자강)의 '强'을 해설한 주석에는 52장의 "見小曰明(견소왈명), 守柔曰强(수유왈강)", 72장의 "堅强者死之徒(견강자사지도), 柔弱者生之徒(유약자생지도)"의 '强'과 비교해 보도록 설명해 놓고 있습니다.[10] 뒤이어 다른 사람의 해설에 대해서도 의견을 달아 놓아서 이 책의 해설과 비교해 공부할 수 있도록 하고 있습니다. 노자가 사용하는 개념들을 다른 챕터의 그것과 비교하거나, 다른 텍스트의 개념들과 비교할 수 있도록 해주어서, 저 같은 문외한에게 무척 풍부한 개념적 지식을 전달해 줍니다. 물론 전부 완독할 수 없는 게 안타까울 따름입니다. 그래도 강의한 부분이라도 꼼꼼히 따라가고 싶었습니다.

선생님은 이것들을 전부 읽고서 종합적으로 강의를 해주셨습니다. 선생님은 평생 한문을 읽어 오신 최고 수준의 한문학자이신데, 평소에도 어떤 한자를 보면 그 한자와 관련한 다양한 문구가 머리에 떠오른다고 하십니다. 실제로 저는 우 선생님이 진행하시는 불교 세미나에 참여한 적 있는데, 그때도 불교 경전에서 한자가 나오면 그 한자와 관련한 역사적 맥락과 언어적인 분석을 함께 해주셔서 아주 색다르게 텍스트를 접근하게 해주었지요. 말씀하신 내용은 다 잊었지만, 그때그때 설명해 주신 것 때문에 동아시아 텍스트를 독해하는 데 커다란 영감을 얻을 수 있었습니다.

---

10. 陳鼓應, 『老子註譯及評介』, 中華書局, 2009, p. 192.

저에겐 굉장히 귀한 시간이었죠.

그 다음 텍스트는 또 중화서국 '중국고전명저역주총서'로 나온 『장자금주금역』(莊子今注今譯)입니다. 이 책을 읽을 때는 그 유명한 안동림 선생님의 번역본을 함께 읽었습니다. 장자는 대단했습니다. 자유분방함이 상상을 초월한 사람이었지요. 그러나 장자가 살았던 송나라는 옛날부터 '사방에서 전쟁이 일어났던 땅'(四戰之地)이라고 불렸습니다.[11] 사전(四戰)의 땅. 사방에서 적을 맞아 싸운다는 뜻입니다. 전국시대 동안 이 지역은 전란의 중심지였습니다. 더군다나 송나라를 지배하고 있는 군주는 재위 40여 년을 맞는 강왕이었는데, 포악하기 이를 데 없는 폭군이었다고 합니다.[12]

장자는 전쟁과 폭군의 시대를 사는 지리소(支離疏)의 이야기를 전해줍니다. 그는 심한 꼽추였지만 옷을 깁거나 빨래를 하면 충분히 먹고 살아갈 수 있습니다. 그러나 꼽추이기 때문에 국가에서 군인을 징집해도 그 징집을 면제할 수 있었습니다. '쓸모없는 것의 쓸모'(無用之用)를 설파한 것이죠.[13] 결국 꼽추라는 불구의 모습이 자유와 행복을 주었다고 설파합니다. 또 장자는 길을 가다가 해골을 발견하고는 그 해골과 대화를 합니다. 장자가 그러지요. 그대(해골)에게 형체를 다시 생겨나게 하고, 뼈와 살과 피부를 만들게 해준다면 그걸 바라겠느냐고요. 그런데 해골의 말이 가관입니다. "내 어찌 위에 군주도 없고 아래에 신하도 없는 죽음의 세계에서 제왕의 즐거움을 얻었는데, 이것을 버리고 다시 인간 세상의 괴로움을 겪겠는가!"[14] 다시 말하면 장자에게는 국가란 보나마나 착취하고 형벌 따위나 다루는 기관에 불과하다는 깨달음이 있었던 것이죠. 이를테면 반국가주의자 장자, 아나키스트 장자입니다. 후쿠나가 미쓰지(福永光司)의 장자 평전, 『장자』를 읽어 보면 이런 그의 진면목이 너무나 잘 설명되어 있습니다. 꼭 한번 읽어 보시기 바랍니다.

다음도 중화서국에서 나온 『열자집석』(列子集釋)이었습니다. 계속 우 선생님이 강독해 주셨죠. 물론 전체를 다 해주시지는 못했습니다. 그래도 10주에 걸쳐서 하는

---

11. 복영광사(후쿠나가 미쓰지), 『장자』, 이동철·임헌규 옮김, 청계, 1999, 24쪽.
12. 복영광사, 『장자』, 53쪽.
13. 장자, 『장자』, 141~143쪽.
14. 장자, 『장자』, 453~454쪽.

데까지 하고 나면 해당 텍스트를 한글본으로 찾아 스스로 읽을 수는 있게 됩니다. 『열자』도 마찬가지입니다. 선생님 수업을 듣고 김학주 선생님의 번역본을 찾아 완독하였습니다. 이 책에서는 스승 호구자가 사이비 무당인 계함과 대결하는 것을 보고, 크게 깨닫는 장면이 나옵니다. 아무리 밝은 눈을 가졌다고 자랑을 하여도 그릇되게 판단한다는 것을 알게 됩니다. 사이비 무당의 말을 듣고 마음이 동했던 자신을 탓하며 스스로 학문을 시작도 하지 못했다고 반성합니다. 그러고는 집에 돌아가서 삼 년 동안 집밖으로 나가지 않았습니다.[15] 처를 위해 밥을 지어 주고, 사람을 양육하듯이 돼지를 먹였다고 합니다. 저는 그런 열자에게 크게 감동한 나머지 이 이야기를 가지고 간단한 글도 썼지요. 아내를 다시 생각하게 하는 계기도 되었습니다.

『회남자집석』(淮南子集釋)도 읽어 주셨습니다. 우리나라에도 전편이 두 권으로 번역되어 있습니다. 저는 전편을 완독하지는 못했습니다. 머리말과 1편 「원도」(原道), 「숙진」(俶眞), 「천문」(天文) 편만 읽다가 그쳤습니다. 원래 『회남자』는 한대 초기 회남 지역의 제후였던 회남왕 유안의 주도하에 그의 여러 빈객들이 공동으로 저술한 집단 저작입니다. 대략 10여 명 정도가 되었다고 하는군요. 두어 명 빼고는 대부분 도가 계통의 학자들이거나 적어도 황로학에 정통한 사람이었다고 하네요. 머리말에는 아예 이 책의 성격은 『노자』에 가깝다는 말도 서슴없이 하고 있습니다.[16] 그러다 보니 『회남자』는 조잡하고 일관성이 결여된 책이라고 혹평을 하는 사람도 있습니다. 그러니까 이 책은 일종의 '잡서'(雜書)입니다.

그러나 제1편 「원도」편만 보아도 주옥같은 문장들이 줄줄이 나옵니다. "도는 풀어 펼치면 천지 사방에 가득 차지만, 둘둘 말면 한 움큼도 되지 않는다"[17], "무릇 최상의 도는 만물을 생성해 주지만 자기의 소유로 삼지 않고, 각양각색의 형상들을 이루어 주지만 주인노릇하지 않는다"[18], "대장부는 도의 자루를 잡고 무궁한 지경에서 노닌다"[19]라는 표현과 그 표현이 알려 주는 당대의 인식은 굉장히 인상적이었습니

15. 열자, 『열자』, 김학주 옮김, 연암서가, 2011, 120~121쪽. 같은 내용의 글이 『장자』 '제왕편'에도 있습니다.
16. 유안, 『회남자 1』, 이석명 옮김, 소명출판, 2010, 43쪽.
17. 유안, 『회남자 1』, 50쪽.
18. 유안, 『회남자 1』, 53쪽.
19. 유안, 『회남자 1』, 57쪽.

다. "귤나무를 양자강 북쪽에 심으면 변해서 탱자나무가 된다"[20]라는 그 유명한 문구도 발견되어 무척 반가웠던 기억도 납니다. 그리고 이런 문장은 어떤가요?

"'시작'이 있다. '시작이 있다'는 것도 아직 시작되지 않은 때가 있다. '시작이 있다'는 것도 아직 시작되지 않은 때'도 아직 시작되지 않은 때가 있다. '있다'의 상태가 있다. '없다'의 상태가 있다. '있다', '없다'의 상태도 아직 있지 않은 상태가 있다. '있다 없다의 상태도 아직 있지 않은 상태'도 아직 있지 않은 상태가 있다."

이 문장은 『장자』 「지북유」편에도 나옵니다. 이 문장을 인용한 회남자의 저자는 시간과 공간이 생성되는 그 찰나에 대해서 '始'(시작)와 '有'(있다)와 '無'(없다)를 가지고 집요하게 파고 들어갑니다. 저는 이런 문장들이 동아시아의 유물론을 설명해 주는 대표적인 문장들이라고 말하고 싶습니다. 가장 밑바닥에 '있는 것'은 '있다 없다의 상태도 아직 있지 않은 상태'도 아직 있지 않은 것, 즉 "未始有夫未始有無也者"(미시유부미시유무야자)입니다.

번역자는 그것을 '상태'로 번역하고 있지만, 저는 그것을 무언가 있는 것으로 이해해 보기 위해서 '것'(者)으로 번역해 말해 보고 싶습니다. 그것은 천지가 아직 갈라지지 않고 음양이 아직 나누어지지 않은 때에 맑은 기운만 감돌고 어떤 형체로도 보이지 않는 그런 '것'입니다. 그것을 무어라 말해야 할지는 모르겠습니다. 그러나 언제나 어떤 순간에나 그 '것'은 '있'습니다. 『회남자』의 서술자는 다시 『장자』를 인용하며 그것을 "무무"(無無)라고 명명합니다. 그리곤 이렇게 이야기하지요. "무조차 없는 절대 무에 이르니, 어찌 그 지극한 미묘함을 헤아릴 수 있으리오"(及其爲無無 至妙何從及此哉). 잠재적 층위에 이르러 '무무'에 다가간 것입니다. 번역자는 '무무'(無無)를 '무조차 없는 절대 무'라고 번역하였지만, 저는 '무무'를 '무'와 '무'가 관계를 맺으려 준비하고 있는 층위라고 멋대로 상상해 봅니다. '없는 것'(무)과 '없는 것'(무)이 난삽하게 서로 함께 놀고 있는 곳. 그것들은 서로 아직 관계가 형성되지 않아 '있는 것'(유)으로 생성되지 못하고 여전히 '무'인 상태이지만, 이 '무무'들이 작당

20. 유안, 『회남자 1』, 68쪽.

을 하여 서로 관계를 맺고 여차하면 새로운 무언가가 될 수 있는 찰나의 상태. 아무튼 노장계열의 텍스트들을 읽으면 생성에 대한 영감이 강렬하게 떠오릅니다. 중국고대 천문학 자료들 중에『회남자』「천문」편은 가장 오래된 자료에 속한다고 하니, 어쩌면『회남자』는 동아시아 사유에 담겨 있는 유물론의 원형적인 모습인지도 모르겠습니다.[21]

노장철학에서도 프랑수아 줄리앙은 빠트릴 수 없습니다. 그는『장자, 삶의 도를 묻다』란 걸출한 장자 에세이를 남겼습니다. 그가 이 책에서 다루고 있는 것은『장자』의 「양생주」와 「달생」입니다. 줄리앙은 양생을 어떤 것을 향한 발전이 아니라, 새로 거듭남이라고 해석합니다.[22] 즉 양생은 다시 활력을 불어넣는 것이지, 오래 사는 것을 목표로 하지 않습니다. 그렇다면 양생은 매 순간 우리를 새로운 기운으로 새로운 행동을 하도록 하는 힘 같은 것입니다. 삶을 변화로 이끌고, 끊임없이 새롭게 살게 하는 힘. 장자는 관념의 세계에 노니는 것보다, 탐스런 꽃을 활짝 피우고, 요염하게 열매를 맺게 하는 그런 삶을 사랑합니다. 아마도 장자는 우리들에게 엄청난 삶의 기예를 전해 주었을지도 모릅니다. 언젠가 때가 되면 장자의 에피소드만을 모아서 우리들을 비추어 성찰케 하는 글들을 써보고 싶습니다. 오로지 나만 읽을 글들로요. 마치 마르쿠스 아우렐리우스처럼.

---

21. 유안,『회남자 1』, 161쪽.
22. 프랑수아 줄리앙,『장자, 삶의 도를 묻다』, 박희영 옮김, 2014, 한울, 56쪽.

'우리, 인민'이 형성되다

—

알랭 바디우 외, 『인민이란 무엇인가』

국 가 소 추 주 의 에 서 깨 닫 다

가끔은 소, 돼지를 도살하여 태연하게 그 고기를 구워 먹는 내 모습이 불가사의할 때가 있다. 그러면서도 지나가는 애완견을 보면 귀엽고, 생명이 참 아름답지, 라고 생각하는 내 모습은 우습다고 말하는 것만으로는 충분히 설명되지 않고, 기이하기조차 하다. 물론 이것과 저것은 다르다고 할 수 있겠지만, 사실 그런 일을 모순이라고 생각하는 것도 무척 괴이한 것이다. 그런 생각이 들 때면 내가 딛고 있는 이곳이 매우 난해한 지형이란 느낌이 들어서 오리무중에 오리무중이다. 난해한 곳일수록 의문스러운 것들을 의문스럽다고 말하고 살기도 쉽지 않다.

이를테면 흔히들 이야기하는 '정치적 입장'도 그렇다. 이웃들과 정치에 대해 길게 이야기하면 이상한 사람 취급받기 십상이다. 직장에서 대통령이나 국회의원 선거에 대해 자신의 주장을 강하게 펼치면 그는 편향된 사람으로 낙인찍힐 수 있다. 혹시 정치 집회라도 참석했다고 알려지면 그는 찍혀서 더 이상 직장생활하기 힘들 게 뻔하다. 우리나라에서 정치적 입장을 갖는다는 것은 먹고사는 일을 거는 일이기에, 사람들은 삶을 걸고 정치적 입장을 표명하기보다, 표면적으로 정치적 무기력을 선택한다. 아무 일 없이 살아가기 위해서, 고기를 구워 먹으면서도 길거리의 애완견에는 어머 이뻐, 라고 말하는 사람들이 되었다. 아무 일도 일어나고 있지 않다는 듯이.

그러나 말들이 시작되었다. 처음엔 칼로 도려낸 틈새로 잠시 새어 나온 빛인가 싶더니, 지금은 활활 타는 횃불로 바뀌어 보란듯이 광화문 앞을 가득 메웠다. 출근시간이면 꽉 막혀 짜증으로 가득할 그 차로를 아이와 함께 뛰어보기도 했다. 촛불집회의 불꽃들은 마치 물고기들처럼 차로를 흘러 다녔다. 편향과 낙인과 배제를 벗어나서 모든 사람이 불꽃을 들고 물고기처럼 흘러 다녔다. 식어 버린 옥수수처럼 딱딱한 마음도 흘러 다니는 불꽃 때문에 물렁물렁해졌다. 여러 번 보아서인지 이제 그 속에서 외친 "하야하라", "탄핵하라"라는 구호도 그 대상이 꼭 '박근혜'이기만 한 것 같지 않다. 그것들은 우리가 우리에게 내린 명령어로 느껴진다.

탄핵을 위해 야 3당이 발의했던 「박근혜 대통령 탄핵소추안」은 헌법 제1조인 "대한민국은 민주공화국이다. 대한민국의 주권은 국민에게 있고, 모든 권력은 국민으로부터 나온다"라는 문장을 인용하는 것으로 시작한다. 그리고 대통령은 주권자인 국민으로부터 권력을 위임받은 사람이고, 헌법을 준수하여 그 책무를 다하여야 한다는 말로 이어진다. 그러므로 당연히 대통령은 '법치와 준법의 존재'여야 한다. 만일 대통령이 헌법을 경시한다면 "스스로 자신의 권한과 권위를 부정하고 파괴하는 것"이라고 분명한 어조로 덧붙인다.

원래 '소추'(訴追)는 형사 사건에 관하여 소(訴)를 제기하고 그 소를 수행하는 일을 말한다. 다시 말하면 법정에다 심판해 달라고 신청하고 그것을 수행하는 일이다. 한국의 형사소송법은 국가기관, 그것도 검사만 이를 제기할 수 있도록 정해 놓았다. 이른바 '국가소추주의'이면서

'기소독점주의'이다. 그러나 대통령 같은 고급공무원이 잘못하는 경우, 그를 탄핵 발의하고 헌법재판소에 파면을 구하는 경우는 검사가 아니라, 오직 국회가 하도록 정하고 있다. 그래서 소추에는 두 가지가 있는 것이다. 형사소송법상 소추와 국회의 탄핵소추.

고급공무원이라서 힘의 균형을 고려하여 그리 정해 놓았을지도 모르겠다. 물론 그렇게 설명하는 것을 보기도 하였다. 그러나 나는 실제 탄핵 진행 과정을 보면서 다른 생각을 갖게 되었다. 그것은 아마 그런 소추가 '국가소추주의'의 틀 내에서는 행할 수 없기 때문이 아닐까 하는 생각이 든 것이다. 국가가 스스로 국가를 파면시키는 것은 모순일 테니까. 이를테면 대통령과 국무총리는 국가의 원수로서 그 자체가 국가다. 그러나 검찰은 국가의 소속이기에, 국가인 검찰이 국가인 대통령을 대통령인 채로 소추한다는 것은 자기가 자기를 심판해 달라고 말하는 꼴이기도 하다. 그래서 최근에 잘 알려져 있다시피 검찰은 대통령을 수사할 수는 있어도 기소할 수는 없다.

이처럼 소추를 두 가지로 나누어 접근하고 있는 것 자체가 의회(국회)는 국가와 다르다는 것을 알려주는 징후인 듯도 하다. 의회는 '국가의 기관'이라기보다, 유일무이한 '인민의 기관'인 것이다. 그러나 우리가 경험하고 있듯 지금의 한국 의회는 스스로 그런 역할을 하지 못하고 있다.

도 래 할 인 민 , 새 로 운 인 민

그것을 온전히 추적하기 위해서는 '인민"이라는 단어부터 따져봐야 할 것이다. 원래부터 인민은 '피플'(people)의 번역어이다. 그렇다면 우선 인민은 우리들 주변의 일반 사람들(people)이다. 그러나 그렇게만 정의해 버리면 인민이 길거리를 걸어가는 행인에 불과하게 된다. 그저 지나다니는 사람들이라면, 그들은 서로 모여서 꿈을 이야기하거나, 그 꿈을 위해 무언가 도모하는 힘을 전혀 형성하지 못한다. 그러나 이를 '인민' 혹은 '민중'이라는 말로 바꾸고, 그 뒤에 위원회나 운동 같은 단어를 붙이면 완전히 달라진다. '인민 위원회', '인민재판', '민중운동' 등등. 이 단어들은 '인민'이 무언가를 형성하고 있다는 것을 강력하게 암시한다.

형용사로 사용된 인민이나 민중은 뒤에 붙은 명사를 급진적으로 정치화시킨다. 잘못된 것을 깨고 새로운 공동체를 지향하는 사람들로 정의되는 것이다. 그냥 사람들이라고 했던 것에서 풍겼던 지지부진한 뉘앙스가 완전히 사라지고, 사람들에게 억압되어 있던 역동적인 이념이 드러나면서, 이 단어를 읽는 자는 인민이 강한 지향성을 가지고 있다고 느끼게 된다.

그러나 인민이라는 단어 앞에 국가명을 붙이고, '피플'을 아예 국민이라는 단어로 받으면, '피플'이 의미하는 바가 또다시 이상해진다. 미국 국민, 영국 국민, 한국 국민 등등 인민이라는 단어가 하나의 정체성으로 봉인되고 마는 것이다. '피플'이 반동적인 울타리에 갇힌다. 언덕에 박아놓은 울타리가 양들을 가두어 두는 것처럼 사람들을 하나의 정체성 아래 가두어 무기력하게 만들어 버린다. 이미 그들은 '사람들'이 아닌, 양떼들처럼 어떤 먹잇감이 되고 마는 것이다.

이런 정체성을 갖고 행하는 인민의 투표권은 당선자에게 정당성이라는 허구를 부여하는 정치적 허상이다. 이때의 주권은 루소적 의미에서 실제적이고 활기찬 인민의 주권이라기보다, '무기력하고 원자화된 다수 의견의 주권'일 뿐이다.[2] 그런 주권은 서로의 꿈을 이야기하고, 새

---

1. 우리나라는 'people'을 '대중', '인민', '민중' 등으로 시대에 따라 번역해 왔다. 여기서는 '인민'으로 번역한다.

로운 꿈을 도모하는 정치적 주체를 이루어 내지 못한다. 이렇게 사용된 '사람들'(people)은 단지 국가가 지속적으로 존재하기 위해서만 동원되는 대상들('먹잇감')이 되고 만다. 아이러니하게도 자신을 가두어 두는 울타리를 더욱 강하게 요구하는 양이 되는 것이다.

그러나 '인민'(people)은 그 안에 돌발적인 것을 동시에 품고 있다. 알랭 바디우(Alain Badiou, 1937~)는 이집트의 경우를 예로 든다. '아랍의 봄'(Arab Spring)[3]이 한창이던 때, 디흐리르 광장에 온집힌 사람들은 "우리는 이집트 인민이다"라고 외쳤다. 그들은 기존에 있던 국민적 무기력에서 벗어난 이집트 국민이었다. 그 순간 그들은 새로운 인민을 형성시키고 있었다. 이들에게 '국민'은 기존에 존재하지 않는, 그래서 여전히 도래해야 할 것으로서 항상 '새로운 국민'이다.[4] 그들이 원하는 국민은 새로운 국가를 위해 재탄생될 인민이기 때문이다. 여기서 국민은 도래할 인민이다. 지금은 없는 인민인 것이다. 인민은 국민의 재탄생이다.

이 의미에서 보면 '인민'이란 의미는 기존 국가의 소멸, 그리고 그것을 넘어 국가 그 자체의 소멸을 함축한다. 이즈음에서 마르크스의 그 유명한 문구, "프롤레타리아트에게는 조국이 없다"(The working men have no country)가 새롭게 해석된다.[5] 인민은 기존의 국민이 아니다. 그들은 이미 기존 국가로부터 멀리 벗어나 있다. 오히려 그들은 새로운 인민을 형성하는(configurer) 자들이다. 그들은 형성중인 자들이므로 당연히 정착할 조국이 있을 수 없다. 프롤레타리아트는 어쩌면 인민의 은밀

---

2. 알랭 바디우 외, 『인민이란 무엇인가』, 서용순·임옥회·주형일 옮김, 현실문화, 2014, 16쪽.
3. 2010년 12월말 이래 중동과 북아프리카에서 촉발된 반정부시위. 2010년 튀니지의 반정부시위는 2011년 1월 자스민 혁명으로 번졌고, 이집트도 이에 자극받아 정권교체에 성공하였다.
4. 알랭 바디우 외, 『인민이란 무엇인가』, 21쪽.
5. 칼 맑스·프리드리히 엥겔스, 「공산주의당 선언」, 『칼 맑스 프리드리히 엥겔스 저작 선집 1』, 최인호 외 역, 1991, 418쪽.

'우리, 인민'이
형성되다

한 미래가 피어나고 있는 곳일지 모른다. 나아가 프롤레타리아트는 목적지가 없는 곳곳에 도달하여, 그 곳곳에서 제 삶을 살아내고 새로운 인민 공동체를 구성하는 자들이다.

그러므로 그런 인민은 "인민을 대표한다고 선언하는 것이 아니라 자기 자신의 무기력을 파괴하고 정치적인 새로움의 몸을 이루는 것으로서 인민이라고 선언하는" 자들이다.[6] 그러니까, 자신의 무기력과 싸우기 위해서 새로운 정신, 새로운 신체를 구성하고 있는 자들인 것이다. 그들은 바디우의 표현대로 하나의 "내재적 예외"이다.[7] 안에 있지만 안에 속하지 않는 예외. 그들은 인민이지만 이미 알고 있던 그 인민이 아니다.

'우리, 인민', 무기력을 파괴하다

내재적 예외로서의 인민은 주디스 버틀러(Judith Butler)에게서 좀 더 급진적으로 설명된다. 그녀는 투표를 통해 '인민주권'이 '선출된 권력'(대통령, 의회 등)으로 이전되지만, 결코 완전히 이전되지는 않는다고 말한다. 투표 후에도 인민주권에는 완전히 이전되지 않는 부분이 남아 있는데, 자신들이 선출한 정권을 퇴진시킬 수 있는 권한이 바로 그것이다. 인민주권은 의회 권력을 합법화시키기도 하지만, 그만큼이나 그것을 비-합법화시킬 수도 있는 권력이다. 그렇기 때문에 그 권력은 의회 밖에, 그러니까 선출된 권력 밖에 여전히 남아 있다. 어찌 보면 의회 권력

---

6. 알랭 바디우 외, 『인민이란 무엇인가』, 22쪽.
7. 알랭 바디우 외, 『인민이란 무엇인가』, 21쪽.

은 인민이 잠시 머무는 숙소일지는 모르지만, 오래 머무를 숙소는 아니다. 인민은 그 숙소에 거주하다 이내 머문 자리를 뜬다. 언제나 인민의 본체는 의회 권력 밖에 있는 것이다.

이른바 '절차적 민주주의'는 그것이 인민주권에 바탕을 두고 있는한, 인민주권의 내용을 완전히 포괄할 수 없다. 인민주권은 그 자체로 '초과-의회권력'인 것이다. 바로 그렇게 초과하여 존재하는 힘이야말로 민주 질서 내부에 존재하는 '무정부주의' 에너지이고, 영구 혁명의 원천이다. 그것은 내부에 있지만 내부에 있지 않은 '구성적 외부'라고 할 수 있을 것이다.[8] 안에 있지만 안에 속하지 않는 외부. 다시 반복해 말하지만, 그들은 인민이지만 이미 알고 있던 그 인민이 아닌 것이다.

그렇다면 버틀러가 말한 대로, 집회 그 자체가 '우리, 인민'(we, the people)을 실제로 드러내고 있다. 그것은 '내부의 외부', '내재적 예외'를 집회의 형태로 드러낸 것이다. 집회 자체가 이미 발화이며, 인민주권을 실행하고 있다고 말해야 한다. 그야말로 직접민주주의의 발화이다. 집회 내에서의 1분 소등, 촛불 파도 등등 그것은 인민주권을 실행하는 몸짓이고 움직임인 것이다. 그렇게 인민이 구성된다. 이런 자기 형성적(self making) 혹은 자기 구성적 행위는 대의제의 대표형식과는 전혀 다르다. 그들은 대표가 아니다. 그들은 인민 그 자체인 것이다.

광장에 232만 명이 모였다고 한다.[9] 그들은 하나하나가 인민주권들이며, 동시에 인민 전체이다. 통치자들은 매우 심각하게 오판하고 있다. 60년도, 72년도, 80년도, 87년도, 04년도[10], 08년도 아닌, 지금은 그것들

---

8. 알랭 바디우 외, 『인민이란 무엇인가』, 69쪽.
9. 이 글은 박근혜가 탄핵되기 전인 2016년 12월에 쓰였다.
10. 2004년 3월 12일 '노무현대통령탄핵소추안'이 국회를 통과했다. 그해 5월 14일 헌법재판소는 그 소추안을 기각했다.

'우리, 인민'이
형성되다

을 모두 체험한 한국의 지금이다. 아마도 한국은 세계의 미래가 될 듯하다. 통치자의 버티기 때문에 돌연사한 우파의 무덤들이 가득할 미래. 지금 우리는 근대 국가 이래 세계사적으로도 찾기 힘든 직접민주주의의 출현을 경험하고 있다. 그것이 폭력적이냐, 비폭력적이냐는 그다지 중요해 보이지 않는다. 물론 폭력이 요청되고 촉발되는 순간이 분명히 있을 것이다. 그러나 그런 경우, 그때그때 그것을 지켜 줄 공동체의 정신이 필요할 뿐인 거다. 그런 폭력들도 민주주의가 우리 곁에 출현하면서 행하는 하나의 선택일 것이니까.

우리는 직접민주주의를 온몸으로 체험하고 있는 중이다. 나는 광장의 촛불집회가 당연히 저항행위이지만, 동시에 직접민주주의의 거대한 의사결정 행위로도 보였다. 버틀러의 말대로 그것은 '우리, 인민'이 행하는 하나의 거대한 몸짓이다. 이 의미에서 집회를 폭력-비폭력 프레임으로 바라보는 것보다, 대중이 직접민주주의의 과정을 어떻게 펼치고 통과하고 있는가가 더욱 흥미롭고 중요하다고 생각한다.

혹시라도 있을 탄핵 부결이 이 흐름을 뒤바꾸지는 못할 것이다. 탄핵이 부결되면 이 흐름은 식물대통령이 아니라, 극우정당과 극우언론으로, 또한 재벌로 향할 것이다. 탄핵부결은 직접민주주의를 더욱 강렬하게 출현시킬 디딤돌이 될 뿐이다. 인민들의 요구사항이 더욱 근본적인 곳으로 향하고 있다. 그 과정에서 똑똑한 바보들인 엘리트들은 자신들의 그 똑똑한 계산 때문에 상상할 수 없는 몰락에 동참하게 될 것이 틀림없다. 나는 오히려 지금 이 상황이 민주주의의 시작이라고 생각했다. 바디우가 말한 바, 국가의 무기력을 파괴하고 새로운 인민, 바로 '우리, 인민'이 형성되기 시작했으니까.

알랭 바디우 외,
『인민이란 무엇인가』
후기

2009년 저는 연구실에 개설된 '대중지성'이라는 프로그램에 들어가서 정치철학이나 고전 텍스트를 배웠습니다. 그때 첫 학기 강좌가 고병권 선생님이 진행하는 정치철학 텍스트 읽기였지요. 자크 데리다의 『마르크스의 유령들』, 자크 랑시에르의 『정치적인 것의 가장자리에서』, 슬라보예 지젝의 『지젝이 만난 레닌』, 네그리-하트의 『다중』, 조르조 아감벤의 『호모 사케르』 등등 최신의 현대 정치철학 텍스트를 읽어 주었습니다. 아마 제가 처음으로 접한 책들이었을 겁니다. 굉장했습니다. 강사는 고병권이고 텍스트는 데리다, 랑시에르, 네그리, 아감벤 같은 사람이라니. 아무튼 커다란 기대를 가지고 들어가서 가능한 완독하려고 했고, 숙제도 하라는 대로 모두 해보자며 전의를 불태워 읽었습니다.

그러나 이들이 쓴 문장은 힘겹기 그지없었습니다. 문체나 개념이 익숙하지도 않았고, 그렇다고 제가 이해력이 높았던 것도 아니라서 어떤 페이지에서는 단 한 줄도 읽히지 않는 경우도 많았습니다. 밤새도록 읽다가도 이게 뭐하는 거냐 싶었습니다. 그래도 강의시간까지 어떻게든 끝까지 읽어 보려고 애를 썼습니다. 동네 도서관에 가서 관련된 해설서들을 꺼내 제가 읽고 있는 부분을 해설한 곳을 찾아 읽고 필요하면 메모지에 메모를 해두거나, 여러 번 인용하는 부분은 포스트잇으로 붙여 두었다가 여러 번 반복해 읽어 보기도 했습니다.

그때 아마 처음으로 영어 번역본을 찾아보자는 생각도 했던 것 같습니다. 제가 불어나 독어는 하지 못해도 영어는 어느 정도 읽을 수 있으니, 영어 번역본을 구해다가 대조해 보면 혹시 도움이 되지 않을까 하는 생각이 들었습니다. 누구도 내게 그렇게 하면 좋다고 말하지는 않았습니다. 혹시라도 하는 마음에 당장 영어 번역본을 구했습니다. 물론 텍스트 전체를 영어 번역본으로 읽을 실력은 되지 않았겠지요. 더군다나 철학 텍스트를 영어로 읽을 실력은 아니었습니다. 그래도 한글 번역본을 읽

'우리, 인민'이
형성되다

다가 문제가 되는 문장이 있으면 영어 번역본의 해당 부분을 찾아서 영어 번역으로는 어떻게 표현되어 있는지 살펴보았습니다.

아, 글쎄, 이게 엄청나게 재미납니다. 그리고 한글로는 전혀 이해되지 않던 용어와 문구가 영어 문구의 해당 단어를 함께 보면 어떤 일인지 그 순간 이해가 되는 겁니다. 그러니까 한글로 번역된 한글 용어로는 이해되지 않던 게, 영어로 번역된 용어와 문구로 보면 이해가 되더라는 믿을 수 없는 일이 벌어졌습니다. 깜짝 놀랐습니다. 이게 왜일까요? 제 생각은 이렇습니다. 우리가 힘겨워하는 철학 텍스트들 대부분은 서구 역사와 문화적 맥락에서 탄생한 언어구조물입니다. 따라서 그 구조물을 구성하는 개념과 그 개념을 표현하는 용어, 그리고 그것들을 배치한 문구들은 서구인들이 일상적인 맥락 속에서 이미 사용하던 말들을 철학화한 것(to philosophize)입니다. 따라서 일상적으로 사용되던 문맥과 의미를 파악하고 있으면 쉽게 이해할 수 있는 것들입니다. 혹시 일상적 용어가 아니더라도 단어 자체의 구조나 어원을 짐작할 수 있다면 제 스스로 의미 유추가 가능한 단어들이지요.

예컨대 한국어 번역어 '선험적'은 영어로 'transcendental'입니다. trans-라는 접두어를 보면 무언가 넘어서 있는 것이라는 점, 그리고 그것은 인간적인 것들을 넘어서 있는, 일종의 초월에 가까운 무엇이라고 짐작할 수 있습니다. 물론 이런 짐작에 머물면 안 되고, 책을 읽으면서 그 의미를 더 정밀하게 탐색하여 처음에 짐작했던 의미를 수정하거나, 더 정교하게 정리하여 머릿속에 담아야겠지만 말이죠. 그러니까 영어 번역본을 함께 읽는 것은 남의 힘을 빌리지 않고 스스로 유추할 수 있는 길을 확보하는 것이죠. 물론 불어나 독어 같은 원어로 보아야 더 정밀해질 수 있을 겁니다. 그러나 일단 당시의 수준에서는 이 정도의 접근법도 꽤 괜찮은 길이었습니다. 아무튼 모든 책을 그렇게 읽지는 않았지만 주요한 텍스트들은 이 방법이 꽤 도움을 주었습니다. 이런 공부를 하는 많은 사람들이 이렇게 하고 있다는 것을 나중에야 알게 되었지요.

어떤 분들은 일단 원어 원전, 그리고 영어 번역본에다 일본어 번역본, 이렇게 세 개를 동시에 참조해 보면서 책을 읽는 경우도 있었습니다. 원어 원전과 영어 번역본은 이해되는데, 일본어 번역본은 왜일까요? 일본어는 이미 200년이 넘도록 철학 용어를 번역해 온 언어입니다. 서구 언어를 동아시아적 맥락에서 이해할 수 있도록 오랫동안 번역해 온 매우 전문화된 학술 언어라고도 할 수 있을 것입니다. 그분은 아주 중요한 텍스트인 경우, 한글 번역이 막히면, 원어 원전과 영어 번역본을 먼저 보고, 그것도 모자라면 일본어 번역본을 보면서 스스로 해석해 나간다고 하더군요. 대단했습니다.

아무튼 그 학기에 읽은 텍스트들은 두고두고 제가 정치철학에 대해 이해를 넓히는 데 좋은 기반이 되었습니다. 자크 랑시에르의 『정치적인 것의 가장자리에서』는 정치에 대한 개념을 새롭게 만들어 주었습니다. 만약 정치를 갈등 해결 차원으로만 이해하면, 정치는 갈등을 일으키는 사람들이 있고 그 위에 그 갈등을 해결하는 사람들이 있어서, 이들 간 관계를 시청하는 구도가 되고 맙니다. 나시 말하번 익할이 분리된 두 집단이 있게 되는 것이죠. 이 경우 정치는 단지 '통치의 과정'이 될 뿐입니다. 갖가지 사안들, 이를테면 어느 지역을 개발한다거나, 의료보험의 대상을 확대한다거나 하는 사안들에 대해서 정책 설명회를 하거나, 힘으로 밀어붙여 동의한 것으로 치거나 하는 것들이 그런 것입니다. 어쩌면 '갈등 해결'이라는 관점 자체가 이런 위계를 유지하기 위해서 고안된 관점일지도 모르겠습니다. 갈등을 품은 자(피통치자)와 갈등을 해결하는 자(통치자).

그러나 랑시에르는 정치를 전복적으로 정의합니다. 그에게 정치란 공동체를 지도하는 기술이 아닙니다. 공동체를 조화롭게 이끌기 위한 권력은 더더욱 아닙니다. 만일 정치가 공동체를 조화롭게 이끌기 위한 권력이고 이를 위해 구성원들의 자리와 기능들을 위계적으로 분배하고 지도하는 것이라면 그것은 그저 '치안'일 뿐이라고 말합니다. 아마도 갈등 해결을 정치로 보는 관점이야말로 '치안'의 대표적인 시선일 것입니다. 이 경우 지금의 갈등을 잠시 해결하는 것처럼 보이지만, 궁극적으로는 살짝 덮어 놓는 것에 불과하여 미래의 갈등으로 남겨 두게 되고, 심지어 갈등을 더 크게 만들어 놓을 가능성도 큽니다. 갈등이 갈등을 불러오는 모양새지요. 결과적으로 통치자와 피통치자 구도가 끊임없이 유지되고 맙니다. 더 이상 세상은 변하지 않지요.

랑시에르는 여기에 '평등의 과정'을 도입합니다. 랑시에르에 따르면 이 과정은 "아무나와 아무나 사이의 평등 전제와 그 전제를 입증하려는 고민이 이끄는 실천들의 놀이"[11]로 이루어진다고 합니다. 랑시에르는 이 놀이를 '해방'이라고 이름 붙였습

---

11. 자크 랑시에르, 『정치적인 것의 가장자리에서』, 양창렬 옮김, 도서출판 길, 2008, 133쪽.

'우리, 인민'이
형성되다

니다. 이 구도 아래에서 정치를 바라보면 일단 의회 같은 '정치 무대'가 따로 있을 수 없습니다. 이 세계에는 언제나 '치안의 과정'과 '평등의 과정'만 존재하게 됩니다. 어떤 정치세력이 지배하기 위해 통치 수단을 강구하는 세계(치안의 과정)와 평등을 입증하기 위해서 끊임없이 새로운 실천이 생성되는 세계(평등의 과정).

그런데 '치안'이 자꾸 '평등'을 방해하는(faire tort) 일이 생깁니다. 원래 우리는 평등했는데, 그 평등을 방해하는 흐름이 발생한다는 말입니다. 바로 그 흐름이 치안입니다. 그 흐름 때문에 평등했던 것이 불평등한 것으로 보입니다. 그래서 현실에서는 우리가 원래는 평등했노라고 입증해야 하는 상황이 발생하고 맙니다. 랑시에르는 바로 이 지점에서 '정치적인 것'이 생성된다고 하지요. 평등을 입증하는 과정으로서의 정치. 이렇게 되면 의회정치만 정치가 아닙니다. 예컨대, 장애인들이 자신들의 평등함을 입증하기 위해서 관공서와 싸우는 것은 엄청나게 중요한 정치입니다.

여기서 주목해야 할 것은 '평등'이 싸움의 결과가 아니라, 싸움의 전제라는 점입니다. 우리는 언제나 항상 평등했습니다. 그런데 치안이 이 평등을 방해합니다. 다시 말하면 지배세력의 통치과정이 우리들의 평등을 깨트립니다. 그래서 애초부터 존재해 왔던 우리의 평등을 입증하기 위해서 치안과 마주합니다. 굉장한 논리 전개이고, 어떤 서사보다도 감동적인 논리였습니다.

네그리와 하트의 『다중』도 있습니다. 네그리와 하트의 저작 중 『제국』(2000), 『다중』(2004), 『공통체』(2009)는 '제국 삼부작'으로 널리 알려져 있습니다. 저는 이 중에 『다중』, 『공통체』를 읽었고, 『제국』은 필요한 부분만 발췌하여 읽어 보고 있습니다. 네그리와 하트는 열광적인 '들뢰지앙'(Deleuzian)으로 자처하는 분들이죠. 아무래도 2008년 한미 FTA 반대 촛불시위가 대단했던 후라, 그 당시만 해도 『다중』의 주장은 언론에 매우 많이 소개되고 있었습니다. 그러나 지금 보면 당시 언론들이나 학자들이 『다중』의 주장을 너무나 표피적으로만 다루었던 것 같습니다.

근대 주권국가의 세계에서는 국내 정치와 국제 전쟁 간 구분이 명확했습니다. 그때까지만 해도 전쟁은 정치의 연장으로 이해되었습니다. 그러나 현대에 와서 그 양상은 변합니다. 주권국가들 사이의 제한된 갈등에 국한된 전쟁의 시공간이 쇠퇴하면서, 전쟁은 사회적 장 전체에 흘러넘치는 것이 되어 버렸습니다.[12] 즉, 전쟁은 따로 있는 것이 아니라, 우리들 주변에서 경제나 문화의 형태로 항상 발생하는 것이 되었습니다. 전쟁에 나가야 죽는 것이 아니고, 일상에서 죽어 나갑니다. 이런 현상은 전방위적인 것을 요구합니다. 당연히 지배세력의 지배도 "군사력과 사회적·경제적·정치적·심리적·이데올로기적 통제를 결합하는 '전역적 지배'(full spectrum dominance)"여야 합니다.[13]

그런데 여기에 중요한 변화가 따라옵니다. 지배세력에게 대항하는 적들도 똑같이 새로운 형식을 갖게 됩니다.[14] 그게 무엇일까요? 네그리와 하트는 이런 전역적 지배에 맞서는 적들의 형상이 "네트워크"라고 말합니다. 전역적 지배의 주체인 제국적 질서는 "중앙집권적이고 주권적인 주체들로서보다는 분산된 네트워크들"이 된 적들을 대면해야 합니다. 결국 다중 자체가 변형되었습니다. 어떤 의미에서 새로운 다중은 새로운 제국적 질서(국지적이지 않고 전역적으로 지배하는 질서)가 생산한 것이기도 합니다.

변형된 다중의 네트워크, 변화된 적들은 다시 거꾸로 제국적 질서의 지배 형태도 변화시키게 됩니다. "네트워크와 싸우기 위해서는 네트워크가 필요하다."[15] 제국과 다중은 각자의 네트워크로 서로에게 맞서게 됩니다. 참으로 기묘한 로직이지요. 국가 간 국지적 전쟁 양상이 사그라들면서, 제국이 풀 스펙트럼으로 지배하게 되고, 그러는 순간 지배받는 다중도 바뀝니다. 다시 바뀐 그 다중이 역으로 제국도 바꿉니다. 제국과 다중은 서로를 바꾸며 마주하고 있습니다.

저는 제일 마지막에 나온 『공통체』라는 텍스트를 매우 좋아합니다. '공통적인 것들'이란 물질적 세계의 공통적 부, 즉 물, 공기, 땅의 결실을 비롯해 자연이 주는 모든 것이죠. 더 나가서 사회적 상호작용으로만 생성 가능한 것들 즉, 지식, 언어, 코드, 정동(affect)[16] 등도 포함합니다. 이런 것들은 공동소유라야 더 잘 생산되고 증식됨

---

12. 네그리·하트, 『다중』, 조정환 외 옮김, 세종서적, 2008, 32쪽.
13. 네그리·하트, 『다중』, 85쪽
14. 네그리·하트, 『다중』, 87쪽
15. 네그리·하트, 『다중』, 92쪽
16. 조정환은 'affection'을 '정서', 'affect'는 '정동'으로 번역한다. 그에 따르면 정동은 카오스이며 정서는 질서이다. 정동은 표현이며 정서는 정동적 카오스의 재현이다. 정서는 카오스적 정동에서 건진 한 줌의 질서이다. 정동이 우선적인 것이며 정서는 그것에 뒤따르는 것이다(http://daziwon.com/?mod=document&uid=1008&page_id=474). 반면, 진태원은 'affection'은 '정서'가 아니라 '변용'으로, 'affect'는 '정동'이 아니라 '정서'로 번역되어야 한다는 주장을 내놓았다. 그는 국내 네그리 연구자들이 가지고 있는 들뢰즈/스피노자 이해의 초보적인 오류를 바로 잡는다는 관점에서 정동이론을 비판한다(http://blog.aladin.co.kr/balmas/8386452).

'우리, 인민'이
형성되다

니다. 이 책을 가지고 한의학과 연결하여 글을 쓰기도 하였습니다.

최근에 네그리와 하트는 신간 『어셈블리』(2017)를 출간하였다고 합니다. 아직 우리나라에는 번역되어 나오지 않았습니다. 소식에 따르면[17] 이 책에서 그들은 다중이 리더 없이 자발적으로 구성한 정치조직만으로는 혁명을 이끌기에 충분하지 않지만, 그렇다고 중앙집권적인 형태의 정치 리더십으로 회귀하는 것이 바람직하지도, 가능하지도 않다고 진단합니다. 그러면서 제안하는 형태는 "다중과 리더십의 역전"(Inversion of the roles of the multitude and leadership)이라는군요. 즉, 다중이 전략을 이끄는 동안 리더의 역할은 단기적이고 전술적인 행동에만 국한되어야 한다고 합니다. 장기목표는 오로지 집합적인 것(the collective)으로부터 형성되어야 한다는 게 네그리와 하트의 주장인 것 같습니다.

우리가 알고 있는 것과 정반대입니다. 우리의 통념으로는 큰 그림은 지도자가, 미세한 부분은 실무자가 하는 것인데 말이죠. 그들은 크고 장기적인 것은 다중이, 작고 단기적인 것은 리더가 담당해야 한다고 주장하고 있습니다. 그들은 예전이나 지금이나 한결같습니다. 다만 오늘날 다중의 자발적 운동들이 대부분 만족스러운 결과를 가져오지 않았던 사실들에 대해서 많이 고민하는 모습입니다. 이곳저곳에서 날아오는 다중에 대한 비판을 의식하고 있습니다. 물론 많이 다르겠지만, 레닌의 '전위'와 네그리-하트의 '역전된 리더십'은 어디서 갈라지는지 보는 것도 흥미로울 것 같습니다. 이 책이 무척 기대됩니다.

모두 잘 알고 있듯이 2017년 러시아혁명이 100주년을 맞이했었습니다. 이 기념일을 지나면서 저는 즐거웠던 기억, 잊지 못할 기억을 떠올리게 됩니다. 저는 아주 우연한 계기로 레닌의 책들을 읽게 되었습니다. 연구실에서 역사적인 인물들을 스승삼아 짧은 평전 숙제를 하기로 하였는데, 그때 저는 다른 사람들에게 밀려서(?), 선택의 여지없이 레닌을 맡게 되었습니다. 그런데, 아뿔싸, 이게 운명이었는지, 저는 한동안 레닌에 푹 빠지고 맙니다. 아니, 레닌만이라기보다, 레닌과 레닌을 둘러싼 역사에 푹 빠진 것입니다.

---

17. WIAS(Westminster Institute for Advanced Studies), "Book Launch: "Assembly" by Michael Hardt and Antonio Negri"(http://wias.ac.uk/event/book-launch-assembly-by-michael-hardt-and-antonio-negri/).

출퇴근 지하철에서 한국에 번역된 레닌의 평전과 저작들을 찾아 읽었습니다. 인터넷에서 1980년대에 출판된 전진판 레닌 저작집을 어렵게 구했습니다. 또 시중에 나와 있는 레닌 관련 책들을 모았습니다. 레닌 저작으로는 『무엇을 할 것인가?』, 『국가와 혁명』, 『유물론과 경험비판론』, 『제국주의론』, 『레닌저작집』 같은 책들을, 레닌에 대한 다른 철학자들의 저작으로는 『레닌과 미래의 혁명』(박노자 외), 『지젝이 만난 레닌』(슬라보예 지젝), 『레닌에 대해 말하지 않기』(사이먼 클락 외), 『레닌 재장전』(알랭 바디우 외) 등이 있습니다. 우리나라에는 레닌 평전도 꽤 많이 번역되어 있습니다. 저는 서구 좌파들이 엄청나게 비난했던 로버트 서비스이 『레닌』을 주로 읽었지요. 이상하게도 다른 평전보다 이 평전에 먼저 손이 갔습니다. 물론 헤르만 베버나 토니 클리프의 책도 많은 부분을 참조하여 읽긴 했습니다.

그런데 레닌의 책도 책이지만 제게 예기치 않은 인상을 남긴 책은 알렉산더 라비노비치의 『혁명의 시간』이었습니다. 이 책은 지금도 레닌을 상상하면 가장 처음 떠오르는 장면들을 제 심상에 심어 주었습니다. 나중에 쓴 레닌에 대한 제 글의 첫 장면은 바로 이 책, 『혁명의 시간』에서 묘사된 장면이었습니다. 「4월 테제」를 호기롭게 발표했던 레닌이 지노비예프와 쫓기듯 도피하는 장면. 정말 강력하게 추천하는 역사서입니다.

지금 생각해 보면 그 시절의 모습은 제 인생의 명장면입니다. 의도치 않게 레닌이라는 낯선 주제를 접하면서 저에게 아주 새로운 시간을 만들고 있었던 것이죠. 아마 지하철에서 80년대 전진출판사본 '레닌저작집'을 들고 읽는 은행원은 괴이하기 짝이 없는 모습이었을 것입니다. 내가 뭘 하고 있는지 아무도 몰랐겠지만 말입니다. 저는 그때 매우 특이한 시점을 통과하고 있었다고 생각합니다. 로마병사들의 군장처럼 철학책이 가득 담긴 백팩을 메고, 금맥을 캐듯 여러 레닌들을 읽고 있는 당시의 나, 그를 저는 무척 사랑합니다.

마침내 저는 친구들과 함께 낸 책에 짧은 레닌 평전 글을 썼습니다. 『자기배려의 인문학』에도 부록으로 수록해 두었습니다. 「혁명을 '혁명'한 아웃사이더, 20세기 정치 지형을 바꾸다 — 꿈꾸는 혁명가, 레닌」.[18] 지금 보면 바뀐 생각들이 많겠지만, 그

---

18. 강민혁, 『자기배려의 인문학』, 283쪽.

'우리, 인민'이
형성되다

래도 제게는 아주 소중한 글입니다. 제가 변하는 찰나에 쓰인 글이니까요. 완성된 레닌이나 내가 아니라, 변화의 가속 상태에 있던 내가 숨어 있는 글, 바뀌는 그 순간의 나인 글. 내용이 맞든 틀리든 말입니다. 아무튼 그 당시 저는 엄청났습니다. 자뻑이어도 할 수 없습니다. 정신이 가속 상태로 변하는 순간을 경험한다는 것은 어떤 익스트림 스포츠보다 더 강렬한 것입니다. 어쩌면 그게 '정치'라고 할 수 있지 않을까요?

텅 빈 것들의 합창

—

조르조 아감벤, 『왕국과 영광』

현대 학문은 권력-실천학이다

내 의지대로 다른 사람과 사물을 움직이는 일은 대단히 중요한 문제가 되었다. 어쩌면 현대를 움직이고 있는 학문들, 예컨대 경제학, 경영학, 행정학 같은 학문들은 모조리 이 문제에 집중하고 있을지도 모른다. 복잡하게 얽힌 관계들을 정확히 파악하고, 나아가 그 관계들을 의도에 맞게 조정하고 바꿈으로써 자신의 목적을 달성하는 일은 이 학문들의 핵심적인 목표인 것이다. 경영학이 회사의 이익에 맞게 직원들과 생산요소들을 잘 연결시켜 움직이게 하는 것이 아니고 뭐란 말인가. 경제학이 국민소득을 극대화시키도록 경제참여자들로 하여금 소비와 투자와 정부지출을 효율적으로 사용하게 하는 방법이 아니면 뭐란 말인가.

이런 시선은 모든 사태를 실천적인 작업으로 이해한다는 의미이기도 하다. 진리 인식의 도구로 학문이나 이론을 이해하지 않고, 실천 행위로 그것들을 이해하게 되면 대부분 학문들은 대상 요소들을 조정하고 움직여서 상태를 유지하거나 바꾸는 실천들과 관련된다. 이 관점에서 대상을 유지하거나 바꾸도록 힘을 행사하는 것을 '권력 행위'라고 부른다면, 모든 이론과 학문은 '권력학' 혹은 '실천학', 아니 '권력-실천학'

이라고 해야 할 것 같다.[1] 그러니까 현대의 모든 학문과 이론은 진리를 객관적으로 묘사하는 것이 아니라, 권력을 실천하는 방법들이다. 그것은 아예 처음부터 이 관점에 서서 대상들을 바라보고 접근한다. 그러고 보면 현대 학문은 권력 행위와 다른 말이 아니다. 권력 속에 있는 것들, 권력 속에 거주해 온 것들이 바로 학문이다. 어쩌면 학문 자체가 권력을 활성화하는 다양한 계기들을 일깨우고 고안해 내는 권력의 중대한 요소일지 모른다. 시멘트처럼 학문들은 권력의 아스팔트 이곳저곳에 흉터처럼 균열을 메우고 있는 것이다.

그러고 보면 현대는 이 흉터들로 가득하다. 흉터 없이 말끔한 학문은 어디에도 없다. 그렇다면 이쯤에서 우리는 궁금해진다. '권력-실천학적'인 관점에서 바라볼 때 이 모든 것의 기원은 어떤 것일까? 이른바 서구의 '권력-실천학'은 어떤 기원에서 탄생하여 발전해 왔으며, 현대에 이르기까지 어떻게 영향을 끼치고 있는 것일까? 우리를 지배하는 현대 정치와 경제가 어떤 이론적 기원하에서 기획되고 발전되어 왔던 걸까?

권력 - 실천의 기원, 오이코노미아

물론 숱한 철학자들이 이 문제에 대해서 여러 각도로 파악해 들어갔다. 그 중에서 이탈리아 철학자 조르조 아감벤(Giorgio Agamben, 1942~)은 독특한 질문을 가지고 이 문제를 탐색한다. 특히 그는 푸코가 『안전, 영토, 인구』에서 통치 기술의 기원을 그리스도교적 사목, 즉 "영혼에 대한

---

1. '권력학'과 '실천학'은 내가 만든 용어다. 합쳐서 '권력-실천학'이라고 부르자. 권력을 행사해서 원하는 결과를 얻고자 하는 실천에 대한 학문들을 이렇게 부르기로 한다.

통치"에서 찾았던 것에 주목한다. '영혼'이라는 단어가 암시하듯, 권력 행위가 표면적인 육체에만 가닿는 것이 아니라, 은밀하게 영혼에도 가 하는 행위라는 것을 푸코는 예리하게 바라보고 있었다.

푸코가 보기에 가족은 이 은밀함의 기원이다. 영혼 통치는 그리스의 가정관리술, '오이코노미아'(oikonomia)로부터 기원하였다. 그것은 가 족 모델 속에 질서 지어진 개인들(가장-자식)과 가족을 살게 하는 사물 이나 부(노예, 재산 등)에 대한 관리를 의미한다. 그리스의 오이코노미아 를 흡수한 기독교 사목 모델은 당연히 '영혼의 오이코노미아'(oikonomia psuchón, 오이코노미아 푸스콘)라는 모습으로 출현한다.[2] 푸코는 현대에 오이코노미아(경제)가 도입된 것은 그 기원에 비추어 봤을 때 너무나 필 연적이어서, 현대 경제학이 그 기원(가족모델)에서 한 치도 벗어나지 않 았다고 여겼다.

아감벤은 여기서 출발하여 푸코가 말했던 것에서 푸코가 보지 못했 던 것을 찾아내 푸코의 주장을 더 강렬하게 만들어 놓는다. 푸코가 통 치의 기원에 오이코노미아를 발견하였다면, 아감벤은 그 오이코노미아 가 어떤 형식인지를 더 깊이 탐색해 들어갔다고 할 수 있다. 이렇게 방 향을 잡은 아감벤의 새로운 질문은 이렇다. "권력은 왜 원래부터 분할 되는 것일까? 권력은 왜 항상 이미 두 자루의 칼로 분절화된 모습을 띨 까?"[3] 즉, 권력은 왜 대리의 형태를 띠는가? 푸코가 어떻게 권력을 작동 시키는가에 주목하면서 권력의 작동 방식을 계보학적으로 찾아 나선 다면, 아감벤은 현대 권력이 왜 대리하는 방식으로만 작동하게 되었는

---

2. 푸코, 『안전, 영토, 인구』, 266쪽.
3. 조르조 아감벤, 『왕국과 영광』, 박진우·정문영 옮김, 새물결, 2016, 225쪽.

텅 빈 것들의
합창

지에 주목하면서 오이코노미아 밑을 추적하려고 한다. 아마도 아감벤은 대리 형식이야말로 권력이 미끄러져 쉽게 잡히지 않게 된 원(原)-문제라고 생각한 듯도 하다. 그것을 오이코노미아의 계보학과 함께 사유하고 있는 것이다. 인민주권은 왜 직접 통치하지 못하고, 반드시 의회나 관료를 경유하여 통치하는가. 권력은 왜 쪼개지는가. 그는 푸코가 찾아낸 오이코노미아의 구슬에서 얼룩을 지워내고 그 안에서 돌아가고 있는 메커니즘을 투명하게 드러내 보여 주려고 한다.

오이코노미아, 일을 배치하는 실천

아감벤은 우리들의 통념과 좀 다른 접근을 시도한다. 니체의 기독교 비판, 푸코의 사목권력 논의 때문인지, 교회 권력을 의문 없이 비난하는 태도는 의외로 쉽게 발견된다. 사실 교회 권력을 비판하는 입장에 서면, 우리들 생활 곳곳에 신학적인 구조가 스며들어 있는 것에 매우 비판적이 된다. 그 눈으로 보면 세상 모든 일이 덮어놓고 신학이 세속화되어 적용된 것이라고 여겨진다. 그렇게 설명하는 주장들이 니체의 외피를 쓰고 각종 글에 나타나고, 세상엔 그런 주장에 근거한 통속적인 교양책들도 차고 넘친다. 아니, 니체가 아니어도 카를 슈미트(Carl Schmitt, 1888~1985)의 '정치신학'은 그런 세속화 주장의 대표적인 이론이다.

그러나 아감벤은 이런 관점을 뒤집는다. 아감벤에 따르면 신학은 태생적으로 신의 삶과 인간의 역사를 이미 하나의 '오이코노미아'로 생각하고 있었다고 한다. 다시 말해 신학은 그 자체 '오이코노미아적'인 것이지, 그저 나중에 가서야 세속화를 통해 '오이코노미아적'으로 된 게 아니라는 것이다. 신학이 따로 있었고, 그 신학에 따라서 세속화 과정을 거쳐서 오이코노미아(경제)가 탄생한 것이 아니라, 이미 오이코노미아적인 것이 있었고, 그 오이코노미아적인 것으로부터 신학도 정치도 혁신되어 왔다는 말이다. 슈미트의 '정치신학'이라는 용어에 대비해 말해 본다면, 이것은 '경제신학(=오이코노미아 신학)'이라고 말할 수도 있다. 즉, 정치신학의 회귀점이 신학이라면, 경제신학의 회귀점은 오이코노미아이다.

'오이코노미아'란 말부터 살펴보면 아감벤의 생각은 더 명확해진다. '오이코노미아'는 '집안의 경영'(administration of the house)을 의미한다. 그러나 여기서 대상이 되는 오이코스(oikos)를 단순히 '가족'이라는 단일 실체로 이해하면 안 된다. 그리되면 오이코노미아를 오해하게 된다. 주인과 노예 사이의 주종 관계, 부모와 자식 사이의 부자 관계, 남편과 아내 사이의 배우자 관계 등 '오이코노미아적' 관계들은 인식적 대상들이 아니다. 그것들은 궁극적으로 경영적(administrative)인 대상인 것이다. 다시 말하면 그것은 실체적이지 않고 행위적인 대상, 실천적인 대상이다. 즉, 그것들은 어떤 행위를 통해 구성되는 관계들이고, 그러므로 오이코노미아는 그 관계들을 잘 조정하는 것이 된다. 현대 경제학에서 흔히 '자원을 최적으로 활용한다'고 할 때 그 느낌을 떠올려보면 된다. 오이코노미아는 관계를 목적에 맞게 최적화하는 것이다.

좀 정리해 보면 오이코노미아는 매번 특정한 문제들에 대처하는 의사 결정과 일의 배치를 함축하는 행위적이고 실천적인 개념이다. 지식인 동시에 지식이 아닌 것, 어떤 무정형의 행위를 규정하는 개념인 것이다. 그렇다면 아감벤은 본래적으로 실천적인 개념인 최적화 관념(오이코노미아 관념)이 있었고, 그것이 신학 안으로 흘러 들어갔다고 말하고 있는 것이다. 오이코노미아는 수많은 권력-실천학의 보이지 않는 서식처였던 셈이다.

오이코노미아, 삼위일체를 연결하다

그렇다면 어떻게 신학의 영역에 이런 오이코노미아가 흘러 들어왔을까? 우선 초기 신학자들은 유일신적이고 단일 권력적인 교회 권력에 대해 그 정당성을 설명해야 했다. 신학자 페테르존은 이를 설명해 내기 위해서 아리스토텔레스까지 거슬러 간다. 아리스토텔레스가 말했던 '자신은 움직이지 않으면서 다른 모든 것을 움직이는 것', 곧 '부동의 원동자(原動子)'는 단일 통치를 의미하는 '모나르키아'(monarkhia)를 신학 정치적으로 정당화해 주는 원형으로 제시되었다. 이 세계를 움직이는 단 하나의 힘이 있다면 그것은 바로 하느님인 것이다.

아리스토텔레스가 말했던 부동의 원동자가 기독교의 하느님으로 둔갑한다. 이 논리에 의해 이스라엘은 신정체제로서 하나의 민족이 하나뿐인 왕, 즉, 신의 통치를 받는다. 이것은 시간이 흘러 기독교가 로마를 쟁패하고 나서 로마 군주정에 대한 정당화 논리도 역시 제공하였다. "콘스탄티누스가 리키니우스를 물리친 뒤 '정치적 모나르키아'가 회복되었고 동시에 '하느님의 모나르키아'도 확보되었다. 지상의 유일한 (single) 왕은 하늘의 유일한(single) 왕 및 유일한(single) 주권적 노모스 (nomos) 및 로고스에 대응한다."[4] 즉, 속세의 왕은 하느님의 모나르키아를 지상에 구축한 유일한 자이다.

여기까지는 그리 논란이 발생할 일이 없다. 그러나 어떤 일이 벌어진다. 단일한 모나르키아에 무언가가 침입을 감행한 것이다. 삼위일체 신학이라는 이질적인 것이 틈입해 오면서 단일 통치의 논리가 어떤 위기

---

4. 아감벤, 『왕국과 영광』, 50쪽.

를 맞게 된다. 신은 하나다. 그러나 신이 세 개의 모습을 갖자마자 모순에 빠져 버렸다. 신 하나가 통치해야 하는데, 여러 신이 통치하는 꼴이 되어 버렸다. 이 모순에서 벗어나려면 이제 신성에 대한 모나르키아적 이해(이것은 유일신에 의한 단일 통치이다!)를 삼위격(성부, 성자, 성령이 각각 찢어져서 따로 통치하는 것처럼 보인다!) 주장에 맞게 고쳐야 했다.

그러나 조심해야 하는 것은 단일 실체(ousia)를 해치지 않으면서 ── 특히 하느님 안에 '내분'(內紛, stasis)을 도입하시 않으면서 ──, 삼위일체적 분절화(Trinitarian articulation)가 가능해야 한다는 점이다. 나누어지면서 동시에 나누어지지 말아야 한다. 나누어지지 않으면서 동시에 나누어져야 한다. 다시 말하면 하느님이라는 유일신은 그대로 믿게 하면서, 하느님이 성부와 성자와 성령으로도 나누어 이해될 수 있어야 하는 것이다. 그것은 교부 신학자들에게는 매우 까다롭고, 불가능하고, 위험한 일이기도 했다. 까닥했다가는 하느님이라는 단일 실체가 깨지면서, 성경의 모든 논리 근원인 유일신이 무너질 수도 있는 일이니까. 삼위일체로 엎질러져 있지만, 다시 하나에 담아야 하는 것이다. 마술과도 같은 재능이 필요할 때다. 여기가 로도스다. 여기서 뛰어라!

오 이 코 노 미 아 ,   하 느 님 이   되 다

바로 이 지점에서 '오이코노미아' 개념이 도입된다. 오이코노미아는 단일 통치와 삼위일체를 연결해 주는 고리였던 셈이다. 이렇게 해야 삼위일체 교리가 그리스도교적 정치로 존립할 수 있었다. 사실 '오이코노미아'란 개념이 꼭 가족사에만 적용되는 것은 아니다. 히포크라테스는 '환자에 대한 오이코노미아'라는 말을 사용한다. 의사가 환자를 대할 때 필요한 시술과 도구들의 배치를 이야기한다. 스토아 철학자인 크뤼시

포스는 '온 우주의 오이코노미아'라는 표현을 쓴다. 온 우주의 질서정연한 배치로서 전체를 규제하고 통치하는 힘을 이르는 표현이다. 성서의 "하늘에 계신 너의 아버지께서 먹여 주신다"라는 표현도 오이코노미아의 동사형인 'οἰκονομεῖν'(oikonomein, 오이코노메인)을 사용하였다.

잘 보면 알겠지만 원래 이 말은 신학적인 말이 아니다. 사실 오이코노미아에 처음으로 신학적 의미를 부여했다고 일컬어지는 바울(Paulus)에게도 오이코노미아는 단지 누군가가 자기에게 맡긴 직무와 활동일 뿐이지, 그것이 하느님의 구원 계획과 동일시되는 것은 아니었다.

그러나 교회의 발전과 함께 삼위일체론이 정립되고, 그와 함께 어떤 전도가 발생하였다. 초기 교회의 바울은 '신비의 오이코노미아'(economy of the mystery) 라는 표현을 사용했을 뿐이었다. 그는 '하느님의 신비'와 '자신에게 맡겨진 직무(=오이코노미아)'를 분명히 분리하여 사고하였다. 여기서 오이코노미아는 그저 하느님의 신비를 드러내고자 자신에게 맡겨진 직무이자 활동일 뿐 그 자체가 하느님의 구원계획이거나 하느님의 신비일 리가 없었다. 하느님의 신비는 따로 존재하는 유일무이한 것이었다. 단지 오이코노미아(하느님이 맡긴 직무)가 하느님처럼 신비롭다는 뜻일 뿐, 오이코노미아 자체가 신비일 수는 없었다.

그러나 놀라운 전도가 발생한다. 삼위일체 신학이 정립되어 갈 때 논쟁자 중 하나였던 히폴리투스는 그것을 '오이코노미아의 신비'(tōi mystēriōi tēs oikonomias, mystery of the economy)라는 말로 전도시켜 버린다. "아버지 자신의 말씀이자 '오이코노미아의 신비'인 예수 그리스도 안이 아니라면 하느님은 어디에 있단 말입니까?"[5] 이제 하느님의 신비

---

5. 아감벤, 『왕국과 영광』, 109쪽.

뿐 아니라, '아들-말씀'[예수 그리스도]이라는 형상으로 인격화된 활동 자체가 신비가 된다. 오이코노미아 자체가 신비인 것이다. 이제 단일한 신도 신비롭지만, 현세에 드러난 활동들, 즉 오이코노미아도 신비로운 것이 된다. 둘은 서로 대응하고 또한 동일한 것이 되었다. 천상의 하느님과 지상의 오이코노미아는 같은 것이다! 하느님의 단일 실체를 해치지 않으면서, 다양한 실천 행위를 동일한 것으로 여길 수 있는 길이 열린다. 그리스의 함선, 오이코노미아는 징저 없이 떠돌지 않고, 특수한 항구에 정박한다. 그리고 그곳을 자신의 영토로 삼아 버린다. 그것이 공교롭게도 기독교라는 영토였다. 오이코노미아의 우발적인, 그러나 엄청난 모험, 대단한 정복이 시작되었다.

경 제 , 인 간 의 오 이 코 노 미 아

여기에다 오이코노미아라는 개념이 기존에 품고 있던 '질서정연한 배치'라는 의미를 추가하게 되면, 이제 오이코노미아는 신의 존재를 그에 대응하고 동일시되는 삼위로 분절하는 동시에 그것을 일체로 '조화시키는' 활동이라는 의미도 갖추게 된다. 따라서 이제 이것은 실체적인 분리가 아니다. 오이코노미아는 실체적 이종성(substantial heterogeneity, 실제로 나누어져 있음)이 아니라 단일한 실재의 분절화(articulation of a single reality, 하나가 나뉘어 드러남)로서 규정될 수 있게 되었다. 즉 삼위일체란 하느님의 존재가 분절화된 것이 아니라 실천의 분절화이다. 존재는 하나이지만, 존재의 실천이 여러 개로 나뉜다. 존재와 동일한 신비를 지니고서 말이다. 그래서 하느님도 신비하고, 그 실천인 오이코노미아도 신비롭다.

이렇게 되자, 하느님의 모나르키아는 위기에 빠지지 않고 다시 되살아날 수 있게 되었다. 하느님의 모나르키아는 오이코노미아, 곧 현실의 통치 장치를 통해 그것의 신비를 분절화하고 동시에 다양하게 계시할 수 있게 된다. 하느님의 모나르키아는 현실의 오이코노미아를 통해 더 완벽해지고, 더 정교해지는 것이다. 이렇게 오이코노미아는 신학 안으로 난입하여 권력을 구조화하였다. 오이코노미아는 절묘하게도 신학의 다양한 요소들을 복합적으로 배치하는 기술이 되고, 이 기술은 신적 무늬들 ─ 성부, 성자, 성령 ─ 을 발현하기도, 응축하기도 하는 역량이 되었다. 결과적으로 오이코노미아가 새로운 신학을 만들고 있었다.

이런 오이코노미아의 난입은 신학에만 있었던 것이 아니다. 오이코노미아의 기술과 역량은 곳곳에 드러난다. 아감벤은 독일 관념론의 역사 개념도 하느님의 계시 과정과 역사 사이의 '오이코노미아적' 연관을 사유하려는 시도였다고 본다. 또한 헤겔 좌파(마르크스는 청년시절 헤겔 좌파였다!)가 전통적인 신학 개념과 절연할 수 있었던 것도 인간의 역사적 자기생산으로서 '경제'(이코노미)가 역사 과정의 중심에 놓이는 조건 위에서였다고 말한다. 다시 말하면 오이코노미아는 초월론과 내재론을 연결하는 뿌리 깊은 고리였던 셈이다. 좌파는 '하느님의 오이코노미아' 대신 '인간의 오이코노미아(경제)'를 대신 들여놓은 것이다. 사실 좌파만의 문제가 아니다. 경제를 하부구조로 보고 사회구성체를 바라보는 방식은 좌파나 우파나 똑같은 것이다. 그것은 이미 신학에 적용된 그리스 오이코노미아의 작동 형태였다. 기독교로 흘러 들어간 오이코노미아는 현대 정치와 경제로 거침없이 진군하여 흘러 들어갔다.

오이코노미아, 텅 빈 왕을 대리하다

이런 삼위일체론이 오이코노미아의 기반 위에 성립되자, 이제 그리스도에 관해서는 두 개의 로고스가 있게 되는데, 하나는 예수의 신성에 관한 로고스이고, 다른 하나는 성육신과 구원의 오이코노미아에 관한 로고스이다. 하나이지만 늘 둘로 나뉘어 드러난다.

예컨대 2세기 후반 경 활동한 플라톤주의 철학자 누메니우스는 두 가지 신을 구별한다. 왕으로 정의되는 첫번째 신은 세상 밖에 있고 초월적이며 아무 일도 하지 않는다. 두번째 신은 활동하면서 세상의 통치를 담당한다.[6] 이것은 매우 중대한 역할을 하게 된다. 신-왕의 형상(the figures of the god-king, 초월적이다!)과 데미우르고스[조물주]의 형상(내재적이다!)을 무작위와 작위 및 초월성과 내재성 사이의 대립과 연계시킨 것이다. 누메니우스 신학은 우주 밖에 있는 독재자(momarch, 앞에서 말한 '신-왕')를 세속적인 것들에 대한 내재적 통치자(앞에서 말한 '데미우르고스')로부터 분리시킴으로써 왕국과 통치(Kingdom and Government)를 철저히 분할했다고 할 수 있었다.[7] 그러나 이들 서로는 서로를 필요로 한다. 세속에서 통치하는 신(조물주)은 무위의 신(신-왕)을 필요로 하고, 무위의 신도 데미우르고스의 세속적 활동을 필요로 한다. 즉, 누메니우스는 이 둘을 철저히 분리시키면서, 동시에 연결시키고 있었다.

이렇게 되면 신-왕은 텅 비어 버린다. 그는 '무용한 왕'(rex inutills)인 셈이다. 모든 통치적 활동은 세속적 통치가 담당할 것인 바, 초월적인 신-왕은 해야 할 일이 없다. 즉, "왕은 군림하되 통치하지 않는다." 이제 신-왕(god-king)은 존엄으로 둘러싸여 있을 뿐, 더 이상 행사될 수 있는 권력이 아니다. 그것은 왕이지만 실제의 실행은 없는 권력, 즉 '권위'로서만 존재한다. 권위(신-왕=무위=왕국=초월적 존재)와 권력(데미우르고스=작

---

6. 아감벤, 『왕국과 영광』, 182쪽.
7. 아감벤, 『왕국과 영광』, 185쪽.

위=통치=내재적 실천)은 그렇게 서로 협조하면서 세상을 다스린다. 권위 없는 권력 없으며, 권력 없는 권위도 없는 것이다. 권력은 뒤에 권위가 있다고 호가호위(狐假虎威)하며 통치하고, 권위는 소란스런 권력을 앞에 내세움과 동시에 물러나 고요해진다. 보이지 않는 권위는 호랑이이고, 앞에서 떠들어대는 권력은 여우이다.

자, 이 구도에서 다시 보자. 권력의 기원, 권위는 텅 비어 버렸다. 더군다나 그것은 오이코노미아라는 '대리'로만 경영한다. 권위는 그 자체로 직접 행사되지 않는다. 왕은 군림하되 통치하지 않으므로, 권위는 대리를 통해서만 행사된다. 대리를 통해 행사되는 그것이 바로 '권력'이다. "권력은 본질 자체에서 대리(vicariousness)이다."[8] 사실이 그렇지 않은가. 텅 빈 권위를 대신하여 세속을 통치하는 오이코노미아가 권력이니까, 그것은 당연하다. 천상 하느님의 실천적 대리였던 오이코노미아가 하느님 그 자체가 되었다. 오이코노미아를 본질로 갖고 있다면 권력은 대리 그 자체를 본질로 갖고 있는 셈이다. 그렇다면 우리가 흔히 정치권력 하면 떠올리는 단어, 주권권력은 절대적으로 비실체적이면서 '오이코노미아적'이다. 오이코노미아적 통치는 텅 비어 버린 권위인 왕국을 대리하여 행동한다. 오이코노미아는 그 자체로 존재하지 않는다. 텅 빈 왕이 있어야만 작동 가능한 장치인 것이다.

영광의 오이코노미아, 민주주의의 기원

다시 아감벤의 질문으로 되돌아가 보자. 왜 권력은 두 자루의 칼이 필

---

8. 아감벤, 『왕국과 영광』, 298쪽.

요한가? 왜 그것은 두 개로 분절되어야 했는가? 왜 그것은 대리를 통해서만 작동하는가? 아감벤의 답변은 그것은 원래부터 존재하지 않는다는 것이다. 그것은 텅 빈 왕과 그 왕을 대리하는 실천만이 있는 기계장치인 것이다. 오이코노미아가 본래적으로 그렇게 대리적 기능이니까 당연한 것이기도 하다. 그게 가족이 되었든, 교회가 되었든, 국가가 되었든, 그 모두 동일한 기계에 의해 작동하고 있는 것이다. 즉 텅 비어 있는 것의 대리들에 의해 작동되는 것이다. 오이코노미아의 신학이 세상을 다스리고 있다. 오직 대리만이 세상을 다스리고 있다.

이 지점에서 아감벤은 현대 민주주의의 핵심으로 압박해 들어간다. 그리스도교에서 이 대리적 기계장치를 움직이는 것은 영광송(榮光頌)이라고 한다. 랍비적 전통에서 '여호와의 영광'은 '현전'(Shekinah)와 관련된 것이다. 이 말은 인간들 사이에 하느님이 임하시는 것을 표현한다. 중세 철학자들도 '현전'과 '영광'을 동일시했다. 이것은 마치 현대 민주주의에서 '여론'과도 같다. 다시 말하면 미디어의 여론 선동에 따라 이 텅 빈 통치기계는 작동한다.

'신의 영광'(doxa theou)은 이제 아버지[성부]와 아들[성자] 사이의 상호 찬양이라는 작동을 규정하고 있다. 삼위일체적 오이코노미아는 구성상 '영광의 오이코노미아'이다.[9] 영광송이라는 상호 찬양이 없으면 상호 존재하기 힘든 구조다. 체포되기 전 예수의 기도는 이것을 더욱 극적으로 보여 준다. 사실 예수가 지상에서 완수한 일은 아버지를 찬양하는 것이었다. 그것은 거꾸로 그와 같은 정도로 아버지이신 성부께서 아들 그리스도를 찬양하는 것이 된다. 그것은 서로 순환된다. "아버지, 때가

9. 아감벤, 『왕국과 영광』, 415쪽.

왔습니다. 아들의 영광을 드러내 주시어 아버지의 영광을 드러내게 해 주십시오"(요한, 17:1~5).

이 구조 속에서 통치는 왕국을 찬양하고, 왕국은 통치를 찬양한다. 오로지 찬양의 순환만 있다. 이 통치 기계의 중심은 비어 있는데 ── 그리스도의 재림을 기다리기 위해 비워 놓은 옥좌의 형상은 그래서 매우 의미심장하다! ── 영광이란 바로 이 텅 빔을 드러내는 동시에 덮어 버리는 빛이다. 그것은 권력이 작동하는 한 도무지 고갈될 수 없는 것이다.

이 지점에 이르면 현대 민주주의의 기원이 드러난다. 하느님의 존재와 구원을 향한 실천으로서의 삼위일체, 그리고 그것을 작동시키는 영광송. 주권권력과 대의민주주의(대의민주주의의 삼권분립체계는 그래서 의미심장하다!), 그리고 그것을 작동시키는 미디어와 여론들. 두 개의 삼각관계는 모두 텅 빈 권위의 대리적인 실천인 오이코노미아에 의해 구성된 것들이다.

서두에서 나는 모든 학문과 이론을 권력-실천학이라고 했다. 그게 맞는 말이라면, 모든 학문과 이론은 오이코노미아적인 기술, 그러니까 텅 빈 신을 작동시키는 방식, 권력의 대리적 실천에 대한 탐구들이라고 말해도 괜찮으리라. 새로운 지식을 통해 진리를 탐구하고 있다기보다, 어떻게 하면 텅 빈 곳에서 권력 장치가 잘 굴러가게 할 수 있는지에 대한 탐구라고 해야 하지 않을까. 그래서 세상은 더욱 신기한 것이다. 이 세상은 텅 빈 것들의 합창인 것이다. 아마 영광송의 다른 이름이 있다면 이 이름으로 불러야 할 것이다. 언제나 괴이한 것들은 건너편에 있는 것이 아니라, 이편에 서식한다.

조르조 아감벤,
『왕국과 영광』
후기

저는 은행원입니다. 그리고 1997년 IMF 시절부터 자금이나 주식, 채권 그리고 외환·파생상품업무를 해온 사람입니다. 그러니까, 자본주의의 가장 극단적인 영역이라고 여겨지는 '자본시장'에서 오랫동안 일해 온 사람이죠. 이곳에서 거의 20년 넘게 있으면서 한국 자본시장이 어떻게 변화해 왔는지를 가장 밑바닥에서 체험해 온 사람 중 하나입니다. 자본시장에 대해서 한국에서는 나름 전문가라고도 할 수 있지요. 그렇게 보면 일반인들이 표상으로 갖고 있는 은행원, 그러니까 창구에서 대출하고 예금 받는 은행원과는 너무나 거리가 먼 은행원입니다. 사실 은행 안에서도 좀 특이한 일을 하고 있는 사람이긴 합니다.

저는 오랫동안 제 일을 밥벌이의 영역으로만 생각해 왔습니다. 아침에 출근하고 정신없이 일을 하는 곳, 그러나 저녁에 퇴근하면 잊어버리는 곳, 딱 그렇게 생각해 왔습니다. 그것은 당연했습니다. 밥벌이를 하는 곳을 밥벌이하는 장소로만 생각하지, 뭘 어쩌겠습니까. 철학을 공부하고 나서도 제가 하는 일을 철학적으로 진지하게 고민해 본 적은 없었던 것 같아요. 아마 철학과 너무나 거리가 먼 영역이라는 편견이 뿌리 깊이 새겨져 있었던 것이 아닐까 생각합니다.

그런데 어느 순간 경제학이나 금융에 대해서 철학적으로 진지하게 고민하기 시작했습니다. 제가 경제학과 금융에 대해서 처음으로 진지하게 생각하게 된 예는 비트코인에 대해서일 것입니다. 그 고민의 내용은 어느 잡지에 「가상'화폐의 정치경제학」이란 짧은 글로 발표하기도 했습니다.[10] 그 내용을 중심으로 이야기를 해보도록 하겠습니다. 비트코인에 관심이 있으시면 그 글을 찾아 읽어 보아도 좋을 것입니다.

---

10. 『삶이 보이는 창』 114호(2018년 봄), 삶창, 92~102쪽.

그 글이 맞든 틀리든 그 글을 쓰는 것이 경제학에 대한 생각을 발전시켜 주었기 때문에 제게는 중요한 글로 남을 것 같습니다. 오류라면 오류인 채로, 진실이라면 진실인 채로.

어느 신문 칼럼에서 어떤 과학자는 암호화폐의 도래가 20세기 초 양자역학이 나타났을 때와도 같으며, 심지어 '새로운 매트릭스'라고까지 호언합니다.[11] 은행의 신용(신뢰, trust) 대신 암호학적 증명(cryptographic proof)에 기반하여 거래 의사가 있는 두 당사자가 서로 직접 전자결제시스템으로 거래하자는 주장은[12] 굉장히 참신한 생각 같아 보입니다. 그리고 그런 생각에 많은 사람이 환호한 것도 사실이지요.

그러나 저는 그것에 의문을 갖고 있습니다. 화폐를 바꾼다고 세상이 바뀐다니 좀 이상하지 않습니까. 이런 의문을 제기하면 주변 사람들은 제가 고루해서 그렇다고도 말합니다. 세상에 혁신이 일어나고 있는데, 이를 이해하지 못하면 세상의 발전에 뒤떨어지고 말거라는군요. 그러나 저는 그렇다고 생각하지 않습니다. 자본주의 역사를 되짚어보면 이런 식의 환호는 특별할 것도 없습니다.

마르크스 당대의 프루동주의자 알프레드 다리몽(Alfred Darimon)도 현대의 사토시 나카모토처럼 은행의 악마성을 소리 높여 외친 적이 있지요. "은행은 공중(公衆)이 은행의 서비스를 가장 필요로 하는 바로 그 순간에 공중에 대한 서비스를 회피한다!"[13] 대중이 은행의 서비스를 가장 절실하게 필요한 순간이란 경기가 악화되어 기업들이 돈을 필요로 할 때일 텐데, 다리몽은 그 순간 은행 대출은 까다로워지고, 예금 인출은 거부당할 가능성마저 있다고 경고하고 있습니다. 즉, 대중이 필요할 때 돈줄을 막아 버리는 상황이 온다는 거죠. 그게 바로 '은행 공황'입니다. 그래서 다리몽은 그 위험을 피하기 위해서 화폐 개혁이 필요하다고 소리를 높입니다. 금속화폐나 지폐, 신용화폐에 기반한 은행 시스템을 없애지 않으면 안 된다고 강력하게 주장하지요. 그렇게 보면 다리몽은 19세기의 사토시 나카모토였던 셈입니다. 이런 주

11. 이종필, 「비트코인과 유시민의 플립」, 『한국일보』(2018. 1. 30).

12. "What is needed is an electronic payment system based on cryptographic proof instead of trust, allowing any two willing parties to transact directly with each other without the need for a trusted third party"(Satoshi Nakamoto, "Bitcoin: A Peer-to-Peer Electronic Cash System", p. 1[www.bitcoin.org], 2008. 10. 31.).

13. 칼 맑스, 『정치경제학 비판 요강 I』, 김호균 옮김, 그린비, 2007, 92쪽.

장들은 공황이 발생하던 시기면 언제나 나왔습니다.

그러나 마르크스는 달랐습니다. 화폐는 자본주의적 생산관계가 전면에 드러난 것입니다. 그렇다면 화폐의 형태가 어떤 모양이든 화폐가 교환가치를 표현하는 한, 여전히 자본주의 상품생산 체제 내에서 작동할 뿐입니다. 자본주의적 상품생산이 만들어 낸 사회적 관계의 모순과 대립이 화폐의 초월적인 권력을 초래하는 것이지, 화폐형태가 그 모순을 만들어 내는 것이 아닙니다. 즉, 화폐를 어떤 모양으로 바꾸든지 사회가 바뀌지는 않을 것입니다. 마르크스는 다리몽을 이렇게 조롱합니다. "교환은 그대로 놓아 두되 모든 사람을 교환으로 만들라!"[4] "화폐를 폐지하라, 그리고 화폐를 폐지하지 말라!"[5] 프루동주의자들이 불가능한 것을 가능한 것처럼 착각하고 있다는 것입니다. 마르크스가 던진 이 조롱을 비트코인주의자들에게 되돌려주어도 똑같이 적용될 것입니다. 물론 가라타니 고진 같은 현대 철학자들이 프루동을 다시 복원시켜 주긴 하지만, 저는 여전히 이 부분에 대해서는 의문을 갖고 있습니다.

이것을 마르크스의 관점에서만 볼 필요는 없습니다. 비트코인에 대해 고민할 즈음, 몇 년 전에 읽은 들뢰즈와 가타리의 『천 개의 고원』에서 두고두고 마음에 남았던 부분이 기억났습니다. 들뢰즈와 가타리는 국가와 화폐에 대한 영감이 넘치는 사유를 펼쳤었지요.

사실 들뢰즈와 가타리는 책 속에서 금융과 경제에 대해서 곧잘 언급합니다. 『천 개의 고원』의 네번째 고원 「1923년 11월 20일 ─ 언어학의 기본 전제들」에서 '탈영토화'에 대해 이야기할 때는 독일 인플레이션, 화폐개혁을 통해 일어난 '화폐체의 탈영토화'를 예로 들었습니다. 네번째 고원의 제목으로 삼은 날짜, "1923년 11월 20일"은 아예 독일 화폐개혁일입니다. 제1차 세계대전에 참전하면서 독일은 마르크화를 상당량 찍어댑니다. 패전국이 된 독일에서는 화폐를 너무 많이 찍어댄 탓에 엄청난 인플레이션이 일어났습니다. 당시 통화인 라이히스마르크는 아이들의 장남감이나 땔감으로 사용되기도 했다는군요. 그만큼 통화가치가 급격하게 떨어졌습니다. 아무 쓸모도 없는 종이가 되어 버렸죠. 급기야 1923년 11월 20일 기존 라이히스마르크는

---

14. 맑스, 『정치경제학 비판 요강 I』, 101쪽.
15. 맑스, 『정치경제학 비판 요강 I』, 102쪽.

텅 빈 것들의
합창

화폐가 아니라고 '선언'하게 됩니다. 독일은 이 선언을 통해 1조 라이히스마르크를 1 렌텐마르크와 교환하게 함으로써 기적적인 통화안정을 이루게 되지요.

언어적 배치인 언표행위("라이히스마르크는 화폐가 아니다"라는 언어적인 '선언')를 통해 물질적인 배치가 확 바뀌어 버리는 경우(경제적 활동이 바뀌어 인플레이션이 사라지는 현상)입니다. 물론 들뢰즈는 언어의 배치적 역량을 보여 주기 위해 이 예를 든 것이겠지만, 저는 이 내용이 예사롭게 보이지 않았습니다. 금융이 굉장한 속도로 사회적 배치를 변화시키는 역량을 지니고 있다는 생각, 그리고 그 금융을 언어적 배치들이 움직인다는 생각이 굉장히 흥미롭게 여겨지기 시작했습니다. 사실 금융시장이 그렇게 언어적 배치에 따라 움직이고 있는 현대사회를 보면 쉽게 수긍이 가는 일입니다.

아무튼 『천 개의 고원』의 경제에 대한 사유와 마르크스를 연결하여 세상을 바라보면 의미 있는 결과들이 나올 수 있겠다고 생각을 해왔지요. 그래서 『천 개의 고원』에서 경제나 금융에 대한 내용이 나오면 그때마다 제가 종사하고 있는 금융업무와 연결하여 흥미롭게 지켜보곤 했습니다. 언젠가는 이것들을 이용하고 심화시켜서 경제현상에 대한 철학적 분석을 실행해 보아야겠다고 생각하면서 말이죠.

그런데 비트코인에 대해서 고민하면서 그들의 사유가 좀 빨리 소환되었습니다. 들뢰즈와 가타리는 국가와 화폐에 대해서 다른 방식으로 설명합니다. 그들은 우선 인류학자 피에르 클라스트르(Pierre Clastres)를 끌어들여, 원시사회가 국가에 저항하는 집단이었으며 그 저항의 수단은 '전쟁'이라고 전합니다. 다시 말하면 원시사회는 서로 전쟁을 수행함으로써 자신의 공동체가 권력의 중심인 국가로 수렴되는 것을 막습니다. 이는 홉스(Thomas Hobbes)가 했던 "국가는 전쟁에 반대한다"라는 말을 뒤집은 꼴이었습니다. 들뢰즈와 가타리 말대로라면 "전쟁은 국가에 반대한다"[16] 가 더 정확합니다. 이런 의미에서 원시사회에는 분명히 국가를 제거하는 메커니즘이 있었다고 할 수 있습니다.

그러나 들뢰즈와 가타리는 클라스트르의 이 주장이 불완전하다면서, 원시사회가 국가로 향하기도 한다고 분명히 하지요. 이 부분이 제가 원래 알고 있던 들뢰즈·

---

16. 들뢰즈·가타리, 『천 개의 고원』, 684쪽.

가타리와 달랐습니다. 저는 들뢰즈·가타리라면 무조건적으로 원시공동체를 반(反)국가주의 공동체라고 규정했던 사람들이라고 착각하고 있었지요. 아마 그들의 무정부주의적인 문장들만 눈에 들어오고, 그들을 그렇게 설명한 교양서들만 읽었었기 때문일 겁니다. 그러나 여기서는 들뢰즈·가타리가 원시사회는 국가를 경유하여 서로 관계하고 있다는 것, 즉, 구석기시대나 원시사회에 '국가 없는 사회'가 실제로는 없었다고 주장하고 있습니다.

이 관점에서 들뢰즈와 가타리는 고고학자 에두아르 빌(Edourd Will)의 주장에 기반하여 반전으로 가득한 화폐의 계보학을 풀어놓습니다. 정말 이 부분에서 깜짝 놀랐습니다. 그들은 국가가 존재하기 때문에, 그리고 세금을 걷어야 했기 때문에 화폐가 탄생한 것이라고 주장합니다. 세금이 화폐를 만들었다는 것입니다.[17] 세금이 먼저 화폐와 재화 간 등가관계의 가능성을 처음으로 도입하고, 그 다음 금을 일반적 등가물로 만든다는 것이죠. 좀 쉽게 얘기하면 국가가 세금을 잘 걷기 위해서 화폐가 상품들과 등가관계를 정확하게 관철시키도록 폭력을 행사했다는 것입니다. 물론 교과서는 이를 '통화관리'라는 말로 표현하지만요.

결국 세금이 경제를 화폐화시키고, 이 화폐를 운동 속으로 집어넣어서 사물의 경제적 질서를 구축했다는 것입니다.[18] 이 맥락을 따라 살펴본다면, 화폐란 권력장치(국가 등)가 재화 및 서비스 간에 등가관계가 성립하도록 보존, 유통, 회전시키는 정치적 수단입니다. 그렇다면 아무리 비트코인으로 화폐형태가 바뀌었다고 하더라도 국가가 존재하고, 그 국가가 세금을 걷는다면 사회가 바뀌는 상황이 연출되지는 않을 것입니다. 어떤 타협이 불가피해져서 비트코인 세금이 가능해지는 경우, 그것은 국가의 공통 척도로서 포획 장치의 수단이 되기 때문에, 비트코인이 새로운 화폐가 될 수도 있긴 합니다.[19] 그러나 그것은 다시 국가장치로 되돌아가고 마는 상황이기도 합니다. 그리되면 사토시가 지향했던 바로 그것, 그러니까 분산적인 지급결제 시스템이라는 이념에는 반하는 것이 되고 맙니다.

---

17. 들뢰즈·가타리, 『천 개의 고원』, 850쪽.
18. 들뢰즈·가타리, 『천 개의 고원』, 851쪽.
19. 이미 중앙은행들은 블록체인을 이용하여 법정화폐를 암호화폐로 만드는 연구를 해왔다(「블록체인에 푹 빠진 세계의 중앙은행들」, 『한국경제매거진』, 2018. 2. 7.).

그런 의미에서 블록체인이라는 유통수단의 혁신이 도달할 최대치는 '토큰경제'라고 보는 것이 현재로선 적절하다고 생각합니다. 단지 유통 영역의 변화일 뿐인 '토큰 경제'가 생산관계를 변혁하고, 또한 그것이 창출한 새로운 화폐로 완전히 새로운 경제 매트릭스를 만들어 낼 거라는 생각은 환상입니다. 심지어 세간에 얘기하던 무정부주의적 유토피아는 더욱 아닙니다. 오히려 자본은 대중에 의해 이런 시스템이 성장하길 더 기대할 것이고, 그 과정에서 그 결과물들을 다양한 방식으로 전유할 것입니다. 물론 대중도 그 과정에서 자신의 수단을 더 많이 확보하고, 지금까지와 다른 지반을 만들어 가는 것일 테지만 말입니다. 그러나 그것이 곧 새로운 매트릭스는 아닌 것입니다. 인터넷이 불평등 매트릭스를 바꾼 것이 아닌 것처럼요.

저는 최근에 비트코인에 환호하는 모습이 신이 사라진 차라투스트라의 산에서 우중(愚衆)이 나귀를 숭배하고 환호하는 것과도 흡사하다고 말하곤 합니다.[20] 지체 높은 경배자들이 연도를 하고, 나귀가 마치 신의 목소리인 양 "이-아" 하고 화답하는 장면은 비트코인에 환호하는 장면과 똑같아 보이기 때문입니다. 아마도 비트코인이 새로운 물신이 되려면, 다른 무수한 요소와 조건들이 동시에 조응하는 변화가 있어야 할 것입니다. 그러나 그리되면 비트코인만으로 혁명이 일어난 것은 아닐 테니까, 그 또한 비트코인에 대한 과도한 기대를 멈추게 할 뿐입니다.

맞든 틀리든 이렇게 비트코인에 대해 고민하는 과정에서 저는 철학과 정치·경제를 연결하는 작업이 무척 흥미로운 일이라는 것을 깨닫게 되었습니다. 그리고 이런 고민이 지금까지 개인으로 퇴행해 버릴 수 있는 자기배려의 철학이 새롭게 확장시켜 나갈 출구라는 생각도 하게 됩니다. 그러니까, 경제학과 금융이라는 저의 밥벌이 영역을 통해서 철학적 정신이 더욱 정확해질 수 있으리라는 생각을 하게 된 것이죠.

아무튼 저는 최근에 철학과 경제학, 그리고 저의 밥벌이인 금융을 연결하여 생각하기 시작했습니다. 저는 사람들이 자본주의 욕망의 극단이라고 여기는 자본시장에서 굴러먹으며 평생을 살아왔습니다. 그러나 제가 사랑하는 철학은 자본주의를 넘어서려는/와 대결하려는 욕망으로 가득한 사유들입니다.

그렇다면 저는 위선자일까요. 아니면 뭣도 모르는 바보일까요. 아닙니다. 그렇

---

20. 니체, 『차라투스트라는 이렇게 말했다』, 509~520쪽.

지 않습니다. 저는 이 극단의 장소에 그것을 넘어서는/과 대결하는 길도 함께 있다고 생각하고 있습니다. 언제나 '경계'란 그런 것이니까요. 물론 이렇게 보는 것 자체가 누구에게는 위험하고, 또 누구에게는 무의미할 수 있겠지만, 그게 실제 그런지 끝을 보려면 그런 길을 가서 그것이 사실인지 확인하는 사람이 하나쯤은 있어야 하지 않겠습니까. 철학적 수련 없이 경제학적 관점에서만 금융을 바라보면 금융의 장치적 양상을 보기 힘들고, 금융시장의 지식과 경험이 없이 철학적 관점에서만 금융을 바라보면 금융의 영토화/탈영토화 양상을 실제적으로 포착하기 힘들 것입니다. 굉장히 광대한 영역에 들어선 듯한 느낌입니다. 문득 눈을 떠 깨어나 보니, 내가 있는 이곳이 기이한 풍경으로 가득한 곳이었습니다. 지금은 같은 것을 보지 못하고, 같은 곳, 같은 시간을 겪지 못하겠지만, 언젠가 제가 본 것들을 우리 모두 볼 수 있었으면 합니다.

텅 빈 것들의
합창

도취의 기술

발터 벤야민, 『일방통행로』

숨 은 세 상 이 흘 러 나 오 다

연말연시는 언제나 술자리로 넘친다. 어른이라면 누구든지 술이 주는 비(非)-일상을 찾아 서로 만나는 것을 당연하게 여긴다. 술 끊은 나도 이런 관성을 모두 거스르지 못하고, 몇몇 모임에는 참석하게 되는데, 그때마다 참 묘한 기분에 빠진다. 아마도 '취한다'라는 알 수 없는 사태 때문일 것이다. 평소 조용하던 사람도 술이 들어가면 정신을 감싸던 성을 허물고 엉뚱한 말을 해대며 몸을 가누지 못한다. 이 순간만큼은 술 취한 자들의 숨겨진 모습이 드러나는 묘한 시간일 것이다. 특히나 술 안 먹는 내가 보기엔 다른 세상에 온 듯도 하다.

물론 뇌에 들어간 알코올이 뉴런의 막을 녹여 세포들의 정보교환을 엉망으로 만든다는 설명쯤은 나도 들어 안다. 그러나 이 다른 세상을 그런 과학적 설명이 속 시원히 풀어주는 것 같진 않다. 오히려 그런 과학적인 설명이야 어찌되었든 이리 엉망이 된 세상이 있다는 점이 더욱 기묘한 것이다. 똑같은 사람들이 다른 배치를 만들어 내는 이 세상에 우리는 그저 익숙해져 있을 뿐, 이해하고 있는 것 같진 않다. 견고한 성 속에 웅크리고 있던 숨은 세상이 벌어진 틈새로 연기처럼 흘러나오는 이런 일들을 말이다.

그러고 보면 현실세계의 다양한 경험들이 이런 진실들을 숨겨놓고 있을지 모른다는 생각도 든다. 단지 술이라는 물질을 통해서 그런 진실의 공간이 열린 것일 뿐, 언제나 이미 그런 모습으로 우리 곁에 숨어 있었을 것 같다.

발터 벤야민(Walter Benjamin, 1892~1940)은 이런 생각을 사물에까지 적용해 생각한다. 독일이 극도로 높은 인플레이션 상태에 빠졌던 시절, 그는 사물에서 온기가 빠져나간다[1]고 생각했다. 가격 때문에 새 물건을 사지 못하고, 옛 물건을 고장날 정도로 사용하게 된 것을 두고 이른 말이다. 사물들이 타락한 인간들에게 위험성을 알리려고 할 때, 온기는 빠져나간다는 게 벤야민의 감각이다. 그때 새 물건은 드물어지고, 옛 물건은 고장이 잦아진다. 일상에 수공업자, 판매원들이 빈번하게 나타나는 이유도 바로 그런 물질상태를 대변하기 때문이다. 우리들의 경험 속에는 언제나 이미 이런 진실이 숨겨져 있다. 일상의 모습을 깊이 관찰하면 이런 진실들이 연기처럼 새어나오는 것을 포착할 수 있다.

벤야민은 이런 진실의 공간을 제대로 보는 자들로 아이들을 지목한다. 아이들은 사물의 맨 얼굴을 어느 누구보다 잘 알아본다고 한다. 이런 사실을 잘 모르는 교육학자들이나 심리학자들이 책이나 장난감을 만들어 아이들의 주의력을 빼앗으려 하지만, 벤야민이 보기엔 그런 노력은 오히려 케케묵은 일이다. 아이들은 심지어 폐기물을 가지고도 "어떤 새롭고 비약적인 관계"(a new, intuitive relationship)[2] 속으로 그것들을

1. 발터 벤야민, 『일방통행로/사유이미지』, 김영옥·윤미애·최성만 옮김, 도서출판 길, 2007, 89쪽.
2. 벤야민, 『일방통행로/사유이미지』, 81쪽.

집어넣어 자신들을 위한, 자신들만의 작은 세계를 만들어 낼 줄 안다. 그런 의미에서 아이들의 세계는 항상 "공사현장"(Construction Site) ── 벤야민은 이런 내용의 아포리즘에 이렇게 제목을 붙였다! ── 인 셈이다.

감 각 이   전 송 되 다

영화 「매트릭스」의 감독, 워쇼스키 자매가 만든 미국 드라마, 「센스 8」 (Sense8)에는 아이 같은 어른들이 나온다. 주인공 8명은 모두 특별한 재능을 갖고 있다. 서로 다른 곳에서 살며 다른 문화와 언어를 가진 8명의 사람들이 텔레파시로 정신이 연결된다. 정신적으로 공간 이동을 하는데, 그들은 상대의 공간에서도 같은 감각을 가지고 행동할 수 있다. 영국과 미국에 있는 주인공들이 각자의 자리에 있으면서 서로 키스하는 장면도 연출된다. 이런 사정을 모르는 사람이 주인공이 하는 이 행동을 보면 전혀 엉뚱하게 보일 터이다. 어떤 한 사람이 위기에 빠질 때 다른 7명이 위기에 빠진 사람의 공간으로 이동하여 그 사람을 도와준다. 일종의 '8인의 원격 공동체'이다.

　여기서 내 주목을 끈 것은 정신적으로 공간이동을 해서 같은 감각으로 그곳의 사건을 경험한다는 점이다. 나는 워쇼스키 자매가 아주 새로운 이야기를 하고 있다는 생각이 들었다. 그것은 추론 정보나 지식 저장고만 이동하는 것이 아니라, 우리들의 감각까지 전송된다는 점이다. 전자는 이미 이메일이나 클라우드 같은 형식으로 실현된 지 오래다. 그러나 그것으로 내가 미국에 있는 사건을 직접 경험하지는 못한다. TV 생방송 같은 작업을 통해서 이미 만들어 놓은 프레임으로 '시각'과 '청각'이 일정하게 해방된 정도일 것이다. 하지만 그것으로 내가 능동적으로 경험하지는 못한다. 워쇼스키 자매가 제안하고 있는 이야기는 전혀 다르다. 우리들의 감각 자체가 전송되어 멀리 떨어진 공간을 능동적으로 체험하게 한다. 이제 감각조차 우리들의 육체와 분리되어 전송되는 상상을 하고 있는 것이다.[3]

어쩌면 서두에 이야기한 술 취한 사람들은 자신들의 감각을 다른 세계에 전송한 사람들이 아닌지 싶다. 그리고 그들은 벤야민이 말한 그 어린아이들처럼 자신을 둘러싼 것들을 가지고 새롭고 비약적인 관계를 일시적으로 만들어 낼 줄 알게 된 것이 아닌가. 결국 따시고 보면 술 취한 자들은 사물들에게 온기를 되돌려주고 사물들의 새로운 세계에 자신의 감각을 맡긴 자들인 것이다. 이를테면 그들은 일시적인 초현실주의자인 셈이다.

도 취 한 다 ,   혁 명 한 다

벤야민의 『일방통행로』는 초현실주의적 모티브를 대상으로 써낸 글들이다. 그는 일상적인 사물들을 다르게 경험하길 원했다. 사실 그것은 초현실주의자들이 시도했던 것이기도 했다. 사회적으로 빈곤한 상태에 있는 것들, 초라하게 서 있는 건축물들, 검은 그을음으로 낡아 버린 실내장식 그 자체는 노예화된 사물들이면서, 또한 다른 것들을 노예화하는 사물들이다. 그 자신도, 그것들을 바라보는 자도 빈곤해지기 마련이다. 그러나 그런 사물들 속으로 깊이 들어가면 아주 다른 풍경이 나온다. 벤야민의 표현대로 그것은 "혁명적 니힐리즘"을 불러일으키는 풍경

---

3. 예술이란 "지각하는 주체의 상태들로부터 지각을 떼어내는 것"이고, "감각들의 덩어리를, 하나의 순수한 감각 존재를 추출하는 것"이라고 했던 들뢰즈의 예술론에 따르면 워쇼스키 자매가 표현한 감각 전송에 대한 통찰은 모든 예술작품에 적용되는 것이다(질 들뢰즈·펠릭스 가타리, 『철학이란 무엇인가』, 이정임·윤정임 옮김, 현대미학사, 1995, 239쪽).

이다. 어떤 반전이 숨어 있는 것이다. 이런 풍경 속으로 들어가야만, 일상에 버티고 있는 답답하기 그지없는 '합리적 개인'을 극복할 수 있다. 이 의미에서 그가 중대하게 여긴 것이 바로 '도취'(Ecstacy/Rausch)라는 사태다.

"고대 사람들이 우주와 관계 맺는 방식은 이와는 달랐다. 그들은 어떤 도취의 상태(the ecstatic trance)에서 우주를 경험했던 것이다. 도취야말로 우리가 가장 가까이에 있는 것, 그리고 가장 멀리 있는 것을 스스로에게 확신시킬 수 있는 경험인 것이다. 그리고 가장 가까이에 있는 것과 가장 멀리 있는 것은 항상 함께 확인된다. 그 중 하나가 없다면 다른 하나는 결코 확인되지 않는다. 이 말은 취함의 상태에서 우주와 소통하는 일은 반드시 공동체 안에서만 가능하다는 것을 의미한다."[4]

벤야민이 보기에 고대인과 현대인을 가르는 중요한 특성은 우주적 경험에 자신을 맡기느냐 아니냐이다. 근대 천문학은 우리를 우주와 '시각적'으로만 연결시킬 뿐, 감각의 차원에서 온전히 연결시켜 주진 않는다. 오로지 우주에 대한 지식이 생겨난 것이지, 우주를 체험하게 하는 것은 아니다. '도취'라는 기술이 사라져 버린 것이다. 도취는 가장 가까이 있는 사물 속으로 들어가 사물의 혁명성을 느끼게 해주는 기술이었고, 동시에 가장 멀리 있는 우주적 사건이 분명히 존재한다고 확신하게 해주는 기술이었다. 그러나 어느 순간에 그런 기술이 싹 사라지고, 기껏해야 술이나 마약 같은 것들만 남고 말았다.

---

4. 벤야민, 「천문관 가는 길」, 『일방통행로/사유이미지』, 162~163쪽.

중요한 것은 가까이 있는 것과 멀리 있는 것이 함께 확인된다는 사실이다. 어느 한쪽이 없으면 다른 쪽도 없다. 일상의 사건과 우주의 사건은 하나로 연결되어 있다. 일상의 사건이 없다면 우주의 사건도 없다. 결국 우주의 사건을 체험하기 위해서는 일상의 사건에 취할 수 있어야 한다. 그래서 기술의 의미도 바뀐다. 기술은 자연을 지배하는 것이 아니라, 자연과 인간 간의 관계를 지배한다. 이 의미에서 기술이란 자연과 인간을 서로 연결시켜 주는 노취술이라고 새롭게 정의할 수 있다. 그렇다면 그것은 감각의 증여술(贈與術)이 아닌가. 이런 기술이 우리들의 무대에 오르면 감각들이 자연과 우리 사이에 자유롭게 활공하고 다닐 것이다.

수전 벅 모스(Susan Buck-Morss)는 벤야민의 이런 기술관을 참고하여 벤야민의 '자연'(Nature)을 두 가지 개념으로 나눈다. 첫번째 자연은 수백만 년에 걸쳐 천천히 진화해 온 자연 —— 이 자연이 우리가 흔히 아는 그 자연이다 —— 이며, 두번째 자연인 우리의 자연은 산업혁명과 함께 시작되어 매일같이 얼굴을 바꾸는 자연이다.[5] 아직도 '옛 자연'을 자연으로 알고 있는 사람들에겐 지금 벌어지는 사태들이 낯설게 느껴진다. 왜냐하면 그들은 기술을 기존의 자연을 대상으로 구성되는 것이라고만 이해하기 때문이다. 지금 필요한 것은 '새 자연'에 맞는 기술일 것이다.

벤야민은 이렇게도 선언한다. '종으로서의 인간'(Men as a species)은 끝났지만, '종으로서의 인류'(Mankind as a species)는 이제 시작이다. 어떤 기술을 통해 인류(Mankind)에게 새로운 신체(physis)가 조직되고 있다.[6]

---

5. 수잔 벅 모스, 『발터 벤야민과 아케이드 프로젝트』, 김정아 옮김, 문학동네, 2004, 100쪽.
6. 벤야민, 『일방통행로/사유이미지』, 164쪽.

도취의
기술

이 새로운 '신체' 위에서 인류가 우주와 맺는 관계는 아주 새로운 단계로 진입한다. 따라서 그것은 개별 개체인 인간에게 가능한 단계가 아니다. 오로지 공동체로서의 인류가 함께 도취로 연결될 때에야 가능한 일이다.

벤야민은 단언한다. 그 공동체가 바로 프롤레타리아트라고. 벤야민이 말하는 도취는 함께 가는 길이다. 워쇼스키 자매도 말한다. "새떼나 물고기떼가 하나 되어 같이 움직이는 걸 봐봐. 우리가 어디서 왔는지 생각해 봐. 어떻게 사시나무가 수백 마일 멀리 떨어져서 자라는지. 또는 어떻게 버섯이 숲이 원하는 걸 알 수 있는지."[7] 이 세상의 모든 것들은 원초적으로 연결되어 있다. 단지 그런 기술이 억압되어 있었을 뿐.

어쩌면 프롤레타리아트란 함께 취한 자들일지 모른다. 그들의 혁명은 함께 취하는 혁명이다. 그것은 연대를 통해 일상의 답답한 합리성을 깨는 순간에야 도래하는 그런 공동체, 그런 혁명이다. 도무지 혼자서는 깨지 못하는 일상들이 함께 취하면 깨지고 바뀐다. 한 잔 술에 취하고, 한 남자, 한 여자에 취하기도 하겠지만, 벤야민의 정신으로 곰곰이 따져 보면 내 주위의 사물에 취하고, 내 옆의 동료들에게 취해야 한다. 돈벌이에만 취하지 말고 세계에 취해야 한다. 혼자 취하지 말고, 같이 취해야 한다. 비록 일들이 골수까지 밀어 닥친 새로운 상황이더라도, 물 한 잔으로 함께 취해야 한다. 그것이 새 자연을 살아내는 기술이다.

---

7. 워쇼스키 자매, 「센스 8」(Sense 8) 시즌 1 에피소드 10

발터 벤야민의
『일방통행로』
후기

벤야민은 제가 철학에 발을 들여 놓게 된 사건과 함께한 철학자여서 제게는 매우 의미 있는 철학자입니다. 2007년 말경 저는 은행에서 꽤 큰 프로젝트를 책임지고 진행하고 있었습니다. 또 당시까지만 해도 저는 두주불사에다 헤비 스모커였습니다. 술한 말에 시 백 편이라는 이백의 말마따나 저는 앉은 자리에서 소주 2~3병은 끄떡없이 마셨지요. 그러나 시는 한 편도 짓지 못했습니다. 담배도 하루에 세 갑을 피웠습니다. 아침에 두 갑을 사서 출근했고, 저녁에 술을 마시며 추가로 한 갑을 더 사는 일상을 반복했습니다.

그러나 언제나 끝은 있는 법. 2008년 초 프로젝트 워크숍이 있었습니다. 프로젝트에 쟁점들이 너무 많아서 온종일 신경 쓰게 되고, 토론시간에도 격렬하게 이야기들이 오고 갔습니다. 이해관계가 큰 부서끼리 마찰이 심했습니다. 저도 본부 전체의 입장을 대변해야 하는 입장이라서 못지않았지요. 매 토론마다 고함을 쳤던 것 같습니다. 결국 저녁에 술을 들입다 마시게 되지요. 아뿔싸, 다음날 아침에 일어났는데 전혀 몸을 움직일 수 없는 것이었습니다. 머리는 무겁고, 몸은 굳어 있었습니다. 누워 있는 와중에 저는 속으로 올 것이 오고 말았군, 이라고 혼잣말을 했던 기억까지 납니다. 아내가 몸을 주물러 주어 조금 움직일 수 있게 되자, 어질어질한 머리를 이끌고 집 근처 병원을 찾아 갔습니다. 혈압이 180을 넘었습니다. 평소에 고혈압이 있었는데, 이제 절정에 이른 것이지요. 할아버지 의사 선생님이 내 눈을 빤히 쳐다보면서, "이러시면 죽습니다"라고 말하더군요. 다른 것은 생각나지 않고 그 말소리만 생각이 납니다. 희한하게도 평소와 달리 그 소리가 들렸습니다. "이러시면 죽습니다."

집으로 돌아왔는데, 평소와 다른 정신 상태가 되어 있었습니다. 지금 생각해 보면 신기한 일입니다. 평소 병원에 수천 번 가서 그런 소리를 들어 왔을 텐데, 그날처럼 생생하게 내 정신을 움직인 적은 없었습니다. 술, 담배를 끊어야겠다고 생각을 했습니다. 그런데 더 이상한 것은 술, 담배를 끊는 방법을 궁리하다가, 예전에 신문 학술면에서 읽은 적 있는 〈수유+너머〉라는 공간이 떠올랐다는 것입니다. 그러니까, 술, 담배를 끊기 위한 수단으로 철학공부를 떠올렸다는 겁니다. 이건 아무리 생각해도 정말 이상한 것입니다. 대개는 운동이나 하다못해 외국어 공부, 종교를 찾아가는 것이 보통이라고 생각되거든요. 그런데 당시의 저는 철학공부를 해보면 어떻겠느냐는 괴이한 생각을 하게 된 것입니다.

인터넷 사이트를 찾아보니, 〈수유+너머〉 사이트에 겨울 강좌가 공지되어 있었습니다. 그 중에 가장 특이하고, 내가 전혀 몰랐던 철학자의 이름을 선택하기로 마음 먹었습니다. 그 이유는 그래야 철학을 공부한다는 목적에 부합할 것 같았거든요. 무언가 어려운 것을 해야 술, 담배를 끊을 정도로 몰입할 수 있지 않겠느냐는 좀 엉뚱한 생각이었지요. 그때 눈길이 간 철학자 강의가 바로 「발터 벤야민의 『아케이드 프로젝트』 읽기」였습니다. 발터 벤야민이 누구인지도 전혀 모른 채 덥석 강의부터 신청하고 보았습니다. 인터넷에서 발터 벤야민의 『아케이드 프로젝트』 책을 찾아보았더니 어마어마하더군요. 전체가 두 권짜리에 총 2,500페이지가 넘는 대작이었습니다. 대체 이 책을 어떻게 읽는다는 것일까, 기대가 되었습니다. 강의료를 송금하고 그날을 기다렸지요. 그러나 기다리는 주중에도 몇 번의 회식을 마다하지 않았고, 술, 담배를 똑같이 했습니다.

드디어 수강일이 되었습니다. 하마터면 첫 수강일에 찾아가지도 못할 뻔했습니다. 그날도 술을 마시자는 사람이 있었기 때문입니다. 그래도 그날 하루는 가봐야지 하는 마음으로 저녁을 기다렸습니다. 이렇게 제가 이상한 운빨에 이끌려 해방촌에 있던 옛 〈수유+너머〉에 찾아간 첫 날은 2008년 1월 11일입니다. 첫날 숙대입구역에서 내려 마을버스를 타고 꼬불꼬불한 해방촌 길을 올라가던 날이 생각납니다. 그날 눈이 펄펄 온 날이었습니다. 마을버스가 가다가 멈추고, 가다가 멈춰서 대체 이 척박한 언덕을 올라갈 수나 있을까 염려가 될 정도였습니다. 해방촌 꼭대기에 내려서 눈이 쌓인 곳을 돌아다니며 〈수유+너머〉가 어디 있느냐고 묻고 다녔습니다. 그러나 상인들은 그곳이 무엇인지 대부분 모르더군요. 그것은 당연했습니다. 누가 그런 공부방을 알겠습니까. 약간은 체념한 마음으로 약국에 들어가 약사에게 물어보았습니다. 그러자 옆에 있는 어떤 학생이 바로 밑에 큰 건물이 있는데, 그곳 2층이라고 알려주었습니다. 조급한 마음에 뛰어 내려가다가, 미끄러지기도 했습니다. 내가 뭔 일로

이 고생인가, 하는 생각도 들더라고요. 그날은 참 괴이한 날입니다. 평생 그날을 잊지 못할 것입니다.

2층으로 올라가 강의실에 들어서자 이미 강의가 진행되고 있었습니다. 강의실에서는 제가 살던 동네(그러니까 은행)의 언어와 완전히 다른 언어들이 오고 갔습니다. 벤야민이란 철학자도 생소했기에, 그들 사이에 오고 가는 언어도 무슨 뜻인지 전혀 알지 못했습니다. 그러나 이게 웬일입니까. 제가 뜻도 모를 이 언어들에 대해 강하게 몰입하게 되더군요. 새로운 세계에 대한 강한 동경이 밑에서부터 솟구쳐 오르는 느낌이 있습니다. 그때의 강렬한 기운은 지금도 생생합니다. 삶이 바뀌어 가는 기운. 형광등 밑에서 완전히 다른 사람들이 완전히 다른 언어를 이야기하고 있었습니다. 뜻도 모르는 단어들이 내 귀를 때렸습니다. 너무너무 부러웠습니다. 내가 저 언어들 틈으로 들어가지 못하는 것이 너무 안타까웠습니다. 약간은 슬퍼했던 기분도 기억이 납니다. 우리가 이런 언어들과 한 번도 대화를 해보지 않고 사라져 갈 거라고 생각을 하니 무척 슬퍼졌던 것 같습니다. 이 낯선 공간에서 문득 만난 저 언어들이 무척 아름다웠습니다.

눈이 펄펄 오던 그날, 수업을 끝마치고 나오면서, 저는 술·담배를 끊었습니다. 주머니에 있던 담배갑을 눈이 펄펄 내린 쓰레기통에 버린 기억이 납니다. 그날은 이라크 바그다드에 1세기만에 눈이 내렸다는 이상한 날이었습니다. 이제 그 날로부터 만 10년이 넘었습니다. 아무리 생각해도 그날은 경이로운 날입니다.

그날 이후로 나는 공휴일 이틀을 연구실에 틀어박혀 철학공부에 빠지게 됩니다. 그렇게 생각하고 보면 벤야민은 저에게 진정 '메시아적인 철학자'입니다. 벤야민이 우리들에게 잘 설명해 주었고, 아울러 데리다가 예리하게 전해 주었듯이, 영웅주의가 난무하는 그리스의 '신화적 폭력'과 달리, 유대주의의 사유에서 메시아는 언제나 심판함으로써 구원하는 존재로 '신적 폭력'을 보여 줍니다. 그래서 신의 폭력(la violence de Dieu)은 법을 정초하는 대신 법을 파괴한다지요.[8] 이어서 데리다는 벤야민의 신적인 폭력을 이렇게 설명해 줍니다.

---

8. 자크 데리다, 『법의 힘』, 진태원 옮김, 문학과지성사, 2004, 115쪽.

"[신의 폭력은] 잘못을 저지르게 하고 동시에 속죄해 주는 대신 속죄하게 만든다. 위협하는 대신 내리친다. 그리고 무엇보다도 ─ 이것이 본질적인 점인데 ─ 피를 뿌리며 죽게 만드는 대신 피를 흘리지 않고서 죽게 하고 소멸시킨다. 피가 모든 차이를 만들어 내는 셈이다. [중략] 순수하게 신적인(유대적인) 폭력(la violence purement divine[judaïque])은 모든 생명에 대해 행사되지만, 이는 생명체를 위해 그런 것이다."[9]

물론 데리다는 벤야민의 개념을 정치 혁명과 좀 더 연결하여 설명하고 있습니다. 진정한 혁명은 법을 새롭게 정초하기보다, 법 자체를 벗어나는 것이어야 한다는 것이죠. 가장 파괴적인 폭력이란 법과 법의 토대를 소멸시키는 것이고, 따라서 혁명이란 법을 넘어서, 판결을 넘어서 있다는 것입니다. 그런데 저는 이것을 제 자신에게도 적용할 수 있다고 생각합니다. 왜냐하면 법과 법의 토대를 소멸시킨다는 것은 어떤 규범 속에서 영위해 왔던 기존의 삶을 소멸시키는 것이라고 해석할 수도 있을 테니까요. 어쩌면 그날 제가 찾아간 강의실에서 들려온 벤야민의 철학들은 내게 다가온 '신적 폭력'이었을지도 모릅니다. 감히 그렇게 이해해 봅니다. 강의실 안으로 신의 폭력이 난입하였다고요. 제게 새로운 생명을 주기 위해서 말입니다.

그 이후에 저는 프루스트의 『잃어버린 시간을 찾아서』를 읽으면서 벤야민을 다시 만나게 됩니다. 프로그램의 한 학기가 통째로 『잃어버린 시간을 찾아서』를 읽는 시간이었는데, 당시 유일하게 벤야민의 글을 발췌하여 번역한 책인 『발터 벤야민의 문예이론』를 함께 읽었습니다. 아직도 이 책에 있는 아포리즘들이 강렬하게 내 머릿속에 남아 있습니다. 지금도 그가 「글을 잘 쓴다는 것」이란 아포리즘에서 "나쁜 작가에게는 많은 생각이 떠오르는 법이다"라고 했던 말이 생각납니다.[10] 언제나 번잡한 생각들이 떠오를 때면 벤야민이 이 말로 나지막이 조언을 합니다. 그리고 벤야민의 교수자격 논문인 『독일 비애극의 원천』도 읽었습니다. 그렇게 읽으니 벤야민의 생각이 어떤 것인지 이해할 수 있는 듯했습니다.

9. 데리다, 『법의 힘』, 115~116쪽.
10. 발터 벤야민, 『발터 벤야민의 문예이론』, 반성완 편역, 민음사, 1983, 26쪽.

그러나 벤야민 글의 일품은 역시 『일방통행로』 같은 아포리즘이 보여 주는 촌철살인의 사유들입니다. 수전 벅 모스는 이 책이 한 세계의 돌이킬 수 없는 죽음을 보여 준다고 평합니다.[11] 정말 딱 맞는 말입니다. 책이나 문학이라는 고색창연한 과거의 형식에 죽음의 언도를 내리고, 리플릿, 소책자, 신문 기사, 플래카드 같은 글을 써 냅니다. 논문 작가에서 일종의 기계공으로 바뀌는 장면이지요.

제가 그랬습니다. 은행원으로만 살아갈 것 같은 저의 과거 형식에 죽음을 언도하고, 생생한 정신의 현장으로 뛰어들어간 그 시절은 내게 독특한 '일방통행로'였지요. 저편에서 오는 차는 전혀 없으니, 내 쪽에서 저쪽으로 가는 길만 있는 그런 길. 혹시 진보란 것이 있다면, 나는 벤야민과 함께 그 시절을 기억할 것입니다.

---

11. 벅 모스, 『발터 벤야민과 아케이드 프로젝트』, 32쪽.

반복되는 상처가 새로운 삶을 만든다

—

주디스 버틀러, 『혐오 발언』

X 가 진 놈 이 누 구 보 고 X 같 은 년 이 라 는 거 지 요 ?

신혼 시절이었을 것이다. 출근은 언제나 그렇듯 지옥철로 움직여야 했다. 다행히도 집과 역이 가까운 데다, 갈아타지 않고 회사로 출근할 수 있는 것만으로도 고맙게 생각하고 다녔다. 그러나 자리는 늘 만석이어서 서서 한 시간은 족히 가야 한다. 전날 과음이라도 했을라치면 온통 피로에 찌든 몸을 이끌고 문 옆에 기대어 졸며 가기도 했다. 좀 익숙해지자 노약자석 옆이 좀 더 호젓하고 졸기에도 적당한지라 가끔 그곳을 애용하기도 한다.

어느 날 역시나 과음에 찌든 몸을 이끌고 노약자석 벽에 붙어서 출근 중이었다. 내 앞에는 무척 조용하실 것 같은 단아한 할머니께서 앉아 계셨다. 나이는 꽤 들어 보였지만, 지갑 하나를 두 손으로 포개어 잡고 똑바로 앉아 있는 모습이 인상 깊어서 지금도 가끔 기억이 난다.

그런데 한두 정거장 지나서 조그만 사건이 발생했다. 어떤 우락부락한 할아버지가 내 왼쪽 어깨를 세차게 밀고 들어오더니, 할머니 옆자리를 거칠게 차지했다. 지하철에서 이런 분들은 흔하다. 시비를 걸어 봐야 내 정신만 구기는 짓이다. 내 앞에 앉아 계시던 할머니가 조용히 고개를 돌려 할아버지 얼굴을 노려보듯 바라보았다. 좀 지나치다는 표현을 완곡하게 하신 것 같았다. 그럴 만도 했다. 아마 할아버지의 거친 행동이 할머니를 많이 아프게 했을 것이다. 그러나 몸을 밀치고 들어오는 거친 태도를 봐도 알겠지만, 할아버지는 그걸 받아줄 만한 분이 아니시다. 그 순간 할아버지는 입에서 "X같은 년하고는, 뭘 봐?"라고 별거 아니라는 듯 욕설을 내뱉었다.

나는 약간 불안해졌다. 수많은 열차 중, 또 그 많은 사리들 중, 꼭 내가 있는 이 자리에서 쓸데없이 이런 마찰이…. 제발 그냥 이대로 지나가기를. 나는 으레 그렇듯이 할머니가 고개를 돌리고 조용히 지나가실 줄 알았다. 앞서도 말했지만, 지하철에서 이런 분들은 흔하다. 시비를 걸어 봐야 내 마음만 흠이 갈 뿐이다.

그러나 사건은 바로 그때 순식간에 벌어졌다. 할머니가 내 쪽을 바라보면서—아마 나를 바라보는 게 아니었을 것이다. 아무튼 내 쪽을 바라보면서— 아주 정중한 경어로 또박또박, 그리고 무척 논리적인 어조로, 그러나 결코 작지 않은 목소리로 이러는 거다. "아니 세상에, X 가진 놈이 누구보고 X 같은 년이라는 거예요? 세상의 X이 죄다 빠졌나 보죠?" 그녀는 너무나 논리적이면서 가장 예의바른 어조로 이 말을 하고 계셨다. 아, 그 순간 나는 잠이 싹 달아나고, 술이 확 깨는 느낌이었다. 그리고 주변을 둘러봤을 때, 할아버지와 내 주위 사람들 사이에 흐르는 낯선 정적. 할머니는 정말이지 난데없이 튀어나온 암사자 같았다.

카운터펀치, 말은 행위다

말이란 일종의 행위와도 같다. 그러나 말이라는 행위는 물리적 행위와 조금은 다르다. 보는 관점에 따라서 발언하는 말 자체가 직접적인 행위

반복되는 상처가
새로운 삶을 만든다

가 되어 상대를 가격하는 것으로 볼 수도 있다. 그러나 다른 관점에서 보면 그 발언 자체가 행위이기보다, 말을 함으로써, 그 말의 결과로 어떤 효과가 따라나오는 것으로 볼 수도 있다.

전자는 법정에서 판사가 "나는 선고한다"라고 했을 때 출현한다. 이때 판사의 말은 바로 그 자체가 행위이다. 발언 순간 판사 앞에 서 있는 피고는 판사의 말 그대로 죄인이 되고, 교도소에 수감될 것이다. 말이 상대를 강제한다. 그러나 후자는 집에 홀로 있는 어린아이에게 아빠가 전화로 "그래 금방 들어갈 거야"라고 말하는 경우이다. 이 경우 아빠가 집에 일찍 들어갈 수도 있고, 아닐 수도 있지만, 아빠는 아이를 안심시키는 '효과'를 위해서 전화로 아이에게 금방 들어간다고 말하고 있는 것이다. 그의 말은 직접적인 행위라기보다 말의 내용(집에 금방 들어간다)과는 무관하게 지금 당장 아이를 안심시키는 '효과'(말의 결과로 얻는 효과)를 원한다.

할아버지가 나를 밀치고 자리에 앉아 할머니에게 심한 욕설을 퍼부은 것은 아마도 평소 입버릇일 수도 있지만, 명백히 할머니와 주변 사람들의 입을 닥치게 하고, 자신을 건들면 다소 피곤하게 되리라는 무언의 위협을 보여 주는 것이다. 그러니까 욕설을 통해서 위협적인 모습을 보임으로써 아무도 자신을 제지하지 못하게 하는 '효과'를 노렸다고 할 수 있다. 그러나 할아버지의 생각과는 달리 할머니의 세찬 펀치가 날아온 것이다. 물론 할아버지의 생각과만 다른 것은 아니다. 우리도 전혀 예상치 못한 카운터펀치(counterpunch)였으니까.

이런 생생한 순간을 이론적으로 파헤친 철학자가 있다. 바로 현대 페미니즘 이론의 거장, 주디스 버틀러(Judith Butler, 1955~)이다. 그녀는 페미니스트이자 퀴어 이론가로서, 특이하게도 반(反)정신분석학자인 푸코를 정신분석학으로 재해석한 푸코의 계승자이자, 독특한 언어 연구자이다. 아니나 다를까, 그녀는 대학에서 '수사학'을 가르치는 교수이기도 했다.

그녀의 면모를 알 수 있는 책으로 『혐오 발언』(*Excitable Speech*)이 번역되었다. 이 책은 출간 당시 메갈리아/워마드 사이트의 강도 높은 발언들이 화제가 되면서 한국 지성계도 크게 관심을 갖게 된 책이기도 하다. 물론 그것과 관련이 있는 책이기도 하지만, 그렇다고 메갈리아/워마드의 발언에만 국한되어 이야기될 내용은 아니다. 이 안에는 매우 다층적인 관점들이 숨겨져 있다.

모든 말은 'exitable speech'이다

우선 국역본에 '혐오 발언'으로 번역되어 버린 원제 'excitable speech'에 대해서는 다소 설명이 필요하다. 'excitable'의 사전적 의미는 '격분시키는'이라는 뜻이다. 그렇다면 'excitable speech'는 직역하면 '격분시키는 말'이 된다. 그러나 버틀러는 사전적 의미로만 이 단어를 사용하지는 않는다. 더군다나 번역본 제목으로 택한 '혐오 발언'의 의미도 아니다. 버틀러의 설명에 따르면 이 용어는 법적인 용어다. 법에서 'excitable speech'는 어떤 강압에 못 이겨 행해진 말이다. 이런 이유로 그것은 안정된 정신 상태를 반영하고 있지 않기 때문에 법정에서는 사용될 수 없는 증언(confessions)이다.[1]

버틀러는 왜 이런 난해한 법정 용어를 사용하고 있을까? 여기서 버틀러가 이 말을 사용하는 중요한 이유는 "법이 통제할 수 없는 말"이라

---

1. 주디스 버틀러, 『혐오 발언』, 유민석 옮김, 알렙, 2016, 38쪽.

반복되는 상처가
새로운 삶을 만든다

는 맥락에서다. 그것은 주권주체(sovereign subject, 일단 여기서는 '국가'라고 해두자)로부터 통제가 풀려 버린 말이다. 즉 국가도 어쩌지 못하는 말인 것이다. 버틀러는 일차적으로 여기에 의미를 두고 시작한다.

이 지점에서 버틀러는 좀 더 나간다. 미국의 수정헌법 1조[2]는 표현의 자유를 명시한 법조문이다. 만일 이 '표현의 자유'를 최대치로 인정한다면, 모든 말은 자유로워야 할 것이다. 하지만 이 순간 역설이 발생한다. 즉, 모든 말이 역설적으로 'excitable speech'가 되어 버리고 만다. 그러니까 모든 말이 자유롭다면, 그것은 주권주체(국가)로부터 벗어나 있어야 하고, 사실 벗어나 있기도 한 것이다. 결국 혐오 발언자의 혐오 발언(hate speech)도, 거기에 대응하는 저항 발언(counter-speech)도, 모두 'excitable speech'라고 할 수 있다. 이처럼 'excitable speech'는 부정적인 뉘앙스가 강한 '혐오 발언'으로만 이해하기엔 너무나 폭넓은 범위를 가지고 있다. 혐오 발언과 저항 발언 모두 국가에서 벗어나 존재하므로, 모두 'exitable'인 것이다.

그런데 사정이 이러한데도 만약 이런 말의 규제를 국가에게 넘겨 버리면 사정이 달라진다. 할 수 있는 말과 할 수 없는 말을 가르고 규제하는 권한을 국가가 갖게 되어 버린다. 즉, 그 말의 비준 권한이 국가에게로 넘어가 버린다. 그렇게 되면 오히려 국가가 비준한 혐오 발언(hate speech)만 무한 생산될 위험에 처한다고 버틀러는 경고한다. 결국 모

---

2. "Congress shall make no law respecting an establishment of religion, or prohibiting the free exercise thereof; or abridging the freedom of speech, or of the press; or the right of the people peaceably to assemble, and to petition the Government for a redress of grievances"(의회는 종교를 만들거나[국교수립], 자유로운 종교 활동을 금지하거나, 발언의 자유를 저해하거나, 출판의 자유, 평화로운 집회의 권리, 그리고 정부에 탄원할 수 있는 권리를 제한하는 어떠한 법률도 만들 수 없다). 여기서 "an establishment of religion"은 '국교수립'으로 수정헌법은 이를 금지한다. 즉, 나라가 법에 특정한 종교를 국교로 정해 국민에게 믿도록 강제할 수 없다.

든 말을 국가로부터 벗어나게 해서 혐오 발언과 저항 발언 모두 내재적인 장에서 대결시키고자, 버틀러는 이 법적 용어를 전략적으로 선택했다고 할 수 있다. 모든 말은 국가에게서 벗어나 있다. 고로 모든 말은 'excitable speech'이다. 'excitable speech'로서 모든 말들은 국가 밖에서 자유롭게 싸워야 한다. 우리들끼리 해결해야 하는 것이다.

포 르 노 그 래 피 가   저 항 이 다

그렇게 혐오발언에 대한 가부(可否) 판단을 국가에게 넘기지 않는다면, 버틀러가 뭔가 서로 합리적 의사소통을 하고, 합의하는 모습을 상상하고 있는 걸까? 아니다. 역시나 버틀러는 '의사소통과 합의'의 철학자, 하버마스(Jurgen Habermas)에 대해서도 부정적인 입장이다.

이 책에서 버틀러의 논쟁 철학자인 레이 랭턴[3]은 '애니타 힐 사건[4]을 두고 애니타 힐이 어떤 정치적 권력도 없었기 때문에 힐이 의도한 바대로 발언 내용이 전달되지 않았고, 오히려 증언이 성애화된 행위(sexualized act)가 되어 버렸다고 분석한다. 그러니까 애니타 힐이 '권력이 없었기 때문에' 사람들은 애니타 힐의 증언을 듣고 토머스 판사를 비판적으로 생각하기보다, 오히려 힐을 포르노그래피로 상상하게 된다

---

3. 레이 헬렌 랭턴(Rae Helen Langton). 칸트 철학과 페미니즘 철학에 관해 광범위한 저서를 갖고 있는 철학자로서, 포르노그래피와 대상화(objectification)에 대한 작업으로 유명하다. 버틀러는 이 책에서 레이 랭턴 식의 법률적 저항 논리를 하나하나 비판적으로 검토하고, 자신의 의견을 내놓는다.

4. 애니타 힐(Anita Hill) 사건. 1991년 미국의 대법원장 후보 토머스 판사가 부하직원인 아프리카계 미국인 여성 애니타 힐을 지속적으로 성희롱한 사건이다. 이 사건은 청문회에 소환되어 다루어졌다. 애니타는 흑인, 여성이라는 차별을 딛고 홀로 권력과 싸운다. 당시 청문회에 참석한 상원의원 14명이 모두 남성이었다. 이후 미국 내 페미니즘 운동에 중대한 영향을 끼쳤다.

반복되는 상처가
새로운 삶을 만든다

는 분석이다. 이런저런 성적 폭력을 설명해야 하는 청문회 증언이 의도와 다르게 일순간 음란물처럼 여겨지게 되는 것이다. 그래서 레이 랭턴은 이런 불균형을 '법을 통해서' 바로잡아야 한다고 생각한다.

그러나 버틀러는 생각이 다르다. 누구는 권력이 있으니까 의도한 대로 이야기가 전달되고, 누구는 권력이 없으니까 의도한 대로 이야기가 전달되지 않는다는 분석은 잘못이라고 생각한다. 그런 것과는 무관하게 언제나 말은 의도한 대로 전달되지 않을 위험에 항상 처해 있다. 따라서 버틀러가 보기엔 사람들 사이에 투명한 의사소통은 애초에 불가능하다. 의사소통에는 늘 '삑사리'가 있게 마련인 것이다. 이 의미에서 버틀러는 좀 공격적으로 이렇게 질문한다. "정치적 이론화에 대한 불가역적인 상황을 이루고 있는 어떤 영구적인 다양성이 의미론적인 영역 내에 있지 않을까? 동일한 발언들에 동일한 의미를 '할당하는' 지위에서 누가 해석적인 싸움 위에 서게 될까?"[5] 의미의 영역은 다양성이 지배할 수밖에 없다. 어떤 말도 단 하나의 의미로 유통되지 않는다. 사용하는 맥락과 주체에 따라서 완전히 다르게 들린다. 애니타 힐의 경우에 누구에겐 저항이지만, 누구에겐 포르노그래피인 것이 불가피하다. 이 영역에서는 어느 누구도 해석의 우위에 서지 못하기 때문에 평화로운 의사소통이란 환상에 불과한 것이다.

바로 이 지점에서 버틀러는 아주 뜻밖의 돌파를 보여 주고 있다. 오히려 발언들에게 단일한 의미가 없다는 점이, 그러니까 반(反)하버마스적인 상황이 애니타 힐의 새로운 가능성을 개시한다고 주장한다. 그리고 그러기 위해서는 애니타 힐은 자신의 발언이 포르노그래피로 오인

---

5. 버틀러, 『혐오 발언』, 167~168쪽.

될 위험을 감수해야 한다고도 주장한다. '발언이 의도되지 않거나 절대 의도하지 않은 방식으로 의미를 지닐 위험(the utterance risk)'[6]을 무릅써야 한다는 것이다. 그리고 그녀는 상처를 주는 권력들이 어떤 권력인지를 보여 주기 위해서 자신을 위험에 빠트릴 수도 있는 그 혐오 발언들을 되풀이해서 말해야만 한다고도 단언한다.[7] 그 말들은 원래 그녀의 말이 아니지만(사실 그 말들은 남성들이 만들어 놓은 포르노그래피 언어들이다) 그 말들을 되풀이 하지 않으면 싸움의 가능성을 만들 수도 없다. 더러운 포르노그래피가 저항이 되어 버린 셈이다.

우리는 이것을 경험적으로 충분히 이해할 수 있다. 상대를 싸워 물리치려면 상대가 있는 진흙탕으로 들어가 싸워야 하는 것이다. 보이지 않는 어둠 밑바닥에 스스로 내려가야 한다. 상대가 때리면 나도 때려야 하는 것이고, 상대가 욕설을 퍼부으면 나도 욕설을 퍼부어야 한다. 원래 싸움이란 그런 것이다. 이른바 '진흙탕 싸움'이라는 것이 싸움의 본래적인 모습이다. 상대가 더러운 자이면 나도 더러운 자가 되어야만 싸움이 시작된다. 이기기 위해서는 똥물 튀기는 그곳으로 장렬하게 들어가야만 한다.

버틀러는 합의에 의하여 문제를 해결하는 상황은 존재하지 않으며, 오히려 상대의 발언을 비판하기 위해서 상대의 표현들을 재인용함으로써 생기는 위험을 무릅써야만 저항하는 사람들의 행위능력을 키우는 가능성도 구성된다고 생각한다. 이것은 무척이나 내재적인 전투라고 할 수 있다. 국가도 공론장도 상정하지 않는 이 무대 위에서 벌어지

---

6. 버틀러, 『혐오 발언』, 166쪽.
7. 버틀러, 『혐오 발언』, 169쪽.

반복되는 상처가
새로운 삶을 만든다

는 너와 나의 싸움. 오로지 언어의 가치를 재탈환함으로써 힘이 조정되는 그런 싸움.

버틀러는 매우 푸코적이다. 주권적 저항방식, 그러니까 법률에 기대어 권력에 맞서는 저항방식을 비판하는 장면들은 푸코의 권력론을 아주 많이 참조하는 것 같다. 이 책이 97년도에 출판되었기 때문에, 아마도 이 책을 쓸 때의 버틀러는 『푸코 효과』(*The Foucault Effect*, 1991)를 읽고 난 다음일 것이다. 그러니까 후기 푸코의 통치성 연구를 잘 알게 된 다음이 아닐까 싶다.

반복된 상처가 세계를 돌파한다

또다시 'excitable'이라는 단어로 되돌아가 본다. 내 생각에 버틀러가 'excitable'같이 잘 사용하지 않는 형용사를 굳이 사용하는 이유는 재미있게도 이 단어 속에 품고 있는 'cite'라는 말과 연관된다. 'cite'의 라틴어는 'cǐto'(키토)이다. 'cǐto'는 '빨리 움직이게 하다, 재촉하다'란 의미도 있지만, '소환하다', '고발하다', '인용하다'란 의미도 있다. 즉, 'excite'(흥분시키다)와 'cite'(인용하다)는 같은 어원에서 나온 단어인 것이다.

그렇다면 excitable은 ex-citable, 즉 '맥락에서 벗어나 인용할 수 있는'이란 의미가 되면서, 버틀러의 저항 방식을 제대로 지지해 주는 단어가 된다. 예컨대 '퀴어'(Queer)[8]는 원래 혐오 발언에서 시작되었지만, 동성애자들이 '퀴어 공동체' 등으로 재전유함으로써 기존 맥락(혐오의 맥락)에서 완전히 벗어난 단어(저항의 맥락)로 새롭게 사용될 수 있었던 것

---

8. '퀴어'(Queer)는 원래 '이상한', '색다른'을 뜻하는 단어로 당초에는 상대를 조롱하는 단어였다.

처럼 말이다. 즉, 혐오 발언자들의 말을 과거 사건들에서 관습적으로 사용하던 혐오 의미에서 '탈-인용'(ex-citable) —— 즉 다르게 사용 —— 하여 새로운 가치를 획득하는 것이다.

'탈-인용'(ex-citable)은 감동했던 버틀러의 문장 중 하나와도 연결된다. 그것은 "그 누구도 상처를 반복하지 않고서 어떤 상처를 돌파할 수 없다"(No one has ever worked through an injury without repeating it)는 그녀의 세찬 말이었다.[9] 상처가 반복됨으로써 트라우마가 지속되기도 하시만, 바로 그렇기 때문에 트라우마와 항상 재대결하고, 그 트라우마가 다른 것이 되도록 하는 근본적인 가능성을 품을 수 있다는 것이다. 반복이 없다면 트라우마는 돌이킬 수 없는 것으로 고정된다. 오히려 상처가 반복되기 때문에 그 상처를 다르게 만들 수 있는 기회를 얻는다. 꼭 혐오 발언에만 한정될 필요 없는 삶의 명언이다. 모든 소수적인 것들은 자신이 지닌 상처들을 품은 채 전진하여 삶을 힘차게 만들어 가는 것이다. 'excitable'은 바로 그런 의미이다.

다시 그날 그 지하철로 돌아가 본다. 20년도 더 된 그 옛날 지하철에서 할아버지는 할머니의 예기치 않은 '대항 욕설'에 당황하셨는지, 또 주변의 시선이 부담스러웠는지 잠자코 앉았다가 다음 정거장에서 잽싸게 내렸다. 할머니는 여전히 지갑을 잡은 채 다시 눈을 감으셨다. 아주 효과적인 'excitable speech'이지 않은가. 새삼 지금 와서 돌이켜 보면 할머니는 사회에 만연한 트라우마들을 경험적으로 잘 처치하고 있었다. 그때를 상상해 보면 유쾌하기까지 하다.

그러나 쉽지만은 않다. 오로지 이런 경우에만, 그러니까 반복된 상처

---

9. 버틀러, 『혐오 발언』, 194~195쪽.

반복되는 상처가
새로운 삶을 만든다

를 새로운 가치로 전환하기 위해서 위험을 감수할 때만, 그것은 의미가 있을 것이다. 만일 국가 밖에서 행해지는 이 내재적인 전투에서 삶을 힘차게 만들어 가는 방식이 아니고, 다시 삶을 어두움으로 밀어 넣는 발언으로 상대에게 저항한다면, 그리고 그런 저항이 또 다른 소수자를 배제하는 방식으로 작동한다면 그것은 저항 발언이기를 그만두는 것이다. 바로 이 지점에서 나는 할머니의 발언방식을 탐구하는 출발점에 서야 할 것 같다. 그러기 위해 나는 말 앞에서 이방인처럼 서는 훈련부터 시작해야겠다. 말이 탈인용되는 것은 내가 탈인용되는 것이니까.

주디스 버틀러의
『혐오 발언』
후기

철학 공부를 하면서 제가 알게 된 네 사람의 여성이 있습니다. 하이데거의 제자이자 20세기 정치철학에 커다란 족적을 남긴 한나 아렌트(Hannah Arendt, 1906~1975), 21세기 정치철학과 페미니즘의 대가 주디스 버틀러, 루쉰과 다케우치 요시미를 중심으로 동아시아 담론을 이끌고 있는 중국의 쑨거, 그리고 공생진화를 주창한 생물학자 린 마굴리스가 그들입니다. 어떤 의미에서 보면 그들은 제가 관심을 갖고 있는 세 분야에 정확하게 배치되어 있습니다. 서구 현대 철학, 동아시아 담론, 현대 자연과학. 그 중에서도 주디스 버틀러는 현대 철학을 떠받치고 있는 가장 중요한 여성 철학자로 제 정신에 새겨져 있습니다.

2016년도 한국은 페미니즘 열풍이 불고 있었습니다. 당시 한국에는 미투 운동이 가속화되기 전이었지만, '메갈리아'와 '워마드'라는 페미니스트 사이트가 큰 관심을 얻고 있던 때였습니다. 메갈리아라는 이름은 '디시인사이드'라는 사이트에 속해 있던 '메르스 갤러리'에서 독립했기 때문에 여기서 '메'를, 그리고 소설 『이갈리아의 딸들』의 가상 국가 '이갈리아'에서 '갈리아'를 따와 지어졌다고 합니다. 이 책에서 '이갈리아'(Egalia)는 남성과 여성의 성역할 체계가 완전히 뒤바뀐 가상의 세계입니다. 그러니까 '메갈리아'는 남성이 지배하는 세계를 전복하는 것을 꿈꾼다고 할 수 있지요. 그러다 보니 게시 내용은 남성을 공격하는 글과 사진들로 뒤덮여 있었습니다. 여기다 더 급진적인 '워마드'가 생겨서 논란은 더욱 가속되고 있던 상황이었죠. 'Woman'(여성)과 'Nomad'(유목민)를 합성한 말로 알려진 '워마드'는 아예 '모든 남성을 혐오한다'를 모토로 탄생했다고 합니다. 당시 일반이 보기에는 급진적인 걸 넘어서 혐오를 방조하는 사이트로 비쳐지기도 했습니다. 저도 게시 내용의 맥락을 몰라서 어리둥절해 하고 있었지요.

때마침 주디스 버틀러의 『혐오 발언』이라는 책이 번역되어 나왔습니다. 저도 이

반복되는 상처가
새로운 삶을 만든다

번 기회에 좀 더 정확하게 맥락을 이해해야겠다고 생각했습니다. 버틀러의 이 책이 그런 저의 생각을 충족해 줄 책이라고 여겼습니다. 메갈리아나 워마드에서 활동하는 사람들이 주장하는 이른바 '미러링'(Mirroring)이 어떤 맥락에서 생성되는 것인지 정확하게 알려줄 거라고 보았지요.

주디스 버틀러는 『인민이란 무엇인가』에 수록된 그녀의 글 「우리, 인민 ─ 집회의 자유에 관한 생각들」을 읽고 감탄했던 철학자입니다. 어떤 비평가는 그녀가 굉장히 난해한 산문 스타일을 가지고 있어서 엘리트주의자에 불과하다고 비판하기도 했다던데, 제가 처음 접한 그녀의 글은 매우 명확해서 그런 생각이 전혀 들지 않았습니다. 그녀는 투표를 통해서 분명히 인민주권이 선출된 권력(국회의원, 대통령 등)으로 이전되지만 결코 완전히 이전되지 않는다고 말합니다. 왜냐하면 인민주권은 정권을 창출할 수도 있지만 동시에 그것을 퇴진시킬 수도 있기 때문입니다.[10] 당시 이 책의 이 주장을 가지고 박근혜 퇴진 운동을 바라보면 너무나도 정확하게 들어맞았습니다.

『혐오 발언』은 2016년 여름휴가 때 피서를 가면서도 들고 가 읽고, 집에 돌아와서도 동네 도서관까지 가서 마저 읽은 책입니다. 그 해 여름은 제게 버틀러의 여름이었지요. 첫 부분을 읽기 시작했을 때는 언어의 수행성(performativity)이라든지 반복가능성(iterability) 같은 철학 용어, 더군다나 '애니타 힐 사건'같이 특수한 사정들은 전혀 알지 못하기 때문에 매우 낯선 글로 보였습니다. 심지어 페미니즘에도 문외한이라서 완전히 새로운 영역처럼 여겨졌지요.

그런데 제 눈길을 끄는 게 있었습니다. 그것은 제목입니다. 이 책의 영어 제목은 'Excitable Speech'입니다. 'exitable'이라는 단어는 사전적 의미가 '흥분을 잘하는', '격분시키는'입니다. 좀 이상했습니다. 그럼, 'exitable speech'는 '격분시키는 말'인가? 물론 혐오 발언이 상대방을 흥분하도록 만들므로 틀린 말은 아닙니다. 그러나 그런 뜻으로만 새기면 그다지 버틀러답지 못한 것 같았습니다.

버틀러의 설명에 따르면 법에서 'excitable speech'는 어떤 강압에 못 이겨 행해진 말입니다. 강압을 받으면 안정된 정신 상태를 반영하고 있지 않아서 법정에서 사

---

10. 알랭 바디우 외, 『인민이란 무엇인가』, 67쪽.

용될 수 없는 증언이 됩니다. 아마 법적 용어였던 것 같습니다. 버틀러가 이런 법적 용어를 사용하는 이유는 '법이 통제할 수 없는 말'이라는 맥락에서입니다. 법이 통제하지 못하는 말, 그것은 자유롭게 풀린 말들입니다. 그러나 이 순간 역설이 생기지요. 법 자체가 자유를 제1조로 삼기 때문에 모든 말은 자유롭게 풀려 있습니다. 무슨 말이든 할 수 있는 것이죠. 결국 자유를 최고 신조로 삼는 법 아래에서라면 모든 말은 역설적이게도 'exitable speech'입니다. 그러나 이런 규범적 설명은 일견 새로운 인식을 자극했지만, 감동적이지는 않았습니다.

그러나 버틀러의 논지를 잘 읽어 보면 상대의 말을 탈-맥락화하기 위해서 다시 인용하는 행위에 대한 통찰이 숨어 있습니다. 예컨대 '퀴어'(Queer)라는 단어는 처음에는 성 소수자를 비하하기 위한 혐오 발언에서 시작되었죠. 원래 뜻 자체가 '이상한 놈'이란 뜻이었습니다. 그러나 게이나 레즈비언들이 이 말을 그대로 자신들을 지칭하는 단어로 사용하고, 그렇게 말하는 자들에게 대항하는 사람으로 규정해 버렸습니다. 지금은 그들 스스로 자신을 드러내고 지칭하기 위해 쓰이는 당연한 말이 되었습니다. 오히려 소수이지만 강력한 저항정신을 지니는 자들로 의미가 바뀌어 버린 것이죠. 원래의 뜻에서 탈-맥락화(de-contextualization)시켜 버린 것입니다.

이 지점이 저의 욕구를 강렬하게 자극하였습니다. 저는 라틴어 사전을 찾아봐야겠다고 생각했습니다. 요즘 인터넷 사전들이 많이 발전되어 있어서, 가끔 철학용어의 어원을 찾아보기도 하거든요. 제가 언어를 잘해서라기보다, 철학은 언어의 기술 중 하나니까, 개념을 표현하는 용어에 주의해 읽는 것은 텍스트를 이해하는 데 크게 도움이 된다고 생각하기 때문입니다. 이 경우도 찾아보면 유의미한 발견을 할 것 같았죠.

특히 제가 주목한 단어는 'excitable'에 숨어 있는 'cite'입니다. 'cite'는 영어로 인용하다는 뜻이지요. 'cite'의 라틴어 어원을 찾아보았습니다. 그것은 'cīto'(키토)였습니다. cīto의 뜻을 뒤져 보았더니, 그것은 여러 가지 의미를 품고 있었습니다. 첫째 뜻은 '빨리 움직이게 하다, 서둘게 하다, 재촉하다, 촉진시키다, 선동하다'입니다. 의외였습니다. '인용하다'라는 뜻이 먼저 나올 줄 알았는데 말입니다. 그리고 보면 'ex-cite'는 엄청나게 급하게 재촉하는 것이 됩니다. 그러니까 도가 지나치게 닦달하는 것이죠. 그러므로 '흥분시키다'라는 뜻이 이해가 됩니다. 두번째 뜻은 '소집하다. 소환하다', 세번째 뜻은 '고발하다', 네번째 뜻은 '선언하다. 선포하다'입니다. 여기서부터 저는 무언가 감이 오기 시작했습니다. 이 단어는 죄를 저지른 자를 닦달하고, 소환해서 고발하는 것이며, 심지어 이 자가 죄인이라고 선포하는 것이라고 생각되었습니다. 그러나 이렇게만 해석하면 다소 모자라 보입니다.

역시 다섯번째 뜻인 '인용하다'가 있어야 합니다. 'ex-cite', 즉 '탈-인용'한다는 뜻으로 새겨볼 수 있습니다. 적들의 말을 우리 편이 인용합니다. 그러나 똑같은 말을 했으되, 전혀 다른 의미가 되도록 인용합니다. 앞에서 언급한 퀴어가 대표적인 예입니다. 이런 상황을 만들면 그런 혐오 발언을 한 적들은 자신의 의도와 다르게 사람들 앞으로 소환됩니다. 그 순간 자신의 혐오 발언이 세상 사람들 앞에서 고발되고, 비난받아야 할 행위로 선언됩니다. 결국 상대의 말을 이용해 상대에게 되갚아 주는 것입니다. 언어의 수행성이라는 것이 이럴 수도 있는 것이로구나, 하고 단번에 이해해 버렸습니다.

이런 생각을 전문가 선생님께 물어보았더니, 충분히 그렇게 해석할 여지가 있다고 말해 주었습니다. 기뻤습니다. 제가 스스로 어떤 의미를 쟁취한 것 같은 느낌이 들었던 것이죠. 제목 자체가 이런 의미를 지닌다고 생각하니까 책에 대해 조그만 자신감이 생겼습니다. 그렇게 책 전체가 완전히 다르게 읽혔습니다. 페미니즘을 중심으로 이야기를 전개하고는 있지만, 반드시 페미니스트만을 위한 책이 아닌 것 같았습니다. 여성뿐 아니라 장애인, 성소수자, 이주노동자, 난민 등 모든 소수자들이 주류로부터 혐오를 받을 때 같은 정신으로 싸울 수 있다는 생각도 들었습니다. 버틀러의 이야기가 훌륭한 것은 오로지 여성만의 해방에 기여하는 것이 아니라, 여성을 넘어서서 모든 소수자들을 해방시키는 것이기 때문입니다.

그리고 버틀러는 제게 새로운 친구를 만들어 주기도 했습니다. 공부를 하면 꼭 친구를 얻게 되는 모양입니다. 또 친구가 되면 어디에 있든 반드시 함께 공부하게 됩니다. 어떤 대학생이 그때 버틀러에 대해 썼던 페이스북 포스팅에 댓글을 달면서 친구가 되었습니다. 그 후에 페이스북 댓글로만 이야기 나누다, 제가 오랜만에 강의를 하러 갔을 때 그곳에서 만나게 됩니다. 그는 앳돼 보이는 공학도 청년이었지요. 그러나 철학에 대해 누구보다 열정 넘치는 청년이었습니다. 가끔 만나 식사도 하는 사이가 되었습니다. 큰 애와 서너 살 차이일 뿐인 이 청년은 제게는 무척 과분한 친구일 겁니다. 그래도 버틀러가 이어준(?) 이런 인연이 참 귀합니다. 그는 철학자 버틀러와 가수 레너드 코헨을 무척이나 좋아합니다. 언젠가 회사일로 녹초가 되어 있는데, 제

책상 위에 올려져 있는 소포를 보았습니다. 소포를 열자 피곤이 확 사라졌습니다. 소포에는 버틀러의 『윤리적 폭력비판』이 들어 있었습니다. 그 친구가 읽어 보라고 보내 준 것입니다. 이제는 이 친구 때문이라도 버틀러를 깊이깊이 읽지 않을 수 없게 되었습니다.

5부

———

읽고 쓰고
공부하는 책들

읽기는 창조다

—

장 폴 사르트르, 『문학이란 무엇인가』

은 폐 된   기 원 ,   사 르 트 르

나는 푸코와 들뢰즈, 그리고 사르트르(Jean Paul Sartre, 1905~1980)가 데모에 나섰다가 우연히 함께 찍힌 사진을 좋아한다. 그 사진에서는 들뢰즈가 푸코를 바라보고 있고, 사르트르가 뒤에서 그런 그들을 조용히 바라보는 순간이 절묘하게 잡혀 있다. 그런데 이 사진을 볼 때마다 이상하게 나는 푸코나 들뢰즈보다, 사르트르에게 더 눈길이 가게 된다. 이들 젊은 세대에게 수모를 당한 사르트르의 처지가 저 알 수 없는 시선에 묻어나 보여서다.

미셸 푸코는 『말과 사물』에서 마르크스주의가 얼마간 파문을 일으킬지는 모르겠으나 기껏해야 '찻잔 속의 폭풍'(tempêtes qu'au bassin des enfants, '아이 세숫대야의 폭풍')에 불과할 거라고 좀 세게 조롱했었다. 마르크스주의가 서양의 인식론적 배치(disposition)를 어지럽힐 의도도, 힘도 전혀 없다는 게 그 이유이다.[1]

---

1. 미셸 푸코, 『말과 사물』, 이규현 옮김, 민음사, 2012, 365쪽.

이런 조롱들은 사르트르를 무척이나 자극했다. 심지어 어떤 인터 뷰에서 푸코는 사르트르의 주저인 『변증법적 이성비판』(*Critique de la raison dialectique*)을 정확하게 조준하여 '20세기를 사유하려는 19세기 인간의 놀랍고도 눈물겨운 노력'이라고 가혹하게 조롱하기도 한다.[2] 이 즈음 사르트르는 푸코에게 만신창이가 되어 있었다.

그러나 사르트르는 현대 사상계에 그림자를 짙게 드리운 사유의 거 인이다. 돌이켜보면 초기 푸코는 언세나 사르트르를 의식하녀 사신의 사유를 전개했고, 들뢰즈도, 바디우도 젊은 시절을 모두 사르트르주의 자로 출발했다. 젊은 바디우는 너무 사르트르 흉내를 낸다는 지적을 받 을 정도로 열렬한 사르트르 추종자였다. 말하자면 현대철학에서 사르 트르란 은폐된 기원과도 같다.

인간은 본래적으로 자유롭다

장 폴 사르트르. 그는 약간 비만형에 키 157cm인 다소 추남형의 남자 였다. 심지어 얼굴에 마마자국이 있는 데다 사시(斜視)이기도 했다. 미 국 영화감독 존 휴스턴[3]은 그를 두고 나무통처럼 생겨서 생각할 수 없

2. 에리봉, 『미셸 푸코, 1926~1984』, 286쪽.
3. 박홍규, 『사르트르 — 자유를 위해 반항하라』, 열린시선, 2008, 40쪽. 사르트르의 50대는 사르트르의 친구이자 정신분 석가인 퐁탈리스(Jean-Bertrand Lefèvre-Pontalis, 우리나라에도 번역된 『정신분석사전』[열린책들, 2005]의 공저자 이다)가 '발견의 초창기'라고 이름을 붙였던 시기이다. 바로 그런 시기에 미국의 영화감독 존 휴스턴(John Huston)이 청년 프로이트를 소재로 한 전기 영화의 시나리오 집필을 청탁해 온다. 시나리오 계약을 맺은 1958년은 사르트르에 게 무척이나 힘든 해이다. 전 애인 미셸이 치사량의 약물 복용 소동 후에 목숨을 건지기도 했다. 또 26만 달러의 세금 사정(査定) 때문에 재정적으로 거의 파산에 가까운 상태가 되기도 했다. 거액의 인세와 영화 판권수입에도 불구하고 경제개념이 없는 큰 씀씀이가 원인이었다. 어머니의 저축으로 겨우 수습하고 있던 때, 존 휴스턴과 프로이트 전기 영 화 시나리오의 거액 계약을 맺었다. 그러나 사르트르가 완성된 시나리오로 영화를 만들면 상영 시간이 5시간이나 되 었다. 사르트르는 존 휴스턴의 수정 요구를 거부하다가, 결국 자기 이름을 영화 자막에서 빼라고 한다. 1962년 이 시

을 정도로 추하게 생겼다고 표현했다. 지금 사진으로 봐도 그렇게 틀린 말은 아닌 것 같다.

그럼에도 사르트르는 여성들에게 인기가 많았다. 하긴 좋아하는 샹송 가수나 배우를 쫓아다니며 성심성의껏 가사나 희곡을 썼고, 심지어 여자를 유혹하기 위해 소설과 철학서를 쓴다고 까놓고 말한 걸 보면, 여성과 사귀기 위해 남모르는 노력도 제법 했을 것 같다. 아니나 다를까, 다들 잘 알다시피 페미니스트 여성 지식인 시몬 드 보부아르와 연인이었으며, 그 외에도 그의 연애편력은 대단했다.[4] 물론 그에 뒤질세라 시몬 드 보부아르도 다르지는 않았지만 말이다.

하지만 그가 연애관에서만 그렇게 자유로웠던 것은 아니다. 그는 뼛속 깊이 자유주의자였다. 자기 자신을 '장상테르'(Jean-sans-Terre, 가진 땅이 전혀 없는 장)라고 부를 정도로 평생 물적 소유를 거부하며 살았다. 그는 평생을 조그만 호텔 꼭대기 층에 방을 빌려 살았으며(시몬 드 보부아르도 같은 층에 다른 방을 빌려 살았다), 죽는 순간에는 자기 책마저 소유하지 않았다고 한다. 조그만 소유마저 구속으로 생각했던 것이다. 죽음을 앞둔 순간에도 그는 "나는 살면서 그랬듯이 죽을 때도 자유를 깊이 느끼며 죽을 것이다"라고 말할 정도였다.[5]

사르트르의 자유는 경찰서 앞에 구호처럼 붙어 있는 '자유민주주의 수호'의 그 흔한 자유가 아니다. 그것은 통상적으로 법에 명시된 그런 자유, 그러니까 사람이 법상 권리가 있기 때문에 얻게 되는 그런 자유가

나리오는 「프로이트, 은밀한 열정」이라는 이름으로 개봉된다(마틸드 라마디에 글, 아나이스 드포미에 그림, 『장 폴 사르트르 ─ 자유로운 실존과 글쓰기를 위해 살다』, 임미경 옮김, 박정태 해제, 작은길, 2016, 132~133쪽).

4. 『문학이란 무엇인가』도 시몬 드 보부아르가 아니라 사르트르가 1945년 미국에 갔을 때 사귄 여성 돌로레스 바네티(Dolores Vanetti)에게 헌정한 책이다.

5. 라마디에 글, 드포미에 그림, 『장 폴 사르트르 ─ 자유로운 실존과 글쓰기를 위해 살다』, 157쪽.

아니다. 그의 논리를 쫓아가다 보면 법을 넘어 우리 자신이 본래 자유 그 자체일 것이라고 여겨진다. 뭔가 쟁취해야 할 그 무엇이 아니라, 인간 존재 자체가 본래적으로 자유가 아니라면 삶 자체가 불가능하게 여겨지는 그런 것이다.

섬 기 는 말 , 사 용 하 는 말

특히 그에게 글쓰기는 그런 자유를 드러내는 매우 중대한 행위이다. 이 문제는 고등학교 국어 시간에 익히 들어본 이른바 '참여문학'이라는 주제와도 긴밀하게 연결된다. 나는 80년대 끄트머리에 대학을 들어갔기 때문에 젊은 시절 이 단어를 수도 없이 들었다. 그러나 내게 이 문제는 온통 극사실주의적인 이미지로 가득하다. 내 통념에 따르면 참여문학은 뭔가 고통 속에 있는 인민들 속으로 들어가 그들의 애환과 괴로움을 사실적으로 보여 주고, 울분에 찬 교훈으로 마무리하는 글인 것이다.

그러나 정작 '참여문학'론을 처음 제기했던 사르트르가 오히려 그런 통념을 비판했다는 걸 알고 신선한 느낌이 들었다.[6] 사르트르는 1945년 10월에 간행된 『현대』(*Les Temps modernes*)지(誌)에 자신이 쓴 창간사에서 문학의 참여 기능을 강조하면서 생긴 논란을 자신이 재정리해야 할 필요성을 느낀다. 그래서 쓴 책이 『문학이란 무엇인가』. 그는 자유와 참여문학에 대해 아주 강렬한 문체로 서술해 나간다.

---

6. 사르트르는 작가가 어떤 정념에 쏠려서 글을 쓰면 자유가 소외된다고 지적한다. 그렇게 되면 책이 증오와 욕망을 품게 하는 수단에 불과한 것이 되고 만다. 그런 의미에서 극사실주의적으로 애환과 고달픔만을 묘사하여 독자에게 '충격을 주려는' 짓은 자기 모순에 빠지고 만다. 오히려 작가는 어느 정도의 심미적 거리를 확보할 수 있어야 하는 것이다(장 폴 사르트르, 『문학이란 무엇인가』, 정명환 옮김, 민음사, 1998, 72쪽).

먼저 그는 시와 산문의 차이에 주목했다. 사르트르에게 시와 산문은 전혀 다르다. 시는 말(les mots)을 사용하는 것이 아니라, 차라리 말을 '섬긴다'. 시인들은 말을 기호(signes)가 아니라 사물(choses)로 대한다는 것이다.[7] 그들은 자연 사물들과 다름없이 말이라는 사물들을 더듬고 만져 보고서 그것들을 시로 끄집어낸다. 마치 화가가 색들을 조합하듯이 시인은 '사물로서의 낱말들'(les mots-choses)을 서로 뭉쳐서 '사물로서의 문장'(la phrase-objet)이라는 시적 단위를 구성해 낸다.[8] 이 의미에서 보면, 시인은 말들을 조립하는 '말의 기계공'이다.

그러나 산문은 본질적으로 실용적(utilitaire)이다.[9] 그러니까, 산문가들은 말을 사용한다고 할 수 있다. 말하자면 그것은 여섯째 손가락이며 셋째 다리, 그리고 우리들의 껍질이며 촉각이다. 이를테면 산문으로서의 말은 행동의 어떤 특수한 계기인 것이다. 시에서 말이 초월적인 것이라면(이때의 말은 우리들 밖에 서 있다. 그것은 사물로서 더듬을 수 있는 것이다), 산문에서 말은 도구로서 행위적이다(이때의 말은 우리들과 연결되어 사용되는 도구이다. 그것은 사용되는 것이다). 즉, 여기서 말한다는 것은 어떤 목적을 가지고 행동하는 것이다.

자유, 미래로 자신을 던지다

사르트르는 '쓴다는 것은 무엇인가'라는 첫 질문에 대해, "나는 상황(situation)을 바꾸기 위하여 나 자신과 남들에게 상황을 드러낸다

7. 사르트르, 『문학이란 무엇인가』, 18쪽.
8. 사르트르, 『문학이란 무엇인가』, 23쪽.
9. 사르트르, 『문학이란 무엇인가』, 27쪽.

(dévoiler)^{10}라고 대답한다. 드러낸다는 것은 바꾼다는 것이다. 말을 사용한다고 했을 때, 그것은 드러낸다는 뜻이기도 하다. 사실 뒤집어 생각해 보면 오직 상황을 바꾸기 위해서만 드러내게 될 것이 틀림없다.

왜 그럴까? 인간은 상황을 바꾸려 하지 않고서는 자신이 처한 상황을 볼 수조차 없는 존재이기 때문이다. 오로지 상황을 까발릴 때에야, 즉 말로 상황을 드러내야만, 우리는 자신의 상황을 정확히 깨닫는다. 이를 이해하기 위해서 사르트르의 철학을 좀 더 들어가 보아야 한다.

사르트르는 사물을 '즉자'(卽者), 인간을 '대자'(對自)라고 부른다. 사물은 자연법칙에 따라서 스스로 독립되어 존재하기 때문에 '즉자-존재'(l'être-en-soi)이다. 그것은 그것 자체만으로 충만하게 존재한다. 다른 한편으로 사물들로부터 자기 자신을 이탈시키고, 분리시키는 인간의 자기의식이 있다. 그것은 사물과 관계하여서만 존재하기 때문에 '대자-존재'(l'être-pour-soi)이다. 그것은 그것 자체만으로 존재할 수 없다. 어떤 의미에서 그것은 텅 비어 있다. 오로지 자신 이외의 것과 관계해서만 존재하기 때문이다.

결국 인간의 의식은 무엇에 '대해서' 존재하는 의식이다. 그것은 무언가를 지향할 때에만 의식일 수 있다. 즉, 의식은 어떤 지향운동 속에서만 의식이다. 예컨대 식탁 위에서 아이와 식사를 하는 상황에는 수많은 지향운동이 존재한다. 배고프니까 밥을 지향하게 되고, 순간적으로 여행 간 아내가 염려스러워 아내를 지향하면서 밥을 먹게 되고, 때마침 아이의 질문이 귀에 들어오자, 아이를 지향하면서 답하게 된다. 의식은 매 순간 다른 지향운동으로 이루어지고 있다.

---

10. 사르트르, 『문학이란 무엇인가』, 31쪽.

따라서 인간은 매 상황별로 어떤 선택 상황에 놓인다. 배고프면 밥을, 아내가 부재한 상황에는 아내에 대한 염려를, 아이가 질문할 때는 아이에게 해줄 대답을 지향하고 선택한다. '자유'의 문제는 바로 이 순간에 나타난다. 사르트르에게 '자유'란 매 순간 도래하는 상황 속에서 어떤 선택을 하는 행위인 것이다. 인간의 의식은 매 순간 개별 상황 속에서 선택을 함으로써 자유로울 수 있다.

그러나 우리가 서 있는 곳은 언제나 자유를 덮어 버리는 함정과도 같은 곳이다. 마치 자연스럽게 결정된 듯이, 혹은 자유롭게 선택된 듯이 느껴진다. 더군다나 우리는 그런 사실조차 알지 못한다. 자유로워 보여도 자유롭지 않은 것이다. 그렇다면 이런 상황을 드러내지 않고서는 제대로 된 선택조차 불가능하다. 즉, 자유가 불가능하다. 그래서 이렇게된다. 의식은 자유다. 그런데 의식은 텅 비어 있고, 무언가를 지향할 때만 의식이다. 즉 그것은 근본적으로 지향운동이다. 그리고 그 지향운동 속에서 매 순간 선택을 함으로써 자유다. 하지만 제대로 된 선택이어야한다. 그런 선택을 위해서는 상황을 드러내야 한다. 내가 처한 상황을 제대로 드러낼 때, 그 즉시 우리는 그 상황에 맞게 선택을 하고, 자유인이 될 수 있다.

상황을 드러내어 무언가를 지향하고 구속 없이 선택하는 것, 이 자유의 프로세스를 사르트르는 '기투'(Entwurf)라고 불렀다. 기투는 선택을 통해 미래 상황 속으로 자신을 내던지는 것을 말한다. 그것은 자기 자신을 자유롭게 하려는 과제이고 기획이다.[11] 우리는 오로지 기투를 통해서만 자유는 완성되고, 또 살아가고 있다.

---

11. 피에르 테브나즈, 『현상학이란 무엇인가』, 김동규 옮김, 그린비, 2011, 80쪽.

글 쓰 기 , 총 을 쏘 다

그러므로 작가는 "만일 모든 사람이 내가 쓴 것을 읽으면 무슨 일이 일어날 것인가?"라고 자문하면서 글을 써야 한다고 말한다. 폭로(드러냄)는 어떤 사태를 일으킬지 알 수 없는 모험인 것이다. 이 의미에서 글쓰기는 상황을 드러내는 것이고, 선택하여 행동하는 것이다. 즉, 글쓰기 자체가 행동이다. 심지어 이렇게까지 말한다.

> "말을 한다는 것은 권총을 쏘는 것이다(S'il parle, il tire). 작가는 물론 침묵할 수도 있다. 그러나 일단 총을 쏘기로 작정한 바에야, 어른답게 과녁을 노리고 쏘아야지, 어린애처럼 오직 총소리를 듣는 재미로 눈을 감고 무턱대고 쏠 수는 없는 노릇이다."[12]

사르트르에게 글쓰기는 전투를 벌이는 것과도 같다. 그것은 적들을 정확하게 조준하여 방아쇠를 잡아당기는 일인 것이다. 또한 그것은 무엇인가를 '위하여' 벌이는 전투다. 이 의미에서 글쓰기는 하나의 기도(企圖, une entreprise) ─ 의도된 기획 ─ 라고 할 수 있다. 사르트르에게 글을 쓴다는 것은 분명한 의도를 가지는 행위이다.

이 지점에 이르면 사르트르는 역시 푸코와 완전히 다른 주장을 한다는 것을 깨닫는다. 푸코는 작가의 의도 자체가 존재하지 않는다는 입장인 데 반해, 사르트르는 작가의 의도를 확고하게 주장하고 있는 것이다.

그러나 그에게도 하나의 난관이 있다. 사르트르의 입장에서 보자면

---

12. 사르트르, 『문학이란 무엇인가』, 33쪽.

작가는 자신이 드러낸 세계를 대상으로서 마주하지 못한다. 다시 말하면 작가는 자기가 쓴 것을 객관적으로 마주보지 못하고, 여전히 주관적으로만 관계한다. "목수가 자신이 지은 집에 살 수 있는 것과는 반대로, 작가는 자기가 쓴 것을 스스로는 읽을 수 없다."[13] 왜냐하면 읽는다는 행위는 다음 장면을 모른 채 예측하고(prévoit) 기대하면서(attend) 행하는 것이기 때문이다. 독자에게 책읽기는 숱한 가정 속에서 꿈을 꾸고, 깨닫는 과정, 그리고 희망과 실망으로 이루어진다. 그러나 사르트르가 보기에 작가는 자기 작품에 대해서 그렇게 읽지 못한다. 그는 이미 다 알고 있기 때문이다. 작가는 상황을 드러냈으되, 자신이 드러낸 상황을 '객관적으로' 마주하지는 못한다.[14] 미래(未來)와 미지(未知)가 없다면 객관성도 있을 수가 없다. 드러낸 세계는 오로지 독자에게만 예측하고 기대하는 '사물'로 다가오는 것이다. 작가에게 자신이 쓴 글은 여전히 주관의 세계일 뿐이다. 아무리 내가 나를 뱉어 내도 나는 나를 객관적으로 보지 못한다.

따라서 그가 쓴 글을 객관적으로 완결하기 위해서는 독자의 읽기를 기다려야 한다. 즉 작가는 창조했으되, 그 창조를 완성하지 못한다. 창조는 작가의 손을 떠나 오직 독자의 읽기를 통해서만 완성된다고 할 수 있다. 작가가 무언가를 의도하여 까발린 것을 객관적 존재(l'existence objective)로 만들어 주는 것은 오로지 독자의 읽기이다. 독자의 예측, 기

---

13. 사르트르, 『문학이란 무엇인가』, 61쪽.
14. 사르트르의 논의는 자신의 글을 '객관적'으로 마주할 수 있느냐에 맞추어져 있다. 그러나 '객관성'을 좀 넓게 이해한다면, 사르트르의 주장은 논란이 있을 수 있다. 작가에게 자신의 글은 축자적으로는 자기가 쓴 '그' 텍스트와 다른 텍스트가 아니지만, 그 밑에 흐르는 컨텍스트(맥락)는 매번 읽을 때마다 달라질 수 있다. 그렇다면 매 순간마다 그의 글은 '다른 객관'으로 만날 수도 있다는 점을 생각해 볼 수 있다.

대, 꿈, 희망이 책과 결합되면서 글은 서서히 창조적인 책이 된다. 이 의미에서 읽기는 '인도된 창조'(création dirigée)이다.[15] 사르트르의 놀라운 점은 여기에 있다. 그는 독자의 읽기를 창조가 되는 순간으로 만든다. 독자는 내가 뱉어 낸 나에게 객관적으로 접근하여 새로운 것을 창조한다.

그러나 독자도 자유롭지 못하다면, 그러니까 독자도 자유롭게 선택하고 있지 않다면, 작가의 창조는 좌절되고 말 것이다. 뻔하고 고정된 기대와 예측, 똑같은 꿈과 희망을 품고 책을 읽는다면 새로운 생각은 완성되지 못한다. 즉, 창조가 불가능해진다. 작가는 이런 창조를 독자의 자유에 호소함으로써 이루어 낸다. 고로 문학의 창조는 홀로 이루어질 수 없다.

사르트르는 작가 자신의 자유에서 우러나는 동시에 독자의 자유를 목적으로 삼는 감정을 '고매하다'(générosité)고 부른다.[16] 그렇기 때문에 읽기는 사르트르적인 의미에서 '고매한 마음의 실천'이라고 말할 수도 있다. 읽기는 이 고매한 실천이 이뤄지는 창조의 현장인 것이다. 이른바 '참여문학'이라는 말은 자유를 실천하는 고매한 마음에서라야 창조되는 것이다. 그리고 그것은 오로지 고매한 독자들에게 와서야 마무리된다.

최초의 용자, 사르트르

사르트르에게 의식은 애초에 텅 비어 있다. 그것은 지향운동을 통해서 스스로를 형성하고, 자기 자신을 창조해 나가야 채워진다. 스스로 선택

---

15. 사르트르, 『문학이란 무엇인가』, 66쪽.
16. 사르트르, 『문학이란 무엇인가』, 74쪽.

하고 스스로를 창안해 내는 자발성, 바로 그것이 사르트르에게 의식이며, 그 자체로 자유이다. 이 의미에서 피에르 테브나즈는 현상학이 사르트르 철학을 통과하며 행함의 철학, 창조의 철학, 행동의 철학, 요컨대 넓은 의미에서 '실용주의'(pragmatisme) 철학으로 발전한다고 평가한다. 사르트르에 이르러 존재는 행동이 되었다. 존재는 행동이고, 행동이 곧 존재다(operari = esse).[17]

사르트르는 근대적 주체로부터 힘겹게 벗어나려는 어떤 경계에 서 있다. 그러나 그는 벗어나려 했으나 벗어나지는 못한 듯하다. 혹은 스스로 벗어나지 않았을지도. 테브나즈의 표현대로 그는 '휴전선포'를 했을 따름이다. 그는 행동이 존재에 선행한다고도, 존재가 행동에 선행한다고도 결정하지 못했다. '텅 빈 의식'은 텅 비었지만 여전히 어떤 주체인 채로 있는 것이다.

하지만 이렇게도 생각해 볼 수 있다. 그는 근대적 주체라는 함정을 피하지 않고, 정면 돌파를 시도한 최초의 용자(勇者)이다. 그는 텅 빈 의식을 그저 고정된 관조의 대상으로 탐구하지 않았다. 그는 행동을 통해서 텅 빈 의식을 매 순간 새롭게 구성해 보려는 전투적 시도를 한 셈이었다. 그 시도가 그에겐 자기 자신을 자유롭게 하는 것이며, 동시에 세상을 변혁시키는 참여였다. 기투의 속도가 빨라질수록, 자유의 상태가 높아질수록 주체는 우리가 아는 고정된 주체가 아닌 것이 된다. 여기서 나는 사르트르가 여전히 의식에 머무는 것을 참을 수 없지만, 이 의식을 딛고 고정된 주체를 돌파하려는 용기만큼은 구원해 주고 싶다. 그나마

---

17. 피에르 테브나즈, 『현상학이란 무엇인가』, 김동규 옮김, 그린비, 2011, 80쪽. 'operari'는 '행동', 'esse'는 '존재'를 뜻하는 라틴어 어휘이다.

그가 최초로 주체의 만가(輓歌)를 부르기 시작한 것은 아닐까. 비록 실패했지만 주체의 벽에 생긴 균열은 그로부터 비롯된 것이 아닐까.

이 의미에서 '읽기'는 더더욱 자기 자신을 자유롭게 하는 행동이고, 나아가 세상을 변혁시키며 기존의 나를 바꾸는 창조행위이다. 어쩌면 그것은 작가와 독자가 함께 만드는 자유의 공동체를 구성하는 일인지도 모르겠다. 이 지점에서 푸코는 사르트르를 다시 만나고 있는 것은 아닐까? 말년의 푸코는 뜻밖에도 사르트르의 문제의식으로 되돌아가 다시 대면하고 있었다. 푸코는 어떻게 다르게 뚫고 있는 것일까? 이 지점에서조차 읽기는 창조가 되어야 할 것이다.

읽기는
창조다

장 폴 사르트르의
『문학이란 무엇인가』
후기

사르트르는 대단한 골초였습니다. 확인할 수는 없지만 담배 없는 삶은 살 가치가 없다는 말까지 했다는군요. 인터넷에 떠 있는 사진들을 보면 그는 늘 파이프를 물고 있거나 담배를 들고 연기를 내뿜고 있습니다. 프랑스에도 담배를 홍보에 사용하지 못하게 하는 법이 있다고 들었습니다. 언젠가 국립도서관이 홍보로 쓰일 사르트르의 포스터에서 사르트르 손가락 사이에 낀 담배를 지워 버렸다가 크게 화제가 되기도 했다지요. 대중들에게 담배 없는 사르트르는 사르트르답지 않았을 터입니다.

제게 남아 있는 사르트르의 오래된 이미지도 늘 담배와 함께하는 철학자였습니다. 예전의 저도 하루에 담배 세 갑을 피웠습니다. 아침에 출근할 때 지하철 역 앞에서 두 갑을 사서 2~3개비를 피우고 전철을 탔습니다. 또 지하철에서 나오면 회사 건물로 들어가기 전까지 2개비를 태웁니다. 회사에서도 한 번씩 휴게실에 나오면 십여 분 그 짧은 시간에 2~3개비를 연거푸 피워댔습니다. 야근을 끝내고 퇴근할 때쯤이면 이미 두 갑은 비어 있고, 이어진 술자리에서 추가 한 갑을 없애고서야 하루를 마감할 수 있었습니다. 그러니 이 골초 철학자의 이미지가 제게 강렬한 인상을 남기지 않을 수 없었지요. 그러니까 헤비 스모커인 나를 나름 지지해 주는 철학자? 뭐 그쯤 되었습니다. 그러나 그의 책을 단 한 권도 읽은 적은 없었습니다.

그러던 제가 철학을 공부하기 시작하자마자 술·담배를 모두 끊어 버렸습니다. 우선은 혈압이 높아져서 자주 피곤했기 때문이었습니다. 그리고 무엇보다 철학공부를 시작한 후에 제 에너지가 쉽게 낭비되는 것이 너무 싫었습니다. 그즈음 인터넷 글을 읽다가 톨스토이나 스티븐 킹 같은 작가들이 비슷한 골초였는데 금연한 일화들을 읽은 적이 있습니다. 저처럼 담배를 하루 세 갑씩 피웠던 고 김대중 대통령도 금연자였습니다. 담배를 끊자 펜도 손에 잡히지 않고, 긴 흰색 물체를 보고 담배로 착각한 적도 있다고 합니다. 아무튼 둘러보니 저같이 골초였다가 담배를 끊은 사람들이 많이 있었습니다. 지금 생각해 보면 참으로 신기하긴 한데, 어쨌든 저도 기어코 담배를 끊어 냈습니다. 제가 인생에서 가장 잘한 일 두 가지를 꼽으라고 하면 늦은 나이에도 철학을 알게 된 것과 술·담배를 끊은 것을 꼽겠습니다.

그런데 기묘하게도 담배를 끊자 철학자 사르트르도 끊겼습니다. 공부하러 간 연구실 분위기 때문이었는지 사르트르와 사이가 나쁜(?) 철학자들만 읽게 되었습니다. 미셸 푸코와 질 들뢰즈, 혹은 60년대 구조주의적 마르크스주의자들을 얼치기로라도 읽으면 이들이 사르트르를 얼마나 비판하는지 알게 되지요. 예컨대 알튀세르는 훗날 그의 자서전에 사르트르의 철학 주저 『존재와 무』나 『변증법적 이성 비판』을 '철학 소설'이라고 조롱하고, 마르크스를 전혀 이해하지 하지 못하는 사람이라고 폄하하지요.[18] 소설 쓰는 철학자 사르트르가 자신의 철학 주저(主著)조차 소설이라고 놀려대는 걸 들으면 어떤 표정을 지을지 궁금하네요. 아무튼 알튀세르는 그저 좋은 정치적 의도와 정직성을 지닌 사람 정도로 사르트르를 평가절하합니다.

사르트르가 좀 불쌍하기도 했습니다. 제가 아무리 푸코나 들뢰즈, 그리고 알튀세르를 좋아한다지만, 예전 담배 피우던 시절 사르트르의 멋진 모습을 그냥 내던져 버릴 수 없었습니다. 예의가 아니지요. 사르트르의 평전을 먼저 읽어 보자고 생각했습니다. 그러나 제가 읽을 수 있는 제대로 된 사르트르 평전은 찾을 수 없었습니다. 겨우 박홍규 선생님이 쓴 『카페의 아나키스트 사르트르』라는 책을 찾아 읽어 보았습니다. 박홍규 선생님은 에드워드 사이드와 이반 일리치를 우리나라에 처음으로 번역하신 분입니다. 1990년대와 2000년대에 대중들이 에드워드 사이드와 이반 일리치를 읽을 수 있었던 것은 전적으로 박홍규 선생님의 공헌입니다. 최근에야 전집들이 제대로 번역되고 있지만, 대부분 사람들은 에드워드 사이드와 이반 일리치를 박홍규 번역본으로 처음 접했을 것입니다. 물론 거친 번역 때문에 고생하긴 하지만 말입니다. 선생이 쓴 사르트르 평전도 썩 마음에 들진 않지만, 그래도 이 책을 읽고 많은 정보를 얻을 수 있었습니다. 그렇게 박홍규 선생님은 지식인들이 다가가지 않은 곳에서 그 부족한 것을 채운 사람입니다.

제게 최고로 남아 있는 사르트르 평전은 마틸드 라마디에와 아나이스 드포미에

---

18. 알튀세르, 『미래는 오래 지속된다』, 237쪽.

의 만화 평전 『장 폴 사르트르』입니다. 친구 폴 니장이나 메를로 퐁티와 우정을 나누는 모습, 시몬 드 보부아르와의 만남, 베를린에서 현상학을 접한 일 등등 사르트르의 흥미로운 장면들을 그림과 함께 즐겁게 보았습니다. 유사한 기획으로 나온 니체 평전 만화 『프리드리히 니체』도 보았습니다. 예전에 보던 이현세나 박봉성식 만화와는 전혀 다른 그림들이 펼쳐지고, 거기에다 철학 개념들이 만만치 않게 서술되고 있어서 오랜만에 저의 감각을 크게 자극하였습니다.

사르트르를 푸코의 관계 속에서 추적해 볼 수도 있습니다. 기자 디디에 에리봉이 쓴 『미셸 푸코』라는 평전이 있습니다. 미셸 푸코를 읽기 시작하면 읽지 않고는 못 배기는, 그래서 반드시 손에 쥐게 되는 책입니다. 푸코가 공부하고 사유하고 투쟁하는 모든 모습이 생생하게 그려져 있지요. 『감시와 처벌』을 읽을 당시 며칠 동안 밤새워 읽은 기억이 납니다. 『감시와 처벌』을 읽다가 좀 지루해지면, 이 책에 담겨 있는 푸코의 박진감 넘치는 삶을 지켜보았습니다. 그러면 다시 텍스트에 몰입하는 데 큰 도움이 되었던 것 같습니다. 이 책에서 많은 장면 중에서도 특히 제 관심을 끌었던 것들은 푸코가 사르트르와 만나는 장면들입니다.

평전을 읽어 보면 푸코와 사르트르는 앙숙도 이런 앙숙이 없습니다. 당시에는 실존주의와 현상학이 한창 유행이었습니다. 누구나 사르트르를 좋아했습니다. 그는 시대를 휩쓸고 있었죠. 그러나 푸코는 사르트르를 "20세기를 사유하려는 19세기 인간"이라고 조롱합니다. 사르트르도 가만히 있지 않지요. 푸코의 『말과 사물』을 두고 "부르주아지가 마르크스에 대항해 마지막 댐을 건설한다"라고 맞받아치지요. 그러자 푸코가 차갑게 대꾸합니다. "부르주아지는 참 딱하기도 하지. 자신들을 지킬 성채가 고작 내 책밖에 없다니!" 심지어 이렇게도 비아냥거립니다. "사르트르는 문학과 철학과 정치에 중요한 일을 하느라 제 책을 전혀 읽지 않았습니다. 도무지 맞는 말이 없잖아요."[19]

그러나 반인종주의 저항 운동이 그 둘을 만나게 합니다. 1971년 11월 한 사건이 발생합니다. 알제리 청년이 파리의 아랍인 거주 지역 한 아파트에서 여 경비원에게 난폭한 행동을 합니다. 이 과정에서 경비원의 남자 친구가 갖고 있는 총이 오발

19. 에리봉, 『미셸 푸코, 1926~1984』, 294~296쪽. 인용·자가 번역 일부 수정.

되었고, 알제리 청년이 그 자리에서 죽고 말았습니다. 이 사건은 지식인들의 '반인종 주의' 데모를 촉발시켰습니다. 바로 이 데모에서 사르트르와 푸코가 처음 만납니다. 『말과 사물』로 격렬한 말다툼이 있은 이래 5년이 지난 때입니다. 인터넷에 찾아보시면 유명한 사진 하나가 있습니다. 데모대에서 푸코가 확성기를 들어 말하고 있고, 사르트르가 그 옆에 서 있는 사진. 바로 그 사진이 푸코와 사르트르가 집회에서 처음 만난 사진들입니다.[20] 그들은 소수자들을 위해 저항에 참여하는 일에는 연대할 수 있었지요.

그러나 둘은 사안마다 면백히 결이 다른 관점을 갖고 있었습니다. 예컨대 푸코는 인민재판과 같은 민중적인 사법 형식에 분명히 반대하는 입장을 표명합니다. 요컨대 재판이라는 것 자체가 부르주아 이데올로기의 복제물이고, 인민재판도 민중적인 사법의 자연스러운 발로가 아니며, 오히려 민중들을 국가기구 제도 내부에 다시 등록시킴으로써 억압하는 기능을 갖고 있다는 것입니다.[21] 이 주장에 대해서 사르트르는 "푸코는 아주 급진적입니다. 책상 뒤의 판사들을 전제로 하는 모든 사법은 폐기해야 한다는 것이죠. 우리 둘은 서로 견해가 일치되지는 않습니다"라고 논평을 합니다.[22] 『말과 사물』 시절에는 푸코를 부르주아지의 마지막 보루라고 비난했던 사르트르가 이제는 푸코가 지나치게 급진적이라고 비난하고 있었지요. 아마 사르트르로서는 종잡을 수 없었을지도 모르겠습니다. 이런 에피소드 자체가 우리 시대에 푸코가 서 있는 자리를 더 정확히 이해하게 합니다. 그는 이미 기존의 입장들을 넘어서서 존재하고 있는 철학자인 것입니다.

또 푸코는 들뢰즈와 대담(「지식인과 권력」)에서 사르트르식의 총체적인 투쟁에 맞서 국지적인 투쟁을 대립시킵니다.[23] 이제 투쟁은 정확한 지점, 한정된 장소에서만

---

20. 에리봉, 『미셸 푸코, 1926~1984』, 397쪽.
21. 에리봉, 『미셸 푸코, 1926~1984』, 404쪽.
22. 에리봉, 『미셸 푸코, 1926~1984』, 411~412쪽.
23. 에리봉, 『미셸 푸코, 1926~1984』, 435쪽. 1972년 3월 4일 이루어진 푸코-들뢰즈 대담 「지식인과 권력」에서 마오주의자들이 사르트르의 투쟁에 대비해 푸코, 들뢰즈식의 투쟁에 의문을 제기한 것에 답변하면서 총체적인 투쟁과 국지적인 투쟁을 대비합니다. 이 대담은 한글본으로 『푸코의 맑스』에 수록되어 있습니다(푸코, 『푸코의 맑스』, 187~207쪽). 여기서는 푸코도 들뢰즈도 '총체적 지식인'과 '국지적 지식인'이라는 용어를 명시적으로 사용하진 않습니다. 이 용어는 1976년 「진리와 권력」이란 다른 대담에서 명시적으로 사용하며 구체적인 설명을 시도합니다.

읽기는
창조다

행해진다는 것을 의미합니다. 사르트르와의 차이를 명확히 말해 주는 지점입니다. 그들은 전통적인 마르크스주의 투쟁, 그러니까 국가 전복과 같이 처음부터 전체에 대한 전면적인 투쟁과 달리, 가장 작은 요구에서부터 출발하여 결국 전체를 폭파시키는 상상으로 가득하지요.

이런 내용은 푸코가 1976년에 행한 대담 「진리와 권력」에 더 상세하게 나와 있습니다.[24] 19세기와 20세기 초에 활약했던 '보편적(universal) 지식인'은 독재나 부의 압제에 저항하며 보편적인 정의와 공정한 법률의 이상을 주장했던 인물입니다. 푸코가 보기에 오늘날 우리가 '지식인'이라고 부르던 사람은 압제적인 상황에 대항하여 법의 공정성이 보편적으로 적용될 수 있도록 진리를 주장했던 사람들입니다. 그러고 보면 우리나라에 압제에 대항했던 사람들 중 유독 인권변호사가 많은 것이 이해가 갑니다. 우리나라도 그렇게 압제적인 정권에 대항하여 법을 공정하게 적용하는 투쟁을 하고, 동시에 기존의 법이 공정한 법이 되도록 개정해 나가는 투쟁을 해야 했기 때문에 그런 지식을 가지고 실천하는 사람들이 '지식인'의 많은 부분을 차지하고 있던 게 사실입니다. 법률가가 아닌 경우조차도 모든 투쟁이 공정한 법의 이상을 향해 움직입니다. 그리고 지식인은 대부분 글을 통해서 그런 보편성을 만인에게 선포하는 '작가'(writer)의 형태로 나타납니다. 그러니까, 볼테르, 사르트르 같은 사람은 대표적인 과거 지식인의 표상이었다는 것이죠.

그러나 이제 지식인은 '국지적(specific) 지식인'으로서 그와는 아주 다른 인물입니다. 이들은 법률가도 저명인사도, 심지어 '위대한 작가'도 아닙니다. 이들은 단지 자기 분야의 전문가 혹은 학자입니다. 핵과학자, 컴퓨터 전문가, 약리학자 등이 그 분야의 이슈로부터 비롯된 주제를 가지고, 그 분야에서 싸우고 있습니다. 이제 이들은 예전의 법의 공정성을 보편적으로 적용시키려고 보편적인 진리를 주장하는 사람이 아닙니다. 이제 이들은 모든 가치를 담지하고, 불의한 군주나 관료를 상대로 싸우고, 죽어서까지도 자신의 외침을 온 세상에 퍼뜨리는 존재가 아닙니다. 심지어 그들은 국가에 봉사하든 혹은 저항하든 지식을 보유하고 있기 때문에 충분한 권력을 갖고 있다고도 할 수 있습니다. 이제 이들은 영원한 가치를 주장하는 몽상가가 아닙

---

24. 노엄 촘스키·미셸 푸코, 『촘스키와 푸코, 인간의 본성을 말하다』, 이종인 옮김, 시대의 창, 2010, 181~216쪽.

니다.[25] 이 점에서 푸코가 『말과 사물』 시절 사르트르를 "20세기를 사유하려는 19세기 인간"이라고 했던 의미를 좀 더 정확하게 이해하게 됩니다. 푸코 입장에서 사르트르는 이미 변해 버린 현대에 난데없이 과거의 방식으로 투쟁하겠다고 나선 안타까운 올드보이인 것입니다.

이 글들을 읽은 것은 제가 『주체의 해석학』을 읽은 뒤였습니다. 자기배려, 파레시아(παρρησία, parrhēsía)[26] 등 푸코의 새로운 면모에 완전히 매료되어 있던 때입니다. 푸코의 여러 대담들을 찾아내어 읽으면 푸코의 후기 철학이 어떤 관점에서 형성되고 있는지 더 생생하게 이해하게 됩니다. 특히 자기배려와 파레시아 관점에서 지식인의 문제는 저에게 새로운 길을 제시해 준 것이기도 합니다.

우리가 흔히 아는 지식인은 보통 조직 밖에 존재하면서 무엇이든 격렬하게 비판하는 순결한 지식인입니다. 그러나 푸코는 직업이든 학문이든 어느 특정 분야에 전문가적 지식과 경험을 보유하고 있으면서 그런 지식이나 경험과 함께 국지적 투쟁을 하는 지식인의 표상을 만들어 냈습니다. 들뢰즈가 이런 말을 합니다. "이론적이면서 실천적이기도 한 부분들의 다양체(multiplicité) 내에서의, 즉 하나의 앙상블 내에서의 연계의 체계(système de relais)가 강조되어야 하는 것입니다."[27] 다시 말하면 이론을 실천에 적용하기보다, 이론과 실천들이 서로 각자 존재하면서 서로 앙상블을 이루어 다양체를 이루어 낸다는 말입니다. 굉장합니다. 저는 금융과 자본시장에 대한 전문지식과 경험을 형성해 왔습니다. 밥벌이를 위해 어쩔 수 없었던 길입니다. 당연히 지금까지는 그것은 밥벌이에 불과한 것이었습니다. 그러나 푸코와 들뢰즈의 저 말이 맞다면 저는 저의 전문지식과 철학을 가지고 새로운 공부, 새로운 관계를 맺을 수 있는 게 아닌가 생각하기 시작했습니다.

글쓰기에 대한 그들의 태도도 서로 굉장히 달랐습니다. 푸코는 여러 번 글쓰기를

---

25. 촘스키·푸코, 『촘스키와 푸코, 인간의 본성을 말하다』, 181~216쪽.

26. παρρησία(parrhēsía)는 πᾶς(pâs, "all, every")의 변형 παρ(par, 파르)와 ῥῆσις(rhêsis, "utterance, speech")에 명사형 접미사 -ῑα(-ía)가 붙은 ρησία(rhēsía, 레시아)의 합성어이다. 직독직해를 하면 "모든 것을 말하기"이다. 발음으로 따지면 '파르레시아'가 더 가깝다. 그러나 대개 한글 표기에서 [rr]는 어느 언어든 그냥 ㄹ 하나로만 표기하는 게 원칙이다. 따라서 이 표기법에 따르면 '파레시아'가 일반적인 표기이다.

27. 푸코, 『푸코의 맑스』, 189쪽.

중단하겠다고 이야기하기도 했습니다. 자기는 우연히 글쓰기에 손을 댔고, 타성에 의해 계속 글을 쓰고 있다고 폴 벤느 같은 여러 친구들에게 말하곤 했다고 합니다.[28] 사르트르가 어릴 적부터 책으로 둘러싸여 살아왔고, 글쓰기를 자신의 소명으로 생각해 왔으며, 지식인은 글을 통해 세상과 이야기를 나눠야 한다고 강력한 신념을 지니고 있던 것과는 180도 다른 태도입니다. 푸코는 '명성'을 위해서 치러야 할 대가가 너무 값비싸다는 생각을 늘 해왔지요. 그는 지금 현재의 삶을 버리는 행위에 불과하다면 글쓰기조차 중단해야 한다는 생각까지도 한 것입니다.

1979년 사르트르가 죽기 1년 전 푸코와 사르트르는 또 한 번 만납니다. 이번에는 베트남의 보트 피플을 구하는 문제였습니다. 그러고 나서 1980년 사르트르의 장례식에 푸코는 기꺼이 참석합니다. 이 장례식은 2~3만 명이 모인 최대 규모의 장례식이었습니다. 마치 집회와 같았다고 합니다. 그래서 사람들이 흔히 "68년 5월의 마지막 데모"라고 부르기도 했답니다. 몽파르나스 묘지까지 가는 영구차 뒤를 따르는 푸코는 동료들에게 이렇게 말합니다. "젊었을 때 그[사르트르—인용자]와 그가 대표하는 모든 것, 예컨대 『현대』지의 테러리즘 같은 것에서 나는 거리를 두고 싶었어."[29]

사르트르를 둘러싼 젊은 프랑스 철학자들이 전쟁을 했다고 여겨집니다. 언제나 사르트르를 감정적으로 멀리하면서, 그의 논리를 비판하면서, 혹은 그를 엄호하고 지지하면서 그 전쟁은 20세기 후반의 지성사를 채웁니다. 그런 의미에서 사르트르는 서구 현대 지성계의 원점이 아닌가 싶습니다. 그를 중심으로 좌표계가 그려지고, 그의 상하좌우에 지성의 X축과 Y축이 그려졌으니까요.

읽기의 역량이 우주를 만든다

이반 일리치, 『텍스트의 포도밭』

문 자 문 화 의   세 계

영화 「컨택트」는 언어에 대한 성찰이 듬뿍 담긴 이야기이다. 시간에 대한 이야기라고 평하기도 하고, 간혹 '영원회귀의 영화'라는 분도 있지만, 내가 보기에 감독은 그런 주제들보다 '언어'를 더 잘 다루는 것 같아, '언어의 영화'라고 평하고 싶다. 영화를 이끄는 주인공 루이스는 언어학자다. 또한 외계 생명체 헵타포드(heptapod)[1]가 사용하는 언어를 화면 전체에 표기할 때면 영화 내내 언어가 물질이라는 느낌이 강렬해져서, 내 신체 안에 거주하는 언어는 어떤 질감을 가지고 있을까, 하고 절로 물음을 던지게 된다.

특히 내 눈길을 끈 것 중 하나는 외계 생명체들이 언어를 표현할 때 사용하는 매개체이다. 그들은 공간에다 뿌리는 방식으로 언어를 표현한다. 다시 말하면 그들의 언어 매체는 공기다. 우리가 언어를 표기하려

---

1. 영화에서 사람들이 외계 생명체에 붙인 임시 이름이다. 그리스어 어근 'hepta-'는 '7'을 의미하고, 'pod'는 '발'을 의미한다. 문어같이 생긴 외계 생명체가 7개의 발을 갖고 있기 때문에 지어진 이름이다.

면 종이에 글로 써야 하는 것과 달리, 그들은 공기를 매개로 글을 쓴다. 그러나 이것은 영화이기 때문에 특이하게 보일 뿐이다. 사실 우리도 소리로 언어를 표현할 때는 공기를 매개로 상대에게 전달하지 않는가. 우리가 보지 못한다고 그 소리가 물질적 형태를 갖고 있지 않을 이유는 없다. 아마 우리도 말을 할 때마다 일정한 형태를 갖춘 언어를 공기에 내뿜고 있을지 모른다.[2] 그 물질이 공기를 매개로 상대의 귀에 다다를 것을 상상하면, 적어도 언어의 관점에서는 우리가 헵타포드와 크게 다를 바 없다는 생각이 든다.

우리 시대의 급진적인 사유인, 이반 일리치(Ivan Illich, 1926~2002)는 뜻밖에도 이런 언어의 물질성에 대해 크게 관심을 가졌다. 의료나 교육 전문가들을 비판하고, 자본에 가려 숨을 못 쉬는 빈민들을 위해 고군분투했던 그의 생애를 생각하면 의외의 관심이라고 할 수 있다. 특히 그는 구술문화에서 문자문화로의 변화에 대해 큰 관심을 가졌던 듯하다.

그의 글들을 보면 이미 그는 영화 「컨택트」의 주제를 문명사적인 차원으로 확장했었다는 것을 알게 된다. 그는 '현재의 우리'가 알파벳[3]이라는 기법으로만 말을 기록할 수 있고, 아울러 그 기록을 말로 표현할 때만 우리는 '언어를 사용한다'는 생각을 한다고 묘파한다. 즉 우리는 문자문화의 공간에서 살고 있다는 것이다. 이 문제를 일리치는 이렇게 표현한다. "저는 알파벳의 섬에서만 편안함을 느낍니다. 읽고 쓸 줄 몰라도 사고방식은 근본적으로 저처럼 문자문화적인 많은 사람과 이 섬을 공유하고 있습니다."[4]

---

2. 물론 그 형태가 우리가 쓰는 문자 모양은 아닐 테지만, 어쨌든 말을 할 때 내뿜은 숨에 의해 형성된 공기의 형태가 있을 것이다. 그 형태가 일정하게 유지되면서 상대의 귀에 다다라야 소리가 들리고, 그 의미가 전달된다.
3. 여기서 알파벳은 구술행위에 대비하여 모든 문자를 대표한다.

사실 알파벳은 다른 기호 체계와는 완전히 다른 체계다. 표의문자나 상형문자는 읽으려면 발음하기 전에 문장의 뜻을 이해해야 한다. 그러나 알파벳은 그것 자체가 말소리를 시각적 형태로 기록하기 위한 테크닉이므로 당연히 그 테크닉의 목적에 맞게 뜻을 몰라도 읽을 수가 있다. 그러니까 내용을 이해하지 못한 상태에서도 정확하게 읽을 수 있는 것은 알파벳뿐이다.

그래서인지 알파벳이 탄생한 이후 2,000년이 넘도록 '읽기'는 언제나 낭독이었고, 언제나 작은 소리를 내며(아마 중얼거리는 느낌이었을 것이다) 읽는다는 뜻이었다. 초대 그리스도교 교회가 낳은 위대한 철학자인 아우구스티누스가 소리 내지 않고 읽기인 '묵독'을 발견하고서 깜짝 놀랐다고 하니, '읽기'의 개념이 과거와 얼마나 달라졌는지를 이해해 볼 수 있다. 세월이 흐르며 읽기 그 자체가 혁명을 겪어 왔다고 할 수 있다.

읽 는 자 는 망 명 자 다

일리치는 후고(Hugues de Saint-Victor, 1096~1141)[5]의 『디다스칼리콘』(*Didascalicon*, 가르침)이라는 책을 해설하면서 중세의 '읽기'가 지닌 독특한 감각을 우리에게 전해 준다. 후고 자신이 아우구스티누스 수도원에서 배웠기 때문이겠지만, 일리치는 후고가 아우구스티누스에게 푹 젖어 있었다고 말한다. 후고는 스승인 아우구스티누스의 텍스트를 읽고, 또

---

4. 이반 일리치, 『과거의 거울에 비추어』, 권루시안 옮김, 느린걸음, 2013, 252쪽.
5. 독일의 니더-작센 출신으로 파리 근교 생-빅토르(St. Victor)에 위치한 아우구스티누스 신수도원 학교에 입학한 후고 수도사를 말한다. 생-빅토르 출신의 후고라는 뜻으로 표기를 Hugues de Saint-Victor라고 한다. 독일어로는 후고(Hugo), 불어로는 위그(Hugues)이다.

읽기의 역량이
우주를 만든다

읽었으며, 필사하고, 또 필사했다. 사실 후고에게 읽기와 쓰기는 공부(스투디움, studium)의 양면인 셈이다.

"구해야 할 모든 것 가운데 첫째는 지혜다"라는 후고의 첫 문장에서 '지혜'는 현대의 우리가 상상하는 지식으로서의 지혜일 수가 없다. 후고에게 지혜는 '어떤 것'이 아니라 '어떤 사람'이다. 아우구스티누스와 다름없이 지혜는 '그리스도 자신'이다.[6] 그리고 그것은 읽는 자를 치유하는 약(레메디움, remedium)이기도 하다. 다시 말하면 후고는 읽기를 존재론적인 치료 테크닉으로 인식하고 해석했다. 일리치가 소개하는 후고의 책, 『디다스칼리콘』의 부제도 '데 스투디오 레젠디'(de studio legendi), 즉 '읽기 공부에 관하여'이다.

혹시 일리치나 후고가 기독교 전통에 있기 때문에 속류적인 니체류의 비판에 따라 우리가 그들을 비판한다면 큰 오류가 생길 것이다. 우리 시대의 유명한 헤겔주의자 찰스 테일러(Charles Taylor, 1931~)는 일리치를 보면 위대한 비주류 철학자 니체를 떠올리게 되지만 좀 다르다고 말한다. 니체는 현대의 혐오스러운 주제들(이를테면 평등, 고통에 대한 관심)이 기독교적 기원을 갖고 있기 때문에 그것들을 비판한다. 예컨대 니체에게 평등은 기독교에 의해서 양산된 노예 정신이기 때문에 비판해야 할 가치이다. 그러나 일리치는 니체와 달리 기독교 신앙의 바탕 위에서 자신의 논의를 전개한다. 그러면서 테일러는 니체주의자 미셸 푸코가 일리치의 주장과 상당 부분 겹쳐 있다는 점을 지적하기도 한다.[7]

니체는 현대의 문제가 기독교로부터 파생되었다고 주장하는 반면,

---

6. 이반 일리치, 『텍스트의 포도밭』, 정영목 옮김, 현암사, 2016, 24쪽.
7. 데이비드 케일리 엮음, 『이반 일리히의 유언』, 이한·서범석 옮김, 이파르, 2010, 7쪽.

일리치는 똑같은 문제가 기독교가 타락했기 때문에 발생했다고 묘파한다. 결국 일리치는 서양 근대성의 시작을 가톨릭 세계의 돌연변이로부터 찾는다. 여기서 돌연변이란 기독교 생활과 사회적 질서를 교회의 권위 아래 두고 철저히 복종하게 하는 시도를 가리킨다. 그렇게 되면 스스로 신을 깨닫고, 스스로 체화하는 경험을 무시하게 되고, 단지 시스템이 만들어 낸 거짓 경험에 따라서만 신을 만나게 될 것이다. 그런 만남은 모르긴 몰라도 실제 신을 만나지 못할 가능성이 크다. 결국 일리치의 신앙은 교회 규칙(Code) 이면에 있는 실질적이고 신체적인 경험을 강조하고 있는 것이다.[8] 교회 규칙은 아무리 선한 규칙이더라도 함정에 빠지고 만다. 교회 규칙에만 종속되어 버린 신앙은 역설적으로 신앙에 실패한다. 일리치는 실질적인 실감이 무너졌을 때 신앙은 타락하고, 현대의 여러 가지 문제들이 출현한다고 생각했다.

그 의미에서 본다면 후고가 읽기를 통해 도달하려는 '지혜 = 그리스도'는 그리스도라는 완전한 인격체를 교회라는 시스템을 통해 받아들이는 것이 아니라, 자신의 경험으로 실감하는 것을 말한다. 읽는 자는 읽기를 통해 완전히 다른 사람이 되어야 하는 것이다. 후고가 생각할 때 부른 배에서는 섬세한 감각이 나올 수 없으므로 익숙한 고향에서 배부른 채 있는 사람은 진정한 공부, 실질적인 읽기를 할 수 없다. 따라서 완벽하게 읽고 싶은 사람에게는 모든 세계가 외국 땅이 되어야 한다. "읽는 사람은 모든 관심과 욕망을 지혜에 집중하기 위해 스스로 망명자가 된 사람이며, 이런 식으로 지혜는 그가 바라고 기다리던 고향이 된다."[9]

---

8. 찰스 테일러는 『세속 시대』(*A Secular Age*)에서 이 부분을 중심으로 일리치의 사유를 해설한다. 우리나라에 번역되어 있지 않지만, 이반 일리치에 대해 해설한 부분(영문)은 인터넷으로 찾아볼 수는 있다(http://robertaconnor. blogspot.com/2013/05/charles-taylor-on-ivan-illich.html).

읽기의 역량이
우주를 만든다

수도원 활동으로서의 읽기 공부(스투디움 레젠디)는 읽는 사람으로 하여
금 지혜(후고에게 이것은 치유의 약, 바로 예수 그리스도였다)를 향해 올라가는
가파른 길에 모든 것을 투자하라고 요구한다. 그러기 위해서는 중얼거
려 혀를 훈련시키고, 자신의 중얼거림을 스스로 열심히 들어 귀를 훈련
시킴으로써 기억을 강화해야 한다. 이렇게 기억을 강화하면, 기억들을
이용하여 자신의 신체 안에 '이스토리아'(historia)라는 내적 시공간을 창
조해 낼 수 있다.

　이런 개념들을 만나면 철학이 공상과학영화보다 더 강렬한 공상과
학 같다는 생각을 하곤 한다. 중얼거림이 기억들을 씨줄과 날줄로 엮는
다. 중얼거리고 중얼거려 내 신체 안에 기억의 집을 만들어 낸다. 이런
과정이 반복되면 새로운 시공간인 이스토리아에서 생성된 사건들을 유
추(아날로지아, analogia)하거나 해석하게 되고, 더 나아가서 그 사건들이
결합되어 새로운 사건들로 구성되면서 우리는 어떤 신비를 깨닫게 된
다(아나고지아, anagogia). 궁극적으로는 현실의 읽는 사람이 자신의 신체
안에 구성된 이스토리아에 통합되는 상태가 되는 것이다.[10]

　이스토리아와 내가 통합된다는 것은 무슨 뜻일까? 내 안에 남이 생
성되기 시작하고, 결국 나는 남과 하나가 되었다는 뜻이다. 이것은 고대
의 건축적 기억 훈련을 소생시킨 것이라고도 할 수 있다. 신체 안에 새
로운 시공간을 탄생시키고, 그 안에서 새로운 삶을 사는 것이기도 한

---

9. 일리치, 『텍스트의 포도밭』, 33쪽.
10. 일리치, 『텍스트의 포도밭』, 81쪽.

것이니까.

이 의미에서 읽기는 자연이라는 대우주와 신체 안의 소우주를 연결하는 매개체이면서 그것을 통해 새로운 땅으로 떠나는 것이라고도 할 수 있다. 읽기를 통해 자연의 시공간 중 하나를 잘라 내 내 신체 안에 구축하고, 다시 그 신체 안의 시공간 안으로 통합되어 '기존의 나'가 사라지고 '새로운 나'로 살아가는 것이다. 일리치 말대로라면 읽기는 존재론적인 사건을 만드는 역량인 듯싶다. 읽기는 언제나 고향을 떠날 수 있는 역량이다.

일리치는 현대를 '인간을 불구화하는 전문가 시대'라고 명명할 것을 제안한 적이 있다.[11] 대중들은 그저 '문제'만을 갖고 있고, 전문가들이 '해결책'을 소유하고 있는 시대 말이다. 어쩌면 전문가들의 전지전능이라는 환상은 일리치가 지적한 '읽기의 역량'이 사라졌기 때문에 생겨난 환상이 아닐까. 이런 읽기의 역량이 사라지자, 사람들은 생애 3분의 1 동안이나 필요한 교과를 공부하고서도, 또 나머지 3분의 2 동안을 더 보수 교육을 받고서도 그저 시장의 소비자로만 서게 된 것이 아닐까. 아마 이런 역량이 전제되지 않는다면, 아무리 읽을거리가 많아도 정신은 갈수록 궁핍해지는 것이 아닌가.

나는 영화 「컨택트」에서 루이스가 헵타포드어를 배워 미래를 보는 역량이 생겼다는 SF 스토리보다, 루이스가 언어를 통해 헵타포드의 메시지를 이해하려고 고투하는 장면이 더욱 영화다웠다. 언어를 통해서 헵타포드와 의사소통하려는 그녀의 고투에서 마치 읽기를 통해서 자연의 우주를 내 신체로 이전시키려는 중세 수도사들의 모습을 엿보았

---

11. 이반 일리치 외, 『전문가들의 사회』, 신수열 옮김, 사월의 책, 2015, 13쪽.

기 때문이다. 그런 고투를 거치고 나면 미래의 모습이 어떤 모습이든 상관없이, 자신의 신체 안에 구성된 '과거 – 현재 – 미래' 즉, 이스토리아(historia)에서 다시 살아갈 것이므로 전혀 두려움이 없을 것이다. 읽기의 역량이 우주를 만들 것이므로.

이반 일리치의
『텍스트의 포도밭』
후기

이반 일리치의 독특한 통찰이 담긴 글은 읽으면 읽을수록 저의 정신을 사로잡습니다. 2010년 친구들과 미셸 푸코의 『임상의학의 탄생』을 읽으면서, 의료행위에 대한 참고문헌으로 이반 일리치의 『병원이 병을 만든다』를 알게 되었습니다. 『임상의학의 탄생』은 의학적 지식과 담론들이 어떻게 형성되었고, 이 지식들이 우리들의 생각을 얼마나 바꾸었는지를 추적한 책입니다. 훗날 푸코는 이론물리학이나 유기화학을 가지고 과학과 정치경제의 관계를 보여 주는 것은 설명의 문턱을 너무 높여 놓는 것이 되기 때문에, 일반 사람들이 흔히 접하는 의학(의료) 혹은 정신의학을 가지고 정치와 경제, 나아가서 권력과 지식의 상호 복합적인 효과를 보여 주는 것이 더 잘 파악되지 않을까, 라고 생각했다고 말합니다.[12] 그러나 저는 책이 너무 어려웠던 나머지, 책에 대한 증오(?)가 엄청나서 제 무지는 제쳐두고, 온종일 번역 탓만 했던 기억이 납니다. 아무튼 읽는 데 엄청나게 애를 먹었지요. 완독은 했는데 내용은 전혀 기억나지 않는 책 중에 첫째로 삼는 책이 바로 이 책입니다.

그러는 중에도 참고문헌인 일리치의 책은 술술 읽혔습니다. 무엇보다 책 내용이 엄청나게 파격적이었습니다. 의사는 자신들의 의료 서비스에 보수를 지불할 만큼 부유한 장소에만 대부분 모여 있다고 주장합니다. 심지어 그들의 기술은 단지 사람을 겁주는 기술일 뿐이지 그다지 유효하지 않다고 외치면서, 심지어 병원이 병(일리치는 이를 '임상적 병원병'이라고 부릅니다)을 발생시키는 인자가 되고 말았다고 고발합니다.

---

12. 이 내용은 1976년 「진리와 권력」이라는 제목이 붙은 인터뷰에 실려 있다(촘스키·푸코, 『촘스키와 푸코, 인간의 본성을 말하다』, 183쪽 ; Michel Foucault, *The Foucault Reader*, Edited by Paul Rabinow, Vintage Books, 2010, p. 51).

읽기의 역량이
우주를 만든다

일리치의 단언이 좀 의문스럽기는 해도, 제게 매우 신선한 관점을 형성시켜 주었습니다. 많은 약물이 잠재적으로 독성을 지니고 있고, 의료가 없었다면 존재하지 않았을 '의료 과오'가 우연한 사고로 치장되고, 스스로 자연치료법을 지니고 있던 사람들이 그 능력을 잃고 말았다는 진단은 어느 정도 사실이기도 했습니다. 그 관점에 서면 오히려 의료제도가 사람을 파괴하고 있다고도 할 수 있었습니다. 일리치는 이런 현상을 '의료의 네메시스'(nemesis)라고 부릅니다. 의료는 신들의 역설적인 복수인 셈이지요. 논란이 있을 수 있지만, 충분히 생각해 볼 주제인 것이 사실이었습니다.

그러나 당시만 해도 저는 일리치에게 몰입할 시간을 갖지 못했습니다. 아무래도 일리치가 본격적인 철학자라고 생각되지 않았고, 그의 주장이 다소는 비현실적이라고 여겨지기도 해서 진지하게 읽을 생각을 가지지 못했습니다.

그러다가 오랜 시간이 지나서 〈문탁네트워크〉 이희경 선생님의 일리치 강의를 들을 기회가 생겼습니다. 커리큘럼에 들어간 교재는 『누가 나를 쓸모없게 만드는가』. 이 책은 제목처럼 내가 쓸모없는 사람이 되는 과정을 강렬하게 보여 줍니다. 상품이 어느 한계점을 지나 기하급수적으로 생산되면 사람은 무력해집니다. 그 순간부터 사람들은 자기 손으로 농사를 지을 수도 없고, 노래를 부를 수도 없으며, 집을 지을 힘도 없어집니다. 역설적으로 농사를 짓고, 노래를 부르고, 집을 짓는 등 땀을 흘리고 기쁨을 누리는 일이 소수의 부자들만 할 수 있는 특권이 되고 맙니다. 상품이 대량으로 만들어지면서 전통적으로 보유하던 자급기술은 대부분 쓸모없어지고, 동시에 그런 기술을 가지고 있던 가난한 사람들이 가장 먼저 고통 받는 사람이 됩니다. 이제는 고용되지 않은 상태로 할 수 있는 의미 있는 일은 모조리 없어져 버렸습니다.[13] 풍요가 우리를 무력하게 만든 꼴이지요.

뜻밖에도 학교라는 제도에도 이런 역설이 적용됩니다. 학교라는 곳에 가본 적이 없는 인디언들은 지금은 졸업장을 '따기' 위해 학교에 끌려갑니다. 인디언들에게 졸업장이란 자신들이 이 도시에서 얼마나 열등한지를 정확하게 측정해 주고 보여 주는 증서일 뿐 아무런 가치를 지니지 않습니다. 사실 그런 우열을 보여 주고 밑바닥에 계속 있으라고 학교가 생겼는지도 모르겠습니다. 상품이나 학교 모두 우리의 '필

---

13. 이반 일리치, 『누가 나를 쓸모없게 만드는가』, 허택 옮김, 느린걸음, 2014, 34쪽.

요'에 의해서 출현한 것들입니다. 그러나 그러던 것들이 우리의 신체와 정신을 갉아 먹습니다. 정말 아이러니합니다. 필요하다는 생각으로 만들었지만(물론 필요하다고 생각하게 된 것도 과연 정말 그런지 의문을 가져야만 합니다. 필요하다는 생각 자체의 기원부터가 의심스럽기 때문입니다. 혹시 우리는 누군가가 필요하다고 하니까 필요한가 보다 하고 있지는 않을까요?), 필요를 충족시켜 주기는커녕 우리를 더 구렁텅이에 빠트립니다. 일리치는 이런 역설을 그 밑바닥에서 살펴보는 사유인이었습니다.

이런 일리치가 뜻밖에도 '문자언어'에 관심을 가지고 파헤치는 모습은 참으로 낯설게 보입니다. 저도 처음엔 일리치와 문자언어의 관계가 잘 이해되지 않았습니다. 그렇지만 그가 살펴보는 중세 언어행위에 대한 묘사는 아주 새롭고도, 참으로 아름다웠습니다. 로마의 문화는 아우구스티누스를 거치면서 단일 언어의 문화, 즉 라틴어의 문화로 변했습니다. 로마인들에게 히브리어와 그리스어로 된 그리스도교 책을 라틴어로 번역하려는 욕망이 꿈틀거린 것은 당연합니다. 4세기경 라틴어 성서 『불가타』를 남긴 성서학자이자 성서번역가인 성 히에로니무스는 자신의 번역 행위를 이렇게 표현합니다. "승자가 포로를 전쟁의 규칙에 따라 끌고 오는 것과 마찬가지로 번역자 역시 의미를 자기 자신의 언어 안으로 가져온다." 이런 과정을 거쳐서 라틴어는 하느님의 뜻을 표현할 수 있는 언어가 됩니다. 즉, 카롤루스 대제 시대(8세기 말~9세기 초)에 이르러 라틴어는 그리스어, 히브리어와 함께 거룩한 언어가 된 것이죠.

이런 일들은 독일 민중들이 쓰던 방언, 테오티스크(theotisc)에서도 일어나고, 프랑스에서 일상어를 알파벳으로 적은 로마나 링구아(romana lingua, 로망스어)에서도 일어납니다. 로마 제국의 방언들이 생겨나 대중의 일상어로 이용되고, 또 라틴어 성서를 그 방언들로 풀어 사용하기도 합니다. 점점 시간이 지나면서 9세기경 갈리아 지방에서 쓰인 로망스어는 라틴어의 낱말 구조로부터 훨씬 더 멀어져 갑니다.

라틴어를 통일시키려는 시도는 있었지만, 대체로 민중들이 편한 언어로 성서를 들을 수 있도록 타협했다고 합니다. 예컨대, 예배를 집전하는 사제는 라틴어로 적힌 책을 보고 읽도록 규정되어 있었지만, 낭독할 때만큼은(즉, 소리 내어 신도들에게 읽어 줄 때는) 로망스어나 테오티스크 토박이말로 바꾸어 읽어 주도록 하였습니다. 텍스트는 라틴어로 적혀 있지만 그것을 낭독할 때는 듣는 사람들의 토박이말로 들려주었던 것입니다. 라틴어 텍스트를 라틴어로 보고 읽고, 다시 대중들에게는 프랑스어로, 독일어로 낭독해 읽어 주다니, 참으로 신기한 일입니다. 예를 들면 눈으로는

읽기의 역량이
우주를 만든다

한자로 된 "學而時習之 不亦說乎"를 보면서 "학이시습지 불역열호"라고 읽지 않고, 바로 "배우고 때때로 익히면 또한 기쁘지 아니한가?"라고 낭독한다는 뜻입니다. 이반 일리치는 『ABC, 민중의 마음이 문자가 되다』라는 책에서 이 모습을 아름다운 문장으로 표현합니다. 하나의 색깔이 진하게 또는 연하게 나타나 주위로 퍼져 가는 것, 마치 경관이 서로 어우러져 들어가는 것 같다고 하지요. 그것은 읽는 사람이 자신이 읽고 있는 것의 뜻을 무지개 색으로 입히는 것과 같다고도 하였습니다.[14] 단일 언어 라틴어로만 된 그리스도의 말이 사제의 입을 통해 다양한 방언으로 무지개처럼 퍼져 나간다는 뜻입니다. 그리스도가 히브리어, 그리스어, 라틴어를 넘어 새로운 세계로 범람하는 꼴이었습니다.

그런데 중요한 일이 발생합니다. 콜롬버스가 아메리카를 찾아 나서던 즈음, 네브리하라는 사람이 토박이말에 대한 문법책을 써서 이사벨 여왕에게 바칩니다. 그것은 토박이말을 아르티피시오(artificio, 인공물)로 만들 속셈이었습니다. 다시 말해 토박이말들을 라틴어와 서로 어우러져 자연스럽게 존재하는 것이 아니라, 라틴어와 달리 볼썽사나운 대상으로 격하시켜 버립니다. 이를 통제하기 위해 문법책을 만들어 정리해 두고, 표준화할 필요성을 제기한 것이죠. 그렇게 되면 관리 통제를 해야 할 언어(토박이말)가 정의되고, 언어 간 위계도 더욱 공고화되어 버립니다. 이제 사용하는 언어에 따라 지위가 결정되고 맙니다. 콜롬버스가 신세계로 가는 길을 개척했다면, 네브리하는 스페인 신민들의 언어를 표준화하여 통제할 수 있는 길을 고안해 냅니다.

이반 일리치는 이런 표준화와 통제에 극히 민감합니다. 표준화와 통제는 사람들을 수동적으로 만들어 버리고, 그런 수동화에 적응하지 못하면 탈락자와 소수자가 됩니다. 소수의 성공자와 다수의 실패자를 산출하게 되지요. 네브리하의 방식은 앞서 이야기한 아름다운 무지개를 걷어 버립니다. 라틴어의 중심성이 더욱 강해지고, 방언들의 지위는 격하되고 맙니다. 오히려 그리스도의 뜻을 아름답게 전달할 수 있는 능력을 무력화시켜 버리지요. 라틴어 책을 눈으로 읽고, 동시에 독일 방언으로 소리 높여 낭독하는 놀라운 광경은 이제 상상도 할 수 없게 되어 버렸습니다. 그리스도의 말이 라틴어로 말쑥해졌지만, 더 이상 마음을 울리지는 않게 되었습니다.

---

14. 일리치, 『누가 나를 쓸모없게 만드는가』, 100쪽.

일리치는 어느 대화에서 자신이 거듭 사유하는 주제는 "코룹티오 옵티미 페시마"(corruptio optimi pessima)라고 한 적 있습니다.[15] 이 말은 '최선의 것이 타락하는 일보다 더 나쁜 것은 없다'는 뜻입니다. 제일 좋았던 것이 그 좋음을 잃고 타락해 버리면, 그 어떤 나쁜 것보다도 더 나쁜 것이 되어 버린다는 이 말은 정말 섬뜩합니다. 일리치가 중세기에 대해 관심을 갖는 이유, 그리고 특히 문자언어에 관심을 갖는 이유는 바로 교회가 어떻게 타락했는지를 살피기 위해서입니다. 즉 최선의 관념들이 어떻게 뒤집혀서 타락하기 시작했는지, 그 과정을 관찰하기 위해서입니다. 원래는 영광스러운 존재를 드러내 주던 관념들이 어느 순간 뒤집어지면서 교회에 의해 제도화되고 다른 어떤 것보다 더 파괴적이고 나쁜 것으로 바뀌고 맙니다. 서평 본문에서도 말했지만 니체와 결정적으로 다른 지점입니다.

바로 이 부분이 일리치로 들어가는 키워드인 것 같습니다. 필요에 의해 새로운 상품이나 체계가 도래하더라도 이전에 있었던 것들이 함께 있어야만 의미를 가집니다. 새로운 것들이 필요 없다는 말이 아닙니다. 의사, 병원, 학교, 문자가 필요 없다는 말이 아닙니다. 예컨대 문자문화가 도래하여 표준화되더라도, 구술문화에 있던 낭독이나 암송이 함께 살아 있어야만 문자문화가 타락하지 않습니다.

이제 인공지능시대가 도래한다고 합니다. 컴퓨터로만 이루어지는 문화는 위험하며, '텍스트 기반의 문자문화'가 여전히 자리잡고 있는 동안만 의미가 있을 것입니다. 자동차는 우리가 자동차 앞까지 걸어가는 능력이 있고, 손을 들어 문을 열어야만 의미가 있습니다. 또한 병원도 사람들이 삶을 능동적으로 살아내기를 바라고, 그렇게 살아 낼 때만 의미를 가집니다. 그럴 힘도 없고, 그럴 마음도 없이 모든 것을 의사에게 맡겨 버리는 정신과 신체라면 치료를 받을 수도 없을뿐더러, 설사 병을 고쳐준들 무슨 소용이 있을까요? 자기 스스로 자신을 돌볼 수 있을 때, 오히려 타인의 치료와 도움이 가치를 지니게 됩니다. 일리치는 급진적이지만 급진적이지 않습니다. 그는 파격 속에서도 정격을 유지함으로써만 급진적이었습니다. 그는 근본적인 전통으로 돌아감으로써만 급진적이었습니다. 그의 또 다른 책 제목 『과거의 거울에 비추어』는 그래서 의미심장합니다.

---

15. 이반 일리치·데이비드 케일리, 『이반 일리치와 나눈 대화』, 권루시안 옮김, 물레, 2010, 236쪽.

경계인의 해방감

—

니콜로 마키아벨리, 『군주론』

삶 의   대 차 대 조 표

새벽 출근 시간, 졸린 눈을 비비며 들어가 샤워를 할 때면 거울에 비친 내 몸을 익숙한 듯 찬찬히 뜯어보게 된다. 얼굴에 주름이 좀 생기긴 했지만 그리 나이 들어 보이진 않는다. 하지만 옆구리까지 흘러넘친 뱃살은 볼수록 끔찍하다. 이제는 도무지 저 놈들을 걷어 내질 못하겠구나, 라는 생각에 좀 서글픈 느낌이 솟아나기도 한다. 저 늘어진 살덩이가 방구석에 틀어박혀 이제는 하찮아진 나의 생명을 끔찍하게 보여 주는 듯해서다.

언젠가 오십 살이 가까워 가는 내 자신의 대차대조표를 만들어 보기도 했다. 먼저 차변(借邊) 쪽 자산(資産). 평범하지만 꼬박꼬박 월급 나오는 직장은 내게 과분하다. 이걸로 네 식구를 먹여 살렸으니 낮게 평가할 수는 없다. 더구나 승진도 늦지 않게 해왔으니, 회사일로 무료하진 않았다. 이리 보면 운이 그리 나빠 보이진 않는다. 지금껏 저축을 다 빨아 먹고 빚만 남은 아파트 한 채. 그래도 퇴근하고 돌아갈 방이 있다는 게 얼마나 다행인가.

그러나 늦은 나이에 철학을 공부하고 나서, 한동안 나는 그런 푸근한 일상(살아갈수록 이게 환상에 가깝다는 사실을 눈치껏 알게 된다)과 멀어지기 시작했다. 내가 해석한 철학책에 비추어, 푸근한 일상에 감추어진 문제들이 불쑥 불쑥 드러나서다. 그러니까 인생 대차대조표의 대변(貸邊) 항목들이 도드라져 보이는 것이다. 특히 그간 보살피지 않았던 정신세계를 보면, 오른편엔 그동안 방치해 두었던 부채들이 가득하다. 볼수록 부끄러움이 얼굴을 화끈거리게 한다. 썩어가는 부채들을 모르고 오십 년 가까이 살아왔다니, 아마도 내가 무의식중에 은폐해 왔던 삶의 부채들을 철학이 집중적으로 부각시켜 준 탓일 게다. 당시에는 철학이 그렇게만 해석되어졌다.

그래서인지 그때는 그런 부채들을 만천하에 드러내고, 억지로 도덕적 결론을 내는 글만을 쓰게 되었다. 물론 삶의 부채들을 갚아 나가는 것이 중요할 터이지만, 모든 것이 하나의 도덕으로 단죄되는 것 같아 또 괴로웠다. 철학으로 정신이 해방되어야 하는데, 역설적으로 일상과 공부에 괴리가 생기기 시작한 것이다. 공부와 일상의 괴리는 은폐된 부채보다 더 심각한 문제가 되었다. 척추마냥 생각이 곧아지다 너무 곧아져서 굳고 말았다.

그런데 이런 경직된 마음을 풀어 준 책이 하나 있었으니, 그것이 바로 마키아벨리(Niccolò Machiavelli, 1469~1527)의 『군주론 : 군주국에 대하여』(Il Principe : De Principatibus)이다. 당시 나는 연구실에서 '마르크스 정치철학 강좌'를 듣고 있었는데, 한 강의에서 마르크스주의자인 알튀세르가 마키아벨리를 높이 평가했다는 설명을 들었다. 곧바로 알튀세르가 쓴 마키아벨리에 대한 글을 찾아 읽고, 내친김에 『군주론』도 읽게 되었다.

낯선 친숙함, 혼자 돌파하다

우선 알튀세르는 마키아벨리가 낯설지만은 않으면서, 동시에 그저 친숙하지만도 않은 묘한 느낌, 그러니까 프로이트식으로 말하면 '낯선 친숙함'(umheimlichkeit)에 빠지게 한다고 말한다.[1] 왜 낯설지만 친숙한 것일까? 그것은 마키아벨리가 무척 현실주의적인 세계관을 숨기지 않고 까발리기 때문일 것이다.

마키아벨리는 인간이 은혜를 모르고, 변덕스럽고, 기만적이라고 단언한다. 내가 그들을 잘 대우하면, 그들도 나를 잘 대해 줄 것이다. 더군다나 내가 힘 있는 자리에 있거나, 내가 뭐라도 도움이 될 만하다면 나서서 내게 뭔가 해주려고 할 것이다. 그러나 내가 위험에 처하면 반드시 등을 돌릴 것이다. 대체로 이런 생각이다.

심지어 이런 말도 한다. "사람들은 스스로를 두려워하게 만들 때보다 스스로를 사랑받게 만들 때 더 거리낌 없이 해를 입힌다."[2] 즉, 두려움이 주는 통제력이 해체되어 버리면, 심지어 사랑하면 할수록 더욱 그들은 거리낌 없이 나를 공격한다는 말이다. 고등학교 시절 지하 만화방에서나 보던 이현세나 박봉성식 현실주의 아니던가. 모두 알면서도 대놓고 말하지는 않던 그 사실을 까발리는 시원함이 이 안에는 있었다. 그에게서 이런 문장을 볼 때마다 웬일인지 나도 그간의 가책(?)이 일거에 사라지는 해방감을 느꼈다.

물론 알튀세르가 이런 문장들을 가지고 마키아벨리가 낯설고 친숙

1. 알튀세르, 『마키아벨리의 고독』, 225쪽.
2. 니콜로 마키아벨리, 『군주론 : 군주국에 대하여』, 곽차섭 옮김·주해, 도서출판 길, 2015, 211쪽 ; 니콜로 마키아벨리, 『군주론』, 권기돈 옮김, 펭귄클래식코리아, 2008, 108쪽.

하다고 한 것은 아니다. 그는 마키아벨리가 '새로운 형태의 지식 발명가'(the inventor of a new form of knowledge)라고 생각했다.[3] 마키아벨리는 아리스토텔레스식의 선험적인 정체론에 빠지지 않았다. 그러니까, 정체(government)를 자의적으로 분류하고 정상적인 정체(좋은 정부)와 병리적인 정체(나쁜 정부)를 사전에 나누는 고리타분한 유형론에 빠지지 않는다. 알튀세르는 마키아벨리가 통일되지 않은 이탈리아에서 통일된 민족국가를 건설하기 위한 전제조건, 즉 어떤 장제가, 어느 누가 그 임무를 달성할 수 있을지 새롭게 질문한다는 점을 끄집어낸다. 마키아벨리는 기존 유형에 의존하지 않은 채 자신의 목표에 맞는 새로운 질문을 만들어 낸 '발명가'였다. 그는 당대의 친숙한 주제인 군주를 완전히 낯선 질문 속에서 다루었다. 아마 나를 시원하게 해준 해방감은 그의 현실주의가 이 위치에 자리 잡았기 때문일 것이다. 무엇보다 그는 도덕을 넘어서 있는 내 정신의 철학 스위치를 다시 켜 주었다.

마키아벨리의 특이성은 여기서 한 발자국 더 나아갈 때 더 강렬하게 드러난다. 마키아벨리가 보기에 이 정치적 과제는 현존하는 어떤 군주국에 의해서도 완수될 수 없다. 현존하는 군주국들은 모두 낡았으며, 또 이미 모두 봉건제에 연루되어 있기 때문이다. 그래서 주장하길, '오직 새로운 군주국의 새로운 군주만이'(only a New Prince in a New Principality)[4] 이 과제를 완수할 수 있다고 자신의 질문에 급진적으로 답한다.[5] 낡은 군주국은 새로운 군주를 '낡음의 포로'(the prisoner of its oldness)로 사로잡아 두기 때문에, 오직 새로운 군주국의 새로운 군주만

---

3. 알튀세르, 『마키아벨리의 고독』, 226쪽.
4. 알튀세르, 『마키아벨리의 고독』, 227쪽.
5. 알튀세르, 『마키아벨리의 고독』, 227쪽.

이 이 어려운 과제를 완수할 수 있다는 뜻이다.

이 의미에서 더욱이 주의해야 할 것은 새로운 국가를 건설하기 위해서 오로지 '혼자'(!)여야 한다(Alone)는 점이다. 알튀세르는 바로 이 지점에서 국가의 첫번째 계기인 군주주의적(monarchist) 계기 혹은 독재적(dictatorial) 계기를 발견한다. 물론 여기서 '프롤레타리아 독재'라는 정통 마르크스주의적 주제를 끌어내려는 알튀세르의 의지를 쉽게 찾을 수는 있을 것이다.

그러나 나는 그의 독재론을 다른 감각으로 받아들이곤 '혼자'(!) 기뻐했다. 알튀세르의 마키아벨리 해석을 개인과 사회 간의 관계에도 적용할 수 있지 않느냐는 생각을 한 것이다. 우리는 다양한 사회적 층위와 접한다. 가족, 회사, 친구, 친척 등등. 다양한 관계 속에서 복잡한 관계들이 구성된다. 물론 어느 정도까지는 이런저런 관계를 그럭저럭 이끌고 간다. 그러나 어느 순간 이 관계들이 파편화되면서 개인을 분열적으로 압박한다. 특히 관계들이 기만적으로 보여서 혐오감마저 느낄 수 있다. 그렇게 되면 지극히 모순적인 상태에 빠지게 된다. 아마 나의 공부와 일상에 괴리가 발생했던 것도 이런 상태 중 하나였을 것이다.

삶의 어느 국면에는 반드시 이 관계들을 풀어 내고 돌파해야 하는 상황이 온다. 그러나 이 과제를 돌파하는 것은 기존의 주체와 욕망으로는 불가능하다. 마키아벨리의 방식을 대입하여 생각해 보면, 낡은 주체는 새로운 욕망조차 낡음의 포로로 사로잡을 것이기 때문이다. 따라서 새로운 주체의 새로운 욕망이 필요하다. 더 나아가서 그 새로운 욕망은 단 하나의 욕망이어야 한다. 오로지 하나의 군주적 욕망이 다른 모든 욕망을 다스릴 때, 비로소 새로운 주체가 구성될 수 있다는 것, 오로지 홀로된 새 욕망만이 파편화된 관계들을 돌파하고 새로운 생(生)을 만들어 낼 수 있다는 것. 아주 신기한 깨달음이다. 이른바 욕망의 독재적 계기라고 할 수 있었다. 내가 '혼자' 기뻐했던 것은 바로 그런 의미에서 이다.

마 키 아 벨 리 는   마 르 크 스 다

시간은 흘러 이런 생각으로 마키아벨리를 읽은 시절이 지나고, 또 다른 계기가 찾아왔다. 미셸 푸코의 마키아벨리 독해를 읽은 것이다. 푸코는 알튀세르와 달리 마키아벨리를 높이 평가하지는 않는다. 오히려 알튀세르를 중심으로 한 현대 좌파를 우회적으로 비판하는 과정에서 마키아벨리는 근대를 연 사상가가 아니라, 어떤 시대의 종말에 있는, 혹은 영토적 문제계의 정점에 있는 옛 사람에 불과하다고 평가하고 있었다.[6] 그도 그럴 것이 마키아벨리는 16세기 공국(公國, 왕보다 낮은 직위를 가진 군주가 다스리는 국가를 통칭)들이 영토를 두고 싸우고 통일하는 것을 대상으로 사유한 사람이다. 인구와 순환을 문제계로 두고 사유하고자 했던 푸코에게는 마키아벨리의 사유가 이미 낡은 것이었다.

하지만 내가 흥미로웠던 부분은 푸코가 이를 확인하기 위해서 16세기부터 18세기에 이르기까지 만연했던 반(反)마키아벨리 문헌들을 일일이 찾아 분석하는 장면이다. 그런 문헌들에는 두 가지 유형이 있는데, 하나는 가톨릭 진영, 특히 예수회에서 나온 책들이고, 다른 하나는 당대의 통치론자들에게서 나온 책들이다. 특히 후자에게 반마키아벨리 문헌은 하나의 장르이다. 통치론자들은 '반마키아벨리적 글쓰기'를 통해서, 마키아벨리가 아니라 자신들의 이야기를 하고 있었다. 그들만의 생

---

6. 푸코, 『안전, 영토, 인구』, 103쪽.

각으로 마키아벨리의 군주론을 재구성하고(이렇게 재구성된 마키아벨리가 맞냐 틀리냐는 중요한 문제가 아니다!), 그 재구성된 군주론에 입각해서 마키아벨리의 이론을 반대하고(궁극적으로 제대로 반박했느냐는 중요한 문제가 아니다!), 자신들의 주장을 설파하는 식인 것이다(중요한 것은 자신의 이야기를 하는 것이다!).

그들의 주장은 이렇다. 마키아벨리의 군주는 공국 밖에 존재한다. 왜냐하면 군주와 공국 사이에 자연적이거나 법률적 연관 같은 것은 존재하지 않기 때문이다. 군주는 단지 상속 혹은 병합, 정복을 통해서 공국을 얻었을 뿐이다. 그는 공국에 대해 소유권이 근본적으로 취약하기 때문에 끊임없이 빼앗길 위협에 빠진다. 그러므로 군주는 자신이 소유한 것으로서의 공국, 더 특정하여 말한다면 자신이 소유한 '영토'와 자신에게 복종하는 '신민'과의 연결고리를 계속 유지하는 것만이 문제일 뿐이다. 그들의 제일 관심사는 '영토'와 '신민의 복종'이다.

그렇다면 16세기 통치론자들에게 마키아벨리가 말하는 군주의 수완은 새로운 통치술이 아니다. 왜냐하면 반마키아벨리주의자로서 16세기 통치론자들이 말하는 '통치'의 목적은 영토, 신민이라기보다 군주가 관리하는 모든 사물들과 관계들이기 때문이다. 통치에서 영토와 신민은 통치의 대상인 '관계들'의 주요한 구성요소일 뿐 다른 구성요소(이를테면 인구, 경제 등)보다 더 중요하지 않다. 통치론자들에게 통치의 대상은 영토와 신민을 넘어서서 경제, 인구, 의료, 제도 등 매우 다양한 요소들의 순환체계이다. 이 의미에서 마키아벨리에게는 '통치술'이 없다고 할 수 있었다. 16세기 통치론자들에게 마키아벨리는 '영토 보전술'이 있을 뿐이었다. 통치술의 시대에 마키아벨리는 끝내 반박되고 있었다.

그러나 푸코는 마키아벨리가 다양한 가치, 때로는 부정적이고 때로는 거꾸로 긍정적인 가치를 지니며 논쟁의 핵심에 있었다고도 말한다.

푸코의 놀라운 통찰력은 이 지점에서 가속화되어 이어진다. 특히 '통치술'을 정의한 것은 마키아벨리가 아니지만, 그가 말한 바를 통해서만 통치론자들의 통치술이 탐구되었다는 지적은 압권이다. 새로운 통치론자들은 마키아벨리가 말한 바 때문에 논쟁을 일으킨 것도, 그에 의해서 혹은 그를 통해서 통치술을 발견한 것도 아니다. 그럼에도 불구하고 기묘하게도 그들은 새로운 통치술을 드러내 보여 주기 위해서 오로지 마키아벨리를 통해서만 주장하고, 그의 인어를 반내항으로 내세워야만 싸울 수 있었다. "이렇게 보면 우리의 마키아벨리는 마르크스이겠죠. 마르크스에 의해서는 아니지만 마르크스를 통해[서만] 말들이 나오니까요."[7] 마키아벨리는 당대에 새로운 담론들이 나오는 출구였던 것이다. 마르크스가 현대에 그런 것처럼.

조롱인지 평가인지 모를 푸코의 이 말에서 나는 오히려 마키아벨리의 위치를 재성찰하게 된다. 그는 마르크스주의자들에게는 근대의 출발을 이루는 경계에 고독하게 존재하는 점으로 인식되지만, 새로운 통치론자들에게는 고대의 마지막 경계를 이루는 정점으로 인식된 것이다. 어떤 의미에서 그는 이곳저곳에서 다른 시선으로 바라보는 경계, 아니, 다르게 바라볼 수밖에 없도록 요구하는 경계, 그래서 언제나 다른 시차들을 무한히 품고 있는 그 경계선 위에 위치하고 있었다.

사실 마키아벨리는 자신만의 사유로 새로운 시대를 돌파하고 있었다. 알튀세르도 이렇게 말한다. "'혼자'(Alone), 즉 그는 자신이 말하는 항해자처럼 미지의 바다로 나아가는 모험을 하고 새로운 이론을 세우는 자유를 얻기 위해서는, 말하자면 구세계에 지배적인 자명한 진리로

---

7. 푸코, 『안전, 영토, 인구』, 103쪽.

부터 결국 단절되고, 그 이데올로기로부터 분리된 것으로 판명되어야 했습니다."[8]

그로부터 단절되어 시작하였든(알튀세르의 마키아벨리), 그를 정점으로 단절되었든(푸코의 마키아벨리), 그의 '군주(=혼자)'야말로 내가 철학의 해방감을 되찾아 온 귀중한 출발점이다. 그리고 그것은 내가 나를 출구로 삼아 어떤 담론도 나의 가능성으로 가져올 용기를 내게 한 첫 걸음이기도 하다. 어떤 비난이나 조롱도 나의 이야기를 멈추게 하지는 못할 것이다. 무한한 시차를 품은 경계에 있기 때문에 무엇이든 말할 수 있고, 어떤 비난과 조롱도 두려워하지 않을 수 있게 된다. 이게 마키아벨리가 내게 준 경계인의 해방감이다.

---

8. 알튀세르, 『마키아벨리의 고독』, 232쪽.

니콜로 마키아벨리의
『군주론』
후기

따로 마키아벨리의 저서를 읽기 전까지 제가 마키아벨리에 대해서 아는 바는 별로 없었습니다. 단지 목적을 달성하기 위해 수단과 방법을 가리지 않는 행위를 가리켜 마키아벨리즘(Machiavellism)이라고 한다고만 알고 있었지요. 아마 그가 강력한 군주, 교활하면서도 공포스러운 군주를 옹호했으며, 나라를 통치하다 보면 군주가 약속을 지키지 않을 수 있다고 했다는, 어디선가 얻어 들은 정보와 인상만 있었죠. 아마 저는 이런 인상이 제대로 된 근거를 갖고 있는지 없는지는 전혀 상관하지 않았을 겁니다. 신문에서 어떤 정치가를 두고 "마키아벨리적이다"라고 하면, 곧바로 저 통념적인 편견들을 떠올렸습니다.

그렇다고 통념이 전해 주는 그의 말들과 그 말들에 부합하는 정치가의 모습을 그렇게 혐오하지는 않았던 것 같습니다. 그동안 조선시대 왕궁을 묘사한 사극을 많이 봐서 그런지, 당시의 군주라면 그런 교활함이 당연히 필요했으리라 공감했지요. 아마 저 같은 나이의 중년들이라면 조직에서 오랫동안 생활해 왔기 때문에 그런 생각에 큰 거부감이 없을 것 같습니다. 조직의 생존과 직결되면 도덕과 비도덕을 넘어서 수단과 방법을 가리지 않고 그러해야 한다고 상황을 이해하는 사람이 적지 않을 것입니다. 그런 의미에서 한국 사회의 중견 직장인들은 어느 정도는 "통념적인 마키아벨리스트"라고도 할 수 있지 않나 생각해 봅니다.

그러나 철학을 접하고 나서 마키아벨리는 제게 가장 문제적인 인물이 되고 말았습니다. 토머스 모어의 『유토피아』(1516년), 마르틴 루터의 「95개조」(1517년), 그리고 마키아벨리의 『군주론』(1513년). 봉건제의 사망을 예고한 위대한 저서 이 세 권이 모두 같은 시기에 집필되었습니다. 16세기 초는 근대적인 세계관들이 출현하며 유럽 역사에서 봉건주의가 사라지기 시작한 시기이므로, 현대의 시선으로 그 시기의 문화적 산출물들을 바라보면 이런 식의 묶음은 더 많이 나올 듯도 합니다. 아무튼

경계인의
해방감

마키아벨리는 르네상스의 도덕철학을 반영한 인물이고, 덕분에 그의 사유는 이전 시대를 마감하는 상징이 되지요. 특히 그는 '국가 문제'와 관련해서 새로운 정치영역을 만들어 낸 인물이었습니다. 그만큼 마키아벨리는 가볍게 다루어져서는 안 될 인물입니다.

그러나 앞에서도 말했지만 우리 같은 일반 대중들에게 마키아벨리는 굉장히 부정적인 인물이거나 아니면 처세술의 참조인으로만 알려져 있습니다. 물론 이런 현상이 우리 시대의 편견이기만 한 것은 아닙니다. 존 밀턴은 그의 저서, 『실락원』 (1667)에서 등장인물인 사탄의 대사를 마키아벨리의 『군주론』에서 가져와 채웠다고 합니다. 『군주론』의 언어가 당대의 통념적인 언어와 달라도 매우 달랐기 때문에 그 책의 문구들만 가져와도 사탄의 언어가 될 수 있었던 것이죠. 오랫동안 마키아벨리는 악마로 묘사되어 왔습니다.

평범한 담론들이 특별히 강하고 전복적이면서 시대를 앞선 사유를 접하게 되면, 본능적으로 어떤 억압으로 상대 사유를 억누르고 차단하는 것 같습니다. 17, 18세기에는 이런 이유 때문에 반(反)마키아벨리 문헌들이 판을 치게 됩니다. 당시에는 이런 반마키아벨리 문헌들이 일종의 장르처럼 유행했다고 하더군요. 이들에게 마키아벨리는 하나의 적으로 재구성되었습니다. 1667년 레몽 드 생-마르탱이라는 사람이 쓴 텍스트의 이 우스꽝스러운 제목을 보십시오. 『무신론자, 자유사상가, 운명이나 숙명을 설정하는 수학자와 여타의 모든 사람들, 이교도, 마키아벨리주의자, 정치가 등의 해로운 잘못에 맞서는 본래의 진정한 종교』. 이 제목에서 마키아벨리주의자는 여러 '해로운 잘못'들 중 하나로 지목되고 있습니다. 이 책 제목을 읽고 있으면 적들을 대표하는 것으로서 마키아벨리의 위상이 마치 코미디의 우스꽝스런 소품처럼 드러나 있는 것 같습니다.

물론 처음부터 혐오 대상이었던 것은 아닌 모양입니다. 당대 사람들과 그 바로 다음 세대 사람들에게는 칭송을 받았죠. 그리고 이후 18세기 말 혹은 통치술 관련 문헌들이 모조리 사라지게 되는 19세기 초에 또 다시 칭송을 받게 됩니다. 아마도 나폴레옹이나 프랑스혁명 이후, 혁명이 산출한 문제, 그러니까 주권자가 국가에 행사하는 주권을 어떻게, 그리고 어떤 조건 속에서 유지할 수 있을까라는 문제가 급박한 문제로 다가왔을 것입니다. 혁명에 성공하지만 그 혁명으로 얻은 권력을 어떻게 계속 유지하면서 혁명이 지향하는 것들을 더 광범위하게 확산시킬 것인가는 절대적으로 중요한 문제였을 것입니다. 그 점에서 마키아벨리는 굉장히 유용한 참조점이었을 테지요. 물론 근대 들어 이탈리아와 독일에서 영토의 통일이라는 문제가 생성된 것도 마키아벨리를 다시 소환시키는 데 한몫합니다. 마키아벨리야말로 이탈리아가 영토를 통일할 수 있는 조건을 밝혀내려고 끊임없이 노력했던 인물이었지요.

사실 마키아벨리는 이탈리아를 통일시킬 수만 있다면 어떤 행동도 가능하다고 생각한 사람입니다. 마키아벨리가 보기에 이탈리아에 새로운 군주국을 세울 기회가 여럿 있었습니다. 체사레 보르자(Cesare Borgia, 1475~1507)가 아버지인 교황 알렉산데르 6세의 도움을 받아 공국을 만들려고 했을 때 첫 기회가 찾아왔습니다. 다음은 교황 레오 10세가 교황령과 피렌체를 통합하려고 했을 때가 두 번째 기회였습니다. 피렌체는 레오 10세의 동생인 줄리아노 데 메디치가 다스리고 있었습니다. 마키아벨리가 주목했던 순간은 바로 이 기회입니다. 마키아벨리는 메디치 가문이 피렌체를 군주정에서 공화국으로 전환시켜야 한다고 주장하게 됩니다. 이를 위해서 그는 『군주론』을 써서 이것을 당시 피렌체 추기경이던 줄리아노에게 헌정하려 했습니다.

이탈리아의 통일을 열망하는 마키아벨리에게 중요했던 것을 단 한 마디로 말하면 바로 '새로운 군주, 새로운 정체'입니다. 마키아벨리는 이탈리아의 해방자는 이탈리아를 위해 모세가 이스라엘 민족에게 해준 것을 해야 한다고 주장합니다. 마키아벨리에게 이 목표는 지상 어떤 목표보다 강력한 목표였기에, 또 그 목표를 반드시 이루어야 한다고 강력하게 욕망하였기에, 그는 당대 통념에서 벗어난 주장들을 더욱 강렬하게 주장할 수밖에 없었고, 그것이 당대 정치학자들의 반발을 강하게 샀던 것 같습니다.

푸코도 그의 콜레주 드 프랑스 강의록인 『안전, 영토, 인구 — 콜레주 드 프랑스 강의 1977~78년』에서 마키아벨리에 대해 집중적으로 언급합니다. 여기서 푸코는 마르크스를 마키아벨리에 비유하기도 합니다. 이것은 국가주의를 비판하는 입장에 서서 행한 말이기도 했습니다. 좀 엄밀히 말하면 강의에서 마키아벨리를 논할 때, 마키아벨리를 마르크스에 비유한 것이었습니다. 푸코는 마키아벨리에게는 16~17세기 사람들이 찾으려고 했던 '통치술'이 전혀 발견되지 않는다고 말합니다. 푸코에게 마키아벨리는 과거의 사람이지요. 마키아벨리가 구출하고 보호하려고 했던 것은 군주가 지배하려는 대상과 군주 자신과의 관계이지, 새롭게 정립되어 가는 '국가'가 아니었다는 것입니다. 보통의 정치학자들이 바라보는 마키아벨리에 대한 해석과 완전히 다른 관점입니다.

즉, 마키아벨리가 유지하려고 했던 것은 국가이성이 아니라, 단지 군주의 권력관계였고, 따라서 관심사는 군주의 지배 영토와 백성일 뿐이기 때문에, 국가이성을 핵심주제로 한 16~17세기의 새롭고 독특한 통치술과는 무관했다는 것입니다. 그런데 푸코는 이 지점에서 묘한 코멘트를 하는데, 16~17세기 통치술의 시대에 통치술론자들은 반드시 마키아벨리를 언급함으로써만 자신들의 통치술을 설명했다고 말합니다. 다시 말하면 마키아벨리는 다양한 가치, 때로는 부정적이고 때로는 거꾸로 긍정적이었던 가치를 지니며 논쟁의 핵심에 있었던 것입니다. 그러면서 이렇게 덧붙입니다.

"그[마키아벨리]가 말한 바 때문이 아니라 그를 통해 논쟁이 벌어진다는 점에서 마키아벨리는 논쟁의 핵심이었습니다. 마키아벨리가 말한 바 때문에 논쟁이 벌어진 것도, 그에 의해서나 그를 통해서 통치술이 발견된 것도 아닙니다. 통치술을 정의한 것은 마키아벨리가 아니지만, 그가 말한 바를 통해 통치술이 탐구된 것이죠. 결국 무슨 일이 일어나고 있는지 탐구됐다고는 하나, 실제로는 누군가를 통해 무언가를 말하는 것만이 탐구됐다는 이 담론 현상은 그다지 독특한 현상도 아닙니다. 이렇게 보면 우리의 마키아벨리는 마르크스이겠죠. 마르크스에 의해서는 아니지만 마르크스를 통해 말들이 나오니까요."[9]

아마 일반적인 마르크스주의자들이라면 비딱한 이 코멘트가 거슬릴 수도 있을 것 같습니다. 그러나 마르크스 자체가 모든 변혁 담론들의 분출구라는 뜻으로 다시 새로 새겨 보면, 우리 시대에 마르크스라는 고유명이 주는 힘을 새롭게 이해할 수도 있으리라 봅니다. 그러니까 푸코의 마키아벨리에 대한 평가를 다시 마르크스에게 되돌려주어 바라볼 수도 있다는 것입니다. 마르크스는 텅 비어 있으되, 가득 차 있습니다. 그가 말한 이론적 정식들과 내용들이 혹시 모두 사라지더라도(나는 그의 이론들이 여전히 풍부하게 살아 있다는 입장이지만), 변화를 열망하는 모든 담론들의 분출

---

9. 푸코, 『안전, 영토, 인구』, 338쪽.

구로서 그의 독특한 위치는 우리 시대에도, 다음 시대에도 결코 사라지지 않을 것입니다. 텅 빈 기표로서 마르크스라는 그릇을 통해서만 변혁의 음식들이 차려지는 것이죠.

이처럼 푸코가 마키아벨리를 바라보는 관점은 마르크스주의자들이나 역사학자들이 보는 관점과 다르고, 다소는 불편해 보이기까지 합니다. 그러나 푸코가 마키아벨리에게 접근하는 방식에는 다른 사람들의 그것과는 다른 독특함이 있습니다. 특이하게도 푸코는 마키아벨리를 행운과 불운을 논하는 그리스-로마적 개념의 전통에서 바라보는 장면이 있지요. 불운은 악천후, 가뭄, 추위 등 인간이 좌지우지할 수 없는 것입니다. 생각해 보면 불운이 닥치면 인간은 아무것도 할 수 없습니다. 2011년에 일본에서 엄청난 해일이 마을을 덮치는 광경을 TV로 본 적이 있습니다. 그때 저는 대체 인간이 할 수 있는 게 과연 무엇일까라는 생각을 생애 처음 해보았던 것 같습니다. 보통은 그걸 보면서 생명의 위협만을 느끼지요. 대개 다른 생각은 전혀 들지 않습니다.

하지만 푸코는 마키아벨리가 이런 불운, 즉 도무지 인간이 대처할 길 없는 불운을 자연과 인간 간의 관계로만 사고하지 않고, 정치적인 장으로 도입해 사고한다고 지적합니다. 예컨대 기후 변화 때문에 급작스럽게 공동체 안에 식량난이 발생합니다. 그러면 백성과 주권자가 구성한 정치의 장에 새로운 형식이 출현하게 됩니다. 백성들의 불안과 불만이 높아질 것이고, 주권자는 이를 다루어야만 하는 긴급한 문제가 생기게 되지요. 자연과 인간의 관계만이 아니라 인간과 인간의 관계에 변화를 가져옵니다. 마키아벨리에게 행운-불운 구도는 거대한 자연 앞에서 느끼게 되는 인간적인 무기력만을 말해 주는 것이 아니라, 정치적인 장에서의 행동 도식에도 영향을 끼치는 정치적이고 도덕적이며 우주론적인 개념이었던 거죠.[10] 이렇게 보면 정치가란 인간에게 덮치는 불운과 게임을 하는 사람들이라고 볼 수도 있습니다.

마키아벨리는 운명과 정치가 사이의 관계에 대해 구체적으로 사고합니다. 마키아벨리는 운명이란 우리의 행동에 대해서 반만 주재할 뿐이며 대략 나머지 반은 우리의 통제에 맡겨져 있다고 생각하였습니다. 운명은 자신에게 대항하기 위해서 아

---

10. 푸코, 『안전, 영토, 인구』, 57쪽.

무런 역량이 갖추어져 있지 않은 곳에서는 그 위력을 더 강하게 떨친다고 합니다. 그러니까, 우리가 운명에 순응하기만 하면 운명은 더 짓궂은 짓을 우리에게 해댄다는 뜻입니다. 마키아벨리가 이런 말을 하는 이유는 이탈리아가 운명, 특히 불운에 대응하여 아무런 대비를 하지 않는다고 지적하기 위해서였습니다. 사실 마키아벨리의 운명에 대한 대처방식은 좀 특별한 데가 있습니다. 다른 무엇보다 운명 그 자체가 끊임없이 변한다는 사실을 직시한다는 사실입니다.

어떤 사람이 똑같은 행동을 했는데도 한 번은 성공하고, 또 다른 한 번은 실패할 수 있습니다. 똑같이 했는데도 왜 그런 걸까요? 어떤 사람이 신중하고 참을성 있게 행동하고 그 행동이 시대와 상황에 맞으면 성공할 것입니다. 시대와 상황은 계속 변합니다. 그러나 성공을 맛보았던 그 신중한 사람이 이런 변화에 유연하게 행동하지 않으면 분명히 실패하고 맙니다. 타고난 기질이 변화를 용납하지 않고 있거나, 그렇게 행동해서 계속 성공해 왔기 때문에 행동을 변화시키는 것이 좋지 않다고 생각할 수도 있습니다. 그러니까 신중하고 참을성 있게 행동하는 것만이 성공을 보장하지 않는 것이죠.

결국 마키아벨리에게 중요한 것은 운명과의 조화를 어떻게 이루느냐는 것입니다. 그러나 마키아벨리의 특이점은 그 조화를 단순히 순응으로 보지 않는다는 것입니다. 다음과 같은 문제적인 문장을 보십시오.

"저는 신중한 것보다는 과감한 것이 더 좋다고 분명히 생각합니다. 왜냐하면 운명은 여성이고 만약 당신이 그 여성을 손아귀에 넣고 싶어 한다면, 그녀를 거칠게 다루는 것이 필요하기 때문입니다. 그리고 그녀가 냉정하고 계산적인 사람보다는 과단성 있게 행동하는 사람들에게 더욱 매력을 느낀다는 것은 명백합니다. 운명은 여성이므로 그녀는 항상 청년들에게 이끌립니다. 왜냐하면 청년들은 덜 신중하고, 보다 공격적이며, 그녀를 더욱 대담하게 다루고 제어하기 때문입니다."[11]

아마 현대의 페미니스트라면 크게 반발할 만한 비유일 것입니다. 여성을 손아귀

---

11. 니콜로 마키아벨리, 『군주론』, 강정인·김경희 옮김, 까치, 2015(제4판), 174쪽.

에 넣고 싶으면 거칠게 다루라고 대놓고 이야기하는 문장이니까요.[12] 저도 만일 현대 작가들이 이런 문장으로 정치를 논하고 있으면 많이 불편해 했을 것입니다. 그러나 여기서는 이 문장을 상징으로 가득한 구문으로 해석하려고 합니다. 운명은 시시각각 변합니다. 마치 여성들의 마음과도 같지요. 물론 남자들이 상상하는 여성들의 마음일 겁니다. 여성들이 정말 그런지는 잘 모르겠습니다. 남성인 저의 마음도 시시각각 변하니까, 그게 여성 특유의 특성인지도 확정하지 못하겠습니다. 아무튼 운명은 시시각각 변합니다. 그러므로 과감해야 합니다. 이미 다 변해 버리고 나서 개입하는 것은 아무런 소용이 없지요. 변화의 흐름 속으로 과감하게 들어가서 그 흐름의 요소들을 다루고 조금이라도 유리한 국면으로 그 변화가 이루어지도록 행동해야 합니다. 그래서 저는 마키아벨리를 '운명과 흐름의 정치철학자'라고 다시 명명하고 싶습니다.

또 하나 있습니다. 마키아벨리는 어느 누구보다 책읽기와 글쓰기에 열성적이었던 사람입니다. 그는 읽기와 쓰기를 최고로 고양된 생활양식으로 여기고 살았던 사람이었습니다. 조금 긴 그의 문장을 인용하여 보겠습니다.

"저녁이 오면 난 집으로 돌아와 서재로 들어가네. 문 앞에서 온통 흙먼지로 뒤덮인 일상의 옷을 벗고 왕궁과 궁중의 의상으로 갈아입지. 우아하게 성장을 하고는 날 따뜻이 반겨주는 고대인의 옛 궁전으로 들어가, 나를 이 세상에 나오게 한 이유이자 오직 나만을 위해 차려진 음식을 맛보면서, 그들과 스스럼없이 이야기하고 그들이 왜 그렇게 행동했던가를 물어본다네. 물론 그들도 친절히 답해 주지. 이 네 시간 동안만은 나에게 아무런 고민도 없다네. 모든 근심 걱정을 잊어버린다는 말일세. 쪼들리는 생활도 나아가 죽음까지도 나를 두렵게 하지는 못하네. 나 자신이 온통 그 시간 속에 빠져들어 가는 셈이지. 하지만 단테도 말하지 않았던가. 우리가 어떤 것을 듣고 이해하더라도 기억 속에 넣어 놓지 않으면 지식이 되지 못한다고 말일세. 그래

---

12. 마키아벨리는 많은 여성과 연애 관계를 가졌다. '리차'라는 애칭으로 불렸던 창부 루크레치아와의 오랜 관계는 격하게 에로틱한 것이기도 하고, 정신적인 도움을 받기도 한 관계였다(모리치오 비롤리, 『HOW TO READ 마키아벨리』, 김동규 옮김, 웅진지식하우스, 2014. 36쪽).

경계인의
해방감

서 나는 그들과의 이야기에서 배운 바를 일일이 써놓았다가 그것으로 『군주론』(de Principatibus)이란 조그만 책자를 쓰게 되었다네…."[13]

마키아벨리가 1513년 당시 교황청 대사로 주재하던 프란체스코 베토리에게 보낸 편지의 일부분입니다. 이 편지를 쓰기 1년 전 그는 피렌체 공화국의 제2 행정처 처장직에서 쫓겨났습니다. 정권을 획득한 메디치 가문이 마키아벨리의 베키오궁 출입을 금지해 버리지요. 메디치 가문은 그를 괴롭힐 요량으로 그가 저지른 불법 행위를 찾으려고 열심히 조사를 합니다. 물론 그 어느 누구도 불법행위를 찾을 수는 없었습니다. 이 시기는 권력과 친구들에게서 완전히 멀어져 있던 때입니다. 바로 이때 마키아벨리는 그의 가장 중요한 저작인 『군주론』을 썼습니다.

마키아벨리는 평생 유쾌한 생활을 사랑했습니다. 또 지적이고 예술적인 작품들도 무척이나 사랑했습니다. 평생 마키아벨리는 집에 가기만 하면 고전들을 읽고, 그 고전들에서 나온 사유를 가지고 끙끙대며 고민하였습니다. 앞에 인용한 문장은 마키아벨리가 그런 고민의 시간을 궁전에 들어가 음식을 맛보는 것으로 비유한 것입니다. 고대의 지혜로운 현인들이 남겨 놓은 고전들을 읽는 것이 어떤 쾌락보다 더 큰 쾌락으로 묘사되고 있습니다. 아마 그 시간이 저녁 네 시간 정도였나 본데, 그 시간 동안은 전혀 고민이 없었다고 하는군요. 저도 이런 시간에는 근심 걱정이 모두 사라지는 경험을 합니다. 현실의 쪼들리는 생활도 미래의 다가올 죽음도 이 시간만큼은 전혀 방해할 수 없습니다. 아마도 공부를 한다는 것은 모든 근심 걱정을 없애 버리는 행위일지도 모르겠습니다. 고대로 거슬러 올라가서 고대의 현인들을 만나고 질문하고 대답을 듣는 새로운 쾌락 안에 자신의 정신과 육체를 넘겨주는 것이니까요.

---

13. 로베르토 리돌피, 『마키아벨리 평전』, 곽차섭 옮김, 아카넷, 2000, 244쪽. ; 마키아벨리, 『군주론』(까치), 183쪽.

플라톤의 반플라톤주의

—

플라톤, 『프로타고라스』

니 체 , 행 복 을 말 하 다

대서(大暑)의 태양이 뜨겁다. 대서의 서는 태양[日]을 머리에 인 사람[者]¹의 형상이다. 그것도 크다[大]하니 도무지 속수무책이다. 온종일 에어컨 옆에서 먼지바람만 삼키는 처량한 신세가 되었다. 알고도 들이킬 수밖에 없는 처지라 처량한 걸 넘어 차라리 비극적이라고 해야 할 것 같다. 회사고 뭐고, 바다에 나가 한바탕 첨벙거리고 싶을 뿐이다. 그렇다고 꼭 시원함 때문만은 아니다. 어느 바다나 그곳은 발 없이 내 몸을 위로 뜨게 해주는 곳이다. 니체가 중력의 악령에서 벗어나라고 했을 때, 내가 머리에 맨 먼저 떠올렸던 곳은 바로 한바탕 첨벙거리며 떠 있을 수 있는 이 바다였다.

  물론 그런 유쾌한 바다만 있는 것은 아니다. 헤밍웨이의 『노인과 바다』가 그리는 바다는 그리 시원하기만 한 것이 아니다. 노인 산티아고는 거대한 청새치와 사투를 벌인다. 망망대해에서 혼자 사흘 동안 5.5미

---

1. 더울 서(暑)자는 태양을 머리에 인 형상을 글자로 표현했다(김동철·송혜경, 『절기서당』, 북드라망, 2013, 130쪽).

터가 넘는 청새치와 벌이는 사투는 어떤 영화보다 박진감 넘친다. 하지만 노인은 바다와 똑같은 빛깔인 두 눈을 제외하면 몸 구석구석이 하나같이 노쇠했다. 생각하기에 따라선 그냥 오두막에 남아 여생을 보내는 것이 더 안전하고 편안했을지 모른다. 더군다나 여든 날하고도 나흘[84일]이 지나도록 고기 한 마리 잡지 못한 신세이기도 했다. 그가 술집에 들어서면 다른 어부들이 놀려 댔으니, 조롱거리일 뿐인 그런 존재다. 그래도 그는 '85'라는 숫자가 재수 좋은 숫자라면서(84일째 고기를 못 잡았으니까, 이제는 고기를 잡을 때가 되었다는 뜻) 다시 바다로 나가기를 열망한다. 그는 안락에 멈추는 방법을 모른다.

왜 그럴까? 노인은 왜 안전한 오두막을 두고 괴물 같은 저 바다로 다시 나가려고 할까? 몰락을 앞둔 노인의 처지에 바다는 왜? 이 질문에 답하기 위해 니체를 경유해 보자. 니체는 바다의 이미지를 무척 좋아했다. 니체에게 바다는 포구에서 노는 아이에게 매번 새로운 놀잇감을 안겨다 주는 미지의 세계다. 현대인들이 '신'이나 '인간'이라는 놀잇감에 온통 정신이 팔려 도무지 그 놀이에서 벗어나지 못하는 장면도 바다를 무대로 묘파한다.[2]

이 의미에서 노인에게 바다는 행복이다. 니체는 행복을 아주 다르게 설파했다. 니체에게 행복이란 힘이 증가된다는 느낌, 저항을 초극한다는 느낌이다.[3] 행복은 힘이 증가되고, 또 그 힘의 증가를 방해하는 저항들을 물리칠 때 발생한다. 즉 행복은 힘의 증대와 저항의 초극이 일어나는 순간 생성하는 기쁨과 동의어다. 노인 산티아고가 그저 오두막에 앉

2. 니체, 『차라투스트라는 이렇게 말했다』, 159쪽.
3. 니체, 『안티크리스트』, 17쪽.

아 죽음을 기다린다면, 그것은 죽음에 순응해 버리는 것이고, 따라서 힘 (생명)은 사라지고 마는 일이다. 그래서 그는 바다에 다시 들어간다. 또 보통의 어부라면 먹잇감이라고 달려들었을 다랑어떼 따위가 옆에 몰려 다녀도 크게 신경 쓰지 않는다. 그런 조무래기는 성이 차지 않는다. 그는 큰 놈을 잡기 위해서 고군분투할 뿐이다. 그가 선택한 행복은 다른 사람은 다다르지 못할 그곳까지 쫓아가서 큰 놈을 찾아내 그와 대결하는 것, 그 과정에서 큰 놈의 저항을 초극히는 기쁨을 얻는 것이다.[4] 죽음이 염려되는 상황인데도 그는 자신의 행복이 그곳에 있기 때문에 '라 마르'(바다)로 떠난다.[5]

플라톤, 덕을 질문하다

이렇게 『노인과 바다』는 니체와 연결해서 보면 잘 해석된다. 그런데 최근에 나는 아주 묘한 착상을 하였다. 플라톤(Platon, BC 427~BC 347)을 다시 읽는데 갑자기 이 『노인과 바다』가 떠오르는 것이다. 어찌 보면 이것은 시대착오적이다. 통념적으로나 실제적으로나 니체는 반(反)플라톤주의자로 알려져 있으며, 헤밍웨이의 이 책도 실존주의와 통상 연결하여 생각하게 되지, 플라톤은 매우 뜬금없는 것이기 때문이다.

내가 최근에 읽은 플라톤은 『프로타고라스』(Protagoras). 오랜만에 플라톤을 읽어서인지, 일주일간 '플라톤 주간'이라고 부를 수 있을 만큼

---

4. 어니스트 헤밍웨이, 『노인과 바다』, 김욱동 옮김, 민음사, 2012, 51쪽
5. 바다의 스페인어는 여성형 명사로는 '라 마르'(la mar)다, 남성형 명사로는 '엘 마르'(el mar)이다. 따라서 산티아고는 바다를 여성으로 여기고 있다. 여성은 언제나 수수께끼 같은 존재로 항상 새로움이 샘솟는 것들을 상징한다(헤밍웨이, 『노인과 바다』, 31쪽). 니체도 수수께끼 같은 세계를 여성에 비유하곤 했다.

플라톤의
반플라톤주의

플라톤에 푹 빠져 지냈다. 역시 플라톤은 손에 들고 거닐면서 소리 내 읽으면 더 좋다. 집에 있을 때면 방안을 돌아다니며 출퇴근 시간에 읽은 부분을 소리 내어 다시 읽어 보기도 했다. 조용한 여름밤 플라톤의 대화편은 마음을 장엄하게 만든다. 그 장엄함이 공기에 떠돌던 철학을 내 위에 내려앉게 한다.

다른 대화편과 똑같이 소크라테스의 짓궂음은 여전하여, 대화 중에 소크라테스가 맘에 들지 않는다고 슬그머니 나가려 하자, 주변 사람들에게 손목이 잡히는 장면(나는 소크라테스의 의도적인 연출이라고 본다)[6]이나 시모니데스의 시를 두고 억지스럽게 해석하는 장면(나는 아직도 플라톤이 왜 이 시로 잘 진행되던 대화를 일탈시켰는지 잘 모르겠다)[7]에서는 소크라테스의 코믹한 얼굴과 주위 사람들의 난처한 모습이 떠올라 웃음을 참을 수 없었다.

질문은 소크라테스가 프로타고라스에게 덕(aretē)[8]은 과연 가르쳐 줄 수 있는 것인지를 묻는 것으로 시작된다. 플라톤을 처음 읽는 사람은 이런 질문이 아주 뜬금없이 느껴질지 모른다. 그러나 이런 유형의 질문은 플라톤의 대화편에 끊임없이 제기되는 것이다.[9] 이 질문에는 '가르침'이란 행위에 숨겨져 있는 통념, 즉, 가르치는 것(가르칠 대상)은 '앎(인식)'뿐이라는 생각이 깔려 있다. 모르는 것을 가르치지는 못하지 않겠는가. 플라톤의 모든 텍스트는 언제나 통념에 물음을 던지는 것으로 시작

---

6. 플라톤, 『프로타고라스』, 강성훈 옮김, 이제이북스, 2012, 108~109쪽(335b~d).

7. 플라톤, 『프로타고라스』, 119~128쪽(342a~347a).

8. 그리스어 아레테(aretē)는 '탁월함', '훌륭함'을 의미하기도 하고, 지혜, 용기, 분별, 절제 등을 총칭하여 '덕'이라 일컬을 때에도 사용하는 단어였다.

9. 강민혁, 『자기배려의 인문학』, 79쪽.

한다. 흔히 비근한 자명성은 잘 보이지 않는다. 그러나 플라톤은 통념의 자리에서는 시대착오적으로 보일지 모를 위험 부담이 있는데도 가장 밑바닥에 있을 법한 것들을 찾아 길을 출발한다.

상대인 프로타고라스는 아테네 젊은이들에게 교육을 하고 돈을 받는 사람이므로 덕은 교육이 가능하다는 입장이다. 그러나 소크라테스의 경우는 덕은 가르쳐 줄 수 없지 않느냐고 의문을 품고 있다. 그러고는 그 예로 페리클레스같이 뛰어난 사람노 성삭 사신의 틱은 사식들에게 가르치지 못했다는 사실을 든다. 사실 덕 없는 나로선 그게 가능한지 어쩐지 알 수 없는 노릇이지만, 사실이 그렇다면 실로 다행 아니더냐. 덕이 있어도 그 덕을 아들에게 전달하지 못한다니, 아들이 덕이 없는 것은 덕이 있든 없든 아버지 탓이 아니다!

그러나 답이 그리 쉬운 것은 아니다. 여전히 우리는 교육을 하고 있으며, 어찌되었든 그 교육을 통해서 문화가 전승될 뿐 아니라, 전승 문화 속에서 훌륭한 사람들도 계속 나오지 않던가. 그렇다면 페리클레스의 예를 든 소크라테스의 손을 들어 주어 덕은 가르쳐지지 않는다고 해야 할까, 아니면 우리 눈에 보이는 대로 결국 어찌되었건 어떤 가르침이 있었기에 훌륭한 사람의 덕들이 가르침을 통해 전승되고 있다고 해야 할까.

영 성 없 는 순 수 인 식

역시 감동은 언제나 마지막에 가서야 나타나는 소크라테스의 반전들에 있다. 덕의 전승 가능성은 앎을 정확하게 이해하는 데 달려 있다. '좋음'에 대해서 제대로 알면, 어떤 나쁜 장애물이 있더라도 그 좋음을 쫓아간다. 예컨대 아프면 먹는 약은 비록 먹을 때는 써서 싫지만(즉, 나쁘지만),

먹은 후에는 몸의 회복이라는 좋은 상태를 가져온다. 만일 나쁨과 좋음을 구분해서 둘 사이를 제대로 측정할 줄만 안다면 나쁨(맛이 씀)에도 불구하고 좋음(몸의 회복)을 쫓는다. 앎은 좋음과 나쁨을 정확하게 측정할 줄 아는 것이다.

무서운 일의 경우도 마찬가지다. 무서운 일에 뛰어드는 것도 그것을 참고 뛰어드는 것이 아니라(현상에서 보이는 모습), 무서움에 불구하고 그와 동시에 어떤 좋음이 있기 때문에(실재에 웅크린 진실), 그리고 그 좋음에 대해 분명히 인식하고 있기 때문에 거침없이 그곳으로 뛰어드는 것이다. 플라톤의 구도에서는 전쟁이든, 희생이든 그곳에 좋음이 있고, 또 그것을 분명히 인식하고 있기 때문에 그곳으로 들어가는 것이지, 그것을 참고 뛰어드는 것이 아니다. 알고서는 나쁜 일을 행하지 않는다.

결국 덕을 가르쳐 줄 수 있느냐는 그것을 제대로 알고 있느냐에 달려 있다. 그러나 제대로 덕을 안다는 것이 무엇일까? 우리도 머리로는 아는데 실제로는 그렇게 실행하지 못하는 경우가 허다하지 않은가. 그러나 소크라테스에게 '안다'는 '실천할 줄 안다'라고 해야 할 것이다. 그러므로 이렇게 덕을 안다는 것이 실제 덕을 지니고 있느냐는 문제와 불가분하게 결합되어 있는지라, 덕과 분리된 채 가르쳐지고 전달되는 것은 진정한 의미에서 가르침이 아니라는 뜻도 된다. 정확하게 알면 덕을 전승할 수 있겠으나, 정확하게 안다는 것 자체가 '덕에 대해 안다'고 말하는 그 자신이 덕을 실제 보유하고 있어야만 할 것이므로, 앎 따로, 덕 따로 전승될 턱이 없다는 뜻이다. 덕의 전승은 무척이나 복잡한 양상으로 전개될 주제인 것이다.

플라톤의 이런 서술들은 푸코의 말대로 '인식'(앎)의 중요성을 더 강조하는 것이라서, 그리스의 다른 철학자들과 상당히 다르다. 그러니까, 앎이 전제되지 않은 좋음은 불명확한 것이다. 모르고서 좋다고 덤볐다

간 자기도 모르게 나쁜 짓을 하게 될 수도 있다는 뜻이다.

이 의미에서 플라톤은 자기배려의 지대에 '인식'을 도입한 최초의 철학자이기도 하다. 이것은 나중에 서구 역사 전반에 걸쳐서 '영성(spirituality)을 요구하지 않는 순수 인식(pure knowledge[connaissance])'을 제공하는 데 결정적인 환경을 제공한다.[10] 다시 말하면 불행하게도 자기배려와 앎이 분리되는 출발이 된 것이다. 어쩌면 민중은 개, 돼지라 말한 공무원은 이런 경우의 끝판왕이 아닐까. 넋을 갖지 않아도 시험으로 획득한 앎만 갖고서 통치자인 척하고 있으니 말이다. 플라톤이 삶의 구원 수단이 '측정의 기술'(인식, 앎)이라고까지 딱 명시한 것을 보면 그것은 그리 틀린 시각만도 아닌 것 같다.[11]

플 라 톤 이 플 라 톤 을 배 반 하 다

그러나 이번에 읽을 때 나는 이게 아주 묘하다고 느꼈다. 지금까지 이해해 왔던 플라톤이 나의 편견이 아닐까 하는 생각이 드는 것이다. 니체나 푸코가 그렇게까지 이야기한 것은 아닌데, 내가 자꾸만 플라톤을 교양층에 회자되는 통념적인 반(反)플라톤의 관점에서만 해석하고 단정하고 있었던 것은 아닌지 하는 의문이 들었다.

사실 소크라테스가 프로타고라스에게 반박하면서 제시한 "인식(앎)"은 어떤 경우에도 '좋은 삶'을 위해 복속하는 인식이다. 그것은 좋은 삶이라는 큰 목적 없이는 절대적으로 불필요하고 거추장스러운 것이다.

---

10. 푸코, 『주체의 해석학』, 115쪽.
11. 플라톤, 『프로타고라스』, 143~144쪽(356e).

아마 플라톤도 누군가가 좋은 삶은 없이 순수 인식만 발달시키려 한다면 아주 의아하게 생각하지 않았을까, 하는 의문이 든다. 그도 여전히 자기배려의 좋은 삶을 구현하기 위해서 인식을 활용하고자 했을 뿐인 것이다.

아울러 좋은 것(agathon)을 알면 좋은 것을 행할 수밖에 없다는 점에서, 그러니까 나쁜 것을 행하는 자는 좋은 것을 알지 못할 뿐이라는 점에서 그의 인식론은 근대적 인식의 이미지와 달리 '지행합일'을 강조하는 것이다. 즉, 좋은 앎이란 좋은 삶이다. 나는 놀랍게도 플라톤이 "참된 앎이 행위의 근간이니, 행하지 않는다면 그것을 앎이라 할 수 없다"[12]라고 했던 왕양명과도 중첩되는 것을 느꼈다. 이건 놀라운 감각의 전환이다.

이렇게 되자 나는 '감히' 니체와 소크라테스는 서로 다른 방식으로, 같은 이야기를 한다는 생각마저 들었다. 실제의 니체는 소크라테스를 격렬히 비난하면서 '소크라테스 이전 철학자들'을 불러내지만, 니체의 초인적 태도는 소크라테스의 대화법에 이미 넘칠 정도로 반영되어 있다. 소크라테스가 무하마드 알리처럼 대중들의 통념에 훅을 날리는 모습은 영락없이 니체의 형상이기 때문이다. 어쩌면 니체의 소크라테스 비판은 소크라테스 본연의 모습, 그러니까 '소크라테스 이전 철학자들'의 사유가 온전히 승계된 비판적 소크라테스를 되살리기 위한 무의식적 행위였을지도 모르겠다. 니체와 소크라테스 사이에 희박할 것 같던 접점이 이 순간 발견된다.

니체주의자 푸코가 말년에 소크라테스를 다시 불러낸 것은 그래서

---

12. 왕양명, 『낭송 전습록』, 문성환 풀어읽음, 북드라망, 2014, 101쪽.

당연하다. 푸코의 자기배려 탐색은 철학적으로 본다면 소크라테스 안에 있는 니체주의를 끄집어낸 것이었다. 역설적으로 니체와 푸코는 플라톤 안에 숨어 있는 반플라톤주의를 끄집어내어, 통념적인 플라톤주의로 빽빽하게 둘러싸인 서구를 새로운 언어로 무너뜨리려 했다고도 해석해 볼 수 있다. 루쉰식으로 말하면 쇠철방 안에서 쇠철방의 재료로 쇠철방을 뒤집으려 했다. 플라톤이 스스로 자신이 품은 반플라톤주의로 통념적인 플라톤을 배반한 꼴이있다.

가라타니 고진은 『철학의 기원』에서 역사적 소크라테스와 피타고라스적 플라톤을 분리해서 우리가 통념적으로 알고 있는 소크라테스는 플라톤이 피타고라스의 영향을 받아 날조한 것이라고 말한다. 즉, 피타고라스 학파에게 영향을 받아 플라톤의 초월적 사고(이데아[eidos])가 구성되었다는 것이다. 가라타니 고진은 이 부분을 이오니아의 이소노미아(isonomia, 무지배) 영향권에 있는 역사적 소크라테스와 무 자르듯이 자르기도 한다. 그러니까 우리가 반플라톤주의라고 알고 있는 것들이 사실은 진정한 소크라테스라는 것이다. 이 관점에 서서 가라타니 고진은 『파이돈』을 대표적인 피타고라스적인 텍스트로 폄하한다.[13]

나는 가라타니 고진이 나와 같은 곳을 바라보고 있는 것이 은밀히 기쁘다. 그러나 전면적으로 동의하기는 힘들다. 나는 플라톤을 무 자르듯 그리 구분할 수는 없다고 생각한다. 차라리 플라톤 전반에 걸쳐서 여러 개의 입장이 함께 스며들어 있고, 그것이 어떤 방향으로 움직일지 모르는 상태로 뒤섞인, 무척이나 혼종적인 형태로 존재하고 있었다고 보고 싶다. 역사적 소크라테스, 비판적 소크라테스가 플라톤 전체에

---

13. 가라타니 고진, 『철학의 기원』, 조영일 옮김, 도서출판b, 2015, 212쪽.

걸쳐 다른 정신들과 함께 살아 있는 것이다. 이를테면 영혼불멸을 설파하고, 대표적인 피타고라스 학파의 영향권 아래 신체를 경시하는 철학서로 알려진 『파이돈』은 곧 있을 죽음을 앞두고, 있는 힘을 다해 죽음을 사유하고 훈련하려는, 그래서 어떻게 해서든 '좋음'(agathon)을 찾으려는 눈물겨운 사고실험의 텍스트로 볼 수도 있다. 즉, 나쁨 앞에서 좋음을 찾아 훈련하고 죽음을 통과하려는 것이다. 죽음의 훈련으로서 『파이돈』은 충분히 힘을 지닌다. 그 안에는 비판적 소크라테스가 온전한 모습으로 담겨 있다. 『프로타고라스』의 관점에서 보면 오히려 『파이돈』은 무척이나 실천적인 텍스트라고 할 수도 있다. 즉, 좋음을 향해 좋음의 앎을 끝까지 내쳐 달려간 그런 텍스트인 것이다. 물론 그 이후 철학자들이 다시 그것을 무한히 어긋나게 하였지만 말이다.

* * *

이제 『노인과 바다』의 산티아고로 되돌아가 본다. 아마 이 책을 읽은 게 고등학교 진학하기 전 겨울방학이었으므로 실로 삼십 년 만의 해후다. 평소에는 이 책을 니체의 행복관을 말할 때 적당한 예로 들려주곤 한다. 니체에게 통념적 행복인 안락과 장수는 오히려 힘(생명력)이 소멸되어 버린 상태에 불과하다. 오히려 그에게 행복은 힘을 시험하기 위해 위험에 뛰어들 때에 찾아온다. 5.5미터나 되는 청새치와 투쟁하는 노인 산티아고는 전적으로 이런 행복관에 어울린다.

그런데 이번에는 플라톤과 함께 읽어서인지, 힘이라는 다소 장엄한 서사보다 산티아고가 죽음을 무릅쓰고 먼 바다로 나가 투쟁하는 것이 산티아고 자신에게 무척 즐거웠기 때문이라는 생각으로 전향되어 『노인과 바다』가 읽혔다. 어떤 타인의 평가와도 무관하게 향유한 즐거움으로 말이다.

이 소설에서 타인의 평가는 맨 처음 선술집에서의 조롱들[14], 맨 마지막 관광객이 청새치의 앙상한 뼈를 상어로 오해하는 장면[15]으로 나온다. 그러나 모든 타인의 평가는 전적인 오해에 불과하다. 힘의 고양과 저항의 초극은 결국 그 자체로 즐겁다는 근본적인 '좋음' 없이는 이루어질 수 없다. 노인은 결국 타인의 오해와 평가에 아랑곳하지 않고 오로지 자신의 좋음을 향해 나아가서 자신의 즐거움, 즉 행복을 회복했다.

그리고 그것은 청새치나 상어와의 싸움으로 나타난다. 노인은 바다에서 청새치와 투쟁을 벌임으로써 '좋음'을 되찾은 것이었다. 죽음의 공포를 참아내고 바다로 나간 것이 아니라, 청새치와 싸우고, 상어떼와 항전하면서 비로소 바다에서 자신의 생명을 드높이는 '즐거움'을 획득한 것이다. 길이가 무려 5.5미터나 되며, 자신이 타고 있는 어선보다 60센티미터 넘게 긴 청새치는 행복을 위해 나타난 노인의 적이자 친구인 셈이다. 이 적과 싸우고, 이 친구와 사랑을 나누면서 노인은 자신의 늙음을 넘어 행복에 다가가고 있었다. 동일한 책이 삼십 년이 지나서 플라톤이 품은 반플라톤주의와 함께 다른 감각으로 다가온다. 즐겁다. 정말 즐겁다.

14. 헤밍웨이, 『노인과 바다』, 11쪽.
15. 헤밍웨이, 『노인과 바다』, 128쪽.

플라톤의
『프로타고라스』
후기

저는 『감시와 처벌』을 읽고서 미셸 푸코의 세계로 들어가기 시작했습니다. 『말과 사물』, 『지식의 고고학』 등 초기 저작은 나중에야 읽을 수 있었습니다. 그리고 푸코가 죽기 직전에 행한 인터뷰, 그러니까 자기배려에 대한 매우 인상적인 인터뷰를 읽으면서 더욱 강렬하게 푸코를 읽고 싶어졌죠. 그러니까, 저는 푸코의 후기 철학에 먼저 발을 디뎌 읽고, 거슬러 가서 초기 저작들을 읽었습니다.

그때 저는 푸코가 펼쳐 보여 준 자기배려의 세계를 더 들여다보기 위해서는 아무래도 고대 그리스와 로마 철학자들의 텍스트를 읽어 둬야겠다는 생각을 하게 되었습니다. 그것은 당연했습니다. 푸코의 자기배려 강의들이나 인터뷰들은 그리스·로마 철학 원전들을 종횡무진 인용하기 때문에 그 안에 흐르는 맥락이나 개념들을 알지 못하고서는 따라가기 힘들 것 같았고, 설혹 어렵게 따라가더라도 참맛을 느끼지 못할 가능성이 크다고 여겼지요. 물론 이 생각은 당시의 생각이고, 지금은 꼭 그렇지만은 않다고 여기고 있습니다. 철학은 어느 입구에 서서 출발하더라도 내 자신의 사유가 철저하다면 어떤 어려운 개념이 서술된 철학서라도 지금 바로(!) 시작할 수 있다는 것이 현재의 제 생각입니다. 그러나 그때만 해도 단계적으로 읽어야 한다는 관념이 더 컸던지라 그러지 못했습니다. 언제나 단계론적 사고는 사유의 가속도를 줄여 버립니다.

그래서 친구들에게 푸코를 본격적으로 읽기 전에 그리스·로마 철학자들의 책을 읽고 토론하는 세미나를 짧게 해보자고 제안했지요. 예컨대 푸코의 자기배려 사유를 추적하는 메인 세미나를 하기에 앞서 사전에 알아 둬야 할 것들을 공부하는 예비 세미나 같은 것이죠. 아마도 당시에는 길어 봐야 6개월 정도 예상했던 것으로 기억합니다. 짧게 몇몇 텍스트를 읽고, 본격적으로 푸코 텍스트로 들어가 푸코의 전작을 읽어 보겠노라는 생각이었지요. 당시만 해도 그리스 고전철학을 오래 읽을 생각은 없었습니다. 니체전집을 읽으면서 플라톤이나 아리스토텔레스 같은 소크라테스 이후 철학자들에 대해 어떤 편견을 갖게 되었던지라, 그저 맥락이나 개념이 생소하지 않을 정도만 읽자는 속셈이었죠.

우선 첫 텍스트로 박종현 선생님이 번역하신 윌리엄 키스 체임버스 거스리 (William Keith Chambers Guthrie)의 『희랍 철학 입문』을 읽어 보았습니다. 이 책은 케임브리지 대학 고전학 교수였던 거스리 자신이 쓴 6권짜리 저서 『그리스 철학의 역사』(A History of Greek Philosophy)의 압축판입니다. 제목대로 그리스 철학을 공부하기에 앞서 입문으로 보기에 적당한 책이었습니다. 그러나 저는 이 책을 읽고 역시나 그리스 철학은 너무나 진부하고 답답하다는 것만 확인하게 되었죠. 마치 앞으로 공부해 갈 그리스·로마 철학의 실패한 서문과 같은 느낌이 들어 답답했습니다.

니체는 초기 저작에서부터 소크라테스에 대해 "이론적 인간"(『비극의 탄생』)이라고 몰아세우고, 이것은 디오니소스적인 현실에서 관념과 이상의 세계로 도피한 것이며, 심지어 "복수의 정신"(『우상의 황혼』)에서 비롯된 것이라고 신랄하게 비판합니다. 즉, 소크라테스는 우리들이 살고 있는 지금의 삶을 중상하고 비난하며 회의하려는 욕망에서 삶 저편에 있는 이데아라는 관념 세계를 추구했다는 것입니다. 이런 니체의 시각은 거스리의 책을 읽으면서 해소되기는커녕 더 강화되었습니다. 당연하게도 푸코가 이야기하는 자기배려의 시각을 전혀 느끼지 못했습니다. 지금 생각해 보면 그것은 대상에 접근하는 방식이 다를 때 대상 자체가 얼마나 달라질 수 있는지 보여 주는 사례이기도 한 것 같습니다. 푸코의 소크라테스와 거스리의 소크라테스는 그렇게 달랐습니다.

바로 다음에 잡은 책은 플라톤의 『향연』. 저는 그때 이 책만 읽고 플라톤은 그만 읽어야겠다는 생각도 하고 있었습니다. 세미나의 커리큘럼을 조정해 스토아주의나 푸코의 책들을 중심으로 전진 배치시켜야 하는 것 아닌가도 생각했지요. 거스리의 책을 읽은 후에 그리스 철학에 대한 흥미를 잃고 말았습니다. 덕분에 『향연』도 아무 기대를 갖지 않고 읽기 시작했지요. 그런데 이게 웬일입니까. 언제나 새로운 절정은 흥미를 잃고 꾸벅꾸벅 졸 때에야 아무도 모르게 천장의 전등처럼 깜박거리는가 봅니다. 이 책을 읽기 시작하면서 플라톤 시대의 철학 텍스트에 대해서 완전히 다른 생각을 갖게 되고 맙니다. 책읽기란 어떤 반란과도 같습니다. 내가 갖고 있는 편견을 예상치 못한 지점에서 느닷없이 깨 버리는 것이 책읽기라는 이상한 행위인 것입니다.

무엇보다 플라톤의 『향연』은 엄청나게 유쾌한 작품입니다. 나중에야 알았지만 소크라테스와 플라톤은 대단한 유머의 소유자입니다. 그 어려운 『국가』에서 모방술을 놀리면서 하는 말장난을 보십시오. "모방술(mimetike)은 변변찮은 것과 어울리어 변변찮은 것들을 낳는 변변찮은 것일세."[16] 물론 『향연』은 초기 작품인 『변론』과 달리 '이데아'의 모습이 어른거리는 작품이긴 합니다. 그러나 저에겐 그런 요소보다 다른 것들이 더 잘 들여다보이는 작품이었습니다.

　　우선 '심포지엄'(συμπόσιον, symposion)이라는 의미부터 저를 웃겼습니다. 우선 이 책을 읽기 전까지는 '향연'(饗宴)의 한글 뜻도 잘 몰랐었다고 고백해야겠네요. 그 전에는 '향연'을 무슨 오케스트라 연주, 그러니까 교향곡 연주 같은 그런 의미인 줄 알았답니다. 더군다나 플라톤이 썼다고 하니, '철학의 향연'쯤 되겠지, 라고 막연하게 생각하며(그러니까 내 식대로라면 '철학의 교향곡', '철학의 오케스트라 연주'인 셈이지요) 역시 그리스 철학은 고상하고 기품 있어, 라고 제멋대로 찬탄을 했습니다. 그러나 '향연'의 그리스 원어인 '심포지엄'(symposion)의 의미를 알고서 그만 웃음이 터져 나오고 말았습니다. 그 뜻은 '함께(sym-) 마신다(posion)', 음, 요즘 말로, 그냥 '뒤풀이', '회식'(會食)이더군요. 네. 맞습니다. 그리스어 심포지엄은 '함께 술을 마시고 먹는다'라는 뜻입니다. '향연'에 대한 나만의 신비로움이 여지없이 깨지고 말았지요. 그래서 저는 다른 사람들에게 이 책을 소개할 때 그냥 '뒤풀이'라고 소개합니다. 철학책 제목이 그냥 '뒤풀이'인 것입니다. 흥미롭지 않습니까? 물론 이런 제목은 후대에 가서야 붙여졌다고는 합니다. 그래도 향연이라는 고색창연한 한자 번역어로만 알다가, 그리스어 본뜻에 해당하는 현대적 속어, '뒤풀이'의 의미로 이 책을 읽어 보면 장면 하나 하나가 생생하게 다가옵니다.

　　이 책은 철학의 소스가 아주 일상적인 사건에서 나온다는 점에서 철학에 대한 저의 통념이 얼마나 무지한 것인지 깨우쳐 줍니다. 말하자면 저는 두 가지 환상을 갖고 있었던 셈이지요. 먼저, 그리스 철학을 무턱대고 고상하게 생각하려는 것에서 '향연'이라는 말뜻까지 왜곡하려 했다는 점. 그리고 두번째, 철학이 무슨 고상한 행위나 심각한 고민에서만 나온다는 환상에서 '사유'를 뭔가 거창한 것으로 꾸미고, 심지어

---

16. 플라톤, 『국가』, 박종현 역주, 서광사, 2005, 630쪽(603b).

왜곡하려 했다는 점이 그것입니다. 다시 말해 철학 자체도 고상한 것이고, 그리스 철학은 더욱 고상한 것이어야 한다고 생각한 것이죠. 하지만 이 책은 그런 터무니없는 환상을 깨줍니다. '철학'은, 다시 말하면 '사유'는 뒤풀이에서도 나온다고 말입니다.

책 첫머리에 당대의 명사들이 하는 말은 정말 깹니다. 파우사니아스, 아리스토파네스가 어제 술을 너무 많이 마신 터라, 오늘은 더는 마시지 못하겠으니 다른 이야기를 해보자고 합니다. 그러자 이 말을 들은 에뤽시마코스가 술 약한 자기에게 그것 참 다행이라며, 더불어 옆을 둘러보며 소크라테스는 술도 잘 마시고 이야기도 잘 한다고 덧붙입니다. 암튼 마르크스도 술을 엄청 마셔댔다고 하던데, 소크라테스도 다르지 않았던가 봅니다. 아무튼 우리들의 회식자리와 크게 다르지 않아 보입니다. 그들의 입담이 어려운 철학에 대해 잔뜩 경계를 하고 있던 저를 무장 해제시켜 버렸습니다.

아무튼 그냥 술 먹고 놀 사람들이 모여서 그래도 무언가 의미 있게 놀겠다고 이야기할 주제를 정해 보자고 합니다. 처음 읽을 때는 이런 모습도 너무 웃겼습니다. 술에 취하더라도 좀 멋지게 취하겠다는 것입니다. 그렇게 정한 주제가 '에로스'였습니다. 아마 그때까지만 해도 에로스가 다른 신들에 비해 좀 홀대를 받았나 봅니다. 아무튼 이후에 여섯 명이 돌아가면서 에로스에 대해 자기 나름의 논설을 펼칩니다. 그 이후에 소크라테스의 논설(디오티마가 말하는 '에로스의 사다리'는 여기서 나오죠), 그리고 무엇보다 우스꽝스러운 알키비아데스의 이야기(그의 소크라테스에 대한 사랑은 정말 쾌활하기 그지없습니다) 등등이 이어집니다.

파이드로스, 파우사니아스, 에뤽시마코스, 아리스토파네스, 그리고 소크라테스와 알키비아데스에 이르기까지 명사들이 한 꼭지씩 사랑에 대해 자기 견해를 말하는데, 플라톤이 의도적으로 배치했겠지만, 그 견해들은 점점 정교하고 복잡한 사랑론으로 전개됩니다. 파이드로스는 그저 에로스라면 가장 오래된 것이니 그 모든 게 훌륭한 것이라고만 하지요. 그러나 파우사니아스는 '천상의 에로스'와 '범속한 에로스' 두 가지가 있다고 하면서 '천상의 에로스'를 더 높이 칩니다. 여기서 더 나아가, 에뤽시마코스는 파우사니아스의 두 가지 에로스를 부정하지는 않으나, '천상의 에로스'만 우리들이 추구해야 할 사랑이라고 한정하지 않고, 사랑 그 자체를 사물들을 조화롭게 하는 힘, 에너지 같은 것으로 이해합니다. 다시 말하면 에뤽시마코스에게는 사랑이 세계를 구성하는 하나의 힘 같은 것이지요. 이렇게 꼬리에 꼬리를 물며 앞선 사람들의 말을 이어받아 자기 나름의 사랑론을 펼치면서, 더욱 철학적으로 정교해져 가는 것, 더불어 함께하는 뒤풀이가 무르익어 가는 것, 이것이 전체 이야기의 구성입니다.

무엇보다 저는 그들이 연설하는 모습 하나하나 너무 유쾌하고 재미있어서, 지하철에서 읽을 때도 다른 사람들 시선은 아랑곳하지 않고 혼자 킥킥댔습니다. 몇 년 후에 어느 정도 이해할 만한 수준이 되어서 이 책을 처음부터 끝까지 친구들에게 한 줄씩 강독하였는데, 낭독하여 읽는 그 순간에도 너무 웃겨서 혼자 낄낄거리는 것을 참기 어려웠던 기억도 납니다. 듣는 친구들도 이 새로운 이야기에 완전 까무러쳤었지요. 이런 철학책이 다 있다니!

그리고 마치 형식이 파괴된 현대 소설, 혹은 희곡을 보고 있는 듯한 느낌도 들었습니다. 사랑에 대해서 감성적이지만, 그 속에서 엄밀하게 전개되는 철학적 논박들, 그리고 그 장면 속 명사들의 유머러스한 모습들. 이것들이 '뒤풀이(향연)'라는 일상적인 사건 속에서 펼쳐 보여집니다. 플라톤은 대단한 이야기꾼이라는 생각이 번쩍 들었습니다. 한 사람씩 자신의 사랑에 대해 온 힘을 다해 이야기합니다. 그걸 받아서 자신의 사랑 이야기를 정교하게 펼쳐 나갑니다. 말들이 다른 말들과 함께 살아 움직이며 어떤 '사랑의 탑' 같은 걸 만들어 가는 것 같습니다. 마치 말들이 스스로 재료가 되기도 하고, 스스로 석공이 되기도 하면서 말입니다. 이리 보면 말들 하나하나, 문장 하나하나가 모두 아름답습니다. 아, 철학이란 게 이런 것이로구나! 일상적인 말들이 다른 말들과 엮이면서 어떤 정점으로 향해 나아가며 정교하게 사유로 구성되어 가는 것, 철학은 이렇게 하는구나, 철학이 이렇게 아름답구나! 저는 이 책을 읽은 후에 처음으로 자기배려에 대한 에세이를 썼습니다.[17]

또 뮤지컬 「헤드윅」에서 주인공이 부르는 유명한 노래, '오리진 오브 러브'(Origin of Love)는 바로 『향연』에서 아리스토파네스가 펼친 이야기를 뼈대로 만들어졌습니다. 정말 기묘하지 않습니까. 가장 급진적인 의식의 소유자인 동성애자들(저는 그렇게 그들을 경이롭게 생각합니다)이 플라톤의 텍스트를 성경으로 삼고 있으니 말입니다. 혹시 들어 보지 않은 분이 있으면, 이 노래를 듣고 『향연』의 그 부분을 펼쳐 보십

---

17. 『자기배려의 인문학』에 「자기배려와 철학」이라는 제목으로 수록되어 있습니다(강민혁, 『자기배려의 인문학』, 17쪽).

시오. 놀랍고 새로운 감각을 느끼게 될 것이라고 장담합니다.

저는 플라톤의 『향연』을 읽고서야 저의 편견이 지나쳤다는 것을 깨달았습니다. 그리고 다음 책으로 푸코가 『주체의 해석학』에서 길게 분석해 냈던 『알키비아데스』를 읽고서 플라톤에 대해서 완전히 다른 생각을 갖게 되었습니다. Here is an unfamiliar Plato! 여기에 낯선 플라톤이 있습니다. 우리가 흔히 아는 플라톤과 다른 플라톤을 읽을 수 있게 된 것입니다. 예컨대 플라톤의 형상론도 단지 진리를 구성하는 이론으로만 접근하지 말고, 대중을 위해 소크라테스가 일부러 구성한 반(反)엘리트 전략으로 읽어 낼 수도 있습니다. 플라톤의 상기론이 신화적 영웅들만 지적 능력을 가진다는 전통적인 생각에 균열을 가하고, 인간이라면 누구나 원래 가지고 있던 지성을 드러내 보여 주려는 것임을 반추해 보면 그렇게 접근하는 방식이 아주 틀리지 않다고 생각합니다(『메논』의 어린 시동을 상기해 보십시오).[18] 그런 시도들이 통념적인 플라톤주의와 완벽히 다른 플라톤을 플라톤 안에서 찾아낸다면 그것 자체로 새로운 철학이 될 것입니다.

이런 생각은 내공 깊은 철학자들에게 매우 흔합니다. 칸트만 해도 다양한 칸트가 있습니다. 들뢰즈도, 푸코도 자신들만의 낯선 칸트를 만들어 냈었죠. 들뢰지앙인 네그리의 표현을 빌리면 그것은 '소수자 칸트'들입니다.[19] 오히려 이제는 이런 낯선 칸트들이 낯설지 않게 되었습니다. 이렇게 만들어 가면 아마 마르크스주의자-칸트도 그리 멀리 떨어져 있지 않을 것입니다. 가라타니 고진도 '규제적 이념'으로 칸트를 공산주의자 칸트로 구성해 냈으니, 우리 시대에 '레드 칸트'(Red Kant)를 만들어 낸 사람입니다. 이런 방식으로 낯선 플라톤, 낯선 주자(朱子), 낯선 예수가 계속 나올 수 있을 것입니다.

당시에는 박종현 선생님이 번역하신 『플라톤의 네 대화편 — 에우티프론, 소크라테스의 변론, 크리톤, 파이돈』(이하 『대화편』), 『국가』, 『티마이오스』, 『법률』이 이미 정평이 나 있었고, 특히 정암학당에서 '플라톤 전집'이 하나씩 나오기 시작하던 때였지요. 저는 정암학당의 플라톤 전집 번역이 한국 철학사의 가장 찬란한 장면이라

---

18. 강민혁, 『자기배려의 인문학』, 90~93쪽.
19. 안토니오 네그리·마이클 하트, 『공통체』, 정남영·윤영광 옮김, 사월의 책, 2014, 48쪽.

고 생각합니다.[20] 서양 철학을 공부한다면 서양의 공자격인 플라톤을 읽지 않고서는 한 발짝도 나가지 못하는데도, 우리나라에는 여전히 플라톤의 전 저작이 번역되어 있지 않습니다. 이제야 정암학당이라는 훌륭한 기관이 이 어려운 작업을 마쳐 가고 있지요. 대단한 작업입니다. 온몸으로 경의를 표합니다.

시간이 흘러 현재에는 천병희 선생님도 플라톤을 번역하고 있으므로, 적어도 우리 시대는 충실한 플라톤 번역본을 세 개 이상 가지게 되었습니다. 나는 『국가』와 『대화편』은 박종현 선생님 번역본으로 읽었습니다. 아주 충실한 주석에 놀랐고, 그걸 혼자 이루어 냈다는 것에 더 놀랐습니다. 『향연』, 『뤼시스』는 정암학당본으로, 『파이드로스』는 정암학당본과 조대호 번역본을 비교하며 읽었는데, 내 기억에 모두 훌륭한 번역본들이었습니다. 그리고 『고르기아스』, 『테아이테토스』, 『메논』, 『에우튀데모스』 등 기타 플라톤 저작들은 대부분 정암학당본으로 읽었습니다. 안타깝게도 『법률』을 아직 못 읽었군요. 언젠가 친구들과 함께 이 책도 도전하여 읽고 싶습니다.

저는 이렇게 푸코를 공부하려고 플라톤에 들어갔다가, 플라톤에 사로잡혀 미로를 헤매는 사람이 되어 버린 것도 같습니다. 저는 아직도 강력한 니체주의자이며 푸코주의자라고 생각하고 있습니다. 그러나 플라톤을 읽으면서 정통 철학 안에 반(反)정통적 요소들이 숨은 걸 깨달았고, 저는 때때로 그런 요소들을 발견할 때마다 강력한 쾌락을 느끼고 있습니다. 저는 모든 정통에는 반정통이 숨어 있다고 생각합니다. 이것을 찾아내는 쾌락이야말로 어느 무엇과도 바꿀 수 없는 것이라고 감히 말씀드리고 싶습니다. 이미 만들어진 반정통보다 견고한 정통에서 반정통을 찾아내고 키워 내는 것, 아마 제가 가고 싶은 길이기도 합니다. 아마도 이런 쾌락에 이끌려 아주 다른 니체주의자나 푸코주의자가 될 것도 같습니다. 통념적인 철학의 입장에서는 굉장히 이상하게 들릴지도 모르지요. 플라톤을 사랑하는 니체주의자, 플라톤과 연대하는 푸코주의자라는 말, 굉장히 시대착오적으로 들립니다. 그러나 우리가 알고 있는 위대한 철학자들 중 시대착오적이지 않은 자가 있었을까요?

---

20. 강민혁, 『자기배려의 인문학』, 8쪽.

제 갈 길을 가라, 남이야 뭐라든!

—

단테 알리기에리, 『신곡』

마 르 크 스 가 전 해 준 단 테

어떤 작가는 내게 그 명성에 비하여 뒤늦게 찾아온다. 역사적으로 명성
이 대단하고, 작품도 너무나 위대하여 언젠가는 꼭 만나리라고 다짐하
지만, 주소가 바뀌어 뒤늦게 받아보는 편지처럼, 뒤늦게야 그를 만나곤
때늦은 후회를 하는 것이다.

　　내게는 시인철학자 단테(Dante Alighieri, 1265~1321)[1]가 그런 사람이다.

---

1. 단테는 시인이자 철학자이다. 단테 같은 시인철학자는 니체 정도가 있는 게 아닌가 싶다. 니체는 초기에는 자신을 시
인으로 정립하고자 애를 썼다. 물론 니체는 후기에 이르렀을 때 시라는 형식에 다소간 회의를 가지게 된다. 그러나 여
전히 그는 시의 형태로 철학을 했다. 그런 의미에서 단테는 니체가 구사하려 했던 '철학시'(이건 내가 지은 명칭이다)
의 선구자가 아닌가도 싶다.
　　참고로 『비극의 탄생』에서 니체는 시에 어느 정도 기대를 갖고 있었던 듯하나, 『차라투스트라는 이렇게 말했다』에 이
르면 시와 시인을 상당히 심각하게 의심한다. 이 책 2부 「시인에 대하여」에 보면 니체는 시인이 얕은 바다에 불과해서
피상적이며, 얼마간의 관능적 쾌락과 권태 정도를 생각해 낼 뿐이라고 좀 야박하게 이야기한다. 그리고 시인들이 써
낸 글이란 게 고작해야 바다에 잠긴 '신의 낡은 두상'(가짜 불멸)을 길어 올린 것에 불과하다고도 말한다. 그러니까,
시인들이 신(여기서 신은 모든 유일자들을 말한다)을 넘어서 새로운 것들을 보여 준다고 하지만, 정작 그들이 보여
준 것을 보면 그리 새로울 것도 없이 신(기존 유일자)의 다른 버전이거나, 신을 넘어섰다는 거짓말만 반복할 뿐이라
고 좀 가혹하게 평가하고 있다. 결국 후기 니체에게 시인은 무능한 존재이다. 시를 짓는 것과 철학적 사유 간의 간격
을 착각한다는 비판인 듯도 하다. 이쯤에 이르면 니체가 시라는 형식 자체를 부정하는 것 아닌가 하는 생각마저 하게
된다.

그의 웅장한 문체와 사유는 익히 들어 왔지만 내게는 영 인연이 없는 사람인 줄로만 알았다. 물론 내게도 그와 아주 조그만 인연이 있긴 하다. 그것은 19세기 공산주의자 마르크스와 관련된다.

대학교 4학년 때 지금도 존경하는 어느 선배에게서 『자본론』을 배웠다. 돌이켜보면 이 일은 내 삶에 매우 이례적이고 중대한 사건이었다. 취직 공부에 한창이어야 할 그때 『자본론』이라니, 대개는 어리둥절하게 생각할 것이다. 아무튼 그때 선배는 『자본론』 1권의 모든 문장을 한 줄씩 읽어 주었는데, 어찌된 일인지 혼자 읽을 때는 전혀 모르겠는 문장들이 형이 읽기만 하면 그 의미가 어떤 마법을 가진 듯 귓전을 때리며 내 정신 안으로 들어왔다. 아마도 확신에 찬 형의 강독과 설명이 텅 비어 있었을 내 정신을 세차게 채워 주었던 것 같다. 형은 버스 안에서도 내가 물어보면 그 자리에서 서슴없이 책을 펼쳐들고 강독을 해주었다. 그야말로 새로운 정신세계였다.

그런데 그때 내 귀에 강렬한 문구 하나가 쏙 들어왔는데, 글쎄 그게 마르크스의 말이 아니라 단테의 문장이었다. 그것은 알 만한 사람은 다 아는 그 문구, 바로 "제 갈 길을 가라, 남이야 뭐라든!"[2]이다. 제 갈 길을 가라, 남이야 뭐라든! 햐, 이런 멋진 말이 다 있더냐. 형의 입으로 읽어 줘도 좋았고, 속으로 내가 되뇌어도 좋았다. 뭔가 내 신체에 강한 힘을

물론 「시인에 대하여」 마지막에 니체는 시인들이 그런 그 자신에게 지쳐 버려서, 비로소 자기 자신에게 시선을 돌리고 변화된다고 말하고, 모든 정신의 참회자(penitent of the spirit)는 그런 시인들로부터 솟아난다고 끝을 맺긴 한다. 그런데 그게 시와 시인이라는 정체성을 유지한 채 이루어지는 사건인지는 분명하게 말하지 않는다. 아마 그런 것이 솟아난다면 이미 시인이 아니기도 할 것이기 때문이다. 내가 보기엔 니체가 시와 시인을 인간주의의 마지막 형식으로 여기는 것 같다. 이런 맥락에서 『차라투스트라는 이렇게 말했다』에서 시도되고 있는 문장들은 니체의 새로운 형식으로서, 그리고 미래 철학의 형식으로서 '철학시'라고 말해야 하지 않을까도 싶다. 이 의미에서 니체는 단테의 후예이다(니체, 『차라투스트라는 이렇게 말했다』, 215쪽).

2. 카를 마르크스, 『자본론』(I-상), 김수행 옮김, 비봉출판사, 2015, 8쪽.

불어넣어 주는 신비함마저 느끼게 해주었다. 때가 되면 단테를 읽어 봐야겠다고 다짐했다. 그러나 다짐은 늘 지연을 예비하는 마음의 행사인가 보다. 단테는 그 문구를 뒤로 하고 오랫동안 내게 찾아오지 않았다.

아무튼 마르크스가 삶의 태도와 관련하여 이야기했던 여러 언급들 가운데 가장 간명한 것 하나를 고른다면 나는 엉뚱하게도 마르크스가 생산한 문장도 아닌 이 문장을 고르게 될 것이다. 그러나 마르크스가 이 문구를 인용한 이유는 정치경제학의 과학석 성격을 상조하기 위함이었다. 마르크스는 정치경제학의 독특한 성격 때문에 인간의 가장 추악한 감정이랄 수 있을 사리사욕(private interest)이 자유로운 과학적 연구를 막는다고 말한다. 그러므로 마르크스는 강하게 공언하길, 자신을 과학적으로 비판한다면 무엇이든 환영하겠지만, 이른바 여론의 편견에는 단호하게 대처하겠다면서, 바로 이 문장, 그러니까 "제 갈 길을 가라, 남이야 뭐라든!"을 인용한 것이다.

그러나 오랜 시간이 지나 단테를 읽어 보니, 마르크스가 단테의 원래 문장을 변형했다는 것을 알았다.[3] 스승 베르길리우스를 따라 정죄산(淨罪山)으로 올라가는 연옥 길에서, 순례자 단테가 게으른 영혼들이 뒤따라오며 재잘거리는 소리에 관심을 빼앗긴다. 그러자 베르길리우스가 크게 꾸짖으며 이렇게 외쳤다. "내 뒤를 따르라!(Vien retro a me)[4] 저들은 떠들도록 내버려 두고, 바람이 불어쳐도 끝자락조차 흔들리지 않는 탑처럼 굳건하여라!"(『연옥편』 5곡 13행)[5] 마르크스는 이 시구의 "내 뒤를 따

---

3. 펭귄판에는 이 사실이 주석사항에 설명되어 있다. 그러나 김수행이 번역한 한글판에는 이런 내용의 주석이 없다.
4. 이 글의 이탈리아어들은 이마미치 도모노부의 『단테 『신곡』 강의』(이영미 옮김, 안티쿠스, 2008)의 내용을 따르거나, 구글의 이탈리아어 원본 조회 내용을 따랐다. 용어 확인이 필요한 경우는 네이버 이탈리아어 사전에서 확인하였다.
5. 단테 알리기에리, 『신곡 연옥편』, 박상진 옮김, 민음사, 2007, 45쪽.

르라!"를 "제 갈 길을 가라"(Segui il tuo corso)로 완전히 바꾸어 놓았다. 그것도 이탈리아어 문장으로 조작하여(?) 바꾸는 수고를 다하면서 말이다. 나는 뒤늦게 『신곡』[6]을 읽고 마르크스의 이런 변형이 정말 기가 막힌 한 수라는 것을 깨달았다.

절 망 한 자 , 지 옥 부 터 가 라

『신곡』은 온갖 상상력으로 가득하다. 특히 지옥은 마치 팀 버튼표 영화의 그로테스크한 장면만큼이나 발랄한 상상력이 넘치는 곳이다. 너무 앞을 보고 싶어서 되도록 빨리 가려다가, 등을 가슴으로 삼게 된 자가 있으며(「지옥편」 20곡 37행), 검붉은 피가 흐르는 나무가 말을 하고(「지옥편」 13곡 34~42행), 모래사장 위로 거대한 불비가 내리는가 하면(「지옥편」 14곡 28행), 턱부터 똥구멍까지 찢어져서 창자를 덜렁덜렁 매달고 있는 사람도 보일 뿐 아니라(「지옥편」 28곡 22행), 수종(水腫)이 물기를 죄다 빨

---

6. 단테는 자신의 작품 『신곡』을 '코메디아'(Comedia)라고만 불렀다. 그리스어에서 '트라고디아'(τραγωδία, tragodia)는 비극(tragedy)이 되었고, '코메디아'(κωμωδία, comodia)는 희극(comedy)이 되었다. 그렇다면 형식논리적으로 단테의 글은 희극이라고 불러야 맞다. 아니냐 다를까, 단테는 그의 강력한 후원자이고, 나중에 「천국편」을 헌정하기도 했던 베로나의 영주, 칸 그란데 델라 스칼라에게 이런 편지를 쓴다. "나는 희극(코메디아)도 지옥의 비참함에서 시작하지만, 천국의 행복으로 열매를 맺게 됩니다"(이마미치 도모노부, 『단테 『신곡』 강의』, 125쪽). 그렇다면 단테의 코메디아는 비극을 품고 이야기가 전개되는 희극이다. 또한 고대 이래 19세기 중반까지 서양 고전극은 본래 모두 시극(詩劇)이었다고 하니, 코메디아는 당연히 시극이기도 하다. 이런 맥락에서 보면 단테의 코메디아는 비극을 품은 희극이면서 동시에 시극이라고 할 수 있다. 그런데 나는 이런 코메디아의 이름이 가지는 의미가 단테가 서술한 방식에 고스란히 녹아 있다고 생각한다. 왜냐하면 단테는 작품을 '지옥'이라는 비극적인 상황에서 시작하여, '연옥'이라는 변화의 지대를 거쳐, '천국'의 기쁨으로 끝을 맺기 때문이다. 이것은 비극에서 시작하여 희극으로 끝나는 여정인 것이다. 여기에다가 '신성한'(divina)을 붙인 사람은 한참이나 오랜 시간이 지난 후에 이 작품에 최초의 주석서를 쓴 보카치오이다. 1555년에 가서야 『신곡』은 'La Divina Commedia'라는 지금의 이름으로 확정되었다. 그러나 나는 굳이 그럴 필요가 없었다는 생각이 든다. 이 작품은 원래 제목대로 그냥 『코메디아』(원제:La comedia di Dante Alighieri)로 놔두어야 했다. 비탄과 환희가 고스란히 담겨져 있는 그런 작품으로서 말이다.

아들인 탓에 사지가 뒤틀려 버려서 류트처럼 생긴 자(「지옥편」 30곡 49행)
도 있다. 온갖 기괴한 것은 여기 다 모여 있지 싶을 정도로 지옥은 상상
력의 보고다. 물론 연옥과 천국도 지옥 못지않은 상상들이 판을 친다.
그러나 지옥의 상상은 우리가 만나는 첫 장면들이어서 더욱 강하게 우
리를 사로잡는다.

　그러면 우리는 이 지옥에서 단테의 엄청난 상상력만 칭송하면 되는
걸까? 그렇지 않다. 단테의 지옥에는 기상천외한 상상력보다 더욱 강렬
하게 다가오는 것들이 있다. 거기에는 정신적 순례자 단테가 자기 자신
을 체험시키는 방식, 그리고 그 체험을 이야기로 전개하는 순서의 특별
함이 숨겨 있다. 그걸 봐야만 단테의 정신 속에 담긴 논리가 더 잘 보이
고, 그 논리와 함께해야 텍스트는 내 정신에 더 강력한 흔적으로 남는다.

　『신곡』은 스승 베르길리우스의 『아이네이스』처럼 출발부터 그리스
의 서사시들과는 완연히 다르다. 호메로스의 서사시에서 노래하는 것
은 여신 무사(Mousa)이지 호메로스 자신이 아니다. 호메로스는 무사의
노래를 사람의 언어로 번역하여 전달하는 역할을 할 뿐이다. "노래하소
서, 여신이여! 펠레우스의 아들 아킬레우스의 분노를."[7] 그러나 『아이네
이스』의 베르길리우스는 다르다. 그는 스스로 '내가 노래한다'(cano)고
당당하게 말한다. 『아이네이스』의 첫 구절은 "무구들과 한 남자를 나는
노래하노라(Arma virumque cano)"이다.[8] 그는 호메로스처럼 여신에게 노
래해 달라고 말하지 않는다. 자기가 스스로 이야기를 창작한다는 사고

---

7. 호메로스, 『일리아스』, 천병희 옮김, 숲, 2007, 25쪽. 이런 시작은 『오뒷세이아』도 마찬가지다. 서사시의 첫 구절은 이
렇다. "들려주소서, 무사 여신이여! 트로이아의 신성한 도시를 파괴한 뒤 많이도 떠돌아다녔던 임기응변에 능한 그 사
람의 이야기를"(호메로스, 『오뒷세이아』, 천병희 옮김, 숲, 2006, 23쪽).
8. 베르길리우스, 『아이네이스』, 천병희 옮김, 숲, 2007, 22쪽.

제 갈 길을 가라,
남이야 뭐라든!

방식이 내재되어 있는 것이다.

'노래하다'란 뜻의 'cano'(카노)는 소리 내어 노래한다는 의미도 있지만, '시를 짓는다', '시를 읊다'는 의미도 갖고 있다. 그러니까 그는 자기가 스스로 이야기를 하고 있는 것이지, 여신으로부터 들은 이야기를 단지 전달해 주고 있는 것이 아니다. 『신곡』은 바로 이런 베르길리우스의 독립성을 충실히 따르고 있다. 단테도 이렇게 기원한다. "아, 뮤즈여!(O muse) 지고의 지성이여! 날 도우소서! 아, 내가 본 것을 기록하는 기억이여! 여기서 그대의 고귀함을 드러내다오."[9] 그는 자신이 본 것을 기록하고자 하지, 여신의 이야기를 전달하고자 하지 않는다.

그것은 이야기를 전개하는 장면에서도 마찬가지이다. 『아이네이스』가 패배한 전투로부터 시작한 것처럼, 『신곡』은 순례자가 유혹에 무릎을 꿇고 방황을 하는 장면에서 시작한다. 순례자도 아이네이스처럼 패배자인 것이다. 이런 점에서도 호메로스의 서사시와 다르다. 호메로스가 영웅 아킬레우스의 전쟁 승리와 영웅 오뒷세우스의 조국 귀환을 노래하고 있는 것에 반해, 베르길리우스와 단테는 패배와 도망으로부터 이야기를 시작하고 있는 것이다. 이탈리아 사람이라면 모두 외우고 있다는 그 유명한 문장, 「지옥편」의 첫 3행을 보자.

"우리 인생길 반 고비에
올바른 길을 잃고서 난
어두운 숲에 처했었네."

---

9. 단테 알리기에리, 『신곡 지옥편』, 박상진 옮김, 민음사, 2007, 16쪽(2곡 7~9행).

Nel mezzo del cammin di nostra vita

mi ritrovai per una selva oscura

che la diritta via era smarrita[10]

여기에서 "인생길 반 고비"는 35세 정도로 단테가 피렌체의 프리오레[11] 자리에 앉는 때이다. 아주 높은 자리에 올랐고, 세상 사람들의 기대와 존경은 끝이 없다. 이제 찬란한 미래만 있을 듯한 그런 시기다. 그러나 문득 정신을 차려 보니, 어느 순간 그는 올바른 길을 잃고서 어두운 숲(selva oscura)[12]에 처해 있는 걸 깨달아 버린다.

그곳은 아름다운 이상도, 새로운 의욕도 다 사라져 버린 황폐한 곳. 숲은 일상적으로 유혹이 끊임없이 다가오는 악마의 거처이다. 표범(성적 유혹), 사자(권력의 유혹), 암늑대(식욕의 유혹)가 차례로 공격하면서 순례자가 앞으로 나가는 것을 방해한다. 순례자 단테는 포기하고 되돌아가고만 싶은 이 황폐한 곳에서 시작한다. 실제로 순례자는 늑대의 유혹(식욕) 앞에서 그만 포기하고 속세로 내려가려고 했다. 유혹에 무릎을 꿇는 형국인 것이다.

---

10. 단테, 『신곡 지옥편』, 7쪽(1곡 1~3행).

11. 단테는 1300년에 피렌체의 '프리오레'(priore)라는 중요한 직위에 선출된다. 프리오레는 장관이라는 의미이며, 지금으로 치면 한 도시국가의 '총리'쯤 되는 지위이다. 그러나 피렌체의 정세는 복잡했다. 교황과 겔프당(Guelf)과 신성로마제국의 황제를 지지하는 황제파 기벨린당(Ghibellin) 간에 정쟁이 끊이지 않았다. 단테는 겔프당의 지도자였다. 겔프당이 피렌체를 지배했지만, 그 안에서도 흑당과 백당으로 나뉘어 싸우고 있었다. 결국 흑당이 교황과 백당을 분리시키는 데 성공하면서, 백당에 속한 단테는 피렌체에서 영구추방당하고 만다. 그 후 이탈리아 전역을 도망 다니며 망명생활을 해야 했고, 마지막에는 라벤나에서 죽음을 맞이한다. 단테는 1321년 9월에 라벤나에서 죽을 때까지 단한 번도 고향 피렌체로 돌아갈 수 없었다. 자기 삶의 뿌리가 있는 피렌체에서 서른일곱에 추방령을 당한 단테가 자신의 고향으로 되돌아 갈 수 없다는 것은 너무나 큰 괴로움이었다. 『신곡』은 13~14세기의 피렌체의 역사 속에서 겪은 단테의 이런 체험이 고스란히 스며들어 있는 책이다.

12. 어두운 숲(수풀)은 본래의 올바른 길에 대비되는 곳으로 예부터 전해 오는 상징이다. 아마도 첫 구절이므로 누구나 아는 쉬운 상징을 써서 문장을 구성했을 것이다.

제 갈 길을 가라,
남이야 뭐라든!

이때 비탈길을 내려가려는 단테를 붙잡는 사람이 나온다. 지금은 "사람이 아니나 전에는 사람이었"던 사람, 만토바의 위대한 시인 베르길리우스이다. 그가 말한다. "어찌하여 거대한 고통으로 돌아가려 하는가? 어찌하여 모든 기쁨의 시작이며 근원인 저 환희의 산에 오르지 않는가?"[13] 다시 말하면 지금 유혹을 인내하고 오르려는 곳이 환희의 땅인데, 왜 그것을 못 참고 고통의 세계로 다시 돌아가려고 하느냐는 질책이다. 뒷걸음질치는 단테의 주위를 맴돌며 베르길리우스가 태양처럼 이끈다. 결국 순례자 단테는 베르길리우스의 손에 이끌려 지옥으로 들어갔다.

이것은 단연코 패배의 감상주의가 아니다. 그 반대다. 『신곡』 전체를 좌우할 앞부분을 좀 더 읽어 보자. 「지옥편」 3곡에는 나쓰메 소세키가 런던 유학시절 런던탑에 갔을 때 머리에 떠올렸던 지옥문의 비명이 나온다.[14] 이제 이 문을 넘어서면 지옥이 펼쳐질 것이다. 지옥이 어떤 곳인가? 통념적으로 지옥은 무시무시한 곳이다. 현세의 죄를 품고 들어가는 곳이며, 그 때문에 온갖 형벌을 받게 되는 곳이다. 생각만 해도 끔찍한 곳이다. 그런데 이 지옥문의 비명은 아주 묘하다.

"나를 거쳐서 길은 황량의 도시로
나를 거쳐서 길은 영원한 슬픔으로
나를 거쳐서 길은 버림받은 자들 사이로

---

13. 단테, 『신곡 지옥편』, 12쪽(1곡 76~78행).
14. 나쓰메 소세키, 『런던 소식』, 노재명 옮김, 도서출판 하늘연못, 2010, 195~196쪽.

Per me si va ne la città dolente,

per me si va ne l'etterno dolore,

per me si va tra la perduta gente."[15]

지옥문은 자신을 거쳐서(per me)[16] 절망의 장소인 황량한 도시로 가
라고 한다. 그러고 나서 이런 말도 덧붙인다. "여기 들어오는 너희는 모
든 희망을 버려라"(Lasciate ogne speranza, voi ch'intrate).[17] 지옥은 죽음의
희망(speranza di morte)조차 없는 곳이다.

나는 여기서 아주 묘한 감각을 느낀다. 내게는 여기 나오는 '지옥문'
이라는 사물이 '또 다른 나'처럼 느껴지기 때문이다. 이 문장은 내가 '나'
에게 지옥으로 들어가라고 말하는 것 같다. 나와 같은 느낌이었는지,
소세키도 이 부분을 부드럽게 해석하지 않고 아주 강한 표현을 이용해
거칠게 번역한다. "슬픔의 나라로 가려고 하는 사람은 이 문을 거쳐서
가라. 영겁의 가책과 맞부딪친 사람은 이 문을 거쳐서 가라. 저주받은
무리들 속으로 가려는 사람은 이 문을 거쳐서 가라."[18]

---

15. 단테, 『신곡 지옥편』, 26쪽(3곡 1~3행).
16. 나중에 "나" 대신 "손"이 들어간 문장이 나온다. "길잡이가 내 손을 잡고(per mano) 피가 흐르는 상처 때문에 하염
없이 울고 있는 숲으로 끌고 갔다"(「지옥편」, 13곡 130~132행). 아마도 내가 나를 밟고 건너가는 것도 스승의 도움이
필요한 모양이다(단테, 『신곡 지옥편』, 134쪽).
17. 「지옥편」 3곡 46행. 이마미치 도모노부의 강의에 따르면 이 문장은 '모든(OGNI)' '희망(SPERANZA)'을 '버려라
(LASCIATE)', '너희 여기에 들어오는 자(VOI CH'ENTRATE)'이다. 그런데 LASCIATE는 '남겨 두어라'라는 의미로
'(그곳에) 남겨 두고, 가지고 들어오면 안 된다'라고 말하는 게 더 정확하다고 한다. 즉, 버리기 힘든 것이지만 놓아
두고 떠나는 느낌인 것이다(이마미치 도모노부, 『단테 『신곡』 강의』, 187쪽).
18. 나쓰메 소세키, 「런던탑」, 『런던 소식』, 195쪽. 이 문구에 대한 소세키의 일본어 번역은 그의 격정적인 마음을 잘 나
타내고 있다. 한국어 번역 역시 이를 충실하게 번역하고 있어 한국어 번역을 그대로 따랐다(일본어 원문 : 憂の国に
行かんとするものはこの門を潛れ。永劫の呵責に会わんとするものはこの門をくぐれ。迷惑の人と伍せんとするも
のはこの門をくぐれ).

나를 거쳐서 지옥으로 가라. 그리고 여기서부터는 희망을 버려라. 소세키의 번역은 다른 세계로 가기 위해서 나는 불가피하게도 '기존의 나'를 밟고 가야 한다는 뜻으로도 새기게 한다. 그것은 '또 다른 나'가 '기존의 나'에게 내리는, 마치 명령과도 같은 소리로도 들린다. 온갖 부정적인 진실이 뒤엉킨 지옥의 지대를 통과해야만 새로운 세계가 가능하다는 듯이 말이다. 이 의미라면 모든 새 출발은 지옥으로부터 출발한다고 해야 한다. 낯선 곳으로의 출발선에 섰을 때 기존 세계에 대한 희망은 모두 버려야 한다. 새로운 구원을 얻기 위해서는 기존 세계에서 얻을 수 있는 모든 것을 버리고 길을 떠나야 한다는 뜻이다. 모든 미련일랑 남겨 두고, 나를 밟고서 지옥으로 가라. 단테는 지옥부터 시작함으로써 우리가 성급하게 천국의 상투성에 빠지는 것을 처음부터 제거한다. 이 첫 문장을 보면 자신의 절망을 벗어날 해답과 전략이 마련되어, 이미 새로운 삶이 시작된 것처럼 보일 정도다.

그러나 들어가자마자 본 지옥에는 뜻밖에도 현세에서 위대하다던 사람들이 모조리 모여 있다. 제1옥인 림보(limbo)[19]에 있는 사람들은 상상을 초월한다. 호메로스, 호라티우스, 오비디우스 같은 위대한 고대 시인들, 헥토르, 아이네이아스, 카이사르 같은 신화적인 영웅들, 심지어 아리스토텔레스[20], 소크라테스, 플라톤, 키케로, 세네카 같이 더없이 훌륭한 철학자들도 이곳 지옥에 있다.[21]

---

19. 림보는 그리스도를 믿을 기회를 얻지 못했던 착한 사람이나 영세를 받지 못한 어린아이 등의 영혼이 머무는 곳으로 지옥과 천국 사이에 있다. 지옥 안에 있긴 하지만 지옥에 이르는 강을 건너 맨 먼저 나오는 곳이라서, 지옥의 다른 곳과 비교하면 그렇게까지 절망적이지만은 않다.

20. 단테에게는 아리스토텔레스가 가장 위대하다. 왜냐하면 당시 최신 철학자인 토마스 아퀴나스가 아리스토텔레스주의자이기 때문이다. 그의 책 『신학대전』에서 '철학자'는 별 말이 없는 한 아리스토텔레스이다. 단테는 토마스 아퀴나스를 따랐다.

물론 세례를 받지 않아 그리스도를 믿을 수 없었다는 게 그 이유이다. 그러나 나는 더욱 중요한 이유가 있다고 믿는다. 아마 '작가 단테'는 그들을 지옥에 배치함으로써 '순례자 단테'에게 미치는 긍정적인 효과를 노렸을 것이다. 새로운 길을 가는 데 언제나 힘이 들고 겁이 나기 마련이다. 지옥문을 통과했지만 이 세상의 끝자락, 더 이상 내려갈 곳 없는 지옥을 돌파하는 것은 그리 쉬운 일이 아니다.

　그러나 사정이 이러한데도 단테는 더 깊이 내려간다. 떨어질 수 있는 가장 밑바닥이 무엇인지 분명하게 봐야 하는 임무가 있기라도 하듯, 아래로, 아래로 내려가는 것이다. 그는 자신의 구원이 실패했을 때 떨어질 수 있는 최후의 상태가 어떤 것인지를 똑똑히 보려 한다. 다른 곳에서 단테도 이런 말을 한다. "거룩한 영혼들이여, 불을 먼저 겪지 않고서는 더 이상 나아갈 수 없다."[22] 그 누구라 하더라도, 심지어 소크라테스라 하더라도 지옥으로 떨어질 수 있다는 것을 자신이 직접 보고 체험해야 하는 것이다. 전혀 희망이 없는 망자의 무리들 속에서 '희망 없음'이란 것이 어떤 상태인지를 스스로 체험하고, 그 체험을 내 신체에 장착시켜야 한다. 그래야 앞으로 나갈 힘을 갖고 강성해진다. 이 의미에서 지옥 순례는 작가 단테가 사고 실험을 통해 최악의 파국 상태를 체험하는 것이라고도 할 수 있다. 작가 단테는 순례자 단테로 하여금 이런 효과를 얻도록 하기 위해 "불을 먼저 겪도록" 배치하고 있는 것이다. 단테는 도입부의 실패를 더 몰아세워 최악의 실패로 내달아 가본다.

　그 순간 현세의 통념이 뒤집힌다. 현세에 위대하다는 사람들도 지옥

---

21. 단테, 『신곡 지옥편』, 45~46쪽(4곡 88~144행).
22. 단테, 『신곡 연옥편』, 236쪽(27곡 10~11행).

제 갈 길을 가라,
남이야 뭐라든!

에 머물고 있다는 생각을 하면 순례자의 감각은 완전히 달라진다. 우선 그런 위대한 사람도 들어올 수 있는 곳이라는 점에서 나도 그들 속으로 들어가는 것이 두렵지 않다. 또한 무엇보다 현세적인 명성이나 위대함이 천국과 지옥을 가르는 기준이 아니라는 점도 명확해진다. 이제 자신이 가고 있는 길 이외에 다른 곳으로 눈 돌리는 낭비를 더는 하지 않게 될 것이다. 나중에 베르길리우스도 "이 길밖에 다른 길(altra via)은 없다"[23]라고 단언하는데, 그것은 연옥에만 적용될 말이 아니라 여기 지옥에도 적용해야만 하는 말이다.

더군다나 정의상 죄는 깊으면 깊을수록 더 뚜렷해져서 순례자 단테의 인식을 더욱 명료하게 해줄 것이다. "기쁨이든 고통이든 모든 것은 완전하면 완전할수록 더 뚜렷한 법이다."[24] 다시 말하면 지옥 순례는 자신이 가야 할 길을 더욱 철저히 해주는 효과를 준다. 이것은 단테의 당시 심경을 더욱 정확하게 드러내 주는 것이기도 한 것 같다. 당시 정치적 추방상태인 작가 단테는 자신의 길을 뚜렷하게 직시하고 있어야만 했다. 따라서 지옥은 단테의 사유전개상 맨 처음에 나오는 장면으로서 무척이나 적당한 것이다.

연 옥 , 자 신 을 바 꾸 는 자 유 의 길

이제 그런 사고실험을 거쳐 지옥을 넘어가면 연옥이 나온다. 북반구의 지하인 지옥 밑바닥에서 나와 비밀의 길을 지나 남반구의 땅속으로 가

---

23. "non li era altra via che questa per la quale i' mi son messo"(단테, 『신곡 연옥편』, 11쪽[1곡 63행]).
24. 단테, 『신곡 지옥편』, 45~46쪽(6곡 106~108행).

면, 비록 땅속이지만 별이 보이고, 바깥 공기가 있는 연옥이 존재한다. 이곳은 감옥이지만 그나마 하늘이 보이는 감옥이다. 지옥(inferno)은 희망이 없는 반면, 연옥(purgatorio)은 희망이 있는 곳이다. 즉 연옥에서는 혼이 씻길 수 있다는 희망이 있다. 그곳은 "인간 영혼이 정화되고 천국에 오를 준비를 하는 왕국"인 것이다.[25]

들여다보면 연옥은 산의 형태다. 좀 더 정확하게 말하면 산으로 높이 솟은 섬이다. 이 '섬-산'이 곧 연옥의 정죄산이다. 이 산 정상에 오르면 낙원이 펼쳐진다. 바로 순례자 단테가 가려는 천국이 있다. 지옥과 천국 사이. 이 연옥의 길은 자신의 영혼을 정화하면서 자기를 천국의 사람으로 바꾸어 가는 여정이다. 지옥에서 최악의 상태에 대해 사고실험을 했다면, 연옥에서는 그것을 딛고 싸우는 전투를 배운다. 이 전투 끝에는 천국이 있으리라 믿으면서. 따라서 이 지대는 도처에 어떤 변형들이 존재하는 곳이다.

여기에 중대한 지점이 있다. 여기서는 자기 스스로 자신을 정화시켜야 한다는 점이다. 그런 의미에서 그것은 자유를 찾아가는 길이기도 하다. 베르길리우스도 연옥을 지키는 카토에게 순례자 단테를 소개하며 "이 사람은 자유를 찾아서 가고 있소"[26]라고 말한다. 작가 단테가 이 사실을 분명하게 인지하고 있었다고 볼 수 있다. 연옥은 자유의 길이다.

이 여정에서는 갈수록 영혼이 정화되므로 곧 천국에 들어갈 것이라는 자신감이 점점 커지는 지대이기도 하다. "누구에게도 허락하지 않으신 방법으로 그분의 궁전을 보게 될 것이니."[27] 또한 위로 오를수록 더

---

25. 단테, 『신곡 연옥편』, 7쪽(1곡 4~6행).
26. 단테, 『신곡 연옥편』, 11~12쪽(1곡 65, 71행).
27. 단테, 『신곡 연옥편』, 146쪽(16곡 40행).

제 갈 길을 가라,
남이야 뭐라든!

쉬워지는 곳이기도 하다. 그래서 오르는 일이 한결 가벼워져서 배가 강을 따라 내려가듯 기분이 좋게 느껴질 때면 곧 길의 끝에 도달할 것이라는 희망도 점점 커진다.[28]

그래서인지 이곳은 지옥에는 없던 '바다의 일렁임'(il tremolar della marina)도 보인다.[29] 즉 이곳은 변화가 있는 곳이다. 다시 말하면 바다로 상징되는 모험이 있고, 운명의 전변이 가능한 곳이다. 이 의미에서 연옥은 길을 잃으면 되돌아오는 영원회귀의 점과도 같다. 올바른 길을 잃고 어두운 숲에 처했을 때, 그래서 모든 희망을 버리고 모험에 나서야 할 때 누구든지 항상 돌아와 다시 서는 섬. 바로 그런 곳이 연옥이다. 그리스도교식으로 말한다면 일종의 '회심'(回心, Conversion)과도 같은 지대인 것이다.

일본 소설가 오에 겐자부로는 마흔 여덟부터 쉰 살이 될 때까지 무려 3년 동안 오로지 『신곡』만 읽었다고 한다. 그리고 나서 쓴 첫 소설이 『그리운 시절로 띄우는 편지』(懷かしい年への手紙). 이 소설의 주인공은 『신곡』과 단테 연구서만 읽으며 살아온 사람으로 설정되어 있다. 겐자부로 자신이 독학으로 『신곡』과 단테에 대해서 공부한 내력들을 보면, 주인공은 겐자부로의 또 다른 내면일 것이다.

화자인 소설가(이는 현실의 겐자부로이다)는 살해당한 주인공(이는 숨겨진 내면의 겐자부로이다)을 수습하면서 찾아간 인공 호수 중앙의 작은 섬을 연옥의 섬과 중첩시킨다.[30] 그는 언제나 이곳으로 되돌아오겠다고 다짐한다. 그리고 이제 쓸 모든 작품은 그리운 시절(연옥)로 띄우는 편

---

28. 단테, 『신곡 연옥편』, 40~41쪽(4곡 88~94행).
29. 단테, 『신곡 연옥편』, 15쪽(1곡 115~117행).
30. 『신곡』「연옥편」에서 카토가 이 연옥의 섬 해변을 지키는 자로 나온다.

지가 될 것이라고도 다짐한다. 언제나 내가 되돌아가 이야기를 나눌 친구는 죽었지만, 그 친구는 늘 이 섬(연옥)에 있을 것이고, 살아 있는 동안 나는 먼저 간 그 친구들에게 편지를 쓰며 항상 새로운 마음을 다지겠다는 구상이다. 그것은 자신의 길을 가기 위한 다짐이기도 하다.

결국 오에 겐자부로에게 단테 읽기는 새로운 길로의 전환을 의미하고, 매 순간 다시 돌아올 다짐이라고 할 수 있었다. 그것은 연옥의 다짐이다. 오십대를 시작하면서 한 이 다짐처럼 그 이후 겐지부로는 이 소설의 주인공에게 편지를 띄운다는 심정으로 삼십 년 넘게 다시 소설을 쓸 수 있게 되었다고 말한다.[31] 그렇다면 단테의 『신곡』 읽기가 겐자부로에겐 소설가로서 다가온 일종의 컨버전(Conversion, 회심)이었다고 할 수 있겠다. 컨버전의 의미가 기독교적으로는 일반인이 그리스도교인이 되거나, 지금껏 믿어 온 것보다 더욱 강렬한 신앙으로 그리스도교인이 되는 것이겠지만, 단테 읽기가 겐자부로 자신에게는 지금까지 수행해 온 소설가로서의 임무를 더욱 강렬하게 느끼게 하고, 그 일을 더 근본적으로 수행하게 한 계기라고 할 수 있을 테니, 그것과 다르지 않다. 이런 의미에서 보면 연옥은 삶의 새로운 용기를 주는 곳이다. 다시 말하면 연옥은 언제나 새로이 시작할 때 되돌아가는 영원회귀의 출발점, 어떤 컨버전이다.

그러나 이곳에도 게으른 영혼들이 가득하다. 「연옥편」 제4곡에는 게으른 자의 상징으로 '벨라콰'라는 단테의 지인이 나온다. 그는 피렌체의 악기제조 직인이었다. 그는 지나가는 순례자에게 "올라간들 무슨 소용인가"라며, 연옥에서도 그 게으름을 끝내지 않는다. 물론 그는 현세에

---

31. 오에 겐자부로, 『읽는 인간』, 133쪽.

제 갈 길을 가라,
남이야 뭐라든!

서 죽을 때까지 회개하지 않았기 때문에 연옥에서도 현세에서 산 세월만큼 기다려야 한다.

그럼에도 나는 그가 그곳에서 뭔가라도 했어야 하지 않은가 하는 생각이 든다. 그는 여전히 정해진 것 안에서 할 수 있는 게 없다는 말을 내뱉고 그저 게으르기만 한 것이다. 그러니까 그는 연옥을 연옥답게 '살아내지' 않는다. 그는 컨버전해야 할 곳에서 컨버전의 영광을 획득하지 못하고 있는 것이다. 「연옥편」 제9곡에 보면 연옥의 문지기는 베드로에게 열쇠를 전해 받으며, 죄를 씻을 수 있게 해달라고 부탁하면 자격이 없더라도, 심지어 지옥탈주범이더라도 들여보내도 괜찮다는 취지의 말도 전해 듣는다. "설령 실수로 열더라도 잠가 두지는 말라고 하셨다."[32] 그러니까 이 지대는 뭔가 애를 쓰면 상황이 바뀌는 공간인 것이다. 어쨌든 애를 쓰고 살아야 한다는 것. 나는 살면서 이것보다 더 중요한 태도를 본 적이 없다. 연옥의 컨버전은 애를 쓸 때 찾아온다. 편안이라는 환상은 그야말로 의욕을 좀먹는 환상인 것이다.

천국, 자기의 주인이 되다

천신만고 끝에 연옥의 끝에 다다르면, 드디어 단테의 생각이 좀 더 명확하게 드러난다. 베르길리우스가 손을 놓으며 이렇게 말한다. "나의 지성과 기술(con ingegno e con arte)로 널 여기까지 데려왔으나, 여기부터는 너의 기쁨이 너의 길잡이가 될 것이다."[33] 이제 너는 너의 기쁨을 깃발 삼

---

32. 단테, 『신곡 연옥편』, 89쪽(9곡 129행).
33. 단테, 『신곡 연옥편』, 246쪽(27곡 130~131행).

아서 앞으로 전진해야 한다. 그리고 나서 제27곡의 마지막에는 다음과
같은 말로 끝을 맺는다.

"이젠 내 말이나 눈짓을 기다리지 마라!
너의 의지는 곧고 바르고 자유로우니
그 뜻대로 해야 할 것이다.

너의 머리에 왕관과 면류관을 씌운다."[34]

지금까지 스승 베르길리우스의 손에 이끌려 지옥과 연옥을 순례하
였다. 그러나 지옥을 체험하고, 연옥의 고통을 견디며 정죄산에 오르
면, 이제 자기 자신만을 깃발 삼아 자기 스스로 전진해야 한다. 이마미
치 도모노부에 따르면 여기서 "그 뜻대로 해야 할 것이다"는 "네 스스로
주인이 되게 하여라"로 해석하기도 한다. 즉 이제 순례자 단테는 자기의
주인이 됨으로써 천국에 들어갈 자격을 획득한다.

이제 스스로 주인이 되는 때에 이르러서야, 순례자 단테는 천국으로
들어간다. 당연히 천국에 들어가기 위해서는 '신성'을 지녀야만 한다.
단테의 표현대로라면 "인성을 초월한다".[35] 그러므로 순례자는 천국의
계단을 오르며 점점 '초인'이 되어 간다고 할 수 있다. 일종의 변신인 것
이다. 단테는 이것을 마치 어부 글라우코스가 해초를 먹고 바다의 신으
로 변신할 때의 느낌과 같다고 표현한다.[36] 그러나 이때 인성을 초월하

---

34. 단테, 『신곡 연옥편』, 246쪽(27곡 139~142행).
35. 단테, 『신곡 천국편』, 11쪽(1곡 70행).
36. 단테, 『신곡 천국편』, 10쪽(1곡 67~69행).

제 갈 길을 가라,
남이야 뭐라든!

는 것은 다른 게 아니다. 그것은 자기의 주인이 되는 것이다. 기존의 자기를 완연히 벗어던지고 새로운 자기의 주인이 된다. 여기서 변신은 새로운 자기의 주인으로 변형됨을 말한다. 하느님은 그 순간 그 새로운 자기에게 '왕관과 면류관'을 씌운다. 하느님의 천국은 새로운 자기들이 거주하는 세계다.

마침내 순례자 단테는 「천국편」을 거치면서 완전히 다른 사람이 되었다. 아니, 이미 새로 탄생한 사람으로서 작가 단테는 지상에서 천국을 기억하고 있다.

> "나는 변한 목소리와 또 다른 양털을 지닌 시인으로
> 그들에게 돌아갈 것이다. 그래서 내가
> 세례를 받은 샘에서 면류관을 받을 것이다."[37]

그러고는 그는 이 세상이 도달할 수 있는 가능성의 끝을 바라본다. 새로운 세상이란 이 끝에서 바라본 전경이다.

> "감히 영원한 빛을 응시하도록 허락하신
> 풍요의 은총이시여! 저의 눈은 그 빛 속에서
> 저 가능성의 끝까지 도달했습니다.
>
> 나는 그 깊숙한 곳에서 보았다.
> 우주의 조각조각 흩어진 것이

---

37. 단테, 『신곡 천국편』, 214쪽(25곡 7~9행).

한 권의 책 속에 사랑으로 묶인 것을"[38]

단테는 이렇게 묶인 사랑의 매듭을 보고, 어떤 우주적 형식을 깨닫고 만다. 바로 그 순간 마음은 기쁨으로 마구 뛰었다.[39] 사실 이 기쁨은 단테가 「천국편」에서 끊임없이 강조한 '자유의지'의 회복으로 얻은 것이다. 단테의 하느님은 그저 죄를 사해 주시는 것이 아니다. 단테의 하느님은 인간이 스스로 거듭날 수 있도록 할 뿐이다.[40] 그 거듭난 인간들이 입장하는 곳, 그리고 하느님이 그들의 자유의지를 부팅하는 곳, 그곳이 바로 천국이다.

그것은 내 자신이 걸어갈 가능성의 끝과도 같다. 단테의 하느님은 그것으로 자신을 표현한다. 그런 표현으로 순례자가 자신의 길을 갈 수 있도록 도와줄 뿐이다. 그러므로 당연히 하느님은 숭배하는 것이 아니다. "'그리스도여! 그리스도여!' 하고 외치는 자들이 심판의 날에 그리스도를 모르는 자들보다 그분 곁에 더 가까이 서리라는 보장은 없다."[41] 이렇게 해석되는 순간, 하느님은 숭배해야 할 외부의 것이 아니라, 내가 걸어갈 길의 가능성들이 된다. 하느님은 그 가능성의 끝이다. 천국은 그 끝에서 바라본 전경이다. 사랑으로 묶인 한 권의 책과 같은 천국. 그것은 내 길의 끝이다.

이 지점에 오면 마르크스가 바꾼 문장이 왜 기가 막힌 변형인지 알게 된다. 이 책은 당연히 그리스도교적 색채가 짙은 텍스트이다. 그러나

---

38. 단테, 『신곡 천국편』, 290쪽(33곡 82~87행).
39. 단테, 『신곡 천국편』, 291쪽(33곡 91~93행).
40. 단테, 『신곡 천국편』, 62쪽(7곡 115~117행).
41. 단테, 『신곡 천국편』, 166쪽(19곡 106~108행).

제 갈 길을 가라,
남이야 뭐라든!

단테의 세계로 들어가 단테가 처한 상황과 배치를 '나'의 지평으로 재배치하면 그것은 완전히 다르게 읽힌다. 특히 지옥문에 쓰여 있는 문구가 책을 읽는 내내 나를 사로잡았다. 이미 고난에 빠진 순례자가 묘하게도 더 아래로 내려가 '희망 없음'이 대체 무엇인지 강렬한 상상력으로 실험하고 있었다. 그러고는 점점 자신을 변신시켜 가며 천국이라는 가능성의 끝에 도달한다. 결국 마르크스의 말대로 자신의 길을 간 것이었다.

작가 단테는 자신의 이 글을 통해서 어떤 세계로 전진했는가. 그는 순례자 단테로 하여금 자신의 길이 갈 수 있는 가능성의 끝을 가보도록 하였다. 마르크스는 단테가 스스로 의식하지 않았지만 진정 말하고자 했던 것을 되찾아 준 셈이었다. 마르크스는 단테를 사용할 뿐만 아니라, 단테의 의식을 앞지른다.

단테 알리기에리의
『신곡』
후기

어느 해 추석이 찾아 왔을 때 저는 그 귀한 추석 연휴를 단테의『신곡』과 함께하기로 결심했습니다. 글 본문에서도 말씀드렸지만, 저는 단테의『신곡』을 매우 각별하게 생각하고 있었습니다.『자본론』1권 서문에 마르크스가 단테로부터 인용한 문장, "제 갈 길을 가라, 남이야 뭐라든!"은 정말이지 오랫동안 제 삶을 이끈 명문장 중 하나였으니까요.[42] 요즘도 무언가 잘못되어 간다고 느낄 때면 이 문장을 입으로 읊고 주먹을 불끈 쥐곤 합니다. 또한 나쓰메 소세키가 런던 유학 시절 런던탑 앞에서 떠올린 단테의 시구, "이 문을 들어오려는 모든 사람은 모든 희망을 버려라"는 소세키가 느꼈을 외로움을 더 사무치게 했습니다.[43] 저와 똑같은 외로움을 소세키도 가지고 있었다는 것에 위안과 더불어 다시금 싸워 갈 힘을 얻습니다. 오에 겐자부로가 삶의 전환점인 마흔 여덟부터 쉰 살이 될 때까지 3년 동안 오로지『신곡』만 읽었다는 이야기에 그가 새로운 삶을 향해 얼마나 절치부심했는지 뼈저리게 느껴졌습니다.[44] 아마도『신곡』의 첫 문장, "우리 인생길 반 고비에 올바른 길을 잃고서 난 어두운 숲에 처했었네"를 더욱 강렬하게 이해하게 하는 그런 대목입니다. 제 나이가 오에 겐자부로의 바로 그 나이에 도달하였습니다.

　　그러나 저는 이 책을 오래도록 읽지 못하고 있었습니다. 제게 큰 의미를 지닌 책인데도, 오랫동안 읽지 못한 것이 가슴에 계속 걸렸습니다. 마침내 저는 이 엄청난 텍스트에 추석 연휴 기간을 온전히 바치겠다는 중대한(!) 결심을 하게 됩니다.

---

42. 마르크스,『자본론』(I-상), 8쪽.
43. 나쓰메 소세키,『런던 소식』, 195~196쪽. 여기서도 한국어 번역을 그대로 따라서 인용하였습니다(일본어 원문 : この門を過ぎんとするものは一切の望を捨てよ.)
44. 오에 겐자부로,『읽는 인간』, 114쪽.

제 갈 길을 가라,
남이야 뭐라든!

예전에 사두었지만 읽지 않고 책꽂이 한 구석에 처박아 놓았던 「천국편」이 이미 있었기에, 박상진 선생님이 번역하신 나머지 「지옥편」과 「연옥편」도 구입하였습니다. 그러나 이 책은 읽기가 그리 쉽지는 않았습니다. 우선 이 책은 무척 생소한 중세 사고가 곳곳에 담겨 있는 책입니다. 아무래도 중세는 교회 시대이며, 게다가 『신곡』 이야기 자체가 지옥에서부터 천국까지 하느님을 찾아 순례하는 과정이기 때문에 사전에 성서나 신학을 학습해야 하지 않을까라는 막연한 두려움이 있기도 했지요.

『신곡』의 원제는 '라 디비나 코메디아'(La Divina Commedia)입니다. 그것은 사람들과 천국의 기쁨을 나누려 했던 코메디아, 곧 희극(喜劇)이었습니다. 고대 이래 19세기 중반까지 서양의 고전극은 본래 모두 '시극'(詩劇)이었다고 합니다. 결국 『신곡』은 모든 문장이 시로 이루어져 있는 시극입니다. 제게는 그런 시 자체가 늘 골치 아픈 양식이며 언어입니다. 시집만 꺼내들면 맥락 자체가 눈에 들어오지 않아 완전 까막눈이 되고 마는 저이고 보면 단테의 『신곡』을 읽어 내는 것은 두 배의 어려움을 갖고 있는 게 당연했지요.

그러나 항상 찾으면 길이 있는 법. 이렇게 어려운 텍스트 앞에서 저를 구원해 준 책이 있었습니다. 이마미치 도모노부의 『단테 『신곡』 강의』. 앞에서도 말씀드렸지만,[45] 제게 큰 도움이 된 강독책으로 저는 늘 두 권을 뽑습니다. 금방 이야기한 도모노부의 책과 박찬국 선생님의 『하이데거의 『존재와 시간』 강독』. 철학 원전들을 한 줄씩 한 줄씩 읽어 나가며 행간의 의미를 채워 주는 강독 강의는 우리 같은 초심자에게 언제나 특별한 체험입니다. 또 강독 강의를 허술하나마 해보았던 제 경험에서 볼 때 강독자로 하여금 이만큼 강한 강도로 공부하게 하는 퍼포먼스도 달리 찾기 힘들다고 할 수 있습니다. 강독을 원활하게 하려면 단위 문장까지 읽고 읽어서 거의 텍스트를 체험 수준에서 마주해야만 가능합니다. 강독 강의는 강독자에게나 수강자에게나 모두 읽기의 강도를 높이는 최고의 공부 방법이지요. 또 강독 강의를 하는 것을 보면 강독자의 수준이 단번에 드러납니다. 강독책은 강독자의 읽기 체험을 고스란히 독자에게 전달시켜 주지요. 강독은 공부의 유토피아, 혹은 그 유토피아로 가는 길인 것 같습니다.

---

45. 이 책 208~209쪽에 서술되어 있습니다.

일단 추석이 시작되는 주에 이마미치 도모노부의 『단테『신곡』강의』를 「지옥편」까지 읽고, 단테의 『신곡』「지옥편」도 함께 읽어내려 갔습니다. 이렇게 도모노부의 강의 순서대로 나머지 『신곡』도 읽어 가기로 하고, 틈만 나면 도모노부의 강독책과 박진성의 한글본을 번갈아 읽어 갔습니다. 도모노부의 강독책은 15회에 걸쳐 행한 대중 강독을 옮긴 것이라서 강의를 듣는 기분도 들고, 또한 고전 이탈리아어를 곁들여 설명해 주기 때문에 단테 언어의 깊이도 함께 느낄 수 있었습니다. 저에겐 아주 좋은 길잡이가 되었지요.

『신곡』은 당연히 그리스도교 색채가 짙은 텍스트입니다. 그러나 단테의 세계로 들어가서 단테가 처한 상황과 배치를 '나'의 지평으로 바꾸어 대면하면 완전히 다르게 읽힙니다. 그리스도교와 완전히 무관한 책처럼 즐길 수 있습니다. 특히 지옥문에 쓰여 있는 문구가 이 책을 읽는 내내 저를 사로잡았습니다. "나를 거쳐서 길은 황량의 도시로, 나를 거쳐서 길은 영원한 슬픔으로, 나를 거쳐서 길은 버림받은 자들 사이로…. 여기 들어오는 너희는 모든 희망을 버려라."[46] 맨 첫 구절에서 순례자가 올바른 길을 잃고서 어두운 숲에 처했다고 선언하고 있는 것과 연결해서 보면 지옥문의 이 문구는 더 의미심장합니다. 이미 고난에 빠진 순례자가 묘하게도 더 아래로 내려가서 '희망 없음'이 무엇인지 강렬한 상상력으로 실험하고 있는 것입니다.

단테를 읽기로 한 그 추석 기간에 가족이 원대리 자작나무 숲에 다녀왔습니다. 하루 여행이 끝나고 저녁에 아이들이 잘 때면 『신곡』을 읽었습니다. 원대리 자작나무 숲 주차장부터 임도를 따라 약 3킬로미터 정도 올라가면 자작나무 군락지로 가는 숲길이 나옵니다. 숲길은 약 1.1킬로미터 정도입니다. 그 전날도 『신곡』을 읽어서인지, 그 길이 마치 연옥길과도 같아 보였습니다. 오르고 오르니 천사의 옷처럼 하얀 옷을 두른 자작나무들이 수없이 서 있습니다. 숲속인데도 하얀 껍질 때문에 숲 안이 환하더군요. 연옥의 정상은 천국으로 가는 입구입니다. 연옥편을 읽을 때는 여행하는 모든 곳이 연옥인 듯이 지내고 생각하게 됩니다. 오히려 그런 태도가 여행과 책읽기 모두에게 몰입할 수 있게 해주었습니다.

마침내 저는 추석이 끝난 후 첫 출근한 날, 야근 뒤 밤늦게 집으로 돌아오는 지하

---

46. 단테, 『신곡 지옥편』, 26쪽(3곡).

제 갈 길을 가라,
남이야 뭐라든!

철 안에서 「천국편」의 마지막 문장, "내 소망과 의지는 이미, 일정하게 돌아가는 바퀴처럼, 태양과 다른 별들을 움직이시는 사랑이 이끌고 있었다"를 끝으로 『신곡』을 완독하였습니다. 다른 편과 마찬가지로 「천국편」도 "별"(stelle)이라는 단어로 끝납니다. 저도 지하철을 나오면서 별을 보았습니다. 지금 생각해 보면 『신곡』을 완독한 그 해의 추석은 제게 기념비적인 추석이 되었습니다.

많이들 알고 있듯이, 독문학자이자 한국 당대의 지식인이신 김우창 선생님이 번역하여 우리나라에 널리 알려진 『미메시스』라는 책이 있습니다. 『미메시스』는 다른 연구서와는 달리 주석이나 참고문헌이 전혀 달려 있지 않은 책입니다. 아우어바흐(Erich Auerbach, 1892~1957)가 오로지 텍스트를 읽고 자신의 생각을 적어 놓은 연구서이지요. 제2차 세계대전 중 아우어바흐가 근무했던 터키에는 연구 대상과 관련한 도서와 자료가 충분하지 않아서, 그는 자신이 읽고 느낀 것만으로 글을 써 나갔다고 합니다. 그야말로 글쓴이의 사유만으로 전개된 글입니다. 어떤 계기로 아우어바흐의 첫 책이 바로 『세속을 노래한 시인 단테』이고, 『미메시스』는 이 책에 크게 빚지고 있다는 것을 알게 되었습니다. 그리고 아우어바흐는 마르크스주의 평론가인 프레드릭 제임슨(Fredric Jameson, 1934~)의 박사논문 지도교수이기도 합니다. 그러고 보니 단테는 마르크스주의자들의 오래된 스승이었습니다. 단테를 둘러싸고 마르크스주의자들이 고개를 숙이고 있으니 말입니다.

그러나 단테는 고향 피렌체로부터 추방당한 철학자입니다. 보카치오는 『단테의 일생』이라는 자신의 저서에서 자신의 고향 피렌체의 잘못된 처사를 성토하며 단테를 위하여 열렬히 변론합니다. 그리고 이렇게 말하죠. "단테는 그가 어디에 묻혀 있든 간에 그곳을 떠나 너희에게 돌아올 것이다."[47] 피렌체 시민들은 결국 단테가 역사를 돌아 다시 그들에게 돌아온 것을 목도하였습니다. 『신곡』이란 책을 통해 그의 위대한 정신이 함께 돌아온 것입니다. 보카치오가 말하길, "신곡은 100곡으로 이루어졌는데 바로 공작새 꼬리에 있는 100개의 눈과 꼭 같다"[48]라고 합니다. 그 100개의 눈이 피렌체뿐 아니라, 전 세계를 지켜보는 위대한 정신이 되었습니다.

---

47. 조반니 보카치오, 『단테의 일생』, 진영선 옮김, 그물코, 2013, 65쪽.
48. 보카치오, 『단테의 일생』, 119쪽.

전락의 수련, 철저한 제로

—

나쓰메 소세키, 『갱부』

' 나 ' 는   단 지   연 속 된   의 식 이 다

소세키의 강연 중에는 「문예의 철학적 기초」라는 제목의 강연이 있다. 이 강연은 마흔 살이 된 소세키가 동경미술학교 문학회 개회식에서 진행한 것이다. 강연이라지만 요즘 같은 그런 대중 강연은 아니었던 듯하다. 강연 내용에는 만만치 않은 논리들이 촘촘하게 스며들어 있다. 소세키 입장에서도 그랬던지, 강연 후에 소세키가 녹취록을 정리하고 보니 들고 간 강연 원고보다 두 배나 긴 글이 되고 말았다고 고백하기도 한다.

오래전에 이 글을 읽을 때는 그리 마음이 흔들리지 않았다. 아마 소세키 강연의 백미는 '자기본위'(自己本位)를 묘파한 「나의 개인주의」이지 않느냐 하는 편견 아닌 편견이 내겐 자리 잡고 있었다. 인간 인식의 불행은 집합적 대상의 어느 한 각이 조명을 크게 받으면 다른 각들은 그 조명 때문에 가려진다는 것이다.

마흔 살이면 『나는 고양이로소이다』는 물론 『도련님』, 『풀베개』를 발표한 이후이며, 결정적으로 도쿄제국대학 강사를 사직하고 아사히신문사에 소설을 쓰는 전속작가로 입사한 바로 직후이다. 소세키가 안정된

541

대학교수의 정체성을 버리고 자기 자신을 전업 소설가로 변신시킨 때이며, 이와 함께 죽을 때까지 살게 될 '소세키 산방'(漱石山房)으로 이주한 때이기도 했다. 바야흐로 소세키가 본격적인 문학 작품을 쓰기 시작하던 때라고 할 수 있다. 그러나 사실 보통 사람이 보기엔 소세키라는 이름처럼 바보 같고 기이한 전환이었다.[1] 소세키가 처음에 소설가가 되고자 하는 자각 없이 소설을 쓰게 되었던 것을 생각해 보면 인생의 큰 전회라고도 할 수 있었다.[2]

이런 때 소세키는 앞서 말한 강연(「문예의 철학적 기초」)을 좀 이상한 이야기로 시작한다. 그가 뜬금없이 '나'라는 존재의 정체가 대단히 괴상하다고 의문을 제기한 것이다. 그런 것이 대체 있는지조차 모르겠다는

---

1. 나쓰메 소세키(夏目漱石)의 원래 이름은 나쓰메 긴노스케(夏目金之助)이다. 그러나 소세키에게는 하나의 이름이 더 있다. 시오바라 긴노스케(塩原金之助). 9살 때까지 함께 살았던 양부모 쪽 성을 따라 지어진 이름이다. 결국 이름은 세 개다. 이 중 펼명인 소세키(漱石)는 하이쿠로 이어진 친구 마사오카 시키와 관련된다. 시키가 친구들이나 보라고 쓴 자필회람문집에다 소세키가 비평을 쓰고 '소세키'라고 서명을 했다. 이때부터 긴노스케가 소세키가 된 것이다. 이리 보면 '소세키'라는 이름은 소세키의 정신이 솟아난 최초의 순간이었다. 소세키라는 이름은 중국 당나라 때 아동용 교과서 『몽구』에 나온 손초라는 사람의 일화에 나온 말이다. 예부터 침석수류(枕石漱流)라는 말이 있다. 그러니까 돌로 베개 삼고 흐르는 물에 양치질을 한다는 뜻인데, 자연에 은거한다는 말이었다. 그런데 손초가 착각하여 침류수석(枕流漱石)이라고 말한다. 즉 흐르는 물을 베개 삼고 돌로 입을 헹군다는 말을 한 것이다. 상대가 아무리 잘못 알고 있다고 해도 손초는 고집을 피우며 "쓸데없는 말을 들었을 때 귀를 씻으려 함이요, 돌로 양치질한다는 것은 이를 닦으려는 것일세"라고 꿰맞추며 고집을 버리지 않았다. 이 말에서 '수석'(漱石)이 바로 '소세키'다. 소세키라는 이름은 돌로 양치질한다는 뜻으로 무척이나 기이한 이름이다(고모리 요이치, 『나는 소세키로소이다』, 한일문학연구회 옮김, 이매진, 2006, 33~34쪽).

2. 모두 알다시피 소세키는 서른일곱이라는 비교적 늦은 나이에 『나는 고양이로소이다』라는 사생문(寫生文)으로 소설가로 데뷔했다. 그러나 영문학 교수였던 그는 이 소설을 쓸 때까지만 해도 소설가가 되겠다고 하는 의식이 없었다. 단지 친구가 '기분전환' 삼아 소설을 써보라고 권유했기 때문에 이른바 '놀이'로 이를 행했다고 할 수 있다. 그는 영국 유학으로부터 돌아왔을 때, 유학 시절의 끔찍함 때문에 온 정신이 한계상황으로 내몰려 있었다. 그에겐 진정 기분전환이 필요한 상황이었다. 유학 생활은 너무 궁핍했으며, 게다가 연구도 한계에 부딪혀 앞을 알 수 없는 시간이었기에, 그에겐 불쾌한 기억뿐이었던 것이다. 그는 자신의 상태를 '신경쇠약'이라고 부르고 있었다. 소세키의 딸이 회상하길 당시의 소세키는 심한 노이로제 상태였으며 자녀들조차 가까이 다가오지 않도록 했다고 한다. 사실 『나는 고양이로소이다』는 표면의 유머러스함 이면에 이런 어두움이 숨겨져 있다(강상중, 『강상중과 함께 읽는 나쓰메 소세키』, 김수희 옮김, 2016, 18~21쪽).

소리였다. 그러면서 그는 '나'라고 칭하는 존재가 객관적으로 세상 가운데에 실재하고 있는 것이 아니고, 단지 의식이 연속되어 있을 뿐인 것에 편의상 '나'라고 이름을 부여한 데 지나지 않는다고 말한다.[3] 어떤 의식들이 '살고 싶다'는 것에 끊임없이 지배되면서, 그것들이 결집하여 마치 연속되어진 듯 여기게 되고, 그래서 그런 연속적 경향이 '나'라는 관념을 형성시킨다는 것이다.

시간이라든지 공간이라든지 히는 것도 외식과 외시 사이에 존재하는 일종의 관계라고도 덧붙이는데, 심지어 '나'는 그런 시간과 공간조차 날조하여 만들어 낸다고까지 말한다.

"우리들은 단지 살고 싶다, 살고 싶다고만 생각하고 있다. 살아갈 수만 있다면, 어떠한 거짓이라도 만들고 어떠한 잘못이라도 상관하지 않고 그것을 수행하며, 아무리 야비한 짓이라도 할 수 있기 때문에, 공간이 없어서 생활이 불편하다고 생각하면, 곧 공간을 날조해 버립니다. 시간이 없어서 형편이 좋지 않다고 짐작하면 좋다, 그러면 시간을 만들어 내자 하고 곧 시간을 제작해 버립니다."[4]

이런 인식은 몇 년 후 『그 후』의 다이스케에게 더욱 진전된 생각으로 나타난다. 그는 의식조차 자신에게 내재해 있는 것이 아니라 일종의 '교환 작용'이라고 하면서 모든 것이 부딪히며 일어나는 현상에 불과하다고 말한다.[5] 의식조차 교환 작용을 통해 생성된다고 생각한 것이다.

---

3. 나츠메 소세키, 『문학예술론』, 황지헌 옮김, 소명출판, 2004, 78쪽.
4. 나츠메 소세키, 『문학예술론』, 91~92쪽.
5. 나쓰메 소세키, 『그 후』, 윤상인 옮김, 민음사, 2003, 45쪽 ; 강민혁, 『자기배려의 인문학』, 172~173쪽.

전락의 수련,
철저한 제로

이 지점까지 설명하고 나서, 소세키는 문학의 역할을 묘하게 이야기한다. 세상이 분화되면서, 그러니까 세상이 '나'와 '사물'로 분화되면서 점차로 몽롱한 것을 명료하게 의식하고, 그 의식한 것을 다시 자세히 구별해 나가는 것, 바로 그것이 문학의 임무이라는 것이다. 마치 문학이 존재를 부조(浮彫)하는 임무를 떠맡기라도 한 듯, 소세키는 끊임없이 존재론적인 이야기를 하고 있었다.

생각해 보면 아주 이상한 정의이다. 문학의 그 흔한 서사성이나 허구성, 재현성을 이야기하기는커녕, 존재로부터 존재자가 생성되는 현장에 대해 이야기하고 있었다.[6] 어쩌면 소세키는 문학이라는 형식 자체를 우리와 완전히 다르게 이해하고 있었는지도 모르겠다. 아니나 다를까, 소세키는 강연 중간에 이르면, 현대 문학의 이상이 미(美)도 아니고, 선(善)도 아니며, 또한 장엄(莊嚴)도 아닌, 오로지 진(眞)이라는 한 글자에 있다고 확신에 찬 목소리로 말한다.[7] 이건 아주 이상한 것이다. 현대문학에 대한 우리의 통념과는 달라도 한참 다른 것이다. 그것은 철학이나 윤리가 아닌가.

소세키 안에 숨겨진 죽음

이런 관점이 다듬어질 무렵 소세키는 그전과는 대단히 다른 소설을 발표한다. 바로 『갱부』다. 열아홉 살 주인공 '나'는 가출을 한 끝에 삶의 밑바닥이라고 여겨지는 갱부의 세계로 내려간다. 주인공은 속세에서

---

6. 이렇게 보면 들뢰즈가 일의적 존재론에 의거하여 베이컨의 그림에 대해 논한 『감각의 논리』의 논리와 유사하다.
7. 나츠메 소세키, 『문학예술론』, 119쪽.

삼각관계에 빠졌다. 쓰야코와 스미에 사이에 양다리를 걸쳤다가 아마 부모와 친척들에게서 큰 비난에 직면한 모양이다. 소설에서는 자세하게 서술되어 있지 않지만, 그것은 전체 이야기에서 '나'라는 존재가 무너지는 계기로 작용한다.

그러나 여자 문제는 가출과 자살의 계기일 뿐이다. "나는 죽을지도 모른다는 생각으로 집을 뛰쳐나왔다."[8] 그것은 어떤 죽음, 그러니까 '나'라는 존재의 죽음을 개시하는 출발로서만 작용한다. 그것은 마치 카프카의 소설들처럼 오로지 어떤 상황 속으로 주인공을 몰아넣기 위한 장치에 불과한 것이다. 그렇다면 왜 소세키는 주인공을 죽음으로 달려가게 하는 것일까.[9]

소세키는 평소 심리학에 대해 관심이 많았다. 『나는 고양이로소이다』에서 기이한 허풍선이 메이테이의 대사에는 '제임스'라는 사람의 이론이 나오는데, 그가 바로 미국의 철학자이자 심리학자인 윌리엄 제임스(William James)이다. 소세키는 그가 쓴 『심리학의 원리』를 읽고, 일부

---

8. 나쓰메 소세키, 『갱부』, 송태욱 옮김, 현암사, 2014, 45쪽.
9. 죽음의 장면은 소세키 소설들에서 매번 반복된다. 『나는 고양이로소이다』에서 메이테이나 간게쓰의 죽음 충동이나 고양이의 '자살' 말고도 『우미인초』에서 아름다운 후지오의 죽음, 『풀베개』에서 보이는 오필리아의 자살 이미지, 『산시로』에서 산시로가 노노미야의 집을 지키다 목격하게 되는 젊은 여자 시체. 그리고 『마음』은 아예 죽음의 이야기이다. 선생님의 부모님이 '돌아가시면서' 선생님은 세상을 불신하게 되었고, 선생님의 배신으로 친구 K는 '자살했으며', 메이지 천황이 '붕어'했을 뿐 아니라, 그 붕어와 함께 노기 장군 부부가 '순사'를 한다. 마침내 선생님이 '자살'을 하고, 소설엔 안 나왔지만 나의 아버지도 '돌아가셨을 것이다'. 소세키 자신도 일상에서 죽음은 너무나 익숙한 주제였다. 소세키가 친부모에게 돌아갔을 때 상속자였던 소세키의 큰형이 도쿄대학의 전신인 가이세이학교에 다니고 있었다. 큰형은 어린 소세키에게 큰 힘이 되어 주었다. 학문적 의욕을 북돋워주고 공부도 돌봐준 듯하다. 그러나 큰형은 치명적인 병이 있었다. 결국 폐결핵으로 젊은 나이에 죽고 만다. 설상가상으로 차남인 작은형도 폐결핵으로 죽고 만다. 이어서 친어머니도 죽는다. 『나는 고양이로소이다』의 고양이가 정신이 들어보니 형제도, 어머니도 사라지고 없었던 장면은 딱 소세키의 모습 그대로다. 또한 그 자신이 위궤양과 신경쇠약 때문에 죽음의 문턱을 여러 번 넘었다. 소세키에게 죽음은 큰 심연이자 삶의 매우 중대한 사태다. 그럼에도 불구하고 그것은 예상치 못하게 갑작스럽게 일어나는 우발적이고 불가해한 사건이다.

전락의 수련,
철저한 제로

번역까지 했었다고 한다. 아마도 당시에 막 태동하기 시작한 이 학문이 '자기 자신'에 대해 좀 더 잘 알게 해주지 않을까 하는 일말의 기대가 있었던 듯하다.

소세키는 자신의 그런 모습을 응시하려는 듯 구샤미로 하여금 곰보 자국이 남아 있는 자신의 얼굴을 거울로 자꾸 확인하도록 한다. 소세키도 어린 시절 천연두에 걸렸던 탓에 얼굴에 남아 있는 곰보 자국이 항상 신경이 쓰이긴 했다. 그러나 거울을 보는 것은 꼭 곰보 자국 때문만은 아니다. 소세키의 런던 시절 일기에 보면 그는 'self-consciousness'(자의식)라는 단어를 직접 써 가며 온종일 자기 자신에 대해 생각하고 생각했다. 그런 생각 자체가 신경쇠약을 일으키고 있었다. 오랜 후에 쓰인 소설 『그 후』에서도 주인공 다이스케는 아주 예민해서 항상 거울을 들여다보고 자신의 심장고동을 확인하는 버릇을 가지고 있었다.[10] 자기 자신을 생각하는 태도는 소세키 소설의 핵심인 것이다.

그렇다면 『나는 고양이로소이다』에서 주인공 구샤미, 메이테이, 간게쓰는 '잠재의식' 속에 숨어 있는 소세키의 여러 모습이라고 볼 수 있다.[11] 특히 메이테이와 간게쓰는 소세키가 문득문득 죽고 싶어 하는 심정을 유머에 기대어 드러내는 잠재의식의 전령이기도 했다. 메이테이의 '목매달기 소나무' 에피소드, 간게쓰가 연설하는 '목매달기 역학' 같

---

10. 나쓰메 소세키, 『그 후』, 8~9쪽.

11. 사람들은 『나는 고양이로소이다』에서 '소세키 = 구샤미'라는 등식에 익숙하다. 그러나 나는 꼭 그렇지만은 않다고 생각한다. 오히려 구샤미는 의식되는 표면의 소세키일 뿐이고, 메이테이와 간게쓰, 도쿠센, 도후의 독특한 모습들이야말로 소세키의 무의식에 잠재되어 있는 다양한 모습들을 보여 준다. 그리고 고양이는 그 뒤편에서 자기 자신을 냉철하게 바라보고 평가하는 또 다른 소세키이다. 그래서 나는 『나는 고양이로소이다』가 온통 '나'에 대한 이야기라고 생각한다. 결국 소세키는 구샤미, 메이테이, 간게쓰 그리고 고양이의 복합체인 것이다. 소세키는 그 사이에서 계속 진동하면서 이야기를 서술하고 있다.

은 것도 사실 소세키의 정신이 우스꽝스러운 모습으로 굴절되어 돌출된 것이라고 할 수 있다. 즉 그것은 자기 자신의 심연 속에 숨겨진 죽음이 드러난 것이었다. 사실 자기 자신을 바라보면 볼수록 그 속에 숨겨져 있는 심연만 보이는 것이 진실이다. 그런 의미에서 소세키 자신의 말대로 문학의 이상이 존재와 존재자 사이를 그리는 진(眞)이기도 한 것이다.[12] 소세키에게 문학은 존재와 존재자 사이에 멈추어 서서 존재의 임계점을 연습하는 일이다.

이런 심연은 『산시로』에서 전차에 치여 죽은 젊은 여자의 잘린 시체로도 나타난다. "밑에는 시체가 반쪽 있었다. 기차는 오른쪽 어깨에서 유방 아래를 지나 허리 위까지 완전히 잘라 비스듬히 동체를 내동이치고 가 버린 것이다. 얼굴은 상처를 입지 않았다. 젊은 여자였다."[13] 소세키는 튼튼할 것만 같은 생명이 단지 '꽝'하는 일순간에 사라질 수 있다는 심연을 어두운 정경으로 묘사했다.[14] 그것은 냉엄한 현실 인식이기도 했다. 소세키에게 현실의 생명은 순식간에 나타나고 순식간에 사라질 수 있다는 생각이 멈추지 않았다. 존재의 임계점은 갑작스럽고 우발적이다. 소세키에겐 그게 소설로 표현해야 할 진(眞)이었다.

『갱부』에서는 아예 주인공이 그 죽음을 향해 달려가 본다. 물론 소세키의 충격적인 경험도 이 소설에 투영되어 있다고는 한다. 그것은 그 유명한 제자의 자살 사건. 『나는 고양이로소이다』를 집필하기 2년 전 그

---

12. 사실 고양이의 최후도 자살에 가깝다. 처음엔 발버둥을 치지만, '자연의 힘에 맡겨 저항하지 않기로' 하고 감사한 마음으로 죽음을 '선택'한다. 사실 고양이는 여러 소세키 중 어떤 분신이다. 정처 없이 떠돌다 우여곡절 끝에 구샤미의 집에 숨어 들어와 살길을 찾은 고양이는, 양자로 갔다가 양부모의 이혼으로 오도 가도 못하게 되었던 소세키를 정확하게 표현해 준다. 소세키는 언제나 이곳저곳을 부유(浮遊)했다.
13. 나츠메 소오세키, 『산시로』, 최재철 옮김, 한국외국어대학교 출판부, 2005, 50쪽.
14. 나츠메 소오세키, 『산시로』, 51쪽.

전락의 수련,
철저한 제로

는 제일고등학교에서 영어를 가르쳤다. 그때 제자 중 하나인 후지무라 미사오에게 영문학을 파악하는 방식에 대해 좀 강하게 질책을 했던 적이 있었나 보다. 물론 이것이 원인이 되었는지는 확실하지 않지만, 그 후 미사오는 '게곤 폭포'라는 곳에 가서 몸을 던지고 자살을 하고 만다. 이 사건은 소세키와는 무관하게 사회적으로 큰 반향을 일으켜서, 그 뒤를 따르는 사람들이 속출했다고 한다. 이 소설에서도 주인공은 '게곤 폭포'에 가서 생을 마감하겠다는 욕망을 자주 드러낸다.

의식이 0이 되다, '나'가 사라지다

그러나 『갱부』에는 그런 생물학적인 자살을 넘어서는 어떤 것이 있다. 주인공은 앞에서도 언급한 '심연'에 가 닿고 싶은 욕망으로 철철 넘친다. 하쓰 씨와 함께 사다리를 타고 내려왔다가 다시 올라가는 장면은 그래서 다르게 해석될 명장면이다. 여기서 게곤 폭포는 심연의 끝을 상징한다. 소세키는 이 장면에서 의식을 숫자로 표현하기도 한다.

"의식을 숫자로 나타내면 평소 10이었던 것이 지금은 5가 되어 멈춰 있었다. 잠시 후에는 4가 되었다. 3이 되었다. 그대로 가면 언젠가 한 번은 0이 되고 만다. 나는 그 경과에 따라 옅어져 가면서 변화하는 기쁨을 자각하고 있었다. 그 경과에 따라 옅게 변화하는 자각의 정도만큼 자각하고 있었다. 기쁨은 어디까지나 기쁜 일임에 틀림없다. 그러므로 이치로 따지자면 의식이 어디까지 내려가려고 하든 나는 기쁘다고만 생각하며 만족하는 것 외에 다른 길이 없을 것이다. 그런데 점점 내려가 드디어 0에 가까워졌을 때 돌연 어둠 속에서 튀어나왔다. 이러다 죽겠구나 하는 생각이 튀어나왔다."[15]

그렇다면 이 소설은 「문예의 철학적 기초」에서 이야기한 그것, 즉 애당초 '나'가 없는 그 상태, 그러니까 '의식이 0인 상태'로 내려가 보겠다는 의지로 가득 찬 것이다. 소세키가 주인공으로 하여금 죽음을 향해 가보게 한 것은 바로 이 지대로 내려가 보도록 한 것이다.

소세키에게 '의식이 0인 상태'는 아주 독특한 지대이다. 어떤 경로를 거쳐 그 지대에 이르면 두 가지 행동을 하게 된다고 한다. 하나는 순풍에 돛 난 듯한 기세로 밑바닥까지 흘러들어 죽음에 이른다. 그러나 다른 하나는 완전히 반대의 방향으로 돌아선다. 죽음 직전까지 가서 갑자기 반대 방향으로 튀어나온다. "소극을 향해 나아가는 사람이 돌연 반대로 적극의 꼭대기로 돌아온다. 그러면 순식간에 생명이 확실해진다."[16] 소세키는 바로 이것을 '죽다 살아난 경험'이라고 명명한다.

이후의 서술들은 돌연 반대로 "적극의 꼭대기"로 돌아오는 순간들을 묘사한다. 죽어 버리자고 생각하고 사다리에서 몸을 약간 뒤로 당기고 손에서 힘을 빼려고 했을 때, 어차피 죽을 거면 여기서 죽어 봐야 신통치 않다는 생각이 떠오르고, 이어서 "계곤 폭포까지 가라" 하는 호령이 머릿속에 울려 퍼졌다.[17] 그때 주인공은 느슨해지려던 손을 다시 단단히 조인다. 의식이 0인 상태는 오히려 "살아라!"는 명령이 들리는 지대다. 마침내 다음과 같은 경지에 이른다.

"하지만 좀처럼 나갈 수 없었다. 어쩐지 같은 길을 왔다 갔다 하는 것 같아 복장이 터질 것 같았으므로 벽에 머리를 부딪쳐 깨 버리고 싶

---

15. 나쓰메 소세키, 『갱부』, 259쪽.
16. 나쓰메 소세키, 『갱부』, 264쪽.
17. 여기서 계곤 폭포는 반전이 일어나기 직전 공백 혹은 제로를 만들어 내는 것으로 작용했다.

었다. 어느 쪽을 깨느냐 하면 물론 머리를 깨는 것인데, 얼마간 벽도 깨질 정도의 울화가 치밀었다. 아무래도 걸으면 걸을수록 천장이 방해가 되었다. 좌우의 벽이 방해가 되었다. 짚신 바닥으로 밟는 계단이 방해가 되었다. 갱 전체가 나를 가두고 언제까지고 내보내 주지 않는 것이 가장 방해가 되었다. 그 방해물의 한 부분에 머리를 내던져 적어도 금이라도 가게 하자…. 그렇게까지는 하지 않았지만 때때로 생각한 것은 빨리 게곤 폭포에 가고 싶었기 때문이다."[18]

머리를 부딪쳐 깨 버리고 싶을 정도로 울화가 치미는데, 얼마만큼이냐 하면 얼마간 벽도 깨질 정도라고 표현한다. 읽는 나마저 엄청나게 긴장되면서도, 한편 어린이의 마음처럼 쓰인 이 문장을 보고 웃음이 함께 번진다. 그러나 뒤이어서 방해물들을 향해 '머리를 내던져 적어도 금이라도 가게 하자'라고 말한다. 마음만 그러고 싶은 게 아니라, 소세키도 실제 그렇게 하겠다고 다짐하고 있었다. 소세키는 임계점으로 난 이 위험스런 길에 대해 도무지 멈추는 법을 모른다. 사람들은 어떻게 생각할지 모르지만 내가 읽은 소세키는 엄청나게 전투적인 작가다.

결국 이 소설은 현실에서 생각할 수 있는 가장 끔찍한 경계를 그린다. 죽음에 가장 가까운 지대를 그리고 있는 것이다. 이 단락의 마지막 문장에 나오는 게곤 폭포는 그 종착지로 선택된 그런 곳이다. 결국 이 글은 죽음의 경계에 다가가 진행된 사고실험과도 같다. 물론 계급의 문제, 사회의 문제가 있겠지만 일단 이것을 염두에 두고 읽어야 그 문제도 함께 사고할 수 있을 글이다. 어쩌면 소세키의 모든 소설이 그렇기도 하다.

---

18. 나쓰메 소세키, 『갱부』, 272쪽.

이런 사고실험을 소세키는 '전락의 수련'이라고 부른다.[19] 주인공이 기관지염 판정을 받고, 그것이 폐병의 바탕이 되는 병이라고 생각하는 장면에서 그는 운명이 여기까지 몰아와 주었으니, 운명에 날려갈 때까지는 여기에 있자고 다짐한다. 또 이곳 가장 밑바닥, 의식이 제로인 상태를 수련한다면 죽을 때까지는 견딜 수 있지 않겠느냐는 숨결같이 가느다란 소리를 한다. 그러고는 문득 오는 길에 보았던 민들레가 '아까울 정도로 아름다운 색'이라고 생각한다. 그가 처음에 이곳에 왔을 때는 이곳 사람들 얼굴은 모질고 악착같은 얼굴,[20] 살이라는 살은 모두 퇴각하고 뼈라는 뼈는 모조리 함성을 지르며 나아가는 얼굴, 한마디로 거칠고 난폭한 느낌이었다.[21] 그러나 지금은 흙으로 빚은 인형의 머리처럼 보이고, 나와 똑같은 뼈와 살로 이루어져 있을 뿐인 평범함 얼굴들이다.[22] '전락의 수련'을 통해서 소세키라는 존재가 바뀌어 버렸다. '새로운 나'가 생성되고 있는 것이다.

그것은 '나'가 사라진 지대, 의식이 제로가 된 상태를 통과한 이후, 새로운 소세키가 바라본 세상이다. 「문예의 철학적 기초」에서 말한 문학의 임무란 바로 존재의 생성을 뒤집어 거슬러 올라가는 것인지도 모르겠다. 생성 후에 이미 굳어 버리고 변하지 않게 된 '나'와 '사물'을 거슬러서 다시 그 생성의 기원으로 올라가 보는 것, 그래서 '나'와 다른 '사물들'이 식별불가능해지는 지대에서 새로운 나로 다시 돌아오는 것. 바로 그것을 문학이라고 생각했던 것은 아닐까. 우리는 생물학적으로 단

---

19. 나쓰메 소세키, 『갱부』, 312쪽.
20. 나쓰메 소세키, 『갱부』, 144쪽.
21. 나쓰메 소세키, 『갱부』, 167쪽.
22. 나쓰메 소세키, 『갱부』, 312쪽.

전락의 수련,
철저한 제로

한 번 살고 죽지만, 문학적으로는 여러 번 죽고, 여러 번 산다. 『갱부』는 그 실험을 완벽하게 보여 준다. 그래서 기승전결도 없이 아주 엉뚱한 곳에서 끝낼 수 있었다. 따라서 최후의 그 지대에는 문학이라는 형식조차 없는 곳이기도 한 것이다. 사실 소세키는 자신의 작업 모두를 그것에 투신했던 전사이기도 했다. 철저히 제로에 이르는 어떤 전투에 복무한 전사 말이다.

나쓰메 소세키의
『갱부』
후기

나쓰메 소세키라는 사람은 흥미롭기 그지없는 인물입니다. 『나는 고양이로소이다』
의 책장을 넘길 때마다 마음속으로 "이 사람, 완전 웃기는군"이라고 여러 번 감탄했
었죠. 소세키는 소설의 등장인물을 하나같이 유머러스하게 설정해 놓았습니다.

　　우선 소세키 자신을 모델로 삼은 영어교사 진노 구샤미(珍野苦沙弥)가 있습니
다. 이 이름은 '재채기하는 진처럼 못생긴 얼굴'이라는 뜻이지요. 또 진노가(家)를 드
나드는 한량들도 정상이 아니긴 매한가지입니다. 구샤미의 친구로 미학자를 자처
하는 메이테이(迷亭)는 만취(술에 잔뜩 취함)를 뜻하는 일본어 '메이테이'(酩酊)와 발
음이 같습니다. 이미 그 이름에서 허풍과 골탕 먹이기가 이 인간의 주된 역할이라는
것을 알게 하지요. 그의 골탕 먹이기에 당하는 역할은 주인공 구샤미가 담당합니다.
구샤미의 옛 제자로 나오는 미즈시마 간게쓰(水島寒月)는 과학자로서 「목매닮의 역
학」이라는 논문을 발표합니다. 사실 논문 제목만 봐도 정상적인 과학자는 아니지요.
아무튼 조금은 어이없는 사람들이 아무렇지도 않은 듯 이야기 공간을 점유하고 있
습니다. 그래도 이런 사람들을 두고 고양이는 그들이 어설픈 지식만 가지고 모든 걸
다 아는 척하는 사람들처럼 뻔뻔스럽지는 않아서 다행이라고 두둔해 줍니다.[23]

　　나쓰메 소세키를 읽은 시점은 10년 전 제가 회사 프로젝트로 몸과 마음이 모두
힘겨운 때였습니다. 아침 7시 반에 회의를 하고 밤 11시경 퇴근해야 하는 상황이 꽤
오래 지속되었습니다. 프로젝트 내내 휴일인 토요일에도 오전까지 근무해야 하는
상황이었죠. 회사와 집이 멀어서 아침 회의 시간에 참여하기 어려웠던 터라 평일에
는 회사 근처에 있는 회사 합숙소에 지내며 출퇴근하였습니다. 그때 저를 위안해 준

---

23. 나쓰메 소세키, 『나는 고양이로소이다』, 김난주 옮김, 열린책들, 2009, 73쪽.

두 사람의 책이 있었는데, 바로 루쉰과 소세키입니다. 특히 소세키는 어쩐지 저의 괴로운 상황을 유머로 편안하게 풀어 주는 것 같았습니다. 전투적인 문장 때문에 루쉰에게 매료되었다면, 소세키는 편안하게 웃게 되는 그의 유머 때문에 빠져들었습니다. 아마 『나는 고양이로소이다』, 『도련님』을 그렇게 읽었던 것 같습니다.

그러나 『그 후』를 읽은 뒤 사정이 달라졌습니다. 금요일 저녁 잠들기 직전에 시작하여 거의 밤을 새다시피 이 책을 잡고 읽었습니다. 토요일 오전 근무를 끝내고 수업시간까지 읽지 못한 나머지를 마저 읽었습니다. 다이스케가 친구의 아내 미치요와 사랑에 빠지자 친구와 가족으로부터 의절당합니다. 그때 다이스케는 일자리를 구하러 길거리로 나가죠. 그가 전차에서 외칩니다. "아, 움직이는구나. 온 세상이 움직인다."[24] 그러고는 온 세상이 빨개집니다. 빨간 우체통, 빨간 양산, 빨간 풍선, 빨간 차, 빨간 깃발, 빨간 간판. 인생이 전락하여 파멸에 이르기 직전의 모습을 빨간색으로 묘사하고 있습니다.

그리고 소설의 마지막 문장이 나옵니다. "다이스케는 머릿속이 다 타버릴 때까지 계속 전차를 타고 가겠노라고 결심했다."[25] 처음 읽기 시작했을 때는 또 다른 한량의 전형을 보여 주는구나, 라고 가볍게 생각했습니다. 그러나 마지막 페이지를 넘길 때는 완전히 다른 소설이 되어 있었습니다. 독자인 제가 완전히 다른 나가 되는 느낌이 들 정도입니다. 소세키가 엄청나게 전투적인 작가라는 사실을 비로소 깨달았습니다.

수업 다음날, 서점에 가서 소세키 책을 닥치는 대로 샀습니다. 그러고는 정말 2~3일에 한 권씩 읽어 나갔습니다. 아마 한 달 동안 거의 밤을 새우다시피하며 소세키 소설들을 미친 듯이 읽었던 것 같습니다. 바로 『그 후』의 그 후 이야기인 『문』을 읽었습니다. 다이스케와 미치요가 소스케와 오요네로 바뀌어 있었습니다. 다이스케가 결심한 대로 머릿속이 다 타버릴 때까지 계속 가겠다는 결심을 지키고 있었습니다. 그리고 마지막 문장. 아내 오요네가 화창한 햇살을 바라보며 이제 봄이 돼서 기

---

24. 나쓰메 소세키, 『그 후』, 349쪽.
25. 나쓰메 소세키, 『그 후』, 350쪽.

쁘다고 하자, 소스케가 말합니다. "응. 하지만 다시 또 겨울이 올 거야."[26] 소세키는 끊임없이 냉정하고, 그 냉정만큼 평온하며, 평온한 만큼 최고로 전투적입니다.

저는 소세키에게서 루쉰과 완전히 다른 전투력을 보았습니다. 소세키에게는 지금과 다른 세상으로 넘어가서 절대 되돌아오지 않겠다는 결기가 있습니다. 해방구에 들어가 그곳을 끝까지 사수하겠다는 강력한 의지가 보입니다. 루쉰이 공격하는 전투인이라면, 소세키는 방어하는 전투인입니다. 소세키는 사수한 해방구를 절대 내놓지 않으려는 기세로 죽음을 불사하고 지켜 내려고 합니다. 그런데 중요한 것은 그가 사수하려는 해방구는 세상이 통념적인 안락함과는 거리가 멀다는 것입니다. 통념과는 완전히 다른 세계, 바로 자연의 세계입니다.

그러고 나서 『풀베개』, 『행인』, 『마음』을 읽었지요. 『풀베개』, 『행인』은 다이스케와 소스케가 왜 그렇게 주류를 벗어나 살고 있는지, 그리고 자연의 세계란 무엇인지 잘 설명해 주는 책이었습니다. "도덕에 가담하는 자는 일시적 승리자임에 틀림없지만, 영원한 패배자다. 자연을 따르는 건 일시적 패배자이긴 해도 영원한 승리자다."[27] 자연은 '경계'의 세계인 것이죠. 소세키에게 자연은 주류로부터 탈출하였지만, 여전히 주류와 긴장관계 속에 있는 지대입니다.

저는 『자기배려의 인문학』에 수록한 「소세키를 넘어선 소세키」에서 이 지대를 영화 「매트릭스」의 '시온'과 같은 곳이라고 비유해 보았습니다. 시온은 해방구민들이 매트릭스로부터 소환될지 모른다는 불안을 안고 끊임없이 주변을 살피는 그런 지대입니다. 그처럼 불안이 상존하지만, 사실 그렇기 때문에 새로운 세상에 대한 꿈을 지키고 살아갈 수 있는 지대이기도 합니다. 소세키는 묘한 이 지대를 엄청난 전투력으로 지키고 있는 것이죠. 굉장했습니다. 심지어 앞서 읽은 『나는 고양이로소이다』와 『도련님』도 이런 관점에서 달리 보이기 시작했습니다. 『도련님』의 이런 문장을 보십시오. "오늘밤 안으로 못 이기면 내일 이긴다. 내일도 이기지 못하면 모레 이긴다. 모레도 이기지 못하면 하숙집에 도시락을 싸 달라고 부탁해서 승리할 때까지 이

26. 나쓰메 소세키, 『문』, 유은경 옮김, 향연, 2009(개정판), 275쪽.
27. 나쓰메 소세키, 『행인』, 유숙자 옮김, 문학과지성사, 2009, 235쪽.

전략의 수련,
철저한 제로

곳에 있을 것이다."[28]

『마음』은 더 어마어마했습니다. 『마음』을 읽기 전에 런던 유학시절 이야기 『런던소식』과 서간집 『소가 되어 인간을 밀어라』를 읽어 보았습니다. 역시 소세키의 전투적 정신은 유학시절부터 형성된 것이었습니다. 나중에 소세키를 좋아하는 강상중 선생님의 책 『고민하는 힘』에 보니, 소세키를 막스 베버에 비교하는 장면이 나옵니다. 강상중 선생님은 소세키에게 불안과 불만 같은 것을 품고 방황하는 '말류의식'이 있다고 합니다. 막스 베버도 살기 어려운 세계 속에서 인간은 어떻게 살아가야 하는지를 스스로 발버둥 치면서 필사적으로 묻고 있다는 느낌이 든다고 하더군요.[29] 소세키도 똑같다는 것입니다. 저도 역시 비슷한 느낌을 받았습니다. 소세키는 궁지에 몰린 자신──런던에 유학 가서도 전혀 진전이 없는 상황──을 돌파하기 위해 끊임없이 싸우는 사람이었습니다. 소세키는 늘 궁지에 몰려 있는 사람입니다.

『마음』은 논란이 많은 작품이었습니다. 그러나 저는 저만의 구도로 이 소설을 읽었습니다. 저에게 『마음』은 소세키의 기묘한 자전적 소설로 읽히더군요. 하이쿠적인 문학에 온 열정을 바쳤던 친구 마사오카 시키를 '친구 K'로, 그 시키의 세계를 떠나 의지해 보려 했던 영문학의 세계를 '사모님'으로, 내 의문을 풀어 주리라 믿고 파헤쳤던 문학에 대한 근본적인 물음을 '딸'로, 그리고 지금까지도 어쨌든 문학이라는 것을 한다고 생각하고 있었지만, 의심스러운 함정 속에 빠진 소세키 자신을 '선생'으로, 그 소세키를 보고 따라가고 있는 제자들을 '학생 나'로 투사하여 읽어 보았습니다.[30] 소세키와 관련한 책들을 읽어 보았지만 이런 구도로 이 책을 설명한 글은 본 적이 없습니다. 그러나 저는 이런 구도가 소세키의 전모를 잘 보여 준다는 것을 다시 느끼고 있습니다. 이런 구도에서 보면 당시의 소세키가 어린 시절 런던에서 몰린 궁지를 다시 맞이하고 있는 것 같았지요. 그는 끊임없이 궁지에 빠지고 다시 투쟁을 하고, 다시 새로운 길로 걸어가는 자입니다.

그 뒤 소세키를 설명하는 책들도 골라서 관심을 갖고 읽었습니다. 시중에 나온

---

28. 나쓰메 소세키, 『도련님』, 오유리 옮김, 문예출판사, 2006, 60쪽.
29. 강상중, 『고민하는 힘』, 이경덕 옮김, 사계절, 2009, 84쪽.
30. 이 구도는 『자기배려의 인문학』 「소세키를 넘어선 소세키」에 자세하게 묘사되어 있습니다(186~191쪽).

책 중에 고모리 요이치의 『나는 소세키로소이다』와 강상중 선생님의 『강상중과 함께 읽는 나쓰메 소세키』가 매우 좋았습니다. 특히 돈과 권력에 대한 고모리 요이치의 설명은 『길 위의 생』에서 나오는 이야기들을 이해하는 데 큰 도움을 주었습니다. 물론 이 책 말고도 소세키 작품 전편에 걸쳐서 소세키가 돈 문제에 얽힌 복잡한 사정들을 어떻게 풀었는지도 알게 되었지요. 또, 강상중 선생님의 책은 진정 소세키 광팬이란 무엇인지 여실히 보여 주는 책이었습니다. 소세키 속으로 들어가서 소세키가 어떻게 세상과 만나 싸우고 고민하고 울고 웃었는지를 너무나 현실감 있게 보여 줍니다. 아, 작가를 사랑한다는 것이 이런 것이로구나, 하고 감탄하고, 또 간탄하게 했지요.

그러다 아주 뒤늦게 『갱부』를 읽었습니다. 가라타니 고진이 그의 소세키론에서 이 텍스트를 주요하게 분석하는 것을 보았습니다. 고진은 소세키가 당대에 나온 소설인 『흙』(나카스카 다카시)이 묘사하는 세계에 대해서 짐승에 가깝다고 설명한 것을 보고, 소세키가 묘사한 『갱부』의 세계도 그것과 조금도 다르지 않다고 설명합니다. 고진은 『갱부』의 '땅 밑'은 시민사회로부터 배제된 자가 가는 장소(프롤레타리아 계급의 세계)로서, 고통의 장소이자 역설적으로 쾌락원칙이 지배하는 세계이지만, 소세키는 이 장소에 서서 시민사회를 보지는 않는다고 합니다.[31] 한편으로는 '자연'의 충동을 긍정하지만, 다른 한편으로는 그 결과 용서받지 못할 '죄'를 짓게 된다는 이율배반을 소세키가 반복한다고 합니다. 『그 후』의 주인공들은 자연의 충동을 긍정하지만, 『문』의 주인공들처럼 죄를 지은 사람마냥 숨어 지내야 했습니다. 아마도 고진의 관점에서는 소세키가 『갱부』를 기점으로 땅 밑 세계(자연)와 지상 세계(시민사회) 사이에서 길을 잃은 것으로 본 것 같습니다. 고진은 소세키 이후 일본은 신(新)중산계급이 급격히 늘어나면서 땅 밑 세계가 소멸되어 버렸다고 분석합니다. 『갱부』가 1907년에 쓰인 소설이므로 아마 의미 있는 분석일 것 같습니다. 소세키 자체가 일본사의 변곡점이었으니까요.

아무튼 고진의 글을 읽고서도 오래 지나서야 이 책을 읽게 되었습니다. 물론 전체적인 구도(땅 밑 세계와 지상 세계)에서 보자면 고진의 역사적 분석은 매우 의미가

---

31. 가라타니 고진, 『마르크스 그 가능성의 중심』, 김경원 옮김, 이산, 1999, 149쪽.

557
—

있습니다. 그러나 저는 소세키의 주인공이 땅 밑으로 내려가 땅 밑 세계를 인식하는 과정, 그리고 그 과정에서 다시 살기 위해 투쟁하는 사유실험들이 더 크게 와 닿았습니다. 그 관점에 서자 예전에 읽었던 소세키의 강연 「문예의 철학적 기초」[32]가 딱 떠올랐습니다. 실제 강연을 한 시점을 찾아보니, 『갱부』가 쓰인 바로 그 시점입니다. 소세키는 그 강연에서 세상이 '나'와 '사물'로 분화되면서 점차로 몽롱한 것을 명료하게 의식하고, 아울러 그 의식한 것을 다시 자세히 구별해 나가는 것이 문학의 임무라고 말합니다. 그렇다면 소세키의 그 주장이 소설 『갱부』로 드러난 것이 아닌가도 추론해 볼 수 있었습니다.

『갱부』에 와서 저는 소세키가 시민사회와 프롤레타리아 계급의 세계 사이를 부유하고, 문학의 임무를 다시 사유하는 상황에 다다른 것이 아닌가, 추측해 봅니다. 그 이후의 글들은 모조리 궁지에 몰린 소세키가 극적으로 드러나는 것 같습니다. 저는 여기서 다시 『나는 고양이로소이다』에서 고양이의 유명한 첫 독백을 소세키에게 돌려주고 싶습니다. "나는 고양이다. 이름은 아직 없다. 어디서 태어났는지도 전혀 모른다. 어두컴컴하고 눅눅한 곳에서 야옹야옹 울고 있었던 것만 기억한다. 나는 그곳에서 처음 인간이란 것을 보았다."[33] 지금 보니, 제가 소세키를 다르게 읽기 시작한 소설들, 그러니까 『그 후』,『문』,『행인』,『마음』 등등이 모조리 『갱부』 이후의 작품이더군요. 『갱부』는 소세키에게도, 저에게도 전환을 안겨 준 작품임이 틀림없습니다.

---

32. 나츠메 소세키, 『문학예술론』, 71~158쪽.
33. 나쓰메 소세키, 『나는 고양이로소이다』, 7쪽.

과학 밖 세계, 과학 밖 서사

—

퀑탱 메이야수, 『형이상학과 과학 밖 소설』

어 쨌 든 과 학 으 로 통 한 다 ?

우리는 흔히 '공상과학소설'이라고 부르는 장르를 잘 알고 있다. 그것은 공상적인 모험담에다 과학 지식을 버무려서 그럴듯하게 이야기를 풀어 낸 소설을 말한다. 또 우리는 보통 그것을 영어 약칭인 SF(Science Fiction)라고 부른다. 이제는 SF가 소설에만 한정되지 않고 여러 분야로 다양하게 퍼져 나가 있다. SF 소설, SF 영화, SF 드라마, 그리고 심지어 SF 연극도 있다. 게임의 영역은 그 자체가 SF라고 해야 할 것이다. 나도 SF 형식으로 담긴 서사에 푹 빠져서 한때 그런 장르만 찾아보기도 했다. 예를 들면 「배틀스타 갤럭티카」, 「센스 8」 같은 드라마는 한동안 내 저녁시간을 송두리째 빼앗은 명작들이다. SF의 형식을 지니고 있지만, 그 안에는 현대적인 정치와 사회, 암투와 비극이 온전히 드러나기도 해서 재미는 언제나 쏠쏠하다.

그러나 언제부터인가, SF라는 장르에 의문을 갖기 시작했다. 10년 전 세미나라는 것을 처음 알았을 때, 누군가의 손에 이끌려 '자연과학 세미나'에 들어가게 되었다. 내가 들어갔을 당시 세미나는 『파인만의 물리학 강의』[1]를 막 시작한 참이었다. 그러나 아인슈타인의 상대성 이론, 로

렌츠 좌표변환, 마이컬슨과 몰리의 실험 등등 조금 진행하는 듯하다가, 세미나의 주축들이 빠져나가는 바람에 파인만 책은 1권 어딘가에서 중지되고 만다.

결국 우리는 우리의 수준에 맞게 교양 물리학의 대명사, 브라이언 그린의 『엘러건트 유니버스』로 바꾸어 3~4번에 걸쳐 읽었다. 역시 교양 과학책에는 읽는 이의 마음을 뿌듯하게 만드는 뭔가가 있다. 그래서 그건 독이기도 하다. 마치 교양 철학서들이 그러하듯이, 그것은 나의 과학적 사고방식에 전혀 진보를 가져오지 않은 채 뭔가 알고 있다는 느낌만 선사하였다. 그 뒤로 수학적 플라톤주의자 로저 펜로즈의 『황제의 새 마음』 같은 책들과 기계론에 대한 책 몇 권을 읽고 세미나는 지지부진해졌다.

그래도 나는 이 세미나를 통해서 과학이 아주 흥미로운 것이라는 점만은 확실하게 알게 되었다. 물리학 안에 어떤 탐구들과 논쟁들이 존재하는지 어렴풋이 알게 된 것이다. 특히 양자역학의 세계는 뭐가 뭔지는 몰라도 무척이나 흥미로웠다. 거시세계와 달리, 미시세계에서는 좁은 간격, 짧은 시간 내에 에너지의 '대란'이 끝도 없이 벌어진다는 사실이 놀랍기도 했다. 공간의 크기가 작아질수록, 그리고 측정 소요시간이 짧을수록 운동량과 에너지의 값은 더 큰 폭으로 오락가락한다. 아울러 진공 중에 느닷없이 탄생한 전자와 양전자는 곧바로 합쳐지면서 소멸되기를 반복하기도 한다. 바로 하이젠베르크의 '불확정성원리'라는 것이다. 파인만은 이것을 두고 이런 농담을 한다. "창조되었다가 사라지고, 또 창조되었다가 사라지고…, 이 얼마나 낭비적인가?"[2] 아마도 기존의

---

1. 리처드 파인만·로버트 레이턴·매슈 샌즈, 『파인만의 물리학 강의』, 박병철 옮김, 승산, 2004.

과학적 인식으로는 도저히 용납되지 않는 현상이라는 것을 농담 삼아 이야기한 것이리라. 과학 세미나는 과학이 지금에 이르게 된 까닭과 역사들을 말해 주었다. 또 과학적 유토피아에 대해서도 내게 새로운 성찰을 요구하였다.

그러나 나는 과학의 여러 장면들을 흥미로워 하면서도, 이런 볼멘소리를 했다. 그래도 그것들은 뭔가 과학적으로 실험하고, 측정되어 조금이라도 법칙학할 수 있는 대상들이겠지? 그렇게 할 수 있으니까, '과학'이라는 틀 내에서 밝혀지고, 서술될 수 있는 거겠지? 그러니까, 아무리 오락가락, 중구난방인 양자역학이라고 해도, 과학자들의 그 과학 안에 들어온 이상, 법칙화가 가능한 대상이겠지? 아, 그렇다면, 과학에서 벗어날 수는 없는 거란 말인가. 모든 것은 과학에 의해서만 밝혀지고 서술될 뿐인 건가. 그렇다면 철학이니, 사회학이니 하는 것도 모조리 과학으로 가는 길에 있는 불완전한 것에 불과하다는 뜻일까. 모든 것이 과학의 시녀란 말인가. 내게 중요하게 다가온 것은 과학이 아니라, 과학의 기고만장이었다. 당시 나는 술자리에서든, 세미나 자리에서든 이런 세계 인식에 대해 볼멘소리로 "어쨌든 과학이라고?"라며 계속 토를 달고 다녔다.

습관이 미래를 추론한다

이런 질문에 대해 진지하게 고민한 철학자가 있다. 퀑탱 메이야수

---

2. Richard Feynman·Timothy Ferris, *The Whole Shebang*, New York Simon & Schuster, 1977, p. 97(브라이언 그린, 『엘러건트 유니버스』, 박병철 옮김, 승산, 2002, 197쪽에서 재인용).

과학 밖 세계,
과학 밖 서사

(Quentin Meillassoux, 1967~). 그는 이 주제를 다루는 한 강연을 하는데, 제목은 '형이상학과 과학 밖 소설'. 이 강연에서 그는 형이상학적 관점에서 과학소설(science-fiction : SF)과 과학 밖 소설(extro-science fiction ; 프랑스어로는 fiction hors-science : FHS)이라는 두 가지 소설 체계의 차이를 아는 것은 매우 중요하다고 주장한다.

'과학 밖 소설'이라고 써 놓고 보면 퍽이나 낯선 용어가 된다. 과학의 안과 밖이 있다는 것이니까 말이다. 이런 구도라면 아마도 '과학소설'은 '과학 안 소설'이어야 할 것이다. 사실이 그렇다. 우리가 아는 과학소설은 현재의 과학적 인식이 좀 더 발전될 것으로 예상하여, 그 발전된 수준에서 펼쳐진 소설적 미래를 상상한다. 과학이 발전하여 우리가 쉽게 우주로 순간 이동하는 것이 가능할 거라고 예상하면, 우주여행이 일상인 과학소설이 가능해진다. 물론 매우 충격적인 상황들이, 예컨대 아침에 우주로 출근해서 화성일을 보고, 오후에 지구로 퇴근하는 일상이 펼쳐질 수도 있다. 심지어 도저히 지금으로선 상상하지도 못할 일, 예컨대 나의 자아가 여러 개로 쪼개져서 하나는 지구의 AI에 탑재되어, 다른 하나는 화성의 AI에 탑재되어 일을 하고, 그 자아들이 서로 대화를 하는 장면도 펼쳐질 수 있다. 우리에겐 예감으로만 존재할 뿐이지만, 과학은 늘 그 예감을 현실 속에 실현하고자 하고, 기어코 그것들을 법칙으로 만들고야 만다.

아무튼 그런 가능성이 얼마나 충격적이건 간에 그것은 과학의 범위 내에 머물러 있을 가능성이다. 그러니까 아무리 기상천외하더라도 그것은 앞으로 과학이 발전한다면 이루어 낼지도 모르는 현상들일 뿐이다. 다시 말하면 아직은 밝혀지지 않았더라도 앞으로 과학자들이 연구를 통해 밝혀낸다면 이루어질 수도 있는 가능성인 것이다. 그렇게 보면 과학은 미래의 가능성을 규범화하는 작업인지도 모르겠다. 우리는 과학들과 함께 살 뿐만 아니라 과학 그 자체로 사는 것도 같다. 우리 자신의 사고와 행위 자체가 과학적이기를, 아니 과학 그 자체이기를 바라마지 않음으로써 우리는 우리 자신을 과학으로 만든다. 어떤 허무맹랑한 SF 도 우리를 끊임없이 과학 속에 살게 하는 것이다.

메이야수는 이것을 철학사의 문제적 인간, 흄(David Hume, 1711~1776) 의 질문을 가지고 좀 더 정치하게 접근하여 설명해 준다. 흄은 어떤 사태든 그것에 반대되는 일이 언제나 일어날 수 있다고 주장했다. "내일은 해가 뜨지 않을 것이다"라는 명제는 "내일도 해가 뜰 것이다"라는 명제와 마찬가지로 긍정될 수 있는 명제이면서 또한 모순 없는 명제라는 것이다.[3]

우리는 왜 항상 내일은 해가 뜬다고 추론할까? 흄은 이에 대답하기를, 모든 인과관계에 대한 지식은 추론에 의해서 선험적으로(a priori) 얻어지는 것이 아니라, 우리가 어떤 특정 대상들이 서로 지속적으로 결합된다는 사실을 발견하고 경험하게 될 때 생긴다고 말한다.[4] 좀 쉽게 말하면 "아침이라는 사태"와 "해가 뜬다는 사태"가 오래도록 결합되어 나타났기 때문에 우리는 내일 아침에도 해가 뜬다고 추론한다는 것이다. 다시 말하면 오랫동안 아침이 되면 해가 떠왔기 때문에 내일도 그렇게 해가 뜰 거라고 당연히 추론하게 된다는 것.

결국 흄은 이런 추론의 토대에 이성적인 것은 전혀 존재하지 않고 우리는 단지 과거의 경험적 항구성(늘 똑같은 것을 경험해 왔다는 것)에서 비롯된 '습관'만으로 미래를 추론한다고 주장하는 꼴이었다. 반복 현상이

---

3. 데이비드 흄, 『인간의 이해력에 관한 탐구』, 김혜숙 옮김, 지식을만드는지식, 2012, 42쪽.
4. 흄, 『인간의 이해력에 관한 탐구』, 45쪽.

습관적으로 그렇게 추론하는 심리를 만들었다는 것. 이것은 우리의 확신이 심리적일 뿐이라고 폭로한 것이었다. 이렇게 보면 미래의 어떤 사건도 처음부터 예정된 대로 존재할 수는 없으며, 또 그렇게 예상한다는 가정 자체가 맹랑한 것이다.

과 학 에 게 밖 이 있 다

그러나 이를 두고 칼 포퍼(Karl Popper, 1902~1994)라는 과학 철학자가 자신이 흄의 이 난해한 문제를 해결했다고 나섰다. 이른바 '반증가능성'이라는 개념을 가지고 반박한 것이다. 물론 현재는 검증할 수 없기 때문에 확신할 수 없지만, 향후 실험에 의해서 검증이 이루어지면 실험 결과들은 과학적 사실이 된다는 것. 즉 과학 이론은 경험적인 증거들에 의해 검증되는 것이 아니라, 반증 가능한 가설과 실험들을 통해 구성되는 것이다. 좋은 이론일수록 반증 가능한 실험을 많이 구성하고, 또한 이 실험을 많이 견딜수록 이론의 힘이 강력해지게 된다. 결국 모든 것은 경험과 무관하게 실험과학의 범위 안에서 해결된다. 모든 이론은 실험이 되어야 하고, 또한 그 실험은 과학 그 자체가 되어야 한다. 자, 이렇게 해서 포퍼에 의해 과학이 구원되었을까?

하지만 메이야수는 포퍼가 흄의 문제를 오해했다고 말한다. 포퍼는 반증들을 검증해 줄 미래의 실험들이 현재의 실험들이 내놓는 경험들과 다르지 않으리라고 믿어 의심치 않는다. 다시 말하면 현재의 가설이 미래의 실험들에 의해 뒤집힐 수는 있지만, "정확히 동일한 상황 속에서 (!)" 실험을 한다면, 언제나 "동일한 결과, 동일한 경험"이 일어날 거라고 확신하고 있는 것이다. 즉, 포퍼는 여전히 무의식적으로는 경험에 의해 판단하고 있었다.

그러나 그게 그렇게 만만치만은 않다. 만일 정확히 동일한 상황에서 실험했는데도, 그때마다 다른 결과가 추출된다면? n개의 실험을 할 때마다 n개의 결과가 나온다면? 정말 똑같은 상황에서 실험을 했는데도 각기 다른 결과가 나와서 반증 가능한 실험으로서 요건이 영원히 충족되지 않는다면? 결국 실험이 인과관계를 증명해 줄 수 없는 지경에 이른다면? 흄은 바로 그런 순간을 상정하여 문제를 제기한 것이었다. 그러니 포퍼는 이 문제를 극한으로 끌고 가지 않고, 동일한 상황에서는 동일한 실험결과만을 가져오리라고 무의식적으로 확신한 상태에서 빈번하게 불규칙한 상황이 나올 가능성을 상정하지 않은 채, 서둘러 해결했다고 선언한 꼴이었다.

나는 금방 흄의 문제를 극한으로 끌고 간다는 표현을 썼다. 흄의 문제를 극한으로 끌고 간다는 뜻이 무엇일까. 이것은 칸트를 통해서 정확하게 드러난다. 흄은 좀 엉뚱한 질문을 던진다. 당구대 위에 당구공이 두 개 있다. 내가 어떤 당구공을 직선으로 쳐서 어떤 다른 당구공을 향해 직선으로 움직이도록 했다고 치자. 나는 당연히 내가 친 당구공이 다른 당구공으로 직선운동을 하며 굴러갈 것을 믿어 의심치 않을 것이다(이것이 바로 동일한 상황에서는 동일한 실험결과만을 가져오리라고 무의식적으로 확신하는 상태다). 물론 내가 기술적으로 모자라서 삐끗하여 공이 살짝 벗어날 수는 있겠으나, 그쪽 방향으로 굴러가는 것을 부정하진 못할 것이다.

그러나 흄은 이런 믿음이 와해되는 경우가 꼭 없을 수만은 없지 않느냐고 반문한다. "그때 나는 백 가지 다른 사건들이 그 원인으로부터 따라 나올 수 있다고 생각하면 안 되는 것인가? [내가 한쪽으로 움직이도록 쳤는데도] 두 공이 모두 완전히 정지해 버릴 수는 없는 것인가? 첫번째 공이 직선을 그리며 되돌아오거나, 혹은 두번째 공으로부터 어떤 선을 그러면서 또는 어느 방향으로 튕겨져 오를 수는 없는 것인가?"[5]

그러나 칸트는 이 문제에 대해 이렇게 응답한다. 그런 상황이 벌어지면, 그것은 '과학이 없는 의식'(consciousness without science)에서 바라보는 상황이므로 '이성 작용이 붕괴한 상황'(the very ruin of reasoning)일 것 아닌가. 그러니까, 흄이 우리에게 보여 주는 상황(=당구공이 자기 멋대로 움직이는 상황, 매번 다르게 움직일 수 있는 상황)은 과학이 불가능해진 세계에 대해서 우리가 의식을 가느다랗게나마 갖는 상황일 것이다.[6] 의식이 전무한 상태라면 과학이 붕괴되었다는 것조차 알아채지 못할 테니 말이다. 따라서 혹시 그런 대상들(과학적 인과관계가 완전히 와해되어 움직이는 대상)을 지각할 수 있을지는 몰라도, 그 대상들에 대해서 인과관계를 추론하는 이성이 작용할 수는 없다. 의식이 너무 희미하니까. 아마도 대상을 지각하자마자 의식은 출몰했다 사라지고 말 것이다. 도저히 인식 작용을 할 수 없는 상태가 된다.

칸트는 포퍼가 저지른 오류를 범하지는 않았다. 즉, 흄이 제기한 과학 밖의 문제를 과학의 문제로 혼동하여 다루지는 않는다. 칸트의 '법칙이 결여한 실재'(the law-less real)는 사실상 무시무시하고 비탄을 일으키는 광경일 것이다. 그런 광경을 목격할 수 있는 자기의식의 형태(the form of a self-consciousness)로 나 자신을 존속시킬 수도 없을 것이다. 내 고유한 기억조차 법칙이 결여된 채 솟아나는 즉시 사라져 버릴 것이고,[7] 따라서 그것을 알아차리는 나라는 존재도 오락가락할 것이기 때문이다.

칸트는 여기에 터 잡아 흄을 반박한다. 아직 내 의식이 존재하고 있

5. 흄, 『인간의 이해력에 관한 탐구』, 49쪽.
6. 퀑탱 메이야수, 『형이상학과 과학 밖 소설』, 엄태연 옮김, 이학사, 2017, 45쪽.
7. 메이야수, 『형이상학과 과학 밖 소설』, 50쪽.

다는 사실 자체가, 그러니까 세계에 대한 표상이 존재한다는 것이고, 그런 사실 자체가 흄의 가설에 대한 반박이 될 것이었다. 다시 말하면 그런 광경은 내가 의식조차 할 수 없으므로, 그리고 그런 것이 의식되기라도 할라치면 내 존재가 사라질 것이므로, 만일 내가 내 의식을 갖고 있고, 그 의식으로 세계를 표상하고 있다면, 그런 광경 ── 과학 밖의 세계 ── 은 사실상 존재하지 않는 것이 된다. 칸트의 관점에서 흄이 상상하는 세계는 난센스일 뿐이었다.

내가 세미나를 하면서 이렇게 저렇게 소박하게 갖고 있던 의문을 메이야수는 흄과 포퍼와 칸트를 가지고 아주 정밀하게 논박하여 들어갔다. 그렇다면 이제 모두 해결된 것일까. 오로지 과학의 세계만 존재하고 과학 밖에서 n개의 실험이 n개의 결과를 가질 가능성은 도무지 있을 수 없다는 말인가. 당연히 메이야수는 여기서 머무르지 않는다. 메이야수는 메이야수 자신의 세계, 즉 칸트가 있을 수 없다고 여겼던 과학 밖 세계를 세 가지 유형으로 제시한다.

첫번째, 과학의 세계는 그대로이지만, 드문드문 불규칙적으로 그런 광경이 발생하는 세계(FHS-1). 아마 이런 분위기를 잘 보여 주는 것이 미국 드라마 「X 파일」일 것이다. 이 세계는 과학을 위험에 빠뜨리지 않는다. 사람들은 그저 흥미로운 사태가 일어났을 뿐이라고 여긴다. 단지 풍문이나 이야기로만 전해질 것이고, 그때마다 사람들이 모였다 흩어질 뿐이다.

두번째는 불규칙성이 매우 강해져서 과학을 폐지하기에 충분히 강하지만, 의식 자체는 사라지지 않는 세계(FHS-2). 그런 상태가 되면 우리는 아마도 세상이 뒤죽박죽된 사실 정도만 가느다랗게 알게 된 상황일 것이다. 세상은 뒤죽박죽인데 ── 예컨대 왼쪽 건물이 와르르 무너지는데, 오른쪽 건물은 순식간에 세워지는 상황 ── 나의 의식은 가느다랗게 살아 있어서, 뒤죽박죽인 상태에서도 일정한 인과관계를 어느 정도 인식하는 상태다.

마지막 세번째, 그런 광경을 지각하고 생각하게는 하지만, 기존 과학으로는 도저히 설명할 수 없는 세계(FHS-3)로 진정한 '과학 밖의 세계'. 세번째는 진정 칸트적인 세계, 그러니까 사실상 하나의 세계라고 할 수 없는 세계이다. 아마 이 세계가 되면 우리가 서로 이 문제를 가지고 논의하는 것 자체가 불가능하게 될 것이다. 그런 광경을 일관된 서사로 이야기할 수 있는 자기의식이 존재하지 않을 것이니까. 따라서 과학 밖의 세계로서 소설화가 가능한 세계는 바로 두번째 유형의 세계, 메이야수가 약칭으로 "FHS-2 세계"라고 부르는 세계이다.

메이야수는 과학을 의심하여 세 개의 세계를 얻었다. 그러나 그것은 중요하지 않다. 중요한 것은 메이야수의 의심은 과학만의 세계를 와해해 버렸다는 점이다. 과학 밖의 세계에서 과학은 허사가 된다. 과학은 과학 자신의 힘으로 과학 밖에 나가지 못한다. 과학은 자신의 뒷문을 열고 밖으로 나가는 순간, 속절없이 무너지고 만다. 그것은 오로지 비-과학과 함께 존재할 수 있을 뿐이다. 과학의 절대 권력이 와해되어 더 이상 과학이 세계를 지배하지 않는 세계. 그렇지만 과학이 어느 한 구석에서는 작동하기도 하는 세계. 그래서 과학과 비-과학이 함께 거주하고 있는 기이한 세계. 메이야수가 "과학 밖 소설"이라고 부르는 장르는 바로 그런 세계를 보여 주는 소설이다.

이 세계는 루이스 캐럴의 『이상한 나라의 앨리스』가 보여 주는 세계와도 다르다. 루이스 캐럴식의 마법의 세계도 결국 '역설과 패러디'라는 또 다른 제어 체계에 의해 예측 가능한 세계가 되어 버리기 때문이다. 그렇기 때문에 FHS-2의 세계는 『서유기』식의 고전 마법의 세계와도 다르다. 그것은 이미 마법의 문법과 현장법사의 목표에 따라 모두 예측

가능한 세계로 되어 버리기 때문이다. 그것은 모두 과학 안의 소설들(즉, 인과관계가 드러난 소설)이다. 그것들은 그 세계가 보유한 연속성을 기준으로 펼쳐진 체계 내 이야기일 뿐인 것이다. 다시 말해 불합리한 사건들을 재발견된 인과적 논리 속으로 결국 다시 집어넣는 이야기들이다.

아마도 이 지점에서 메이야수와 들뢰즈는 구분되고 있는 것이 아닌가 싶다. 과학으로부터 완벽히 벗어난 실재를 상상한 메이야수와 여전히 과학의 입장에서 새로운 함수를 생산하는 '새로운 과학'을 옹호하는 들뢰즈.[8] 과연 메이야수가 상정하는 이 세계는 어떤 감각과 어떤 실천을 만들어 낼까. 과학 밖을 향하여 세계를 변동시킴으로써 전통적인 세계를 해체하고, 인식이 거주하는 것 자체가 불가능해져 버린 세계. 그래서 더 이상 하나의 서사로는 이야기될 수 없는 세계. 그리고 그것을 반성하며 실험조차 하기 힘든 세계. 이 절대적인 우연의 세계를 앞에 두고 우리는 무엇을 실천할 수 있을까. 그러나 내겐 이 세계가 매 순간 붕괴를 경험하는 세계이며, 아마도 현행적으로 함께 구성되어 있는 세계여야 하지 않을까 상상해 본다. 마치 니체의 영원회귀가 지금 우리와 함께 작동하는 것처럼 말이다.

---

8. 퀑탱 메이야수는 사변적 실재론(Spculative Realism)의 입장에 서 있다. 그들은 전통 형이상학 혹은 기독교 신학이 설정하던 초월적 절대성으로 비약하지 않으면서도, 그렇다고 구성된 인식 주체에도 의존하지 않는 실재, 즉 절대적 외부(=거대한 바깥, Grand Dehors)의 존재를 증명하려 한다. 그는 칸트의 비판철학 이후 철학사를 지배하게 된 상관주의(correlationnisme, 의식과 언어를 통해서만 실재를 사유할 수 있다는 사유들)를 모두 비판한다. 그는 절대적 외부를 부정하는 현대 철학자들(상관주의 철학자들)이 상관주의적 관점에서 새로운 실체들을 만들어 낼 뿐이라고 생각한다. 들뢰즈나 베르그손이 생명을, 헤겔이 절대정신을, 니체가 힘에의 의지를 내세우는 것을 메이야수는 그런 실체에 불과하다고 파악한다. 그러나 들뢰즈나 니체가 그런 절대적 외부를 상정하지 않았는지는 다시 살펴봐야 할 문제이다. 내 생각에 들뢰즈의 내재면이나 니체의 영원회귀는 인과관계가 무너진 자리이므로 메이야수가 말하고 있는 절대적 외부와 다르지 않다.

과학 밖 세계,
과학 밖 서사

퀭탱 메이야수의
『형이상학과 과학 밖 소설』
후기

처음 철학 공부를 하러 갔을 때 저에게 이런저런 공부 이야기를 해주셨던 선생님이 계십니다. 그 선생님은 학부는 종교학을 하셨는데 직장을 때려치우고 연구실에서 본격적으로 공부를 해오셨다고 했습니다. 여러 권의 인문 번역서를 내시고 강의도 다양하게 하셔서, 이미 이 분야에서는 유명한 분이기도 했습니다. 나중에 걸출한 다윈 연구서를 쓰시게 되지요. 대개 누구나 처음에는 연구실 분위기도 모르고, 어떤 공부를 해야 할지도 모르는 상황이 됩니다. 언제나 낯선 환경에 가면 그것은 당연합니다. 그때 처음 들어간 세미나가 그리스·로마 서사시를 읽는 세미나였는데, 그 분이 이 세미나의 반장이셨습니다.

선생님을 통해 들은 공부의 세계는 정말이지 별천지였습니다. 철학이면 철학, 정치학이면 정치학, 국문학이면 국문학, 과학이면 과학 등 오만가지 텍스트들이 선생님의 입에서 흘러나왔거든요. 선생님이 부럽기도 하고, 제 처지가 절망적이기도 했습니다. 그러다가 자신이 참여하는 과학 세미나가 있는데 같이 하지 않겠냐고 하시더군요. 사실 세미나 끝나고 선생님과 이야기를 나누면 물리학이나 생물학 이야기를 많이 하셔서 어느새 과학 공부를 하고 싶어지던 참이었습니다. 결국 그 세미나를 찾아갔습니다.

그 세미나에 들어가 보니, 선생님 말고도 다른 쟁쟁하신 분들이 과학 텍스트를 가지고 공부하고 있었습니다. 그 전까지는 생물학 위주로 공부하다가, 그날부터 세미나 절반은 리처드 파인만이 쓴 『파인만의 물리학 강의』를 읽고, 나머지 절반은 브라이언 그린의 『엘러건트 유니버스』를 읽기로 했다고 합니다. 저도 얼떨결에 그 책들을 읽어 보기로 했습니다. 처음에는 크게 걱정했지요. 그러나 그렇게 우려할 만한 책들은 아니었습니다. 특히 『엘러건트 유니버스』는 현대 과학자들의 우주관을 비유적인 표현을 써서 쉽게 설명해 줍니다. 브라이언 그린의 친절한 설명이 없었다면 제가 읽은 최초의 과학 교양서는 바뀌었을 것입니다. 특히 양자역학이나 초끈이론에 대해서는 이 책을 통해 비로소 이해할 기초를 마련했습니다. 양자적 요동(quantum fluctuation)이나 양자거품(quantum foam) 같은 용어들이 신기하기만 했지요.

다른 공부도 마찬가지이지만, 과학 공부가 다른 공부보다 여러 사람과 함께 하는 세미나의 가치를 더 강하게 드러내 보여 줍니다. 각 세미나원이 관련된 함수나 배경, 이론의 역사를 조사해서 오면 혼자 할 때보다 에너지가 덜 들고, 내용도 알차더군요. 제 경험상 과학 세미나와 소설 세미나가 다른 세미나보다 구성원들의 지적 열기를 더 강하게 만들었던 것 같습니다. 철학처럼 암둑 모를 듯한 문장들이 끊임없이 이어지는 글 때문에 서로 난처해지고, 침묵이 난무하는 세미나보다, 손에 잡히는 서사가 있는 지식들이 대중들에게 더 어필하는 것은 당연합니다. 혹시 공부 공동체에 가서 공부하신다면 첫 세미나로 이런 세미나에 들어가는 것도 한 방법인 것 같습니다. 사람들과 함께 읽는다는 것의 즐거움을 직접적으로 느껴 볼 수 있지요.

아무튼 이 세미나를 통해서 과학 텍스트들을 꽤 읽은 것 같습니다. 『로드니 브룩스의 로봇 만들기』도 재미있었고, 폴 데이비스의 『시간의 패러독스』도 읽을 만했습니다. 로드니 브룩스는 "우리가 만들 로봇들은 언제쯤 진정한 감정을 갖게 될 것인가?"라고 질문합니다. 우리 인간 유전자의 98퍼센트가 침팬지와 공유하고 있는 것처럼, 우리 인간과 많은 것을 공유하는 로봇이 탄생할지도 모르지요. 그래서 그가 말합니다. "우리는 특별하지 않다." 그는 어떤 창발적인 로봇이 나오리라고 믿고 있지요. 아무튼 그때 마치 어린아이가 된 듯이 이 책을 읽으며 SF적인 미래를 상상하기도 했습니다.

로저 펜로즈(Sir Roger Penrose, 1931~)의 『황제의 새마음』 같은 난해한 책도 읽을 수 있었습니다. 펜로즈는 물리학과 수학이 '마음'의 개념마저 물리학적으로, 혹은 논리적으로 규명하려 한다는 과학의 강력한 욕망을 보여 줍니다. 요즘 인공지능 때문에 널리 알려진 단어, 튜링검사(Turing test), 중국어 방(Chinese room)이라는 말도 이때 처음 알았지요. 로봇학(robotics)과 심리학이 물리학과 수학을 이용해 마음을 규명해 내는 것에 큰 관심을 가지고 있다는 사실들, 기계가 아프다, 기쁘다, 라고 느낄 수 있는지 실험하는 'pp계수'(pleasure-pain score) 같은 이야기를 읽고 무척 신기해하기도 했습니다. 나중에 영화 「인셉션」에 나온 유명한 계단이 '펜로즈의 계단'이라고 하기에, 집으로 돌아와 펜로즈의 책들을 다시 찾기도 했습니다. 그러나 펜로즈는 인간이 컴퓨터일 수 없다는 생각을 견지한 것 같습니다. 이 책의 목적은 '강 인공 지능'(Strong AI)의 주장들, 그러니까 컴퓨터가 사람 마음이 느끼는 것을 모두 똑같이 할 수 있으리라고 여기는 것이 틀렸음을 밝히는 것이죠.

아무튼 과학 세미나에서 과학책들을 읽기 시작한 후에, 과학이라는 주제는 제 인식 내에서 점점 중요해져 갔습니다. 그러다가 서점에서 야마모토 요시타카의 책들을 발견했습니다. 『과학의 탄생』과 『16세기 문화혁명』. 두 권 모두 각각 1,000페이지 가까이 되는 대작입니다. 그러나 저는 『과학의 탄생』을 일주일 만에 전부 완독했습니다. 무엇보다 작가의 이력은 압권이었습니다. 그는 도쿄대학 물리학과 재학시절 도쿄대 전공투(全共鬪) 의장이었다고 합니다. 대학 내내 학생운동에 투신하여 살았던 사람입니다. 놀라운 것은 졸업 후 대학에 남지 않고, 대입학원에서 물리를 가르치며 이 책을 썼다는 것입니다. 정치투쟁의 이력도 흥미롭지만, 제게 더 눈길을 끈 것은 대학에 남지 않고 직장 생활을 하면서 이런 대형 텍스트를 생산했다는 것입니다. 감히 비교할 순 없지만 직장에 다니는 제 이력을 이 분에게 투사하여 그의 삶을 배우고 따르고 싶어졌습니다. 책 이전에 그의 삶 자체가 제게 큰 영감과 용기를 주더군요.

책의 내용도 무척 흥미로웠습니다. 그는 '마술사상'[9]이야말로 케플러와 뉴턴으로 하여금 근대 물리학의 열쇠가 되는 관념인 만유인력을 발견할 수 있게 했다고 주장합니다.[10] 대항해 시대를 거치면서 텍스트 중심의 지식에서 경험을 중시하는 지식으로 전환이 일어나면서 선원 출신들의 나침반 사용은 마술사상을 과학으로 수렴시켰다고 하는군요. 지구가 거대한 자석이라는 발견은 '마술'이 그저 마술인 것이 아니라, 실제로 발생하는 사건들이란 생각을 갖게 한 것이죠.

그의 또 다른 책 『16세기 문화혁명』은 수학에 대한 저의 통념을 완전히 깨 버렸습니다. 근대 대수학은 16세기 후반 프랑수아 비에트와 17세기 데카르트에서 출발합니다. 그리고 해석기하학과 미적분도 17세기 데카르트, 뉴턴, 라이프니치의 손에 의해 만들어졌습니다. 이것은 17세기 과학혁명으로 이어졌습니다. 그러나 이 성과

---

9. 여기서 말하는 마술사상은 자연계의 모든 사물들은 서로 작용하고, 인간은 관찰을 통해 자연계의 그 힘을 알 수 있다는 사고방식을 말합니다. 마술을 통해 사물들을 달리 작동하도록 하려면 이런 사고방식이 기초가 되어 숨어 있는 규칙을 발견하고, 그 발견을 훈련으로 마술화해야 할 것입니다.

10. 야마모토 요시타카, 『과학의 탄생』, 이영기 옮김, 동아시아, 2005, 354쪽.

뒷면에는 '상업수학'의 기여가 있습니다. 그냥 있는 정도가 아닙니다. 상업수학이 우리가 흔히 알고 있는 순수 수학의 발전을 추동하였습니다. 실제 중세 서유럽에 아라비아 사회의 발전된 산술과 대수학을 소개했던 피보나치는 학자가 아니라 상업 실무가였습니다. 이 시대에 대학 아카데미즘은 수학의 발전과 거의 관계가 없었다고 합니다. 역사에 남은 수학자들, 타르탈리아(3차 방정식의 해), 시몬 스테빈(십진 소수), 봄벨리(『대수학』 저자 ── 그도 본업에 종사하면서 짬짬이 이것을 썼습니다), 파치올리(대학강의를 했지만 출신은 상업수학입니다) 등은 모두 대학 교육과는 인연이 없었습니다. 16세기 과학혁명, 나아가서 근대과학을 구성한 것은 이렇게 상업의 현장이었습니다.

그때 이 책들을 읽은 기억이 나서 최근에 경제학을 공부하게 되자 『미적분학』, 『경제수학』, 『수리통계학』 같은 책들을 일부러 끄집어 들기도 했지요. 예전에는 이런 공부가 어떤 의미를 가지는지 알지 못했는데, 이제는 알아듣지 못해도 그 안에 들어가 있는 통찰들을 찾으려 수학책을 펼쳐 보곤 합니다.

그리고 이런 공부를 하고 나니까 수학적 접근에 숨은 정치적인 것들에 대해서도 잘 이해할 수 있게 되었습니다. 경제학에 관심을 갖기 시작하면서 통치론과 관련한 푸코주의자들의 관점을 집중적으로 접하게 되었습니다. 통계학은 케틀레가 독일의 '슈타텐쿤데'(Staatenkunde, 국가학)와 영국의 '폴리티컬 아리스메틱'(Political Arithmetic, 정치적 수치연구)을 확률론에 접합하면서 생성되었다는 역사도 알게 되었습니다.

기원을 살펴보면 케틀레는 일종의 선동가입니다. 그도 그럴 것이 사회학의 창시자 콩트는 자신의 새로운 과학이 '사회역학' 혹은 '사회물리학'으로 불리길 바랐는데, 케틀레 같은 이가 통계과학에다 이런 이름(즉, 사회물리학)을 붙이고 다니자, 그 즉시 이런 시도에 반대해 자신의 학문에는 '사회학'이란 이름을 붙여 버립니다.[11] 사실 통계학(Statistics)이라는 단어의 어원 자체가 이미 국가(State)가 세금을 징수하고 병역을 부과하기 위해 인구조사를 하는 것에서 출발했음을 기원으로 품고 있습니다.

---

11. 콜린 고든·그레엄 버첼·피터 밀러 엮음, 『푸코 효과』, 심성보·유진·이규원·이승철·전의령·최영찬 옮김, 난장, 2014, 270쪽.

과학 밖 세계,
과학 밖 서사

통계학에서 말하는 정규분포는 정상과 편차를 표현한 것입니다. 어쩌면 그것은 정상보다도 오히려 오차를 식별하고 표현하는 방식으로 보입니다. 오차들을 잘라내기 위해서, 그러니까 정상과 먼 것들을 길들이거나 내치기 위해서 말입니다. 그런 의미에 본다면 프랑스에서 통계학을 '도덕과학'이라고 부른 것은 당연한 것이기도 합니다. 일탈, 범죄자, 법원 판결, 자살, 매춘, 이혼에 관한 통계를 밝힌 과학이었으니까 그렇게 부르는 것이 당연했습니다. 즉 그것은 국가 구성원들의 도덕을 관리하는 과학이었습니다. 이렇게 본다면 통계학이라는 수학이 '어떻게 우연을 길들이는가' 하는 문제는 국가가 어떻게 소수자, 일탈, 균열을 길들이는가와 맞닿아 있습니다.

사실 1800년에는 이런 통계적 사실이 실제적인 것으로 받아들여지지 않았습니다. 즉, 당시 사람들에게 통계적 서술들은 재미있는 이야기 정도로만 들렸었죠. 그러나 19세기 말에 이르면 확률적인 것들은 실제적인 것으로 받아들여지고, 사람들의 행동을 바꿉니다. 사실 이것은 과학 영역에서도 마찬가지입니다. 쿤은 갈릴레오의 과학은 수학의 언어로 쓰여 있지만, 19세기에 이르면 추상적 수학이 아니라 경험적 수치가 주요 역할을 담당한다고 말합니다. 그런데 이것은 20세기 오늘날에 이르러 인공지능이라는 더욱 확고한 형태로 성장하였습니다. 동시에 이제는 금융상품은 통계학 없이는 개발도, 판매도, 트레이딩도 불가능해졌습니다.

이언 해킹(Ian Hacking)이라는 푸코주의자는 이를 '통계학의 관료제'라 부릅니다. 이런 장치들이 촘촘하게 국가를 통치하기 때문에 국가 내에서 조그만 일탈도 용납되지 않게 됩니다. 더군다나 이 관료제는 익명적이기도 해서 도대체 그것들이 어떻게 작동하는지도 잘 모를 때가 많습니다. 통치하는 자나 통치 받는 자나 이 익명성 속에서 서로를 통치하고 통치 받습니다. 물론 통계는 표면상으로는 이데올로기에 중립적인 것처럼 보입니다. 그러나 통계학을 핵심으로 한 보험테크놀로지가 적절히 작동한 국가에는 프롤레타리아 혁명이 발생한 적이 없다고 합니다. 이 의미에서 통계학은 엄청나게 정치적인 것입니다. 이런 주제로 책을 엮은 것이 바로 이언 해킹의 『우연을 길들이다』입니다.

제가 오래전부터 가져온 관심사항 중 하나는 '효율화 욕망'이 어떤 권력관계들에 터 잡아서 생성되고 강화되어 왔는가입니다. 대상과 대상을 둘러싼 환경을 '어떤 목표'에 맞추어 최적화시킨다는 이념은 마치 자연법칙처럼 우리들의 행동과 사고를 광범위하게 제약해 왔습니다. 월급을 받으면 어떻게 효율적으로 쓸 것인가(재테크),

하루 중 공부하는 시간이 3시간이면 어떻게 그것을 최적화하여 사용할 것인가(시테크), 토지는 어떻게 효율적으로 이용할 것인가 등등. 군사(군사학), 교회(신학, 교회학), 국가(행정학, 통계학), 기업(경제학, 경영학), 금융(재무 관리, 리스크 관리) 등 이 모든 것은 최적화 이념 아래 구성된 사유체계입니다. 심지어 이제는 자기 자신조차 최적화 이념 아래에서 '개발'하지요.

누군가는 자본주의가 과학을 부패시킨다고 말하기도 합니다. 그러나 저는 좀 다르게 생각합니다. 거꾸로 과학(응용과학만 그런 것이 아닙니다)이 자본주의 이념(이윤)을 충족시켜 주고, 심지어 강화시키는 데 기여할 수 있었기 때문에, 오히려 크게 발전할 수 있었다는 생각을 합니다. 16세기 대항해 시대의 식민지 시장에 대한 열망은 잠자던 수학과 물리학을 비약적으로 변화시켰습니다. 그러나 그것은 세상을 신학적 최적화에서 경제적 최적화로 바꾸었을 뿐입니다. 이렇게 최적화 구성 전략은 아주 길게 이어져 온 이념입니다. 최적화 이념의 계보학을 추적해 볼 만합니다.

우연히 흘러 들어간 과학의 세계에서 처음에는 도무지 예상할 수 없었던 통치론의 세계, 정치경제학의 세계를 만나는 순간입니다. 푸코도 이런 이야기를 합니다. "비열한 권력과는 관계가 없는 동시에 진실인, 그런 좋은 과학이 있다, 그리고 나서 과학의 오류랄지 이해타산적 적용과 같은 나쁜 활용이 있다, 저로서는 우리가 그렇게 할 수 있다면, 즉 우리가 그렇게 말할 수 있다면 더할 나위 없이 기쁘겠습니다. 만일 선생님께서 이 사실을 제게 확신시켜 주신다면, 저는 행복한 마음으로 이 자리를 떠날 수 있을 것 같습니다."[12] 좋은 과학, 나쁜 활용 이딴 거 없다는 말입니다.

따라서 저에게 과학이 중요한 것은 그 과학이 어떤 지식으로 채워져 있는지 아는 것이 아니라, 과학이 반복해서 어떻게 사용되고 있느냐는 것입니다. 저는 어느 무엇보다 과학을 많이 신뢰하지만, 그렇다고 과학 정신이 본질적으로 선하고, 비판적이라는 것에는 매우 회의적인 사람입니다. 그것은 당연한데, 과학은 과학 그 자체로 존재하지 않는다는 것을 깨달았기 때문입니다. 우리를 둘러싸고 철학과 과학과 정치경제학이 어떤 안무로 춤을 추는지 알고 싶습니다. 이 세상에 대한 새로운 공부로서 과학 공부를 더 기대하고 기다려 보겠습니다.

---

12. 미셸 푸코, 『비판이란 무엇인가? ─ 자기수양』, 오르트망(심세광·전혜리) 옮김, 동녘, 2016, 80쪽.

번역, 타자가 들어오는 관문

—

조재룡, 『번역하는 문장들』

에크리튀르와 글쓰기

프랑스어에 '에크리튀르'(écriture)라는 단어가 있다. 사전을 찾아보면 '문자, 글씨, 글쓰기, 문체, 화법이나 작곡법' 등등으로 번역되는 것을 알 수 있다. 대체로 문자와 관련된 의미들을 지칭한다. 물론 사전에 나와 있는 뜻으로만 보면 그리 어려운 단어가 아니다.

그러나 이 단어는 현대철학에 와서 무척이나 문제적인 단어가 된다. 형이상학의 시대, 신의 시대에 '신의 음성', '존재의 목소리', '양심의 목소리'는 우리를 움직이는 강력한 배후였다. 우리가 바라보는 현상 이면에 실체적 진리가 존재하며, 세상은 언제나 그것으로부터 움직인다는 초월적 신념은 강고한 것이었다. 니체가 "신은 죽었다"라고 말했을 때 신은 바로 이런 음성들, 그러니까 우리를 초월하여 존재하는 실체적 진리로부터 들리는 신의 음성이 사라졌다는 의미이다.

그러나 니체가 그보다 더 긴급하게 전하고자 했던 것은 자기 이외의 힘을 통해 자신의 구원을 얻고자 하는, 그래서 그런 외부의 힘을 실체화하고서 자신을 의탁해 버리는 모든 유형의 노예양식을 폭로하는 것이었다. 국가의 경제발전을 위해 현재의 생명력을 희생하고, 알록달록

한 대중문화에 눈멀어 자신의 정신을 쓰레기 문화에 의탁하고, 사실과 근거만 찾는 과학주의의 맹신적인 태도(사실과 근거를 무시하자는 말이 아니다!) 때문에 존재를 변형하려는 의지와 영성(spirituality ─ 이것은 절대 신비주의가 아니다!)을 배제하는 것, 그 모든 게 니체에게는 '신'(God)의 형상이다. 어떤 배치 속에서는 과학마저도 신이 될 수 있는 것이다. 결국 현대철학은 모든 초월적 구속을 벗어나는 것에 대해 "신은 죽었다"라고 표현했다고 할 수 있다.

이 맥락에서 현대철학은 '신의 음성'에 대비해 '에크리튀르'(écriture)라는 단어를 내세운다. 해체주의 철학자 데리다는 음성 중심주의(신 중심주의)에서 벗어난, 그러니까 음성과 초월적 기의로부터 해방된 기표와 문자적 표기들을 '에크리튀르'라고 지칭했다. 또 정신분석학자 프로이트는 문학과 예술작품 자체를 '욕망의 에크리튀르'라고 정의하기도 한다. 어떤 의미에서 에크리튀르는 철학 전반에 걸쳐 형이상학적 세계관을 뒤집는 초강력 파워 용어라고 할 수 있었다. 이 동네에 오면 그것은 간단치 않은 단어인 것이다.

그렇기 때문에 이 에크리튀르를 그냥 사전적인 의미로 번역하면 아주 이상하게 된다. 프로이트적 의미에서 에크리튀르는 무의식에 각인된 무엇, 즉 트라우마 같은 것을 무의식 밖으로 끄집어내어 어떤 예술 매체에 표현해 내는 것 혹은 기록하는 것을 의미한다. 그렇다면 이때 에크리튀르는 '기록'이라고 번역해야 당초 의미에 부합한다. 다시 말하면 에크리튀르는 모든 예술작품들의 발현, 모든 예술작품들의 기록, 생성이다.

그러나 이를 사전적으로만 해석하여 '글쓰기'라고 번역하면 어떻게 될까? 그것은 단번에 의미가 축소되고 만다. '욕망의 에크리튀르'(écriture du désir)가 '욕망의 글쓰기'가 됨으로써, 프로이트가 마치 성적 욕망을 발현한 에로소설 따위에 집중했다는 인상을 주고, 더군다나

모든 예술작품에 해당하는 것을 오로지 문학에만 축소시켜 버리는 위험마저 생긴다.[1]

번역, 원문을 원문이게 해주는 힘

이렇게 번역은 철학 원문 자체를 이해하는 데 큰 지렛대 역할을 한다. 아마도 한글만으로 철학을 읽는 것은 원문 자체가 품은 의미 중에서 어떤 한 해석을 협소하게 읽고 있는 것인지도 모른다. 이 의미에서 철학 공부는 사유 수단이었던 원-언어 공부와 떨어져 있지 않다. 그리스 철학은 고전 그리스어 공부와 다르지 않고, 들뢰즈·푸코 공부는 프랑스어 공부와 다르지 않다.

그러나 그러기 쉽지 않다. 나는 그저 번역글을 읽는 것도 벅찬 터라, 번역된 책을 완독하고, 번역글을 기준으로 겨우 이해하는 것에 만족해 왔다. 그러다 보니 어떤 문구에서는 '번역의 한계'가 '이해의 한계'가 되어 버려 원문의 뜻을 잘못 새기기도 했다. 물론 모든 것을 이해할 수는 없겠지만 내가 이해한 것이 작가가 쓴 그대로일까 하는 염려도 하곤 한다. 그러다 보면 공부를 하면 할수록 거듭 밝아지는 것이 아니라, 텍스트에 심연만 깊어진다.

하지만 이런 생각도 들었다. 철학책에서는 다른 무엇보다 철학자들의 사유 그 자체가 중요하지 않은가. 그리고 원문으로 읽든, 번역으로 읽든, 그것들은 철학 담론에 도달하는 여러 경로 중 하나일 뿐이지 않은가라는 생각마저 들었다. 앞서 이야기한 대로 철학의 사유는 실행된

1. 조재룡, 『번역하는 문장들』, 문학과지성사, 2015, 154쪽.

원-언어와 불가피하게 결합되어 분리할 수 없는 것이 아니라, 원-언어로 표현되면서 붙어 있던 철학담론이 새로운 번역어와 함께 새로운 사유가 되는 것이 아닌가, 하는 생각이 드는 것이다. 그러니까, 원문 독해도 철학 담론과 접속하는 여러 경로 중 하나에 불과하다는 그런 생각인 것이다. 이것은 좀 엉뚱한 생각이다. 번역글도 원문과 다름없는 지위에 있다는 생각인 것이니까. 그러니까, 앞에서 말했던 에크리튀르는 축자적인 문자가 아니라, 그런 축자적인 문자를 바꾸어 가며 유동하는 담론이라는 생각도 든다.

사유를 담은 언어가 무엇인지 중요하지 않다는 소리는 아니다. 모든 사유는 언어로 존재한다. 따라서 내가 중요하다고 여기는 철학자의 그 사유는 항상 언어와 함께 있다. 사유와 언어는 구분불가능하다. 그러나 사유가 단 하나의 언어와 결합되어야만 하는 것은 아니다. 사유는 언어와 언어 사이를 횡단하면서 자신을 반복하고 새로운 차이를 생성시킨다. 아마 사유는 함께하는 언어마다 다른 효과를 산출하고 있을 것이다. 아마 담론이라고 한다면 바로 이 차이와 반복으로 구성된 효과들의 집합, 내 식대로라면 '사유의 장(場)' 전체를 두고 말해야 할 것이다.

이런 생각을 하던 차에 최근 문학평론가인 조재룡의 『번역하는 문장들』(2015)이란 책을 읽게 되었다. 소설가 한강의 맨부커상 수상이 계기가 되어 번역이라는 주제가 문화계에 큰 화두로 떠오르기도 했고, 앞서 이야기한 나의 고민도 함께 생각해 보기 위해서였다.

조재룡에 따르면 번역은 원문을 그대로 옮겨오는 수동적인 작업이 아니다. 오히려 번역은 이게 없었다면 아무런 감흥이 없었을 원문에게 원문 본래의 것을 되돌려줌으로써 진정 원문을 원문답게 만들어 주는 작업이다. 조재룡은 이런 번역의 힘을 '원문을 원문이게 해주는 힘'이라고 부른다.[2]

어떻게 그럴 수 있을까? 그것은 원문 스스로도 아직 알지 못하는 자신의 숨겨진 의미들 때문에 가능하다. 사실 원문 자체의 의미도 단일하지 않다. 원문 자체도 무척이나 다양한 시선과 배치 속에서 그때그때 다른 의미를 품는다. 따라서 원문은 언제나 타자의 비평을 기다리고 있는 문장인 셈이다. 원문의 언어(예컨대 마르크스의 책이라면 독일어) 속에 잠들어 있어서, 당연히 다른 언어(예컨대 한글)로는 도무지 이해되지 않는 지점이 번역을 통해 다른 언어(한글)로 재창조되면서 숨어 있던 새로운 '의미'가 원문의 감옥에서 해방된다. 즉 원문에 갇힌 의미들이 번역을 통해 살살이 새로운 언어로 옮겨지면서 능동적으로 원문을 해방시키고 있는 것이다.[3]

사실 이런 해방의 힘은 이미 역사를 통해서도 발견된다. 이슬람의 세습 왕조인 아바스 왕조는 그리스의 의학, 천문학, 수학, 철학 등을 아랍어로 번역했었다. 그랬던 아랍인이 전성기에 이르러 유럽 서쪽 끝인 스페인의 코르도바로 이주한다. 이때 스페인에서는 아랍어로 되어 있는 그리스 책들을 다시 라틴어로 번역하는 작업을 한다. 바로 이 작업의 결과물, 그러니까 재번역된 그리스 책들이 유럽을 중세의 터널에서 해방시켜 버렸다. 그때까지도 그리스 문화에 무지했던 유럽은 자신의 문화를 일구어 낸 그리스를, 아이러니하게도 번역을 통해 재발견하면서 자신의 삶 자체를 구원한 것이었다. 원문(그리스어로 된 책)이 두 번의 번역(그리스어에서 아랍어, 아랍어에서 라틴어)을 통해 더욱 원문답게 재전유되었다고 할 수 있었다.[4]

---

2. 조재룡, 『번역하는 문장들』, 58쪽.
3. 조재룡, 『번역하는 문장들』, 59쪽.
4. 그러나 최근 실뱅 구겐하임(Sylvain Gouguenheim)의 『몽생 미셸의 아리스토텔레스』(*Aristote au Mont Saint-*

사실 현대 한글도 이런 번역 문제에서 자유롭지 못하다. 일본은 란가쿠(蘭學)에서 메이지(明治) 말기에 이르는 근대 여명기에 서구 개념어를 받아들일 때, 한자를 조합하여 새롭게 받아들였다. 철학(哲學), 이성(理性), 논리(論理), 의식(意識), 추상(抽象), 구체(具體), 정치(政治), 교환(交換) 등 철학, 정치, 경제에 이르기까지 대부분의 개념어들은 이때 일본에 의해서 고안된 한자 조합어들이다. 이제 이런 단어를 사용하지 않고 사유를 한다는 것은 거의 불가능에 가깝다. 어떤 의미에서 우리는 일본 근대의 자장 안에서, 그것도 그들이 생각한 범위 내에서만 생각하고 있는 것일지 모른다.

그렇다고 그런 개념어들이 저급하다거나, 서구어를 제대로 담지 못한다고 비난하는 것은 이 안에 들어 있는 사정을 전혀 모르는 것이다. 조재룡이 소개하는 '낭만적'(浪漫的)이란 단어 생성은 그래서 생경하면서도 무척 흥미롭다. 이를 일본식으로 읽으면 '로만데끼'(ろうまんてき)이다. 그런데 이것은 외래어이기 때문에 표기는 'ロマンス'(로만스, romance)나 'ロマンチシズム'(로만치시즘, romanticism)이다. 아마 영어의 로맨틱, 로맨스, 로맨티시즘의 발음에 상응하는 한자어를 신중히 골라 조합하면서 탄생한 번역어일 것이다. 이때 그들이 선택한 두 한자에 좀 더 가까이 다가가면 '물결칠 랑(浪)'과 '질펀할 만(漫)'이다. 이렇게 보면 그것

Michel, Seuil, 2008)에서는 중세 유럽에 아랍 번역의 기여가 전무하다고 주장하기도 한다. 즉 아랍을 거치지 않고 그리스어로부터 직접 번역되는 어떤 지적 흐름이 부각되고 있는 것이다. 구겐하임은 그리스의 유산으로서 헬레니즘이 서구 유럽에 중단 없이 이어져 왔다고 주장한다. 아무튼 이 문제는 유럽에서 다소 다른 논의가 있는 모양이다(이무영 선생의 포스팅과 위키피디아 참조).

은 음차뿐 아니라 그 의미도 어떻게든 담아 내려 몸부림친 흔적이라고 할 수 있다.[5] 그러니까 로맨스라는 외래어에 담겨 있는 감수성을 일본인들의 감수성으로 전환시킨 것이다. 번역이 일본어의 감수성에 새로운 감성을 고안해 낸 것이기도 한 것이다. 놀랍게도 이 경우 번역은 감각의 발명이었다. 조재룡은 다음과 같이 말한다.

"번역은 타자와의 관계를 통해 나의 정체성(identité)을 고안해 낼 유일한 수단이자 매개라고 말해야 한다. 번역은 실로 타자, 내 안에 내가 늘 데리고 다니지만 잘 인식하지 못하는, 그런 타자를 일깨우고, 이로부터 내가 나 자신의 정체성을 도모한다는, 부정하려 해보았자, 결국 수긍하게 되는 증거이자 엄연한 경로이기도 한 것이다."[6]

그래서 번역은 중요하다. 그리고 그것은 모든 문화 활동의 핵심이기도 하다. 외국어에 담긴 새로운 타자가 들어오는 유일한 경로이니까. 조재룡은 이런 경로의 추적이 무척이나 중요하다고 여긴다. 그는 이를 '번역의 인식론'이라 부르고 있다. 그것은 번역을 둘러싸고 벌어지는 역사성에 대한 고찰이다. 여기서 역사성은 텍스트의 생산 경로와 언어, 문화적 환경, 글쓰기의 맥락과 여건에 따라 조절되는 에피스테메, 즉 번역을 둘러싼 사유 가능성과 조건인 것이다. 그것은 내 안에 타자가 들어오는 길을 밝히는 작업이다. 다시 말하면 번역은 타자가 우리에게 들어오는 관문이다.

---

5. 조재룡, 『번역하는 문장들』, 178쪽.
6. 조재룡, 『번역하는 문장들』, 26쪽.

그러자 참 기이한 전환이 일어났다. 이렇게 번역의 새로운 의미를 알고 나자, 나는 외국어로 철학 속에 들어가고 싶은 뜻밖의 욕망이 생기기 시작했다. 뒤집힌 욕망이 생긴 것이다. 이건 아주 색다른 호기심이다. 아마도 번역의 생생한 생명력을 깨닫자, 원문 언어조차 번역과 지위가 전혀 다르지 않다는 평등심이 들었기 때문이었을까. 그러니까, 지금까지는 한글 읽기도 벅찬데, 그보다 어려운 원문 언어라니, 이 나이에 어떻게 그걸 더 공부한단 말인가, 하는 자격지심이 있었다. 그러나 번역의 생명력을 이해하자, 오히려 원문 언어도 결국 끊임없이 흔들리는 철학자의 사유를 번역한 것에 불과하다는 생각마저 드는 것이다. 모든 글이 번역이다! 모든 글이 번역이라는 이 관점으로 원문에 접근하고 보면 철학 앞에 서 있던 거대한 장벽이 싹 무너지는 느낌이 든다. 철학이 풍겼던 썩은 엘리티즘의 냄새가 사라지는 느낌인 것이다. 아마 내가 한글 번역을 이해할 수 있다면, 원문도 조금만 노력하여 나만의 방식으로 이해할 길이 있을 것이다. 그런 차원에서 하는 언어 공부라면 늦은 나이에도 그리 불가능한 일이 아니란 발본심이 생긴다. 공부는 이래서 늘 새로워진다.

어쩌면 이 발본심은 김남주가 감옥 안에서 그가 따르고자 했던 시인들의 글을 번역하면서, 자신의 사상을, 그리고 자신의 시를 창조하려 했던 것과도 다르지 않다. 그의 시는 치열한 번역 과정, 즉 외국어와의 침통한 투쟁 속에서 체득한 것이다(염무웅).[7] 그에게 번역은 '혁명의 번역'이었다.[8] 그것은 번역이라는 작업을 통해서 원문에 숨어 있는 새로운 타

---

7. 조재룡, 『번역하는 문장들』, 325쪽.
8. 조재룡, 『번역하는 문장들』, 351쪽.

자를 발견하는 욕망이었다고도 할 수 있었다. 나도 그런 지대로 들어가보고 싶다. 그것은 순서를 달리할 뿐이다. 지금까지는 번역글을 통해 생각하는 법을 터득하였고, 이제야 그 생각들을 더 가속화시킬 도구를 습득하려는 것이다. 다른 일도 늘 그렇듯이 한글과 외국어 사이에 부유하는 타자들을 만나기 위해서는 내가 내 덫을 물어뜯고 밖으로 움직여야 한다.

조재룡의
『번역하는 문장들』
후기

근대 이후 서구의 지성을 수입하는 데 가장 최첨단에 있었던 것은 '문학'이었습니다. 이런 사정은 고미숙 선생님의 『계몽의 시대』에 잘 나와 있습니다. 20세기 초 이 땅에는 이전과는 전혀 다른 지식들이 들어옵니다. 『논어』, 『맹자』, 『시경』, 『서경』 같은 것들은 전혀 읽을 필요 없는 책들이 되어 버린 것입니다. 수천 년 간 동아시아 지성을 지탱하고 있던 한문이 졸지에 외국의 문자로 전락하지요. "대개 국문이란 것은 아국의 문이요 한문이란 것은 지나의 문이라 국문을 높이면 아국을 사랑하는 자요 한문을 높이면 타국을 사랑하는 자라"(『서북학회월보』, 1908년). 주시경 같은 한글학자는 "천연특성의 우리 조선어"라는 말까지 써가며 한글의 초험적인 실체성을 강조하기까지 합니다.

그러나 이것은 매우 기묘하게 전개됩니다. 모국어에 대한 이 같은 열광은 근대 지식인의 글쓰기에 커다란 변화를 가져옵니다. 이제는 더 이상 한문 양식들이 의미가 없어져 버린 것이죠. 서구 양식인 시와 소설이 '국민 언어의 정화'이자 '국민의 혼'으로 둔갑합니다. 특히 3·1 운동 이후 문맹률이 낮아지고, 출판 산업이 활기를 띠면서, 그리고 무엇보다 '연애열풍'에 힘입어서 소설은 범국민적 오락이자 취미가 됩니다. 새로운 소설뿐 아니라 서구 소설들도 대량으로 유입되는데, 이 과정에서 근대의 글쓰기는 오로지 소설로만 수렴되는 기이한 상황이 되어 버렸습니다. 이런 풍토는 20세기 내내 지속되지요.[9]

제가 찾아가 공부했던 곳에는 국문학 연구자들이 꽤 많았습니다. 한쪽에는 서양 철학이나 정치철학을 공부하는 사람들이, 다른 한쪽에는 국문학이나 동아시아 철

---

9. 고미숙, 『계몽의 시대』, 북드라망, 2014, 221~223쪽.

학을 공부하는 사람들이 모여 있었지요. 아마도 고미숙 선생님과 이진경 선생님의 영향이 커서일 것입니다. 처음에 저는 서양 철학을 공부해 보겠노라고 찾아 간 터라 국문학에는 그다지 관심이 가지 않았습니다. 근대 신문을 들고 해독하고 있는 그들을 보노라면 참 피곤하게 사시는 분들일세, 하고 생각하기도 했지요. 실제 뒤풀이에서 그 공부를 하시는 분을 우연히 보고는 그런 농담을 했던 기억도 납니다. 이 귀한 분들을 그렇게 생각했다니, 한심하게도 당시만 해도 저는 그런 공부의 의의를 전혀 깨닫지 못하고 있었던 것이죠. 지금은 많이 반성하고 있습니다.

그러던 제가 2010년에 참여한 대중지성 프로그램에서 한 학기 동안 근대 문학 텍스트들을 접하기 시작했습니다. 이때 이광수의 『무정』, 이상의 『날개』, 박태원의 『소설가 구보씨의 일일』, 한용운의 『님의 침묵』 같이 고등학교 교과서에 수록된 책들을 다시 읽어 볼 수 있었습니다. 사실 고등학교 시절 아버지 서재에 있는 세로쓰기 한국문학전집을 꺼내 읽은 적이 있어서 대충 내용은 알고 있었습니다. 그러나 이렇게 분석적인 사고로 접근해서 읽어 본 적은 없었지요. 특히 고미숙 선생님의 『나비와 전사』(나중에 『계몽의 시대』, 『연애의 시대』, 『위생의 시대』로 새로 구성되어 출판됩니다), 박천홍의 『매혹의 질주, 근대의 횡단』 등 근대의 계보를 탐색하는 책들을 함께 읽으며 접한 그 소설들은 아주 다른 감각으로 다가오더군요.

먼저 제게 특이한 감각을 일으켜 준 소설은 박태원의 『소설가 구보씨의 일일』입니다. 읽으면서 인터넷을 찾아보니까, 이 소설을 리라이팅한 현대 소설이 두 편이나 있었습니다. 1970년대 최인훈의 연작소설 『소설가 구보씨의 일일』, 그리고 1980~90년대의 부조리한 현실을 담은 주인석의 『검은 상처의 블루스—소설가 구보씨의 하루』. 덕분에 이 두 소설과 최인훈의 철학적 담론이 담긴 소설 『화두』를 찾아 읽을 수 있었습니다.

이즈음 소설 읽기에 대한 욕구가 강렬해졌습니다. 세계문학전집을 마구 사서 읽었습니다. 예전에는 도무지 이름조차 알 수 없었을 책들을 읽게 되지요. 비톨트 곰브로비치의 『페르디두르케』, 이탈로 칼비노의 『보이지 않는 도시들』, 미셸 투르니에의 『방드르디, 태평양의 끝』, 마누엘 푸익의 『거미 여인의 키스』, 아베 코보의 『모래의 여자』, 헨리 제임스의 『나사의 회전』, 오노레 드 발자크의 『고리오 영감』, 존 치버의 『팔코너』, 토머스 핀천의 『제49호 품목의 경매』, 앤서니 버지스의 『시계태엽 오렌지』, 볼테르의 『쟈디그·깡디드』, D. H. 로렌스의 『채털리 부인의 연인』, 유진 오닐의

『밤으로의 긴 여로』….

끝없이 펼쳐지는 근현대 소설들의 파노라마가 정신을 아찔하게 하더군요. 당시 저는 읽은 소설에서 마음 가는 문장들을 씨앗 삼아 단락문장들을 만들어 두는 습관을 갖고 있었습니다. 그런 것들 중에 16편을 골라 '한겨울에 읽는 8편의 소설 ─ 세계문학을 만나다', '한여름에 읽는 8편의 소설 ─ 세계문학을 만나다'라는 제목으로 블로그에 올리기도 했지요. 언젠가 '세계문학전집 씨앗문장'이란 제목으로 소설 문장들을 씨앗삼아 철학, 정치경제학, 직장과 가족에 대한 사유를 펼치고 싶다는 욕심도 생겼습니다.

그러나 문학 작품들을 읽으면 읽을수록 문학이란 단지 '형식'일 뿐이라는 생각이 강해집니다. 제가 보기엔 '문학'은 사라지고 '문학적인 것'만 남을 것 같습니다. 전통적인 문학양식, 이를테면 소설, 시, 희곡 등등은 사라져 갈 것입니다. 그러나 구체적인 상황이 구체적인 언어를 통해 사유화되는 운동, 혹은 사유가 구체적인 상황과 언어로 드러나는 운동, 이른바 '문학적인 것들'은 다양한 형태로 스며들어 더욱 번성할 것입니다. 오히려 문학 양식을 고집하고 그 양식 속에 남으려는 문학적 의지는 이제 수구적인 것이 아닐까요. 이제 중요한 것은 어떤 장르로 구성되든지 '문학적인 것'이 어떻게 다르게 존재하느냐일 것입니다.

그런 의미에서 철학도 똑같은 처지라고 생각합니다. 저는 철학이야말로 '문학적인 것'을 향해 얼굴을 돌려야 하는 게 아닌가라고 생각합니다. 구체적인 상황과 언어를 통해 사유를 드러내는 철학. 추상적인 개념어를 승계 받는 것이 아니라, 개념을 지금-여기의 구체어로 생산하고, 구체적인 상황에 사용하는 철학.

이런 생각이 한동안 제 안에서 격렬하게 출렁거렸습니다. 뭐라도 해야 할 것 같았지요. 특히 『소설가 구보씨의 하루』 같은 글을 쓰고 싶다는 욕망이 한 구석에서 솟구쳤습니다. 철학 욕구와 소설 욕구가 동시에 생동하던 시기였습니다. 글쓰기란 걸 하면 누구나 그런 욕망들이 안에서 솟구치는 것 같습니다. 학기 끝에 발표하는 에세이로 이 소설을 패러디한 글을 제출하자고 결심했습니다. 이것은 매우 특이한 욕망입니다. 아마 소설을 에세이로 제출한 사람은 이런 프로그램에서 제가 처음이자 마지막일 겁니다. 사실 그 전해에도 루쉰의 『죽음을 슬퍼하며』를 패러디하여 소설로 에세이를 제출한 바 있었습니다. 이 과정에서 글쓰기에 대해 아주 다른 감각을 갖게 된 것은 『자기배려의 인문학』에 「나는 왜 글을 쓰는가?」로 써 놓았습니다.[10] 그래서인지 도무지 부끄럼도 없이 소설을 써보자는 결심을 그대로 실행해 볼 용기가 생기더군요. 지금 돌이켜 보면, 그 순간 순간이 다시는 할 수 없는 실험들이 되었습니다.

일단 제가 살고 있는 2010년, 2011년의 모습을 그대로 보여 주고, 그 풍경에다 제 생각을 정리해 논평을 삽입해 보자고 생각했습니다. 당시 309일 만에 크레인에서 내려온 한진중공업의 김진숙 씨 모습, 한미FTA에 반대 투쟁하는 집회 풍경, '나꼼수'라는 팟캐스트에 대한 논평, 그리고 우울한 고등학교 시절을 회상하며 만든 망상적인 에피소드, 출근하는 버스 풍경 그리고 구보씨가 서울에 다시 나타난 일자를 김정일이 사망한 날로 잡고, 그날 제가 근무하는 딜링룸의 풍경 등등 마치 소품들의 연작처럼 평소 메모했던 것을 중심으로 이야기를 만들어 갔습니다. 제 생각에 그것은 당시 저의 의식 구조를 정말 잘 보여 주는 글입니다. 지금 읽어 보면 매우 유치하지만 제게는 엄청나게 재미를 준 글입니다. 글쓰기에 대해 매너리즘에 빠질 때마다 이 글을 열어서 그때의 열기를 다시 주입하곤 합니다. 그때의 그 젊은 정신을 말입니다.

그렇게 보면 문학은 읽는 것이 아니라, 쓰는 것이란 생각이 듭니다. 문학 작품은 내가 느껴보지 못했던 감각들을 내가 만들어 내서 느껴 보려고 써 보는 것입니다. 시든 소설이든 문학은 쓰게 되면 나의 감각이 확장되고, 다른 감각을 장착하는 경험을 하게 됩니다. 어쩌면 그래서 옛 선비들이 때때로 시를 지었는지 모르겠습니다. 당시에 저는 소설 쓰기를 시도할 때마다 새로운 정신을 갖추게 되었던 것 같습니다. 그때마다 문학적 글쓰기는 자아를 해체하는 성격이 있는 것 같다고 생각하곤 하지요. 그 에너지를 어떻게 쓰느냐의 문제겠지만요.

친구들과 함께 읽은 이상(李箱, 1910~1937)의 『날개』도 굉장했습니다. 이미 마르크스를 읽었던 저는 이상이 자본주의 사회에 대해 정확하게 꿰뚫고 있었고, 또 본능적으로 거부감을 표출한다고 해석하였습니다. 이런 문장을 보십시오. "여왕벌과 미망인 —— 세상의 하고많은 여인이 본질적으로 이미 미망인 아닌 이가 있으리까? 아니! 여인의 전부가 그 일상에 있어서 개개 '미망인'이라는 내 논리가 뜻밖에도 여성에 대한 모독이 되오?"[11] 이 문장을 이렇게 이해해 볼 수 있습니다. 자본주의에서 생

---

10. 강민혁, 『자기배려의 인문학』, 236~243쪽.

산하지 않는 자들은 존재하지 않는 것과 다름없습니다. 그래서 생산의 상징, 여왕벌만이 자본주의를 구성하고 있다고도 할 수 있을 것입니다. 여왕벌과 교미한 수벌은 교미하자마자 탈진으로 죽어 버리기 일쑤이지요. 따라서 여왕벌은 모두 미망인이 될 운명에 처해 있습니다. 자본주의의 자본도 노동을 빨아들이고, 노동자를 저 밑으로 떨구어 버립니다. 자본은 결혼할 때부터 죽은 노동의 미망인인 셈이지요.

그리고 또 이런 문장. "나는 가장 게으른 동물처럼 게으른 것이 좋았다. 될 수만 있으면 이 무의미한 인간의 탈을 벗어 버리고도 싶었다. 나에게는 인간 사회가 스스로웠다. 생활이 스스로웠다. 모두가 서먹서먹할 뿐이었다."[12] 조금만 생각해 보면 게으름은 사회의 적입니다. 사회란 네트워크는 그 구성원들이 끊임없이 움직여 줌으로써 존재할 것입니다. 자칫 구성원들이 집단적으로 게을러지면 그 사회는 무기력해지며 순식간에 몰락할 것이란 생각이 듭니다. 아마도 딱 한 달만 이 사회의 모든 노동자가 게을러질 수만 있다면, 사회는 그 게으름의 혁명으로 어처구니없이 몰락할 것입니다. 게으르다는 것은 부지런함과는 다른 속도의 삶을 말합니다. 이상처럼 게으른 자들은 그들과 다른 속도로 사는 자들의 사회가 서먹서먹할 뿐이지요. 20세기 초 이상은 이런 풍경들을 본능적으로 간파하고 있었습니다.

이런 책을 읽을 즈음, 해방 이후 한국에서 가장 걸출한 국문학자이자 문학평론가들을 접하게 됩니다. 김윤식과 김현. 김윤식 선생님은 제가 공부하기 전부터 〈수유+너머〉 연구실에 자주 찾아와 강의를 하셨다고 합니다. 저도 한두 차례 선생님의 강의를 직접 들었습니다. 언젠가 강의가 끝나고 연구실 카페에서 차를 마시며, 고미숙 선생님을 "마녀"라고 부르는 것을 본 적 있습니다. 그만큼 연구실 공동체에 대해서 큰 애정을 보여 주시는 것 같았습니다. 그래서인지 한겨레신문에 연재하던 김윤식 선생님 월평들도 굉장히 친근하게 여겨져서 꼬박꼬박 챙겨 읽었지요.[13]

저는 『한국문학사』와 『내가 읽고 만난 일본』을 통해서 선생님을 직접 읽게 되었습니다. 『한국문학사』는 새로운 선언으로 가득한 책입니다. 우선 한국 문학을 한글

11. 이상, 『날개』, 문학과지성사, 2005, 270쪽.

12. 이상, 『날개』, 276쪽.

13. 2005년부터 2014년까지 햇수로 10년 동안 『한겨레』에 연재한 '김윤식의 문학산책'이 그것입니다. 김윤식 선생님은 2018년 10월 25일 돌아가셨습니다.

로 쓰인 것으로 한계 짓지 말자고 합니다. 한국 내에서 생활하고 사고하면서, 그가 살고 있는 곳의 모순을 언어로 표시한 모든 종류의 글은 모두 한국 문학이라는 것입니다. 이 선언으로 한국 문학의 자료는 굉장히 광범위해집니다. 또한 그러한 이유로 조선 사회의 구조적 모순을 문자로 표현하고 그것을 극복하려 한 체계적인 노력의 싹이 보인 영·정조 시대를 근대 문학의 시작으로 잡겠다고 선포하지요.[14] 이 책은 담론의 지형 안에서 문학사를 쓴다는 것이 얼마나 전투적인 행위인지를 깨닫게 한 책이었습니다. 지금 보면 낡은 문체, 낡은 인식으로 보일 수 있지만, 김윤식과 김현은 이 문학사 텍스트를 통해서 한국 문학의 새로운 지평을 만들어 냈으니까요.

그리고 『내가 읽고 만난 일본』. 이 책은 김윤식 선생님의 '공부 오디세이'입니다. 저는 공부를 시작하고 다소 매너리즘에 빠져 있으면, 이 책 읽기를 권합니다. 김윤식 선생님의 지칠 줄 모르는 공부를 투명하게 보여 주어 우리들의 정신을 다잡아 주기 때문이죠. 근대 일본에 공부하러 간 유학생들, 그러니까 김윤식 선생님의 표현으로는 "유학생 이광수들"이 읽고 만난 일본을 알아보기 위해 혼신의 힘을 기울이는 모습이 800페이지 가까운 이 두꺼운 책에 고스란히 드러나 있습니다. 저는 이 책을 거의 이틀 밤 새워서 완독해 버렸습니다. 고바야시 히데오, 에토 준, 모리 아리마사에 대한 그의 열독은 저를 크게 감화시켰습니다. 공부를 한다는 것이 이런 것이로구나 하는 자각을 안겨 주었지요. 언제나 학자들의 책읽기 모습을 떠올리면 두 사람의 모습을 상상하게 됩니다. 김윤식이 일본에서 홀로 고군분투하며 책을 읽는 모습, 그리고 미셸 푸코가 서고에 들어가 아무도 찾지 않는 고문서 자료를 찾아 필사하며 읽는 모습.

김현의 책읽기 책들, 『행복한 책읽기』와 『책읽기의 괴로움』도 이때 정독해서 읽었습니다. 김현 선생님이 루카치의 『역사와 계급의식』을 한글로 읽고 나서, 프랑스어판을 읽었을 때와는 다른 감정, 그러니까 앎이라는 감정보다는 삶에서의 싸움과 연관된 감정이 더 선명히 살아난다고 토로하는 장면이 있습니다. 그는 이 책이 무섭게 전투적인 것으로 비쳐진다고 말하지요. 그러고서 스스로 물어봅니다. 프랑스에서 프랑스어로 읽었을 때는 비-선동적으로 느껴졌는데, 여기 한국에서 한글로 읽을 때

---

14. 김윤식·김현, 『한국문학사』, 민음사, 1996(개정판), 33쪽.

는 왜 선동적으로 느껴지는가. 그리고서 이렇게 대답합니다. "나는 책읽기가 단순한 활자 읽기가 아니라 그 책이 던져져 있는 상황 읽기라는 생각에 도달하게 되었다."[15] 프랑스에서 이 책을 읽던 김현은 이미 루카치의 주장이 극복된 현대 프랑스의 정황 속에 놓여 있었고, 한국에서 이 책을 읽던 김현은 그것이 이제 심각하게 검토되는 현대 한국의 정황 속에 놓여 있었던 것입니다. 이 일기가 쓰인 상황의 한국은 1987년 노동자 대투쟁이 시작되던 시기였습니다.

이런 책들을 읽고 나서 틈나는 대로 한국의 문학평론가들의 책을 더러 찾아 읽었습니다. 조재룡의 『번역하는 문장들』, 신형철의 『몰락의 에티카』, 황현산의 『말과 시간의 깊이』, 도정일의 『시인은 숲으로 가지 못한다』 등등 책들을 그렇게 접하게 됩니다. 사실 김윤식 선생님의 책을 읽으면서 국문학자들이나 문학평론가들이 우리나라 지성사에서 차지하는 위치를 깨닫게 되었습니다. 그러고 보면 제가 좋아하는 미셸 푸코도 처음에는 문학평론가 김현이 『시칠리아의 암소』라는 책으로 정리하여 한국에 소개하였습니다. 또 김현은 연구자들과 함께 『미셸 푸코의 문학비평』이란 책을 펴내기도 합니다. 저도 「저자란 무엇인가」나 「바깥의 사유」 같은 푸코의 중요한 글들은 이 책을 통해 접했습니다. 그리고 『감시와 처벌』의 번역자 오생근은 불문학자이자 문학평론가이기도 합니다. 어쩌면 이런 장면은 문학이 한국 20세기 지성사를 지배했다는 것의 상징적인 풍경일지도 모르겠습니다. 아마 그것은 제가 앞에서 한국의 근대 지식은 문학으로부터 유입되었다는 것의 연장선일 것입니다. 20세기 한국에서는 모든 지식이 문학으로 수렴된 게 사실인 것 같습니다.

그러나 그것이 한국 지성의 돌파 경로이자 한계 지점이기도 했던 것이 아닐까요? 문학과 문학평론이 한국에 서구 감성과 지식을 유입하는 데 지배적인 역할을 하여 왔기 때문에 한국에서 철학은 지성사적으로 보조적인 역할만 하게 된 비극이 펼쳐진 것이 아닌가 하는 의심을 해봅니다. 한국에는 소설가나 시인, 혹은 문학평론가의 명작들은 있지만, 철학자의 명작은 없습니다. 우리나라에서 철학자들은 자신의 특이점을 발현하기 위해 단행본 철학서를 쓰는 사람이기보다 대중들에겐 전혀 보이지 않는 학교 논문들을 생산하는 사람들로 협소해지고 말았습니다. 그러다 보니 한

---

15. 김현, 『행복한 책읽기』, 문학과지성사, 1992, 89쪽.

국 철학을 상징하는 철학-문체가 존재하지 않게 되어 버린 것 같습니다. 이것은 한국 철학계가 잘못해서 그렇게 된 것은 아닐 것입니다. 앞에서도 말했지만 그런 현상은 20세기 한국 지성이 문학이라는 장르에 갇혀 버린 지성의 섬나라였기 때문일 것입니다.

아마 글쓰기 영역에서 좋은 글쓰기를 문장력으로 환원해 생각하는 문예창작적인 인식이 광범위하게 존재하는 이유도 이런 것과 무관하지 않을 것 같습니다. 예전에는 미문(美文)을 보며 감탄하곤 했는데, 글을 직접 쓰기 시작하면서 미문이 과도한 글들을 일단 의심하게 되었습니다. 그 차원에서 저는 우리들만의 '이론적 문체'를 전투적으로 탐구해야 한다는 생각을 하곤 합니다. 이론 없이 미문(레토릭)만 남거나, 자신의 문체 없이 이론의 잡다한 나열만 있는 경우, 그것은 결국 문체도 이론도 없는 경우가 되어 버린 거라고 생각하게 됩니다. 결국 이론과 문체는 분리불가능한 문제이고, 따라서 문체가 없다는 것은 결국 스스로 만들어 낸 이론조차 없었다는 반증일 거라는 결론에 도달하게 됩니다.

제가 생각하는 아름다운 문장이란 자신의 이론에 맞추어 적확하게 구성된 문체의 글입니다. 그것은 통상적인 '미문'과는 다릅니다. 한 페이지도 넘기기 힘든 어려운 글이지만, 한 땀 한 땀 어렵게 읽어 내어 저자가 이야기하는 내용을 이해하고 나면 그 글이 그렇게 쓰일 수밖에 없었단 생각이 들면서, 그 순간 그의 문장이 아름답다는 감각을 갖게 되더라고요. 푸코나 니체가 엄청나게 난해한데도 저에겐 모두 아름다운 문장으로 다가왔습니다.

그렇게 생각해 보면 철학에서는 문체 혁명부터 일어나야 합니다. 한국의 이론적 문장은 문학평론가들에게 대부분 의존해 온 것이 아닌가 하는 생각을 하고 있습니다. 그 때문에 대중들에겐 한국 철학이 존재하지 않는 것이 되어 버렸습니다. 그것은 서양 철학을 하느냐, 동양 철학을 하느냐의 문제가 아닙니다. 자기 감성이 자명성에 갇혀 있다는 것을 그 자체로 논구하여 깨닫고, 새로운 감성으로 나가려 한다면 불가피하게 이론적일 수밖에 없다고 생각합니다. 소설가 소세키가 문학론을 탐구하고, 문학평론가 고진이 철학적인 사유로 터닝한 것은 모두 그 이유입니다. 소세키도 고진도 스스로 그렇게 자각하고 있었습니다. 꼭 후설을 끄집어내지 않더라도 감성의 터닝 포인트에는 얼마간 현상학적 환원이 요구되는 법입니다. 문학에 드리워진 얼룩 혹은 문학이 드리운 얼룩은 문학으로 씻기지 않을 것입니다.

살덩이의 순환

—

질 들뢰즈, 『감각의 논리』

살 덩 이 가   모 였 다 ,   흩 어 졌 다

다시 시작한 육식 때문에 몸이 많이 무거워졌다. 평소 즐기던 달리기 중에 복통이 생기기도 했다. 그래서 최근에 몸을 좀 가볍게 만들었다. 살이 빠지고, 음식을 조절하기 시작하자 생각도 많이 가벼워진 것 같다. 그리고 전과는 좀 다른 감각도 생겼다. 체중이 빠질 때, 몸무게가 줄어든다기보다, '살'이 공기 중에 흩어진다는 느낌이 들었다. 뭔가 살덩이가 흩어졌다가 모였다가 하는 것 같다. 정말 살이 '빠져 나갔다'. 혹시 음식이란 살을 찌우는 수단이 아니라, 공기 중에 있는 '살'을 옮겨오는 것이 아닐까? 이 모든 것이 없던 것을 있게 하는 것이 아니라, 원래 있었던 것들을 공간적으로 이동시키기만 하고 있는 것은 아닐까? 살들이 이리 저리 움직여 다니는 꿈도 꿨다. 참 기묘한 상상이다.

 가만히 생각해 보면, 이런 상상은 그림 그리기와 같은 것이다. 붓을 들고 팔레트에 있는 물감을 찍어 하얀 캔버스에 옮겨 놓는 행위란 음식을 통해서 공기 중의 '살'을 나르는 것과 다를 것이 없어 보였다. 내 살이나 뼈 따위들이 그저 공기 중에 있는 것들의 이합집산에 불과하다는 생각마저 든다. 어쩌면 나는 이미 영화 「터미네이터 2」의 T-1000과 같은지 모른다. 액체금속으로 만들어진 T-1000은 다 녹아내렸다가 다시 형태를 취한다. 그런 의미에서 이 친구는 매번 자신을 그렸다가 지웠다 하는 자기 자신을 그리는 화가이다. 어쩌면 내 신체 구조를 바꾸는 것은 화가의 그림 그리기와 그렇게 멀리 있는 게 아닌지 모른다.

신 체 는 카 오 스 에 서   솟 아 났 다

이런 생각을 실제 그림으로 표현한 사람은 화가 프랜시스 베이컨 (Francis Bacon, 1909~1992)이다. 또 이를 언어로 개념화한 것이 들뢰즈의 『감각의 논리』이다. 들뢰즈에게 있어서 철학과 예술은 사유의 다른 표현형식이다. 철학이 개념을 통해서 '내재성의 평면'을 건설하는 것이라면, 예술은 감각을 통해서 그것을 한다. 그것들 사이에는 어떤 위계도 없다. 다만 철학만이 그 감각을 개념화할 수 있는 '특권 아닌 특권'을 가질 뿐이다. 그래서 들뢰즈는 베이컨뿐 아니라, 프루스트, 카프카, 영화, 음악 같은 예술적 창작물들을 개념화하는 작업에 게을리 하지 않았다.

그렇다면 철학과 예술은 무엇을 표현하려는 것일까? 그것은 '카오스'이다. 사유되기 이전의 세계, 다시 말하면 철학적으로 개념화되기 전의 세계, 감각적으로 구현되기 이전의 세계로서 카오스의 세계이다. 예술은 이 무한한 카오스의 세계를 유한한 작품 속에 표현하고자 한다. 카오스를 코스모스 안으로 들어오게 만드는 것, 그것이 예술이다.

베이컨은 이것을 효과적으로 수행하기 위해, 그림을 형상(figure), 윤곽(contour), 아플라(aplat)라는 세 가지 요소로 구성한다. 그림 「루시안 프로이트의 초상 연구(측면)」(Study of a Portrait of Lucian Freud Sideways, 1971, 이하 「프로이트 초상」)에서 중앙에 있는 사람 모습이 첫번째 요소인 이른바 '형상'이다. 그러나 이 형상은 우리들 머릿속에 흔히 재현되는 그런 일상적인 사람이 아니다. 얼굴은 심하게 뭉개져 있고, 몸체는 이상하게 비틀어져 있다. 그것은 우리가 일상적으로 생각하는 '주체'를 무너뜨리기 위한 베이컨의 전략적 표현 방식이다. 그림은 주체가 형성되기 이전에 어떤 감각이 발생하는 순간의 모습을 포착하고자 한다. 따라서 당연히 비이성적이며, 비합리적이다.

그러나 형상은 아무 데서나 솟아나지 않는다. 이 형상은 그림의 두 번째 요소인 '윤곽' 위에서만 그려진다. 일상적 주체가 아니라는 점에서 이미 예견된 사실이지만, 베이컨에게 있어서 그림은 서사적인 재현이 아니다. 다시 말하면 형상은 어떤 이야기를 구현하기 위해서 그려진 것이 아니다. 베이컨은 이런 서사적인 그림을 미연에 방지하기 위해서 형상을 일정한 윤곽 안에 가둔다. 「프로이트 초상」의 형상도 '동그라미' 안에 갇혀 있다. 그것은 구상적·삽화적·서술적 성격을 피하기 위해서이다.[1] 그러니까 무언가 이유가 있어서 존재한 듯이 보이지 않게 형상을 동그라미 윤곽으로 가둔다. 형상은 아무런 이유도 없이 생성된 것이다. 그러나 아무데서나 솟아나지는 않는다. 어떤 특정한 곳(여기서는 동그라미)에서만 솟아난다. 마치 우리가 특정한 시대, 특정한 사회, 특정한 가족, 특정한 육체에 갇힌 채 느닷없이 태어나고 살아가듯이.

이런 격리는 재현과 단절하고, "일어난 일에만 매달리는 방식",[2] "모든 관객을 배제한 신체들의 극단적인 밀폐",[3] 즉, 감각의 발생에만 집중하고자 하는 것이다. 그것은 형상을 온갖 이야기들로부터 해방시키기 위한 방안이다. 베이컨의 그림에는 이야기가 없다. 따라서 그림의 뒷면을

1. 질 들뢰즈, 『감각의 논리』, 하태환 옮김, 민음사, 2008, 12쪽.
2. 들뢰즈, 『감각의 논리』, 13쪽.
3. 들뢰즈, 『감각의 논리』, 25쪽.

유추하여 이야기를 만들어 내는 해석 행위를 처음부터 차단하는 것이다. 이 부분만 떼어 놓고 보면 언뜻 이해하기 쉽진 않다. 더 들어가 보자.

이제 세번째 요소인 아플라. 이것은 윤곽 바깥에 단일한 색으로 평평하게 처리한 부분을 말한다. 여기서 베이컨의 이야기를 직접 들어 보자.

"그 회화는 아마 일종의 구조화된 회화가 될 것입니다. 거기에서는 말하자면 이미지들이 살로 된 강으로부터 솟아날 것입니다. … 그건 마치 그들의 일상적인 순회를 하는 특정인들의 이미지가 살로 된 웅덩이로부터 솟아나는 것과 같습니다. 나는 자기들의 중절모나 우산과 함께 자기 자신들의 살로부터 솟아나는 형상들을 만들어서, 이 형상들을 가지고 십자가형만큼이나 찌르는 듯한 형상들을 만들 수 있기를 바랍니다."[4]

요컨대, 윤곽 바깥의 단일 색조는 살로 된 강, 살로 된 웅덩이이다. 들뢰즈 자신의 존재론에 맞추어 말한다면, 그것은 '잠재적인 것'이다. 따라서 그것은 존재 그 자체이다. 그렇다면 형상은 '현실적인 것', 즉 존재자이다. 이렇게 본다면, 아플라와 형상은 존재와 존재자의 베이컨적인 버전(version)이다. 앞에서 내가 말했던 그 느낌, 즉 공기 중에 있는 살들(잠재적인 것)이 가시적인 신체(현실적인 것)로 구성되는 상상은 그냥 상상만이 아닌 것이다. '나'는 살들의 강(존재)에서 솟아난 자(존재자)이다.

또 형상을 감각으로 치환한다면, 베이컨의 그림은 감각의 발생을 가능하게 하는 카오스적 힘을 주체가 형성되기 전에, 사유되기 전에 포착

---

4. 들뢰즈, 『감각의 논리』(베이컨의 인터뷰), 16쪽.

하고자 한다. 그것이 성공적이라면 그림은 정말 감각을 창조하게 될 것이다. 요컨대, 그림이란 살덩이들이 구성되는 그 현장, 어떤 서사에도 의존하지 않는 그 현장에서 어떤 힘의 꿈틀거림일 게 분명한 그 형상 X를 포착함으로써 감각을 발생(=창조)시키는 작업이다. 여기서 '윤곽'이란 힘이 꿈틀거리며 감각을 발생시키는 순수한 공간을 말한다. 다른 모든 것을 제거하고, 오로지 존재가 존재자가 되는 그 순간의 감각 그 자체만을 추출하는 작업, 베이컨의 작업은 바로 그것이다. 푸코식으로 말해 보면, 언표들이 불규칙적으로 분산되어 있는 곳에서 어느 순간 그런 분산과 단절되면서 특정 담론이 막 생성되려고 힘들이 맞부딪칠 때, 그 순간의 공간과도 같다. 어찌 보면 형상 – 윤곽 – 아플라는 푸코의 담론 이론과도 교차한다.

신 체 는 다 시 빠 져 나 가 려 한 다

신체는 아플라로부터 솟아나기만 하는 것은 아니다. 형상은 자신으로부터 물질적 구조인 아플라로 향해 빠져 나가기도 한다. 그림 「세면대에 서 있는 형상」(Figure at a washbasin, 1976, 이하 「세면대 형상」)에서, 세면대의 타원형에 매달려서 배수구 구멍으로 빠져나가기 위해 노력하는 신체를 볼 수 있다. 그것은 빠져 나가기 위해 엄청나게 용을 쓴다. 들뢰즈는 이런 노력이 "나의 자아"가 행하는 것이 아니라고 말하고 있다.

"처음부터 형상은 신체이고 그 신체는 동그라미 안에서 생겨난다. 하지만 신체는 구조로부터 무언가를 기다릴 뿐만 아니라 자기 자신 안에서도 무언가를 기다린다. 이제 바로 이 신체 안에서 무언가가 일어난다. 그는 움직임의 근원이다…. 엄밀히 말해 신체는 빠져나가기 위해 용쓰거나 기다린다. 내 신체로부터 벗어나려 하는 것은 나의 자아가 아니다. 신체 스스로가 자신으로부터 벗어나려 한다. … 한마디로 일종의 경련이다."[5]

카오스 속의 어떤 힘을 포착한 것이 형상이었다면, 그 형상은 다시 어떤 구멍, 즉 「세면대 형상」에서는 세면대 구멍, 또 다른 그림에서는 교황의 입(그림 「벨라스케스의 교황 인노첸시오 10세 초상화에 따른 연구」[Study after Velazquez's Portrait of Pope Innocent X, 1953]를 보라) 같은 것을 통해 다시 그 형상을 빠져나와 아플라로 되돌아가려 한다. 그것은 교황의 외침과 같이 히스테리로 표출된다. 힘들이 아플라로부터 솟아나와 어떤 윤곽에 갇히면서 형상이 만들어지고, 그 형상은 다시 어떤 구멍을 통해서 빠져나가려고 애를 쓴다. 우리들의 형상은 굉장히 큰 히스테리에 빠져 있는 것이다.[6]

결국 그림 속의 운동인, 신체의 운동은 구조로부터 형상이 솟아나는 운동과, 형상으로부터 구조로 빠져나가는 운동, 두 가지가 있다. 사실 이 두 가지 운동은 구분 불가능하다. 들뢰즈는 그림 「회화」(Painting, 1978)를 평하면서 다음과 같이 설명한다.

"신체를 쥐어짜는 수축은 구조로부터 형상으로 향하고, 신체를 펼치

---

5. 들뢰즈, 『감각의 논리』, 25~26쪽.
6. 히스테리는 정신적 원인에 의하여 일시적으로 일어나는 비정상적인 흥분 상태를 통틀어 이르는 말이다. 통상적으로 자기중심적이고, 항상 다른 사람에게 주목받기 원하고, 극적으로 과장된 감정 표현을 하며, 감정 기복이 심한 증상을 보인다고 한다. 들뢰즈의 베이컨론으로 보자면 그것은 당연하게 여겨진다. 우리들은 식별불가능한 지대인 존재의 바다에서 다른 것들을 제치고 독특한 하나로 솟아난 존재자이므로, 이 존재자는 흥분 상태이면서 주목받고자 하는 경향이 적지 않을 것이란 상상을 해볼 수 있다.

고 흩뜨리는 팽창 운동은 형상으로부터 구조로 향한다. 그러나 신체가 더욱더 잘 갇히기 위하여 늘어날 때 이미 팽창은 수축 속에 들어 있다. 마찬가지로 신체가 사라지기 위해 수축될 때에 이미 수축은 팽창 속에 들어 있다. 그리고 신체가 사라질 때에도 신체는 자신을 주변으로 보내기 위해 그를 잡아 둔 힘들에 의해 수축되어 있다. 그림 속에서의 이러한 모든 움직임들의 공존, 그것은 바로 리듬이다."[7]

그림 「회화」는 묘한 모습이다. 문에 박힌 오렌지색 윤곽은 앞서 말했다시피 형상을 가두는 장치이다. 그런데 여기서는 신체가 더 잘 갇히기 위해, 즉 윤곽 속에 들어가기 위해 발끝은 문 쪽 구멍으로 늘어나고 있다. 사실 늘어난다는 것(팽창)은 형상이 구조(아플라) 쪽으로 운동할 때의 형태이다. 그런데 여기서는 늘어나는 것이 오렌지색 윤곽에 갇히는 것과 동시적이다. 팽창하면서 수축되고 있는 셈이다. 그 역도 마찬가지다. 신체가 문 쪽 구멍으로 사라지기 위해 형상은 수축하고 있다. 그러나 그러면 그럴수록 윤곽에 더욱 갇힐 뿐이다. 다시 말하면 수축-팽창이 동시에 일어난다. 따라서 이 그림 「회화」에서는 신체로 솟아나는 것과 신체가 사라지는 것은 구분불가능하다.

이 사실은 존재와 존재자가 같은 평면에서 구분불가능하게 뒤엉켜 있다는 말과도 같다. 무엇이 존재이고 무엇이 존재자인가? 그것은 근본적으로 구분불가능하다. 그것들은 공존한다. 또 엄밀히 말하면 어떤 운동이든 존재가 존재자로 솟아나고, 존재자가 존재로 되돌아가는 운동을 양면적으로 품고 있다는 말이기도 하다. 보기에 따라서는 이것이 가

---

7. 들뢰즈, 『감각의 논리』, 45쪽.

장 깊은 의미를 갖는다. 우리들이 바로 그렇게 존재와 존재자 사이의 경계에 있는 형상들인 것이다. 우리는 늘 죽음과 삶 사이에서 빠져나가거나(팽창), 갇혀 들어가는(수축) 운동 속에 있다. 이 이중의 운동이 끊임없이 작동하는 세계, 바로 그것이 사유 이전의 세계이며, 예술이 표현해야 할 그 세계인 것이다.

살덩이들은 살들의 강에서 솟아나고, 다시 살들의 강으로 되돌아간다. 그것은 끊임없이 돌아가는 삶의 신비주의이다. 그렇지만 매우 실감나는 신비주의이다. 훗날 베이컨은 삼면화(triptych)를 통해서 긍정운동을 추가함으로써, 영원회귀를 구현해 낸다. 그야말로 살덩이들의 거대하고 무한한 순환이다. 그 바깥은 없다. 오로지 살덩이들이 수축하며 솟아나서 생이 만들어지고, 다시 팽창하여 분산되며 그 강으로 되돌아가고, 다시 수축하고, 또 팽창하기를 거듭하는 장(場)만 있을 뿐이다. 오로지 그 살덩이들이, 그 고기들이 순환할 뿐인 것이다. 그래서 베이컨이 말한 "고통 받는 모든 인간은 고기다"[8]라는 말이 이해된다. 동시에 "화가는 도살자이다"[9]라는 들뢰즈의 말도 분명해진다. 이 세상은 살들의 숲으로 울창하다.

---

8. 들뢰즈, 『감각의 논리』, 34쪽.
9. 들뢰즈, 『감각의 논리』, 34쪽.

질 들뢰즈의
『감각의 논리』
후기

저는 미술이나 음악, 영화에 대해 단순히 '멋지다'는 감상에 기반하여 접근하고 평가
했었습니다. 머리로는 이해되지 않지만 보자마자 절로 감탄이 나오면 훌륭한 작품
처럼 여기곤 하였지요. 그러나 남들이 멋지다고 하지만, 나에게 멋지지 않은 경우가
더욱 많았습니다. 내가 이상한 것일까, 한참 고민한 적이 많았지요. 또 요즘에는 세
상이 좋아져서 유명한 작가들의 작품을 워낙 많이 보아 온 탓에 신문이나 잡지에 나
와 있는 평론가들의 해설에 근거하여 작품에 접근하고 평가하려고 합니다. 그러니
까, 결국 우리는 대중적인 감수성이나 평론가들의 해설로만 예술작품에 접근하는
것 같습니다. 그러나 철학을 공부하면서 저는 예술을 바라보는 관점도 많이 달라졌
습니다. 예술이란 것이 굉장히 철학적인 대상이라는 것도 알게 되었고요.

　흔히 이 세상에 있는 모든 것들에 대해 생각하는 것을 '존재론'(存在論, Ontology)
이라고 합니다. '있다'는 사태를 가리킬 때, 좀 폼나게 표현한 한자어가 바로 '존재'
(存在)이지요. 존재론은 이 세상에 '있는 것'이 대체 어떻게 있게 된 것인지, 그것들의
본질은 무엇인지, 그것들이 어떻게 변화하고 있는 것인지 등등에 대해 생각하고 말
합니다. 사실 다양한 철학자들이 자신만의 존재론을 가지고 있다고 할 수 있습니다.

　전통적인 존재론은 '있는 것들', 그러니까 '존재자들'(있는 것들) 모두에게서 공통
된 것으로 추출된 '존재'라는 추상적인 대상을 먼저 정립하고 그것에 대해 사고하고
추론하는 것입니다. 다시 말하면 이 세상에 있는 모든 것들 속에 무언가 공통적인
것을 추출해서 그것에다가 '존재'라는 라벨을 붙이고, 그것에 대해 이것저것 고민하
는 것이 전통적인 존재론입니다. 플라톤의 이데아론도 눈으로 보이지 않지만 실제
로 존재한다고 할 수 있을 진짜 존재자를 찾는데, 그것을 '이데아'라고 불렀습니다.
그리고 전통적인 형이상학에서는 그 진짜 존재자를 특별히 '존재'라고 이름 붙였죠.
그러므로 '존재'와 '존재자'는 서로 다릅니다. 존재는 존재자 위에 군림한다고 할 수

도 있을 것 같습니다. 물론 다양하게 논의할 수 있겠지만, 전통적으로는 그렇게 보아도 무방하다고 할 수 있습니다. 이 맥락에서 전통적인 존재론의 목표는 세계 전체의 '본질'을 파악하는 것이죠. 존재는 거칠게 말하면 '본질'이라고 할 수 있거든요. 그리고 그것은 대개 세상 밖에 있습니다. 존재자들 위에 있다고 하면 딱 맞습니다.

그러나 칸트는 아주 다른 것을 제시합니다. 그것은 "대상이 아니라 우리가 대상을 인식하는 방식에 관계한다"라는 초월론 철학의 칸트적 정의를 되새겨 보면 정확하게 드러납니다. 그는 '존재 그 자체'를 논하는 것에 대해서 의문을 가지고 있습니다. 논구해야 할 대상이 이미 주어져 있고, 그것들 중에서 진짜 있는 것이라고 할 수 있는 것이 무엇이냐고 묻는 것은 무비판적인 태도라고 본 것이죠. 따라서 "주어져 있을 객관을 상정하지 않은 채" 있는 것들(존재자들)을 어떻게 인식하느냐를 따져 보는 것, 그래서 인식하는 방식에 따라 그때그때 달라지는 대상에 대해 다시 생각해 보도록 하는 것, 그것이 칸트 존재론의 핵심입니다. 전통적인 존재론과는 다르게 바뀐 것이어서, 혹자들은 이것을 '초월론적 전회'라고도 부릅니다.

이렇게 이야기하고 나니까, 잘 알지도 못하면서 막 이야기한 것처럼 보이네요. 아무튼 제가 말하고 싶었던 것은 '존재론'은 이 세상에 있는 것들에 대해 썰[說]을 푼 철학이라는 것입니다. 또 그런 썰들이 여기저기서 다양하게 존재하고 있다는 것이고요.

들뢰즈도 그만의 특유한 존재론을 가지고 있습니다. 흔히들 그의 존재론을 '일의적 존재론'(一義的存在論, univocal ontology)이라고 합니다. 말뜻대로만 하면 존재는 한 가지 의미로 이야기된다는 것입니다. 이게 무슨 뜻일까요?

전통적인 존재론이나 칸트의 존재론 모두 '존재'와 '존재자'는 분리되어 있다고 할 수 있습니다. '존재자들(있는 것들)'로부터 공통적인 것을 추출해 모아 놓은 것으로, 따로 '존재'라는 것이 있다고 하는 입장이니까요. 그리고 그 존재가 존재자들을 만들어 내고 구성한다고도 봅니다. 책, 테이블, 연필, 종이 등등은 존재자들입니다. 그러나 이것들은 '나무'라는 동일한 재료로 제작되어진 것이며, 궁극적으로 더 나아가면 '사물이 생성되는 원리'로까지 존재론적으로 규명될 수 있습니다. 거칠게 말하자면 그 원리란 게 바로 '존재'입니다. 원리, 본질인 존재로부터 책, 테이블, 연필, 종이라는 존재자들이 제작되어 나옵니다. 하나는 개념적으로, 다른 하나는 물리적으로 규정되었기 때문에 서로는 분리되어 있습니다. 존재와 존재자는 절대 같지 않지요.

그러나 들뢰즈에게 존재는 존재자들에 내재하고, 존재자들은 존재에 내재합니다. 어떤 선생님은 이것을 종이와 종이 주름으로 알기 쉽게 설명하시기도 합니다.[10] 이리저리 접힌 종이의 경우, 우리가 종이와 종이 표면에 있는 종이 주름들을 따로 구분하여 이야기할 수 있을지 몰라도 종이와 종이 주름들을 분리하거나 나눌 수는 없습니다. 이와 마찬가지로 존재(종이)와 존재자들(종이 주름들)은 서로 서로 내재해 있기 때문에 서로 분간이 불가능하며, 또 이렇게 서로 분간이 불가능하기 때문에 오로지 하나의 의미로만 이야기될 수 있습니다.

그렇게 되어 버리면 존재와 존재자 사이에 가치의 우위도 따질 수 없게 됩니다. 존재와 존재자는 같은 표면에서 함께 살고 있으니까요. 누가 누구 위에서 군림하는 따위는 불가능하지요. 조금 고상한 말로 표현하면 존재의 일의성은 존재론적 비등가성(비동등성, inéquivalence, inégalité, 존재와 존재자는 다르다)과 공존할 수 없다고 말할 수 있습니다. 만일 그것들이 비등가적으로 이야기할 수 있게 된다면, 존재와 존재자는 다르게 이야기될 것이고, 그렇게 되면 서로 구분이 가능해지고, 그렇다면 전통적인 존재론으로 회귀하고 말겠지요.

그래서 들뢰즈는 존재-존재자 구도보다(물론 이 말들을 사용하지 않는 것은 아닙니다만), 잠재적인 것과 현실적인 것이라는 구도를 더 잘 사용하는 것 같습니다. 존재와 존재자가 분간 불가능한 것처럼, 그는 잠재적인 것과 현실적인 것이 서로 분간 불가능하게 섞여 있다고 생각합니다. 잠재적인 것이 아직 현실화되지 않았다고, 그것이 이 세상에 아직 없다고 말할 수는 없습니다. 마치 씨앗이 열매, 꽃과 함께 존재하고 있는 것처럼 말이죠. 만일 잠재적인 것을 '존재'라고 말한다면(존재=잠재적인 것), 들뢰즈의 구도에서 존재도 이 세상에 '있는 것들'(존재자 = 현실적인 것)이 되어 버립니다. 즉 존재가 존재자들과 뒤섞여 있는 것이지요. 심지어 그것은 다양한 가능성을 품고 있으므로 다양한 것으로 '있는 것'이 되어 버립니다. 즉 존재는 다양합니다.

그런 의미에서 예술은 다양하게 뒤엉켜 현실적인 것들 안에 삽입되어 있는 존재(잠재적인 것)를 길어 올려 현실화하는 작업이라고 생각해 볼 수 있습니다. 특히 예술은 지각을 통해서 존재에 접근하여 추출해 내는 작업인 것 같습니다. 그래서 들뢰

---

10. 박정태, 『철학자 들뢰즈, 화가 베이컨을 말하다』, 이학사, 2012, 21쪽.

즈는 이렇게 말합니다. "예술의 목적은 재료의 방법들에 의해, 대상에 대한 지각작용들로부터 그리고 지각하는 주체의 상태들로부터 지각을 떼어 내는 것이며, 한 상태에서 다른 상태로의 전이인 감정 작용들로부터 정서를 단절시키는 것이다. 즉 감각들의 덩어리를, 하나의 순수한 감각 존재를 추려내는 것이다."[11] '지각하는 주체'(예술가)가 존재에 접근하여 느끼게 되는 그 '느낌(지각)'을 '지각하는 주체'가 따로 떼어 내어 우리들에게 전달하는 작업이 예술이라는 것입니다. 그 의미에서 예술 작품은 존재에 접근했던 주체가 느꼈던 감각 덩어리를 떼어 내 만들어 낸 것입니다. 그래서 들뢰즈는 그것을 '순수한 감각 존재'라고 불렀습니다. 감각 그 자체인 것, 그것이 예술작품입니다. 신기하지요. 감각을 떼어 낼 수 있다고 생각한 것이나, 그것을 존재라고 부르는 따위의 생각이 굉장히 찌릿한 것입니다. 이런 찌릿함 자체가 완전히 새로운 감각이지요.

과학이 함수를 통해서 존재에 접근하고, 철학이 개념을 통해서 존재에 접근한다면, 예술은 감각을 통해서 존재에 접근합니다. 과학과 철학과 예술은 각자의 일을 위해서 결코 서로를 필요로 하지 않습니다. 단지 서로의 영역이 겹치지 않으면서 절묘하게 자신의 일을 함으로써 궁극적으로 서로 협력하고 있을 뿐입니다.

굉장히 놀라운 설명이었습니다. 예술이 감각이라니, 그렇다면 예술작품을 내 눈으로 여기고 '사용하면' '존재'를 볼 수 있을 것입니다. 마찬가지로 예술작품을 나의 귀로 여기고서 '사용하면' '존재'를 들을 수 있어야 합니다.

이런 관점에서 문학작품, 특히 소설도 완전히 다르게 여겨졌습니다. 지금까지는 도무지 이해되지 않고 난데없어 하던 현대 소설들이 흥미로운 감각 덩어리로 여겨지기 시작했습니다. 앞에서도 말씀드렸지만 세계문학전집을 닥치는 대로 읽어 댔습니다. 우선 이탈로 칼비노의 『보이지 않는 도시들』. 소설 속의 마르코 폴로는 자신이 방문했던 도시들의 이야기를 중국 황제 쿠빌라이 칸에게 들려줍니다. 칼비노가 보기에 책이란 독자가 길 이곳저곳을 돌아다니며 길을 잃기도 하고 다시 나아가기도 하다가, 어느 순간 갑자기 출구들을 찾게 되는 그런 공간입니다. 그런 의미에서 각

---

11. 들뢰즈·가타리, 『철학이란 무엇인가』, 239쪽.

각의 도시들은[12] 사유의 극한치에 갔을 때 그 끝에서 만나는 '출구'들일 것입니다. 바로 출구들이 칼비노가 찾은 잠재적인 것이란 생각이 들었습니다. 결국 소설을 읽는 것은 칼비노가 출구를 찾아가는 감각을 빌려 오는 일입니다.

두 사람이 도시들(출구들)을 상상하는 방식은 완전히 반대입니다. 쿠빌라이 칸은 왕답게 규범에 부합하는 것을 모두 포함하고 있는 모델 도시를 먼저 제시하고, 그 도시로부터 얼마나 멀리 떨어져 있는지 계산하면서 도래할 도시들을 추론합니다. 반면, 마르코 폴로는 이를 완전히 뒤집어 예외와 배제되어야 할 것으로만 이루어진 모델 도시를 가지고 도래할 도시들 —— 그러니까, 가능성들 —— 을 추론합니다. 폴로의 도시는 없을 것 같은 것들로만 이루어진 도시이죠. 폴로가 보기에 그것이 바로 우리가 만나야 할 도시이고 사유해야 할 것들입니다. 사유 불가능한 것들을 돌파하여 도달한 새로운 가능성의 공간들. 칼비노의 감각을 소설을 통해서 내 몸으로 이전시킨다고 생각하며 읽어 보았습니다. 정말 그런 감각이 생겨나는 것 같습니다.

저에겐 잊을 수 없는 소설이 한 권 있습니다. 미셸 투르니에의 『방드르디, 태평양의 끝』. 제게 단 한 권의 소설을 고르라면 언제나 서슴없이 고르곤 하는 책입니다. 물론 언제나 카프카와 투르니에 사이에 살짝 머뭇거리지만, 단 한 권만 고르라면 꼭 이 책을 택합니다. 이 책은 주체에 관한 최고의 사유실험을 보여 주는 책입니다. 또한 그 주체가 어떻게 변화하는지를 완벽하게 보여 준 책이기도 하지요.

그런데 중요한 것은 그 변화가 '수양론'으로는 절대 도달할 수 없으며, 그것과 본질적으로 다르다는 것을 명료하게 말해 준다는 점입니다. 즉, 주체의 변화는 자기수양을 통해 평안을 찾는다거나 자기계발을 통해 역량이 증대되는 것과 완전히 다르다는 것을 보여 줍니다. 오히려 자기수양이나 자기계발은 기존의 자기를 강화하는 행위로 주체변형을 가로막는 일이기도 합니다. 그러나 주체변형은 그것과 달리 근본적으로 주체가 사라지는 지대를 통과하는 일입니다. 주체가 강화되는 것과 주체가 사라지는 것은 완벽히 반대입니다.

로빈슨이 버지니아호에 이끌려 태평양 외딴 섬으로 온 것은 운명입니다. 이 운명적인 섬의 유일한 생존자, 로빈슨은 이곳에 자기 혼자뿐이라는 어처구니없는 운명

---

12. 55개의 도시들이 총 9부로 나뉘어 각 부별로 5개씩(1부와 9부는 10개씩) 묘사되고 있지요

살덩이의
순환

을 거슬러, '부재하는 타인들'을 재현해 내려고 몸부림칩니다. 버지니아호 물건들을 섬 동굴로 옮기고, 우리에 동물들을 잡아 가두고, 땅을 경작하여 곡식을 쌓아두는 것. 게다가 교회 제단 위에서 매일 성서를 읽고, 물시계로 유럽의 시간을 이 외딴 섬에서 재현하는 것. 급기야 섬을 '통치'하기 위해 법률을 만들고, 자신을 총독으로 칭합니다. 거주민이 단 한 사람, 총독 혼자뿐인 영국령 국가, 스페란차 총독 로빈슨.

그러나 이 과정에서 로빈슨은 타인이 없다면 자신도 존재하지 않는 것이나 다름없다는 걸 완벽하게 깨닫습니다. 모든 비존재(아직 현실적인 것[존재자]이 되지 못한 것들)는 존재하기를 열망할 테지만, 그것은 타자를 통해서만 가능한 일입니다. '자신'이란 존재는 타인들의 시선 속으로 들어갈 수 있을 때 비로소 만들어지는 구성물인 것입니다. 다른 사람들을 통해서 인정될 때 그 순간 나도 있습니다. 그러나 스페란차에는 그런 타인이 없죠. 따라서 사실상 '나'도 없습니다. 어쩌면 '타인 상실'로 발생하는 '고독'은 '나'로 침잠해 들어가는 것이 아니라, '나'를 잃는 것이라고 해야 할 것 같습니다. 소설이 알려 주는 놀라운 이야기입니다. 타인이 없으면 나도 없습니다.

사실 주체변형의 열쇠는 이것입니다. 이 지대를 통과해야 하는 것입니다. 그것은 매우 역설적인데, 타자들의 집합인 '자기'가 변하는 것은 기존 타자들의 해체를 통과하지 않고서는 불가능합니다. 즉, 기묘하게도 '고독'은 다른 타자와 만나기 위해 불가피한 체험인 것입니다. 로빈슨은 스페란차의 진흙 속으로 미끄러져 들어가면서 '완전한 고독'을 체험하고, 자신의 얼굴을 잊어버립니다. 아니, 잃어버립니다. '나'가 없어지는 완전한 무의 상태에 도달하는 순간, 마침내 그는 기존 세계의 타자들이었던 '유럽인들', 더 나아가서 '인간들'로부터 벗어나게 되었습니다.

타인은 타자 중에 인간들을 말합니다. 타자는 인간 이외의 동식물, 사물들, 심지어 추상적인 개념, 언어들 일체를 포함합니다. 로빈슨이 스페란차에 처음 왔을 때는 '타'인'만을 의식하였습니다. 그러나 진흙 속으로 들어간 이후, '타인'을 넘어서 스페란차의 수많은 '타자'들을 알게 됩니다. 이 지점에 이르자, 로빈슨은 삶과 죽음이 기본적으로 '다르지 않다'고 느끼죠. 대지의 차원에서 본다면, 삶과 죽음이 뒤섞여서 정말 지혜롭게 존재하고 있었던 것입니다. 제가 보기에 그는 들뢰즈가 보았던 그 지대, 그러니까 일의적인 존재 그 자체에 도달하게 된 것이 아닌가도 싶습니다. 트루니에의 작품을 '사용하여' 저는 트루니에가 일의적 존재에 대해 체험한 감각을 내 몸으로 느끼게 됩니다.

이런 로빈슨에게 찾아온 새로운 형태의 타자인 15살 인디언 혼혈아, 방드르디. 로빈슨은 이 방드르디와 함께, 새로운 인간, 새로운 시간으로 넘어갑니다. 자기가 만들어 가는 이 새로운 길 위에서 자기 몸을 새롭게 구성해 가는 것이야말로 진정 '진보'라고 생각하게 되는 것입니다. 그것은 유럽의 시간을 부정하는 것이었습니다. 소설 마지막에 트루니에의 로빈슨은 원작의 로빈슨 크로소와는 달리 유럽으로 돌아가지 않습니다. 유럽으로 돌아가지 않는 로빈슨이야말로 주체의 혁명을 상징하는 명장면입니다.

투르니에는 로빈슨을 유럽으로 왜 돌려보내지 않았을까요? 로빈슨은 스페란차에서 이미 새로운 타자를 발명해 버린 것입니다. 그리고 동시에 그 타자들에 걸맞는 새로운 자아가 탄생해 버린 것입니다. 그는 이제 유럽으로 돌아갈 필요가 없게 되었습니다. 인정욕망과 나르시시즘으로부터 벗어나는 것은 새로운 타자를 발명하는 것으로부터 출발하는 것이로구나, 하는 깨달음마저 찾아옵니다. 저도 이 장면을 읽으면서 이렇게 주절거렸습니다. "나도 로빈슨처럼 그 전으로 돌아가지 않겠다." 어쩌면 두려움 없이 기존 세계로 돌아가지 않는 것, 바로 그것이 혁명입니다.

이제 로빈슨은 '자신의 진보'에 자신의 모든 것을 겁니다. 그는 자기 몸이 하나의 거대한 손으로 둔갑하고, 다섯 손가락이 머리와 팔과 다리로 변하는 꿈을 꿉니다. 다리가 검지처럼 일어서고 두 팔이 두 다리처럼 걸어가고 몸이 마치 하나의 손가락 위에 얹힌 손처럼 이 다리 저 팔 위에 자유자재로 얹힐 수 있어야 했습니다. 내 몸은 손바닥, 팔 다리는 손가락. 고독한 자에게 진보는 멀리 있지 않습니다. 진보는 이 고독으로부터 시작합니다.

미셸 투르니에의 사고실험은 들뢰즈식으로 말하면 잠재적인 층위에 도달하는 실험이고, 그 실험으로 길어 올린 완전히 새로운 감각을 우리들에게 전달해 주는 실험입니다. 굉장했습니다. 들뢰즈를 알고 나서 읽게 된 소설들은 어떤 새로운 정신을 부여해 주는 것 같았죠. 예술을 통해서 감각을 바꾸는 일은 그저 감탄하고 마는 일이 아니란 생각을 갖게 합니다. 그것은 진정으로 내 신체를 바꾸는 일입니다. 예술작품들을 내 신체에 장착하고 연결시켜서 내가 보지 못하고, 듣지 못하고, 느끼지 못한 것을 완전히 새롭게 보게 하고, 듣게 하고, 느끼게 하는 것입니다. 예술작품은 그것 자체로 '감각기관'입니다. 예술은 감상하는 것이 아니라, 사용하는 것이죠. 예술가가 느낀 것이 바로 내가 느낀 것입니다.

살덩이의
순환

6부
———

철학을
향유하는 책들

나는 다른 행성에서 왔다!

—

미셸 푸코, 『성의 역사』와 『지식의 고고학』

침 묵 과 변 형

미셸 푸코의 삶을 읽다 보면, 다이내믹하게 변해 가는 그의 사유들 때문에 크게 놀라게 된다. 특히 『성의 역사 1 : 앎의 의지』(1976) 이후 8년간의 침묵 속에 이루어진 변화는 지금도 회자되는 유명한 이야기이다. 그러나 그 기간 동안 이루어진 그의 탐구를 이해하기는 그리 쉽지 않다. 그 기간 동안 푸코의 시선이 머문 대상이 다소는 엉뚱한 것이라면 엉뚱한 것이기에 더욱 그렇다.

물론 '현대'를 밝히기 위해서 언제나 그가 '역사'를 천착해 들어간 것은 사실이지만, 그 8년 동안 그가 헤맨 시간대가 그리스·로마 시대인 점은 도무지 이해하기 힘든 것이었다. 그의 전 저작을 통틀어 그가 그리스·로마 시대를 중심에 두고 연구를 진행했던 적은 한 번도 없었다. 혹자는 그도 역시 여러 대가들처럼 영원한 지혜의 젖줄(?)인 그리스·로마로 돌아갔다느니, 그가 고대의 자기수양론에 빠져 퇴행적인 개인주의로 물러나 버리고 말았다느니, 심지어 그의 후기 철학은 신자유주의적인 자기계발론에 불과하다는 혹평을 내놓기까지 한다.[1]

그러나 그의 침묵은 그런 것들과는 너무나 멀리 떨어져 있는 것이다.

오히려 화산지대의 마그마처럼 온갖 생성이 주체할 수 없을 정도로 솟아나는 자리이기 때문에 어떤 말도 고정적으로 하지 못했을 뿐이었다. 푸코 강의 편집자인 프레데리크 그로가 정확하게 표현하였듯이, 1980년대 그의 말년이 터 잡은 지대는 개념들이 놀라운 속도로 바뀌는 곳이고, 문제틀도 새롭게 마구 생성되는 곳이었다. 아마 푸코 자신도 자신의 사유를 따라잡지 못했을 것이다.[2]

그는 이 지대를 그의 마지막 서서 『성의 역사 2 : 쾌락의 활용』(1984) 서문에 '변형'(Modifications)이라는 제목으로 비교적 자세하게 설명해 놓았다. 푸코는 19세기 이전 사람들은 '성'(sexuality)을 우리가 현재 알고 있는 바대로 경험해 보지 않았다고 말한다. 푸코는 고대인이 경험한 느낌이 현대인인 우리가 경험하여 알고 있는 '성'(sexuality)인지도 의문스럽다고 생각한다. 한 여자(남자)가 한 남자(여자)를 죽도록 사랑하고, 어떤 육체적 열락을 상상하며 섹스에 열중한다거나, 동시에 섹스에 대한

---

1. 사사키 아타루는 그의 저서 『야전과 영원』에서 죽기 직전의 푸코 인터뷰(1984년 5월 29일 인터뷰로서 의사에게 여생이 얼마 남지 않았다는 말을 들은 직후이다. 실제 그는 이로부터 한 달도 되지 않아 타계한다)를 인용하면서 푸코가 말년에 자신의 탐구를 부정했다는 식으로 서술한다. 자기배려가 항상 '교단'의 형태와 연계되며, 그러다 보면 그것이 '폐쇄적이고 배타적인 교단'에 종속되어 수행하는 것이 되므로, 현대적 관점에서 보면 소수의 엘리트들에 의한 컬트적인 자기계발에 불과하다는 것이다(사사키 아타루, 『야전과 영원 : 푸코·라캉·르장드르』, 안천 옮김, 자음과모음, 2015, 727~741쪽). 그러나 나는 그것이 형식적 자기배려 혹은 자기배려를 형식적으로 표방하는 공동체가 미끄러질 수 있는 수많은 오류들 중 하나를 경고한 것일 뿐이지, 푸코가 자신의 연구 전체를 부정한 것은 아니라는 점을 말하고 싶다. 물론 세네카의 스토아주의는 기독교의 교회체제에 의해서 포섭되면서 그것을 증명해 주었다고 할지도 모른다. 그러나 그것은 스토아주의에서 말하는 자기배려의 형식을 뒤집어 기독교 교리에 전유한 것이지, 자기배려 그 자체와는 너무나 다르다(오히려 정반대이다!). 또한 소크라테스주의와 에피쿠로스주의의 자기배려는 현대에 와서 마르크스주의와 소수자운동으로 부활해 대안담론의 기반이 되기도 하였다. 저항 공동체가 '세속적 교단'으로 전락하는 것은 모든 공동체가 직면하는 위기이지, 자기배려-공동체만의 문제는 아니다. 오히려 정치경제 관점에서 진정 자기배려적인 방식으로 운영될 때 공동체는 매번 새로운 갱신 속에서 세속적 종교단체로 전락할 위험에서 벗어날 수 있을 것이다. 나는 이 위험이 공동체 내의 경제적 효용성과 교환관계와 깊이 관련된다고 생각한다. 경제적 관계가 안정화되었을 때 공동체는 효용성에 종속되어 종교적 교단에 가깝게 굳어지는 것이 아닌가 싶다. 그 순간 자기배려는 자기가 아니라, 외부에 쉽게 전유당한다. 이 부분은 더 많은 사유가 필요한 주제다.

2. 푸코, 『주체의 해석학』, 545쪽.

상상이 불경스런 일이 되어 자기검열에 빠지는 그런 '성'은 우리들에게 19세기 이후에나 도래했을지 모른다는 것이다.

그게 가능하려면 자기 자신을 '성'의 주체(subjects of a 'sexuality')로 인식할 수 있어야 한다. 그러니까 스스로가 앞에서 말한 유형의 성적 쾌락을 욕망하고 경험할 줄 알아야 하는 것이다. 그렇지 않으면 그것은 성적 쾌락이라고 할 수 없는, 그저 육체적 접촉에 불과한 것으로 경험하게 될 뿐이다. 아니, 이것조차 '육체적인' 접촉으로 여겼을지 의문이다. 육체라는 개별성조차 다른 감각이었을지 모르니까. 마치 이것은 아기에게 최고사양의 고급 노트북을 아무리 가져다 줘도 깨물기만 할 뿐 다른 용도로 사용할 이유가 없는 것과도 같다. 고대의 주체에게도 생물학적으로는 육체적 쾌락이란 게 있었을는지 모르겠지만, 당시의 주체가 경험한 그 쾌락이 지금의 것과는 완전히 다르다고 추론해 볼 수 있다. 푸코는 그것을 추적해서 불연속적으로 변해 온 '경험으로서의 성의 역사'를 탐구하고 싶어 한 것이다.[3]

어 떻 게 나 는 나 를 바 꾸 는 가 ?

그러나 푸코는 작업을 시작하고 얼마 안 있어 자신이 굉장히 어려운 문제에 봉착했다는 것을 깨닫는다. 푸코는 기존 방식으로 탐구를 시작했다. 시대마다 다르게 전개되어 온 담론활동들을 분석해서 쾌락을 둘러싼 지식들이 어떻게 형성되어 왔는지(지식의 형성과정), 권력관계와 그 기술을 분석해서 쾌락을 둘러싼 권력들이 어떻게 변화해 갔는지(권력의 형

3. 미셸 푸코, 『성의 역사 2 : 쾌락의 활용』, 문경자·신은영 옮김, 나남, 2004, 18쪽.

성과정)도 알 수 있었다. 즉, 우리가 알고 있는 지식들이 어떤 힘들에 의해 어떻게 구성되어 갔는지를 나름 알 수 있게 되었다. 이것만도 대단한 성과였을 것이다.

그러나 그것만으로 문제들이 해결되지 않았다. 지식과 권력이 구성되어 온 과정은 대체로 알게 되긴 했는데, 그렇게 형성된 지식과 권력을 어떻게 우리는 인정하고 받아들이며, 또 그런 지식과 권력이 일러 주는 대로 우리는 이렇게 '나'를 이해하고, 순응하게 되는 걸까? 어떻게 나는 그런 사람이 되고자 욕망하고 행동하게 되었을까? 그래서 궁극적으로 나를 그런 사람(그러니까 생물학적으로는 성적 쾌락을 욕망하지만, 원활한 사회생활을 위해서 그 욕망을 억눌러야만 하는 사람)으로만 해석하고, 그렇게 행동하는 자가 되었을까? 요컨대 나는 담론과 권력을 어떻게 받아들이고 그것대로 나를 바꾸어 갔는가? 이것은 무척이나 중대한 질문이다. 아무리 담론이 강력하고, 권력관계가 요상해도, 기존 담론과 권력관계로 둘러싸인 내가 그것들을 받아들일 줄 모른다면 도무지 소용없는 것이다.

이 질문을 풀어내려면 푸코는 지금까지 작업했던 방향을 모조리 다 갈아엎어야 했다. 구조를 구성해 내는 담론이나 권력관계를 분석하기보다, 개인들 각자가 스스로를 해석해 온 방식들을 추적하는 작업을 해야 하는 것이다. 개인들은 어떻게 자신의 욕망을 해석하고, 그 해석된 욕망을 따라 어떻게 행동해 왔는가? 즉 개인은 자기를 어떤 사람으로 해석하고 구성하여 왔는가? 그것은 '주체의 해석학'이자, '욕망의 해석학'이다.

이런 작업의 전환은 푸코의 생애를 두고 보았을 때 매우 위험한 일이었는데, 푸코는 사람들의 비판을 염두에 두고 다음과 같은 말을 남긴다.

"위험? 그것은 내가 예고했던 출판계획을 지연시키고 뒤엎는 것이었다 [중략] 애를 쓰는 것, 시작하고 다시 시작하는 것, 시도해 보는 것, 틀리는 것, 모든 것을 처음부터 끝까지 다시 하는 것, 그러고도 여전히 발걸음을 머뭇거릴 방도를 생각해 내는 것, 요컨대 의구심을 품고서 신중하게 작업하는 것이 포기와 다름없어 보이는 사람들로 말하자면, 우리가 그들과 같은 행성에서 온 사람들이 아니라는 것(nous ne sommes pas de la même planète)은 명백한 일이다."[4]

결정적으로 자신의 기존 작업을 전부 뒤엎고, 기존에 얻은 모든 성과와 명성을 전부 내던져야 하는 상황. 자신이 전문적이지 않았던 문헌들(그리스·로마 문헌들)에 손을 대야 하는 위험을 무릅써야 하는 상황. 보통의 학자라면 그런 위험천만한 일을 상상하지도, 실행하지도 않을 테지만, 푸코는 모든 것을 다시 시작하고야 만다.

지 식 은 자 명 하 지   않 다

그것은 대단한 에너지이자 모험이었다. 그러나 나는 이 문장을 읽으면서 그가 자신을 내던지며 돌파하려는 위험들을 이미 오래전에 장엄하게 묘사한 바가 있다는 것을 기억해 냈다. 그의 초기 저서인 『지식의 고고학』에 쓴 다음 글이다.

"결국 위험은, 이미 존재하는 것에 기초를 주는 대신에, 소요된 노선들의 충분한 특징들로 되돌아가는 대신에, 수많은 실책과 밤을 보낸 뒤

---

4. 푸코, 『성의 역사 2 : 쾌락의 활용』, 21~22쪽. 번역은 인용자가 일부 수정.

모든 것이 구체화되었다고 공언하는 이 은총받은 원환을 수행하는 대신에, 우리가 익숙해져 있는 보장을 멀리 떠나 친숙한 광경들의 **바깥** (dehors, beyond familiar territory)으로, 우리가 아직 그 범주들을 구성하지 못한 땅으로, 예견하기 어려운 종말로 다가가야 한다는 것이다. 지금까지 역사가들의 보호를 받았던 모든 것이, 이 모든 것이, 분석에 의해, 하얀, 무사심한, 내면성도, 약속도 없는 공간을 되찾음으로써, 사라질 위험에 처한 것은 아닐까?"[5]

위 문장은 그가 주창하는 역사 탐구 방식이 지식의 고고학이고, 그 고고학은 '담론 형성 작용'(formation discursive)을 탐구하는 작업이라고 설명하는 장의 마지막 묘사다. 이 챕터는 우리가 자명하게 여기는 일들이 모조리 담론작용에 의해서 이루어졌다는 것을 보여 준다. 통념을 지배하는 네 가지 가설이 푸코 특유의 비판과 함께 역동적으로 전개된다.

첫번째 가설. 여러 언표들이 무언가 유일하고 동일한 대상 하나를 중심으로 엮일 때, 하나의 지식 단위가 된다는 주장이다. 우리는 정신병리학이 당연히 '광기'라는 유일한 대상을 중심으로 엮인 것이라고 생각한다. 그러나 정신병리학이 대상으로 삼는 '광기' 그 자체가 매우 이질적이고, 복수적이라는 사실을 깨닫는다면 그런 가설이 가짜임이 곧 드러난다. 어느 정도여야 미쳤다고 할 것인가? 겉으로 보기에 정상처럼 보인다고 해서, 내 안에 숨겨져 있는 기이한 생각들을 미쳤다고 하지 않을 수 있는가? 즉 광기는 자연적인 개념이 아니다. 오히려 그것은 사람들이 자의적으로 구성하고, 심지어 가공하기까지 하는 개념이다. 다시

5. 미셸 푸코, 『지식의 고고학』, 이정우 옮김, 민음사, 2000, 69쪽. 강조는 인용자.

말하면 '미친 놈'은 원래부터 그러하지 않다. 그는 어떤 상황과 배치 속에서라야 미친 사람이 된다. 즉, 유일하고 동일한 하나의 대상이란 없는 셈이다.

두번째 가설. 어떤 스타일(양식)이 성립하면 하나의 단위로 구성된다는 주장이다. 요컨대 '의학'이란 특정한 병의 속성에 대해 서술한 '기술적(記述的) 언표들'(병을 기술하는 방식)이 모여서 된 것인 듯 보인다. 즉, 병증의 형태, 병증의 효과, 병증의 치료법 등등 객관적 사실을 기술한 지식들이 의학이라고 흔히 생각한다(여기서는 객관적인 사실들을 모아 기술하는 것이 현대의 스타일이다!). 그러나 의학은 그것 말고도 우리들 속에 스며든 생명이나 죽음의 의미, 시대마다 다른 윤리적 선택(공동체 윤리상 치료해야 할 것과 하지 말아야 할 것들), 치료적 선택(치료 방식을 알고도 터부에 따라 치료를 못하거나, 심지어 치료하지 않는 경우) 등등이 알게 모르게 작용하여 이루어진 것이다. 2,000년 전에는 전혀 병이라고 할 수 없었던 것을, 근대에 와서 생명이나 죽음에 대한 태도와 지식이 바뀌면서 비로소 병이라고 규정하여 기술하고 있기도 하다. 즉 객관적인 사실을 기술한다는 특정 스타일이 규정된다고 하나의 지식이 되는 것은 아니다. 그것은 그런 스타일을 넘어서서 복잡한 조건 속에서 형성된다.

예컨대 암은 고대인들에게도 동일한 물질 현상이었을 터이지만, 그들은 그 현상을 '병'으로 인식하기보다, 그것을 치료 가능여부에 상관없이 죽음 그 자체로 이해하고 있기 때문에 치료 대상으로 생각조차 하지 않았을지 모른다. 그러던 것이 현대에 와서 새로운 의료적 배치(병원)와 언표(의학) 속에서 삶에 대한 태도가 바뀌고, 마침내 암을 치료해야 할 대상으로 인식하여, 비로소 병이라고 생각하게 된다. 그러다 보니 암이란 현상을 고치기 위해, 다른 생명 작용을 제한하는 치료행위(예컨대 항암치료)가 시도되는 환경이 형성될 수 있다. 고대라면 도무지 선택할 수 없었을 그 치료체제가 도래하는 것이다. 다시 말하면 언표들이 한 곳에 모여들게 하는 어떤 배치들, 어떤 놀이들이 있다는 것(예컨대 새로운 윤리, 새로운 의료제도 등등)이다.

세번째 가설. 어떤 항구적이고 정합적인 개념 체계가 있어서 하나의 단위가 구성된다는 주장이다. 이른바 개념적 통일성. 아마 학자들이 가장 집착하기 쉬운 관념이 아닌가 싶다. 예컨대, 문법학자들은 수의 법칙처럼 주어, 동사 등 문법 개념을 창안하고, 그에 맞게 문장 현상들을 배열하여 꿰맞추며 집어넣고, 이어서 마침내 문법적 건축물을 영구불변한 법칙인 양 만든다. 그러나 그것은 '그릇된 통일성'(false unity)이다.[6] 개념적 건축물을 하나하나 뜯어 보면 서로 양립할 수 없는 개념들을 외관만 그럴듯하게 연결시켜 놓은 게 대부분이다. 실제는 이질적인 것들을 가져다가 통일된 것처럼 치장해 놓았을 뿐인 거다.

마지막 네번째 가설. '중농주의'처럼 어떤 테마가 동일성을 가지고 일정하게 존속하는 경우 하나의 단위가 된다는 주장이다. 그러나 중농주의조차도 그리로 들어가 뜯어 보면 서로 다른 중농주의들이 존재한다는 것을 대번에 알게 된다. 케네의 중농주의와 공리주의자들의 중농주의는 동일한 개념체계에 근거를 두고 있지만, 서로 정반대 의견을 갖고 있는 것이었다. 이런 오류는 푸코 자신에게도 적용될 것이다. 사람들은 레비-스트로스, 알튀세르, 푸코, 라캉 등을 모아 놓고 '구조주의자'라는 라벨을 붙이고 제멋대로 부른다. 그러나 그들은 적어도 서로 '구조주의자'로 묶여 불리기를 거부했다. 나의 색깔은 내가 칠하지 못하는 법인 모양이다.

---

6. 푸코, 『지식의 고고학』, 63쪽.

네 가지 가설들에 대한 푸코의 반박은 명확하다. 뭔가 자연적이고 불변의 대상이 있어서 지식의 단위가 생기는 것도 아니고(광기라는 대상은 실체도 아니고, 하나로 정의할 수도 없다!), 어떤 형식이 동일하다고 하나의 지식 단위가 생기는 것도 아니며(의학이라는 단위는 제도, 윤리 등 다양한 것과 관계하며 구성되었다!), 심지어 지식의 핵심이라 할 개념들의 체계가 법칙처럼 구성된다고 지식의 단위가 생기는 것도 아닐 뿐 아니라(문법을 구성하는 개념들은 서로 모순된다!), 심지어 같은 개념과 말을 사용하고, 서로 같은 주장을 한다고 생각해도 하나의 지식 단위라고 볼 수 없다는 것이다(중농주의들도 다 같은 중농주의가 아니다!).

다시 말하면 우리가 자명하다고 생각하는 지식들이 사실은 자명하지 않다는 것이다. 그것들을 자명하다고 착각하도록 만드는 것이 바로 푸코가 네 가지 가설로 반박했던 것들, 그러니까, 가짜 대상, 가짜 스타일, 가짜 통일성, 가짜 테마(théme)이다. 이른바 엘리트들은 하나의 대상, 스타일, 통일성, 테마를 이용해서 지식들이 마치 원래부터 그러했던 것처럼, 마치 자연적인 법칙인 양 우리 앞에 나타나도록 하여 우리를 지배한다. 더 정확히 말하면 그것들을 이용해 우리를 노예화시킨다.

친숙한 광경들의 바깥으로

지식을 구성했던 언표들은 그것들이 지식으로 인정되기 전에는 자기 멋대로 분산(dispersion)되어 있었을 뿐이다. 다시 말하면 지식을 구성하는 것들은 원래 하나로 말끔하게 정리되어 있지 않았다. 흩어져 있는 언표에 불과했던 것들이었다. 여기저기 흩뿌려져 있는 언표들. 그러던 것들이 어떤 이유에서인지(이게 정말 우연이라는 게 또 다른 핵심이다!), 갑작스럽게 하나인 듯이 모여서 우리들 앞에 '지식'으로 선다. 마치 원래부터 그렇게 존재하기라도 했던 것처럼.

지식으로 이루어지기 전, 전혀 관계없이 분산되어 있는 언표들이 어떻게 존재하고 있는지 보려는 것, 즉 이미 만들어진 대상, 이미 만들어진 스타일, 이미 만들어진 통일성, 이미 만들어진 테마를 넘어 그 바깥에서 언표들이 분산되어 있는 날것의 모습 그대로를 보려는 것, 그것이 바로 푸코가 실행하려던 담론 분석이다. 이 분석은 우리가 알고 있는 자명한 지식들이 어떤 '담론 형성 작용'(formation discursive)으로 이루어지는지를 알려 준다. 그는 분산된 언표들이 단일하게 모여서 다른 것들과 식별할 수 있게 해주는 규칙들을 '실증성'(positivité)이라고 불렀다.[7] 결국 실증성은 나를 나이게 하는 규칙들인 것이다. 나를 둘러싼 자명성이 어떻게 구성되어 왔는지, 내 정신은 어떻게 이렇게 되었는지.

다시 앞에 인용한 문장으로 돌아가 본다. 자명성으로부터 벗어나서 다른 곳으로 가는 것. 푸코에게 위험은 바로 그것이다. 나를 존재하게 만드는 안정성과 근거들을 흔들어 대는 위험 지대로 넘어가는 것. 그래서 『지식의 고고학』의 시절, 푸코는 자꾸 '다른 곳'으로 간다고 했다. 그의 표현 그대로 친숙한 광경들의 바깥(dehors)으로 말이다. '바깥'(dehors)이라는 단어도 그래서 나온 용어다.

『성의 역사』 2권 서문을 읽으면 나는 매번 『지식의 고고학』의 바로 그 문장, '바깥'이라는 단어가 나온 그 문장이 자꾸 떠오른다. 그는 다시

---

7. '포지티비테'(positivité)를 '실증성'으로 번역하면 한국적 상황에서는 콩트적 의미의 '실증성'으로 오해할 수 있으므로 헤겔철학을 번역할 때 사용하는 '실정성'(實定性, Positivität)으로 번역하기도 한다. 조르조 아감벤은 실증성(실정성)을 외부의 힘에 의해 개인에게 부과되어, 이른바 신앙이나 감정의 체계 속에 내면화된 규칙, 의례, 제도가 주는 모든 부담이라고 정의한다. 그는 푸코의 '장치'(dispositif) 개념이 이 실증성(실정성) 개념으로부터 비롯되었다고 본다. 그러나 이에 대한 논의는 만만치 않다. 아감벤의 『장치란 무엇인가?』 한국어 번역본 뒤에 수록된 양창렬의 「장치학을 위한 서론」이 읽을 만하다(조르조 아감벤, 『장치란 무엇인가?』, 양창렬 옮김, 난장, 2010, 91~169쪽).

나는
다른 행성에서 왔다!

시도하고, 기꺼이 틀려 보려는 사람은 보통 사람과 같은 행성에서 오지 않았다고 표현했다.[8] 다시 말하면 자신은 자명성에 둘러싸인 사람과 다른 행성에서 왔다는 말이다. 마치 지식의 고고학으로 기원에 이르러 다른 행성에 넘어가 보기라도 한 것처럼. 그리고 그 행성으로부터 살아 돌아온 사람이기라도 한 것처럼. 다른 행성인. 자신을 지칭하는 말들 중 아마 푸코가 들었다면 가장 좋아했을 말이 아닐까.

---

8. 프랑스어 원문은 "nous ne sommes pas de la même planète"이다. 영문판에는 "we are not from the same planet" 이라고 번역되어 있으나, 한국어판에는 "세계"로 번역되어 있다. 좀 더 낯선 느낌이 들도록 planète라는 단어의 느낌을 살려서 "세상", "세계"보다는 "행성"으로 번역해 보았다.

미셸 푸코의
『성의 역사』와 『지식의 고고학』
후기

1984년 1월 20일 미셸 푸코는 상호문화철학 운동의 쿠바 출신 리더인 라울 포르네 베탕쿠르(Raul Fornet-Betancourt), 프랑스 정치철학자인 알프레도 고메즈 뮐러(Alfredo Gomez-Müller), 일탈의 사회학자인 하워드 베커(H. Becker) 등과 매우 의미 있는 대담을 합니다.[9] 다른 분들에게는 이 대담이 어떨지 모르겠습니다만, 적어도 제게는 그랬죠. 이 글을 읽은 것은 직전에 막 푸코의 저작들을 읽기 시작하여 세 권 정도를 읽은 다음이었습니다. 푸코의 초기 저작인 『정신병과 심리학』, 『임상의학의 탄생』 두 권과 후기 권력론의 핵심 저서인 『감시와 처벌』이었는데, 저는 그 중에 『감시와 처벌』의 흡인력에 푹 빠져서 푸코에 대해 강력하게 흥미를 느끼기 시작한 때였습니다. 속으로는 『감시와 처벌』 전후의 콜레주 드 프랑스 강의록이나 초기 저작들을 찾아 읽어 보기로 마음먹고 있었습니다. 이를테면 『사회를 보호해야 한다 ― 콜레주 드 프랑스 강의 1976~77년』이나 『말과 사물』 같은 것 말이죠. 당시에는 『안전, 영토, 인구 ― 콜레주 드 프랑스 강의 1977~78년』과 『생명관리정치의 탄생 ― 콜레주 드 프랑스 강의 1978~79년』이 번역되어 있지 않았습니다(물론 연구실에서는 번역원고가 돌아다니고는 있었습니다).

이 인터뷰가 푸코 생애에서 대단히 중요한 사건이거나, 내용에서 큰 학술적인 가치를 보여 주는 것인지는 잘 모르겠습니다. 지금 생각해 보면 그 당시 푸코로서는 여러 인터뷰 중 하나로, 그저 오다가다 자연스럽게 이루어진 대담 정도로 생각했을 것 같습니다. 그러나 이 인터뷰를 읽는 당시의 저에게는 굉장한 의미로 다가왔습니다. 아마 제가 읽은 어떤 글보다도 큰 영향을 준 글 중에 하나라고 할 수 있을 것입

---

9. 푸코 외, 『미셸 푸코의 권력이론』, 99~125쪽.

나는
다른 행성에서 왔다!

니다. 지금도 푸코의 사유를 생각해야 할 때면 이 인터뷰를 꺼내서 읽어 보곤 합니다. 이런 경험이 있어서인지 지금은 다른 철학자의 경우도 철학자의 텍스트를 읽는 것과 동시에 가능한 그 철학자의 인터뷰나 강의록도 찾아서 읽으려고 노력하게 됩니다. 텍스트를 이해하는 데 굉장히 유용하지요.

이 인터뷰는 푸코가 말하는 푸코 자신의 총결산 같습니다. 인터뷰 시기도 의미심장하지요. 푸코는 이 인터뷰 후 딱 5개월이 지나서 세상을 떠납니다.[10] 사실상 마지막 발언이라고 할 수 있을 인터뷰였습니다.

인터뷰는 처음부터 '주체'에 대한 이야기로 시작합니다. 그는 사람들이 어떻게 진리게임 안으로 들어오는지 초기부터 연구해 왔다고 말합니다. 사람들은 이게 맞는지, 저게 맞는지 따지고, 그것들 중에 '맞다'고 여기는 진리에 자신들의 생각과 행동을 맡깁니다. 푸코는 이런 과정을 통해 어떻게 그런 진리에 맞게 주체가 형성되는지를 분석해 왔다는 것입니다. 과학에 근거하여 그렇게 하든, 제도에 근거하여 그렇게 하든, 사람들은 어떤 진리체계에 사로잡혀서 생각하고 행동하는데, 그것들을 둘러싸고 발생하는 다양한 사태들을 연구하고 보여 주려고 한 거죠. 즉, 그것은 '주체와 진리게임 간의 관계'입니다.

저는 단번에 이 대답에 동감하게 되었습니다. 『감시와 처벌』 세미나에 참여했던 사람들은 사회적인 감시체제가 강화되는 것에 소스라치게 놀라며, 그런 현상을 비판하는 데 열을 올렸습니다. 그러나 저는 그것도 그것이지만 그런 익명적인 감시체제로 인해서 우리가 그런 감시에 반응하고 스스로 신체적인 힘을 조절하여 복종하는 모습이 더욱 놀라웠습니다. 이런 감시에 반응하게 된다는 것은 바로 제도를 의식하고 그에 맞추어 자신을 만들어 간다는 뜻이기도 합니다. 특히 직장인들이 자본의 위계질서 속으로 들어가면 누가 강요하지 않아도 스스로 자신의 역량을 회사에 유용한 측면에서는 증강시키지만, 저항의 측면에서는 그 힘을 약화시키게 되는 것을 너무나 정확하게 설명해 주지요. 다음과 같은 문장을 보셔요.

"규율은 (유용성이라는 경제적 관계에서 보았을 때) 신체의 힘을 증가시키고 (복

종이라는 정치적 관계에서 보았을 때는) 동일한 그 힘을 감소시킨다. 간단히 말하면 규율은 신체와 힘을 분리시킨다. 그것은 한편으로는 신체를 '소질', '능력'으로 만들고 그 힘을 증대시키려 하는 반면, 다른 한편으로는 '에너지'와 그것으로부터 생길 수 있는 '위력'을 역전시켜 그것들을 엄한 복종관계로 만든다. 경제적 착취가 노동력과 노동 생산물을 분리한다면, 규율에 의한 강력력은 증가되는 소질과 확대되는 지배 사이의 구속관계를 신체를 통해 확립해 두는 것이다."[11]

그러니까 『감시와 처벌』에서 논하는 규율권력은 자본주의 사회기 태동하던 시기에 어떻게 대중을 노동자-주체로, 그것도 어떻게 '유용하면서도 복종하는 주체'로 훈련시켰는지를 분명하게 이해할 수 있게 하지요. 훗날 『말과 사물』을 읽을 때, 그리고 친구들과 따로 모여 『지식의 고고학』을 읽을 때도 같은 관점을 가지고 읽게 되는데, 이런 주체형성의 관점은 푸코 독해의 난점을 많은 부분에서 풀어 주었습니다. 어떤 객관적인 사실이나 개념에 집중하기보다, 그게 주체에게 어떤 영향을 주는가 하는 점에 집중하면 푸코의 글을 더욱 잘 이해하게 되는 것 같습니다.

그러나 그는 그리스와 로마 시대에 매우 중요하고 특이한 현상이 있었음을 알게 됩니다. 그리스와 로마 문명에서는 제도나 통제에 의해서도 아니고, 과학적 모델에 의해서도 아닌 방식으로, 그리고 외부의 그 무엇도 아닌 방식으로, 자기가 자기를 바꾸어 나가는 독특한 실천들이, 그것도 자율성을 가지고 존재했다는 것입니다. 그러던 것이 어떤 특정한 시점에 이르러서 종교와 교육제도, 또는 의학이나 정신병리학적인 제도 등에 의해 포위되어 버리고, 수면 밑으로 가라앉아 버렸다고 합니다. 아틀란티스 대륙처럼 거대한 대륙이 사라져 버린 것 같은 느낌이 듭니다.

푸코는 그 실천들을 자기 스스로 자신을 변형시키고, 어떤 특정한 존재양식에 도달하려고 자기를 훈련시키는 실천들이라고 규정합니다. 그러고서 이런 실천들을 '금욕'이라고 불렀습니다.[12] 이 대답을 듣고 망치로 머리에 맞는 느낌이었지요. 저는 지금까지 금욕이라고 하면 억압적 심리나 행위를 연상해 왔으니까요. 그것은 하고

---

11. 푸코, 『감시와 처벌』, 217쪽.
12. 푸코 외, 『미셸 푸코의 권력이론』, 101쪽.

나는
다른 행성에서 왔다!

싶은 것을 하지 못하고 참아 내는 것이고, 그런 것은 폐쇄적인 학교나 수도원 같은 곳에서만 일어나는 일인 줄 알았지요. 그러나 푸코는 금욕 자체를 완전히 다르게 해석해 냅니다. 그것은 자율적으로 스스로를 바꾸어 내기 위한 실천적인 행위였던 것이죠.

이어서 푸코는 새로운 '윤리' 개념을 제시합니다. 그에게 '윤리'란 자유가 상정하는 사려 깊은 형식입니다. 즉, 윤리는 사려 깊고 신중한 자유의 실천입니다. 이것은 제가 본 어떤 정의보다 강력했습니다. 자유는 윤리의 존재론적 조건입니다. 자유가 전제되지 않은 윤리는 윤리가 아닙니다. 아마도 흔히 '도덕'이라고 말하는 것이 그럴 겁니다. 선험적으로 정해진 듯이 지키라고 강요하는 도덕률들은 자유를 훼손하기 일쑤입니다. 하지만 그렇다고 자기 마음대로 하는 것이 자유라고 할 수는 없습니다. 순간의 자유를 위해 마음대로 마약을 했다가는 바로 오래지 않아 정신과 육체가 모두 무너지고 더 큰 구속에 잡혀 버리고 말 것입니다. 그것은 오히려 자유를 훼손하는 행위에 불과합니다. 그러므로 푸코의 말대로 자유는 매우 신중하고 사려 깊게 실천해야만 하는데, 그 실천이 윤리입니다. 푸코는 다른 대담에서 에토스는 자유의 구체적인 표현이라고도 합니다.[13] 자유는 윤리의 바퀴가 없이는 실천될 수 없다고도 할 수 있지요.

바로 이런 자유-윤리 체계의 관점에서 고대 그리스·로마에는 "너 자신을 배려하라"라는 로고스가 광범위하게 사람들을 지배하고 있었습니다. 당연히 우리는 자유롭게 살아야 합니다. 그러나 자유는 그저 마음대로 하는 것이 아닙니다. 앞에서 말한 대로 어떤 윤리에 기초하여 실행해야 하는 것입니다. 즉 그것은 매우 사려 깊고 신중하게 실천해야만 도달할 수 있는 것입니다. 그러기 위해서는 특별한 노력이 필요합니다. 자유는 저절로 획득되는 것이 아닙니다. 자유를 실천할 수 있는 사람이 되어야 자유를 획득할 수 있습니다. 앞에 말한 윤리와 연결해 말한다면, 자유를 실천하기 위해 그런 자유에 합당한 윤리를 함께 가져야만 하는 것입니다. 그렇다면 자유를 실천할 수 있도록 자기를 스스로 변형시켜서 가장 자유로울 수 있는 존재양식(즉, 자유-윤리 양식)을 구축해야만 합니다. 그런 과정이 바로 '훈련'입니다. 그래서

---

13. 푸코 외, 『미셸 푸코의 권력이론』, 106쪽.

그것은 자신의 욕망을 조절하는 것을 포함합니다. 아마 그 이유 때문에 우리는 '금욕'이라는 실천을 오해하고 있었을지 모릅니다. '자기배려'란 바로 이렇게 자유를 실천하기 위한 윤리인 것이죠. 이것을 그냥 자유의 실천이라고 해도 무방할 것 같습니다. 자기배려는 자유의 실천인 것입니다.

그리고 푸코의 입에서 '영성'(spirituality)의 정의도 나옵니다. 영성이란 한 주체가 어떤 존재의 양식을 받아들이고, 그러한 존재양식에 응하기 위해 스스로를 변형시키는 것을 의미합니다.[14] 고대에는 이 영성과 철학이 동일했다고 덧붙입니다.[15] 그러니까, 철학이런 진리들에 의해 구성된 존재양식을 제시하는 것입니다. 아울러 동시에 주체가 그런 진리체계를 받아들이고, 그런 진리체계에 의해 구성된 존재양식에 응하기 위해 스스로를 변형시키는 지적인 훈련입니다. 저는 고대의 철학이 이미 그 안에 비-철학을 품고 있었다는 것에 놀랐습니다. 우리는 흔히 철학을 전자, 그러니까 진리들에 의해 구성된 존재양식을 언어적으로 제시하는 것으로만 상상하지요. 그러나 고대의 철학은 그것을 넘어서서 주체변형이라는 비-철학적인 실천행위를 분리불가능하게 품고 있었던 것입니다.

이런 내용은 푸코의 마지막 저서 『성의 역사』에도 다른 방식으로 잘 정리되어 있습니다. 나중에 친구들과 『성의 역사』 전권을 함께 읽었습니다. 특히 『성의 역사』 3권 '자기배려' 편은 친구들에게 직접 강독을 한 적도 있습니다. 그때 이 책을 몇 번이고 다시 읽게 되었습니다. 그러나 아무리 한글본이지만 강독을 한다는 것은 쉬운 일

---

14. 푸코 외, 『미셸 푸코의 권력이론』, 117쪽.
15. 이 대담을 할 때 푸코는 매우 중요한 문제를 함께 이야기합니다. 데카르트의 『성찰』에서 놀라운 발견을 하게 된다면서, 거기에도 자신이 말한 것과 동일한 영성이 존재한다는 것입니다. 그러니까 전혀 회의가 허용되지 않는, 그래서 최종적으로 인식에 이를 수 있는 존재의 양식('코기토')이 있고, 그것을 받아들이기 위한 배려가 그것입니다. 이것은 굉장히 기묘한 것입니다. 철학이 자기와 분리된 어떤 것(결국 과학성에 근거한 이성)에 영성을 부여하려고 시도하고 있는 것입니다. 철학이 영성으로부터 분리되어 나와 버렸습니다. 자기를 변형시키는 역량을 고대부터 지속적으로 이해되고 해석되어 온 '자기' 밖으로, 즉, 이성(물론 이 지점에서도 논쟁거리가 산더미이긴 합니다. 과연 고대에 말하는 그 '자기'는 뭔가? 이것은 관계론적인 정의를 다시 내리고 설명해야 할 부분입니다.)으로 내보내고 있는 것입니다. 그것은 '나'이지만 고대부터 죽 이야기해 온 바로 그 '자기'는 아닌 것입니다. 결국 데카르트는 자기배려를 실천하는 자이지만, 그것을 자기가 아닌 것으로 귀착시키는 이중적인 사유입니다. 이것을 자기배려의 배신이라고 해야 할까요? 아닙니다. 그것은 오히려 자기배려의 재출현이라고 해야 하거나, 신과 과학 교체기에 발생한 균열이라고 해야 한다는 것이 제 생각입니다.

은 아니지요. 직장인이니까 아침 일찍 일어나서 처음 읽었을 때 줄 그어 둔 곳과 여백의 메모에 주의해 가며 다시 정독해 나갑니다. 출퇴근 지하철에서 표시해 둔 부분을 다시 읽으며 여백에 생각들을 더 정리해 둡니다. 그리고 의문 사항들은 모아 두었다가 휴일에 도서관에 가서 다른 책들이나 논문들을 참조하여 보충합니다. 강독이라는 형식은 가르치는 사람이나 배우는 사람이나 굉장한 강밀도를 요구하는 작업이라서, 그 시간을 통과하면 두 주체 모두 변화하는 것 같습니다. 어쩌면 '강독'이야말로 주체를 변형시키는 철학의 어떤 형식이 아닐까도 싶네요.

특히 『성의 역사』 3권 '자기배려' 편은 영문판뿐 아니라 원문인 불어판도 함께 참고해 보려고 노력하였습니다. 당연히 저는 불어를 하지 못합니다. 그러므로 불어로 텍스트를 읽는 것은 불가능합니다. 그러나 한글이나 영문 중 원문을 확인해야 할 구문이 나오면 영문판 문장만 확인하지 않고, 불어로 된 원문을 찾아서 고등학교 때 배운 말도 안 되는 실력과 사전을 이용해서 기어코 확인해 보려고 하였습니다. 그러는 과정 자체가 제게는 무척 중요한 공부가 되었습니다. 이 과정을 통해서 불확실한 교양서보다, 스스로 원전들을 찾아 읽고, 전투적으로 고민하는 것이 더 이해가 빠르다는 것을 확신하게 되었습니다. 철학은 교묘합니다. 신체를 힘들게 하지 않고는 나에게 다가오지 않습니다.

돌이켜 보면 푸코를 읽는 행위 자체가 제게는 하나의 영성적인 행위이기도 했습니다. 더군다나 푸코의 책이나 기타 다른 철학책들을 친구들과 함께 읽고, 다시 그들에게 읽어 주는 행위는 제게 매우 중대한 자기배려이기도 한 것입니다. 자기배려는 어떤 진리체계로 구성된 존재양식에 응하고 스스로 변형시키는 영성적인 행위입니다. 철학책을 읽는다는 것은 세상의 진리체계들을 읽는 행위이고, 그런 행위를 통해서 제가 응해야 하는 존재양식을 배우는 것이지요. 그런데 그런 존재양식을 배우고 이해하는 과정에서부터 이미 그 존재양식에 맞추어 자신의 정신을 고쳐 가는 것입니다.

푸코는 이런 에토스가 항상 타자를 배려하는 방식을 포함한다고 합니다. 즉, 자기배려는 타인과의 복합적인 관계를 내포하는 것입니다. 자기배려는 어떤 존재양식을 배우고 응하기 위해서 항상 스승의 가르침이나 친구의 조언이 필요한데, 그것은 결국 공부가 필요하고, 또 타자와의 관계가 불가피하다는 것입니다. 저는 친구들과 함께 철학책을 읽으면서 이 진리를 자연스럽게 터득했습니다. 어떤 존재양식을 익히

기 위해서 어려운 철학책에 도전하는 것은 일종의 영성적 행위이고, 다시 그것 자체가 철학행위인 것입니다. 그리고 이런 행위는 스승이나 친구 같은 타자들과 관계를 품지 않을 수 없고, 그러므로 그것은 결국 윤리적인 책임 앞에 섭니다.

이것은 완벽한 순환입니다. 자유를 실천하고자 합니다. 그러기 위해서는 신중하고 사려 깊어야 합니다. 현자들의 다양한 존재양식들을 진리의 언어, 즉 로고스와 함께 배워야 합니다. 그런 존재양식들에 응하여 그 양식에 맞는 주체로 변형시켜 나가기 위해서는 혼자서는 불가능합니다. 친구들이나 스승이 있어야 합니다. 즉 타자와의 관계가 불가피합니다. 그러므로 자유의 실천으로서 윤리가 절대적입니다. 이 순환 속에서 저는 철학과 영성이 다시 결합되는 것을 발견합니다. 저는 철학 텍스트를 읽는다는 행위부터가 타자와의 관계가 전제되지 않고서는 불가능하다고 생각합니다. 현자의 존재양식이 스승의 로고스로 갈아타서 제 신체로 옮겨오는 것이죠. 그 사이에 철학 텍스트가 있습니다.

다시 그 인터뷰로 돌아가 봅니다. 인터뷰 중간에 푸코는 자기배려를 권력론의 한 축으로 이해하게 했습니다. 만약 자기 자신을 올바르게 배려한다면 자신의 권력을 타인에게 남용할 수 없을 것이라고 단언합니다. 즉 자기가 할 수 있는 것을 정확히 알고 있고, 두려워해야 할 것과 소망해야 할 것과 무관심해야 할 것을 정확히 알고, 그리고 죽음조차 두려워할 필요가 없다는 것을 분명히 알면, 권력관계에서 자신의 권력을 남용하는 것은 부질없거나 의미가 없게 됩니다. 고대에 노예란 바로 이런 윤리가 부재한 자라고 이해하였습니다. 어쩌면 우리는 이런 노예상태에 있었을지도 모릅니다. 푸코의 구도를 따른다면, 제가 철학 텍스트를 읽는 것은 이런 상태에서 벗어나서 자유를 실천하기 위해서일 것입니다.

나는
다른 행성에서 왔다!

영원회귀는 두 번 뛴다

—

프리드리히 니체, 『차라투스트라는 이렇게 말했다』②

훌 륭 한 유 럽 인 , 니 체

니체의 집안은 전통적인 루터교 가정이었다. 니체의 선조들은 가톨릭의 박해를 피해 독일로 도망친 프로테스탄트들이었다고 한다. 그 이후로 니체의 선조와 가족들은 한 지역에 정착해서 살아왔다. 니체가 훗날 "프로테스탄트 목사가 독일 철학의 아버지"라고 했던 것은 자신의 집안 내력으로부터 유래한 주장이었던 셈이다. 물론 목사인 아버지가 서른여섯 살(니체의 나이 네 살)에 요절하면서 위기가 찾아오지만, 다행히도(?) 외할아버지인 욀러 목사의 영향 속에서 그 전통은 어린 니체에게 계속 이어진다. 열네 살의 어린 니체가 아침 4시에 일어나고 저녁 9시에 정확히 취침하는 포르타 기숙학교의 생활을 견뎌 낸 것도 이런 전통이 몸에 배었기 때문이었을 것이다.

그러나 어린 시절, 니체는 「고향 없이」라는 시에 자신은 고향이 없기 때문에 독수리처럼 자유롭다고 썼다.[1] 자신의 선조나 가족과 달리 니체

---

1. 홀링데일, 『니체, 그의 삶과 철학』, 42쪽.

는 전 생애에 걸쳐 한 국가나 한 가정에 정착해 살지 않았다. 그는 유럽을 끊임없이 돌아다니며 스스로를 '훌륭한 유럽인'(gute Europäer)이라고 불렀다. 혹자는 건강 때문이라고 말하기도 하지만, 내가 보기엔 거의 본능적으로 '정착'을 피해 간 것처럼 보인다.

그것은 비단 지역에만 한정된 것은 아니다. 바그너와의 관계도 이와 동일한 맥락으로 설명할 수 있다. 1865년 헌책방에서 쇼펜하우어를 만난 이후로 쇼펜하우어주의자인 바그너를 숭배하게 된 것은 거의 필연적이다. 바그너와 트리브셴에서 보냈던 나날들에 구름 한 점 없었다고 회상할 정도로 바그너를 아버지처럼 따랐다(바그너와 니체의 아버지는 같은 해 태어났다). 그러나 훗날 바그너와 헤어지며 니체는 다음과 같이 혹평한다.

"자, 보라! 바그너는 한 사람의 혁명가였다 —— 그는 독일인한테서 도망쳤었다. [중략] 독일인들은 선량하다 —— 바그너는 결코 선량하지 않다 …… [중략] [그러나] 내가 바그너를 결코 용서할 수 없는 점은 무엇인가? 그가 독일인에게 응해 주었다는 점 —— 그가 독일제국적으로 되었다는 점이다 …… 독일의 손이 닿는 한, 독일은 문화를 타락시킨다."[2]

니체는 사유와 도덕에서 적당한 순응주의자를 일컬어 "독일인"이라고 부른다. 처음 보았을 때 그 바그너는 낯설고도 반항적이었다. 이 의미에서 그는 '비-독일인'이었다. 그러나 트리브셴에 은거하다가 바이로이트로 가면서 바그너는 제국적인 면모를 보이기 시작한다. 니체가 바

2. 니체, 「이 사람을 보라」, 362~363쪽.

그녀를 떠나기 전 바그너의 경쟁자인 브람스의 「승리의 찬가」 악보를 바그너의 음악실 피아노에 올려놓았다고 한다. 그것은 순응주의자 바그너에 대한 니체의 소심한 항의다. 그는 바그너가 독일인이 되고 말았다고 한탄했다. 니체는 그 즈음 쇼펜하우어와 바그너를 동시에 떠났다.

힘에의 의지, 모두 선이자 악이다

그러나 니체가 바그너와 결별하면서 획득한 것이 있었는데, 그것은 바로 '힘에의 의지' 철학이다. 이것을 설명하려면 바그너와 결별하던 시기에 쓴 『인간적인 너무나 인간적인』으로 거슬러 가야 한다. 그는 그 책에서 "선한 행위란 승화된 나쁜 행위이며, 나쁜 행위란 다듬어지지 않고 어리석은 선한 행위이다"[3]라고 말한다. 선한 행위이든 나쁜 행위이든 한 뿌리에서 나왔다는 말이다. 즉, 선과 악은 하나다. 오히려 사람들이 악이라고 부르는 파괴적인 힘이야말로 우리가 흔히 아는 '인간성'을 최초로 만든 것이다.[4] 결국 악이란 "관습에 대항해 싸우는" 것이다.[5]

　그런데 사람들이 관습에 따라서 움직이는 이유도 알고 보면 '힘에의 의지' 때문이다. 관습에 따라 도덕적 행위를 하는 이유는 자신의 삶에 모든 위험 요소를 제거하는 힘을 확보하기 위해서이다. 그러기 위해서는 기존의 관습을 뛰어넘어 다른 관습을 만들어야 할 때도 있다.[6] 사람들은 그런 자를 두고 '악'이라고 부른다. 그러나 다른 관습이 성공하고

---

3. 니체, 『인간적인 너무나 인간적인 I』, 119쪽(107절).
4. 니체, 『인간적인 너무나 인간적인 I』, 246쪽.
5. 니체, 『인간적인 너무나 인간적인 I』, 106쪽.
6. 프리드리히 니체, 『아침놀』(니체전집 10), 박찬국 옮김, 책세상, 2004, 25쪽.

안정된 사회가 되면 그런 행위를 하는 사람들이 선한 인간으로 다시 불린다. 결국 훗날 선한 인간이라고 불리게 되는 자들은 모조리 악한 인간들이었다.[7] 이 의미에서 선의 뿌리는 악이고, 그 악은 성장하여 선이 된다.

그러고 보면 모든 것은 선이면서 악이다. 모든 힘은 선의 표면을 지나기도 하고, 악의 표면을 지나기도 한다. 두 개는 계속 번갈아 가면서 역사를 구성한다고도 할 수 있다. 그러니 그것은 모두 힘의 모습일 뿐이다. 이것을 좀 더 끝까지 밀고 나가면, 도덕 그 자체도 힘에의 의지일 뿐이라고 생각하는 경지에 이른다.

"저마다의 민족 위에 가치를 기록해 둔 서판이 걸려 있다. 보라, 그것은 저마다의 민족이 극복해 낸 것들을 기록해 둔 서판이니. 보라, 그것은 저마다의 민족이 지닌 힘에의 의지의 음성이니… [중략] '선'과 '악', 그것이 바로 그 창조물들의 이름이렷다."[8]

어떤 무리들은 그 힘을 자기 자신에게 쓴다. 자기 자신을 정복하여 자기가 자기에게 부과한 명령에 스스로 복종하기 시작한다. 이렇게 힘에의 의지를 잘 조절할 줄 알게 될 때, 그들 무리는 어떤 도덕들의 범위 안에 존재하면서 안정된 공동체를 만들 수 있게 된다. 그것은 집단적인 힘에의 의지라고 할 수 있다. 결국 도덕은 자기 자신에게 행사된 힘에의 의지이다. 그래서 니체는 도덕을 자기극복의 결과라고 설명하고 있다.

7. 니체, 『아침놀』, 38쪽.
8. 니체, 『차라투스트라는 이렇게 말했다』, 96~99쪽.

도덕으로 휩싸인 고요는 한때 힘에의 의지가 흔들어 댄 결과이다.

그러나 이런 자기 극복의 결과도 끝없이 반복되면 어떤 질곡으로 우리들의 삶을 덮어 버린다. 안정된 공동체라는 허위 속에서 더 이상 바뀌지 않을 규범이 되면, 오히려 그것들이 사람들을 고통 속에 밀어 넣는다. 영원히 반복될 어떤 형상이 사람들의 심상에 자리잡는 것이다. 캑캑거리며 얼굴을 찡그리고 있는 젊은 양치기의 입에 시커멓고 묵직한 뱀한 마리가 매달려 있는 것처럼.[9] 물론 어떤 선지자들이 나와서 그런 구속을 무너뜨리겠다고 나서기도 한다. 그러나 선지자가 손으로 뱀을 잡아당기고 또 잡아당겨도 소용없는 일이다.[10] 스스로 빼지 않으면 그것은 도무지 빠지지 않을 것이다. 이렇게 타인의 도움을 받아 벗어나려 했으나 벗어나지 못할 때 사람들은 더욱 허무주의에 빠진다. 허무주의에 제대로 명중당하면 저도 모르게 삶이 끌려다닌다.

영원회귀, 나 그렇게 되기를 원했다

바로 그때 니체가 들고 나오는 카드가 바로 '영원회귀의 철학'이다. 영원회귀의 철학은 숨겨져 있는 힘에의 의지를 다시 불러들이는 철학이다. '힘에의 의지'는 통념적으로는 악한 행위들이다. 그것은 언제나 우리 정신의 밑에 흐르며 존재하고 있다. "너는 일찍이 너의 지하실에 사나운 들개들을 기르고 있었다. 그러나 그것들도 결국 새가 되고 사랑스러운 가희로 변하고 말았지."[11] 이 들개들을 불러들이는 것이야말로 새로

9. 니체, 『차라투스트라는 이렇게 말했다』, 264쪽.
10. 니체, 『차라투스트라는 이렇게 말했다』, 264쪽.
11. 니체, 『차라투스트라는 이렇게 말했다』, 56쪽.

운 삶을 사는 데 중대한 문제가 된다. 그래야만 지금의 질곡에서 벗어나 새로운 길로 들어설 수 있다.

내가 보기에 영원회귀의 철학은 그 들개들을 불러들이는 하나의 실험이자 시도이다. 니체의 영원회귀 실험은 두 번 뛴다. 첫 도약을 위한 도움닫기는 '동일한 것의 영원회귀'라고 불릴 만한 사고실험이다. "네가 지금 살고 있고 살아왔던 이 삶을 너는 다시 한 번 살아야만 하고, 또 무수히 반복해서 살아야만 할 것이다… 너는 이 삶을 다시 한 번, 그리고 무수히 반복해서 다시 살기를 원하는가?"[12] 이렇게 질문하고 모든 삶을 대(大) 긍정의 정신으로 받아들이는 실험. 그 실험을 나는 '동일한 것의 영원회귀'라고 부르고 싶다. 이것은 니체의 말대로 모든 요구를 내던지기 위한 최종적이고 영원한 확인과 봉인이다.[13] 그렇게 되어야 내 존재 모두를 '이 순간'에 걸어 볼 수 있는 자로 뒤바뀐다. 이제 이 길 말고는 다른 길은 없다고 강하게 소리친다. 더 이상 뒤돌아보지 않는 전투적 정신의 구성.

두번째 도움닫기는 '차이의 영원회귀'라고 이름 붙이고 싶다. 이것은 실천실험이다. '동일한 것의 영원회귀'를 통해 '순간'이라는 성문에 다다르면, 이제 더 이상 자기 이외에는 기댈 것이 없는 상황이 온다. 아니, 그런 상황을 만들어 내는 것이 '동일한 것의 영원회귀'라는 사고실험이다. 그 순간에 이르러야 비로소 발걸음을 내디딜 용기가 생기는데, 이를테면 어차피 똑같은 바에야 앞으로 한 걸음 나가나 보겠다는 실천의 힘이 가까스로, 혹은 체념과 함께, 그리고 절박하게 솟아나는 것이다. 자기가

12. 프리드리히 니체, 「즐거운 학문」, 『즐거운 학문·메시나에서의 전원시·유고(1881년 봄~1882년 여름)』(니체전집 12), 안성찬·홍사현 옮김, 책세상, 2005, 315쪽.
13. 니체, 「즐거운 학문」, 315쪽.

자기를 구원하는 실천이, 전 존재를 내걸고 감행된다.

"지난날을 구제하고 일체의 "그랬었다"를 "나 그렇게 되기를 원했다"로 전환하는 것, 내게는 비로소 그것이 구원이다!"[14]

앞만 보고 발을 내딛는 전투적 실천의 실행. 이것은 앞으로 출현할 모든 우연을, 그러니까 모든 차이를 긍정하는 실천이다. 바로 이 순간, 무한한 동일성, 끔찍한 동일성조차 긍정하는 극점에서 비로소 대체될 수 없는 단독성(singularity)이 출현한다. 무한한 반복에 대해서 "그랬었다"라고 체념하기를 넘어서 "나 그렇게 되기를", 즉 더 무한히 반복되기를 "원했다"고 외치며 한 걸음 내딛는다. 그 순간 단독적이 된다. 그 순간이 차이다. 설사 그것이 반복으로 보일 뿐이어도 '나'에게는 완전히 새로운 차이가 된다. 이미 '나'는 완전히 새로운 존재가 되어 있을 것이니까. 영원회귀는 매 순간 이 감동을 겪으며 앞으로 나아간다.

두 개의 실험은 영원회귀의 양 바퀴이다. 모든 바퀴가 그렇듯 두 바퀴는 동시에 굴러간다. 그러지 않으면 반쪽짜리 영원회귀, 거짓 영원회귀가 되고 만다. 앞의 실험(동일성의 영원회귀)이 없으면, 뒤의 실험(차이의 영원회귀)도 없다. 니체를 설명하는 글들이 어느 한쪽만을 영원회귀로 상상하면서 이해를 어렵게 만든다. 두 바퀴를 지녀야만 영원회귀는 제대로 구른다.

물론 이 두 바퀴의 실험이 성공할지 여부는 아무도 모른다. 그래서 영원회귀는 영원히 실험일 수밖에 없다. 어쩌면 이 점이 영원회귀의 묘

---

14. 니체, 『차라투스트라는 이렇게 말했다』, 235쪽.

미일 것이다. 그걸 앞서 안다고 하는 순간, 그것은 헐벗은 반복, 도로 떨어진 초월론이 될 뿐이다. 따라서 그것은 매우 신중한 시도이지(그러나 다른 차원에서 보면 우리가 언제나 항상 영원회귀 상태에 있다고도 할 수 있다. 이것은 또 다른 차원의 이야기다), 신비주의적이고 낭만적인 선택일 수 없다.

그것은 선불교의 행동방식과도 같다. 퇴로가 막힌 채 백척간두에 서 있는 나, 더 이상의 다른 구원은 없고, 이 길이 모든 것이라고 명철하게 깨닫는 나, 그것은 '동일한 것의 영원회귀'라는 사고실험이다. 그러나 이 끔찍한 순간, 모든 것이 무장 해제된 그 순간에(일체의 "그랬었다"의 순간), 모든 우연을 긍정하고 낭떠러지의 심연에다 담담하게 첫 발을 내딛는다("나는 그렇게 되기를 원했다"로 전환하고 그 욕망대로 움직이는 새로운 존재의 순간). 그러나 바로 그때 뜻밖에도 반격의 거점이자, 완전히 새로운 길이 펼쳐진다. 그것이 '차이의 영원회귀'라는 실천실험이다. 이 두 가지 실험은 꼬리에 꼬리를 물면서 우리의 삶과 세계를 구성한다. 나는 영원회귀를 이렇게 이해하고 있다. 선과 악의 뫼비우스 띠인 힘에의 의지는 영원회귀를 통해 두 번 뛴다.

니체 세미나에 들어가 거의 일 년째 니체 텍스트를 읽고 있을 무렵, 함께 공부하던 젊은 친구가 제게 물어보았습니다. 도대체 영원회귀의 논리가 뭐냐고 말입니다. 자기는 도무지 알지 못하겠다고 푸념을 하면서, 당신은 아느냐고 물어 왔습니다. 그때 저는 부끄럽게도 횡설수설하며 답인지 뭔지 모를 말들을 해댔습니다. 곰곰이 생각해 보니, 일 년씩이나 책을 읽고 있다는 놈이 니체의 이 중대한 사유를 전혀 알지 못하고 있었습니다. 그때 저는 제 공부가 솔직하지 못하다는 성찰이 생기더군요. 니체, 니체, 입에 달고 다니면서, 하물며 그의 아포리즘을 시도 때도 없이 인용하며 아는 티는 다 내면서, 정작 이 중요한 개념을 간단하게라도 설명하지 못하다니, 많이 부끄러웠죠.

니체는 영원회귀의 사유가 발견된 상황을 이렇게 묘사합니다.

"영원회귀 사유라는 그 도달될 수 있는 최고의 긍정 형식은 —— 1881년 8월의 것이다 : 그것은 '인간과 시간의 6천 피트 저편'이라고 서명된 채 종이 한 장에 휘갈겨졌다. 그날 나는 실바프라나 호수의 숲을 걷고 있었다.; 수르레이에서 멀지 않은 곳에서 피라미드 모습으로 우뚝 솟아오른 거대한 바위 옆에 나는 멈추어 섰다. 그때 이 생각이 떠올랐다."[15]

이 문장을 한글 번역본으로 읽었을 때, 니체의 흥분이 잘 느껴지지 않아 꾸역꾸역 독일어본을 찾아보았습니다. 한국어로 번역된 마지막 문장의 원문은 "Da kam

---

15. 니체, 「이 사람을 보라」, 419쪽.

mir dieser Gedanke". 그것을 직역하면 "그 생각이 내게 다가왔다"쯤 됩니다. 사실 영어로도 "There this idea came to me"라고 번역하고 있으니 그다지 특별할 것도 없는 문구입니다. 그냥 "나는 이 생각을 했다"는 뜻입니다. 특별히 수사적인 문구도 아닙니다. 별것 아닌 이 문장을 해석한답시고 잘 알지도 못하는 독일어 문장까지 들먹거리는 게 조금은 무안하기도 하네요. 그러나 그때 저는 이 문장을 다른 감각으로 받아들였습니다. 원문을 그대로 직역해 보자고 생각했습니다. 내가 생각을 떠올리는 것과 생각이 내게로 다가오는 것은 다를 것입니다. 어떤 뉘앙스의 차이가 느껴졌습니다. 그래서 이렇게 바꾸어 읽어 봅니다. "생각이 니에게로 다가왔다." 생각들이 있고, 그 생각들이 나에게 찾아와 내 정신의 문을 두드린 것 같았습니다. 조금 더 바꾸어 봅니다. 바로 뒤에 니체가 표현한 문구, "급작스럽고도 심층적이며 결정적인 변화"까지 염두에 두고 더 강렬하게 읽고 싶어졌습니다. 더 급진적으로 바꾸어 봅니다. "사유가 나에게 급습했다." "사유가 나를 덮쳤다." 비로소 니체의 흥분이 전해졌습니다.

사실 영원회귀란 단순합니다. 모든 것이 영원히 반복되고, 그러해야만 한다는 것이죠. 이것은 하나의 사유실험입니다. 모든 것이 항상 '앞서 있던 것'에서만 나온다고 생각해 봅시다. 좀 거칠게 말하면 그것이 바로 '유물론'입니다. 오직 '있는 것'에서만 '있는 것'이 나오니까요. '없는 것'에서는 '있는 것'이 나올 수 없다는 것이니까, 가장 기초적인 수준에서 유물론의 출발은 이것일 것입니다. 오직 있는 것에서 있는 것이 나온다는 것.

아무튼 이 경우 있는 것들의 조합 수는 당연히 한정될 수밖에 없습니다. 있는 것은 한정된 수로 존재할 것이니까요. 따라서 시간이 영원하다면 사건들(있는 것들의 조합)은 언젠가는 반드시 반복될 것입니다. 그것은 당연합니다. 있는 것들끼리 조합되는 수는 한정되어 있고, 한정된 조합들은 언젠가는 한정된 수만큼만 사건들로 발생될 것이고, 그러고 나면 어쩔 수 없이 다시 반복될 수밖에 없을 테니까요. 물론 순서는 뒤죽박죽일 수는 있고, 시간이 영원한 만큼 어떤 사건이 다시 반복되기까지는 상당히 오랜 시간이 걸릴 수도 있습니다. 그리고 그 사이에 발생할 수 있는 사건의 수도 거의 무한에 가까울 것입니다. 있는 것들이 무한에 가깝게 있고, 따라서 사건들도 무한에 가까울 수 있으니까. 그러나 무한에 가까울 뿐, 한정된 사건들이므로 어찌되었든 언젠가는 반드시 반복될 것입니다. 무한에 가까워서 다시 반복될 것인지 아닌지 도무지 알 수 없는 경지이지만, 여하튼 원리상 그것들은 무한에 가깝게 반복될 것입니다.

이것을 깨달았을 때 저는 엄청난 희열을 느꼈습니다. 이것을 완벽히 깨닫는 자는 자신에게 일어나는 모든 일이 이미 일어났던 일이고, 따라서 앞으로 발생할 일들도 여지없이 이미 일어났던 일일 것이고, 또 다시 일어날 일이기 때문에 내 삶이 마치 결론을 알 수는 없지만 흥미진진하게 연출된 연극을 보는 느낌이 들어서였습니다. 그리고 그 연극은 주사위 놀이처럼 매번 나를 걸고서야 돌아가는 연극입니다. 그러니까 내 삶이 예술이고, 따라서 동시에 '다른 나'가 그 예술을 향유하고 있다는 그런 기묘한 느낌이 들었죠. 그것도 매번 전 존재를 거는 내가 연기하는 연극을 보는 느낌. 내가 삶을 살아 내는 나와 그것을 바라보는 나로 구성되어 있는 느낌 말이죠. 극장에 앉아 있는 나와 그 연극에서 활약하는 나. 이런 장면 그리고 이런 인식 자체가 굉장히 예술적이라는 생각이 온 몸에 가득해졌습니다. 삶을 살아 내며 활동하는 배우인 나와 그 나를 향유하는 관객인 나.

물론 『차라투스트라는 이렇게 말했다』의 「곡두와 수수께끼에 대하여」라는 장에서는 이것을 굉장히 끔찍한 상황으로 묘사하는 장면이 있습니다. 영원회귀를 깨달은 차라투스트라는 일찍이 본 적이 없는 젊은 양치기를 발견합니다. 그는 몸을 비틀고 캑캑거리고 경련을 일으키며 얼굴을 찡그리고 있습니다. 가만히 보니까, 입에 시커멓고 묵직한 뱀 한 마리가 매달려 있었습니다. 뱀 한 마리가 입 안으로 기어 들어가서 목구멍을 꽉 물고 있었지요. 끔찍합니다. 젊은이의 얼굴에는 역겨움과 공포가 뒤섞여서 도무지 어찌할 바를 모르고 캑캑거렸지요.[16]

목구멍 속으로 들어가 꽉 깨물고 있는 시커멓고 묵직한 뱀이 바로 영원회귀라고 합니다. 이 세상이 반복되고 있다는 사실이 얼마나 끔찍했으면 뱀이 목구멍 속으로 들어와 꽉 깨무는 것으로 묘사했겠습니까. 그것은 영원회귀가 모든 것이 반복되는 것에 대한 사유실험이라면 당연한 것이기도 했습니다. 모든 더러운 것, 모든 역겨운 것, 모든 후회와 혐오. 이 모든 부정적인 것들이 이미 있던 그대로 다시 반복된다는 뜻이니까요. 예전에 세미나에서 누군가 이것을 군대를 다시 가는 느낌이라고 말

---

16. 니체, 『차라투스트라는 이렇게 말했다』, 264쪽.

을 하더군요. 영원회귀에도 바로 그런 역겨움과 공포가 분명히 있습니다.

1881년 여름에 영원회귀의 사유가 니체를 덮치고 나서 쓴 1882년 『즐거운 학문』 「최대의 중량」에서도 다음과 같은 말이 나옵니다.

"네가 지금 살고 있고, 살아왔던 이 삶을 너는 다시 한 번 살아야만 하고, 또 무수히 반복해서 살아야만 할 것이다. 거기에 새로운 것이란 없으며, 모든 고통, 모든 쾌락, 모든 사상과 탄식, 네 삶에서 이루 말할 수 없이 크고 작은 모든 것들이 네게 다시 찾아올 것이다. 모든 것이 같은 차례와 순서로——나무들 사이의 이 기미와 달빛, 그리고 이 순간과 바로 나 자신도. 현존재의 영원한 모래시계가 거듭해서 뒤집혀 세워지고 —— 티끌 중의 티끌인 너도 모래시계와 더불어 그렇게 될 것이다"[17]

이 세계가 영원히 반복될 뿐이라는 사실은 이 세상의 모든 행위가 무의미하다는 뜻이기도 했습니다. 심지어 나 자신도 똑같은 것을 반복하면서 돌아온다고 하니, 나 자신조차 끔찍할 수 있습니다. 더 이상 내가 할 게 뭐란 말입니까. 도무지 허무하고 허무해서 살아가는 것조차 끔찍해지는 지경이 이해됩니다. 그러고 보면 지금 죽어버린다고 달라질 일이 전혀 없어 보이는 기분조차 듭니다.

그러나 이게 참 이상합니다. 앞에서도 말씀드렸습니다만, 저는 영원회귀의 사유를 보면서, 그 사유가 묘사하는 상황을 끔찍해하면 할수록 이상하게도 그 상황을 향유하려는 욕망도 함께 커지는 것을 느끼고 있었습니다. 니체는 이것을 매우 끔찍하고 역겨우며 두려운 감정으로 표현합니다. 그러나 저는 그런 부정적이고 괴로운 감정만 저를 압도하지는 않았습니다. 물론 당시 저는 그런 저의 감정을 제대로 설명하지 못하고 있었지요. 그러나 설명하지 못하는 중에도 끔찍한 느낌보다 신기한 느낌이 더 컸다고 할 수 있었습니다.

이런 묘한 느낌은 역시 『차라투스트라는 이렇게 말했다』를 읽고 또 읽는 과정에서, 그리고 그것을 재료삼아 생각하고 또 생각해서야 제게 납득이 되도록 설명할 수 있었습니다. 우선 그것은 두 개의 영원이 마주치는 성문에 대한 묘사에서 시작됩니다.

---

17. 니체, 「즐거운 학문」, 315쪽.

"그것은(영원회귀) 두 개의 얼굴을 갖고 있다. 두 개의 길이 이곳에서 만나는 것이다. 그 길들을 끝까지 가본 사람이 아직은 없다. 뒤로 나 있는 이 긴 골목길. 그 길은 영원으로 통한다. 그리고 저쪽 밖으로 나 있는 저 긴 골목길. 거기에 또 다른 영원이 있다. 이들 길은 에서 맞부딪치고 있다. 머리를 맞대고 있는 것이다. 그렇게 여기, 바로 이 성문에서 만나고 있는 것이다. 그 위에 성문의 이름이 씌어 있구나. '순간'이라는."[18]

지금까지 발생한 일들은 앞으로도 똑같이 일어날 것입니다. 그러나 여기엔 매우 중대한 사태가 숨어 있습니다. 앞으로 일어날 일을 우리는 전혀 알지 못한다는 것입니다. 우리의 인식은 절대적으로 유한합니다. 이것은 광장히 중대한 조건입니다. 앞에서 저는 삶을 살아 내며 활동하는 배우인 나와 그 나를 향유하는 관객인 나를 동시에 느꼈다고 말했습니다. 게다가 그 연극은 매번 전 존재를 거는 연극이었습니다. 저는 여기에다 한 가지를 보충해 설명하고 싶습니다. 관객인 나는 배우인 내가 펼치는 극의 시나리오를 전혀 알지 못한다는 것입니다. 즉, 나는 내가 어떻게 살아 낼지를 전혀 모릅니다. 즉 매번 존재를 거는 게임의 결과는 알지 못합니다. 그러므로 대학로 관객처럼 저는 언제나 새로운 관객으로서 배우인 내가 연기를 펼치는 극장의 객석에 매번 다르게 입장하게 됩니다. 매 순간 저는 새로운 무대를 기대하게 되지요. 매번 동일한 주사위 놀이 앞에서 뭐가 나올까 기대하는 사람과도 같습니다.

제가 앞에서 이 끔찍한 상황을 향유하려는 욕망이 커진 이유도 이것 때문이었던 것 같습니다. 저는 이것을 '동일한 것의 영원회귀'라고 부르고, 일종의 사고실험으로 생각합니다. 그것은 매 순간 삶을 연극과 게임으로 인식하는 장면입니다. 그러니까 '동일한 것의 영원회귀'는 관객으로서 '나'에게 벌어지는 사건입니다. 매번 동일한 주사위를 던집니다. 우리는 심지어 6개 경우의 수만 있고, 그것들이 돌아가면서 나올 것을 뻔히 알면서도 주사위를 던집니다. 동일한 주사위를 던지는 사람, 그는 매번 동일한 '나'의 연극무대를 보기 위해 입장하는 관객 '나'의 마음과 같습니다. 결과를 알 수 없지만 어차피 반복되고 있을 그 연극과 게임을 보고 있습니다. 이번에 좋

---

18. 니체, 『차라투스트라는 이렇게 말했다』, 264쪽.

지 않아도 또 해볼 수 있으리라 하고 느긋한 마음마저 갖고 있습니다. 아마 연극과 게임을 향유하는 관객의 마음이겠지요. 제가 이 끔찍한 반복에 희열을 느꼈다 했을 때, 그것은 바로 이 마음일 겁니다. 이게 바로 '동일한 것의 영원회귀'입니다.

그 순간 기묘한 일이 발생합니다. 뜻밖에 연기를 하는 배우도 달라집니다. 관객의 호흡이 연극에 강한 영향을 끼칩니다. 새로운 연기를 위해 기존의 부정적인 몸짓과 싸우며 새로운 연기로 나아갑니다. 그는 기존의 연기와 완전히 다른 연기를 하는 다른 존재, 다른 배우가 됩니다. 그러기를 반복하면 시나리오가 상상한 연기와 크게 달라지기까지 할 것입니다. 같은 시나리오인데도 다른 연기, 다른 연극이 생성됩니다. 그러는 순간 배우인 저는 새로운 무대를 만들어 가게 됩니다. 그럴 때 그것은 매우 실험적인 연극, 엄청나게 파격적인 연극이 되겠지요. 일어났던 일들이 영원히 일어날 것이지만, 어떻게 일어날지는 아무도 모르는 그런 실험적인 연극이 됩니다. 우리들의 인식 속에서는 완전히 새롭기까지 한 연극. 반복되지만 완전히 새로운 연극입니다.

혹시 어떤 사람은 "에이, 그것 똑같잖아!"라고 조롱할지도 모르지만, 그 연기를 하는 배우와 그 가치를 알아보고 응원하는 관객은 다른 존재들이 되었기 때문에 아랑곳하지 않고 함께 완전히 다른 연극 무대를 펼치게 됩니다. 저는 이것을 '차이의 영원회귀'라고 부르고, 일종의 실천실험으로 여기고 있습니다. 매 순간 "다시 한 번 더"라고 외치며 새로운 연기를 펼치는 장면입니다. 그러니까 '차이의 영원회귀'는 배우로서 '나'에게 벌어지는 사건입니다. 이제 던졌던 주사위가 하늘에서 떨어지는 것을 지켜보는 사람, 그는 매번 다르게 연기하는 배우 '나'의 마음과 같습니다. 어떤 결과가 나오든 새로운 결과를 기대하고 연기를 하거나 게임의 결과를 기다리고 있습니다. 아마 연기가 끝나고, 게임 결과가 나오면 나도 세상도 달라져 있을 것입니다. 이제 시나리오나 경우의 수가 반복되어도 상관없는 존재가 되고 맙니다. 완전히 다른 존재가 되는 것이죠. 이게 바로 바로 '차이의 영원회귀'입니다.

이렇게 되면 매 순간이 영원회귀의 순간이 될 것입니다. 그 순간은 니체의 말대로 두 개의 얼굴을 갖고 있습니다. 즉 영원회귀의 순간은 언제나 끔찍한 반복과 새로운 반복이 겹치는 곳입니다. 온갖 부정적인 것이 똑같이 반복된다는 생각 때문에 너무나 끔찍하게 여겨지는 공포의 길, 그러나 그것을 뒤집으면 온갖 긍정적인 것도 똑같이 반복될 것이라는 생각이 새로운 힘을 솟아나게 하는 기쁨의 길. 모든 순간은 이 두 개의 길이 맞대고 있습니다. 그것은 매 순간 만나고 있습니다. 그것이 새로운 반복을 만들어 낼 것입니다.

자, 이 순간에 니체는 다음과 같이 묻습니다.

"'너는 이 삶을 다시 한 번, 그리고 무수히 반복해서 다시 살기를 원하는가?'라는 질문은 모든 경우에 최대의 중량으로 그대의 행위 위에 얹힐 것이다! 이 최종적이고 영원한 확인과 봉인 외에는 더 이상 아무것도 요구하지 않기 위해서는, 어떻게 그대 자신과 그대의 삶을 만들어 가야만 하는가?"[19]

두 개의 길이 맞닿는 순간에 서 있을 때, 우리는 어느 길로 달려갈 것인가. 즉, 자기 자신과 자기의 삶을 어떻게 해야 할까요? 차라투스트라는 뱀에게 물린 양치기에게 외칩니다. 영원회귀의 다른 얼굴인 뱀의 머리를 당신이 물어뜯어라! 다른 사람은 애를 써도 소용이 없다. 당신이 당신 자신을 문 뱀을 직접 물어뜯어라. 양치기는 뱀을 물어뜯습니다. 단숨에 물어뜯습니다. 만일 반복될 것이라면 오로지 긍정적인 것만 반복되도록 온갖 부정적인 것들과 맞서 싸웁니다. 그러기를 바라는 욕망도 반복되는 것입니다. 긍정이 부정을 밀어내는 것도 반복되는 것입니다. 이제 그는 더 이상 그 전의 양치기가 아닙니다. 니체가 말합니다. 긍정적인 것들을 회귀시키는 자인 그는 변화한 자, 빛으로 감싸인 자가 되어 웃고 있습니다.[20]

영원회귀가 지시하는 반복은 모든 것이 예외 없이 되풀이되는 반복을 말합니다. 이것은 굉장히 맹목적인 것이기도 합니다. 앞에서도 말했지만, '사는 나'와 '보는 나'가 함께 반복됩니다. 나는 '사는 나'가 되기도 하고 '보는 나'가 되기도 하는데, 어느 순간 나는 이 무한한 반복을 순식간에 깨닫습니다. 아마도 부정적인 것과 긍정적인 것을 모두 바라보고 절망과 희망이 모두 찾아오겠지요. 아주 순간적으로 광휘가 휘몰아칩니다. 아마 그 순간이 영원회귀의 순간일 거라고 생각합니다. 바로 그 순간, 우리는 우리가 지금까지 살아왔던 '나'에서 벗어나서, 온갖 반복이 내 몸을 훑고 지

19. 니체, 「즐거운 학문」, 315쪽.
20. 니체, 『차라투스트라는 이렇게 말했다』, 265쪽.

나갔다는 것을 깨닫습니다. 나라는 동일성이 붕괴하는 이상한 기분을 느끼게 되는 거죠. 물론 '사는 나'는 여전히 살아 갈 것이고, 다시 그것을 '보는 나'는 여전히 보게 될 것입니다. 아무 일도 일어나지 않았다는 듯이 말이죠.

저는 이게 매우 중요하다고 생각합니다. 살아가는 나는 여전히 그렇게 살아갑니다. 삶은 언제나 일상적입니다. 그것을 보는 나도 여전히 그렇게 봅니다. 그런데 어느 순간 이 세상의 무한 반복을 깨닫고 맙니다. 물론 그것을 느끼는 순간은 찰나겠지요. 그러나 영원히 회귀되는 그런 순간입니다. 모든 것이, 절대적으로 반복된다는 것을 깨닫는 순간이고, 따라서 '나라는 장소'가 그 모든 것이 반복되는 현장이라는 것을 깨달아 버리는 순간입니다. 나는 나가 아니라, 그 모든 것입니다. 그리고 다시 살아가고, 다시 그것을 보는 시간이 찾아옵니다.

들뢰즈와 가타리는 『안티 오이디푸스』에서 이런 니체의 모습에 대해 다음과 같이 말하고 있습니다.

"갑작스레 이성을 잃어 낯선 인물들과 자신을 동일시하게 될, 문헌학 교수 니체-자아는 없다. 상태들의 계열을 경유하는 "역사의 모든 이름이 나다—"라며 역사의 이름들을 이 상태들에 동일시하는, 니체-주체가 있다. 주체는 자아가 그 중심을 저 버린 원의 원주 위에서 자신을 펼친다. 중심에는 욕망의 기계가, 영원회귀의 독신 기계가 있다 [중략] 그는 단번에 세계사를 소비한다. 우리는 분열자를 호모 나투라로 규정하면서 시작했는데, 결국 분열자는 호모 히스토리아(Homo historia)로구나."[21]

영원회귀의 감각은 이 세상 어떤 감각 중에서도 가장 고양된 감각일 겁니다. 단번에 세계사의 인물들을 소비하는 감각이니까요. 그것은 나는 나가 아닌 게 되고, 세계사의 모든 것이 되는 순간의 감각입니다. 영원회귀는 바로 그 순간을 말하는 것입니다. 그것은 역사의 모든 이름이 나가 되는 순간입니다. 그 순간을 거치면서 나는 새로운 나가 되어 다시 살아가고, 또 그것을 바라보며 맞장구치게 됩니다. 이 모든 것이 다시 반복됩니다.

21. 질 들뢰즈·펠릭스 과타리, 『안티 오이디푸스』, 김재인 옮김, 민음사, 2014, 52~53쪽.

앞에서 니체가 영원회귀의 사유를 발견했을 때, 이렇게 표현하였다고 했습니다. "사유가 나를 덮쳤다." 그렇습니다. 영원회귀의 순간은 나를 덮칩니다. 강민혁-주체에 영원회귀가 덮쳐서 강민혁이 강민혁이 아닌 상태, 그래서 역사의 모든 이름이 출몰하는 장소가 되어 버리는 순간이 됩니다. 무대에서 삶을 살아내는 나와 그를 독려하는 나는 함께 나를 나가 아닌 것이 되도록 만듭니다. 사고실험인 동일성의 영원회귀가 극한에 가면 이 순간이 찾아옵니다. 그런데 바로 그 순간은 완전히 다른 존재가 되어 버리기도 한 순간인 것입니다. 모든 부정적인 것과 투쟁하는 존재도 그 순간 함께 출몰합니다. 그때 차이의 영원회귀라는 실천실험이 작동합니다. 새로운 나가 되어 새로운 길을 거침없이 가게 되는 그런 순간으로 전환되지요. 역사의 모든 순간을 경험한 자가 되었으니, 새로운 길이 두려울 턱이 없습니다. 아니, 새로운 나이기 때문에 모든 길이 새로운 길이 되고, 또 다시 한 번 더 하게 될 순간이니 두려울 이유가 하나도 없습니다.

글쎄요. 아직까지는 여기까지가 제가 이해한 영원회귀입니다. 아직도 잘 모르겠습니다. 아마 영원회귀를 당신 멋대로 왜곡했다고 말하는 분들이 많을 것입니다. 그러나 나를 설득할 수 있도록 우리들의 언어로 설명해 준 영원회귀는 저는 찾을 수 없었습니다. 앞으로 더욱더 사고하고 실천해서 진정한 영원회귀의 순간을 맞이하고 싶습니다. 어차피 그 순간은 어디 먼 곳에 있지 않고 매 순간 여기에 도래할 테지만요.

소크라테스 이전, 그 오래된 현대

—

탈레스 외, 『소크라테스 이전 철학자들의 단편 선집』

악 의 에 찬 책 들 의 운 명

니체는 그리스인들이 철학을 하지 않을 수 없는 사람들이고, 그러다 보니 유래 없는 '철학자의 유형'을 창조했다고 극찬했다.[1] 우리가 이미지로 떠올리는 철학자는 모조리 그리스인들이 창조했다는 말이다. 오로지 앎을 위해서만 삶을 영위하는 유일한 인간으로서 '철학자의 유형'. 제왕처럼 당당한 헤라클레이토스, 우울하게 신비로운 입법자적인 피타고라스…. 영화 포스터의 광고 문구처럼 니체가 묘사한 그리스 철학자들은 어쩐지 장르영화의 주연배우와도 같다.

그러나 이들의 글은 대부분 소실되었다. 니체도 이 부분을 매우 안타까워했다. 이 독창적인 철인들의 저작 대부분을 우리들 손아귀에 쥐고 있지 못한 덕분에, 우리는 알게 모르게 저들을 과소평가하고 말았다. 니체는 헤라클레이토스, 엠페도클레스, 데모크리토스[2] 같은 이들의 책이

---

1. 프리드리히 니체, 「플라톤 이전의 철학자들」, 『언어의 기원에 관하여·이러한 맥락에 관한 추정·플라톤의 대화 연구 입문·플라톤 이전의 철학자들·아리스토텔레스 수사학 I·유고(1864년 가을~1868년 봄)』(니체전집 1), 김기선 옮김, 책세상, 2003, 232쪽.

소실되고, 대신에 다른 이들의 책만 얻게 된 것을 '악의에 찬 책들의 운명'이라고까지 말한다.[3] 얼마나 안타까웠으면 그런 말을 글로 남겨 놓았을까.

그래도 그들의 남겨진 흔적들을 한 곳에 모아 놓은 책이 있다. 『소크라테스 이전 철학자들의 단편 선집』. 이 책을 통해 잘려 나간 철학자들의 문장을 보다 보면, 암흑 속에 사라져 버린 다른 문장들도 보고 싶은 마음이 간절해진다. 그러기를 반복하다 보면 그들이 마치 현대 철학자인 양 느껴지는 착각마저 생긴다. 어쩌면 소실된 문장 덕분에 살아남은 문장들이 더욱 강렬해지는 효과가 있는 것이 아닌가도 싶다.

탈레스 — 천문학 오타쿠

자, 이제 저 편으로 사라져 버리고 흔적으로만 남은 철학자들을 읽어 보자. 우선 탈레스(Thalēs, BC 624~BC 545). 탈레스는 천체연구를 위해서 하늘을 보고 다니다가, 길에 있는 우물에 빠져 버렸다는 이야기가 전해진다.[4] 지금으로 치면 '천문학 오타쿠'라고 불러야 할 이 사람이 최초의 그리스 철학자다. 오타쿠인 탈레스는 지구가 물 위에 떠 있다고 상상했다. 물이 서로 붙어서 진흙으로 변하고, 그 진흙이 굳어서 땅이 된다고 생각한 것이다. 아리스토텔레스는 모든 씨앗이 축축한 본성을 가지기 때문에 그가 그렇게 생각한 것 같다고 추론한다.[5] 우리가 항상 충분히

---

2. 사실 데모크리토스는 당대에, 우리가 플라톤을 그렇게 여기는 것처럼 최대의 철학자로 여겨졌다.
3. 니체, 「플라톤 이전의 철학자들」, 235쪽.
4. 탈레스 외, 『소크라테스 이전 철학자들의 단편 선집』, 김인곤 외 7인 옮김, 아카넷, 2005, 121쪽.
5. 탈레스 외, 『소크라테스 이전 철학자들의 단편 선집』, 126쪽.

물을 마셔야 한다는 사실이나, 생물의 씨앗이랄 수 있을 정액이 물기를 포함한다는 사실을 떠올리면 아주 별난 생각은 아닌 것도 같다.

물론 그가 참 희한하게 생각한다고 웃을 수도 있겠다. 그러나 나는 탈레스의 상상을 읽자마자, 지구가 마치 거대한 배와 같아서 물 위로 항해하는 그림을 떠올렸다. 한번쯤은 나도 그렇게 상상했던 장면이어서인지, 오히려 천체물리학의 정교한 설명보다 그의 상상이 더 마음에 와 닿았다. 게다가 딜레스는 그런 우주에 혼(psychē)이 섞여 있다고 하면서 모든 것은 신들로 충만하다고도 말한다.[6] 그러니까, 그에겐 우주 자체가 영적인 구성물이라고 할 수 있었다.

이런 탈레스가 현대 금융시장에서는 최초의 파생상품 거래자로 알려져 있다. 탈레스는 천체연구로부터 다음해에 올리브 풍작이 있으리라 예측한다. 이것으로 돈을 벌 궁리를 한 탈레스는 겨울인데도 돈을 모아 올리브 짜는 기계를 미리 값싸게 모두 임대해 두었다. 드디어 때가 되어 사람들이 올리브 짜는 기계가 필요하게 되자, 비싼 값으로 기계를 임대해 주어 큰돈을 모았다.[7] 지금으로 보자면 일종의 '선도거래'(先渡去來, forward contract)였다. 임대 가격의 변동성을 헷지(hedge)하기 위해서 미리 선도가격으로 기계를 마련해 둔다는 발상은 현대 금융시장에서는 너무나 흔한 방식이다. 더 흥미로운 것은 이 이야기를 전해 주며 아리스토텔레스가 평하는 이런 말이다. "그는 철학자들이 마음만 먹으면 쉽게 부자가 될 수 있지만, 그것이 그들의 진지한 관심사가 아니라는 점을 보여 주었다."[8] 어떤가? 머리를 써서 돈을 번 탈레스도, 그 이야기를 전

---

6. 탈레스 외, 『소크라테스 이전 철학자들의 단편 선집』, 129쪽.
7. 탈레스 외, 『소크라테스 이전 철학자들의 단편 선집』, 122쪽.
8. 탈레스 외, 『소크라테스 이전 철학자들의 단편 선집』, 122쪽.

소크라테스 이전,
그 오래된 현대

하며 철학자의 자존심을 보여 준 아리스토텔레스도 참 사랑스럽지 않은가.

아낙시만드로스와 아낙시메네스 — 운동하는 신과 아에르

탈레스가 우주는 물로부터 나왔다고 했던 반면, 아낙시만드로스 (Anaximandros, BC 610~BC 546)에 오면 물이나 불과 같은 질료와 달리 우주가 어떤 무정형인 것으로부터 나왔다고 상상하기 시작한다. 그것은 '무한정한 것'이라고 번역되는 '아페이론'(apeiron)이다. 그것은 물도 아니고, 원소라고 불리는 것들 중에서 다른 어떤 것도 아니다. 다시 말하면 아페이론은 물이나 불과 같은 구체적인 질료가 아니다. 오히려 그것은 '신적(theion)인 것'이다.[9] 그것은 영원하고, 늙지 않으며, 또한 모든 세계를 둘러싼다.[10] 사멸하지 않고, 파괴되지 않는 그것으로부터 세계(kosmos)가 생겨난다.[11] 그렇다고 아페이론이 고정되어 움직이지 않는 것은 아니다. 아낙시만드로스는 아페이론이 영원히 운동(kinēsis) 중에 있다고 말한다. 이런 운동이 세계를 생산하는 것이다.[12] 내 식으로 말하자면 아페이론은 '운동하는 신'인 셈이다.

이 운동하는 신 속에서 무언가 대립자들이 떨어져 나오는데, 그것이 우주를 형성한다. 우주가 생성되는 모습을 아낙시만드로스가 묘사한 문장을 보면 무척이나 아름답다. 껍질이 나무를 감싸고 자라는 것처럼

---

9. 탈레스 외, 『소크라테스 이전 철학자들의 단편 선집』, 139쪽.
10. 탈레스 외, 『소크라테스 이전 철학자들의 단편 선집』, 136쪽.
11. 탈레스 외, 『소크라테스 이전 철학자들의 단편 선집』, 135쪽.
12. 탈레스 외, 『소크라테스 이전 철학자들의 단편 선집』, 137쪽.

둥근 불꽃이 땅 주위의 공기를 감싸고 있다. 그런데 어느 순간 둥근 불꽃이 부서져서 몇 조각(이른바 '산출자')이 되어 떨어져 나오는데, 그것들이 해와 달, 그리고 별들이 된다. 아낙시만드로스는 그 별들을 '불의 바퀴'라고 표현하기도 했다. 불의 바퀴는 날숨을 쉬기 위해서 숨구멍인 관 모양의 통을 달고 있는데, 그 통을 통해서야 별들이 보인다. 달이 차고 기우는 것도 달의 통로가 막히거나 열리기 때문에 그렇게 보이는 것이다. 또 해는 테두리에 풀무의 주둥이가 있어서 바람처럼 불을 내보인다. 해가 불꽃으로 둘러싸인 것은 이 때문이다. 그의 묘사는 현대의 어떤 동화보다 아름답다.

아낙시메네스가 생각하는 우주의 기원을 보면 나를 더 들뜨게 만든다. 그는 공기를 있는 것들의 근원이라고 말한다. 그런데 그게 그냥 공기가 아니다. 그것은 우리들의 혼(psychē)과도 같다. 혼이 우리를 구성해 주고, 바람과 공기가 세계를 감싸고 있다.[13] 그것은 무한하기 때문에 바닥나는 일이 없고, 언제나 운동하는 비-물체(asōma)이다. 공기는 그리스어로 '아에르'(aēr)인데, 이 무한정한 아에르로부터 모든 것이 생겨난다. 놀랍게도 신마저 여기서 생겨난다. "생겨나고 있는 것들, 생겨난 것들, 생겨날 것들, 그리고 신들과 신적인 것들이 공기에서 생겨난다."[14] 그러니까, 공기가 신적인 속성을 갖고 있을 뿐만 아니라, 아예 신들을 만들어 내는 근원이기까지 하다고 주장하는 것이다. 이것은 종교 그 자체를 자연학으로 구성하려는 대담한 시도이기도 하였다. 그런 시도 자체가 너무나 현대적이어서 이 아포리즘을 읽으면 읽을수록 고대와 현

---

13. 탈레스 외, 『소크라테스 이전 철학자들의 단편 선집』, 151쪽.
14. 탈레스 외, 『소크라테스 이전 철학자들의 단편 선집』, 154쪽.

649

소크라테스 이전,
그 오래된 현대

대가 그리 멀리 떨어져 있지 않은 느낌이 들 정도다.

피타고라스 — 공동체주의자의 아름다운 우주론

자연학적인 이야기만 현대적인 것이 아니다. 다소는 엄격한 공동체주의 자라고 해야 할 피타고라스(Pythagoras, BC 580~BC 500). 아무나 그의 공동체에 가담할 수는 없었다. 피타고라스의 공동체가 있었던 크로톤[15]에서 굉장히 큰 부자였던 사람이 있었다. 그는 피타고라스의 공동체에 가담하려고 크게 관심을 가졌다. 그러나 그는 거칠고 강압적이고 요란하며 전제적인(專制的) 자로 알려져 있었던 모양이다. 피타고라스는 이제 연로하여 공동체의 원로가 되어 있는 상황. 하지만 원칙주의자 피타고라스는 부자인 그가 공동체에 들어오는 것을 거부한다.[16] 피타고라스의 공동체는 공산주의 정신으로 작동되었다. 함께하려는 사람들의 재산들은 공동의 것이어야 했다. "친구들의 것들은 공동의 것이다"(koina ta tōn phiōn)라는 이탈리아의 속담은 여기서 생성되었다.[17]

물론 피타고라스가 무척이나 난해한 진리를 소유한 자라는 소문은 사실인 것 같다. 그래도 가만히 그의 이야기를 귀 기울여 들어 보면 굉장히 아름다운 주장들이 많다. 지혜의 원천이라고 할 델포이의 신탁이 무엇이냐고 스스로 묻고, 그는 그것은 '테트락튀스'(tetraktys)라고 답한

---

15. 피타고라스는 기원전 580년경에 사모스 섬에서 태어나 거기서 살면서 이집트를 여행하기도 하지만, 기원전 530년경에 폴뤼크라테스의 폭정 때문에 이탈리아 남부에 있는 크로톤으로 이주하였다. 거기서 그는 공동체를 만들어 사람들을 이른바 '피타고라스적 삶의 방식'으로 인도하면서 종교적·도덕적으로뿐 아니라 정치적으로도 큰 영향력을 가졌다.
16. 탈레스 외, 『소크라테스 이전 철학자들의 단편 선집』, 169쪽.
17. 탈레스 외, 『소크라테스 이전 철학자들의 단편 선집』, 168쪽.

다. 테트락튀스란 숫자 4를 의미하는 고대 그리스어 'Tetra'에서 유래한다. 만물을 포괄하는 통일의 수로서 정수 1, 2, 3, 4를 말한다. 피타고라스는 이것을 세이렌들(Seirenes)이 이루어 내는 '조화'(harmonia)와 연결시켰다. 우주 최고의 것이란 바로 이 조화를 말한다. 즉, 피타고라스에게 조화란 우주의 조화이다. 그리고 그는 테트락튀스처럼 우주가 수적인 비율로 구성된 화음이라고 생각했다.

이렇게 이야기하고 보면 피타고라스가 편집광처럼 느껴진다. 그러나 그가 묘사한 우주의 모습들을 보면 뜻밖에 고향 할아버지처럼 정답다.

"바다는 크로노스의 눈물이고, 곰자리는 레아의 손이며, 폴에이아데스는 무사들의 뤼라이고, 행성들은 페르세포네의 개들이며, 청동이 두들겨질 때 거기서 나는 소리는 청동 속에 갇힌, 어느 영령의 소리이다"[18]

"지진은 죽은 자들의 모임일 따름이다."[19]

"천둥은 타르타로스에 있는 자들이 겁먹도록 그들을 위협하기 위한 것이다."[20]

어쩌면 우리는 피타고라스를 플라톤 이데아론의 주범으로 계열화시킴으로써, 피타고라스의 정다운 주장들을 모조리 땅 속에 파묻어 버린 것은 아닌지 의문스럽다. 사람의 생각이 그리 단순하지 않은데 말이다.

---

18. 탈레스 외, 『소크라테스 이전 철학자들의 단편 선집』, 190쪽(포르퓌리오스 DK58C2).
19. 탈레스 외, 『소크라테스 이전 철학자들의 단편 선집』, 191쪽(아일리아누스 DK58C2).
20. 탈레스 외, 『소크라테스 이전 철학자들의 단편 선집』, 191쪽(아리스토텔레스 DK58C1).

소크라테스 이전,
그 오래된 현대

헤라클레이토스—나는 나 자신을 탐구했다

헤라클레이토스(Herakleitos, BC 540?~BC 480?)로 들어가면 더욱 흥미로운 문장들이 튀어나온다. '만물은 흐른다'(panta rhei)라고 주장했다던 헤라클레이토스는 피타고라스를 허튼소리 하는 사람으로 여겼다.[21] 모든 것이 변하는데, 항구적인 원리라는 것이 무엇 때문에 필요하냐는 퉁명스런 반응일 것이다. 사실 헤라클레이토스는 다소는 독특한 철학자였나 보다. 그러다 보니 후대의 기독교 교부 철학자들의 저작에서는 이교도의 모습으로 나타난다. 거꾸로 기독교가 로마로 들어오기 전 철학자들인 스토아주의자들은 자신들이 계승한 선배 철학자로 존경을 보낸다. 그러나 후대의 철학자들이 헤라클레이토스를 위치시키는 방식을 기준으로만 헤라클레이토스를 읽으면 헤라클레이토스의 참맛을 모르게 된다.

그는 "나는 나 자신을 탐구했다"[22]라고 선언하였다. 평소 본성(physis)은 스스로를 감춘다고[23] 생각했던 그이고 보면 자기 자신을 탐구했다고 하는 말이 그리 낯설게 보이진 않는다. 또 이런 이야기도 한다. "나에게 귀를 기울이지 말고 로고스에 귀를 기울여, '만물은 하나이다'(hen panta einai)라는 데 동의하는 것이 지혜롭다."[24] 앞서 서술한 문장("나는 나 자신을 탐구했다")과 연결하여 보면, 나 자신은 만물 그 자체라고 할 수 있다. 나 자신을 탐구한다는 뜻은 현상적인 나에게 집착하는

---

21. 탈레스 외, 『소크라테스 이전 철학자들의 단편 선집』, 226쪽.
22. 탈레스 외, 『소크라테스 이전 철학자들의 단편 선집』, 235쪽.
23. 탈레스 외, 『소크라테스 이전 철학자들의 단편 선집』, 235쪽.
24. 탈레스 외, 『소크라테스 이전 철학자들의 단편 선집』, 236쪽.

것이 아니라("나에게 귀를 기울이지 말고"), 바로 진리의 말인 로고스에 귀를 기울이는 것을 말한다. 로고스가 나인 것이다.

나 자신과 로고스의 일치를 강조한 이 현자는 인간적인 생각에 사로잡힌 '현상적인 나'부터 탈피하기 위해 장자(莊子)와 같은 어법들을 구사한다.

"바닷물은 가장 깨끗하고 또한 가장 더럽디. 물고기들에게는 마실 수 있고, 삶을 보존해 주는 것이지만, 인간들에게는 마실 수 없고 삶을 앗아 가는 것이다."[25]

"돼지들은 깨끗한 물보다 진흙탕을 더 즐긴다."[26]

"당나귀들은 금보다 차라리 음식 쓰레기를 택할 것이다."[27]

"올라가는 길과 내려가는 길은 하나이며 동일하다."[28]

이런 주장 끝에 급기야 "가장 아름다운 세계질서(kosmos)는 아무렇게나 쌓인 쓰레기 더미이다"[29]라고까지 말한다. 이보다 급진적인 철학이 어느 시대에 있었단 말인가. 그는 고대에 부활한(?) 니체이다. 이런

25. 탈레스 외, 『소크라테스 이전 철학자들의 단편 선집』, 239쪽(히폴뤼토스 DK22B61).
26. 탈레스 외, 『소크라테스 이전 철학자들의 단편 선집』, 239쪽(클레멘스 DK22B13).
27. 탈레스 외, 『소크라테스 이전 철학자들의 단편 선집』, 240쪽(아리스토텔레스 DK22B9).
28. 탈레스 외, 『소크라테스 이전 철학자들의 단편 선집』, 242쪽(히폴뤼토스 DK22B60).
29. 탈레스 외, 『소크라테스 이전 철학자들의 단편 선집』, 240쪽.

소크라테스 이전,
그 오래된 현대

그가 인생을 장기에 비유하고, 왕국을 아이의 것이라고 말하는 것[30]은 너무나 자연스럽다.

엠페도클레스 — 리좀, 만물의 네 뿌리들

이런 철학자들 중에서 우리는 귀한 현자를 또 하나 만난다. 고르기아스의 스승, 엠페도클레스(Empedocles, BC 493~BC 433). 니체가 비극의 시대라고 불렀던 그리스 낭만주의 시대를 살았던 현자. 소포클레스와 에우리피데스와 같은 시대의 사람. 엠페도클레스가 특유의 존재론자, 파르메니데스와 피타고라스의 추종자라고 해서 이데아론자로 편견을 가지면 큰코다친다. 그는 사유를 운문으로 풀어 쓴 시인이자 자연학자였다. 그는 훗날 질 들뢰즈가 전유하여 사용할 "만물의 네 뿌리들"(tessara rhizomata)[31]에 대해 시적으로 이야기하는 기원을 소유한다. 모든 것은 이 뿌리의 혼합과 분리를 통해 생성되고 소멸된다. 그러므로 어쩌면 출생과 죽음은 존재하지도 않을지 모른다. 그러니까, 이 세상에는 혼합(mixis)과 혼합된 것들의 분리(diallaxis)만 있으며, 출생이란 이런 모습에 대해 사람들이 갖다 붙인 이름일 뿐이다.[32] 이것으로부터 매우 현대적인 주장들이 탄생한다.

"도대체 변화란 어떤 것인가? 변화란 벽돌들이나 돌들로 벽을 쌓는 것과 같은 결합(synthesis)일 수밖에 없다. 이와 같은 혼합(to meigma)은

---

30. 탈레스 외, 『소크라테스 이전 철학자들의 단편 선집』, 249쪽.
31. 탈레스 외, 『소크라테스 이전 철학자들의 단편 선집』, 349쪽.
32. 탈레스 외, 『소크라테스 이전 철학자들의 단편 선집』, 351쪽.

항시 보존되는 원소들로부터 원소들의 작은 조각들이 서로 나란히 놓여서 형성된다. 이런 식으로 살도 생겨나고 다른 각각의 것들도 생겨난다."[33]

마치 세상 사물들이 계열화되어 새로운 것이 생성된다고 말하는 현대 철학자들의 음성을 이 짧은 아포리즘을 통해 다시 듣는 느낌이다. 이런 계열화는 끊임없이 자리를 바꾸면서 결코 멈추지 않는다. 엠페도클레스에 와서 우주는 어느 하나로부터 탄생한 것이 아니라, 오로지 계열화를 통해 뿌리와 뿌리들이 혼합되고 분리되는 과정 그 자체로 되어 버린다.

소크라테스 이전 철학자들은 마치 언덕 위의 핀 들꽃들처럼 다양한 모습으로 피어 있다. 그들의 흔적은 흔히 알고 있듯이 진부한 고대가 아니다. 그들은 충분히 현대적이며, 기운이 넘치며, 더할 나위 없이 명료하다. 어쩌면 흔적으로만 남아 있었기 때문에 우리들을 더욱 강력하게 끌어당기고 있는지도 모른다. 데모크리토스는 혼이 원자들의 덩어리라고 말한다. 그 덩어리가 안정된 상태에 있는 것이 혼의 평안이라는 뜻이기도 하다. 자연학과 윤리학을 이렇게 연결해 내는 이야기꾼들이 여기저기 웅성거리는 곳이 바로 이 '선집'이다. 니체가 '편파적인 자들'(Einseitigen)이면서 '창시자들'(Eifinder)이라고 불렀던 이 '오래된 현대'가 바로 여기에 펼쳐져 있다. 이 좁은 입구를 지나 숨막히게 아름다운 저들의 언덕으로 가라. 온갖 아름다운 언어들이 멀미나게 활공하고 있으리라.

---

33. 탈레스 외, 『소크라테스 이전 철학자들의 단편 선집』, 354쪽(아리스토텔레스 DK31A43).

655

—

소크라테스 이전,
그 오래된 현대

『소크라테스 이전 철학자들의 단편 선집』
후기

철학사는 기원전 5세기 후반부터 4세기 후반을 흔히 소크라테스, 플라톤, 아리스토텔레스 3대 철학자와 그 제자들이 열어젖힌 '그리스 고전철학 시대'라고 기술합니다. 그런데 이에 앞서 150년간에 걸쳐서 이오니아 지방(소아시아 해안으로 지금의 터키)과 마그나 그라에키아[34](Magna Graecia, 남이탈리아와 시칠리아 섬)에서 엄청난 철학자들이 쏟아져 나왔습니다. 우리가 잘 알고 있는 그리스 철학자들은 대부분 이 시대에 활약했습니다. 탈레스, 아낙시만드로스, 아낙시메네스, 피타고라스, 헤라클레이토스, 파르메니데스, 제논 등등 우리가 어린 시절부터 한번쯤은 들어봤던 이름들이 즐비합니다. 이들을 모두 모아서 '소크라테스 이전 철학자들'(Vorsokratiker, Presocratics)이라고 부릅니다. 이들의 철학은 고전철학 시대의 사유와 다르기 때문에 아리스토텔레스도 이들을 '자연을 논하는 사람들'이라고 구별하여 불렀죠.

잘 알려져 있다시피 니체는 이 시대의 철학자들을 극찬하였습니다. 「그리스 비극 시대의 철학」이라는 중요한 소논문에서 니체는 삶과 실존 일반에 관해서는 이 철학자들의 판단이 현대의 판단보다 훨씬 많은 것을 말해 준다고 주장합니다. 왜냐하면 현대는 진리를 묻기만 하지, 이 시대의 철학자들처럼 자유와 아름다움 그리고 삶의 위대함을 실제로 소망하지 않기 때문이라고 하지요.[35] 그러면서 "우리가 고대 그리스의 대가인 탈레스, 아낙시만드로스, 데모크리토스와 소크라테스의 집단처럼 놀라울 정도로 이상화된 철학자 집단을 언급하게 되면, 모든 민족은 부끄러워할 것이

---

34. 그리스어인 메갈레 헬라스(Megale Hellas, '위대한 그리스'의 뜻)의 라틴어 역(譯)으로, 이탈리아 반도 남부 그리스 식민도시의 총칭.
35. 프리드리히 니체, 『유고(1870년~1873년)』(니체전집 3), 이진우 옮김, 책세상, 2001, 360쪽.

다. 이 모든 사람은 같은 대리석에서 조각된 것처럼 동일한 성격을 가지고 있다."[36] 아울러 이들의 공동체를 일러서, "천재들의 공화국"이라고 경이로워 하며 최대의 찬사를 보냅니다.

그러나 안타깝게도 이 철학자들의 글은 온전하게 남아 있지 않습니다. 수많은 고대 문헌들에 단편들로만 흩어져 있어서 전모를 파악하는 것은 매우 제한적이지요. 이렇게 흩어져 있던 것들을 헤르만 딜스(Hermann Diels)라는 독일 문헌학자가 모아서 책을 내고, 다시 그의 제자 발터 크란츠(Walter Kranz)가 보완해서 낸 것은 20세기가 되어서야 가능한 일이었습니다. 이 책이 우리나라에 출간된 것도 제기 존경하는 〈정암학당〉 연구원들이 번역한 2000년대 초반의 일입니다. 그만큼 무척 귀한 텍스트입니다. 우리가 이것을 한글로 읽을 수 있다는 사실만으로도 굉장한 행운이라고 생각합니다.

이 글이 그만큼 귀하다는 것은 '딜스-크란츠 번호'만 봐도 쉽게 압니다. 딜스와 크란츠는 수많은 고대 문헌들에 흩어져 있는 것을 수집합니다. 수집된 원자료는 세 가지로 분류됩니다. 우선 직접 전승 단편입니다. 즉, 저자가 직접 작성한 실제 단편입니다. 이를 '입시스시마 버르바'(ipsissima verba)라고 하는데, 'B'로 표기합니다. 그런데 직접 전승된 것만 모아서 그 저자의 전모를 알기에는 턱없이 모자랍니다. 그래서 그들을 추종하거나, 심지어 그들을 비판한 상대나 후대 철학자들의 텍스트에서 그들이 말한 부분을 찾아냅니다. 즉, 간접 전승된 토막글이거나 저자의 생애와 사조에 대한 사람들의 해석이 그것입니다. 이를 '테스티모니아'(testimonia)라고 하는데, 'A'로 표기합니다. 물론 직접 단편이라고 해도, 후대 학술지 저자나 철학자들의 글에 인용된 형태로 전달되는 것도 많이 포함되어 있습니다. 이들을 보면 사라진 저작의 전모를 찾아내기 위해서 우리 시대의 학자들이 엄청나게 노력한다는 것을 알게 되지요. 저는 이런 학자들의 모습을 존경합니다. 서고의 책과 자료들을 파헤치며 책 속

---

36. 니체, 『유고(1870년~1873년)』, 358쪽. 1873년 니체는 소크라테스를 그 이전 철학자들 그룹에 함께 포함하여 극찬하였습니다. 그러나 그 이후 소크라테스는 플라톤과 함께 그 이전 철학자들에서 떼어 내 비판하지요. 아울러 이 논문(「그리스 비극 시대의 철학」)은 바그너와 쇼펜하우어로부터 사상적으로 독립하는 시기에 탄생합니다. 바그너의 부인, 코지마 바그너는 바그너 그룹에서 이 논문이 발표되었을 때 어두운 분위기였다고 전합니다(니체, 『유고(1870년~1873년)』, 483~484쪽).

소크라테스 이전,
그 오래된 현대

에 숨어 있는 진주를 캐는 사람들이 그들입니다. 어쩌면 길을 잃은 말들이 서고에서 이 로고스 채굴업자들을 몇 천 년 동안 기다리고 있었을지도 모르지요.

그럼에도 불구하고 우리는 이들의 엄청난 글을 제대로 읽을 수 없습니다. 여전히 유실된 그들의 글을 모두 찾아내지는 못했으니까요. 이런 사실에 대해 니체는 매우 아쉬워했습니다. 그는 혹시 책의 운명 같은 것이 있지 않을까라고 생각합니다. 헤라클레이토스, 엠페도클레스의 경이로운 글들, 플라톤을 능가하는 데모크리토스의 글들을 우리에게서 빼앗고 그 대신 별 볼 일 없는 글들을 우리 손에 쥐어 주는 이 세상의 비극적인 운명을 탓합니다. "(훌륭한) 그 책이 한 세기 후에도 살아남을 것인지 아니면 부패하여 흙이 될 것인지는 가련하기 짝이 없는 우연들, 두뇌의 갑작스러운 일식 현상, 미신적인 경련과 반감들에 달려 있으며, 그리고 마지막으로 글쓰기 싫어하는 손가락들 내지는 좀벌레와 우천에 달려 있기도 하다."[37] '소크라테스 이전 철학자'들의 저작이 사라져 버린 것에 대해 지극히 안타까워하면서도, 동시에 현대의 철학자들이나 현대에 전승된 철학자들의 저작이 형편없다는 것을 대놓고 조롱하고 있습니다. 별 볼 일 없는 텍스트들만 버젓이 거리를 활보하고, 탁월한 저작들은 숨어 있습니다. 아무튼 우리 시대에는 두뇌에 갑작스럽게 일식 현상이 발생하지 않기를 간절히 기원합니다.

이 시대의 철학에 대해서 관심을 가지고 자신의 사유를 적극적으로 다듬은 사람으로 동아시아의 철학자, 가라타니 고진도 있습니다. 정치철학을 함께 공부하던 친구들이 있습니다. 그 친구들과 카를 슈미트의 저작들, 관련 정치신학책들, 미셸 푸코의 강의록들을 읽었지요. 그러던 중, 당시 가라타니 고진의 『철학의 기원』이 출간되면서 한국사회에서 큰 관심을 모았습니다. 그때 저는 이 책을 그 친구들과 완독하였습니다. 고진은 소크라테스 이전 철학으로부터 '이소노미아'(isonomia)라는 개념을 끄집어내어 철학의 기원을, 그리고 나아가 새로운 정치를 제안하고 있었습니다.

간단히 말하면 이소노미아는 지배가 없는 상태, 즉 무지배를 의미합니다. 고진은 이소노미아가 그저 이념이 아니었다고 전합니다. 이오니아 도시들에 현실적으로 존재했던 것이고, 이오니아가 몰락한 후에는 이념으로서 다른 폴리스로 퍼졌다고 하

---

37. 니체, 『유고(1870년~1873년)』, 363쪽.

지요.[38] 당시 이오니아에서는 토지가 없는 자는 토지에서 일하는 대신에 다른 도시로 자유롭게 이주할 수 있기 때문에 지배되지 않을 수 있었다고 합니다. 그런 의미에서 '자유'가 '평등'을 가져왔다는 것이죠.

당시에 언론과 젊은 연구자들 사이에 그의 책은 큰 관심이었습니다. 특히 그 관심에는 고진이 끌어다 쓴 '이소노미아'에 대한 논란이 핵심으로 자리 잡고 있었습니다. 실제로 이오니아 지역의 그것이 가라타니 고진이 말한 대로 자유가 평등을 실제만들어 내는 체제였느냐는 것이고(이것 자체가 픽션 아니냐, 혹시 고진 자신이 목적론적으로 짜 맞춘 것은 아니냐), 또한 그것이 현대정치적인 관점에서 유효한 것이냐(자유가 평등을 규정한다는 이소노미아 논리가 현대정치를 돌파할 계기를 마련해 주느냐)는 의문들이 그것입니다. 이런 것 말고도 '자기'라는 개념이 과연 이오니아 시대에 이미 인식되고 있었느냐 등등 여기에 소개할 수 없을 만큼 다양한 논란거리를 던져 주었습니다. 어쩌면 이런 논란들을 생산하는 것 자체가 철학자의 임무라고 본다면 가라타니 고진은 그런 임무를 충실히 하고 있었다고 할 수 있습니다.

예컨대 고진의 이소노미아를 이용하여 자유가 평등을 만들어 낸다는 관점은 랑시에르 같은 사람들이 평등을 자유보다 더 근본적인 것으로 보는 관점과 정반대였습니다. 그리고 고진이든 랑시에르든 양자의 자유-평등이론들이 새로운 영역에 눈뜨게 해주기도 하지만, 그만큼 어느 한쪽(자유든 평등이든)에 서서 다른 쪽(평등이든 자유든)을 확대하는 길을 택함으로써 오히려 한 쪽이 배제되고, 다른 한 쪽에 고착되는 투쟁에 머무르지 않나 하는 걱정도 있을 수 있습니다.[39]

아무튼 대단히 흥미로운 주제였습니다. 고대 철학에서 어떤 개념을 끄집어내어 정치적으로 엮어 내고, 그것을 다시 현대 정치를 급진적으로 바꾸는 데 활용하는 태도는 당시까지만 해도 저는 상상할 수 없는 것이었습니다. 더군다나 그렇게 고민하는 철학자들이 죄다 서구 철학자였으므로, 그네들의 전통에서는 당연한 것이 아닌

---

38. 가라타니 고진, 『철학의 기원』, 40쪽.

39. 발리바르는 평등자유원리를 시민권의 헌정 자체에 기입된 '내적인 이율배반의 문제'로 바라보면서, 오히려 이런 이율배반이 만들어 내는 긴장이 '정치'를 만들어 낸다고 봅니다. 이 부분은 최원의 「발리바르의 민주주의론」을 참조하면 좋습니다(『더 나은 민주주의를 위한 정치철학』(자료집), 고려대 민족문화연구원 HK한국문화연구단, 2015, 54~55쪽).

가 하는 생각으로 그런 모습을 그다지 대단하게 보지 않았지요. 마치 우리나라 정치인들이 공자나 맹자로부터 인(仁)을 끄집어내어 자신의 정치사상을 꾸며 내는 것과 같은 것으로만 생각했습니다.

그러나 가라타니 고진은 굉장히 다르게 보였습니다. 제가 보기에 그는 동아시아인임에도 불구하고 고대 서구의 저작들을 종횡무진 오가며 그것들을 자기 자신, 더 나아가 우리들 자신을 위해 자유롭게 활용하고 우리들의 사유로 엮어 낼 줄 아는 최초의 동아시아 철학자였던 것입니다. 수많은 고대 문헌 속에 단편들로 숨어 있는 거의 보이지 않는 세계 속에서 현대정치를 뒤집을 사유들이 채굴되는 것을 보는 일은 매우 대단한 일입니다. 그러나 그것을 우리들의 땅에 가져와 심고 꽃을 피우는 모습은 더 놀라운 일입니다. 그런 꽃들로 가득한 우리들의 동산은 엄청나게 장엄한 모습일 것입니다. 동아시아에 수많은 고진들이 만들어졌으면 좋겠습니다. 그게 맞든 틀리든 말입니다. 그런 고진들이 있어야 우리들의 철학을 말할 수 있지 않겠습니까.

중국 '철학'의 모험과 회귀

—

평유란, 『중국철학사』

자 기 목 소 리 를 잊 은 동 아 시 아

이솝우화에 이런 이야기가 있다.[1] 본시 목소리가 백조처럼 맑았던 솔개
가 있었다. 그런 솔개가 어찌된 일인지 말이 우는 소리를 듣고 부러워했
다. 나는 도무지 이해되지 않지만, 이 솔개는 있는 힘을 다해서 말 흉내
를 냈다고 한다. 그런데 아뿔싸, 말 우는 소리를 따르려 갖은 기술에 온
몸을 바치는 사이, 솔개는 이미 가지고 있던 자신의 능력을 잃어버리고
만다. 그러니까, 말 우는 소리도 제대로 배우지 못하고, 백조처럼 맑게
노래하는 법만 잊어버리고 만 것이다.

    나는 가끔 동아시아가 솔개와 같은 처지에 있게 된 것은 아닐까라고
생각하곤 한다. 모두 알다시피 20세기 초 동아시아의 엘리트들은 너도
나도 똑같은 질문 앞에 섰다. 서양은 왜 부강한가? 대답은 너무 자명했
다. 서양이 우월한 이유는 근대 '자연과학'을 가졌다는 점에 있었다. 근
대 자연과학은 서양으로 하여금 자연을 인식할 지식을 갖게 하고, 이를

---

1. 이솝, 『이솝우화』, 유종호 옮김, 민음사, 1991, 103쪽.

통해 자연과 인간을 통치할 수 있는 권력을 얻게 해주었다.

　당연히 근대 지식인들은 근대 자연과학을 둘러싼 서구의 지식 체계를 모조리 받아들이기로 한다. 베이컨의 말대로 "지식이 권력"이므로, 물밀듯이 밀려오는 서구의 힘과 대항하려면, 그것은 불가피한 일이었을 것이다. 루쉰조차 혹시라도 중국 청년들이 중국의 관념적인 사고로 회귀할까봐 이런 말을 서슴지 않았다. "중국 책은 적게 보거나, 혹은 아예 보지 말아야 하며, 외국 책은 많이 보아야 한다고 생각한다."[2]

동아시아에 '철학'은 없다

철학 분야에서 이 작업의 최첨단에 있던 사람은 바로 펑유란(馮友蘭, 1895~1990)이다. 펑유란은 진사과 급제자이면서도 외국인학교에서 근무했던 아버지로부터 한학과 신학문을 직접 배웠다. 어쩌면 그것은 20세기의 학문적 상황에서 대단한 행운이었다고 할 수 있었다. 이런 배경이 영향을 끼쳤는지 열일곱 살(1912년경)에 벌써 윌리엄 제번스의 『논리학 입문』을 원어로 배우고 서양 철학에 진입한다.

　오히려 그에게 중국 철학은 한참이나 지연되어 도달한 사유였다. 근대 중국의 지식인, 후스(胡適)가 베이징 대학에 부임하고서야 펑유란은 제대로 된 중국 철학사 수업을 들을 수 있었다. 그것도 서구 근대적 방법론에 의해 전달된 중국 철학사였다. 따라서 펑유란은 문화적 토양은 부친으로부터 배운 한학이지만, 철학적 훈련은 서구 철학으로 단련되었다고 할 수 있었다. 아주 묘한 결합이었다.

---

2. 루쉰, 『화개집 / 화개집속편』(루쉰전집 4), 루쉰전집번역위원회(이주노, 박자영) 옮김, 그린비, 2014, 32쪽.

아니나 다를까, 그의 주저 『중국철학사』의 첫 문장은 "철학이라는 말은 본시 서양 말이었다"(哲學本一西洋名词)이다.[3] 이어서 책의 의의를 이렇게 서술한다. "중국 철학사 강론에서 주요 작업의 하나가 중국역사상의 각종 학문 가운데 서양의 소위 철학이라는 것으로 이름할 수 있는 것(西洋所谓哲学名之者)을 골라 서술하는 일이다."

평유란은 철학(philosophy)이라는 용어가 서구의 개념이라는 것을 명확히게 알고 있었다. 딩초 평유란에게는 민족주의적인 입상에서 중국만의 철학을 드러내 보여 주겠다는 그런 생각은 전혀 존재하지 않았다. 사실 동아시아에는 서구에서 말하는 그런 '철학'이 없는 것이다. 그럼에도 불구하고 평유란은 중국에도 '철학'이 있었다고 말하고 싶었다. 어찌 보면 이것은 굉장한 도전이었다. 없는 곳에서 있다고 주장하고, 심지어 주장하는 그것들을 실증적으로 찾아내 보여 줘야 하는, 아니 만들어 내야 하는 그런 상황? 그렇다. 그는 철학을 만들어 내고 있었다. 과연 평유란에게 '철학'이란 무엇이었을까?

그는 그것을 자서전에서도 명확히 밝힌다. 그가 생각하는 철학은 '인류의 정신생활에 대한 반성'이다. 윤리 교과서에나 나올 법한 아주 평범한 정의다. 물론 인류가 반성해야 할 정신생활은 굉장히 넓다. 그는 그걸 세 부분으로 나눈다. 자연, 사회, 사람. 여기서 자연은 중국에서 천(天), 즉 하늘이라고 불렀다. 또 사회와 사람은 묶어서 중국에서는 인(人), 즉 사람이라고 불렀다. 그러니까, 평유란에 따르면 중국의 '철학'은 '하늘과 사람과의 관계'를 대상으로 반성하는 것이다.[4] 평유란의 욕망대

3. 풍우란, 『중국철학사(상)』, 박성규 옮김, 까치, 1999, 3쪽.
4. 평유란, 『평유란 자서전』, 김시천·송종서·이원석·황종원 옮김, 웅진지식하우스, 2011, 383쪽.

중국 '철학'의
모험과 회귀

로라면 하늘과 사람과의 관계를 사고해 왔던 어떤 개념적 틀을 중국의 갖가지 학문과 사상들에서 찾아내어, "이것이 바로 중국의 '철학'이다!"라고 보여 주어야 했던 것이다. 자, 그는 동아시아 사유의 모래사장 앞에 섰다. 그 모래사장에서 어딘가 숨어 있을, 아니 숨어 있을거라 믿는 서구적인 사유, 즉 철학 모래를 찾아내려 하고 있었다.

플라톤과 함께하는 리와 기

이런 태도는 중국 철학사를 서술하는 곳에서 끊임없이 나타난다. 예컨대 그는 공자를 소크라테스와 비교하면서 그들의 동일성을 주장한다. 소크라테스가 정의를 추구했다면, 공자는 정명(正名)을 추구했다고 하거나, 소크라테스가 인간의 도덕성을 강조했다면, 공자는 '인'(仁)을 중요하게 여겼다면서 두 사람을 동일하게 대칭하여 서술한다. 소크라테스가 자신에게 신성한 사명이 있다고 여긴 것처럼, 공자도 "하늘이 내게 덕을 부여하였다"(天生德於予)라고 하는 식이다.[5] 이런 식으로 중국의 사상들을 서구 철학사에 비추어 살펴려고 끊임없이 노력한다.

특히 재미 있는 장면은 서구에만 있다고 여겨지는 논리학적 전통을 중국의 사상사에서 찾아내 정리한 곳이다. 그는 이런 욕망을 가지고 선진(先秦) 철학의 한 분파였던 명가(名家)를 중국의 논리학으로 둔갑해낸다. 사실 펑유란의 생각대로 중국에는 오직 순수이론적인 성격을 띤 학설은 극히 적다.[6] 다시 말하면 순수 논리학적인 이론은 존재하기 힘

---

5. 풍우란, 『중국철학사(상)』, 92쪽.
6. 풍우란, 『중국철학사(상)』, 310쪽.

든 전통이었다. 그럼에도 불구하고 그는 혜시의 유명론적인 논리학과 공손룡의 실재론적 논리학을 구분하면서 중국의 사상 내에도 서구적인 논리학 체계가 있었음을 입증하려고 한다.

혜시의 제10사, "만물을 다 같이 사랑하라. 천지는 한 몸이다"(汎愛萬物, 天地一體也)가 알려주는 것처럼, 혜시는 모든 것은 하나이지만, 인간이 지어낸 개념으로 상대화되고 말았다고 비판한다. 반면 공손룡은 "분리란 모든 존재는 독립되어 침되다라는 밑이다"(離也者, 天下故皆獨而止)라고 말하면서 각 개념들이 독립적으로 실재한다고 주장한다. 이를테면 '굳음'(堅)과 '흼'(白)은 각각 독립적인 이데아이다. 단지 사물에 '감추어진 채 존재'(藏)할 때라야 그 이데아들을 감각할 수 있다. 즉, 인간은 단지 사물에 깃든 굳음, 사물에 깃든 흼만을 감각할 수 있을 뿐이다.[7] 이렇게 그는 실재에 대한 서구적 사유(더 정확하게 이야기하면 플라톤적 사유)를 중국적 사상사 속에서 발굴하고 재배치시킨다.

그가 정주이학(程朱理學)의 리(理)와 기(氣) 개념에 주목한 것은 이런 맥락에서이다. 왜냐하면 서구 '철학'에서 플라톤 이래 지속적으로 제기되고 응답한 핵심 문제인 '보편과 특수의 문제'가 중국에서도 동일하게 제기되고 대답되어 왔다는 것을 보여 주고 싶었기 때문이다.

펑유란은 서구 철학의 핵심개념을 이렇게 정리한다. 자연이든 사람이든 각 종류의 사물이 그렇게 있을 수 있는 까닭의 이치가 그 사물의 '보편'(普遍, 사실 펑유란에게 '보편'은 '일반'과 다르지 않다)이다. 그러나 우리가 눈으로, 귀로 보고 들으려면 현실세계에 위치를 점하고 있어야 한다. 보편은 어떤 규정성에 따라 다른 것들과 질적 구별을 갖게 되면서, 구체

---

7. 풍우란, 『중국철학사(상)』, 175쪽.

중국 '철학'의
모험과 회귀

적 세계에 존재하게 된다. 이것이 특수(特殊, 펑유란에게 '특수'는 '개별'과 다르지 않다)이다. 펑유란의 보편은 이 세상의 일반적 이치이고, 특수는 우리 눈에 보이는 개별적 사물들이다.

펑유란은 서구 철학의 '보편-특수' 개념을 정주이학의 '리-기' 개념으로 대체한다. 즉 보편은 중국에서 말하는 '리'이다. 그런데 '기'(氣)는 바로 특수가 될 수 없었다. 왜냐하면 기는 구체적 사물의 물질적 기초는 될 수 있어도 우리가 눈으로 보는 특수한 사물 그 자체는 될 수 없기 때문이다. 다른 개념이 필요했다. 펑유란은 이 지점에서 『주역』「계사」의 "형체를 넘어선 것을 도(道)라고 하고, 형체를 갖추고 있는 것을 기(器)라고 한다"(形而上者謂之道, 形而下者謂之器)란 문구를 활용한다. 즉 구체적 세계 속의 구체적 사물을 중국 철학은 '기'(器)라고 부른다는 것이다.

서구 철학의 보편은 감각의 대상이 될 수 없다. 사실상으로도 불가능하고, 원칙상으로도 불가능하다. 그것은 형체를 넘어선 것이다. 이렇게 '형체를 넘어선 것'은 중국에서는 '도'(道)이고, 이 도는 곧 '리'(理)이다. 반대로 '형체를 갖춘 것'은 '기'(器) 혹은 '형기'(刑器)라고 부른다. 이렇게 해서 서구적인 의미에서의 '보편과 특수'를 중국의 개념으로 대응시키는 데 성공한다. 어쩐지 사통팔달로 뻥 뚫려 있던 동아시아의 길들이 몇 개의 대로(大路)로 크게 나뉘어 정리된 느낌이다.

여기까지 정리한 펑유란은 철학의 임무를 보편에 대한 인식이라고 선언한다.[8] 보편에 대한 인식은 감각으로는 할 수 없고 논리적 분석으로만 할 수 있다. 따라서 펑유란에게 철학은 사유를 통해 감각할 수 없는 세계, 보편의 세계, 리의 세계를 인식하는 것이 된다. 결국 이데아를

---

8. 펑유란, 『펑유란 자서전』, 385쪽.

인식하는 데 철학의 임무를 두었던 플라톤의 세계를 중국 사유의 세계에 내려앉게 한 것이다. 동아시아 사유의 모래사장에 플라톤의 이데아를 그려 넣은 셈이었다.

정이(程頤)는 리의 세계를 이렇게 말한다. "고요하고 아무런 형체가 없되 모든 형상이 빽빽하다"(沖漠無朕, 萬象森然). 보편은 형체가 없기 때문에 고요하지만, 모든 보편이 그 속에 있기 때문에 나무가 빽빽하게 자라 있는 정글처럼 리의 세계는 빽빽하다. 이런 리의 세계를 '진제'(眞際)라고 하고, 기(器)의 세계를 '실제'(實際)라고 한다. 아마도 진제는 이데아, 실제는 현상계와 대응되는 것일 게다.

리 와 기 , 플 라 톤 을 배 반 하 다

언제나 적은 충실한 승계자로부터 생산된다. 그도 그럴 것이 지배자를 정확히 아는 적은 지배자에게서밖에 나올 수 없기 때문일 것이다. 펑유란은 이렇게 개념들을 서구적 철학 구도에 지나칠 정도로 들어맞게(나는 읽으면서 이 장면들을 비굴하다고 여겼을 정도다) 설정해 놓고, 보편과 특수의 질문을 '다시' 던진다. "과연은 리(理, 이데아)는 어디에 존재하는가?" 서구적인 지평에서 탄생한 '존재론적 질문'을 중국의 개념을 가지고 다시 던지고 있는 것이다.

바로 이 순간에 반전이 도사리고 있다. 뜻밖의 반격, 아무도 알아채지 못하는 반격이다. 지금까지 펑유란은 플라톤적인 개념 구도에 따라 중국 사유의 핵심 개념들을 충실하게 재설정하고 대응시켰다. 그러니까 중국 철학을 서구 철학의 개념적 구도에 재배치한 것이다. 그렇다면 자연스럽게 서구 철학의 개념적 결론들을 따라갔을 법도 하다. 이 구도에서 현상계를 떠나 따로 존재하는 이데아는 자연스럽다. 그러나 그는 뜻밖에도 그렇게 하지 않았다.

원래 이데아는 이 세상 밖에 존재하는 것이다. 그러나 펑유란은 과감하게 "리는 사물 속에 있다"라고 대답한다.[9] 이것은 보편이 특수 속에 깃들어 있다는 뜻이다. 결국 '진제'(이데아)가 세상 밖에 존재하는 완벽한 상이 아니라, '실제'(현상계) 속에 존재한다는 말이다. 그 밖에 있는 것도 아니고, 그 앞에 있는 것도 아니며, 그 위에 있는 것도 아니다. 결국 펑유란에게 '진제'와 '실제'는 같다. 이것은 서구 철학의 관점에서 완전히 다른 철학적 결론이다. 플라톤적 개념 구도를 가지고, 반(反)플라톤적 결론을 내린 것이었다. 플라톤적 개념으로 말하면, 이데아는 현상이고, 현상은 이데아인 게 되었다. 이것은 느닷없이 찾아온 철학사의 사고(事故)이다. 그러나 이것은 완전히 새로운 길로 가게 하는 돌출 사고였다.

그는 중국 전통철학을 서양 근대철학의 신실재론과 실용주의의 관점에서 재해석하고, 그렇게 재해석된 중국 전통철학을 가지고 서양 근대철학의 문제들과 대결하려고 했다. 다시 말하면 중국 전통철학을 서구의 근대방법론으로 재배치한 후에 그것을 서양 철학의 장 안에 진입시키고, 그 표면 위에서 그들과 싸우도록 만든 것이었다. 어찌 보면 타자의 시선으로 나를 해체하고 재결합시킨 후에, 재결합된 새로운 나로 하여금 타자의 문제들과 대결하도록 시도한 셈이었다. 그것도 무척이나 급진적인 결론을 이끌어 내면서.

펑유란의 글을 쓰면서, 펑유란의 수제자인 리쩌허우(李澤厚)의 『중국 철학이 등장할 때가 되었는가?』와 『중국 철학은 어떻게 등장할 것인가?』도 함께 읽었다. 그는 이제 '철학이라는 형식' 그 자체를 부정하

---

9. 펑유란, 『펑유란 자서전』, 389쪽.

고 있는 것으로도 보였다. 데리다가 중국에는 철학이 없다고 말했을 때, 그는 그것이 중국에는 사변적이고 이성적이기만 한 형이상학이 없다는 뜻이었다고 칭송한다. 소위 서구의 '포스트모던' 철학 이후를 이어받을 새로운 사유로 중국 철학의 재-등장을, 그러니까 새로운 의미에서의 철학을 발명해야 한다고 주장하고 있는 것이다.

그럼 이때의 철학은 과연 철학이라고 부를 수는 있을까? 어쩌면 리 써허우가 여선히 이것을 '철학'이라고 부르는 것은 사기모순이기도 하다. 철학은 본래적으로 서양 형이상학으로부터 유래한 것이니까. 그러나 뒤집어 생각해 보면 그가 주장하는 '서체중용'(西體中用)의 실례를 보여 주고 있는 것일지 모른다는 생각도 든다. 그러니까 우리들 사이에 유통되는 현대의 '철학'은 서구의 개념이지만, 이미 현대세계에 뿌리 내린 채로, 이 개념을 '체'로 삼고[西體], 중국적 사유에 따라 그 개념을 다른 것들과 재배치하여 다른 효과를 내도록 사용하는 것[中用], 그것은 바로 우리가 앞에서 살펴보았던 펑유란의 숨은 방법론이 아닌가!

그러나 역설적이게도 이 순간, 아니 비로소 서체의 '서'와 중용의 '중' 이 아무런 의미가 없어지는 것은 아닌지 모르겠다. 왜냐하면 그 단계에 이르면 서가 체가 되든, 중이 체가 되든, 거꾸로 서가 용이 되든, 중이 용이 되든, 어느 경우든 그 순서는 중요하지 않게 되고, 오로지 그 안에 있는 요소 간의 배치만 중요하게 될 것이기 때문이다. 내가 보기에 '중체서용'이 없다면, '서체중용'도 소멸해야 맞을 것 같다. 이제 철학은 하나의 형식으로서, 다시 말하면 감각할 수 없는 것을 인식하고자 하는 욕망의 형식 하나로서 존재할 뿐, 동양이냐 서양이냐는 중요한 문제가 아니라고 할 수 있지 않을까. 이제 서양과 동양이, 아니, 서구와 동아시아가 그야말로 일의적(一義的)으로 함께 지내게 되었다. 오히려 이것이야말로 펑유란이 감행한 서구 철학으로의 모험과 회귀 덕분이다.

펑유란의
『중국철학사』
후기

철학이라는 것을 처음 접했을 때, 그래, 철학이라면 니체나 들뢰즈 정도 되어야지, 라는 편견이 있었던 것 같습니다. 그래서인지 처음에는 연구실에 개설된 다양한 강의나 세미나 중에서 동아시아 텍스트를 읽는 곳에는 전혀 흥미를 느끼지 못했습니다. 사실 논어나 맹자를 읽는다는 것은 철학적인 공부라기보다, 한문 공부이거나 수행 행위와 같은 느낌이 들었지요. 철학적인 글이란 뭔가 논리적인 글의 흐름이 있고, 그런 흐름 속에서 새로운 생각을 구성시켜 주는 엄밀한 개념적 작업물이란 편견 아닌 편견이 있었던 것입니다. '동양 고전'을 읽으면, 그저 공자, 맹자, 노자, 장자의 생애를 짤막하게 써 놓은 에피소드 모음집 혹은 생활 지혜로 가득한 잠언집이란 느낌뿐이었습니다. 도통 철학을 공부한다는 생각이 들지 않았지요.

그런데 우여곡절 끝에『동의보감』을 읽는 프로그램에 4년이나 다니는 일이 생기고 말았습니다. 그것은 친구 따라, 스승 따라 공부를 이어가다 보니 생긴 뜻밖의 상황이었습니다. 저는 지금도 그 시절을 매우 귀하게 여깁니다. 그 시절을 거치면서 처음에 가졌던 동아시아 텍스트에 대한 편견이 아주 많이 깨졌기 때문입니다.

동아시아 고대 철학에 대해 나름 진지하게 읽었던 텍스트는 세 권입니다.[10] 근대 동아시아 철학의 출발을 알린 펑유란의『중국철학사』, 동아시아 만고의 고전『주역』, 그리고 중국의 사유를 다양한 형태로 조명하여 논리적으로 납득시켜 준 마르셀 그라네(Marcel Granet, 1884~1940)의『중국사유』입니다.

그 중 처음에 저를 사로잡았던 텍스트는『중국사유』입니다. 지금 생각해 보면 이 책이 저를 사로잡은 이유는 다른 동양고전과 달리, 논리적이고 개념적인 글의 흐름

---

10. 제가 동아시아 텍스트에 대한 편견을 넘어 온 이야기는 '왕양명의『전습록』후기'(139~146쪽)에 써 놓았습니다.

을 지닌 책이었기 때문입니다. 서구에는 중국의 사유에 대해 탁월한 저서를 남긴 사람이 여럿 있습니다. 『중국 고대 사상의 세계』(1985년)의 벤자민 슈워츠, 『도의 논쟁자들』을 썼고 『장자』를 영역한 앵거스 그레이엄, 그리고 최근에 현대적인 주석으로 각광받는 『사물의 성향』의 프랑수아 줄리앙. 그러나 이 모든 이가 마르셀 그라네의 영향권 안에 있다고 할 수 있습니다. 그라네의 선구적인 연구와 서술이 없었다면 그 이후 서구에서 동아시아 철학의 발전도 없었을 것입니다.

그라네는 서구의 눈으로 중국을 보려고 하지 않았습니다. 그런 졸렬한 시선을 통렬하게 비판하기도 하였습니다. 예컨대 그는 이렇게 말합니다. "주석가들은 [중략] 중국의 상징들을 서구 철학자들의 확정된 언어에서 빌려온 용어들로 섣불리 규정지으려 한다"[11]라고 당대의 중국학자들을 비판하고 있습니다. 특히 음양(陰陽)이라는 개념이 그런 오류의 대표적인 상징이라고 말합니다. 그라네는 이런 오류에서 벗어나기 위해서 고대 음양이 사용된 용례를 전반적으로 재검토하여야 한다고 말하고, 음양이라는 상징을 실제로 사용한 고대 역관(曆官 : 책력을 다루는 관리)들로부터 논증을 시작합니다. 이를테면 경험의 역사 속에서 대상을 계보학적으로 추적하여 재구성하고 있었던 것입니다.

아무튼 이런 책을 접하자, 중국의 고대 사유에 대해 매우 다른 감각이 솟아났습니다. 특히 이 책 「제3장 수(數)」 편은 제 통념을 크게 흔들어 놓기 충분했습니다. 이 주제를 가지고 에세이를 세 편이나 써서 블로그에 올리기도 하였습니다.[12] 서구인들이 수를 통해 계산을 하고, 과학을 구성하고 있었던 데 반해, 고대 중국인은 수를 통해 건축이나 음악, 심지어 통치의 형식으로 우주를 현실에 새겨 놓고 있었던 것입니다. 제가 보기에 중국인들은 잠재적인 것을 현실적인 것으로 옮겨 놓는 수단으로 수를 사용하고 있었습니다. 그러고 보면 서구에서는 수가 과학적 해석이지만, 고대 중국에서는 정치적이고 예술적인 행위였던 것이죠. 이런 사실을 알고 저는 한동안 그 감동에 빠져 살았습니다. 좀 과장한다면 이렇게도 말하고 싶습니다. 이 책을 읽고

11. 마르셀 그라네, 『중국사유』, 유병태 옮김, 한길사, 2010, 127쪽.
12. 「중국 왕의 키는 통치한 기간이다? 숫자에 숨겨진 비밀!」(http://bookdramang.com/347), 「12음계, 12율려에 숨어 있는 중국인들의 사유」(http://bookdramang.com/390), 「중국의 수(數), 건축과 음악과 우주를 말하다」(http://bookdramang.com/502?category=488207),

서구의 독단에서 깨어났다고요.

그러나 그라네의 『중국사유』에 비해 펑유란의 『중국철학사』는 지루하기 짝이 없었습니다. 그의 소설가 딸이 쓴 회고록에도 그의 머리가 도서관과도 같았다[13]고 서술한 것을 보면 학술적일지는 몰라도 재미있는 글쓰기를 하지는 않았던 것 같습니다. 더군다나, 처음에는 책 어디에선가 공자가 소크라테스와 흡사하다고 발언하는 장면에선 참 난감하기까지 했습니다.[14] 서구의 지식이 몰려오던 시대, 그 지식에 오염된 동아시아 근대 지식인의 나쁜 모습을 보는 것 같았습니다. 어쩐지 한참이나 지난 20세기 초의 구닥다리 지식을 받아들이는 것 같아 꺼림칙하기도 하였던 것 같습니다.

그러나 이상하게도 텍스트는 성실하게 읽었습니다. 그렇게 지루한 책임에도 불구하고 세미나 때문에 반드시 분량대로 읽어 나가야 했고, 그러다 보니 차츰 펑유란의 그 지루한 문체가 익숙해지면서 읽는 맛도 생겨나지 않았나 싶습니다. 뒤돌아보면 아마도 중국 철학에 대한 저의 지식은 대부분 펑유란의 이 책이 있었기에 가능했던 것 같습니다. 그 이후에도 다른 책을 읽다가 고대·중세의 중국 철학자가 나오면 이 책을 꺼내들어 펑유란은 어찌 이야기했나 찾아보고, 읽는 책 여백에 정리해 두기도 했습니다. 그렇게 비교해 읽다 보면, 후대의 학자들이 펑유란에게 얼마나 빚을 졌는지 자연스럽게 알게 되지요.

특히 리쩌허우의 대담집인 『중국 철학은 어떻게 등장할 것인가?』와 『중국 철학이 등장할 때가 되었는가?』란 책을 보면 펑유란이 리쩌허우에게 보낸 편지에 "서체중용"(西體中用)을 강조해 이야기했다는 장면이 나옵니다. 그리고 이어서 그런 발언이 중국 지식인들의 전통적인 언설을 뒤집은 것이란 리쩌허우의 설명이 나오지요.[15] 그들이 말하는 "서체중용"이란 서양의 지식, 기술, 공업을 체(體)로서 받아들이고, 그것들을 중국 스타일로 사용해야 한다는 뜻이었습니다. 그 점에서 리쩌허우는 펑유란에게 크게 동감합니다. 현대의 사회생활이란 서구의 지식과 기술로 이루어진

---

13. 펑종푸, 『나의 아버지 펑유란』, 은미영 옮김, 글항아리, 2011, 11쪽. 펑유란의 인간적인 면모를 알 수 있는 매우 재미있는 책이다. 소설가의 문체로 묘사되었기 때문에 감정에 호소하는 맛이 있다.
14. 풍우란, 『중국철학사(상)』, 92쪽.
15. 리쩌허우, 『중국 철학은 어떻게 등장할 것인가?』, 류쉬위안 외 엮음, 이유진 옮김, 글항아리, 2015, 146쪽.

것이 사실이니까요. 리쩌허우가 말해서 그런가, 그런 방법론이 매우 자연스럽게 느껴졌습니다. 피아노를 가지고(서체) 동아시아 음악을 연주하면(중용) 됩니다. 재즈를(서체) 동아시아 악기인 해금으로 연주하는 것도(중용) 생각할 수 있습니다. 언제나 서체와 중용을 적절하게 배치하면 되는 것이죠. 서구 과학도(서체) 동아시아의 사유에 맞게 재배치하여 활용할 수도(중용) 있을지 모릅니다. 크게 공감이 되었습니다. 아마도 현대적인 철학 개념을 가지고 세련되게 설명해 주니 그런 것 같습니다.

저는 이 관점을 가지고 펑유란의 자서전을 읽게 되었습니다. 역시 저는 펑유란이 철학에 대해 인식을 발전시켜 나가는 장면들을 연대기적으로 서술한 「제2부 철학」 편이 매우 흥미로웠습니다.[16] 그 부분을 읽다가, 저는 펑유란이 리쩌허우에게 말한 "서체중용"이란 방법을 철학에도 매우 철저하게 적용하였구나, 하는 발견을 하고 혼자 깜짝 놀랐습니다. 제가 서평에도 적었지만, 그는 플라톤적 개념 구도(이데아-현상계)를 가지고, 반(反)플라톤적 결론──'진제'(이데아)가 세상 밖에 존재하는 완벽한 상이 아니라, '실제'(현상계) 속에 존재한다──을 내린 셈이었습니다.

그의 방법은 읽을수록 참 묘합니다. 어쩌면 개념적으로 트릭을 쓴 꼴이었습니다. 그러나 제가 주목했던 것은 그에게 철학은 서구적 형식이라는 자각이 분명했다는 점, 그래서 의도야 어찌되었든, 서구 철학 개념구도를 모두 도입하면서도 매우 다른 결론을 내는 전복적인 전략을 펼쳤다는 점, 그리고 그 후진들이 그의 구도로부터 철학적 사유를 발전시켰다는 점입니다. 특히 리쩌허우는 바로 이런 펑유란의 전략을 분명하게 이해했던 현대 중국 철학자였던 것이지요. 그가 주장하는 '서체중용'(西體中用)은 서구의 철학 개념들을 '체'로 삼고(서체[西體]), 중국적 사유에 따라 그 개념들을 재배치하여 사용하면서(중용[中用]), 서구의 그것과는 완전히 다른 체계를 이끌어내겠다는 전략이었던 것입니다. 그것은 펑유란의 숨은 방법론이라고도 할 수 있었습니다.

펑유란은 동아시아의 사유를 포기하지 않았습니다. 그는 서구의 개념들을 자기식으로 재배치하여 고대 중국의 사유를 그 개념틀로 보여 주려고 하였던 것이지요. 이런 숨은 노력들을 보게 되자, 나는 동아시아의 지식인들이 매우 다르게 보이기 시

---

16. 펑유란, 『펑유란 자서전』, 333~466쪽.

작했습니다. 더 나아가서 고대 중국 철학자들의 텍스트가 새롭게 다가왔습니다. 다시 말하면, 고대 중국 텍스트 모두가 저에겐 철학적 재료로 사용할 수 있는 것이 되었습니다. 그것들은 서구의 철학 개념들을 갱신하고, 새로운 체계를 구성하게 만들어 줄 무궁무진한 서고(書庫)였던 것입니다. 참으로 이 세상엔 놓칠 게 없습니다.

레드 칸트, 에티카 마르크스

—

가라타니 고진, 『트랜스크리틱 — 칸트와 맑스』

일 본 철 학 의 힘

한국에서 잘 알려져 있고, 또 무척이나 많이 읽히고 있지만, 묘하게도 잘 인용하기를 꺼리는 현대 사상가들이 있다면, 그들은 바로 일본 사상가들이다. 아마 그것은 한국인들이 일본 지식인을 대하는 태도, 그러니까 지성은 선진 서구의 명망 있는 지식인으로부터 이어받아야지, 일본 지식인 따위에게 배우냐라는 헛된 기만에 기인할 것이다.

한번은 옛 연구실에 일단의 일본 지식인들이 찾아왔다. 주제가 '인문학에서 현장이란 무엇인가'였던 국제 워크숍이었다. 그때 참가한 젊은 이들 중에는 요즘 한국에서 유명해진 긴 머리의 고쿠분 고이치로도 있었다(당시에는 살짝 히피족 같은 느낌이 들기도 했다!). 그는 몇몇 철학자로부터 '환대' 개념을 끄집어내어 솜씨 좋게 설명해 내고 있었다. 이 젊은 친구가 알면 얼마나 알겠는가라고 여기며 팔짱끼고 듣기나 해보자던 나는 많이 놀라고 말았다. 내가 접하던 지식인들과는 완전히 다르게 느껴졌기 때문이다. 그들은 자신들을 서구 지식인들과 대등한 선에 놓고 사유를 펼치고 있었다. 물론 지금에 와서 돌이켜보면 그리 과장할 일도 아니지만, 그때의 놀라움은 큰 것이었다.[1]

그날 이후 여러 사람과 대화를 해보니, 나는 우리나라 인문지식의 많은 부분이 일본 지식인으로부터 획득한 것임을 알게 되었다. 역시나 나도 다케우치 요시미로부터 루쉰(『루쉰』)을, 아사다 아키라[2]로부터 들뢰즈와 기타 현대 사상가들의 요체(『도주론』)를, 나카자와 신이치로부터 인류학(『대칭성 인류학』)을, 아즈마 히로키로부터 루소와 데리다(『일반의지 2.0』, 『존재론적, 우편적』)를, 사토 요시우키로부터 푸코, 들뢰즈 등 프랑스 철학자들(『권력과 저항』)을 배운 게 사실이다. 그리고 최근에는 책으로 다시 돌아온 고쿠분 고이치로에게서 들뢰즈(『들뢰즈 제대로 이해하기』)를 다시 읽을 수 있었다.

특히 가라타니 고진(柄谷行人, 1941~)의 문체는 나를 사로잡았다. 대부분의 한국 독자들이 그렇듯이 내가 처음 읽은 고진의 책은 『일본 근대문학의 기원』이다. 그러나 그때까지만 해도 그가 사상가라는 느낌을 갖지는 않았다. 그저 유명한 일본 문예평론가이며, 그가 정리한 서구 사상들이 꽤 깔끔하다는 느낌뿐이었다.

그러나 마르크스에 대한 짧은 글(『마르크스 그 가능성의 중심』)을 읽고 그가 무척 다른 생각을 하는 사람이라는 것을 알게 되었다. 특히 그 책의 연장선상에서 쓴 『트랜스크리틱』은 정교할 뿐 아니라, 대담하기까지 했다. 고진은 짧은 문장만으로 난해한 개념들을 풀어 갈 줄 알았다. 더군다나 거기서 멈추지 않고 그것을 자기 사유로 진전시킬 줄도 알았다. 즉 서구의 개념을 사용하더라도, 그것들을 자신의 사유에 따라 재배치하고 있었다. 최근에 새 번역본으로 『트랜스크리틱』을 다시 읽고 그의

---

1. 이때의 발표에 대해서는 이 책 248~252쪽 참조.
2. 아사다 아키라는 가라타니 고진, 나이토 유지 등과 함께 생산 협동조합인 히효쿠칸샤(批評空間社)라는 출판사를 운영하기도 한다. 고진의 『트랜스크리틱』은 2001년 여름 이 출판사에서 최초로 출판되었다.

서구 사유에 대한 이해력과 배치 역량을 더욱 강하게 느낄 수 있었다. 내가 아는 한, 그는 자신의 힘으로 자신만의 철학 세계를 만들어 가는 유일한 동아시아인이 아닌가도 싶다.

레 드 칸 트

공통감각의 딜레미

고진이 만든 '트랜스크리틱'(transcritique, トランスクリティ)이란 용어는 말 그대로 '트랜스'하게 '크리틱'한다는 뜻이다. 트랜스(trans-)를 '횡단'으로 새겨 억지로 번역해 본다면 '횡단비판'쯤 될 것이다.

고진이 횡단한 곳은 뜻밖에도 칸트와 마르크스. 이 책에서 고진은 칸트적 비판과 마르크스적 비판 사이를 서로 횡단하며 코드변환 (transcoding)을 시도하고 있다. 그는 칸트가 당대의 철학과 비판적으로 대결한 방식을 따라 마르크스의 비판을 다시 읽는다. 또 마르크스가 당대의 고전경제학을 비판적으로 돌파한 방식을 따라 칸트의 비판을 다시 읽는다. 고진은 이 비판과 저 비판을 교차하면서 자신의 새로운 비판을 직조해 낸다.

그러나 이건 통념과 벗어나도 한참 벗어난 독해다. 칸트는 언제나 '주관성의 철학'을 연 사람으로 비난받아 왔다. 내 안에 품고 있던 어떤 형식대로만 세상(대상)을 구성한다는 점에서 보자면 칸트 철학은 확실히 '주관 중심주의'라고 해야 한다.[3] 실제로 칸트의 '사물 자체'(Ding an

---

3. "칸트는 '사물 자체', '현상', '가상' 세 가지를 구별했다. 칸트는 물(物)이 외적으로 존재한다는 것을 긍정하는 유물론자이다. 다만 우리가 인식하는 것은 사물 자체가 아니라 주관적인 구성에 근거하는 현상이라는 것이다. 이 경우 현상이란 사실상 과학적 인식을 의미한다. 그러므로 현상은 가상이 아니다"(가라타니 고진, 『철학의 기원』, 166~167쪽.

Sich, 인식주관과 독립하여 존재하는 본질, '물자체'라고도 번역됨)라는 개념은 정통 마르크스주의에서 비판의 표적이 되곤 했다. 특히 레닌은 그것을 단순한 불가지론(不可知論)에 불과하다면서, 과학적 인식의 발전을 무시한 헛소리라고 맹비난한다.[4] 이런 상황에서 칸트를 마르크스와 연결한다는 것은 여러 비판에 직면할 위험을 감수하는 일일 것이다.

그러나 고진은 생각이 달랐다. 그는 칸트의 '취미 판단'으로부터 이야기를 풀어 나간다. 사람들에게는 다양한 취미가 있다. 그리고 그런 취미들에 대한 판단도 제각기다. 어떤 사람은 「시그널」이 흥미로웠다고 하는 반면, 또 어떤 사람은 「태양의 후예」가 더 낫다고 한다. 이런 취미 판단(Geschmacksurteil)에서 사람들을 강요하는 규칙이란 없다. 사람들의 심미안은 각자 다를 수 있는 것이다. 여기서 사람들 사이에 '복수의 주관'(서로 다른 관점들)이 대두된다. 칸트는 이 문제를 해결하기 위해서 '공통감각'(Gemeinsinn)이란 카드를 들고 나온다.

그러나 그렇게만 하면 하나마나한 짓이 된다. 사람들이 서로 다른 의견을 가질 뿐이라는 흄의 의견으로 회귀하고 마는 것이다. 타자와의 합의에 불과한 공통감각은 아무리 다수가 동의했더라도 보편성을 보증하지는 않는다. 왜냐하면 공통감각이란 기껏해야 역사적으로 변해 왔고, 또 변해 갈 사회적 관습이기 때문이다. 중세의 공통감각을 현대에 들이대면 전혀 통하지 않을 것이다. 더군다나 그게 합의에 불과하다면 공간적 적용범위도 제한적일 수밖에 없다. 한국의 공통감각을 미국에

'물자체'는 '사물 자체'로 수정).

4. "현상과 사물 자체 사이의 신비하고 현학적이고 교묘하게 그려 놓은 모든 차이점은 모두 철학적 헛소리이다. 현실에서 우리들은 '사물 자체'의 현상으로의, 즉 '우리에 대한 사물'(ding für uns, 인식 가능한 현상)로의 간단명료한 전화를 수없이 보아 왔다. 이러한 전화가 바로 인식이다"(V. I. 레닌, 『유물론과 경험비판론』, 정광희 옮김, 아침, 1988, 125쪽. 용어들은 인용자가 수정).

가서 들이대면 바보 취급 당할 것이다. 따라서 공통감각은 역사적으로도 현재적으로도 복수적이다. 즉 시대마다 다르고, 지역마다 다르게 되어 공통감각이라고 해봐야 소용없게 되는 것이다. 만약 보편성이 존재한다면 그와 같은 다수의 공통감각조차 넘어서야만 한다. 공통감각이 필요하긴 한데, 공통조차 복수적이다?! 무언가 더 필요해 보인다.

시물 지체, 이성을 넘어 만난 참다운 타자

이 딜레마는 『형이상학의 꿈에 의해 해명된 시령자의 꿈』(이하 『시령자의 꿈』)이라는 칸트 자신의 분열적 분석을 통해서 기묘한 형태로 다가온다. 이 책의 기묘한 문제의식이 공통감각의 딜레마를 해결하는 단초가 되었다.

칸트는 1756년 리스본의 지진을 예언했던 시령자(視靈者, 영혼과 이야기를 나누는 예언자) 스베덴보리의 기적 능력에 관심을 갖는다. 칸트는 시령자의 영적 능력(초감성적인 것)을 인정할 수는 없지만, 그렇다고 그런 능력을 부정할 수도 없었다. 왜냐하면 예언했던 지진은 실제로 발생했고, 돌이켜보면 확실한 증거도 발견되었기 때문이다. 칸트는 이상한 딜레마에 빠진다. 영적 능력을 인정할 수도 없고, 인정하지 않을 수도 없는 그런 딜레마.

그러나 그것은 그 지점에만 머무를 문제가 아니었다. 칸트가 보기에 그것은 시령자의 꿈에 한정되지 않았다. 자신이 지금까지 탐구하고 있던 '형이상학'도 동일한 것이 아닐까? 왜냐하면 형이상학도 스베덴보리의 기적처럼 아무런 경험에도 힘입지 않은 사념(思念, 근심, 염려 따위의 여러가지 생각)을 마치 실재하는 것처럼 다루기 때문이다. 과학에서 보자면 조롱거리에 불과한 그 사념들을 형이상학은 실재처럼 고민하고 있는 것이다. 스베덴보리의 영적 능력처럼.

하지만 칸트는 다시 질문할 수밖에 없었다. 그럼에도 불구하고 '무언가를 생각하는 한에서' 조롱거리에 불과한 이 형이상학으로 되돌아올 수밖에 없는 것은 아닌가? 무언가 생각한다는 것 자체가 언제나 이미 '형이상학적'이기 때문에 육안으로 볼 수 없는 그것을 실재하는 것처럼 다루어야 하는 난관에 봉착하는 것은 아닐까?

칸트는 어떤 분열적 문제에 마주치고 만다. 그는 스베덴보리 또는 형이상학을 긍정하는 동시에, 긍정하는 자신을 비웃는 서술 방식을 취하고 있었다. 그것은 일종의 아포리아였다. 자신이 아무리 부정하려고 해도, 무언가 생각하기만 하면 헛소리에 가까운 형이상학(레닌이 '사물 자체'를 헛소리라고 했던 것을 기억해 보라!)으로 다시 돌아올 수밖에 없다는 것. 그것 말고는 다른 길이 없다는 봉쇄된 느낌. 그러나 기묘하게도 바로 이것이 칸트의 참다운 사유를 개시한다.

"『순수이성비판』에서 이것은 이성이 스스로의 한계를 넘어서서 앎을 확장하는 것을 부정함과 동시에, 이성이 그와 같이 할 수밖에 없게 하는 '충동'을 인정할 수밖에 없다고 하는 형태가 된다. 『시령자의 꿈』에서의 풍자적인 자기 비평은 『순수이성비판』에서 '이성에 의한 이성의 비판'이 된다. 칸트는 그것을 자기의 문제로서 다루는 것이 아니라 '이성의 자연적 본성이 이성에게 부과한 문제'로서 다루고 있다. 그것이 '초월론적 비판'이다."[5]

고진의 분석대로 칸트는 자신이 한계가 있을 수밖에 없는 지성의 입

5. 가라타니 고진, 『트랜스크리틱 ─ 칸트와 맑스』, 이신철 옮김, 도서출판b, 2013, 76~77쪽.

장에서만 인간지성을 고찰해 왔다는 것을 스스로 인정한다. 그것은 기껏해야 공통감각이라는 형태로만 나타났었다. 그런 한계를 벗어나려면, 이성을 넘어서야 했다. 즉, 공통감각의 한계를 벗어나려면 일반적인 자신의 이성, 그 자체를 넘어서야만 하는 것이다. "지금 나는 자신을 자신의 것이 아닌 외적인 이성의 위치에서, 자신의 판단을 그것의 가장 은밀한 동기와 함께 타인의 시점에서 고찰한다. 이 두 고찰의 비교는 확실히 강한 시차를 낳기는 하지만, 그것은 광학적 기반을 피해 개념들을 그것들이 인간성의 인식 능력에 관해 서 있는 참된 위치에 두기 위한 유일한 수단이기도 하다."[6]

여기서 칸트가 말하는 '타인의 시점'은 "다른 사람 입장에서 보라"라고만 하는 흔해 빠진 시점이 아니다. 그 정도라면 여전히 '공통감각' 정도로 회귀하고 만다. 칸트의 그것은 '강한 시차'(parallax)를 느끼게 하는 완전히 다른 타자, 우리들의 공통감각조차 완전히 넘어서고, 우리가 품고 있는 이성조차 완전히 넘어서서 있는 자, 즉 '참다운 타자'를 만나는 일이다.

이 지점에서 고진의 해결책은 놀라운 반전이다. 고진은 바로 그 타자가 칸트에게 인식주관과 독립된 '사물 자체'라는 개념으로 도입되었다고 주장한다. 그동안 비과학적인 헛소리라고 비난받아 왔던 그 개념, '사물 자체'가 초월론적 비판을 통해 이성이 스스로 넘어서야 만날 수 있는 '타자'로 새롭게 떠오른다. 그것은 내가 현실적으로 만나는 그런 타자가 아니다. 어쩌면 미래의 존재일지도 모를 그런 타자인 것이다. 코뮤니스트 칸트, 레드 칸트(Communist Kant, Red Kant)는 여기서부터 출발한다.

---

6. 칸트, 『시령자의 꿈』(가라타니 고진, 『트랜스크리틱―칸트와 맑스』, 77쪽에서 재인용).

G-W-G′는 G-W와 W-G′ 두 개다

칸트의 이런 문제의식은 놀랍게도 마르크스의 정치경제학과 함께 더욱 강렬하게 드러난다. 고진이 마르크스의 『자본론』을 가지고 '타자'를 만나는 장면은 마치 추리소설과도 같아서 흥미진진하기 그지없다.

마르크스가 영국에서 부딪친 문제는 '공황'(crisis)이었다. 고전 경제학에 있어 공황은 원리적으로 있을 수 없는 일이다. 그것은 그저 실수이거나 사고에 불과한 것으로 간주된다. 아마 화폐를 매매의 매개물에 불과한 것으로 과소평가하면서 생긴 문제일 것이다. 매개물에 불과한 것 때문에 시스템에 문제가 생기기야 하겠는가.

그러나 다시 생각해 보자. 자본이란 자기 증식하는 '화폐'라고 해야 한다. 그것을 나타내는 마르크스의 정식은 바로 G-W-G′(화폐-상품-화폐′).[7] 이 정식에서 보자면 물건을 싸게 사서 더 비싸게 팔아 더 많은 화폐를 확보하는 것, 그것이 자본이다. 이 정식은 마르크스가 말하길 '대홍수 이전부터 있는' 자본의 형태다. 흔한 수전노의 대금업이 그것일 터이다.

그러나 이 정식이 상업자본에만 적용되는 것은 아니다. 산업자본에도 타당하다고 할 수 있다. 이 정식을 산업자본에 맞게 고쳐 보면 G-(Pm+A)-G′(화폐-[생산수단+노동력]-화폐′)[8]라고 할 수 있다.

우리는 이 지점을 골똘히 들여다봐야 한다. 산업자본의 순환은 상인

---

7. G = Geld(화폐), W = Ware(상품).
8. Pm = Produktionsmittel(생산수단), A = Arbeitskraft(노동력)

자본의 순환에서 W(상품)가 생산수단(Pm)과 노동력(A)으로 바뀌었을 뿐, 결코 다르지 않다. 고전 경제학이 대금업에 불과하다던 상인자본으로부터 산업자본으로의 전화는 형식적으로는 $G-W-G'$로부터 $G-(Pm+A)-G'$로의 변형에 불과하다.

그러나 이 지점을 놓치지 말고 미세하게 잘 들여다보자. 정말 진지하게 잘 들여다보라. 이렇게 되기 위해서는, 정식의 변환에서도 보다시피 생산수단(Pm)과 노동자(A)의 분리(!)기 필요하다. 그러니까, 노동력의 상품화가 발생하지 않으면 안 된다. 노동력을 파는 사람이 있고, 또 사는 사람이 있어야 하는 것이다.

이런 관점에 서면 $G-W-G'$가 $G-W$와 $W-G'$라는 두 개의 유통과정으로 나뉜다는 사실이 무척 중요하게 다가온다. 가라타니 고진이 발견한 마르크스의 '강한 시차'는 바로 여기서 발생한다.

상품판매, 목숨을 건 도약

우선 노동자 입장에서 보자. 노동자는 $G-W$(여기서 W는 Pm+A이다)라는 유통과정을 통해 노동력을 팔아 생계를 유지할 돈을 마련한다. 그런데 그 다음 과정인 $W-G'$(여기서도 W는 Pm+A이다)를 보면 알듯이 노동자는 자신이 만든 것을 그 자신이 되산다(!). G(화폐)를 대가로 노동자 자신이 만든 상품(W)을 노동자는 G'(더 많은 화폐)로 되산다. 자본가에게 되돌아갈 G와 G'의 차이인 잉여가치는 이렇게 생긴다. 그것은 노동자가 만든 것을 자신이 되사는 것에서 발생하는 차액인 것이다. 개별 노동자 위치에서 전체 과정을 인지하지 못할 뿐, 총체적으로 보면 노동자는 자신이 만든 것을 되사고 있다.

이제 이 장면을 자본가 입장에서 다시 보자. 자본가는 $G-W$라는 유통과정을 통해 생산수단과 노동력을 나누어 구매한다. 자본가는 이것을 가지고 상품을 생산해 낸다. 그러나 자본가의 생존은 그 다음에 달려 있다. 상품이 팔려야 하는 것이다. W–G′(=상품의 판매)가 실현될지는, 그러니까 상품이 팔릴지 아닐지는 마르크스의 표현대로 '목숨을 건 도약'이다. 아무도 그것을 보장해 주진 않는다. 우리 주변에 사업가들이 노심초사하는 모습을 상상해 보라.

더군다나 자본은 상품이 팔린 것으로 간주하고 운동을 계속한다. 무슨 말이냐 하면, 사업가들은 나중에 물건이 팔릴 것을 가정하고 일단 미리 대출을 받아서 회사를 운영한다. 순환식 G–W–G′가 중단 없이 진행되도록, 은행은 자본가와 노동자에게 대출을 해주고 일시적으로 현금이 부족한 상황을 메꾸어 준다. 미래에 상품이 팔릴 것을 가정하여 (즉, 상품이 팔린 것으로 간주하고!) 자본가를 채권-채무 관계에 들어서게 하는 것이다. 바로 이것이 '신용'(Credit)이다. 자본이 신용에 저당잡히고 말았다! 노동자 위에 자본 있고, 자본 위에 신용 있다.

이 순간 팔릴지 어떨지 모르는 '위기'(자본가에게는 분명히 위기다)는 결제(현금수수)될 수 있을지 어떨지 모르는 '위기'로 바뀐다. 상품 판매에 대한 위기가 대출 상환에 대한 위기로 돌변하는 것이다. 표면적으로는 공황이 과잉 생산이나 소비 부족 때문에 생긴다고 여겨진다. 그러나 뜯어보면 공황은 팔린 것으로 되어 있었음에도 불구하고(팔릴 것으로 간주하여 대출했으니까!) 나중에 예상대로 결제되지 않으면서 발생한다. 보다시피 공황은 판매 문제가 아니라, 근본적으로 신용 과열의 결과다.

공황은 초월론적 비판이다

고진은 이 과정을 칸트의 시각으로 전환해서 살펴본다. 고진의 놀라운 점은 여기에 있다. 칸트식으로 표현해 보면 신용은 일종의 '초월론적 가상'이다. 따라서 공황은 '초월론적 비판'이다. 왜냐하면 공황이란 자신의 한계를 넘어서 자기 확장하고자 하는 자본(=이성)에 대한 비판으로 볼 수 있기 때문이다. 공황(crisis)은 자본의 투기적(speculative)인 확장을 비판(criticize)하면서 출현한다. 마치 칸트에게 이성을 넘어서서, 이성을 비판하면서 사물 자체라는 타자가 나타난 것처럼 말이다.

결국 과학적 인식과 순환(자본의 운동)에서조차 '믿음'은 필수불가결하다. 자본주의 경제를 지탱하고 있는 것은 뜻밖에도 초월론적 가상으로서의 신용이다. 즉, 그것은 믿음이다. 그러나 그 믿음 체계가 흔들릴 때, 공황은 그 틈을 비집고 출현한다. 이방인이 불쑥 나타나 우리 집의 대문을 두드리듯이 말이다.

하지만 놀라운 반전은 여기서 일어난다. 노동자는 뜻밖에도 이 지점에서 반전의 기회를 얻는다. 앞에서도 말했지만 자본가는 W-G′를 실현시키기 위해서 '목숨을 건 도약'을 감행해야 했다. 그런 입장에서 보면 "팔리지 않는 상품은, 키르케고르가 말하듯이, 타자에게서 그 근거를 부여받지 못하고서 '절망적으로 자기 자신이고자 하는 형태', 즉 '죽음에 이르는 병'에 놓여 있다."[9] 상품이 팔리지 않을 때 자본은 무너진다. 이를테면 공황은 죽음에 이르는 병이다.

그런데 노동자가 자신이 만든 것을 되사야만, 자본가는 잉여가치를 획득할 수 있다. 그러나 소비자인 노동자가 조직적으로 그것을 되사지 않고, 선별적으로만 구매한다면 자본가가 아무리 잉여가치를 획득하려고 하더라도 그것은 불가능하다. 잉여가치의 실현이 봉쇄되고 마는 것이다.

이 순간 자본은 '공황'이라는 초월론적 비판에 직면하게 된다. 뒤집

---

9. 가라타니 고진, 『트랜스크리틱—칸트와 맑스』, 294쪽.

어 말하면 이것은 소비자로서의 노동자가 자본가의 안정성을 쥐락펴락하는 위치에 있다는 말이기도 하다. 가라타니 고진에게 혁명은 유통과정에서 소비자 노동자들의 연합에 의해서 일어난다. 자본가에게 소비자 노동자는 '타자'인 것이다. 그들은 노동자들을 타자로서 만나게 된다. 그 순간 노동자는 바로 자본가의 인식 주관 밖에 있는 '사물 자체'라고 할 수 있다. 마르크스는 정치경제학의 경로를 따라 의식하고 있지는 않지만 칸트의 그 타자, 즉 '사물 자체'를 만나고 있었다. 칸트는 마르크스에게 와서 코뮤니스트로서 완성된다. 마르크스는 칸트를 경유하면서 비로소 그의 윤리적인 면모가 명확해진다.

* * *

안토니오 네그리가 주체성의 가능성을 생산의 단계에 위치시켰던 것에 반해, 가라타니 고진은 노동자를 소비로 재배치시킴으로써 새로운 길을 모색한다. 물론 지나치게 소비과정의 중요성을 과장하여 노동자를 소비자로만 추정할 위험이 있는 이론이긴 하다. 그렇게 되면 오히려 역설적으로 소비자로서의 노동자를 긍정함으로써 상품관계를 단지 세계적 규모로 확장하기를 재촉할 위험마저 상존한다.[10]

그러나 고진의 사유 전개는 놀라운 점이 있다. 고진은 마르크스가 말했던 "그들은 의식하고 있지 않지만 그렇게 행한다"라는 말을 즐겨 사용한다. 또한 작품의 사상은 작가가 생각하고 있는 것과 다를 뿐만 아니라, 오히려 그런 사상을 가진 '작자'를 끊임없이 만들어 낸다고도

---

10. 인디고 연구소(InK) 기획, 「마르크스주의적 시차」(해리 하루투니안), 『가능성의 중심 ― 가라타니 고진 인터뷰』, 궁리, 2015, 241쪽.

말한다. 작가가 작품을 만드는 것이 아니라, 오히려 '작품'이 수많은 '작가'를 생성한다는 말이다.

　부르주아 철학자라는 기존 통념을 뒤집고 칸트는 코뮤니스트 칸트로 바뀌었다. 실로 '레드 칸트'(Red Kant)라고 부를 만하다. 마르크스는 정치경제학적으로만 조명 받았던 기존 시선에서 벗어나 수면 아래에 잠겨 있던 타자의 윤리론자로 떠오른다. 이를테면 에티카 마르크스(Ethica Marx)이다. 고진은 마르크스와 칸트가 "의식하고 있지 않지만 행하고 있는" 것들을 실로 절묘하게 잡아냈다. 우리가 고진에게 배워야 한다면 숨어 있는 체계를 잡아내는 바로 이런 역량이다. 대상을 탈바꿈해 내는 마법 같은 철학은 이렇게 이루어진다.

가라타니 고진의
『트랜스크리틱』
후기

저는 『일본 근대문학의 기원』을 통해서 가라타니 고진을 처음 만났습니다. 제가 공부하던 대중지성 프로그램의 어떤 학기에 이 책이 강의 교재로 사용되면서 수업 토론을 준비해야 했기 때문입니다. 고진이라는 이름은 진작 들어 알고는 있었지요. 물론 일본의 문학평론가이면서 사상가라는 단편적인 정보 정도였지만 말입니다. 그래서인지 저는 『일본 근대문학의 기원』을 읽으면서도 그다지 인상적이지 않았던 것 같습니다. 책 제목이 내게 주는 인상, 그러니까 일본인으로서 그들의 문학에 대해 이야기하는 책일 뿐이지 않나, 라는 인상이 강했던 것 같습니다. 그들 자신에 대해 풀어놓은 이야기가 우리들에게 무슨 중대한 통찰을 주겠는가라는 편견 아닌 편견을 가지고 책을 펼쳤습니다.

일본의 근대문학에는 두 가지 경향이 있다고 합니다. '내면성'이나 '자아'라는 관점으로 격정적인 감정을 표출하는 낭만주의 문학과 대상의 사실적 묘사라는 관점으로 당대의 현실을 그려내는 리얼리즘 문학이 그것입니다. 이 둘은 겉으로 보기엔 서로 무관하고, 심지어 완전히 다른 방향으로 나아가는 경향 같아 보입니다. 그러나 고진은 이 둘이 동일한 상징형식에 기초하고 있다고 뜻밖의 시각을 제시해 보여 줍니다. '사실' 그대로 묘사되리라 여겨지는 '풍경'이 사실은 단순히 외부에 존재하는 것이 아니라고 하지요. '풍경'이라는 외부의 대상이 출현하기 위해서는 보는 사람의 지각 방식이 변하지 않으면 안 되는데, 오히려 그것은 주위의 외적인 것에 무관심한 '내적 인간'(inner man)에 의해 처음으로 발견된다는군요. 참 아이러니한 주장입니다. 내적인 깊이가 깊어지면 질수록 외적인 풍경이 더 잘 보인다는 말이니까요.

결국 문학에서도 대상의 사실적 묘사라는 '객관' 쪽에서 발생한 사건(미술이라면 '풍경화'의 발견일 테죠)은 내적인 자기 자신(self)이 다른 무엇보다 우위에 있게 되면서 생기는 '주관' 쪽의 변화와 관련되는 것입니다.[11] 즉 '내면'이라는 전대미문의 낭만주의적 사태를 획득하면서, 그와 동시에 객관적으로 묘사한다는 리얼리즘적인 사태도 가능해졌다는 말입니다.

이런 관점은 타자와의 관계를 떠나 중립적인 '나'(私)라는 인칭이 근대문학 곳곳에서 빈번하게 나타나는 이유도 함께 설명해 줍니다.[12] 이것은 표현해야 할 내면이나 자기가 선험적으로 존재하는 것이 아니라 '언문일치'라는 물질적 형식이 확립되면서 표현해야 할 '내면'을 만들어 냈기 때문에 비로소 가능해진 사태라는군요. 다시 말하면 언문일치라는 형식 때문에 "나는 …라고 생각하였다"라는 문장이 가능해지고, 그래서 '내면'을 만들어 글로 표현하게 되었다는 것입니다. 고진은 이런 근대문학의 기원이 보이는 시점은 그것이 끝날 때라고 합니다. 다시 말하면 그는 '나'(私)가 강조되는 일본 근대문학의 종언을 느끼고 있을 때, "나는(私) …라고 생각하였다"라고 표현하기 시작한 근대문학의 기원을 다시 발견하고 있었습니다.[13] 언제나 끝나고 나서야 시작이 보입니다.

아무튼 『일본 근대문학의 기원』은 흥미로운 주제들로 가득했습니다. 그러나 솔직히 말하면 제가 그렇게 몰입해서 읽을 타입의 책은 아닙니다. 일본인 자신들의 문학을 이야기할 뿐이라는 편견과 문학이라는 특정한 형식에 대해서 이야기한다는 오해가 겹치면서 이 책을 편해했던 것이 그 원인입니다. 함께 공부하는 학인들과 그럭저럭 토론하고 나서 한동안은 가라타니 고진을 찾지 않았습니다. 책꽂이 한 구석에 덩그러니 『일본 근대문학의 기원』이 꽂혀 있는 모습을 간혹 보았지만, 꺼내들어 다시 읽을 마음은 생기지 않았습니다. 그렇게 고진과는 인연이 끝나는가 보다 하였습니다.

그러나 고진은 저를 잊지 않았습니다. 2011년 말경 아주 이상한 에세이를 하나 쓴 적이 있습니다. 「소설가 구보씨의 일일」이라는 패러디 소설 에세이였습니다.[14] 박태원의 『소설가 구보씨의 일일』을 친구들과 함께 읽고 나서, 마치 내가 구보씨가 된 듯이, 출퇴근 시간 동안 내 생각의 흐름을 적어 보자는 야심을 품고 써 본 것입니다.

---

11. 가라타니 고진, 『일본근대문학의 기원』, 박유하 옮김, 도서출판 b, 2010, 43쪽.
12. 가라타니 고진, 『일본근대문학의 기원』, 65쪽.
13. 가라타니 고진, 『근대문학의 종언』, 조영일 옮김, 도서출판 b, 2006, 39쪽.
14. 이 책 587~588쪽에 내용이 수록되어 있습니다.

레드 칸트,
에티카 마르크스

지금 보면 정말 한심하기 짝이 없는 글이지만, 당시의 패기만큼은 박수를 쳐주고 싶습니다. 아무튼 저는 박태원의 소설을 읽고, 또 그를 따라 패러디 글을 쓰면서 뜻밖에도 고진과 다시 만납니다. 이 글을 쓴다고 출퇴근길 탐색을 나갔다가 어딘가에 있는 서점에 들렀는데, 가라타니 고진의 책들이 진열된 코너에서 『마르크스 그 가능성의 중심』이라는 단행본을 발견한 것입니다. 우연한 일들과 생각들의 흐름을 중요하게 여기자고 하면서 지내던 터라 그의 책과의 만남을 자연스럽게 여기기로 했습니다.

이 책 안에서 배치된 에세이들은 고진이 1974년에 썼던 글들이라고 합니다. 여기서 나는 고진이 학부 시절 경제학과에 다닌 것을 알게 되었습니다. 그는 『자본론』을 학부 시절부터 전문적으로 읽었는데, 경제학자로는 경제학 이상을 품고 있는 『자본론』을 알 수 없다고 확신했다고 말합니다. 그리고 마르크스는 '공산주의자'가 아니라 자본주의가 무엇인지를 고찰한 사람이라고도 말합니다. 그는 사실 자본주의는 부정할 수 있는 것이 아니고, 단지 '교환'이라는 어떤 근원적인 패러독스에 의해 잉태된 인간의 조건과 관련된다고도 말하고 있습니다. 어쩐지 정통 마르크스주의답지 않은 그의 이야기가 미덥지는 않았지만, 새로운 이야기일 것 같았습니다.

그런데 글쎄, 이 우연한 마주침에서 나는 곧 가라타니 고진이라는 사람의 매력에 흠뻑 빠지고 맙니다. 고전파 경제학은 "상품A의 가치는 인간노동이다"라고 생각합니다. 이렇게 되면 가치는 상품에 내재하는 고유한 본질, 바꿀 수없는 본질이 되어 버립니다. 그러나 이것에 대해 마르크스는 "상품 A의 가치는 B, C, D···. 등등 다른 상품들의 사용가치들로 나타난다"고 바꾸어 말합니다. 이것은 당연합니다. 다만 자본주의 사회에 와서, 화폐라는 특수한 상품에 의해 하나의 사용가치로만 표현되고 있는 것이 문제일 뿐입니다. 마르크스가 '확대된 가치형태'라고 했던, 가치의 그 다양한 시니피앙이 화폐라는 하나의 동일성으로 환원되어 버리지요. 교환체계가 화폐형태 하나로 고정되어 버린 것입니다. 그러나 고진은 '공황'이 바로 이런 가치관계의 체계, 즉 하나로 고정된 화폐형태가 순식간에 해체되는 것이라고 말합니다. 고진은 데리다와 라캉이라는 현대 철학자의 논지를 빌려서 이런 내용을 아주 유연하게 설명해 나갔습니다. 『자본론』의 핵심에 대해 매우 간결하게 강의를 듣는 느낌이었습니다. 저는 고진이 문학평론가를 넘어서서 아주 새롭고 독특한 '철학자'가 되었다는 생각을 진심으로 갖게 되었습니다. 기존에 갖고 있는 편견이 싹 사라졌지요.

이후 저는 가라타니 고진의 마르크스 본론에 해당하는 『트랜스크리틱』을 접하게 됩니다. 대단했습니다. 한길사의 초역본을 읽었고, 나중에는 새롭게 해석되어 나온 도서출판b 번역본으로도 다시 완독했습니다. 저는 앞에서도 말씀드렸지만,[15] 가라타니 고진의 핵심 저서로 『세계사의 구조』보다 『트랜스크리틱』을 더 높이 칩니다. 아마 이 책만큼 고진의 철학적 통찰이 빛나는 책은 앞으로도 없을 것입니다. 그만큼 한 시대를 훌쩍 뛰어넘은 책이고, 그 자신마저 뛰어넘은 책처럼 보입니다. 물론 앞에서도 말씀드렸지만, 트랜스크리틱식 투쟁이 투쟁 자체를 자본주의화시킬 위험이 없지는 않습니다. 그러나 『트랜스크리틱』은 동아시아에서 출간된 어떤 철학책 중에서도 가장 앞서 나간 책이었습니다. 아마 이 '앞섬'이 그 '위험'도 함께 가져온 거겠죠. 이를 비판하든, 이를 이어받든 우리는 그로부터 새롭고 다양한 사유를 개시할 수 있게 되었습니다.

물론 저는 이 책들에 이어서 지겹게 두꺼운 『세계사의 구조』와 『철학의 기원』도 완독하였습니다. 이 책들도 매우 중요한 통찰을 품고 있지요. 그러나 저는 이 책들이 『트랜스크리틱』만큼 영향력이 큰 책이 되지 않을 것이라고 생각합니다. 왜냐하면, 그 책들은 『트랜스크리틱』만큼 열려 있는 사유들이 아니라는 생각이 들기 때문입니다. 『세계사의 구조』는 모든 역사와 모든 사유를 네 가지 교환양식으로 배치시켜 버리고 맙니다. 각각의 교환양식이 보여 주는 세계가 좋은 통찰을 가져다주는 경우도 있지만, 어쩐지 획일화시켜 버리고 마는 느낌도 듭니다. 저는 그것들이 결론을 세워놓고 거기다 끼워 맞추는 것 같았지요.

아울러서 『철학의 기원』에서 내가 사랑하는 소크라테스를 왜곡된 플라토니즘에서 구출하려는 고진의 노력을 보고 적극 동의하게 되는 부분이 많습니다. 그러나 역설적으로 그는 플라톤 안에 흔적으로 남아 있는 다양한 플라톤들을 죽여 버리고 만다는 아쉬움도 큽니다. 이것도 또한 어떤 정신들을 프레임으로 포착하려는 고진의 고질적인 특성에 기인합니다.

그러나 이런저런 저의 불평에도 불구하고 고진은 아마도 동아시아 지식인들의 로망으로 남을 것입니다. 여러 지식인들이 그가 성취한 지적 수준과 세계적 명성이

---

15. 이 책 193쪽에 서술되어 있습니다.

레드 칸트,
에티카 마르크스

부러울 법도 합니다. 저도 그가 이루어 낸 지적 구조물 중 『트랜스크리틱』 같은 성취에 대해서는 참으로 부럽습니다. 그러나 그런 통찰은 받아들이되, 어떤 프레임에 지식들을 배치하고 가두려는 욕망은 따라가지 않으려 합니다. 그것은 과도하게 어느 프레임으로 자신을 가두는 행위가 되어 버리니까요.

새로운 성경 읽기: 하느님과 지혜

—

『성경』, '시서와 지혜서'

하느님의 사랑은 변치 않아

둘째 아이와 나 사이만 약속한 게임이 있다. 게임 이름은 '철학자 이름 대기'이다. 철학자 이름을 번갈아 대다가 한 사람이 더 이상 대지 못하면 끝이 난다. 아이는 대개 내가 알려준 철학자 이름을 대지만, 어떤 때는 책장에 있는 책의 저자 이름을 따로 알아 두었다가, 그 이름으로 기습을 시도하기도 한다. 끝난 듯하다가도 약점을 찾아 다시 시작하는 것이 흡사 손자(孫子)의 기습법과 닮았다. 이제는 레퍼토리를 꽤 확보해서 인지 형에게도 여간해선 지지 않는 모양이다. 어디 여행을 갈 때면 이제 그 세 명이 하게 되는데, 누가 보면 철학자 이름들이 오가는 여행길 차 안 풍경이 무척 기이하게 여겨질지도 모르겠다.

어느 날 어느 인터넷 서점에서 '한 눈으로 보는 서양 철학사' 브로마이드가 사은품으로 왔다. 세계 유일무이한 게임을 즐기는 우리 가족에게 그것은 무척 소중한 것으로서, 나는 그것을 무려 식탁 옆에다 붙여 놓았다. 그것을 붙인 첫날, 나는 기념으로 그 표 맨 왼편에 쓰여 있는 '헤라클레이토스와 파르메니데스'를 꽤 열심히 설명해 주었다. 헤라클레이토스는 만물이 항상 변화한다고 주장했고, 파르메니데스는 그 반대로 세상은 변화하지 않는다고 주장했다는 놀라운 내용을 들은 녀석은 어느 한 편을 들기 힘든 모양이었다. 부서진 장난감을 보면 헤라클레이토스가 맞는 것 같고, 해가 뜨고 지는 것을 보면 세상에 안 변하는 게 몇 가지는 있을 것 같고, 뭐 그런 모양이다. 그 이후에 사람을 만나면 상대방의 입장을 물어보는 게 일종의 예식처럼 되었다. 이모에게도, 동네 아줌마에게도 헤라클레이토스와 파르메니데스를 설명해 주고 당신은 어떻게 생각하느냐고 물어보는 것이다.

그날도 녀석의 친구가 와서 신나게 놀고 있던 때였다. 방안을 온통 뛰어 놀던 아이가 소파에 앉자, 비로소 생각이 떠오른 듯 대뜸 그 친구에게 묻는다. 너는 헤라클레이토스냐, 파르메니데스냐. 그런데 이 친구의 반응은 다른 사람과 무척 달랐다. 다른 이야기에는 또박또박 잘 대답하던 친구가 이 질문에는 좀 색다른 반응을 보이는 것이다. 둘째가 다시 파고들어 물었다. 아니 누구냐니까, 너는 어느 입장이냐고! 그때 친구의 입에서 흘러나오는 놀라운 대답. "하느님의 사랑은 변치 않아!" 오~ 마이 갓! 아들은 뭔가 새로운 것을 알았다는 듯이 눈이 휘둥그레지며 엄마의 얼굴을 보았다.

하 느 님 을   바 꾸 자 ,   우 리 를   바 꾸 자

성서에서 '하느님'을 의미하는 단어들에는 복잡한 유래가 있다. 교회에 의해 '하느님'으로 찬미되는 분은 야훼(יהוה, YHWH)[1]라는 이름의 신이다.

---

1. 히브리어본 구약성서에 4개의 자음이 연속된 'יהוה'가 나오는데, 이 낱말을 로마자로 표기하면 YHWH이다. 현대의 성서학자들은 '여호와'라는 발음보다 '야훼'가 훨씬 더 원 발음에 가까울 것이라고 추론한다. 기원전 3세기 이후 유대인들은 하느님에 대한 경외심을 표현하고자 이 이름을 소리 내어 발음하지 않고 항상 다른 이름으로 대체하여 불렀

야훼는 "나는 있는 나다"[2]라고 말하며 모세에게 나타난 인격적인 하느님을 가리킨다. 원래는 '감추시는 분'이지만, 이집트에서 억압받는 유대 민족을 위해 결정적으로 개입함으로써 당신 자신을 계시(啓示)하였다는 그 신이다. 가톨릭 성서에서 굵은 글씨의 '주님'으로 번역되는 분은 바로 이 야훼를 번역한 것이다.

축자적으로 보면, 성서에 나타난 야훼가 유일하고 초월적인 것은 분명하다. 이 의미에서 "한 처음에 하느님께서 하늘과 땅을 창조하셨다"[3]는 성서의 첫 문장은 성서의 시작이자 끝이라고 할 수 있다. 이 하느님은 끊임없이 자신의 초월성을 되새긴다. "하느님께서는 하늘에 계시고 너는 땅 위에 있다."[4] 그러므로 "나는 주님이다."[5] 또한 성서는 하느님의 유일성을 끝없이 강조한다. "이스라엘아, 들어라! 주 우리 하느님은 한 분이신 주님이시다"[6]

그러나 성서의 기원이랄 수 있는 남유다 J문서와 북이스라엘 E문서의 저자들은 그런 것들을 믿지 않았다.[7] 원래 야훼는 '거룩한 존재들'이 모이는 신들 모임의 일원이었을 뿐이다. 당시에는 여러 신들이 있었고, 사람들도 여러 신들에게 자신을 의탁했던 것으로 보인다.[8] 성서에서도

다. 참고로 「시편」에 야훼는 695번 나타난다. 현대 번역본은 이 이름을 '주님'으로 옮기고 있다.

2. 한국천주교편, 『성경』「탈출」3:14, 한국천주교중앙협의회(이하 『성경』은 생략).

3. 「창세」1:1.

4. 「코헬」5:1.

5. 「탈출」6:6.

6. 「신명」6:4.

7. 기원전 8세기 근동 지방과 동지중해 지방에 '문학 혁명'이 일어났다. 그리스에서는 호메로스의 서사시가 탄생했고, 북이스라엘과 남유다의 역사가들은 전통 이야기들을 민족적 서사시로 만들어 엮었다. 현대 성서학자들은 남유다의 서사시를 'J' 문서로, 북이스라엘의 서사시를 'E' 문서로 부른다. 'J'는 '야훼'(Jahweh)를 'E'는 '엘로힘'(Elohim)을 가리킨다. 이 두 개의 서로 다른 서사시가 후대 편집자에 의해 하나가 되어 히브리어 성서(구약성서)의 근간을 이루었다 (카렌 암스트롱, 『성서 이펙트』, 배철현 옮김, 세종서적, 2013, 22쪽).

"그들은 하느님이 아니라 잡신들에게 제물을 바쳤다"[9]와 같은 문구들이 심심치 않게 보인다. 더군다나 이 신들의 모임은 가나안 최고의 신인 '엘'(El)이 주재했다. 야훼가 아니었다. 성서에서도 "지극히 높으신 분(El, the Most High)께서 민족들에게 상속 재산을 나누어 주실 때"[10]라는 문구에서 보듯, '엘'이 더 높은 지위였기도 했다. 그러나 기원전 8세기에 들어서면서 야훼가 신들의 모임에서 엘을 추방하고, 유일한 신으로 올라선다.[11] "주님(Yahweh, the Lord)은 위대하시고 드높이 찬양받으실 분 모든 신들 위에 경외로우신 분이시다."[12] 마침내 야훼가 거룩한 이들의 모임에서 다른 경쟁상대가 없는 최고의 신이 된 것이다. "신들 가운데 누가 주님과 비슷하겠습니까?"[13] 그 순간 둘째 아이의 친구가 말한 것처럼 하느님은 영원히 변치 않는 신이 되었다. "영원무궁토록 우리의 하느님이시다."[14] 이것이 주님의 계보학이다.

　이것은 로마를 중심으로 기독교 국가가 구성되어 가던 중세에 더욱 강화된다. 그런 과정에서 기독교는 자신의 사유와는 전혀 다른 그리스 철학과 스토아주의를 자신의 것으로 전유하는 일을 감행하는데, 그것으로 기독교 안에는 어떤 역설들이 덧붙여지게 되었다. 즉, 이 신은 '자기포기'를 전제로 해서야 만날 수 있는 신이 되어 버린다. 기독교의 신

---

8. 수메르 문명은 자연계의 여러 요소를 신적인 존재로 여겼다. 안(하늘의 신), 엔키(물과 지혜의 신), 엔릴(대지와 공기의 신), 니누르타(전쟁과 농업의 신), 두무지(죽음과 부활의 신) 등 자연현상들이 신으로 구성되어 있었다. 이 신들은 가나안을 거쳐, 이집트, 그리스로 넘어갔다. 올림포스 12신도 수메르 신화의 모방이다.
9. 「신명」 32 : 17.
10. 「신명」 32 : 8.
11. 암스트롱, 『성서 이펙트』, 25쪽.
12. 「시편」 96 : 4.
13. 「시편」 89 : 7.
14. 「시편」 47 : 15.

은 '고백'의 단계(이른바 '고해성사')를 거쳐서 자신을 대상화하고[15] 그렇게 대상화된 자신을 포기하는 고행을 거침으로써 구원된다는 구도 위에서 비로소 정립된 '하느님'인 것이다. 결국 신앙은 하느님께 구원되기 위해 자기를 포기하는 역설을 품는다. 다시 말하면 유대교 안에서 다신주의가 유일신주의로 전환이 이루어지고, 이것이 로마로 무대를 바꾸어 정착되면서 우리는 자기를 포기하는 자, 그래서 유일하고 초월적인 타자인 신에게 자신을 의탁하고 마는 자가 되고 말았다. 영원히 변치 않는 하느님을 만나기 위해 우리는 영원히 자기를 포기해야만 하는 것이다.

그러나 생각을 뒤집어 보자. 가나안의 다신론(바알 종교)에 대항하여 유대교를 구성해 낸 성서 역사가들이든, 그리스철학이나 스토아주의의 자연철학에 대항해 중세 기독교를 구성해 낸 교부학자들이든, 그들 모두 어떤 새로운 해석을 통해서 다신론적 문화와 그리스·로마 철학을 자신의 목표에 맞게 전유하는 전략을 취했다. 역사를 뒤돌아보면 그들은 그것들을 더욱 세련되고 확고한 정신으로 재구성하는 데 성공했다고도 할 수 있다. 이제는 그것이 세계를 이끌고 있는 것이다. 다소는 어이없는 일이기도 하지만, 어쩌면 이것이 정신과 세계가 구성되는 당연한 계보학이라고 말해야 할지도 모르겠다. 눈을 돌려 보면 이 세상을 움직이는 거의 모든 생각들이 그렇게 구성되는 것이다. 예컨대 마르크스의 정치경제학 비판도 기존의 자유주의적 정치경제학이 갈 수 있는 극단치를 가지고 재배열함으로써 획득한 정신이었다. 중국 선불교는 기존의 도교적 사유와 언어를 자신의 것으로 전유하고서야 가능한 사유였다.

그렇다면 그들이 만든 세련된 정신을 해체하고 다른 방식으로 사용

---

15. 푸코, 『주체의 해석학』, 358쪽.

하는 것도 거꾸로 그것들을 재-전유하고서야 가능하다고 말해야 하지 않을까. 즉 그들이 유일하고 초월적인 신으로 구축해 놓고 정교하게 구성한 하느님의 세계를, 애초에 그러지 않았던 하느님, 그러니까 유일하지도 초월적이지도 않은 내재적인 하느님, 좀 더 말해 본다면 자연철학이 이야기하는 그 하느님으로 전환하여 재구성해 볼 수 있지 않을까 하는 것이다. 그들이 전유하여 성서에 품은 자연주의를 우리가 다시 우리의 방식으로 재-전유하는 것이다. 오히려 그렇게 되면 세련되게 구축된 그들의 장치를 우리의 방식으로 활용할 계기를 마련하게 되지 않을까. 다시 말하면 하느님을 바꿈으로써 우리를 바꾸는 것이다.

자연과 역사의 다른 이름, 하느님

이런 생각을 진전시키기 위해 나는 성서에 빈번하게 나타나는 '지혜'(Hokhmah) 개념에 주목하고 싶다. 고대 근동의 현자들은 왕에게 고문 역할을 하면서 현실이 하늘의 원칙에 부합하는지를 항상 살피고 사람들에게 이 원칙을 알려주었다. 이렇게 삶 속에서 축적된 지혜들은 모세나 시나이 산의 율법과는 기원적으로 다른 원천들을 지닌다. 예를 들면 "빈정대는 사람들은 성읍을 들끓게 하지만 지혜로운 이들은 화를 누그러뜨린다", "통치자가 거짓된 말에 귀 기울이면 신하들이 모두 사악해진다", "사람이 교만하면 낮아지고 마음이 겸손하면 존경을 받는다"[16] 같은 문구들은 야훼와 전혀 상관없는 것들이다.

성서는 이런 것들을 '시서와 지혜서'라는 이름으로 모아 놓았다. 이

---

16. 「잠언」 29 : 8~22.

책은 「욥기」, 「시편」, 「잠언」, 「코헬렛」, 「아가」, 「지혜서」, 「집회서」로 구성되어 있다. 여기서 '지혜'라는 개념은 실제적인 삶의 지식들이고, 실천을 통해 획득된 일상적 지식이다. 결국 지혜란 삶에 대한 올바른 앎일 것이다. 그것은 삶의 능력과 기술을 습득하고 실천하고 전수하는 행위에 관한 것들이다.[17] 그런데 '시서와 지혜서'는 야훼와 무관하게 자연과 역사를 통해 축적되어 온 이 지혜를 하느님에 대한 경외로부터 나온다고 규정하면서 전유한다. "보아라, 주님을 경외함이 곧 지혜며, 악을 피함이 슬기다"[18], "지혜의 시작은 주님을 경외함이며 거룩하신 분을 아는 것이 곧 예지다"[19], "지혜의 교훈은 주님을 경외하는 것이다."[20]

그러나 여기서 표현된 '하느님' 혹은 '주님'을 본래적인 지혜 원천인 '자연과 역사'로 해체해 읽어 버리면 '시서와 지혜서'는 완전히 다른 이야기가 된다. 즉 자연과 역사를 공경하고 두려워하는 마음이 곧 지혜가 된다. 지혜는 자연과 역사로부터 생성되고, 다시 자연과 역사를 생성하는 것으로 되돌아간다. 아주 세련된 기독교 구조물 아래에서 자연과 역사와 지혜가 함께 어울리는 기묘한 감각을 획득하는 것이다. 나는 이것을 성서 읽기의 새로운 체험이라고 부르고 싶다. 읽기가 소름이 돋는다면 바로 이런 전환을 일으키는 읽기일 것이다.

「시편」의 청원자는 주님께 아뢴다. "당신은 저의 주님, 저의 행복 당

---

17. 에리히 쳉어 편저, 『구약성경 개론』, 이종한 옮김, 분도출판사, 2012, 570쪽. 이런 의미에서 그리스도교 신학 특히 종교개혁 전통의 지평 안에서는 '시서와 지혜서'의 지혜에 대해 거듭 유보를 하고, 심지어 평가절하까지 해왔다. 야훼와의 관련성이 결여되어 있고, 현세 지향적인 성격은 세속적이며, 행위-현상 연계성과 결부된 행업과 보상의 교환관계 때문에 이른바 '율법'으로 이미 체계화되어 있으며, 이것이 예수가 극복하고자 했던 것이 아니냐는 것이 그 이유다(쳉어, 『구약성경 개론』, 577쪽).
18. 「욥」 28 : 28.
19. 「잠언」 9 : 10.
20. 「잠언」 15 : 33.

새로운 성경 읽기:
하느님과 지혜

신밖에 없습니다."[21] 그것은 자연과 역사에게 지혜를 갈구하는 인간의 모습 그대로다. 그러고서 "저는 당신을 사랑합니다. 주님 저의 힘이시여. 주님은 저의 반석, 저의 산성, 저의 구원자"[22]라고 자연에 대한 사랑을 강력하게 표현한다. 지혜의 원천인 자연과 역사를 자신과 강하게 밀착시키고 있다. 그런 지혜는 현세의 왕권조차 지배한다. "세상 끝이 모두 생각을 돌이켜 주님께 돌아오고, 민족들의 모든 가문이 그분 앞에 경배하리니, 주님께 왕권이 있고 민족들의 지배자이시기 때문이다."[23] 재배치된 성서의 모든 사유는 자연과 역사로 돌아간다. 현실적인 힘의 배치는 자연과 역사라는 잠재력의 층위를 보지 않으면 알 수 없다는 점을 분명하게 알려준다. 고도로 발전된 기독교 언어의 등에 타고 올라서서 지혜의 꼭대기에 다가가면 다음과 같은 아름다운 경지에 이른다.

"주님은 나의 목자, 나는 아쉬울 것 없어라.
푸른 풀밭에 나를 쉬게 하시고
잔잔한 물가로 나를 이끄시어
내 영혼에 생기를 돋우어 주시고
바른길로 나를 끌어 주시니
당신의 이름 때문이어라"[24]

마음속으로 '하느님은 없다'고 말하는 이는 어리석은 자라는 비난[25]

---

21. 「시편」 16 : 2.
22. 「시편」 18 : 2~3.
23. 「시편」 22 : 28~29.
24. 「시편」 23 : 1~3.

도 이렇게 읽으면 쉽게 납득이 된다. 그들은 자연과 역사로부터 지혜가 솟아나는 것을 이해하지 못하는 자들로 해석할 수 있는 것이다. 주님이 해체되면, 지혜에 대한 모든 배치도 함께 달라진다. 지혜의 원천인 자연과 역사로서의 하느님은 언제나 나의 피난처이고 나의 산성이다.[26] 내가 최후로 신뢰할 수 있는 것은 다른 어떤 것도 아닌 바로 하느님으로 대표되는 자연과 역사인 것이다. 그러므로 "숨 쉬는 것 모두 주님을 찬양하여라"[27]라고 하는 「시편」 마지막은 자연과 역사에 내한 생명들의 무한한 찬양으로 읽힌다. 생명을 증진시키는 것은 어떤 다른 것도 아니고 자연과 역사에 내재된 것들(주님)이며, 그것들로부터 지혜가 솟아나므로 생명은 영속적일 수 있다. 행복은 다른 것이 아니다. 그것은 자연과 역사로부터 솟아난 지혜를 잡은 자들의 생명력이다. "지혜를 붙잡는 이에게 생명의 나무, 그것을 붙드는 이들은 행복하다."[28]

하느님의 지혜는 나를 바꾼다

물론 성서는 자연숭배를 철저히 배척한다.[29] 성서가 이야기하는 우상은 축자적으로 야훼 이외의 자연물들에 대한 숭배이다. 성서에서 모든 악의 시작이고 원인이며 끝은 우상숭배이다.[30] 그러나 그것을 축자적으로 읽지 않고, 문자 뒤로 돌아가 읽어 볼 수도 있다. 성서는 자신이 배척해

---

25. 「시편」 53 : 2.
26. 「시편」 91 : 2.
27. 「시편」 150 : 6.
28. 「잠언」 3 : 18.
29. 「지혜」 13.
30. 「지혜」 14 : 27.

야 할 것으로서 우상들이 고안되는 이유로 "인간의 허영"을 든다. "우상들은 인간의 허영 때문에 세상에 들어왔으니 그것들이 얼마 못 가 끝장난다는 것은 이미 정해진 것이다."[31] 그리고 그런 허영에 의해 생성된 관습이 시간이 지나면 더 굳어지고 법처럼 지켜졌다는 것이다. 그리고 급기야 군주들의 명령으로 그 조각상들이 숭배를 받았다고까지 서술한다.[32] 이렇게 보면 우상은 어떤 통념이며, 아울러 그런 통념으로 세상을 지배하는 권력으로 읽힌다. 마침내 「지혜서」의 저자는 권력자와 재판관에게 강력하게 경고한다. "그분께서는 지체 없이 무서운 모습으로 너희에게 들이닥치실 것이다. 정녕 높은 자리에 있는 자들은 엄격한 심판을 받을 것이다."[33] 삶의 철학을 거슬러 통념에 물들어 권력을 쥐고 흔들면 역사가 심판한다는 뜻이다. 성서가 품은 자연주의는 당연히 근본적으로 반(反)권력적이다.

이 순간에 지혜는 반드시 필요한 것이 된다. 즉 지혜를 찾아야 한다. 그것은 사랑하고, 찾기만 하면 쉽게 발견할 수 있다.[34] 갈망하기만 하면 지혜는 미리 스스로 다가가 자기를 알아보게 하기 때문이다. 다시 말하면 지혜는 갈망에게 달라붙는다. 그것은 자연과 역사에게 갈구하여 요청하면 쉽게 획득할 수 있는 것들이다. 그런데 그것을 획득하면 획득한 자의 영혼을 바꾼다. "자신 안에 머무르면서 모든 것을 새롭게 하며 대대로 거룩한 영혼들 안으로 들어가 그들을 하느님의 벗과 예언자로 만든다."[35]

---

31. 「지혜」 14:13.
32. 「지혜」 14:16.
33. 「지혜」 6:5.
34. 「지혜」 6:12.

이것은 푸코가 이야기했던 영성(spirituality)의 구조와도 동일하다. 푸코에게 영성이란 한 주체가 어떤 존재의 양식을 받아들이고, 그러한 존재 양식에 응하기 위해 스스로를 변형시키는 것을 의미한다.[36] 그것은 성서에서 이야기하는 지혜와 정확하게 똑같은 방식으로 작동하는 것이다. '하느님'을 자연과 역사로 탈신학화시키고, 다시 지혜를 영성으로 대응시키고서 바라보면 성서가 '삶의 기술'을 어떻게 전유하였는지가 너무나 명확하게 드러난다.[37] 자연과 역사로부터 영성을 획득한 인간은 자신의 주체를 새로운 생활양식과 더불어 변화시킨다. 그것은 하느님으로부터 지혜를 획득하여 거룩한 영혼들 안으로 들어가는 것과 다르지 않다. 그래서 성서의 지혜 문학이 '실천이성의 신학'이라고까지 불리는 것이다.[38]

하 느 님 , 인 간 주 의 를 넘 어

「욥기」에서 주위의 통념과 대결하는 인간의 모습은 극적이다. 「욥기」의 중심에서는 욥이 고통을 당하는 원천이 하느님이라는 것을 분명히 보여 준다. 이는 좋은 것이든 나쁜 것이든 모두 하느님에게서 온다는 이스라엘의 전통적 믿음과 일치한다. 우리의 독법으로 본다면 자연과 역사

---

35. 「지혜」7:27.
36. 1984년 1월 20일 미셸 푸코와의 대담(푸코 외, 『미셸 푸코의 권력이론』, 117쪽).
37. 삶의 기술로 남아 있던 시절의 지혜문학에서는 지혜를 찾고 배우라고 인간들을 고무하고 안내했던 반면, 바빌론 유배 이후에는 이 관점을 전도시킨다. 우선 시도되는 것은 지혜를 인격화시키는 것이다. 즉, 지혜는 여인으로 인격화되어, '여인 지혜'라는 관념이 생겨난다. 아울러 이스라엘의 토라(오경)를 하느님의 가장 위대하고 참된 지혜 선물로 보게 한다. 모든 것을 주재하시는 하느님의 비밀이 바로 지혜가 되어 버린다. 이제 삶의 기술이 더 이상 실천이성의 성취가 아니라, 유일신으로서 하느님의 선물이 되고 만다(쳉어, 『구약성경 개론』, 573쪽).
38. 쳉어, 『구약성경 개론』, 571쪽.

는 좋은 것과 나쁜 것 모두를 우리에게 던져 준다고 할 수 있다. 그것은 절대적으로 인간적이지 않다. 그런데 욥의 친구들은 전통적인 사유체계에 의해서 '상선벌악'(賞善罰惡, 착한 사람은 상을 받고 악한 사람은 벌을 받는다)의 관점에서만 욥을 비판한다. 엘리파즈, 빌닷, 초파르 등 친구들은 엄격하고 격렬한 어조로 하느님을 따르지 않았기 때문에 죄를 지었고, 그래서 벌을 받았다고 욥을 비난한다.

그러나 욥의 태도는 묘하다. 욥은 친구들의 공허한 말을 일축하고, 자신을 박해하는 하느님을 거슬러, 공정을 베푸시는 하느님께 도움과 자비를 탄원한다. 그런데 이 탄원 과정이 아주 놀랍다. 우리의 통념을 뒤집는 역설적인 패러디들이 곳곳에 숨어 있다. 악인들은 오래 살며 늙어서조차 힘이 더 난다. 그들의 후손들은 든든하고, 집은 평안하여 무서워할 일이 없다. 심지어 하느님의 회초리가 그들 위에 내리지도 않는다. 그들은 행복 속에서 나날을 보내다가 편안히 저승으로 내려간다.[39] 이것은 완벽한 역설이다. 현세의 편안함은 저승으로 가는 지름길인 것이다. 자연과 역사로부터 어떤 지혜도 획득하지 못하고 편안함 안에서 잠들어 버린 자, 바로 그들이 악인이다. 아마도 친구들의 태도는 그런 편안함 속에서 더 이상 새로운 지혜가 내려앉지 않는 모습을 상징할 것이다.

그런 친구들의 굳은 통념을 거슬러서 생생히 살아 있는 지혜를 찾아 갈구하는 모습이 바로 욥이다. '인내자' 욥과 '반항자' 욥은 굉장히 가까운 위치에 있다.[40] 욥은 이 지점에 이르러 거의 신적인 주장마저 하는 느낌이다. "세상은 악인의 손에 넘겨지고 그분께서는 판관들의 얼굴을 가

---

39. 「욥」 21 : 7~13.
40. 챙어, 『구약성경 개론』, 596쪽.

려 버리셨네."⁴¹ 욥은 일종의 통념에 대항하는 혁명가의 모습이다.⁴² 그는 새로운 체험을 바탕으로 어떤 혁명을 거쳐 하느님을 다른 빛 안에서 본다. 다른 존재가 된 것이다. "당신에 대하여 귀로만 들어 왔던 이 몸, 이제는 제 눈이 당신을 뵈었습니다."⁴³ 그 순간 하느님으로부터 얻은 고통의 의미를 깨닫는다. 그것은 내 안에 은폐되어 있던 비-자연, 그러니까 인간 중심주의로부터 비롯된 고통이다. 욥은 그것을 넘어, 즉 인간을 넘어 하느님의 공간으로 이동한다. 그 순간 이 엄청난 혁명가 욥은 인간이라는 덫을 뜯고, 새로운 자기로 거듭났다.

자연과 역사의 다른 이름 '하느님', 그리고 자신의 주체를 변화시키는 빛인 '지혜'. 하느님과 지혜는 이렇게 만난다. 이런 의미에서 보면 둘째 아이의 친구가 수줍게 이야기했던 "하느님의 사랑은 변치 않는다"라는 말은 어떤 의미에서 정확하게 맞다. 그것이 자연과 역사로부터 끊임없이 솟아나는 지혜를 이야기하는 것이라면 그 사랑은 이 세상에서 유일하게 변하지 않는 것이리라. 그러나 그 대답이 더욱 의미 있으려면, 한 가지가 더 얹어져야 한다. 자연과 역사로부터 변함없이 솟아나는 지혜가 바로 나를 변화시킨다는 결정적인 사실을 상기해야만 한다. 하느님의 변함없는 사랑은 나를 새로운 세계로 이동시키며, 세상을 변화시킨다.

---

41. 「욥」9:24.
42. 욥 이야기의 기본층은 바빌론 유배 전에 형성되었을 가능성이 크나, 최종적인 보편적·유일신적 경향은 유배 중·후 신학의 경향들과 더 일치한다. 천상 장면들에 의한 이야기의 확장은 유배에서 돌아온 초기에 이루어졌을 것이다. 사탄(고발자)은 유배 후에나 고유명사로 나타난다. 아울러 욥 문학은 전통적 지혜신학과 비판적으로 대결하고 있는데, 특히 지혜와 하느님 경외를 동일시한 28장 28절("보아라, 주님을 경외함이 곧 지혜며 악을 피함이 슬기다")은 뒤늦게 첨가했을 것이다. 아무튼 본문에서 설명한 자연과 역사에서 솟아난 지혜라는 나의 관점은 이런 역사적 상황과 정반대의 해석이라고 할 수 있다.
43. 「욥」42:5.

새로운 성경 읽기:
하느님과 지혜

『성경』의
'시서와 지혜서'
후기

제 책꽂이 한켠에는 1980년대 한길사에서 펴낸 『함석헌 전집』이 있습니다. 대학에 들어가 1년간 제 용돈으로 한 권씩 야금야금 사서 읽었던 전집입니다. 아마 신문에서 선생님의 이야기를 보고 호기심에 사서 보기 시작했을 것입니다. 스무 권 모두 사봤는데 지금은 몇 권이 빠져 있습니다. 세어 보니 네 권 정도는 잃어버렸나 봅니다.

저는 오랫동안 천주교를 믿어 온 집안에서 나고 자랐습니다. 특히 할아버지와 할머니께서는 워낙 독실한 신앙을 갖고 있어서 방학 때 할아버지 댁에서 지내면 새벽 미사를 어김없이 가야만 했지요. 아주 어린 시절, 파란 눈의 외국인 신부님 앞에서 할아버지가 바드리시오(저의 성당 본명입니다)는 커서 신부님이 될지도 모르죠, 라고 말하자, 저는 깜짝 놀라서 성당에 앉아 하느님께 절대 신부님이 되지 않도록 해달라고 마음속으로 수없이 기도했던 기억이 납니다. 어느 소설을 보니까, 작가 친구의 에피소드로 저와 똑같은 이야기가 삽입되어 있어서 깜짝 놀랐습니다. 아마도 이 세상 모든 어린이는 신부가 되는 것이 싫은가 봅니다. 아무튼 하느님은 제 기도를 들어주셨습니다. 저처럼 소원이 이뤄지려면 밤낮으로 엄청나게 기도해야 합니다.

어쩌면 그런 저에게 함석헌 선생님은 니체, 푸코, 들뢰즈보다 앞서서 제 정신을 작동시킨 정신의 반도체였을지도 모르겠습니다. 철학을 공부한 후, 다시 성서와 기독교 저서를 몇 권 읽으면서, 멈춰 버린 줄 알았던 그 반도체가 여전히 제 신체 어디선가 째깍째깍 돌아가고 있었다는 걸 느끼고 깜짝 놀라고 있습니다.

함석헌 선생님은 퀘이커교도입니다. 선생님의 말에 따르면 퀘이커교는 예배를 형식 없이 합니다. 교회란 말을 쓰지 않고 단순히 '모임'(meeting)이라고 한다는군요. 퀘이커교도(quaker, '떠는 자들')에게는 성직자라는 것도 없고, 목사·신부라는 이름도 없으며 조직 자체도 없습니다. 예배 시간에는 강단이 없이 격식을 차려 앉는 법도 없이, 모든 사람이 똑같이 앉아서 한 시간 동안 침묵 가운데 명상합니다. 그러다가 감동을 받은 사람은 자기 맘대로 기도도 하고, 찬송도 부릅니다. 제가 보기에 아마 기독교 종파 가운데 가장 자유로운 신앙형식을 가진 것 같습니다.

아무튼 당시 저는 꽤 흥미를 가지고 함석헌 선생님의 책들을 읽었습니다. 선생님은 인격적인 유일신관에 대해서도 그다지 강조하지 않으시고, 특히 내세에 대해서도 부정하였습니다.[44] 이런 관점에서 예수의 부활을 말할 때도 일반적인 기독교처럼 예수가 육체적으로 죽었다가 부활한 것이 아니라면서, 이렇게 멋지게 뒤집습니다. "예수는 부활해 가지고 죽있다."[45] 그러니까 죽어도 죽지 않는 생명을 찾은 것입니다. 저에겐 충격적이라면 충격적인 이야기였지요. 이런 관점에 서 계신 선생님의 글이나 번역을 읽는 것은 정말 마음을 풍성하게 해주는 것이었습니다. 특히 저는 인도 사상의 정수인 『바가바드기타』와 『간디 자서전』을 선생님 번역으로 읽었고, 더군다나 동아시아 사상의 거인들, 그러니까 노자, 장자, 맹자, 굴원, 두보, 보명선사 등도 선생님의 『씨울의 옛글풀이』라는 책을 통해서 거의 처음 접했습니다. 『뜻으로 본 한국역사』가 선생님의 주저로 널리 알려져 있지만, 저에겐 이런 주변 책들이 더 영향을 끼쳤습니다.

그러다가 고향 부모님과 멀리 떨어지고 나서 한동안 성당에는 전혀 다니지 않게 되었습니다. 회사일에 더 몰두하고 마음도 게을러졌기 때문일 겁니다. 그런데 몇 년 전에 저의 아내가 성당에 다니기 시작했습니다. 아이들이 크고 집안이 편안해져서인지 아내는 성당 공동체 분들과 거리낌 없이 친해지고, 무슨 일이든 기쁘게 활동하고 있습니다. 저는 오히려 이런 아내가 반갑고 즐겁습니다. 공동체의 우정을 가진 사람은 어떤 재화보다 사람을 풍족하게 합니다. 저도 이런 아내를 따라 가끔 미사를 보러 갑니다. 갈 때마다 고백성사를 하지만 말입니다. 아내는 성당 공동체의 우정을, 저는 가족 공동체의 화목을 획득하였지요.

그러던 어느 날 아내가 제게 주문을 하였습니다. 매년 교구에서 성경 시험을 보는데, 책도령인 당신도 한번 봐보라는 것입니다. 철학을 하려면 성경도 잘 알아야 한다면서요. 그러면서 제 이름으로 지원해 버렸다는 겁니다. 시험 범위는 '시서와 지혜

---

44. 함석헌, 「퀘이커와 平和思想」, 『한국 기독교는 무엇을 하려는가』, 한길사, 1989, 158쪽.
45. 함석헌, 「퀘이커와 平和思想」, 159쪽.

서'였습니다. 아내는 성당에 나가기 시작한 다음부터 매주 성경공부 모임에 나갔었습니다. 교재는 캐나다 가톨릭 교육자료를 편역한 『여정』(Journey)[46]이라는 책인데, 성경책을 나누어서 문구 하나하나를 설명해 주는 책이었습니다.

처음엔 성서 시험이 좀 어처구니없이 느껴졌습니다. 독실한 신앙도 없으며, 앞으로도 없을 내가 성서를 뭣 하러 시험까지 보냐고 반문했습니다. 일언지하에 거절했지요. 그러나 아내의 주문은 집요합니다. 자신이 하늘나라 천국으로 갈 때 절대 데려가지 않겠다는 둥, 과거 술 처먹고 돌아다니며 자신을 힘들게 했던 과거를 생각하라는 둥 말은 귀에 흘렸습니다. 그러나 이상한 일이 벌어지고 말았습니다. 아내가 던져 놓고 간 『여정』이라는 교재를 들춰보다가 토요일 오후가 훌쩍 흘러 버렸습니다. 200페이지 되는 교재를 모조리 읽었습니다. 물론 교재이기 때문에 성서의 발췌문과 정통적인 교리 설명이 이어졌습니다. 그런데 놀라운 일이 발생했습니다. 신비롭게도(!) 아주 다른 관점에서 그 글들이 읽혀졌습니다. 그야말로 새로운 시각에 사로잡히고 만 것입니다. 아, 성서의 하느님은 '자연'이로구나! 이때부터 완전히 소름끼치는 성서 읽기에 빠지고 맙니다.

'하느님'은 '자연과 역사'로, '예수'는 '새로운 주체'로, '예수의 부활'은 '주체 변형'으로, '성령'은 '지혜와 영성'으로 바꿔 읽을 수 있다는 생각이 든 것입니다. 그러면 성서를 자연주의적인 글로 완전히 새롭게 즐길 수 있다는 발칙한 상상을 하게 됩니다. 우리가 그 기억을 잃고 말았지만, 원래 성서는 고대 자연주의적 사유로부터 탄생한 것이라고 저는 믿습니다. 교회체제에 의해 세련되게 전유되면서 그런 자연주의적 잠재력이 억압되었을지도 모릅니다. 저는 이 부분도 충분히 학술적으로 논구할 수 있을 것이라 봅니다.

그렇게 교회가 덮어 놓은 뚜껑을 열어 그것들을 자연주의적으로 다시 재-전유한다면, 교회가 만들어 놓은 세련된 언어는 그것대로 사용하면서 억압된 잠재력인 자연주의를 온전히 즐길 수도 있지 않을까라는 생각이 아주 엉뚱한 것만은 아닙니다. 즉 저만의 성서 읽기 실험을 하게 된 것이죠. 아마 새로운 교회를 만든다면, 그것은 이런 새로운 성서 읽기로부터 출발하는 것이 아닐까 생각해 봅니다. 제가 볼 때

---

46. 가톨릭 학자들이 펴낸 『제롬 성서 주석』(Jerome Biblical Commentary).

이런 실험을 완벽히 적용할 수 있는 텍스트는 '시서와 지혜서'입니다. 어쩌면 아내가 '시서와 지혜' 시험을 내게 권유한 것도 하느님의 조화일지도 모르겠습니다.

이와 함께 다른 시각으로 성서를 읽을 수 있게 되면서 관련한 책을 접하게 되었습니다. 우선 카렌 암스트롱이 쉽게 설명해 주는 성서 해설서 『성서 이펙트』가 좋았습니다. 더 나아가 디트리히 본회퍼의 『나를 따르라』는 '값싼 은혜'에 대한 비판, 그리고 신앙이 획득할 수 있는 최고치의 사회비판 의식에 대해서 경외감을 갖게 하였습니다. 한스 큉의 『그리스도교』도 셔서와 기독교 신앙을 성립시킨 역사를 매우 합리적으로 설명해 내고 있어서 항상 참조하게 됩니다. 아마도 앞으로는 가난한 사람들을 위한 해방신학을 공부해야 하지 않을까 생각 중입니다.

또 오강남 선생님의 『예수는 없다』란 책도 단연 압권이었습니다. 아주 옛날 읽었던 함석헌을 다시 읽는 그런 느낌을 주면서 좀 더 정교한 이론들을 아주 쉽게 전해 주었습니다. 예컨대 아담의 히브리어 어원은 '아담아'로 흙입니다. 사실 영어 'human'의 라틴어 어원도 흙을 의미하는 'humus'입니다. 결국 아담은 흙에서 나온 사람입니다. 어떤 성적 의미도 없었습니다. 또 아담의 갈빗대는 히브리어 원문으로 첼라(tsela)입니다. 그런데 그것은 원래 그냥 '한쪽'(side)이란 뜻이라고 합니다. 그런 것을 '70인역'에서 갈빗대로 번역했다고 하지요. 그렇다면 아담과 하와 이야기는 플라톤의 『향연』에 나오는 양성구유 이야기와 동일한 것입니다. 흙에서 나온 양성구유인, 아담의 '한쪽'이 잘려 나가며 두 개의 성으로 분리된 것이죠. 아마 이것도 신화들이 잡스럽게 섞이면서 구성되었을 것입니다. 표면에 드러난 서사가 아무리 순수하게 보여도 언제나 그것은 하이브리드로 결합되어 성립된 것이죠. 이렇게 보면 성서는 아주 친근한 자연주의적 텍스트가 확실합니다.[47]

사실 유대교는 바빌론 포로 시절 조로아스터교로부터 천사, 부활, 최후심판 개념을 가져왔고, 기독교는 이 유대교 사상에다 오르페우스교 같은 그리스 밀교의 비밀예식과 철학들이 덧붙여져서 만들어진 하이브리드 종교입니다. 중국 선불교도 그렇고, 신유학도 그렇고, 이 세상의 모든 신앙은 하이브리드의 믿음입니다. 근본주의자들은 물 아래 잠긴 연꽃처럼 물 밖으로 나올 마음이 없기 때문에 아무리 이런 진

---

47. 오강남, 『예수는 없다』, 현암사, 2017, 88쪽.

새로운 성경 읽기:
하느님과 지혜

실을 이야기해도 그들의 믿음을 바꿀 수 없을 것입니다.

하지만 진실로 하느님을 믿는다면 새로운 믿음을 받아들이는 개방성을 가져야 합니다. 성서의 하느님은 우상을 믿지 말라 하십니다. 그런데 저는 이것도 매우 다르게 해석합니다. 이때 우상은 나무나 금속으로 만든 것만을 말하지 않습니다. 더 중요한 것은 상상의 우상입니다. 이를테면 하느님을 남자로만 고집하여 상상한다면 그것도 우상입니다. 하느님 말씀은 그런 하느님 믿지 말라는 뜻입니다. 결국 우상을 믿지 말라는 말씀은 통념을 깰 수 있도록 항상 새로운 믿음을 가지라는 것입니다. 성서를 자연주의적으로 읽으면 완전히 다른 깨달음이 찾아옵니다.

작년 말 크리스마스 저녁 미사에도 어김없이 신부님은 아기 예수가 구유에 눕혀 우리에게 찾아오는 모습을 읽어 주셨습니다. 저도 아내의 천국행에 탑승하려고 따라갔습니다. 저는 아기 예수가 다른 사람처럼 보이지 않습니다. 그 아이는 이미 내 안에 들어온 나의 다른 자기, 새로운 자기라는 생각을 하게 됩니다. 그러니까 예수는 나의 타자입니다. 이제 그런 느낌이 비현실적이면, 그런 생각이 들도록 내게 최면을 걸기도 합니다. 이로부터 저는 완전히 새로운 텍스트들, 그러니까 성서의 새로운 위성들을 만나게 되었습니다.

유일신과 다신교

—

얀 아스만, 『이집트인 모세』

다 른 것 은 없 다 ?

어떤 것이 다른 어떤 것과 어쩐지 다르지 않다고 느껴 본 적이 있는가? 『동의보감』에서 "인체는 한 나라와 같다"(人身猶一國)[1]라는 문장을 보았을 때, 나는 이런 문장들이 비유적이기만 하다고 생각하지 않았다. 쉽게 설명하기 위해서 저자가 그런 비유들을 이용하리라 짐작하기보다 어쩌면 그것이 진짜 '사실'이지 않을까라고 한동안 깊이 생각해 보았다. 그냥 '상동성'(homology, 相同性)이라고만 뭉뚱그려서 말하기에는 우리 주변에 그런 일이 굉장히 많은 것이다. 다르다는 것, 그것은 쉽지 않은 현상이다.

어리숙한 나와 달리 철학자들은 이런 문제를 오랫동안 고민했던 것 같다. 모르긴 몰라도 '구조'라든가, '형식'이라는 개념은 이런 느낌을 구체화해서 탐구한 결과인 게 틀림없다. 철학공부를 하다 보면 역사학이나 인류학, 나아가서 과학도 읽게 되는데, 이런 것들이 각기 다른 대상

---

1. 허준, 『동의보감』, 205쪽.

들을 가지고 이야기를 펼치고 있음에도, 어쩐지 같은 이야기를 반복하고 있다는 생각이 들 때가 있다. 처음에는 이런 풍경이 A와 B가 엄연히 다른데도 효과적인 결과를 내기 위해서 연구자가 A의 방법론(예컨대 과학)을 차용하여 아무 개연성 없이 B(예컨대 정치학)에 갖다 붙인 것인데, 반복되고 있다고 법칙처럼 여기게 된 것이 아닌가 의심했다.

그러나 세상엔 그런 경우가 너무나 많았다. 그런 풍경이 연구자의 의도 때문만이 아니란 생각이 들었다. 다시 말하면 방법론이 같기 때문에 학문적으로 대상을 유사하게 보인 것이 아니라, 애초에 그 대상이 동일한 방식으로 작동하고 있는 것이 아닐까 하는 것이다. 다시 말하면 상동성을 말하기도 전에 이미 각 대상들이 같은 방식으로 만들어져 있던 것은 아닌가. 다른 것은 없다는 것. 모든 것이 반복되고 있다는 것. 오히려 학문은 그 이후의 이야기일 뿐이고, 또 학문이 자신의 대상을 충분히 설명하지도 못하고 있는 것은 아닌가.

독일의 이집트학자, 얀 아스만(Jan Assmann, 1938~)의 『이집트인 모세』를 읽었을 때, 나는 오래전에 생각했던 그것, 그러니까 방법론이 같은 것이 아니라, 대상이 이미 늘 같은 것이었다는 생각을 다시 떠올렸다. 그리고 그 과정에서 '기독교'라는 대상의 독특함에 대해서도 다시 생각하게 되었다.

유 일 신 교 ,   다 신 교 를   억 압 하 다

기원전 2~3천 년으로 거슬러 올라가 보자. 당시 지역과 부족마다 문화나 언어, 또는 관습은 아주 달랐다. 그러나 종교는 언제나 공통적인 토대를 가지고 있었다. 그래서 종교가 다른 문화 상호간에 '번역 수단'으로 쓰일 수 있었다. 그리스 신들의 라틴적 해석과 이집트 신의 그리스적 해석은 그 대표적 예다. 신들은 보편적이었기 때문에 각기 자기들이 모시는 신들을 상대에게 보여 주면, 원활한 의사소통이 가능했다. 다신교의 다(多)는 지역과 부족 간에 길을 닦는 수단이 된 셈이다. 사람들은 다신교이기 때문에 상대가 가진 다른 문화와 언어, 관습들을 용인할 수 있었다. 그들은 다양한 신들을 숭배했지만 누구도 낯선 신들의 존재와 그 신들을 숭배하는 낯선 형식이 지니는 정당성을 부정하지 않았다.

그러나 이런 다신교적인 상황에 반기를 들고 반(反)다신교적인 종교가 탄생한다. 유일신교인 유대교, 기독교, 이슬람교가 그것이다. 당시로서는 대단히 새롭고 급진적이었다. 이 새로운 형태의 종교는 '반(反)종교'(counter-religion)라고 할 수 있었는데, 그 이유는 이런 종교가 그들 앞의, 혹은 그들 밖의 모든 종교를 '이방인'이라 부인하고 거부했기 때문이다. 이 새로운 반종교는 다신교가 보여 준 문화 상호간 번역 가능성을 완전히 차단해 버린다. 즉, 유일신교는 지역과 부족 간에 난 모든 틈을 잠그고 만다.

이 과정을 되새기는 것은 흥미롭다. 이 급진적인 사태는 이집트의 파라오, 아멘호테프 4세인 아케나톤으로부터 비롯되었다. 그는 전통적 종교(다신교)에 대해 급진적으로 거부하는데, 그에게 다신교는 신성하지 않은 개별적인 것들을 숭배하는 장난에 불과하다. 그의 치세 첫 6년간 다신교적인 사원들은 폐쇄되었고, 신들의 성상은 파괴되어 그 이름이 지워졌고, 그 신들을 위한 제식도 완전히 중단되었다.

당시 사람들은 엄청나게 충격을 받는다. 사람들은 제식과 성상을 통해 자연을 상상하고, 그 자연의 지배를 받아들였다. 제식의 중단과 사원의 파괴는 모든 대중들에게 그런 축제의 중단을 뜻했다. 또 도시의 구성원으로서 사는 것은 도시의 주인인 신성의 일부로서 참여해야만 가능한데, 이 사건은 그런 신성을 파괴하고 만 것이어서, 어쩌면 그것은 이집트인 개개인의 정체성을 파괴하는 일이기도 했다. 그런 의미에서 그것은 우주적이고 사회적인 질서뿐 아니라 개인의 질서를 중단시킨 것이나 다름없었다. 삶과 의식의 장르 자체가 확 바뀌어서 도무지 어찌해야 할지 모르는 사태가 발생한 것이다.

얀 아스만은 아마르나 시대²가 극도의 신성모독과 파괴, 그리고 공포를 이집트인들에게 주었으리라고 확신한다. 다시 말해 이 시기는 신이 부재하고 어둠과 질병만이 창궐한 시대였을 거라는 의견이다. 그런 상태를 표현하는 투탕카멘 시절의 시도 있었다. "그 신전들이 마치 있지도 않았던 것처럼 이제는 짓밟혀 길이 되었구나. 그 땅은 중한 질병이 창궐했고 신들은 그 땅을 외면했도다."³ 그 고통이 엄청나게 심했는지, 아케나톤에 대한 기억을 되새기기도 싫다는 듯 이 폭력적인 유일신 시대는 이집트 역사에서 급속히 사라진다.

이집트인 모세, 역사에 엉겨 붙다

바로 이 시점에 '모세'가 나타난다. 후대의 새로운 모세 담론들은 어떤 가설을 내세우는데, 그것은 이집트인이자 아마르나식 제사장인 모세가 유대인들을 이끌고 새로운 국가를 세우기 위해 이집트를 탈출한다는 것이다. 프로이트가 말년에 쓴 『그 사람 모세와 유일신교』(*Der Mann*

---

2. 고대 이집트 제18왕조의 종교개혁왕 아케나톤(재위, BC 1364?~BC 1347?)이 활동했던 도시 아케트아텐의 현재 이름인 '아마르나'에서 따서 붙여진 시대를 아마르나 시대라고 한다. 아마르나에 수도를 둔 아케나톤의 치세, 그리고 개혁의 싹이 튼 선왕 아멘호테프 3세의 치세 후반을 가리키며, 때로는 다음 왕인 투탕카멘의 치세를 포함하는 수도 있다. 이 시기에 아케나톤은 급진적인 종교개혁을 일으켜 태양을 상징하는 유일신 '아톤'을 신봉하였다. 이때 그는 수도를 '텔 엘 아마르나'로 옮겼다.
3. 얀 아스만, 『이집트인 모세』, 변학수 옮김, 그린비, 2009, 55~56쪽.

Moses und die Monotheistische Religion)[4]는 바로 그 이야기를 하는 책이다. 아마도 아케나톤의 유일신 혁명과 이집트인 모세 간 공모에 대해서 이 책보다 흥미진진하게 서술된 책은 없을지도 모른다. 20세기 최대의 정신분석학자와 모세라니!

성서는 모세가 이집트에서 아주 위대했다고 서술하고 있다(「탈출」 11:3). 또 그가 이집트 사람의 모든 학문을 배워 말과 행동이 뛰어나게 되었다고도 말한다(「사도」 7, 22). 이런 표현들은 분명히 '이집트인' 모세에 대한 암시이고 이집트인으로서 그가 히브리 성서에 남긴 흔적들이다. 성서에서 히브리어에 익숙하지 못하고("혀가 둔한 자")[5], 항상 자기 형 아론에게 의존하는 모습(통역자로서의 아론)에서 볼 수 있듯이, 그가 유대인이 아니라는 암시는 성서 곳곳에 스며들어 있다.

프로이트에 따르면 모세가 그의 나라를 떠나 새로운 종교와 율법에 근거한 새 정치를 실현하기 위해 자신의 백성으로 유대인을 택한 것 자체가 아톤 종교(아케나톤의 종교)의 몰락을 보여 주는 장면이다. 아톤 종교가 몰락하자 이 종교의 남겨진 사제장 모세(이집트인이다!)는 유대인들을 이끌고 이집트를 탈출했고, 그들에게 자신의 유일신 신앙을 가르쳤으며, 그들에게 율법을 주었다. 성서에 모세가 율법을 주며 유대인을 "위대한 민족"으로 추어올리는 장면은 역사의 결정적인 장면이다. "내가 오늘 너희 앞에 내놓는 이 모든 율법처럼 올바른 규정과 법규들을 가진 위대한 민족이 또 어디에 있느냐?"[6] 이 장면은 이후 3천여 년간 온갖 이야기를 만들어 낼 어떤 세계가 탄생하는 순간이다.

---

4. '그 사람 모세'는 한국천주교 성서에서 '이 모세라는 사람'으로 번역되어 있다(「탈출」 11:3).
5. '혀가 둔한 자'는 한국천주교 성서에서 '말솜씨가 없는 사람'으로 번역되어 있다(「탈출」 4:17).
6. 「신명」 4:5~9.

여기서 프로이트는 대담한 가설을 추가하는데, 그것은 모세가 유대인 부족에 의해 살해되었다는 것이다. 프로이트의 이집트인 모세는 유일신 사상에 관한 한 어떤 타협도 하지 않는다. 이 지점에 서면 모세는 유대인들에게 독재자의 모습, 억압자의 모습으로 등장한다. 그런 비타협을 견딜 수 없었던 유대인들은 마침내 이 폭군(모세)을 제거해 버린다. 그러니까, 프로이트의 유대인들은 모세를 살해해 버린다. 모세의 비타협적인 요구들은 잔인한 폭력과 폭정으로 이어졌다. 유대인들에게 모세는 폭력적인 독재자로 여겨진다. 그 결과 그는 유대인들의 손에 의해 살해당했다는 가설이다.

이 지점에 이르면 정신분석학자 프로이트가 엉뚱하게도 모세에 대해 이야기하는 이유를 분명히 깨닫게 된다. 살해당한 모세는 종교의 기원과 본질에 관한 프로이트 이론과 불가분의 관계에 놓여 있다. 원시 유목민 집단에서 아버지는 자식들 위에서 대단히 포악하게 군림했으며, 만약 아들들이 그 무리의 여성들을 감히 소유하겠다고 덤비면 죽음과 추방으로 위협했다고 한다. 그러나 바로 그 이유 때문에 폭군인 아버지는 그런 공포를 참지 못한 자식들에 의해 살해되고 만다. 이런 살해는 역사적으로 끊임없이 반복된다. 공동체는 혼란스러워지고, 다시 지도자가 이끌고, 그 지도자는 폭군이 되고, 그 폭군은 또 살해당하고…. 반복되는 살해의 기억은 정신에 강력한 흔적을 남긴다. 즉 반복을 통해 그 경험이 생물학적으로 세습되는 방식으로 인간의 정신에 각인된다는 것이다. 그리고 그런 각인은 억압을 통해 '암호화되어'(encrypted), 달리 말하면 의식적으로는 접근하여 '해결할 수 없게' 되는 경지에 이른다. 모세는 역사에 엉겨 붙어서 도무지 떨어지지 않는 구조가 되어 버렸다. 우리가 알고 있는 모세는 역사의 모세가 아니라, 바로 이렇게 각인된 모세로부터 추출된 '기억의 인물'이다.

일반적인 시선으로 이 가설을 보면, 안타까운 에피소드로 여겨질지 모른다. 그러나 이 가설은 우리들의 끔찍한 진실을 알려 준다. 폭군 아버지가 사람들의 기억에 되돌아오고, 신성한 존재로 다시 승격되는 것은 바로 '살해'되었기 때문이다. 후대 사람들은 그 살해 행위를 덮기 위해서 그를 숭배하고 '암호화'하였다. 좀 더 도착된 표현을 쓴다면, 그들은 살해함으로써 숭배했다! 모세의 유일신교 그 자체가 반복이었다. 아케나톤의 혁명적 유일신교에 대한 이집트적 개념인 '모세'가 근본 종교의 원시적 유일신교의 형태로 되살아났다. 모세의 유일신교는 아버지의 복귀였다. 프로이트의 표현을 빌리면 "대중에게 주문을 걸려면" 그것은 "억압이라는 운명"을 겪어야 했다. 모세 살해의 가설은 원시 아버지의 운명을 재연한 것이었다.

그런데 이 지점에 이르러 더 놀라운 통찰이 전개된다. 얀 아스만은 프로이트가 보지 못한 것을 본다. 그토록 폭력적이었다는 아케나톤의 사유가 그저 유일신적이고 폭력적이기만 한 것이 아니라 거꾸로 자연주의적일 수 있다는 것이다. 그것은 아케나톤과 모세의 유일신교가 새로운 형태의 범신론이었다는 견해다. 아케나톤이 실제로 발견한 것, 그가 아마도 발견자로서 최초가 될 그것, 그리고 분명히 계시로서 직접 경험한 것은 '천지만물'(nature)이라는 개념이다. 아케나톤의 「위대한 찬가」를 보면 그는 신이란 태양일 뿐이고, 또한 자연일 뿐이라고 단언한다. "만물의 주여, 그들을 위해 수고하는 자. 그들에게 빛을 주는 온 땅의 주여."[7] 여기서 얀 아스만은 유일신에 대해 어떤 전복을 시도하고 있다.

아케나톤은 전통의 종교가 자연적이지 않다고 여긴 듯하다. 그는 다신교의 번역가능성을 부정한 것이 아니라, 어쩌면 번역가능성을 더욱 급진적으로 밀고 들어간 것일지 모른다. 유일신이란 범신으로서 다신론적인 것들을 모두 포함하여 보다 더 해체적이고 자연적인 것을 가리키는 신이었을지 모른다는 것이다. "극단적인 탈신비화, 탈신화화, 탈신격화, 탈분극화, 탈정치화, 탈도덕화"(a radical demystification, demythologization, dedivinization, depolarization, depoliticalization, and demoralization)[8]가 바로 아케나톤의 유일신이었다. 자연은 흩어지면 여럿이지만 뭉치면 하나다. 아케나톤 스타일은 오히려 신들이 모조리 뭉쳐져야 현실의 '자연적' 성격을 더 강렬하게 입증할 수 있다고 여겼던 것 같다. 자연은 인간적이지 않다. '유일신'은 인간적이지 않은 자연의 궁극적인 형상이다. 이 극한적 세계는 극적으로 성서의 「시편」으로 전해져 되살아난다. 「시편」은 유일신교라는 그릇에 차고 넘친 자연일 것이다. 그것은 성서에 고인 자연이다.

이것이 바로 아케나톤의 반(反)다신교주의이고, 바로 프로이트가 항상 되돌아온다고 말했던 "억압된 것"이다. 그 의미에서 유일신교와 다신교는 같은 것이다. 그것은 서로 화해할 수 있는 것이다. 아마도 내가 다양한 대상들이 사실은 같은 것이었을지 모른다고 여겼던 감각은 바로 이런 화해의 징후인 듯하다. 그러니까 애당초 그것들은 같은 것이었고, 단지 얀 아스만이 말한 "모세구별"과 같이 의도적인 구별이 나에게 덧씌워지면서 만들어진 '구성된 구별'이었을 것이다. 다르다는 것, 그것은 이 기반 위에서 다시 생각해야 할 주제다.

---

7. 아스만, 『이집트인 모세』, 336쪽.
8. 아스만, 『이집트인 모세』, 339쪽.

얀 아스만의
『이집트인 모세』
후기

미셸 푸코의 『성의 역사』 3권 '자기배려' 편은 소아시아 에페소스 출신인 아르테미도로스의 꿈 해몽을 좀 길게 분석하는 것으로 시작합니다. 에페소스는 사도 바울이 선교여행을 한 곳으로 성서의 「에베소서」의 배경이 되는 곳인 동시에 이오니아의 고대 도시로서 고대 자연주의가 지배했던 곳이기도 한 묘한 곳입니다. 사실 우리 시대에 꿈에 대한 해석으로는 프로이트가 유명합니다. 철학이나 심리학을 공부하지 않은 사람도 프로이트의 『꿈의 해석』이란 책 제목은 한번쯤은 들어 보았을 테지요. 아마도 '프로이트'라는 이름이 주는 야한 호기심에다가 꿈이라는 현상이 주는 신비감이 더해져, 대중들에게 이 책은 널리 알려지게 된 것 같습니다. 물론 실제 읽혔는지는 잘 모르겠지만요.

그러나 푸코가 설명해 주는 아르테미도로스의 꿈 해몽은 우리가 알고 있는 프로이트의 그것과 매우 다릅니다. 푸코는 아르테미도로스가 행하는 꿈의 분석은 '삶의 기술'(techniques of existence)이라고 설명합니다.[9] 고대 이오니아인들에게 꿈이 미지는 현실의 징조나 미래의 전언입니다. 따라서 꿈의 해석은 그 시대의 합리적 삶을 영위하기 위해서 매우 가치 있는 일이면서 매우 중요한 것으로 간주됩니다. 성적인 꿈은 프로이트의 꿈과 달리 그 자체로 하나의 사회적 장면처럼 지각되고, 가공되며, 분석됩니다. 예컨대 어머니와의 근친상간은 도시, 국가를 상징하는 어머니와 관계하는 것이고, 따라서 꿈꾼 주체가 사회적으로 능동적 역할을 한다는 것을 보여 줍니다. 꿈과 사회관계는 서로 동일한 요소를 품고 있는 것으로 이해되지요. 꿈을 통해 보여 주는 신의 예언은 심적 상태와 같은 정념을 보여 주기보다, 꿈꾼 주체의 사

---

9. 푸코, 『성의 역사 3 : 자기 배려』, 19쪽.

회적 특징들, 즉 그가 속한 연령층, 그가 일을 해야 하는지 말아야 하는지의 여부, 정치적 책임이 있는지 없는지 등을 말해 줍니다. 여기서 꿈은 심리적이라기보다 사회적입니다. 즉, 그것은 심리적 억압과는 전혀 상관이 없지요.

그러나 프로이트의 정신분석학에서 꿈은 의식되지 않은 것의 욕구 충족을 의미합니다. 여기서 충족되지 못한 욕구란 대부분 성적인 것이지요. 프로이트는 꿈이 어떻게 욕구를 왜곡하여 보여 주는지, 그리고 그런 왜곡의 재료와 원천은 무엇인지 분석해서 꿈과 신경증의 유사성을 밝히면, 정신분석학에 의해서 신경증을 치료할 수 있으리라 보았습니다. 꿈은 꿈꾼 주체가 처한 사회적 관계를 보여 주는 것이고, 그것을 잘 해석하면 미래를 돌파할 지혜를 보여 줄 수 있으리라 본 아르테미도로스와는 전혀 다른 관점으로 접근하고 있는 것입니다. 꿈의 분석은 여기서 '삶의 기술'이 아니라, 꿈꾼 자의 욕구불만을 캐내고 제거하는 '탐정의 기술'로 바뀝니다.

저는 여기저기에서 프로이트의 이야기를 다양하게 접했습니다. 어떤 세미나에서 『성욕에 관한 세 편의 에세이』라고 하는 우리가 상식적으로 프로이트답다고 여기는 글을 읽어 보았습니다. 아마 『비극의 탄생』을 읽을 때였을 것입니다. 누군가 프로이트의 이 책을 함께 읽자고 해서 읽게 되었지요. 두 개를 함께 읽어 갈수록 프로이트가 예술을 아폴론적으로만 이해하고 있다는 생각이 들었습니다. 프로이트는 문명화와 더불어 성적인 호기심이 생식기 그 자체에 도달하기 전에 어느 정도 지체하게 되는데(거칠게 말해서 철이 들면 자제할 줄 알게 된다는 뜻입니다), 그때 리비도(성욕이라고 이해하면 틀림없습니다)의 일부를 예술 방향으로 전환(승화)시킬 수 있다고 생각합니다.[10] 그러니까 성욕을 억제하여 예술 쪽으로 고상하게 사용된다는 뜻입니다. 저는 그런 발상이 전형적으로 '아폴론적인 예술'이라고 생각하여 프로이트를 불편하게 여겼습니다.

니체는 아폴론적이면서도 디오니소스적인 예술에 대해서 말합니다. 이 두 가지 힘이 서로 짝을 지어야 힘 있는 예술이 탄생한다고 보았지요. 제가 보기에 그는 카오스적인 힘(디오니소스)을 기본으로 하고, 여기다 코스모스적인 힘(아폴론)을 첨가

---

10. 지그문트 프로이트, 『성욕에 관한 세 편의 에세이』, 김정일 옮김, 열린책들, 2003, 46쪽.

하여 새로운 예술을 탄생시킨다고 보았던 것 같습니다. 그러나 프로이트는 카오스에 해당하는 리비도를 억제하고, 그 힘을 코스모스적인 것으로 모두 바꾸어 버리는 데 정성을 쏟습니다. 대부분 사람들은 프로이트처럼 무언가 균형 잡힌 아름다움만을 미(美)라고 생각하는 편견이 있으므로 대개 예술이라고 하면 통념적으로 아폴론적인 것을 말하지요. 프로이트도 그런 편견에서 벗어나지 않는다고 당시의 저는 단정하였습니다.

그러나 서는 주류적인 프로이트가 아닌 비주류적인 프로이트를 만나게 됩니다. 예컨대 처음 들뢰즈를 공부하기 위해 『차이와 반복』 세미나에 들어갔을 때 뜬금없이 프로이트 텍스트를 함께 읽었습니다. 『차이와 반복』의 2장 4절에 보면 들뢰즈가 프로이트의 「쾌락원칙을 넘어서」라는 작은 논문을 매우 중요하게 다룹니다. 프로이트의 이 글은 자신의 일반적인 주장을 넘어서는 매우 급진적인 글입니다. 우리가 일반적으로 알고 있는 쾌락원칙을 넘어서 사람들이 반복강박에 해당하는 죽음본능을 가지고 있다고 주장하고 있는 것입니다. 이 부분에 대해서 들뢰즈는 극찬하면서도 프로이트가 이것을 원초적 억압으로 본 것이 아쉽다며, 억압하기 때문에 반복하는 것이 아니라 오히려 반복하기 때문에 억압한다고 뒤집어 버립니다.[11] 물론 그 시절에 이 내용을 전부 이해할 순 없었지요. 들뢰즈와 프로이트의 조합은 어렵기 그지없는 결합체입니다. 그러나 수용하면서 비판하고, 비판하면서 빼앗아 오는 들뢰즈의 능수능란한 모습이 대단해 보였습니다. 나중에야 알았지만, 들뢰즈는 철학사의 모든 철학자들을 모조리 자기 식으로 새롭게 주조해 내는 최고의 연금술사였습니다.

그런데 저는 뜻밖의 책을 읽고 프로이트의 숨어 있는 위대함을 깨닫게 되었습니다. 그 책은 프로이트의 『그 사람 모세와 유일신교』(한글 번역본은 『인간 모세와 유일신교』입니다)입니다. 사람들에게 잘 알려져 있는 책인지는 모르겠습니다. 이 책은 얀 아스만이라는 이집트학자가 쓴 『이집트인 모세』에 주요 모티브를 안겨 준 텍스트이기도 합니다. 참고로 우리나라에 번역된 『인간 모세와 유일신교』는 우리나라 대중에게 세계에 흩어져 있는 신화 이야기를 재미있게 알려주셨던 소설가 이윤기 선생님의 번역으로 출간되어 있습니다. 대중과 오랫동안 소통해 와서 그런지 이 번역도 잘 읽

---

11. 들뢰즈, 『차이와 반복』, 239쪽.

힙니다. 영어 번역본을 저본으로 삼았다고는 하지만, 저는 이 번역을 참 좋아합니다.

아무튼 프로이트의『그 사람 모세와 유일신교』는 매우 놀라운 주장을 하는 책입니다. 모세가 이집트인이었다는 것입니다. 모세가 이집트에 살던 유대인들의 정치지도자였을 뿐만 아니라 율법의 제정자, 교육자인가 하면 그들에게 새로운 종교 신앙을 강제한 사람이었다는 것입니다. 그렇다면 유대인이 '선택된 민족'이라고 떠들어대는 것도 이해가 됩니다. 그러니까 유대인들은 선진문명인 이집트 모세에게 선택된 백성인 셈입니다. 그러나 유일신교인 아케나톤 종교에서 영향을 받은 모세의 종교는 고도로 정신적인(Vergeistigte) 종교이다 보니, 유대인들이 견디기 어려웠나 봅니다. 결국 야만적인 셈 족은 자신들의 폭군, 모세를 제거해 버리고 맙니다.

그러나 프로이트는 아주 기묘한 돌파를 시도합니다. 외상성(外傷性) 신경증 환자의 경우, 대개 사고가 일어난 시점부터 증후가 처음으로 나타나기까지 '잠복기간'(Inkubationszeit)이 있다는 것입니다. 프로이트는 종교가 이와 같이 신경증 증상과 같다고 주장합니다. 특히 외상성 신경증과 유대의 유일신교는 동일한 '잠재기'가 발견된다는 것이죠.[12] 모세는 정신적인 종교를 참지 못한 유대인들에 의해 제거되었지만, 오랜 잠복기간을 거쳐서 어떤 강박증처럼 회귀하여 특별한 힘을 획득하게 되었다는 것입니다. 그 회귀에 큰 역할을 한 것이 바로 사도 바울이라고 하면서 말이죠. 이것이 그 유명한 '억압된 것의 회귀'라는 프로이트의 신경증 정식입니다.

이것은 오래된 반복입니다. 원초적인 아버지의 모습이 모세로 부활하지만, 대중은 그를 죽여 버렸으며, 다시 세월이 흘러 모세는 하느님 아들의 모습을 빌려 그리스도로서 아버지의 자리에 부활합니다. 그러나 사람들은 다시 그를 죽여 버립니다. 아버지는 끊임없이 부활했다가 끊임없이 죽임을 당합니다. 어쩌면 정치와 역사와 종교는 한 몸으로 반복되고 있는지도 모르겠습니다.

여기서 저는 앞에서 읽었던 프로이트의「쾌락원칙을 넘어서」를 논하면서 들뢰즈가 한 말이 정확히 이해가 되었습니다. 억압하기 때문에 반복하는 것이 아니라 오히려 반복하기 때문에(/위해서) 억압한다는 그것 말입니다. 유대인은 부활시키기 위해서 죽여 버립니다. 그리고 다시 그것을 반복하기 위해서 죽이고 또 죽입니다. 이 설

12. 지그문트 프로이트,『종교의 기원』, 이윤기 옮김, 열린책들, 2003, 339쪽.

명을 통해서 저는 죽음 충동을 강렬하게 이해하게 되었습니다. 먼 길을 걸어 돌아왔지만, 함석헌 선생님의 "예수님은 부활해 가지고 죽었다"는 그 충격적인 말도 이 지점에 와서 완전히 해소되었습니다.[13]

　물론 '원초적 아버지'의 존재에 대해서는 논란이 있을 수 있습니다. 그러나 제가 더 관심을 갖게 된 것은 '억압된 것의 회귀'라는 주제 때문입니다. 이 주제는 오랜 세월이 흘러 동아시아의 철학자인 가라타니 고진에게 매우 큰 영감을 줍니다. 사실 그의 주저, 『세계사의 구조』는 바로 이 주제에 관한 철학적 역사 서술입니다. 그러나 가라타니 고진은 그간 이 주제를 사용해 왔던 사람들의 통념(?)과 달리 프로이드의 정식을 뒤집습니다. 씨족사회에 관한 프로이트의 이론에서 회귀하는 것은 살해당한 원부였습니다. 즉, 원초적인 아버지인 모세와 그리스도였지요. 그러나 고진이 생각하기에 '억압된 것의 회귀'로 되돌아오는 것은 정주에 의해 잃어버린 '유동성(자유)'입니다.[14] 아버지가 아니라 자유가 되돌아옵니다. 반복에 대해서 같은 이야기를 하면서도 결론을 완전히 다르게 내리고 있습니다. 굉장합니다. 웅장한 사유들이 프로이트를 둘러싸고 전쟁을 벌이고 있습니다. 프로이트를 둘러싸고 뒤집고 뒤집히는 이 세계, 제가 정말 매력적으로 생각하는 바로 이것이 철학의 세계입니다.

---

13. 이 책 707쪽에 서술되어 있습니다.
14. 가라타니 고진, 『세계사의 구조』, 103~104쪽.

부록

———

동의보감과
철학

차라투스트라는 이렇게 말했다

세계사의 구조

스튜어트 홀의 문화이론

사회계약론

헤라

신체가 되어 버린 기계, 언어

—

『동의보감』 '언어'(言語) vs.
프리드리히 니체의 『차라투스트라는 이렇게 말했다』

나는 개인적으로 스마트폰의 두께가 얇아지는 걸 아주 흥미롭게 지켜
본다. 아마도 그것은 우리 피부만큼이나 얇아질 것이다. 아니, 그것은
우리 신체 자체가 될 가능성이 높다고 생각한다. 기계인간의 신체처럼
말이다. 사실 지금도 손에서 스마트폰을 내려놓고 다니는 시간보다 들
고 다니는 시간이 더 많은 걸 보면 그것은 이미 우리들의 신체가 아닌
가 싶다. 안경 없는 내 모습을 상상할 수 없듯이 말이다. 그렇게 보면 신
체란 계속 만들어지고 바뀌는 것이 아닐까.

니체는 흔히 '영원회귀의 철학자'로 불린다. 물론 영원회귀를 빼고서
그를 설명할 수는 없을 것이다. 그러나 그에 못지않게 그는 '신체의 철
학자'로 불려야 한다. 니체는 깨달은 자의 입을 빌려 "나는 전적으로 신
체일 뿐, 그 밖의 아무것도 아니다"[1]라고 선언한다. 심지어 영혼이라는
것도 신체에 있는 어떤 것에 붙인 말이라고 덧붙인다. 다시 말하면 영
혼도 신체의 생리적 요소에 불과하다는 뜻이다. 즉, 니체에게 영혼은 생
리적 물질에 불과하다. 어쩌면 신체는 살아 있는 수많은 존재들의 활동

---

1. 니체, 『차라투스트라는 이렇게 말했다』, 51쪽.

공간이라고 해야 할지도 모른다. 이런 관점에서 보면 그는 아주 독특한 '신체-철학자'이다. 다음과 같은 말이 이어진다.

"신체는 커다란 이성이며, 하나의 의미를 지닌 다양성이고 전쟁이자 평화, 가축 떼이자 목자이다."[2]

여기시 신체는 우리가 흔히 아는 육체가 아니다. 신제는 육제를 포함해서 다양한 존재들이 뒤섞여 구성된 결합체다. 그것은 여러 존재(자)들이 어떤 힘 아래 모여 통일체로 움직인다. 니체는 움직이는 이 통일체를 '자기'(das Selbst)라고 부른다. 물론 통일체를 움직이는 것이 자기인지, 결합되어 움직이고 있는 통일체가 자기인지는 보는 방식에 따라 다를 수 있다. 그러나 분명한 것은 그것이 우리가 알고 있는 '주체'와 아주 다르다는 점이다. 그는 이 '자기'가 '신체'이며 '커다란 이성'이라고 말하고 있다. 사실 수많은 존재들이 움직여 나간다는 점에서 신체 자체가 하나의 '극복'이다. 왜냐하면 한 공간에 모인 여러 요소들이 각자의 요소적 한계를 넘어 '신체'라고 하는 새로운 통일체로 움직여 나가니 말이다. 그것은 "기적 중의 기적"이고 "아무리 감탄해도 끝이 없다."[3]

니체에게는 우리에게 발생하는 모든 것들이 신체적이다. 감정조차 오장육부의 현상이다. 이런 의미에서 한의학적인 사유는 니체적인 것들과 공명한다. 한의학적 사유에는 신체 아닌 것이 없기 때문이다. 심지어 정신적 현상이라고 생각하는 '언어'조차 우리의 신체라고 여길 정도다.

---

2. 니체, 『차라투스트라는 이렇게 말했다』, 51쪽.
3. 프리드리히 니체, 『유고(1884년 가을~1885년 가을)』(니체전집 18), 김정현 옮김, 책세상, 2004, 393쪽(37[4]).

신체가 되어 버린 기계,
언어

『동의보감』도 '언어'를 신체로 보고, 한 목차를 차지하여 「내경편」 즉 '몸 안의 풍경'에다 배치해 놓았다. 언어는 신체를 구성하는 요소 중 하나인 것이다.

한의학에서 언어는 음성언어를 지칭한다. 그 범위는 매우 광범위해서, 신체의 오장육부가 내는 소리 모두를 가리킨다. 일단 폐가 신체의 모든 소리를 주관한다[肺主聲].[4] 그 소리가 간을 통하면 고함소리가 되고, 심장을 통하면 헛소리가, 비장을 통하면 노랫소리가, 신장을 통하면 신음소리가, 폐 자체를 통하면 울음소리가 된다. 이른바 '말'은 신체가 내놓는 '소리-물질'인 것이다.

한의학적으로는 폐가 이런 소리들을 주관한다고 한다. 그 소리가 심(心)에 들어가면 우리가 흔히 아는 '말'이 된다. 그렇게 보면 심(心)에 신(神)이 넉넉하여 새어나오는 웃음소리, 비장이 음악을 좋아하여[脾好音樂] 만드는 노랫소리, 슬픈 폐가 만드는 울음소리, 정을 보관하고 피로를 관장하는 신장의 신음소리, 모두가 한의학적으로는 '언어'다. 심지어 양과 음이 서로 끌어당기다 터지는 '하품'[欠]도 언어다. 재채기도 콧속이 가려워 신체의 기운이 뿜어져 나온 언어다. '트림'도 위에 가득했던 기를 토해 내는 언어이고, '한숨'조차 근심으로 움츠러든 기도를 풀어 주기 위해 신체가 내지르는 언어다. 신체 곳곳에 언어가 숨어서 살고 있는 셈이다.

이와 관련한 병증은 크게 세 가지다. 흔히 '헛소리'라고 해서 조리 없이 떠들거나 생전 들어 보지 못한 이야기를 해대는 '섬어'(譫語), 한 말 또 하고, 다시 한 말 또 하는 '정성'(鄭聲), 벙어리처럼 말이 나오지 않는

---

4. 허준, 『동의보감』, 344쪽.

'음부득어'(瘖不得語). 이 세 가지 모두 기력이 상실하면 발생한다. 우리는 "고열에 들뜨면 헛소리가 나온다"는 사실을 잘 알고 있다. 이것은 사열(邪熱, 나쁜 열기)이 신명(神明)을 흩트려서 발생한 것이다. '정성'(여기서 '鄭'은 '중복되다'는 의미다)도 술 취한 사람이나 말 많은 노인네들이 했던 말을 또 하는 경우를 말하는데, 이것도 기력이 상실되어서 생긴다. 그래서 『동의보감』은 "말을 적게 해서 속에 있는 기운을 자양하라"(小言語 養內氣)라고 강조한다.[5] 저녁 이후에는 소리 내어 읽지 말고, 음식 먹을 때는 말을 하지 말며, 누워서도 말을 크게 하지 말고(오장은 종과 같아서 매달지 않으면 소리가 나지 않는다!), 길을 가면서도 말을 하지 않아야 한다. 한의학이 언어의 신체성을 깊이 인식하여 내린 나름의 처방이다. 언어의 문제는 신체의 기력을 컨트롤해야만 풀린다는 뜻이다. 머리만 쓴다고 되는 것이 아니다.

물론 언어도 스마트폰처럼 우리 신체가 아니었을지 모른다. 그것은 수많은 존재들 중의 하나로 여러 사물들 틈에서 살았을 것이다. 그러나 어느 순간 안경이나 스마트폰처럼 사람의 신체에 붙어 신체의 일부분이 되고, 드디어 다른 신체 요소들과 공명하게 되지 않았을까? 언어는 신체가 되어 버린 기계다. 웃음은 심과, 울음은 폐와, 노래는 비장과 서로 공생하며 신체가 되어 버린 언어-기계들이다. 따라서 언어를 바꾼다는 말은 신체를 바꾼다는 말과 같다. 언어의 배치를 바꾸는 것은 이 의미에서 내 신체를 변형시키는 문제이고, 분명히 건강의 문제인 것이다.

---

5. 허준, 『동의보감』, 349쪽.

신체가 되어 버린 기계,
언어

신체의 공산주의

—

『동의보감』'신형'(身形) vs.
가라타니 고진의『세계사의 구조』

나에게 삶의 양식은 여러 개다. 우선 '가족'. 아침 일찍 '안녕!' 하고 떠나서, 밤늦게 다시 '안녕~' 하고 돌아와 잘 뿐이지만, 그래도 내 삶의 오랜 양식이다. 그리고 '회사'. '안녕하세요!' 하고 들어가, '내일 또 봐요'라며 자리를 뜨는 불안한(?) 곳이지만, 가족보다 더 오래된 삶의 양식이다. 내 생애의 대부분은 그들과 함께 보낸 시간일 것이다. 또한 세미나나 강의를 들으러 가는 연구실도 빼놓을 수 없다. 나의 정신적 영토는 그곳에 점령당한 지 오래다. 또 '업무 파트너나 고객'. 일을 하면서 맺어진 협력자나 고객들이다. 또 매달 통장에서 회비가 나가는 동창이나 동향 모임도 있다. 이렇게 생각하다 보면 당장이라도 내 삶의 양식을 수십 개로 쪼갤 수 있을 것 같다. 어떤 때는 가족 문제가, 또 어떤 때는 회사 문제가 삶을 움직인다. 삶은 어느 하나로만 바라볼 수 없다. 그때그때 보다 중요한 것이 그 상황을 지배하는 것이다.

눈을 돌리면 몸도 예외는 아니다. 머리·목·팔·다리 등이 모인 생명양식이기도 하고, 마음과 몸이 서로 맞물려 구성된 생명양식이기도 하다. 석가는 사람이 지(地), 수(水), 화(火), 풍(風), 이 사대(四大)가 잠시 합쳐진 것이라고 말한다. 모발·치아·뼈·손발톱은 땅에서, 콧물·정·혈·진액은 물에서, 열기는 불에서, 영명(靈明)과 활동은 바람에서 빌려 몸이 구성된다.[1] 그렇게 몸은 운동하는 물질들이 일시적으로 결합한 것이다.

『동의보감』은 몸을 하나의 결합양태로 보고 '한 나라'와 같다고 말한다. 여기서 '나라'[國]를 근대적 의미의 국가로 오해해선 안 된다. 유추해 본다면 '사회'나 '건축물' 개념에 더 가깝다. 따라서 몸은 정(精)·기(氣)·신(神)으로 구조화된 사회 혹은 건축물이라고 할 수 있다. 물론 한의학의 상동적인 사고에 따라 신은 임금, 혈(=정)은 신하, 기는 백성이라고 대응시키기도 한다. 그러나 이런 내용에만 집중하면 성착 중요한 것을 놓친다. 주목해야 할 것은 정·기·신이 서로가 서로를 중층적으로 구성하면서 우리 몸을 역동적으로 운영한다는 사실이다. 『동의보감』은 다음과 같이 말한다.

"정은 몸의 근본이고, 기는 신의 주인이며, 형체는 신이 깃들어 사는 집이다."[2]

보면 볼수록 정·기·신 상호간의 중층성은 촘촘하면서도 역동적이다. 인체의 기는 선천의 정기, 음식물의 정미, 자연계의 청기에서 비롯된다. 그것은 자연 그 자체가 신체로 내려앉으며 전변한 것이다. 여기서 '선천의 정기'는 남녀가 교합하여 생명이 탄생할 때 구성된다. 그 순간 '천지의 기'가 생명으로 들어가 결합된다. 기로부터 정이 생기는 것이다(천지의 기 → 정). 이 정이 몸을 구성한다. 따라서 정은 몸의 근본이 된다. 그런데 이렇게 생긴 정이 다시 인체의 기를 만든다(정 → 인체의 기). 이른바

---

1. 허준, 『동의보감』, 202쪽.
2. 허준, 『동의보감』, '신형', 207쪽.

신체의
공산주의

하초의 기는 정에서 화생(化生)된 것이다. 이 기가 명문에 저장되어 삼초의 근본이 된다. 또 음식물의 정기는 영기(營氣)와 위기(衛氣)로 나뉘어 생성된다. 이와 같이 기와 형 사이에 서로 변화하는 과정을 '기화작용'(氣化作用, 기가 몸 안에서 순환하면서 물질을 발생시키고 변화시키는 기능)이라고 부른다. 천지의 기는 어떤 저공비행처럼 돌아 슬며시 신체에 안착한다.

물론 정을 만드는 앞의 '기'는 '천지의 기'이고, 인체 안에서 정이 만드는 '기'는 '인체의 기'로 서로 다른 층위를 구성한다. 이 두 기는 같은 기가 아니다. 사실 '기'의 개념은 넓게 사용된다. 호흡, 감정, 자연, 성향, 도덕, 가치, 영성, 공기, 미생물 등등 모두를 포괄한다. 그럼에도 불구하고 인체의 기는 천지의 기가 신체에 도달해 다양한 전변을 거치면서 생겨난 것이다. 놀랍다면 이것이 놀랍다. 천지 우주가 우리 신체에 들어오는 것이니까.

신(神)도 포락(包絡)에 싸인 심(心)의 정화(精華)가 불로 변해서 생긴다. 따지고 보면 신도 정이 전변한 것이다(정 → 신). 경광(驚狂), 경계(驚悸) 같은 정신적인 문제는 혈허(血虛, 대표적인 정인 혈이 허한 것이다)나 신정(腎精)이 약하여 생긴다. 정과 신의 관계를 분명히 알게 한다.

그러고 보면 '기와 형', '기와 신', '정과 신'이 서로 꼬리를 물고 전변을 일으키며 신체에 천지를 들인다. 즉, 천지를 둘러싸고 정·기·신은 서로가 서로의 꼬리를 물고 있는 것이다. 참으로 기묘한 일이다. 정이 없이 기·신이 머무를 수 없으며, 기가 없이 정·신이 생성될 수 없으며, 신이 없이 정·기가 안정되지 못한다. 이들은 서로가 서로의 꼬리를 물며 서로를 중층적으로 결정하고 있는 것이다. 기묘한 구조가 아닌가!

이런 중층적 인식은 철학에서도 여럿 찾아볼 수 있다. 가라타니 고진의 경우도 사회구성체를 중층적으로 바라보며 자신의 사유를 구성한다. 특히 자본주의에 대해서도 '자본'이라는 잣대로만 고찰하지 않는다. 그는 자본주의 사회를 볼 때도 국가와 네이션(공동체)을 같이 봐야 한다고 생각했다.

역사에 출현한 교환양식은 세 가지다. 먼저 음식, 재산, 여성, 토지, 봉사, 노동, 의례 등을 증여하고 답례하는 '호수적 교환양식(A)'이 있었다.[3] 호수적 관계는 언제나 세대나 밴드가 그 밖의 세대나 밴드와의 사이에 항상저인 우호관계를 형성했을 때나 가능하다. 다음은 악달사가 약탈재산을 피지배자에게 재분배하는 '국가적 교환양식(B)'이 있다. 여기서 피지배자 국민은 국가에 복종하고 그 대가로 보호를 받는 교환을 국가와 행한다. 즉, 국가와 국민 사이의 교환이다. 그리고 마지막으로 화폐를 대가로 상품을 사고파는 '자본주의적 교환양식(C)'이 있다.

가라타니 고진의 구도에서 중요한 것은 어떤 사회구성체든 복수의 교환양식들로 구성된다는 점이다. 예컨대 자본주의적 사회구성체는 상품교환양식(C)이 주요한 양식이긴 하다. 그러나 자본주의적 사회구성체에서도 상품교환만 존재하지는 않는다. 그것은 '국가와 국민'을 동시에 거느리고서야 가능하다. 국가 없는 자본주의는 찾을 수 없다. 다시 말하면 국가적 교환양식(B)이 함께해야만 자본주의적 교환양식(C)도 가능하다. 그래서 고진은 지금 우리가 사는 세계의 사회구성체를 '자본 = 네이션 = 스테이트'[4]로 표현한다. 즉, 자본주의는 자본과 민족(국민)과 국가가 함께 중층적으로 결합되어야 가능한 세계다. 자본 없이 지금

---

3. 호수적 교환은 의무적이다. 만일 이 의무를 완수하지 못하면 부족에서 지위가 낮아진다.
4. 네이션(nation)은 국민으로 스테이트(state)는 국가로 새기자. 가라타니 고진이 '자본 = 네이션 = 스테이트'라고 음차로 표기하는 이유는 서구적 의미에서 국가, 국민을 그대로 상기시키고자 함일 것이다. 자본과 국민과 국가가 서로 결합되어서야('='라는 기호로 표현) 자본주의적 교환양식이 주된 사회를 구성한다는 뜻이다.

의 '네이션＝스테이트'는 없으며, '네이션＝스테이트' 없이는 지금과 같은 '자본'도 있을 수 없다. 오히려 자본은 "네이션＝스테이트"가 구성되고 난 후에야 가능했다. 서로가 서로를 결정한다.

고진은 여기서 멈추지 않고, 한 걸음 더 나간다. 세 가지 양식에다 공산주의의 양식인 '교환양식 D'를 도입한다. 그런데 이 과정에서 고진은 놀라운 도약을 감행하고 있다. 부르주아의 철학자, 칸트를 '코뮤니스트'로 소환하는 것이다.

"호수원리에 기초한 세계시스템, 즉 세계공화국의 실현은 용이하지 않다. 교환양식 A, B, C는 집요하게 존속한다. 바꿔 말해, 공동체(네이션), 국가, 자본은 집요하게 존속한다. 아무리 생산력(인간과 자연의 관계)이 발전해도 인간과 인간의 관계인 교환양식에서 유래하는 그와 같은 존재를 완전히 해소할 수는 없다. 하지만 그것들이 존재한다면, 교환양식 D[공산주의, 인용자] 또한 집요하게 존속한다. 그것은 아무리 부정하고 억압해도 좋든 싫든 회귀하는 것을 그만두지 않는다. 칸트가 말하는 '규제적 이념'이란 그런 것이다."[5]

타자를 수단이 아닌 목적으로 다뤄라. 칸트가 말하는 보편적인 도덕 법칙이다. 여기서 타자를 목적으로서 다룬다는 것은 타자를 자유로운 존재로 다룬다는 말이다.[6] 그렇기 때문에 서로가 서로를 타자의 존엄으로서 인정한다. 서로를 자유로운 상대로서 존엄하게 대한다는 뜻이다.

---

5. 가라타니 고진, 『세계사의 구조』, 조영일 옮김, 도서출판b, 2012, 434쪽.
6. 고진, 『세계사의 구조』, 333쪽.

그야말로 '자유로운 상호성'이다. 그러고 보면 그것은 고진이 정의했던 호수적 교환양식(A)에 가장 가깝게 구성된 관계이다. 앞에서 교환양식 A는 항상적인 우호관계에서나 가능하다고 했다. 사실상 그것은 공산주의에 가까운 사회다. 그런 의미에서 칸트는 무의식적으로 공산주의의 핵심을 파악하고 있었다고도 할 수 있다. 그는 의식하지 못했지만 그렇게 행한 셈이었다.

결국 공산주의는 호수적 교환양식(A)을 고차원적으로 회복하는 것에 있다. 그것은 소련식 국가나 복지국가처럼 단순히 재산을 재분배하는 정의가 아니다. 그러기만 한다면 '자본 = 네이션 = 스테이트'의 변주에 불과할 뿐이다. 중요한 것은 처음부터 부의 격차가 생기지 않는 교환적 정의를 실현하는 것이다.

아마 교환양식 D(공산주의)는 규제적 이념으로만 존재할지 모른다. 실현될 리는 없지만 가까워지려고 노력하는 것으로서의 이념. 사실 그것은 마르크스가 말했던 '공산주의 운동 그 자체'를 말한다고도 할 수 있다. 그것은 '억압된 것의 회귀(교환양식 A가 되돌아오는 것)'로서 매번 도래한다. 저 뒤편으로 밀려났던 공산주의가 억압을 뚫고 매번 다시 돌아온다. 이 목소리는 작지만 현실에 실현될 때까지 결코 멈추지 않는다. 바로 그것이 고진이 말하는 칸트의 '의무'인 것이다.

그러고 보니 이런 생각이 든다. 정·기·신 상호간의 중층성이 인정된다면, 신은 그냥 신이 아니고, 정·기의 신이다. 기도 정·신의 기이며, 정도 기·신의 정이다. 아울러 몸은 원래 천기가 형체를 갖춘 것이다. 천기는 천지의 기다. 따라서 그것을 갖추는 것은 군자의 도를 본래적으로 갖추는 일이다. 그 도를 갖추고 태어난 우리는 본래적으로 군자여야 했다. 그러나 우리는 매번 천지의 도를 외면하고 자신의 몸과 마음을 멍들게 한다. 즉, 어렵게 형체를 갖춘 천기를 제대로 운용하지 못하고 오히려 해치고 있는 것이다. 그럴 때마다 우리는 군자로부터 멀어진다.

결국 천기를 현실의 지평 위에서 고차원적으로 회복하려는 것, 그것이 필요한 것이 아닐까? 그것은 우리가 매번 군자로 회복하는 일이다. 물론 공산주의처럼 그것을 실체적으로 구현하는 것은 거듭 실패하고 만다. 천지를 완벽하게 회복하는 것은 죽음 그 자체일 터이니까. 그러므로 그것은 매번 회복하려는 운동으로만 존재하게 될지도 모른다. 그러나 그렇게 운동할 때에야 정·신도 바뀌고, 신체도 바뀌는 것이다. 굳이 명명한다면 그것은 '신체의 공산주의'라고 할 수 있다. 천기를 매번 도래하게 하는 운동으로서 '신체의 공산주의' 말이다.

그때그때 달라요

『동의보감』 '모발'(毛髮) vs.
스튜어트 홀의 『스튜어트 홀의 문화이론』

나는 얼굴이 검은 편에 속한다. 고등학교 친구들은 나를 '깜댕'이라고
불렀다. 내 얼굴색이 검댕 같다고 붙인 별명이다. 검댕은 검은 연기 속
먼지다. 제대로 못 탄 탄소가 남은 것이다. 나는 그리 불쾌하거나, 불편
해하지 않았다. 얼굴이 검은 것도 사실이고, 이 명칭이 혐오스럽지도 않
아 친구들을 탓하지 않았다. 지금도 그 친구들을 만날 때면 그 이름으
로 호명된다. 이제는 그리 불러 주는 친구들이 정다울 따름이다.

그러나 이런 호명이 바다만 건너가면 아주 다른 효과를 발산한다.
현대 문화이론의 창시자, 스튜어트 홀(Stuart Hall, 1932~2014)은 이를 계
급과 인종의 측면에서 관찰한다. 스튜어트 홀은 중남미 카리브 연안 자
메이카 출신이다. 그는 젊은 시절과 성년기에 '유색 인종'으로 불렸다.
자메이카에서 '유색'은 보통사람들인 '흑인들'보다 좀 나은 중산계급을
의미한다. 다시 말하면 자메이카에서 '유색'은 '비흑인'을 뜻한다. 그러
나 그가 영국으로 유학을 갔을 때, 영국인들은 그가 사실상 '흑인'이기
에 그를 '유색'이라고 부른다. 요컨대 똑같은 용어라도 서로 다른 체계
('차이와 동일성의 체계') 내에서 작용하면 아주 다른 의미를 지닌다. 즉, 똑
같은 단어(여기서는 '유색')라 할지라도 그 단어가 어떤 의미 작용의 연쇄
속에 위치하느냐에 따라서 뜻이 다르다. '카리브 연안 지역의 체계'에서

는 백인을 정점으로 '백인 – 유색(갈색) – 흑인 – 쿨리(Coolies, 동인도인 노동자들)' 등으로 인종담론이 세분되었기 때문에, 갈색(유색)이 흑인과는 다른 위치를, 즉 '비흑인'의 뜻을 획득할 수 있지만, '영국의 체계'에서는 '백인-비백인(흑인)'의 담론이 지배적이기 때문에 '갈색'은 그저 흑인일 뿐이다.

결국 계급담론과 인종담론은 장소와 시간마다 다르게 존재하고, 따라서 서로 다르게 접합된다. 각 담론은 각각 다른 역사와 다른 작용 방식을 갖고 있고, 각각은 세계를 다른 방식으로 분할하고 분류한다. 그렇게 다른 분류체계들이 서로 다르게 '절합'(節合, articulation)함으로써 각각은 다른 의미망을 구성한다. 절합이란 마디와 마디가 관절처럼 맞붙어 작동하는 체계를 말한다.[1] 갈색이 어느 곳에서는 '비흑인'으로서 중산계급을 의미하지만, 어느 곳에서는 '비백인'일 뿐이므로 하층계급을 뜻한다. 같은 갈색이어도 자메이카 체계에 절합된 것과, 영국 체계에 절합된 것은 서로 다르게 작동한다. 절합이 달라지면 세상이 달라지는 것이다. 어쩌면 다양한 세상이 있으려면 이런 절합이 있어야 된다는 말이기도 하다. 이런 절합이나 고정(fixing)이 없이는 의미작용이 전혀 작동하지 않을 것이니 말이다.

이 의미에서 스튜어트 홀은 알튀세르가 『마르크스를 위하여』에서 주장했던 개념, '모순과 중층적 결정'(Contradiction and Overdetermination)을 아주 의미심장하게 받아들인다. 결국 사회구성체 내의 이데올로기가 언제나 이미 분명히 주어지거나, 어떤 계급, 인종이 고정된 의미와 위

---

1. '절합'(節合)은 '분절적 접합'(articulation)을 하나로 연결해 역어를 만든 것이다. 분절(分節)은 마디로 나누거나 나눈 마디이고, 접합(接合)은 서로 이어 붙이는 것을 말한다. 결국 마디와 마디로 나누어, 다른 마디와 마디를 이어 붙이는 것이다.

치를 갖도록 보장해 주는 법칙은 어디에도 존재하지 않는다. 오로지 각 담론들 사이에 어떤 절합이 이뤄지느냐에 따를 뿐이다. 자메이카의 절합과 영국의 절합이 다르기 때문에 흑인의 의미도 다른 것이다. 그것은 어디에서도, 어느 순간에도 '아무런 보증이 없다'(no guarantee). 그래서 스튜어트 홀은 '최종적인 보증 없는 마르크스주의'를 주장하고 있다.[2]

이것은 묘하게도 머리털이나 수염이 희거나 검은 양상과도 비슷하다. 몸에 난 털도 그 위치에 따라 명칭이 천차만별이다. 머리에 난 털은 '길게 쭉 빠져나온다[拔]'는 뜻에서 '발'(髮, 머리털)이다. 눈 위에 난 털은 아름답다[媚]는 뜻에서 '미'(眉, 눈썹)다. 턱 아래 난 털은 이삭이 패고 꽃이 피듯[秀] 사람이 다 성장하면 난다고 해서 '수'(鬚, 수염)다. 뺨에 난 털은 입이 움직일 때마다 들썩들썩한다[髥髥]고 해서 '염'(髥, 구렛나루)이다. 또 입 위에 난 털은 여기에 털이 나야 멋이 있다[姿]고 '자'(髭, 콧수염)다. 이름만 들어도 땅에 꽂혀 있는 모든 꽃들이 불려나온 듯 아름답다. 털 명칭만큼이나 생명력 넘치는 이름이 또 있을까.

그래서인지 털은 생명력의 상태를 지극히 정직하게 드러낸다. 늙어서 턱수염만 희고, 눈썹과 머리털은 희지 않는 경우도 있고, 머리털만 희고 눈썹과 턱수염은 희지 않는 경우도 있다. 그것은 몸 안의 기운(특히 오장의 기운)이 구성되는 양상에 따라 밖으로 표현된 것이다. 머리털은 심(心)에 속하여 화(火)기운이다.[3] 눈썹은 간(肝)이어서 목(木)기운이다. 턱수염은 신(腎)이어서 수(水)기운이다. 결국 털이 희고 검고는 그 털이 어떤 오장의 어떤 기운들과 절합되어 구성되고 있느냐에 달려 있다. 마

---

2. 스튜어트 홀, 『스튜어트 홀의 문화 이론』, 임영호 편역, 1996, 한나래, 59쪽.
3. 참고로 『황제내경』에서는 "머리털은 신에 속한다"(髮屬腎)라고 말하기도 한다(허준, 『동의보감』, 862쪽).

치 사회구성체의 이데올로기가 경제, 정치, 인종, 계급 등의 담론들이 어떻게 구성되어 있고, 절합되느냐에 따라 각기 다른 양상을 띠는 것과도 같다. 그것은 그때그때 다르다.

심지어 몸속을 돌아다니는 12경맥과 몸 밖의 털들이 서로 상응한다. 눈썹은 태양경의 혈이, 구레나룻은 소양경의 혈이, 턱수염은 양명경의 혈이 많으면 아름답다고 한다. 또 개별 경맥 내에서도 기혈이 성한 정도에 따라 털에 표현되는 방식이 다르다. 족양명경맥에서 하부에 기혈이 성하면 음모에 윤기가 있고, 가슴까지 털이 난다. 그러나 상부에 기혈이 성하면 구레나룻이 윤기가 있다. 결국, 구레나룻은 아름답지만, 눈썹에 윤기가 없고, 머리털이 흰 경우는 소양경에 혈이 많고, 간의 목기운이 부족하며, 심에 화기운이 약해서 생긴 양상이다.

옛 사람들은 머리털만 봐도 흉증(凶證: 예후가 나쁜 증상)을 파악할 수 있다고 이를 귀하게 여겼다. 스튜어트 홀도 그람시가 '상식'이라고 부른 지형을 중요하게 생각했다. 물론 보통사람들의 상식은 아주 모순된 이데올로기들로 가득하다. 그러나 오히려 그런 모순적인 이데올로기 속에는 모든 역사 단계에서 남겨진 인류의 통찰들이 흔적들(traces)로 남겨져 있다. 머리털에 남겨 있는 흉증처럼 말이다. 그런 의미에서 상식적인 관념들이야말로 우리들이 밀고 당기며 싸워야 하는 격전지이다. 『동의보감』은 머리털이 혈의 나머지이므로 자주 빗어야 한다고 말한다. 자주 빗으면 눈이 밝아지고, 풍이 없어진다. 그래서 도가에서는 매일 새벽에 빗질을 늘 120번씩이나 했다고 한다. 머리털이 우리 신체의 격전지라고 여겨서일지 모른다. 머리털이야말로 우리들의 몸 상태를 정확하게 표상하고 있는 것이다. 우리도 상식을 계속 빗어야 한다. 상식에 숨어들어간 우리들의 통찰을 찾아내야 하지 않겠나.

자기가 지배하고, 자기가 복종하는 사회

『동의보감』 '혈'(血) vs.
장 자크 루소의 『사회계약론』

루소(Jean-Jacques Rousseau, 1712~1778)의 『사회계약론』 1장은 "인간은 태어날 때는 자유로웠는데, 어디서나 노예가 되어 있다"는 슬픈 문장으로 시작한다. 루소의 자연 상태에서는 한 인간이 다른 인간을 지배할 수 없다. 타인을 노예로 만들 수 없다는 말이다. 인간은 원래 본성적으로 자유롭고 평등한 것이다. 그러고 보면 루소는 아리스토텔레스와 달리 인간은 본성적으로 정치적이지 않다고 주장한 셈이었다. 아마 자연 상태에서는 우리가 모르는 우리가 수천 개의 얼굴을 지니고 살았으려니 싶다.

하지만 어느 순간 그 자연 상태가 무너진다. 사유재산 같은 방해물들이 자연 상태의 '자기'를 보존할 수 없게 하기 때문이다. 물론 사람들은 서로 힘을 합쳐 이 문제를 돌파하려 한다. 그러나 세상 일이 그렇듯 힘을 합치면 조건도 까다로워진다. 방해물은 물리치되, 서로 억압하지는 말아야 했다. 그러나 현대의 우리도 충분히 경험했듯, 뭉치기만 하면 위계가 생기고 누가 누구를 지배하는 고질병이 도진다. 그 병을 진

---

1. 루소, 『사회계약론』, 김중현 옮김, 펭귄클래식 코리아, 2010, 34쪽.

작 알아차린 사람들은 뭔가 다르게 결합해야만 했다. 즉, 각자가 전체에 결합은 되지만, 그 안에서 누가 누구에게 억압적으로 복종하는 형태여서는 안 된다. 만일 복종이 있다면 오로지 자기 자신에게만 복종하는 결합이어야 할 터이다. 그래야 자연 상태와 다름없이 자유롭게 살아가는 결합이 될 것이다. 일종의 발명이 필요했다. 자연 상태의 자유를 계속 유지하는 새로운 결합 형태의 발명 말이다.

'사회계약'은 이 난관을 돌파할 발명품이다. 구성원들은 "그가 가진 모든 권리를 공동체 전체에 전적으로 양도하는 계약"을 한다.[2] 그런데 밝은 눈으로 봐야 한다. 이 계약은 개인과 전체 사이에 이루어지는 것이지 개인과 개인 사이에 이루어지는 것은 아니다. 이게 무슨 말일까? 개별적 호오에 따라 계약하거나, 하지 않는 문제가 아니란 소리다. 모든 사람이 모든 것을 내놓고 계약을 체결한다. 개별자 쪽에서 보자면 보이지 않는 전체와 계약하는 것이다. 전체 입장에서 보자면 보이는 개별자들 각자와 계약하는 것이다. 자, 이렇게 되면 우리는 우리끼리가 아니라 우리가 내놓는 권리들의 모든 집합(이게 '전체'다!)과 우리들 각자 간에 계약하는 꼴이 된다. 그렇게 되면 우리끼리는 어느 누구도 타인 밑으로 들어가지 않을 것이다. 그리고 이 계약을 위해 모든 사람이 모든 것을 내놓기 때문에 계약도 평등하다. 어떤 의미에서 우리는 우리와 계약한다.

그런데 이 지점에서 놀라운 전환이 기다린다. 전체에게 자신을 양도하기 때문에 우리가 잃은 것과 동일한 대가를 다시 얻는다. 오히려 더 큰 힘과 함께 되돌려 받는다. 왜냐하면 우리가 내놓는 모든 권리들의

---

2. 루소, 『사회계약론』, 47쪽. 번역은 인용자가 일부 수정.

집합을 우리가 함께 소유하는 게 되기 때문이다. 모든 것을 주고도 잃을 게 없는 장사가 되는 것이다. 구성원들은 사유재산이라는 방해물과 대결하기 위해서 자신의 모든 것을 양도한다. 그러나 그것은 자연 상태와 똑같은 수준으로 자유의 공간을 발명하는 일이 된다. 즉, 주기 때문에 자유로워진다. 기묘하게도 그 결과는 아무에게도 양도하지 않는 것으로 나타난다. 사라졌던 자연 상태가 묘한 형태로 되돌아와 우리들 사이로 마술처럼 빈진다.

그것은 복잡하지만 간단하다. 사회계약으로 탄생한 것은 개별 의지의 집합체인 '일반의지'이다. 그것은 모든 권리가 양도되면서 만들어진 것이다. 그러니까, 양도된 권리들의 총합이다. 그렇게 보면 공동체의 주권자는 '정부(통치체)'가 아니라, 바로 이 '일반의지'다. 주권은 국가의 의사를 결정하는 힘인데, 그 힘이 바로 '일반의지'인 것이다. 이 상황에서 정부는 주권자의 집행자에 불과하다. 정부는 가운데에서 주권자로부터 명령을 받아 인민에게 전달할 뿐이다. 결국 루소의 구도에서는 세 개의 항이 나온다. '주권자', '정부', 그리고 '인민'. 그런데 여기서 인민은 한편으로는 자신의 모든 권리를 전적으로 양도하였기 때문에 '주권자'이면서, 다른 한편으로는 주권자에게 복종하는 '신민'(臣民)으로 다시 나타난다. 정부는 이 둘의 매개자다. 연비례(連比例)로 설명하면 그것들은 비례중항(比例中項)이다.[3]

자, 이제 아주 묘한 형태가 되었다. 자기(주권자)가 지배하고 자기(신민)가 지배 받는 형태인 것이다. 인민은 모든 것을 양도하여 일반의지를 구성하고, 그 일반의지로 공동체를 지배한다. 그것을 되받은 인민은 다

---

3. 연비례 '인민 : 정부 = 정부 : 신민'에서 정부는 비례중항이다.

자기가 지배하고,
자기가 복종하는 사회

시 그 일반의지에 복종한다. 그러고 보면 사회계약에서 자유는 복종으로부터 나온다. 어떤 의미에서 인민은 자신의 변형된 의지에 복종하고 있는 꼴이다. 자기가 지배하고 자기가 복종함으로써 보장되는 기묘한 자유. 자기에게서 나간 것이 다시 자기로 돌아온다. 그것은 아무에게도 양도되지 않는다. 권리를 주고 자유를 얻은 것이다.

이것을 신체의 한의학적 구도로 바꾸어 다가갈 수도 있다. 혈(血)은 중초의 기(氣)를 받아 붉게 변한 것이다. 비위에서 받아들인 수곡의 기운에다 심장의 화기가 섞이면 붉은 피가 된다. 수곡정미(收穀精微, 음식물의 영양소)는 영기(營氣), 위기(衛氣), 진액(津液)으로 나뉜다. 그 중 영기와 진액이 맥으로 들어가 빨간 혈액으로 서로 결합한다. 결국 음식물이 곧 혈이 되는 셈이다. 외부의 기운인 음식이 몸에서 기화하여 영예롭게 혈로 드러나기 때문에 혈을 영혈(榮[營]血)이라고도 한다.[4]

그런데 혈은 음에 속하여(그래서 '음혈'이라 부른다) 성질이 정적이다. 즉, 혈은 스스로 움직이지 않는다. 반드시 기의 추동작용(推動作用)이 필요하다. 그런 의미에서 기는 혈의 통솔자라고 할 수 있다.[5] 이 추동작용을 위해서는 폐와 간이 작동해야 한다. 혈은 폐의 선발작용(宣發作用, 기를 위로 올리고 흩트리는 기능)에 의해 상부와 외부로 흐르며, 간의 소설기능(疏泄機能, 기를 소통시키고 혈액과 진액의 운행을 조절하는 기능)에 의해 혈액 순환이 순조롭게 진행된다. 이렇게 장부가 옆에서 기를 도와 혈을 움직이려고 항상 안간힘을 쓴다. 이런 작업을 통해서 혈은 늘 흐른다. 흘러야 혈이다. 그래서 혈은 그냥 혈이 아니다. 흐름(기)을 포함해야만 혈

---

4. 안도균, 『양생과 치유의 인문의학 동의보감』, 작은길, 2015, 223쪽.
5. 허준, 『동의보감』, 300쪽.

이므로, 그것은 궁극적으로 '기혈'이다. 혈을 다른 말로 영기(榮氣)라고
도 부르는 이유다.[6]

자, 이 프로세스를 한번 분해해 보자. 이 구도에는 '음식물 – (기) – 장
부 – 혈'의 과정이 숨어 있다. 음식물은 자연의 산물이다. 자연 그 자체
라고 해도 무방하다. 그렇다면 이 구도는 이렇게 바꿔볼 수도 있겠다.
'자연 – (기) – 장부 – 혈'. 그런데 앞서도 말했지만 음식물은 혈이다. 또한
그 음식물은 영기로 변화해서 장부로 들어온다. 장부의 기능에 따라 영
기는 혈을 통솔해 흐르게 한다. 그렇게 보면 그것은 '자연 – (기) – 장부 –
자연'으로 다시 개념화된다. 결국 그것들은 모두 한 통속인 것이다.

이것은 앞에서 보았던 루소의 '주권자 – (일반의지) – 정부 – 신민'의 구
도와 같다. 주권자와 신민은 인민으로 같은 것이었다. 결국 '자연'이라
는 주권자는 '기'라는 일반의지로 전화해서, '오장육부'라는 정부(政府)
를 매개로, 자신의 변형태, '혈'이라는 신민을 통솔한다. 결국 자연은 본
래적으로 자기 자신인 혈(=신민)을 통솔하고 있다. 혈은 애초에 자기 자
신이었던 기(=일반의지)에게 복종한다. 한의학에서는 기와 혈을 따로 두
지 않고 같은 차원에서 '기혈'(氣血)을 붙여 다룬다. 공교롭게도 주권자
인 일반의지와 신민을 따로 떨어뜨릴 수 없는 것과도 같다.[7]

이런 사실은 기-혈을 설명하는 장면들을 보면 더 잘 드러난다. 기는

6. 안도균, 『양생과 치유의 인문의학 동의보감』, 225쪽.
7. 음식물은 기화(氣化)되어 영기가 되고, 영기가 기화되어 혈이 된다. 이 전화과정을 운화(運化)라고 한다. 음식물을
   자연이라고 치환하고 음식물의 산물인 혈 역시 자연으로 치환한다면, '기' 역시 자연이라고 말해야 한다. 기와 혈은
   양태가 다를 뿐 같은 차원의 같은 에너지이다. 그러므로 한의학적으로는 기와 혈을 다른 차원으로 분리하여 기를 일
   반의지로, 혈을 신민으로 나누는 것이 어색하게 보일 수 있다. 그러나 사실 루소의 구도인 '일반의지(주권자)-신민'도
   이미 한 몸인 것을 양도계약을 통해 나눈 것이어서 한의학의 기혈 구도와 유사하다. 즉, 루소의 구도도 어색하다. 신
   민들의 의지를 집합한 것이 일반의지이므로, 일반의지와 신민은 애초에 같은 것이다. 그러므로 여기서 '기-혈', '일반
   의지-신민'으로 나누어 보는 것은 두 개의 상동성을 설명하기 위함이지, 그 둘을 구분하기 위한 것이 아니다.

형체가 없기 때문에 반드시 형체가 있는 혈에 의존한다. 그래서 혈은 기를 보호한다(血爲氣之守).[8] 또한 기가 혈을 얻지 못하면 흩어져 통섭하지 못한다(氣不得血, 則散而不統). 일반의지는 신민들이 따라야 존재할 수 있다. 만일 신민들이 이를 따르지 않는다면 형체 없는 일반의지는 가뭇없이 사라진다. 더군다나 장부, 사지관절, 구규(九竅) 등 신체 모든 부위는 혈의 자양을 받지 못하면 그 기능이 급속히 저하되거나 상실된다. 심한 경우 손가락이나 발가락이 헐어서 떨어져 나가는 병(탈저[脫疽])도 발생한다. 루소의 구도도 마찬가지다. 정부는 신민의 복종이 없어지면 혁명으로 무너진다. 정부형태는 얼마든지 바뀔 수 있는 것이다. 결국 기가 혈을 통솔하지만, 혈이 이를 잘 따르지 않는다면 기도 무너진다.[9] 물론 이 기를 육안으로 볼 수는 없지만 말이다. 일반의지도 육안으로 볼 수 없다.

아즈마 히로키(東浩紀, 1971~)라는 일본 철학자는 이 일반의지가 컴퓨터 세계에서 현실화되고 있다고 주장한다. 구글 같은 인터넷 사이트가 발전했다. 이제 거의 모든 시민들이 이 사이트에 접속한다. 그렇다면 접속할 때마다 시민들의 행위와 욕망을 기록할 수 있게 된 셈이다. 이 이력이 모두 기록되는 순간 사회 전체의 '총기록'이 도출될 수도 있다. 그러니까, 우리들의 욕망이 총체적으로 표현 가능해진다. 물론 상상이다. 이게 가능하다면 서로 굳이 의사소통을 하지 않아도 된다. 시민 각각은 충실하게 검색만 하면 되는 것이다. 히로키는 이 기록의 총합이야

---

8. 배병철 편, 「혈증론··통혈」, 『기초한의학』, 성보사, 2005, 292쪽.

9. 사실 한의학적으로 대우주인 자연(일반의지)과 소우주인 인간(신민) 사이에는 보이지 않는 싸움이 있다. 서로 닮아서 소통하고 있지만 서로 독립적으로 움직인다. 이 둘은 같지만 서로 타자인 관계이다. 아마도 그렇기 때문에 때론 복종하고, 때론 저항한다.

말로 일반의지가 아니고 뭐냐고 반문한다. 루소의 일반의지를 현대적으로 변용했다고 해서 '일반의지 2.0'이다. 구글의 자동완성기능에 나오는 단어들이 그 초기적인 편린(片鱗)이다. 자동완성이 최고도로 발전하면, 그것이 현대적으로 가시화된 일반의지라는 뜻이다. 그래서 그는 현대사회를 '총기록사회'라고 부른다.[10]

거칠지만, 시민의 무의식이 현실적인 층위에 드러나는 순간처럼도 보인다. 인터넷 기록으로 드러난 그 언어적 무의식이 다름 아닌 일반의지라는 생각을 하니, 혹시 기(氣)도 언어로 돌아다니고 있지 않을까 하는 생각도 든다. 어쩌면 단어와 단어 사이, 문장과 문장 사이를 풀칠하고 있을 때 우리는 기를 만지고 이어 붙이고 있었는지도 모르겠다. 오래전부터 주권자인 천지(天地)가 대등한 관계 속에서 '나'라는 정부(政府, '나'는 정부에 불과하다. 그것은 바뀔 수 있다!)를 통하여 그렇게 글을 쓰게 하고 있었는지도. 마치 몸 밖의 천지자연이 수곡으로 들어와 내 몸 안의 혈을 통솔하여 왔듯이.

10. 아즈마 히로키, 『일반의지 2.0』, 안천 옮김, 현실문화, 2012, 87쪽.

자기가 지배하고,
자기가 복종하는 사회

마주침의 유물론
—
『동의보감』'진액'(津液) vs. 에피쿠로스의『쾌락』

회사원이라면 처음 만난 사람끼리 악수를 주고받는 것은 기본적인 예의다. 물론 명함을 교환하는 것도 빠트릴 수 없다. 하지만 나는 그럴 때마다 약간 망설여진다. 땀 많은 손 때문이다. 어떤 경우는 민망함이 커져, 회의 내내 안절부절못하기도 한다. 심할 때는 명함이 단 몇 분 만에 흥건히 젖을 때도 있다. 어쩌면 나는 전생에 물고기가 아니었을까. 사방이 물로 뒤덮인 곳에서 나고 자랐으니, 그리 엉뚱한 말도 아니다. 춘삼월 강변 바람이 산불을 더 강렬하게 키우듯, 회의 내내 안절부절못하는 내 긴장은 손을 익사 상태로 몰아넣는다.

몸속에서 돌아다니는 물을『동의보감』에서는 '진액'(津液)이라고 한다. "하루 종일 돌아다녀서 진이 다 빠졌어!"라고 푸념할 때 '진'이 그 진액이다. 진액은 하나가 아니다. 진액은 진과 액으로 구분된다. 주리(살가죽 겉에 생긴 작은 결)가 열려서 새면 땀이 줄줄 나는데, 이것을 진(津)이라고 한다. 그런데 그 진이 구멍으로 스며 나와 머물러 있으면서 돌아가지 못하면 그것은 액(液)이 된다.

몸속의 물은 대략 다섯 가지로 나뉜다. 입으로 들어온 음식물이 다섯 가지 물로 변하는 것이다. 오줌과 피, 땀, 눈물, 침이 그것이다. 땀이 날 때 척부(尺膚, 팔꿈치와 팔목 사이의 안쪽 살갗)를 잡아 맥을 짚어보자. 아마 거칠고 헐겁게 움직이는[澁] 경우가 있을 것이다. 『동의보감』은 그 이유를 몸에 피가 마르며 진이 많이 빠졌기 때문이라고 설명한다. 결국 땀이 피라는 말과도 같다. 입으로 들어온 음식물이 피가 되어 내 손으로 흘러 나간다. 나의 피가 땀으로 위장하여 나가는 것이다. 이 기막힌 둔갑술이라니.

그렇다면 어떻게 해서 진액이 생기는 걸까? 다섯 가지 액은 오장과 관련된다. 간으로 들어기면 눈물이 되고, 심으로 들어가면 땀이 되며, 비로 들어가면 군침이 되고, 폐로 들어가면 콧물이 되며, 신으로 들어가면 침이 된다. 땀은 심(心)에서 나오는 액이다. 심이 동하면 갑자기 땀이 나게 된다. 여기서 『동의보감』은 아주 묘한 마주침을 이야기한다. 땀에 대해 이야기하는 장면에서 "심은 군화이고 비위는 토에 속하므로 습과 열이 서로 부딪쳐서 땀이 생긴다"라고 설파한다.[1] 몸 안에서 화(火)와 토(土)가 마주쳐서 땀이 생긴다는 말이다. 화의 길과 토의 길은 물론 다르다. 그러나 어떤 순간에 서로 돌발적으로 마주치면서 액이 생기는 것이다. 여기서 더 생각해 봐야 할 것은 습과 열이 마주치면 혈이 손상될 수도 있고, 땀이 될 수도 있다는 점이다. 그것은 습과 열이 마주쳤을 때 그 마주침이 어디로 향할지 결정되지 않았다는 것을 말해 준다. 결과를 전혀 예정하고 있지 않은 것이다.

더 들어가 보면 혈과 땀 이전에 액이 들어가는 방향이 어디로 향하느냐에 따라, 그것은 군침이 되기도, 콧물이 되기도, 눈물이 되기도 한다. 물론 모든 길이 그렇듯이 엇갈리기도 한다. 그러나 어떤 것들은 마주침이 쥐도 새도 모르게 발생한다. 그 순간적인 마주침이 현실태의 모습을

---

1. 허준, 『동의보감』, 351쪽.

마주침의
유물론

좌우한다. 그 순간은 돌발적이다. 이는 자한(自汗, 시도 때도 없이 땀이 축축하게 나는 것)을 설명할 때도 같은 방식으로 처리된다. 땀이 많이 나오면서 몸이 연약한 것을 습증이라고 한다. 심은 열을 주관하고, 비는 습을 주관하는데, 습과 열이 부딪히면 마치 땅의 증기가 구름, 비, 안개, 이슬이 되는 것과도 같다.『동의보감』은 이 모습을 음양의 마주침으로 설명한다.

> "『내경』에서는 '심에서 땀이 되어 나온다'라고 하였고, 또한 '양기가 음에 가해지면 땀이 난다'라고도 하였다. … 『내경』 주석에서는 '양기가 위로 치밀 때 음이 고수하면 훈증되기 때문에 땀으로 된다'라고 하였다. 또한『내경』에서는 '사람의 땀은 천지간의 비와 같은 것이다'라고 하였다."[2]

주자(朱子)는 양이 음과 합쳐질 때 처음에는 물과 불이 생긴다고 말한다. 물과 불은 흐르고 번쩍거리며 타오르기는 하지만 형체는 없다. 그래서 그 다음에 나무와 쇠가 생겨나는데, 이때 비로소 형체를 띠게 된다. 심의 화와 비의 토가 마주쳐 물을 만든다. 그것은 몸속에서 이루어지는 일종의 마주침이고, 이 마주침이 바로 땀이고 콧물이고 침이다.

둘이 부딪혀 뭔가 만들어지는 것을 보다 보면 에피쿠로스(Epikuros, BC 341?~BC 270?)가 떠오른다. 알튀세르는 서구 철학사를 '마주침의 유물론'으로 재구성하려고 했다. 우리가 흔히 알고 있는 유물론은 정통 공산주의자들의 그것만으로 상상하기 쉽다. 그러나 알튀세르는 이를 에피

---

2. 허준,『동의보감』, 351쪽.

쿠로스로 소급하여 정통 마르크스-레닌주의에서는 거들떠보지도 않던 사유들을 유물론의 장에 재출현시킨다. 에피쿠로스, 마키아벨리, 루소, 스피노자, 하이데거, 데리다가 그에 의해서 모두 유물론자로 탈바꿈된다. 그는 이 유물론자들의 맨 앞머리에 에피쿠로스를 두었다.

에피쿠로스는 우주가 물체와 허공으로 구성되었다고 생각했다. 물체들은 자신들의 무게 때문에 허공을 가로질러 아래로 떨어진다. 에피쿠로스의 세계에서 물체들은 각자가 움직이는 행로가 정해져 있으며, 그것들 간에는 서로 평행한다. 서로 만날 일이 없는 것이다. 마치 별똥별이 아래로 떨어지는 모습과 비슷하다. 인터넷을 찾아보니 1시간에 1만 개 이상의 별똥별이 소나기처럼 쏟아지는 경우도 있다고 한다. 이른바 '별똥비'(유성우)다. 비처럼 떨어지는 물체들. 초현실주의 화가, 르네 마그리트의 그림 중 「겨울비」(Golconde, 1953)라는 작품이 있다. 그 그림에서 아래로 떨어지는 신사들 모습이야말로 에피쿠로스가 상상하는 바로 그 낙하 물체들과 똑같지 않을까 싶다.

비가 아주 빨리 떨어져서 그렇지, 이 비의 세계도 속을 들여다보면 아주 다이내믹하다. 물론 처음에는 직선으로 떨어질 것이다. 그러나 어느 하나가 살짝 비틀며 비스듬히 떨어지기 시작하면, 다른 물방울들과 부딪히기 시작할 것이고, 급기야 그 영향으로 물방울들이 연쇄 충돌이 일어나면서 작은 폭발들이 발생할 것이다. 우리에게 떨어지는 빗방울은 그런 무수한 충돌이 있은 후에야 떨어지는 존재들이다. 비는 그 폭발들이 만들어 낸 연기적(緣起的) 존재들인 것이다. 우리는 항상, 언제나 이미, 대폭발 이후에나 물방울을 만난다. 부딪힘은 우연이지만, 우리는 비들을 필연인 듯이 만난다. 그리 보면 우리들에게는 일상적이고 반복적으로 보이는 것들 모조리 그 안에는 우연한 폭발들이 숨겨져 있는 것이다.

에피쿠로스는 원자들도 이렇게 비처럼 운동한다고 설명한다. 에피쿠로스의 세계에서는 원자들이 항상 아래로 떨어진다. 자기 경로가 있는 것이다. 그러나 어떤 원자들은 아래로 곧장 떨어지지 않고, 무슨 이유에선지 비스듬히 떨어진다. 그것이 바로 그 유명한 '클리나멘'(clinamen)이다. 그 때문에 다른 원자들과 충돌하게 되고, 그래서 위로 튕긴다. 튕기는 순간 다른 원자들과 엉키게 되는데(이 순간이 내가 말한 폭발이다), 바로 그때 우리가 알지 못하는 새로운 물체, 새로운 복합체가 구성된다는 이야기이다. 그것은 고체가 되기도 하고, 다른 원자들에 갇혀서 액체를 형성하기도 할 것이다. 아무튼 기존의 모습과 달라진다.

그래서 마주침의 유물론이다. 세계는 애당초 물질들로만 구성되어 있다. 물론 허공 사이에 존재한다. 그리고 자기 길만 가기 때문에 다른 것과 섞일 일도 없다. 그러나 그것들은 어떤 계기로(이것을 '클리나멘의 순간'이라고 부르자) 우연히 서로 마주치면서 새로운 복합체를 만들어 낸다. 그게 사건이 되어 가시적인 세계로 진입하면 새로운 세계가 구성된다. 마주치며 세계가 꽃핀다.

나는 이렇게 말해 주고 싶다. 땀은 몸속에서 일어난 마주침의 사건이리라고. 그들은 무언가 비틀며 자신의 경로를 이탈한 자들이다. 그러니까, 그들은 내 몸의 탈주자일지도 모른다. 사실 에피쿠로스의 구도 아래에서라면 이 세상 모든 것은 그 안에 우연한 마주침을 품고 있다. 그런 마주침이 없고서는 이 세상에 진입하지도 못했을 거란 생각마저 든다. 잠재적인 것들은 마주쳐야 현실화된다. 땀은 그렇게 마주쳐서 기어코 현실이 된 잠재태다. 땀 흘려 노력한다는, 이 평범한 사실 안에 엄청난 사건들이 숨겨져 있는 것이다.

참고문헌
은행원의 인문학 서재

이 책을 쓰면서 참고한 책들을 주요 사상가와 주제별로 정리했습니다. 각 사상가가 직접 쓴 책이나 공저로 참여한 책은 명조, 그 사상가에 대해 다른 작가가 쓴 책은 고딕으로 표기했습니다. 그 외 이 책에서 언급된 나머지 책들은 인물별·주제별 목록 뒤에 수록했습니다. 다만 인물별 목록 중 다른 작가가 쓴 책 그리고 주제별로 묶은 책 중에도 이 책에서 인용 및 주석으로 다뤄진 책들은 작가 이름으로도 찾아 볼 수 있도록 뒤에 다시 수록하였습니다. 또한 동일 저작이더라도 좋은 번역서가 여러 개 있으면 어떤 것으로 보아도 무방하다는 뜻에서 모두 올려 두었습니다. 인물별·주제별 목록에서 각 책의 수록 순서 역시 일반적인 참고문헌 정리 방식인 서지명 가나다순이나, 출간연도순이 아니라, 제가 주관적인 기준에 따라 순서를 정해 보았습니다.

우선 제가 전체를 완독한 책과 일정 범위를 발췌하여 집중적으로 읽은 책을 중심으로 정리하였습니다. 그러나 제가 집중적으로 읽지 않았더라도 이 책을 쓰거나 관련 주제를 공부하면서 일부라도 참조했던 책 중에 독자가 접하면 좋은 텍스트는 선별하여 포함시켰습니다. 그러므로 이 목록이 그 사상가의 모든 책은 아니며, 오로지 제가 읽은 책과 참고한 책을 중심으로 제가 주관적으로 선정한 목록들입니다. 그러므로 거의 대부분 지금-여기 한국에서 한국어로 접근할 수 있는 철학 아카이브입니다. 다만, 공부하면서 원서를 참조한 몇몇 책은 참조한 해당 원서도 함께 정리해 두었습니다. 저 같은 경우 원어가 아닌 영어본도 큰 도움이 되었으므로, 이 책의 주요 독자일 저 같은 대중들에게 조금이라도 도움이 될까 하여 함께 수록하였습니다.

이렇게 보면 다른 누구도 아닌 순전히 저만의 철학 아카이브입니다. 물론 해당 분야의 전문가가 그 분야 목록을 보면 턱없이 모자라게 보일 것입니다. 아마 학계의 국내외 연구 성과를 담은 논문이나 문헌이 빠져 있으니 더욱 그렇게 보일 수도 있을 것 같습니다. 그러나 저는 우리 대중이 도서관이나 서점에서 바로 획득할 수 있는 책들인 다음 목록들로 시작한다면, 나중에는 그런 논문들이나 문헌도 스스로 가감할 수 있을 거라 믿습니다.

친구들끼리 이 목록으로 세미나를 시작할 수 있습니다. 또는 홀로 이 목록들을 출발삼아 독서를 시작할 수도 있을 겁니다. 그때 이 목록에다 독자 여러분이 추가하거나 빼서 새로운 조합을 만들 수 있습니다. 또 사상가와 사상가, 사상가와 어떤 주제를 결합하여 새로운 공부 지도를 만들 수도 있을 것입니다. 오로지 그럴 때 이 목록들은 더 풍부해지고 빛이 날 것입니다. 철학의 세계에 뛰어들 여러분에게 조금이라도 유용한 지도가 되었으면 합니다. 부디 여기 이곳보다 더 아름답고 더 광활한 공부 지도를 만드시길.

* * *

가라타니 고진	『일본근대문학의 기원』, 박유하 옮김, 도서출판b, 2010.
(柄谷行人, 1941~)	『근대문학의 종언』, 조영일 옮김, 도서출판b, 2006.
	『언어와 비극』, 조영일 옮김, 도서출판b, 2004.
	『마르크스 그 가능성의 중심』, 김경원 옮김, 이산, 1999.
	『탐구』(1, 2), 권기돈 옮김, 새물결, 1998.
	『윤리21』, 윤인로·조영일 옮김, 도서출판b, 2018.
	『트랜스크리틱 ─ 칸트와 맑스』, 이신철 옮김, 도서출판 b, 2013.
	『세계사의 구조』, 조영일 옮김, 도서출판b, 2012.
	『철학의 기원』, 조영일 옮김, 도서출판b, 2015.
	인디고 연구소(InK) 기획. 『가능성의 중심』, 궁리, 2015.
	박가분. 『가라타니 고진이라는 고유명』, 자음과모음, 2014.

고쿠분 고이치로	『인간은 언제부터 지루해했을까?』, 최재혁 옮김, 한권의책, 2014.
(國分功一郎, 1974~)	『들뢰즈 제대로 읽기』, 박철은 옮김, 동아시아, 2015.
	『다가올 민주주의』, 김윤숙 옮김, 오래된 생각, 2016.

공자　　　　　　　　　리링.『집 잃은 개』(1, 2), 김갑수 옮김, 글항아리, 2012.
(孔子, BC 551? ~ BC 479?)　『한글세대가 본 논어』(1, 2), 배병삼 주석, 문학동네, 2002.
　　　　　　　　　　　김용옥.『논어한글역주』(1, 2, 3), 통나무, 2008.
　　　　　　　　　　　공자·맹자.『낭송 논어/맹자』, 류시성 풀어읽음, 북드라망,
　　　　　　　　　　　　2014.
　　　　　　　　　　　리링.『논어, 세 번 찢다』, 황종원 옮김, 글항아리, 2011.
　　　　　　　　　　　친, 안핑.『공자평전』, 김기협 옮김, 돌베개, 2010.
　　　　　　　　　　　크릴, H. G.『공자 ― 인간과 신화』, 이성규 옮김, 지식산업사,
　　　　　　　　　　　　1997.
　　　　　　　　　　　이노우에 야스시.『공자』, 양억관 옮김, 학고재, 2013.
　　　　　　　　　　　최인호.『소설 공자』, 열림원, 2012.
　　　　　　　　　　　펑유란.『중국철학사』(상, 하), 박성규 옮김, 까치, 1999 ; 馮友蘭.
　　　　　　　　　　　　『中國哲學史(上)』, 重庆出版社, 2009.
　　　　　　　　　　　박원재.『유학은 어떻게 현실과 만났는가』, 예문서원, 2001.
　　　　　　　　　　　임건순.『제자백가 공동체를 말하다』, 서해문집, 2014.
　　　　　　　　　　　이중톈.『춘추에서 전국까지』, 김택규 옮김, 글항아리, 2015.
　　　　　　　　　　　고야스 노부쿠니.『귀신론』, 이승연 옮김, 역사비평사, 2006.
　　　　　　　　　　　미조구치 유조 외 엮음.『중국 사상 문화 사전』, 김석근·김용천·박
　　　　　　　　　　　　규태 옮김, 책과함께, 2011.

그라네, 마르셀　　　　『중국사유』, 유병태 옮김, 한길사, 2010.
(Marcel Granet,　　　『중국의 고대 축제와 가요』, 신하령·김태완 옮김, 살림, 2005.
1884~1940)

그레이버, 데이비드　　『가치이론에 대한 인류학적 접근』, 서정은 옮김, 그린비, 2009.
(David Graeber, 1961~)　『가능성들』, 조원광·황희선·최순영 옮김, 그린비, 2016 ; David
　　　　　　　　　　　　Graeber, *Possibilities*, AK Press, 2007.
　　　　　　　　　　　『관료제 유토피아』, 김영배 옮김, 메디치, 2016.

그로, 프레데리크　　　『걷기, 두 발로 사유하는 철학』, 이재형 옮김, 책세상, 2014.
(Frédéric Gros, 1965~)　『푸코와 광기』, 김웅권 옮김, 동문선, 2005.
　　　　　　　　　　　『미셸 푸코』, 배세진 옮김, 2018(미출간 번역본). ; Frédéric Gros,
　　　　　　　　　　　　Michel Foucault, puf, 2017.

그로, 프레데리크·아널드 데이비슨 엮음. 『푸코, 비트겐슈타인』, 심재원 옮김, 필로소픽, 2017.

그리스 서사시·비극

호메로스. 『일리아스』, 천병희 옮김, 숲, 2007.; Homer, *The Iliad*, Translated by Robert Fagiles, Introduction and Notes by Bernard Knox, Penguin Books, 1990.

호메로스. 『오뒷세이아』, 천병희 옮김, 숲, 2006; Homer, *The Odyssey*, Translated by Robert Fagiles, Introduction and Notes by Bernard Knox, Penguin Books, 1996.

헤시오도스. 『신들의 계보』, 천병희 옮김, 숲, 2009.

헤로도토스. 『역사』, 천병희 옮김, 숲, 2009.

에우리피데스. 『에우리피데스 비극전집』(1, 2), 천병희 옮김, 숲, 2009

아이스퀼로스. 『아이스퀼로스 비극전집』, 천병희 옮김, 숲, 2008.

소포클레스. 『오이디푸스 왕』, 강대진 옮김, 민음사, 2009.

소포클레스. 『소포클레스 비극 전집』, 천병희 옮김, 숲, 2008.

아폴로도로스. 『신화집』, 강대진 옮김, 민음사, 2005.

로디오스, 아폴로니오스 『아르고호 이야기』, 강대진 옮김, 작은이야기, 2010.

오비디우스. 『변신 이야기』(1, 2), 이윤기 옮김, 민음사, 1998.

오비디우스. 『변신 이야기』, 천병희 옮김, 숲, 2017.

베르길리우스. 『아이네이스』, 천병희 옮김, 숲, 2007.

니체, 프리드리히. 『비극의 탄생』, 박찬국 옮김, 아카넷, 2007 ; Friedrich Nietzsche, *The Birth of Tragedy*, Translated by Shaun Whiteside, Edited by Michael Tanner, Penguin Books, 1993.

강대진. 『일리아스, 영웅들의 전장에서 싹튼 운명의 서사시』, 그린비, 2010.

강대진. 『오뒷세이아, 모험과 귀향, 일상의 복원에 관한 서사시』, 그린비, 2012.

강대진. 『비극의 비밀』, 문학동네, 2013.

최혜영. 『그리스 비극 깊이 읽기』, 푸른역사, 2018.

김산해. 『최초의 신화 길가메쉬 서사시』, 휴머니스트, 2005.

나쓰메 소세키
(夏目漱石, 1867~1916)

『런던 소식』, 노재명 옮김, 도서출판 하늘연못, 2010.
『나는 고양이로소이다』, 김난주 옮김, 열린책들, 2009.
『도련님』, 오유리 옮김, 문예출판사, 2006.
『풀베개』, 오석윤 옮김, 책세상, 2005.
『갱부』, 송태욱 옮김, 현암사, 2014.
『산시로』, 최재철 옮김, 한국외국어대학교 출판부, 2005.
『그 후』, 윤상인 옮김, 민음사, 2003.
『문』, 송태욱 옮김, 현암사, 2015.
『피안 지날 때까지』, 심정명 옮김, 예옥, 2009.
『행인』, 유숙자 옮김, 문학과지성사, 2009.
『마음』, 오유리 옮김, 문예출판사, 2002.
『유리문 안에서』, 김정숙 옮김, 문학의숲, 2008.
『길 위의 생』, 김정숙 옮김, 이레, 2006.
『회상』, 노재명 옮김, 도서출판 하늘연못, 2010.
『문학예술론』, 황지헌 옮김, 소명출판, 2004.
『문명론』, 황지헌 옮김, 소명출판, 2004.
강상중. 『강상중과 함께 읽는 나쓰메 소세키』, 김수희 옮김, AK커
뮤니케이션스, 2016.
강상중. 『고민하는 힘』, 이경덕 옮김, 사계절, 2009.
고모리 요이치. 『나는 소세키로소이다』, 한일문학연구회 옮김, 이
매진, 2006.

나카자와 신이치
(中沢新一, 1950~)

『신화, 인류 최고의 철학』, 김옥희 옮김, 동아시아, 2003.
『곰에서 왕으로―국가, 그리고 야만의 탄생』, 김옥희 옮김, 동
아시아, 2003.
『사랑과 경제의 로고스―물신 숭배의 허구와 대안』, 김옥희 옮
김, 동아시아, 2004.
『신의 발명』, 김옥희 옮김, 동아시아, 2005.
『대칭성 인류학』, 김옥희 옮김, 동아시아, 2005.
가와이 하야오·나카자와 신이치. 『불교가 좋다』, 김옥희 옮김,
동아시아, 2007.

노장철학	『노자주석급평개』[陳鼓應 註釋.『老子註譯及評介』, 中華書局, 2009 (北京第2版)].
	왕필.『왕필의 노자주』, 임채우 옮김, 한길사, 2005.
	김용옥.『노자와 21세기』(1, 2, 3), 통나무, 1999~2000.
	김용옥.『길과 얻음』, 통나무, 1989.
	노자·공자.『낭송 도덕경/계사전』, 손영달 풀어읽음, 북드라망, 2015.
	김충렬.『김충렬 교수의 노자강의』, 예문서원, 2004.
	김충렬.『김충렬 교수의 노장철학강의』, 예문서원, 1995.
	『장자금주금역』[陳鼓應 註釋.『莊子今注今譯』(上, 中, 下), 中華書 局, 2009(北京第2版)].
	장자.『장자』, 안동림 역주, 현암사, 1993.
	장자.『낭송 장자』, 이희경 풀어읽음. 북드라망, 2014.
	그레이엄, 앵거스 찰스 해설 및 편역.『장자』, 김경희 옮김, 이학 사, 2015
	복영광사.『장자』, 이동철·임헌규 옮김, 청계, 1999.
	줄리앙, 프랑수아.『장자, 삶의 도를 묻다』, 박희영 옮김, 2014.
	전호근.『장자강의』, 동녘, 2015.
	『열자집석』[楊伯峻 註釋.『列子集釋』, 中華書局, 1979(第1版)].
	열자.『열자』, 김학주 옮김, 연암서가, 2011.
	『회남자집석』[何寧 註釋.『淮南子集釋』, 中華書局, 1998(第1版)].
	유안.『회남자』(1, 2), 이석명 옮김, 소명출판, 2010
	펑유란.『중국철학사』(상, 하), 박성규 옮김, 까치, 1999 ; 馮友蘭. 『中國哲學史(上, 下)』, 重庆出版社, 2009.
네그리, 안토니오 (Antonio Negri, 1933~)	네그리, 안토니오·마이클 하트.『제국』, 윤수종 옮김, 이학사,
	네그리, 안토니오·마이클 하트.『다중』, 조정환 외 옮김, 세종서 적, 2008.
	네그리, 안토니오·마이클 하트.『공통체』, 정남영·윤영광 옮김, 사월의책, 2014.
	네그리, 안토니오·마이클 하트.『어셈블리』[Michael Hardt and Antonio Negri. Assembly. Oxford University Press, 2017].
	네그리, 안토니오·마이클 하트.『디오니소스의 노동』, 이원영

옮김, 갈무리, 1996.

네그리, 안토니오. 『네그리의 제국 강의』, 서창현 옮김, 갈무리,
2010.

네그리, 안토니오. 『전복적 스피노자』, 이기웅 옮김, 그린비,
2005.

들뢰즈, 질·안토니오 네그리 외. 『비물질노동과 다중』, 자율평
론 기획, 서창현·김상운·자율평론번역모임 외 옮김, 갈무리,
2005.

히로세 준. 『혁명의 철학』, 은혜 옮김, 난장, 2018.

니체, 프리드리히
(Friedrich Nietzsche,
1844~1900)

『비극의 탄생』, 박찬국 옮김, 아카넷, 2007 ; Friedrich Nietzsche,
The Birth of Tragedy, Translated by Shaun Whiteside,
Edited by Michael Tanner, Penguin Books, 1993.

『비극의 탄생·반시대적 고찰』(니체전집 2권), 이진우 옮김, 책세
상, 2005.

『인간적인 너무나 인간적인』(I, II) (니체전집 7, 8권), 김미기 옮
김, 책세상, 2001/2002 ; Friedrich Nietzsche, *Human, All
Too Human*, Translated by Marion Faver and Stephen
Lehmann, introduction and notes by Marion Faver,
Penguin Books, 1984.

『아침놀』(니체전집 10권), 박찬국 옮김, 책세상, 2004.

『즐거운 학문. 메시나에서의 전원시. 유고(1881년 봄~1882년 여
름)』(니체전집 12권), 안성찬·홍사현 옮김, 책세상, 2005.

『차라투스트라는 이렇게 말했다』(니체전집 13권), 정동호 옮김,
책세상, 2007(개정 2판) ; Friedrich Nietzsche, *Thus Spoke
Zarathustra*, Translated with an introduction by R. J.
Hollingdale, Penguin Books, 1961.

『선악의 저편』, 박찬국 옮김, 아카넷, 2018 ; Friedrich Nietzsche,
Beyond Good and Evil, Translated by R. J. Hollingdale,
With an introduction by Michael Tanner, Penguin
Books, 1973, 1990.

『선악의 저편·도덕의 계보』(니체전집 14권), 김정현 옮김, 2002.

『우상의 황혼』, 박찬국 옮김, 아카넷, 2015

『안티크리스트』, 박찬국 옮김, 아카넷, 2013.

『바그너의 경우·우상의 황혼·안티크리스트·이 사람을 보라·디오니소스 송가·니체 대 바그너』(니체전집 15), 백승영 옮김, 책세상, 2002.

『권력에의 의지』, 강수남 옮김, 청하, 1988.

「플라톤 이전의 철학자들」, 『언어의 기원에 관하여·이러한 맥락에 관한 추정·플라톤의 대화 연구 입문·플라톤 이전의 철학자들·아리스토텔레스 수사학 Ⅰ·유고(1864년 가을~1868년 봄)』(니체전집 1권), 김기선 옮김, 책세상, 2003.

「그리스 비극 시대의 철학」, 『유고(1870년~1873년)』(니체전집 3권), 이진우 옮김, 책세상, 2001.

『유고(1882년 7월~1883/84년 겨울)』(니체전집 16권), 박찬국 옮김, 책세상, 2001.

『유고(1884년 초~가을)』(니체전집 17권), 정동호 옮김, 책세상, 2004.

『유고(1884년 가을~1885년 가을)』(니체전집 18권), 김정현 옮김, 책세상, 2004

『유고(1885년 가을~1887년 가을)』(니체전집 19권), 이진우 옮김, 책세상, 2005.

들뢰즈, 질. 『니체와 철학』, 이경신 옮김, 민음사, 2008 ; Gilles Deleuze, *Nietzsche and Philosophy*, Translated by Hugh Tomlinson, Foreword by Michael Hardt, Columbia University Press, 2006.

들뢰즈, 질. 『들뢰즈의 니체』, 박찬국 옮김, 철학과 현실사, 2007.

박찬국. 『들뢰즈의 『니체와 철학』 읽기』, 세창미디어, 2012.

홀링데일, 레지날드 J. 『니체, 그의 삶과 철학』, 김기복·이원복 옮김, 이제이북스, 2004.

크렐, 데이비드·도널드 베이츠. 『좋은 유럽인 니체』, 박우정 옮김, 글항아리, 2014.

자프란스키, 뤼디거. 『니체 — 그의 사상의 전기』, 오윤희·육혜원 옮김, 꿈결, 2017.

르 루아, 막시밀리앙 글·그림, 미셸 옹프레 원작. 『프리드리히 니체 — 단 하나의 삶을 사랑하는 길』, 임명주 옮김, 이수영 해제, 작은길, 2014.

안셀 피어슨, 키스.『HOW TO READ 니체』, 서정은 옮김, 웅진지식
하우스, 2007.

콩스탕티니데스, 야니스.『유럽의 붓다, 니체』, 다미앙 막도날드 그
림, 강희경 옮김, 열린책들, 2012.

고병권.『니체의 위험한 책, 차라투스트라는 이렇게 말했다』, 그린
비, 2003.

고병권.『언더그라운드 니체』, 천년의상상, 2014.

고병권.『다이너마이트 니체』, 천년의상상, 2016.

백승영.『니체, 디오니소스적 긍정의 철학』, 책세상, 2005.

박찬국.『니체와 불교』, CIR, 2013.

박찬국.『니체와 하이데거』, 그린비, 2016.

다케다 세이지.『니체 다시 읽기』, 윤성진 옮김, 서광사, 2001.

진은영.『니체, 영원회귀와 차이의 철학』, 그린비, 2007.

하이데거, 마르틴.『니체』(I, II), 박찬국 옮김, 2012.

기마에 도시아키·다카하시 준이치·미시마 겐이치·오누키 아츠
코·오이시 기이치로.『니체사전』, 이신철 옮김, 도서출판 b,
2016.

단테 알리기에리   『신곡 지옥편』, 박상진 옮김, 민음사, 2007.
(Dante Alighieri,   『신곡 연옥편』, 박상진 옮김, 민음사, 2007.
1265~1321)   『신곡 천국편』, 박상진 옮김, 민음사, 2007.

이마미치 도모노부.『단테『신곡』강의』, 이영미 옮김, 안티쿠스,
2008.

보카치오, 조반니.『단테의 일생』, 진영선 옮김, 그물코, 2013.

아우어바흐, 에리히.『세속을 노래한 시인 단테』, 이종인 옮김, 연
암서가, 2014.

아우어바흐, 에리히.『미메시스』, 김우창·유종호 옮김, 민음사,
2012.

데리다, 자크   『기하학의 기원』, 배의용 옮김, 지식을만드는지식, 2012.
(Dante Alighieri,   『글쓰기와 차이』, 남수인 옮김, 동문선, 2001.
1265~1321)   『목소리와 현상』, 김상록 옮김, 인간사랑, 2006.

『그라마톨로지』, 김성도 옮김, 민음사, 2010.

『해체』, 김보현 옮김, 문예출판사, 1996.

『마르크스의 유령들』, 진태원 옮김, 그린비, 2014.

데리다, 자크 외. 『마르크스주의와 해체』, 진태원·한형식, 도서
출판 길, 2009.

『법의 힘』, 진태원 옮김, 문학과지성사, 2004; Jacques Derrida,
Force de loi, Galilée, 1994.

『환대에 대하여』, 안 뒤푸르망텔 서론, 남수인 옮김, 동문선,
2004.

데리다, 자크·베르나르 스티글러. 『에코그라피—텔레비전에
관하여』, 김재희·진태원 옮김, 민음사, 2002.

도이처, 페넬로페. 『HOW TO READ 데리다』, 변성찬 옮김, 웅진지
식하우스, 2007.

아즈마 히로키. 『존재론적 우편적』, 조영일 옮김, 도서출판 b,
2015.

제닝스, 테드 W. 『데리다를 읽는다/바울을 생각한다』, 박성훈 옮
김, 그린비, 2014.

로일, 니콜러스. 『자크 데리다의 유령들』, 오문석 옮김, 앨피,
2007.

다케다 세이지. 『언어적 사고의 수수께끼』, 윤성진 옮김, 서광사,
2005.

포웰, 제이슨. 『데리다 평전』, 박현정 옮김, 인간사랑, 2011.

지젝, 슬라보예·자크 랑시에르·알랭 바디우 외. 『아듀 데리다』, 최
용미 옮김, 인간사람, 2013.

들뢰즈, 질
(Gilles Deleuze,
1925~1995)

『차이와 반복』, 김상환 옮김, 민음사, 2004.; Gilles Deleuze,
Difference and Repetition, Translated by Paul Patton,
Columbia University Press, 1994.

『의미의 논리』, 이정우 옮김, 한길사, 1999 ; Gilles Deleuze,
Logique du sens, Minuit, 1969.; Gilles Deleuze, *The Logic
of Sense*, Translated by Paul Patton, Columbia University
Press, 1994.

들뢰즈, 질·펠릭스 가타리. 『안티 오이디푸스』, 김재인 옮김, 민

음사, 2014.; Gilles Deleuze·Félix Guattari, *Anti-Oedipus*, preface by Michel Foucault, translated by Robert Hurley, Mark Seem, and Helen R. Lane., University of Minnesota Press, 1977.

들뢰즈, 질·펠릭스 가타리. 『천 개의 고원』, 김재인 옮김, 새물결, 2001 ; Gilles Deleuze·Félix Guattari, *A Thousand Plateaus, Capitalism and Schizophrenia*, Translation and Foreword by Brian Massumi, 1987.

『경험주의와 주체성』, 한성헌·성유성 옮김, 난장, 2012.

『니체와 철학』, 이경신 옮김, 민음사, 2008 ; Gilles Deleuze, *Nietzsche and Philosophy*, Translated by Hugh Tomlinson, Foreword by Michael Hardt, Columbia University Press, 2006.

『들뢰즈의 니체』, 박찬국 옮김, 철학과 현실사, 2007.

『칸트의 비판철학』, 서동욱 옮김, 2006(개정증보판).

『프루스트와 기호들』, 서동욱·이충민 옮김, 2004(개정판).

『베르그송주의』, 김재인 옮김, 문학과지성사, 1996.

『매저키즘』, 이강훈 옮김, 인간사랑, 2007(재판).

『스피노자의 철학』, 박기순 옮김, 민음사, 2001(신장판).

들뢰즈, 질·펠릭스 가타리. 『카프카─소수적인 문학을 위하여』, 이진경 옮김, 동문선, 2001.

『감각의 논리』, 하태환 옮김, 민음사, 2008.

『푸코』, 허경 옮김, 동문선, 2003.

『주름, 라이프니츠와 바로크』, 이찬웅 옮김, 문학과지성사, 2004.

들뢰즈, 질·펠릭스 가타리. 『철학이란 무엇인가』, 이정임·윤정임 옮김, 현대미학사, 1995.

들뢰즈, 질·클레르 파르네. 『디알로그』, 허희정·전승화 옮김, 동문선, 2005.

『대담 1972~1990』, 김종호 옮김, 솔, 1994(보급판).

『들뢰즈가 만든 철학사』, 박정태 엮고 옮김, 이학사, 2007.

고쿠분 고이치로. 『들뢰즈 제대로 읽기』, 박철은 옮김, 동아시아, 2015.

하트, 마이클.『들뢰즈 사상의 진화』, 김상운·양창렬 옮김, 갈무리, 2004.

로장발롱, 제롬.『들뢰즈와 가타리의 무한 속도』, 브누아 프레트세이 그림, 성기현 옮김, 열린책들, 2012.

콜브룩, 클레어.『들뢰즈 이해하기』, 한정헌 옮김, 그린비, 2007.

우노 구니이치.『들뢰즈, 유동의 철학』, 이정우·김동선 옮김, 그린비, 2008.

소바냐르그, 안.『들뢰즈, 초월론적 경험론』, 성기현 옮김, 그린비, 2016.

윌리엄스, 제임스.『들뢰즈의 차이와 반복』, 신지영 옮김, 라움, 2010.

이진경.『노마디즘』(1, 2), 휴머니스트, 2006.

이정우.『천 하나의 고원』, 돌베개, 2008.

박찬국.『들뢰즈의 『니체와 철학』 읽기』, 세창미디어, 2012.

박정태.『철학자 들뢰즈, 화가 베이컨을 말하다』, 이학사, 2012.

고이즈미 요시유키.『들뢰즈의 생명철학』, 이정우 옮김, 동녘, 2003.

쏘번, 니콜래스.『들뢰즈 맑스주의』, 조정환 옮김, 갈무리, 2005.

바디우, 알랭.『들뢰즈 ─ 존재의 함성』, 박정태 옮김, 이학사, 2001.

서울사회과학연구소 엮음.『탈주의 공간을 위하여 : 들뢰즈·가타리의 정치적 사유』, 푸른숲, 1997.

들뢰즈가 사랑한
소설가와 소설

카프카, 프란츠.『변신/시골의사』, 정영애 옮김, 민음사, 1998.

카프카, 프란츠.『성』, 홍성광 옮김, 펭귄클래식코리아, 2008.

카프카, 프란츠.『소송』, 권혁준 옮김, 문학동네, 2010.

카프카, 프란츠.『실종자』, 한석종 옮김, 솔출판사, 2017.

프루스트, 마르셀.『잃어버린 시간을 찾아서』(1~11), 김창석 옮김, 국일미디어, 1998.

울프, 버지니아.『댈러웨이 부인』, 최애리 옮김, 열린책들, 2009.

도스토예프스키, 표도르.『분신』, 석영중 옮김, 열린책들, 2010.

스트린드베리, 요한 아우구스트.『다마스커스를 향하여』, 김미혜 옮김, 한양대학교출판부, 1999.

베디에, 죠제프.『트리스탄과 이즈』, 이형식 옮김, 지만지고전
천줄, 2008.

로렌스, 데이비드 허버트.『채털리 부인의 연인』(1, 2), 이인규
옮김, 민음사, 2003.

로렌스, 데이비드 허버트.『D. H. 로렌스의 미국 고전문학 강
의』, 임병권 옮김, 자음과모음, 2018.

로렌스, 데이비드 허버트.『정신분석과 무의식』[D. H. Lawrence,
Psychoanalysis And The Unconscious, Martin Secker, 1928].

로렌스, 데이비드 허버트.『무의식의 환상곡』[D. H. Lawrence,
Fantasia of the Unconscious, Thomas Seltzer, 1922].

멜빌, 허먼.『모비 딕』, 김석희 옮김, 작가정신, 2011.

멜빌, 허먼.「바틀비」,『허먼 멜빌』, 김훈 옮김, 현대문학, 2015.

조이스, 제임스.『복원된 피네간의 경야』, 김종건 옮김, 어문학
사, 2018.

조이스, 제임스.『율리시스』, 김종건 옮김, 어문학사, 2016.

밀러, 헨리.『북회귀선/남회귀선』, 오정환 옮김, 동서문화사,
2017.

캐럴, 루이스.『이상한 나라의 앨리스』, 존 테니얼 그림, 이소연
옮김, 펭귄클래식코리아, 2010.

캐럴, 루이스.『거울 나라의 앨리스』, 존 테니얼 그림, 이소연 옮
김, 펭귄클래식코리아, 2010.

트루니에, 미셸.『방드르디, 태평양의 끝』, 김화영 옮김, 민음사,
2003.

곰브로비치, 비톨트.『페르디두르케』, 윤진 옮김, 민음사, 2004.

곰브로비치, 비톨트.『코스모스』, 최성은 옮김, 민음사, 2015.

곰브로비치, 비톨트.『프로노그라피아』, 임미경 옮김, 민음사,
2004.

제임스, 헨리.『나사의 회전』, 최경도 옮김, 민음사, 2005.

피츠제럴드, 프랜시스 스콧.『피츠제럴드 단편선 1』, 김욱동 옮
김, 민음사, 2005.

피츠제럴드, 프랜시스 스콧.『피츠제럴드 단편선 2』, 한은경 옮
김, 민음사, 2009.

랑시에르, 자크
(Jacques Rancière,
1940~)

『무지한 스승』, 양창렬 옮김, 궁리, 2016.

『정치적인 것의 가장자리에서』, 양창렬 옮김, 길, 2013.

『불화』, 진태원 옮김, 길, 2015.

『이미지의 운명』, 김상운 옮김, 현실문화, 2014.

바디우, 알랭 외. 「찾을 수 없는 포퓰리즘」, 『인민이란 무엇인
가』, 서용순·임옥희·주형일 옮김, 현실문화, 2014.

레닌, 블라디미르 일리치
(Lenin, Vladimir Il'Ich,
1870~1924)

『무엇을 할 것인가』, 최호정 옮김, 박종철출판사, 1999.

『국가와 혁명』, 김영철 옮김, 논장, 1988.

『유물론과 경험비판론』, 정광희 옮김, 아침, 1988.

『제국주의론』, 남상일 옮김, 백산서당, 1988.

『레닌저작집』(전11권), 김탁 옮김, 전진, 1988~1991.

박노자 외. 「레닌과 혁명」, 『레닌과 미래의 혁명』, 그린비, 2008.

라비노비치, 알렉산더. 『혁명의 시간』, 류한수 옮김, 교양인, 2008.

서비스, 로버트. 『레닌』, 정승현·홍민표 옮김, 시학사, 2001.

베버, 헤르만. 『레닌』, 정초일 옮김, 한길사, 1999.

클리프, 토니. 『레닌 평전』(1, 2, 3), 최일붕 옮김, 책갈피,
2009~2010

지젝, 슬라보예·알랭 바디우 외. 『레닌 재장전, 진리의 정치를 위
하여』, 이현우·이재원 외 옮김, 마티, 2010.

클락, 사이먼 외. 『레닌에 대해 말하지 않기』, 김정한 외 옮김, 이
후, 2000.

지젝, 슬라보예·블라디미르 일리치 레닌. 『지젝이 만난 레닌』, 정
영목 옮김, 교양인, 2008.

루쉰(魯迅, 1881~1936)

『무덤/열풍』(루쉰전집 1권), 루쉰전집번역위원회(홍석표, 이보경)
옮김, 그린비, 2010.

『외침/방황』(루쉰전집 2권), 루쉰전집번역위원회(공상철, 서광덕)
옮김, 그린비, 2010.

『들풀/아침 꽃 저녁에 줍다/새로 쓴 옛날이야기』(루쉰전집 3권),
루쉰전집번역위원회(한병곤, 김하림, 유세종) 옮김, 그린비,
2011.

『화개집/화개집속편』(루쉰전집 4), 루쉰전집번역위원회(이주노,

박자영) 옮김, 그린비, 2014.

『거짓자유서/풍월이야기/꽃테문학』(루쉰전집 7권), 루쉰전집번
　　역위원회(이보경, 유세종) 옮김, 그린비, 2010.

『노신문집』(I~VI), 다케우치 요시미(竹內好) 역주, 한무희 옮김,
　　일월서각, 1987.

『루쉰 소설 전집』, 김시준 옮김, 을유문화사, 2008.

『아침 꽃을 저녁에 줍다』, 이욱연 편역, 도서출판 창, 1991.

다케우치 요시미. 『루쉰』, 서광덕 옮김, 문학과 지성사, 2003.

쑨거. 『다케우치 요시미라는 물음』, 윤여일 옮김, 그린비, 2007.

왕후이. 『절망에 반항하라』, 송인재 옮김, 글항아리, 2014.

임현치. 『노신 평전』, 김태성 옮김, 실천문학사, 2006.

후지 쇼조. 『루쉰』, 백계문 옮김, 한울 아카데미, 2014.

왕샤오밍. 『인간 루쉰』, 이윤희 옮김, 동과서, 1997.

린시엔즈. 『인간 루쉰』, 김진공 옮김, 사회평론, 2006.

중국현대문학학회 엮음. 『노신의 문학과 사상』, 백산서당, 1996.

홍석표. 『천상에서 심연을 보다』, 선학사, 2005.

팡시앙뚱. 『루쉰, 욕을 하다』, 장성철 옮김, ㈜휴먼필드, 2004.

스펜스, 조너선 D. 『천안문』, 정영무 옮김, 이산, 1999.

스펜스, 조너선 D. 『무질서의 지배자 마오쩌둥』, 남경태 옮김, 푸른
　　숲, 2003.

루터, 마르틴　　　　　　　『독일 민족의 그리스도인 귀족에게 고함』, 황정욱 옮김, 도서출
(Martin Luther, 1483~1546)　　판 길, 2017.

페브르, 뤼시앵. 『마르틴 루터―한 인간의 운명』, 김중현 옮김, 이
　　른비, 2016.

카우프만, 토마스. 『종교개혁의 역사』, 황정욱 옮김, 도서출판 길,
　　2017.

김덕영. 『루터와 종교개혁』, 도서출판 길, 2017.

박흥식. 『미완의 개혁가』, 21세기북스, 2017.

푸코, 미셸. 『안전, 영토, 인구―콜레주드프랑스 강의 1977~78
　　년』, 오르트망(심세광, 전혜리, 조성은) 옮김, 난장, 2011 ; Michel
　　Foucault, *Security, Territory, Population*, translated by
　　Graham Burchell, PICADOR.

리링(李零, 1948~)
『리링의 『손자』강의 ─전쟁은 속임수다』, 김승호 옮김, 글항아리, 2012.
『유일한 규칙』, 임태홍 옮김, 글항아리, 2013.
『집 잃은 개』(1, 2), 김갑수 옮김, 글항아리, 2012.
『논어, 세 번 찢다』, 황종원 옮김, 글항아리, 2011.
『리링의 주역강의』, 차영익 옮김, 글항아리, 2016.
『호랑이를 산으로 돌려보내다』, 박영순 옮김, 글항아리, 2015.

리쩌허우(李澤厚, 1930~)
『중국고대사상사론』, 정병석 옮김, 한길사, 2005.
『중국근대사상사론』, 임춘성 옮김, 한길사, 2005.
『중국현대사상사론』, 김형종 옮김, 한길사, 2005.
『중국 철학이 등장할 때가 되었는가?』, 류쉬위안 외 엮음, 이유진 옮김, 2013.
『중국 철학은 어떻게 등장할 것인가?』, 류쉬위안 외 엮음, 이유진 옮김, 2015.
『학설』, 노승현 옮김, 도서출판 들녘, 2005.

마굴리스, 린
(Lynn Margulis, 1935~2011)
『공생자 행성』, 이한음 옮김, 사이언스북스, 2007.
마굴리스, 린·도리언 세이건. 『마이크로 코스모스』, 홍욱희 옮김, 김영사, 2011.
마굴리스, 린·도리언 세이건. 『생명이란 무엇인가』, 김영 옮김, 리수, 2016.
세이건, 도리언 엮음. 『린 마굴리스』, 이한음 옮김, 책읽는수요일, 2015.
굴드, 스티븐 제이. 『풀하우스』, 이명희 옮김, 사이언스북스, 2002.
굴드, 스티븐 제이. 『판다의 엄지』, 김동광 옮김, 사이언스북스, 2002.
코인, 제리. 『지울 수 없는 흔적』, 김명남 옮김, 을유문화사, 2011.
후쿠오카 신이치. 『동적 평형』, 김소연 옮김, 은행나무, 2010.
후쿠오카 신이치. 『생물과 무생물 사이』, 김소연 옮김, 은행나무, 2008.

마르크스, 카를
(Karl Marx, 1818~1883)

『자본론』(I, II, III), 김수행 옮김, 비봉출판사, 1989/2015 ;『자본』(I-1, I-2, II, III-1, III-2), 강신준 옮김, 도서출판 길, 2008~2010 ; Karl Marx, *Capital*(I, II, III), Translated by Ben Fowkes, Penguin Books, 1990.

『경제학-철학 수고』, 강유원 옮김, 이론과 실천, 2006.

『정치경제학 비판요강』(I, II, III), 김호균 옮김, 그린비, 2007(2판).

『프랑스 혁명사 3부작』, 임지현·이종훈 옮김, 소나무, 1991(개정1판).

『데모크리토스와 에피쿠로스 자연철학의 차이』, 고병권 옮김, 그린비, 2001.

맑스, 칼·프리드리히 엥겔스, 『칼 맑스 프리드리히 엥겔스 저작 선집』(1~6), 최인호 외 옮김, 김세균 감수, 1991 ; David McLellan, *Karl Marx selected writings*, Oxford 2000.

맑스, 칼·프리드리히 엥겔스, 「헤겔 법철학의 비판을 위하여」·「1884년의 경제학 철학 초고」·「포이에르바하에 관한 테제들」·「철학의 빈곤. 프루동의 『빈곤의 철학』에 대한 응답」·「공산주의당 선언」, 『칼 맑스 프리드리히 엥겔스 저작 선집 1』, 최인호 외 옮김, 김세균 감수, 1991.

맑스, 칼·프리드리히 엥겔스, 「1848년에서 1850년까지의 프랑스에서의 계급 투쟁」·「루이 보나빠르뜨의 브뤼메르 18일」·「『정치경제학의 비판을 위한 기본 개요』의 서설」·「정치 경제학의 비판을 위하여. 서문」, 『칼 맑스 프리드리히 엥겔스 저작 선집 2』, 최인호 외 옮김, 김세균 감수, 1992.

맑스, 칼·프리드리히 엥겔스, 「국제 노동자 협회 발기문」·「국제 노동자 협회 임시 규약」·「임금, 가격, 이윤」, 『칼 맑스 프리드리히 엥겔스 저작 선집 3』, 최인호 외 옮김, 김세균 감수, 1992.

맑스, 칼·프리드리히 엥겔스, 「『프랑스에서의 내전』 첫 번째 초고」·「고타 강령 초안 비판」, 『칼 맑스 프리드리히 엥겔스 저작 선집 4』, 최인호 외 옮김, 김세균 감수, 1995.

맑스, 칼·프리드리히 엥겔스, 『독일 이데올로기』(I), 박재희 옮김, 청년사, 1988.

맑스, 칼·프리드리히 엥겔스.『자본론에 관한 서한집』, 김호균
옮김, 중원문화, 1990.

윈, 프랜시스.『마르크스 평전』, 정영목 옮김, 푸른숲, 2001.

오스본, 피터.『HOW TO READ 마르크스』, 고병권·조원광 옮김,
웅진지식하우스, 2007.

뒤메닐, 제라르·도미니크 레비,『현대 마르크스주의 경제학』, 김덕
민 옮김, 그린비, 2009.

김수행.『『자본론』의 현대적 해석』, 서울대학교출판부, 2008(제2개
정판).

미야카와 미노루(宮川實).『자본론 해설』(I, II, III), 편집부 옮김, 두
레, 1986.

알튀세르, 루이.『마르크스를 위하여』, 서관모 옮김, 후마니타
스, 2017 ; Louis Althusser, *For Marx*, Translated by Ben
Brewster, Verso, 2005.

알튀세르, 루이.『자본을 읽자』; Louis Althusser, Étienne
Balibar, Roger Establet, Pierre Macherey and Jaques
Rancière, *Reading Capital*, Verso, 2015 ; 루이 알튀세르.『자
본론을 읽는다』, 김진엽 옮김, 두레, 1991.

발리바르, 에티엔.『마르크스의 철학』, 배세진 옮김, 진태원 해제,
오월의 봄, 2018.

캘리니코스, 알렉스.『현대철학의 두 가지 전통과 마르크스주의』,
정남영 옮김, 갈무리, 1995.

송태경.『소유문제와 자본주의 발전단계론』, 자유인, 1994.

송태경.『자유인들의 연합체를 위한 선언』, 자유인,1993.

한형식.『맑스주의 역사 강의』, 그린비, 2010.

윤소영.『일반화된 마르크스주의 개론』, 공감, 2006.

이진경.『자본을 넘어선 자본』, 그린비, 2004.

이진경.『미-래의 맑스주의』, 그린비, 2006.

버먼, 마샬.『맑스주의의 향연』, 문명식 옮김, 이후. 2001.

마토바 아키히로·우치다 히로시·이시즈카 마사히데·시바타 다카
유키 엮음.『맑스사전』, 이신철·오석철 옮김, 도서출판 b, 2011.

가토 히사타케·구보 요이치·고즈 구니오·다카야마 마모루·다키
구치 기요에이·야마구치 세이이치.『헤겔사전』, 이신철 옮김,

도서출판 b, 2009.

베커만, 제라르.『맑스 엥겔스 용어사전』, 이병수 옮김, 논장, 1989.

오카자키 지로.『자본론 소사전』, 세계정치경제연구소 편역, 들녘, 1991.

뢰비, 미카엘·에마뉘엘 르노·제라르 뒤메닐.『마르크스주의 100단어』, 배세진 옮김, 두번째테제, 2018.

마키아벨리, 니콜로 (Niccolò Machiavelli, 1469~1527) 『군주론』, 권기돈 옮김, 펭귄클래식코리아, 2008.
『군주론(군국에 대하여)』, 곽차섭 옮김·주해, 도서출판 길, 2015.
『군주론』, 강정인·김경희 옮김, 까치, 2015(제4판).
리돌피, 로베르토.『마키아벨리 평전』, 곽차섭 옮김, 아카넷, 2000.
알튀세르, 루이.『마키아벨리의 고독』, 김석민 옮김, 새길, 1992.
비톨리, 모리치오.『HOW TO READ 마키아벨리』, 김동규 옮김, 웅진지식하우스, 2014.
보빗, 필립.『군주론 이펙트』, 이종인 옮김, 세종서적, 2014.
정정훈.『군주론, 운명을 넘어서는 역량의 정치학』, 그린비, 2011.
시오노 나나미.『나의 친구 마키아벨리』, 한길사, 1996.

맹자 (孟子, BC 372?~BC 289?) 『맹자』, 박경환 옮김, ㈜홍익출판사, 2005(개정판).
김용옥.『맹자 사람의 길』(上, 下), 통나무, 2012.
공자·맹자.『낭송 논어/맹자』, 류시성 풀어읽음, 북드라망, 2014.
채인후.『맹자의 철학』, 천병돈 옮김, 예문서원, 2000.
줄리앙, 프랑수아.『맹자와 계몽철학자와의 대화』, 허경 옮김, 한울아카데미, 2004.
이혜경.『맹자, 진정한 보수주의자의 길』, 그린비, 2008.
양구오롱.『맹자평전』, 이영섭 옮김, 미다스북스, 2005.
공원국.『춘추전국이야기』(6권 '생각 대 생각:제자백가의 위대한 논쟁'), 역사의아침, 2013.
임건순.『제자백가 공동체를 말하다』, 서해문집, 2014.
펑유란.『중국철학사』(상, 하), 박성규 옮김, 까치, 1999 ; 馮友蘭.

『中國哲學史(上, 下)』, 重庆出版社, 2009.

이중톈. 『춘추에서 전국까지』, 김택규 옮김, 글항아리, 2015.

미조구치 유조 외 엮음. 『중국 사상 문화 사전』, 김석근·김용천·박규태 옮김, 책과함께, 2011.

| 메이야수, 퀑탱(Quentin Meillassoux, 1967~) | 『형이상학과 과학 밖 소설』, 엄태연 옮김, 이학사, 2017.
『유한성 이후』, 정지은 옮김, 도서출판 b, 2010. |

바디우, 알랭
(Quentin Meillassoux, 1967~)

『존재와 사건』, 조형준 옮김, 새물결, 2013.

『사도 바울』, 현성환 옮김, 새물결, 2008.

『들뢰즈―존재의 함성』, 박정태 옮김, 이학사, 2001.

바디우, 알랭 외. 「'인민'이라는 말의 쓰임에 대한 스물네 개의 노트」, 『인민이란 무엇인가』, 서용순·임옥희·주형일 옮김, 현실문화, 2014.

바디우, 알랭·파비앵 타르비. 『철학과 사건』, 서용순 옮김, 오월의 봄, 2015.

홀워드, 알랭. 『알랭 바디우』, 박성훈 옮김, 도서출판 길, 2016.

박지원(1737~1805)

『연암집』(상, 중, 하), 신호열·김명호 옮김, 돌베개, 2007(개정판).

『세계 최고의 여행기, 열하일기』(상, 하), 고미숙·김풍기·길진숙 옮김, 북드라망, 2013.

『낭송 열하일기』, 길진숙 풀어읽음, 북드라망, 2014.

『열하일기』(1, 2), 김혈조 옮김, 돌베개, 2017.

『고추장 작은 단지를 보내니』, 박희병 옮김, 돌베개, 2005.

『지금 조선의 시를 쓰라』, 김명호 옮김, 돌베개, 2007.

고미숙. 『열하일기, 웃음과 역설의 유쾌한 시공간』, 북드라망, 2013.

고미숙. 『삶과 문명의 눈부신 비전 열하일기』, 작은길, 2012.

정민. 『비슷한 것은 가짜다』, 태학사, 2003.

박희병. 『연암을 읽는다』, 돌베개, 2006.

박종채. 『나의 아버지 박지원』, 돌베개, 1998.

버틀러, 주디스　　　　『젠더 트러블』, 조현준 옮김, 문학동네, 2008.
(Judith Butler, 1956~)　『윤리적 폭력비판』, 양효실 옮김, 인간사랑, 2013.
　　　　　　　　　　『혐오 발언』, 유민석 옮김, 알렙, 2016 ; Judith Butler, *Excitable Speech*, Routledge, 1997.
　　　　　　　　　　바디우, 알랭 외.「우리, 인민 ─ 집회의 자유에 관한 생각들」, 『인민이란 무엇인가』, 서용순·임옥희·주형일 옮김, 현실문화, 2014.

불교　　　　　　　　『법구경』, 김달진 옮김, 현암사, 1997.
　　　　　　　　　　『숫타니파타』, 법정 옮김, 이레, 1999.
　　　　　　　　　　김용옥.『금강경 강해』, 법정스님 서문, 통나무, 1999.
　　　　　　　　　　이시다 미즈마로.『반야·유마경』, 이원섭 옮김, 현암사, 2001.
　　　　　　　　　　『유마경』, 소백산인진호현토 옮김, 법륜사, 1999.
　　　　　　　　　　『유마경』, 불전간행회 옮김, 민족사, 1993.
　　　　　　　　　　『디가니까야 ─ 길게 설하신 경』(1, 2, 3), 각묵스님 옮김, 초기불전연구원, 2006.
　　　　　　　　　　냐나틸로카 엮음.『붓다의 말씀』, 김재성 옮김, 고요한 소리, 2007(3판 교정본).
　　　　　　　　　　용수.『중론』, 정화 풀어씀, 도서출판 법공양, 2007.
　　　　　　　　　　용수.『중론』, 김성철 역주, 경서원, 2001(3차개정판).
　　　　　　　　　　혜능.『육조단경』, 정화 풀어씀, 법공양, 2012.
　　　　　　　　　　『벽암록』, 안동림 역주, 현암사, 2000(개정2판).
　　　　　　　　　　『대승기신론』(1, 2), 정화 풀어씀, 법공양, 2009.
　　　　　　　　　　한자경.『대승기신론 강해』, 불광출판사, 2013.
　　　　　　　　　　서산대사.『선가귀감』, 원순 역해, 법공양, 2007.
　　　　　　　　　　한형조.『무문관, 혹은 "너는 누구냐"』, 여시아문, 2008.
　　　　　　　　　　나까무라 하지메·나라 야스아끼·사또오 료오준.『불타의 세계』, 김지견 옮김, 김영사, 2005.
　　　　　　　　　　테라, 삐야닷시.『붓다의 옛길』, 유미경 옮김, 2005.
　　　　　　　　　　조성택.『불교와 불교학』, 돌베개, 2012.
　　　　　　　　　　현응.『깨달음과 역사』, 불광출판사, 2016(개정증보판).
　　　　　　　　　　김영진.『중국 근대사상과 불교』, 그린비, 2007.
　　　　　　　　　　가와이 하야오·나카자와 신이치.『불교가 좋다』, 김옥희 옮김, 동아시아, 2007.

신상환.『용수의 사유』, 도서출판b, 2011.

사이토 아키라 외.『공과 중관』, 남수영 옮김, CIR, 2015.

타니 타다시.『무상의 철학』, 권서용 옮김, 산지니, 2008.

니체, 프리드리히.『안티크리스트』, 박찬국 옮김, 아카넷, 2013.

박찬국.『니체와 불교』, CIR, 2013.

진은영.『니체, 영원회귀와 차이의 철학』, 그린비, 2007.

베르그손, 앙리(Henri Bergson, 1859~1941)

『의식에 직접 주어진 것들에 관한 시론』, 최화 옮김, 아카넷, 2001.

『물질과 기억』, 박종원 옮김, 아카넷, 2005.

『창조적 진화』, 황수영 옮김, 아카넷, 2005.

『사유와 운동』, 이광래 옮김, 문예출판사, 2012.

황수영.『베르그손, 생성으로 생명을 사유하기』, 갈무리, 2014.

황수영.『물질과 기억, 시간의 지층을 탐험하는 이미지와 기억의 미학』, 그린비, 2006.

들뢰즈, 질.『베르그송주의』, 김재인 옮김, 문학과지성사, 1996.

장켈레비치, 블라디미르.『깊이 읽는 베르그송』, 류종렬 옮김, 갈무리, 2018.

벤야민, 발터 (Walter Benjamin, 1892~1940)

『발터 벤야민의 문예이론』, 반성완 편역, 민음사, 1983.

『독일 비애극의 원천』, 조만영 옮김, 새물결, 2008.

『일방통행로 / 사유이미지』, 김영옥·윤미애·최성만 옮김, 도서출판 길, 2007 ; Walter Benjamin, *One-Way Street and Other Writings*, Edmund Jephcott · Kingsley Shorter (Translators), NLB, 1979.

『역사의 개념에 대하여/폭력비판을 위하여/초현실주의 외』, 최성만 옮김, 도서출판 길, 2008.

『기술적 복제시대의 예술작품』, 심철민 옮김, 2017.

『아케이드 프로젝트』(I, II), 조형준 옮김, 새물결, 2005.

『모스크바 일기』, 김남시 옮김, 도서출판 길, 2015.

아일런드, 하워드·마이클 제닝스.『발터 벤야민 평전』, 김정아 옮김, 글항아리, 2018.

벅 모스, 수전. 『발터 벤야민과 아케이드 프로젝트』, 김정아 옮김, 문학동네, 2004.

뢰비, 미카엘. 『발터 벤야민 : 화재경보』, 양창렬 옮김, 난장, 2017.

권용선. 『세계와 역사의 몽타주, 벤야민의 아케이드 프로젝트』, 그린비, 2009.

권용선. 『발터 벤야민의 공부법』, 역사비평사, 2014.

비트겐슈타인, 루트비히 (Ludwig Wittgenstein, 1889~1951)

『논리-철학 논고』, 이영철 옮김, 책세상, 2006 ; Ludwig Wittgenstein, *Tractatus Logico-Philosophicus*, Translated by D. F. Pears and B. F. McGuinness With an introduction by Bertrand Russell, Routledge, 2001.

『철학적 탐구』, 이승종 옮김, 아카넷, 2016 ; 『철학적 탐구』, 이영철 옮김, 책세상, 2006 ; Ludwig Wittgenstein, *Philosophical Investigations*, Translated by G. E. M. Anscombe, P. M. S. Hacker and Joachim Schulte, Revised fourth edition by P. M. S. Hacker and Joachim Schulte, Blackwell Publishing Ltd, 2009.

몽크, 레이. 『HOW TO READ 비트겐슈타인』, 김병화 옮김, 웅진지식하우스, 2007.

몽크, 레이. 『비트겐슈타인 평전』, 남기창 옮김, 필로소픽, 2012.

박병철. 『비트겐슈타인 철학으로의 초대』, 필로소픽, 2014.

아흐메드, A. 『비트겐슈타인의 『철학적 탐구』를 위한 길잡이』, 하상필 옮김, 서광사, 2013.

그로, 프레데리크·아널드 데이비슨 엮음. 『푸코, 비트겐슈타인』, 심재원 옮김, 필로소픽, 2017.

슈미트, 카를(Carl Schmitt, 1888~1985)

『정치적인 것의 개념』, 김효전·정태호 옮김, 살림, 2012.

『정치신학—주권론에 관한 네 개의 장』, 김항 옮김, 그린비, 2010.

『헌법의 개념(1928)』, 김효전 옮김, 동아법학 제48호, 2010.

『합법성과 정당성』, 김도균 옮김, 길, 2016.

『현대 의회주의의 정신사적 상황』, 나종석 옮김, 길, 2012.

『대지의 노모스』, 최재훈 옮김, 민음사, 1995.

사르트르, 장 폴
(Jean Paul Sartre,
1905~1980)

『문학이란 무엇인가』, 정명환 옮김, 민음사, 1998.
박홍규. 『사르트르—자유를 위해 반항하라』, 열린시선, 2008.
라마디에, 마틸드 글, 아나이스 드포미에 그림. 『장 폴 사르트르—자유로운 실존과 글쓰기를 위해 살다』, 임미경 옮김, 박정태 해제, 작은길, 2016.

사이드, 에드워드
(Edward Said, 1935~2003)

『오리엔탈리즘』, 박홍규 옮김, 교보문고, 2015(개정증보판).
『문화와 제국주의』, 정정호·김성곤 옮김, 창, 2011.
『말년의 양식에 관하여』, 장호연 옮김, 마티, 2012.
『저항의 인문학』, 김정하 옮김, 마티, 2012; Edward W. Said, *Humanism & Democratic Criticism*, Columbia University Press, 2004.
『지식인의 표상』, 최유준 옮김, 마티, 2012; Edward W. Said, *Representations of the Intellectual*, Vintage Books, 1994.].
『권력 정치 문화』, 최영석 옮김, 마티, 2012.
사이드, 에드워드·다니엘 바렌보임. 『평행과 역설』, 노승림 옮김, 마티, 2016.
사이드, 에드워드·데이비드 버사미언. 『펜과 칼』, 장호연 옮김, 마티, 2011.
우스키 아키라. 『세계사 속 팔레스타인 문제』, 김윤정 옮김, 글항아리, 2015.
케네디, 발레리. 『오리엔탈리즘과 에드워드 사이드』, 김상률 옮김, 갈무리, 2011.

세네카, 루키우스 안나이우스(Lucius Annaeus Seneca, BC. 4?~AD. 56)

『세네카의 행복론』, 천병희 옮김, 숲, 2015 ; (구판) 『인생이 왜 짧은가』, 천병희 옮김, 숲, 2005.
『화에 대하여』, 김경숙 옮김, 사이, 2013.
『베풂의 즐거움』, 김혁·오명석·홍석준·안승택 옮김, 눌민, 2015.
『세네카 인생론』, 김천운 옮김, 동서문화사, 2007.
『세네카의 대화 : 인생에 관하여』, 김남우·이선주·임성진 옮김, 까치, 2016.

푸코, 미셸. 『주체의 해석학 : 1981~1982, 콜레주 드 프랑스에
서의 강의』, 심세광 옮김, 동문선, 2007 ; Michel Foucault,
*The Hermeneutics of the subject : Lectures at the Collége
de France, 1981-1982*, translated by Graham Burchell,
Picador NY, 2005.

소크라테스 이전 철학자들, 헬레니즘, 스토아주의	탈레스 외. 『소크라테스 이전 철학자들의 단편 선집』, 김인곤 외 7인 옮김, 아카넷, 2005.

에피쿠로스. 『쾌락』, 오유석 옮김, 문학과지성사, 1998; Cyril
Bailey, *Epicurus: The Extant Remains*, Oxford, 1926.

루크레티우스. 『사물의 본성에 관하여』, 강대진 옮김, 아카넷,
2012.

에픽테토스. 『왕보다 더 자유로운 삶』, 김재홍 옮김, 서광사,
2013.

아우렐리우스, 마르쿠스. 『명상록』, 천병희 옮김, 숲, 2005 ;
Marcus Aurelius, *Loeb Classical Library— Marcus
Aurelius*, Edited and Translated by C. R. Hains, Havard
University Press, 1916 ; Marcus Aurelius, *Meditations*,
Translated with notes by Martin Hammond, Penguin
Books, 2006.

세네카, 루키우스 안나이우스. 『세네카의 행복론』, 천병희 옮
김, 숲, 2015.

키케로, 마르쿠스 툴리우스. 『노년에 관하여 우정에 관하여』,
천병희 옮김, 숲, 2005.

거스리, 윌리엄 키스 체임버스. 『희랍 철학 입문』, 박종현 옮김, 서
광사, 2000.

롱, 앤소니 A. 『헬레니즘 철학』, 이경직 옮김, 서광사, 2000.

호센펠더, 말테. 『헬레니즘 철학사』, 조규홍, 한길사, 2011.

살렘, 장. 『고대원자론』, 양창렬 옮김, 난장, 2009.

구리나, 장바티스트. 『스토아주의』, 김유석 옮김, 글항아리, 2016.

한국철학사상연구회 · 정암학당. 『아주 오래된 질문들』, 동녘,
2017.

푸코, 미셸. 『주체의 해석학 : 1981~1982, 콜레주 드 프랑스에

서의 강의』, 심세광 옮김, 동문선, 2007 ; Michel Foucault,
*The Hermeneutics of the subject : Lectures at the Collége
de France, 1981-1982*, translated by Graham Burchell,
Picador NY, 2005.

손자
(孫子, BC 6세기경)

『손자병법』, 김원중 옮김, 글항아리, 2011.
리링.『리링의『손자』강의 ― 전쟁은 속임수다』, 김승호 옮김, 글
　　항아리, 2012.
손무·오기.『낭송 손자병법/오자병법』, 손영달 풀어읽음, 북드
　　라망, 2015.
리링.『유일한 규칙』, 임태홍 옮김, 글항아리, 2013.
임건순.『손자병법, 동양의 첫 번째 철학』, 서해문집, 2016.
임건순.『오기, 전국시대 신화가 된 군신 이야기』, 시대의창, 2014.
임건순.『제자백가 공동체를 말하다』, 서해문집, 2014.
마쥔.『손자병법 교양강의』, 돌베개, 2009.
펑유란.『중국철학사』(상, 하), 박성규 옮김, 까치, 1999 ; 馮友蘭.
　　『中國哲學史(上)』, 重庆出版社, 2009.
이중톈.『춘추에서 전국까지』, 김택규 옮김, 글항아리, 2015.
미조구치 유조 외 엮음.『중국 사상 문화 사전』, 김석근·김용천·박
　　규태 옮김, 책과함께, 2011.

스피노자, 바루흐 드
(Baruch De Spinoza,
1632~1677)

『에티카』, 강영계 옮김, 서광사, 2007(개정판)
『신학정치론, 정치학논고』, 최형익 옮김, 비르투, 2011.
『지성 개선론』, 강영계 옮김, 서광사, 2015.
내들러, 스티븐.『스피노자』, 김호경 옮김, 텍스트, 2011.
내들러, 스티븐.『에티카를 읽는다』, 이혁주 옮김, 그린비, 2013.
내들러, 스티븐.『스피노자와 근대의 탄생』, 김호경 옮김, 글항아
　　리, 2014.
진태원.「스피노자 철학에 대한 관계론적 해석」, 철학박사 학위논
　　문, 서울대학교, 2006.
네그리, 안토니오.『전복적 스피노자』, 이기웅 옮김, 그린비, 2005.
마트롱, 알렉상드르.『스피노자 철학에서 개인과 공동체』, 김문
　　수·김은주 옮김, 그린비, 2008.

발리바르, 에티엔.『스피노자와 정치』, 진태원 옮김, 그린비. 2014.

발리바르, 에티엔.『대중들의 공포』, 최원·서관모 옮김, 도서출판 b, 2007.

마슈레, 피에르.『헤겔 또는 스피노자』, 진태원 옮김, 그린비, 2010.

델보스, 빅토르.『스피노자와 도덕의 문제』, 이근세 옮김, 북코리아, 2003.

아감벤, 조르조
(Giorgio Agamben,
1942~)

『호모 사케르』, 박진우 옮김, 새물결, 2008.

『장치란 무엇인가?』, 양창렬 옮김, 난장, 2010.

『왕국과 영광』, 박진우·정문영 옮김, 새물결, 2016; Giorgio Agamben, *The Kingdom and the Glory*, Translated by Lorenzo Chiesa(with Matteo Mandarini), Stanford University Press, 2011.

『사물의 표시 방법에 관하여』, 양창렬 옮김, 난장, 2014.

머레이, 알렉스.『조르조 아감벤 호모 사케르』, 김상운 옮김, 앨피, 2018.

아리스토텔레스
(Aristoteles, BC 384~BC 322)

『형이상학』, 조대호 옮김, 길, 2017.

『형이상학』, 김진성 옮김, 이제이북스, 2007.

『니코마코스 윤리학』, 김재홍·강상진·이창우 옮김, 길, 2011.

『정치학』, 김재홍 옮김, 길, 2017.

로스, W. D.『아리스토텔레스』, 김진성 옮김, 세창출판사, 2016.

아스만, 얀(Jan Assmann,
1938~)

『이집트인 모세』, 변학수 옮김, 그린비, 2009 ; Jan Assmann, *Moses the Egyptian*, Harvard University Press paperback edition, 1998.

프로이트, 지그문트.「인간 모세와 유일신교」,『종교의 기원』, 이윤기 옮김, 열린책들, 2003(재간).

아우렐리우스, 마르쿠스
(Marcus Aurelius,
121~180)

『명상록』, 천병희 옮김, 숲, 2005 ; Marcus Aurelius, *Loeb Classical Library — Marcus Aurelius*, Edited and Translated by C. R. Hains, Havard University Press,

1916 ; Marcus Aurelius, *Meditations*, Translated with notes by Martin Hammond, Penguin Books, 2006.

『주체의 해석학 : 1981~1982, 콜레주 드 프랑스에서의 강의』, 심세광 옮김, 동문선, 2007 ; Michel Foucault, *The Hermeneutics of the subject : Lectures at the Collége de France, 1981~1982*, translated by Graham Burchell, Picador NY, 2005.

유르스나르, 마르그리트 『하드리아누스 황제의 회상록』(1, 2), 곽광수 옮김, 민음사, 2008.

매클린, 프랭크. 『철인 황제 마르쿠스 아우렐리우스』, 조윤정 옮김, 다른세상, 2011.

시오노 나나미. 『로마인 이야기』(9권, 11권), 김석희 옮김, 한길사, 2000/2003.

모토무라 료지. 『처음 읽는 로마사』, 이민희 옮김, 교유서가, 2015.

하이켈하임, 프리츠. 『로마사』「29. 오현제」, 세드릭 A. 요·앨런 M.워드 개정, 김덕수 옮김, 현대지성사, 1999.

켈리, 크리스토퍼. 『로마 제국』, 이지은 옮김, 교유서가, 2015.

권, 데이비드 M. 『로마 공화정』, 신미숙 옮김, 교유서가, 2015.

알튀세르, 루이
(Louis Althusser,
1918~1990)

『자본을 읽자』[Louis Althusser, Étienne Balibar, Roger Establet, Pierre Macherey and Jaques Rancière, *Reading Capital*, Verso, 2015] ; 알튀세르, 루이. 『자본론을 읽는다』, 김진엽 옮김, 두레, 1991.

『마르크스를 위하여』, 서관모 옮김, 후마니타스, 2017 ; Louis Althusser, *For Marx*, Translated by Ben Brewster, Verso, 2005.

『아미앵에서의 주장』, 김동수 옮김, 솔, 1991.

『재생산에 대하여』, 김웅권 옮김, 동문선, 2007.; Louis Althusser, *On the Reproduction of Capitalism*, Preface by Etienne Balibar, Introduction by Jaques Bidet, Translated by G. M. Goshgarian. Verso, 2014.

『마키아벨리의 고독』, 김석민 옮김, 새길, 1992 ; Louis Althusser, *Machiavelli and Us*, Edited by Francois

Matheron, Translated with an Introduction by Gregory Elliott, Verso, 2000.

『당내에 더 이상 지속되어선 안될 것』, 이진경 옮김. 새길, 2011(개정판).

『철학적 맑스주의』, 서관모 옮김, 새길아카데미, 1996.

『철학에 대하여』, 서관모·백승욱 옮김, 동문선, 1997.

『검은 소—알튀세르의 상상 인터뷰』, 배세진 옮김, 진태원 해제, 생각의힘, 2018.

『미래는 오래 지속된다』, 권은미 옮김, 이매신, 2008.

알튀세르, 루이 외.『역사적 맑스주의』, 서관모 엮음, 중원문화, 2010(재판).

알튀세르, 루이 외.「레닌과 철학」,『레닌과 미래의 혁명』, 진태원 외 옮김. 그린비, 2008.

발리바르, 에티엔 외.『알튀세르 효과』, 진태원 엮음. 조현진 외 옮김, 그린비, 2011.

최원.『라캉 또는 알튀세르』, 난장, 2016.

엘리어트, 그레고리.『알튀세르:이론의 우회』, 이경숙·이진경 옮김, 새길, 1992.

페레터, 루크.『루이 알튀세르의 이데올로기』, 심세광 옮김, 앨피, 2014.

윤종희·박상현 외.『알튀세르의 철학적 유산』, 공감, 2008.

갤리니코스, 알렉스 외.『현대 프랑스 철학의 성격논쟁』, 이원영 편역·해제, 1995.

야마모토 요시타카
(山本義隆, 1941~)

『과학의 탄생』, 이영기 옮김, 동아시아, 2005.

『16세기 문화혁명』, 남윤호 옮김, 동아시아, 2010.

『나의 1960년대』, 임경화 옮김, 돌베개, 2017.

왕양명
(王陽明, 1472~1528)

『전습록』, 정인재·한정길 역주, 청계출판사, 2007.

『낭송 전습록』, 문성환 풀어읽음, 북드라망, 2014.

진래.『양명 철학』, 전병욱 옮김, 예문서원, 2003.

뚜웨이밍.『한 젊은 유학자의 초상』, 권미숙 옮김, 통나무, 1994.

문성환.『전습록, 앎은 삶이다』, 북드라망, 2012.

김길락 외.『왕양명 철학연구』, 청계출판사, 2001.

야스다 지로.『주자와 양명의 철학』, 이원석 옮김, 2012.

이지.『분서』(I, II), 김혜경 옮김, 한길사, 2004.

옌리예산·주지엔구오.『이탁오 평전』, 홍승직 옮김, 돌베개, 2005.

펑유란.『중국철학사』(상, 하), 박성규 옮김, 까치, 1999 ; 馮友蘭.
『中國哲學史(上)』, 重庆出版社, 2009.

용수(龍樹, 150?~250?)　　『중론』, 정화 풀어읽음, 도서출판 법공양, 2007.

『중론』, 김성철 역주, 경서원, 2001(3차개정판).

신상환.『용수의 사유』, 도서출판b, 2011.

사이토 아키라 외.『공과 중관』, 남수영 옮김, CIR, 2015.

스트렝, 프레데릭 J.『용수의 공사상 연구』, 남수영 옮김, 시공사,
1999.

타니 타다시.『무상의 철학』, 권서용 옮김, 산지니, 2008.

권서용.『다르마키르티와 불교인식론』, 그린비, 2010.

진은영.『니체, 영원회귀와 차이의 철학』, 그린비, 2007.

원톄쥔(溫鐵軍, 1951~)　　『백년의 급진』, 김진공 옮김, 돌베개, 2013.

일리치, 이반　　　　　　『병원이 병을 만든다』, 박홍규 옮김, 미토, 2004.

(Louis Althusser,　　　『과거의 거울에 비추어』, 권루시안 옮김, 느린걸음, 2013.

1918~1990)　　　　　『누가 나를 쓸모없게 만드는가』, 허택 옮김, 느린걸음, 2014.

『전문가들의 사회』(이반 일리치 전집), 신수열 옮김, 사월의책,
2015.

『그림자 노동』(이반 일리치 전집), 노승영 옮김, 사월의책, 2015.

『깨달음의 혁명』(이반 일리치 전집), 허택 옮김, 사월의책, 2018.

『행복은 자전거를 타고 온다』(이반 일리치 전집), 신수열 옮김, 사
월의책, 2018.

『텍스트의 포도밭』, 정영목 옮김, 현암사, 2016.

일리치, 이반·배리 샌더스.『ABC, 민중의 마음이 문자가 되
다』, 권루시안 옮김, 문학동네, 2016.

일리치, 이반·데이비드 케일리.『이반 일리치와 나눈 대화』,
권루시안 옮김, 물레, 2010 ; David Carley, *Ivan Illich in*

Conversation, University of Chicago, 2006.

케일리, 데이비드 엮음. 『이반 일리히의 유언』, 이한·서범석 옮김, 이파르, 2010.

테일러, 찰스. 『세속 시대』[Charles Taylor. *A Secular Age*, Harvard University Press, 2007 ; http://robertaconnor.blogspot. com/2013/05/charles-taylor-on-ivan-illich.html]

장자
(莊子, BC 369 ~ BC 289)

『장자』, 안동림 역주, 현암사, 1993 ; 莊子今注今譯(上, 中, 下), 陳鼓應 註釋, 中華書局, 2009(北京第2版).

그레이엄, 앵거스 찰스 해설 및 편역. 『장자』, 김경희 옮김, 이학사, 2015

복영광사. 『장자』, 이동철·임헌규 옮김, 청계, 1999.

줄리앙, 프랑수아. 『장자, 삶의 도를 묻다』, 박희영 옮김, 2014.

전호근. 『장자강의』, 동녘, 2015.

펑유란. 『중국철학사』(상, 하), 박성규 옮김, 까치, 1999 ; 馮友蘭. 『中國哲學史(上, 下)』, 重庆出版社, 2009.

조재룡(1967~)

『번역하는 문장들』, 문학과지성사, 2015.

주역

리링. 『리링의 주역 강의』, 차영익 옮김, 글항아리, 2016.

김석진. 『대산 주역 강의』(1, 2, 3), 한길사, 1999.

왕필. 『주역 왕필주』, 임채우 옮김, 길, 2006.

명문당 편집부 엮음. 『비지토해 정본 주역』, 명문당, 2012(중판)

마명춘·강학위·낙위현. 『주역철학사』, 심경호 옮김, 예문서원, 1994.

주백곤. 『주역산책』, 김학권 옮김, 예문서원, 1999.

주백곤. 『역학철학사』(1~8), 김진근·김학권·김연재·주광호·윤석민 옮김, 소명출판, 2012.

곽신환. 『주역의 지혜』, 서광사, 2017.

이상수. 『운명 앞에서 주역을 읽다』, 웅진지식하우스, 2014.

이창일. 『주역, 인간의 법칙』, 위즈덤하우스, 2011.

한규성. 『역학원리강화』, 예문지, 1997.

주자 (朱子, 1130 ~ 1200)	주희·여조겸 편저.『근사록집해』(I, II), 엽채 집해, 이광호 역주, 아카넷, 2004. 미우라 구니오.『주자어류선집』, 이승연 옮김, 예문서원, 2012. 미우라 구니오.『인간 주자』, 김영식·이승연 옮김, 창작과비평사, 1996. 수징난(束景南).『주자평전』, 김태완 옮김,역사비평사, 2015. 진래.『주희의 철학』, 이종란 옮김, 예문서원, 2002. 야마다 게이지.『주자의 자연학』, 김용옥 해제, 김석근 옮김, 통나 무, 1991. 위잉스.『주희의 역사세계』, 이원석 옮김, 글항아리, 2015. 야스다 지로.『주자와 양명의 철학』, 이원석 옮김, 논형, 2012.
줄리앙, 프랑수아 (François Jullien, 1951~)	『전략』, 이근세 옮김, 교유서가, 2015. 『사물의 성향』, 박희영 옮김, 한울아카데미, 2009. 『현자에게는 고정관념이 없다』, 박치완·김용석 옮김, 한울아카 데미, 2009. 『맹자와 계몽철학자와의 대화』, 허경 옮김, 한울아카데미, 2004. 『장자, 삶의 도를 묻다』, 박희영 옮김, 한울아카데미, 2014. 『무미예찬』, 최애리 옮김, 산책자, 2010. 『루쉰』[François Jullien, *Lu Xun, Écriture et révolution*, Presses de l'École Normale Supérieure, 1979].
칸트, 임마누엘 (Immanuel Kant, 1724년~1804)	『순수이성비판』(1, 2), 백종현 옮김, 아카넷, 2006. 『실천이성비판』, 백종현 옮김, 아카넷, 2009(개정판). 『실천이성비판』, 최재희 옮김, 박영사, 2018(보정판). 『판단력비판』, 백종현 옮김, 아카넷, 2009. 『영원한 평화를 위하여』, 오진석 옮김, 도서출판b, 2011. 한자경.『칸트 철학에의 초대』, 서광사, 2006. 마키노 에이지.『칸트 읽기』, 류지한·세키네 히데유키 옮김, 울력, 2009. 진은영.『순수이성비판, 이성을 법정에 세우다』, 그린비, 2004.

들뢰즈, 질.『칸트의 비판철학』, 서동욱 옮김, 민음사, 2006.

가라타니 고진.『트랜스크리틱—칸트와 맑스』, 이신철 옮김, 도서
출판 b, 2013.

주판치치, 알렌카.『실재의 윤리』, 이성민 옮김, 도서출판 b, 2004.

사카베 메구미·아리후쿠 고가쿠 외.『칸트사전』, 이신철 옮김, 도
서출판 b, 2009.

평유란   평유란.『중국철학사』(상, 하), 박성규 옮김, 까치, 1999 ; 馮友蘭.
(馮友蘭, BC 369 ~ BC 289)   『中國哲學史(上, 下)』, 重庆出版社, 2009.

『평유란 자서전』, 김시천·송종서·이원석·황종원 옮김, 웅진지
식하우스, 2011.

평종푸.『나의 아버지 평유란』, 은미영 옮김, 글항아리, 2011.

중국현대철학연구회.『처음 읽는 중국 현대철학』, 동녘, 2016.

리쩌허우.『중국 철학이 등장할 때가 되었는가?』, 류쉬위안 외 엮
음, 이유진 옮김, 글항아리, 2013.

리쩌허우.『중국 철학은 어떻게 등장할 것인가?』, 류쉬위안 외 엮
음, 이유진 옮김, 글항아리, 2015.

푸코, 미셸   『정신병과 심리학』, 박혜영 옮김, 문학동네, 2002.
(Michel Foucault,   『임상의학의 탄생』, 홍성민 옮김, 이매진, 2006.
1926 ~ 1984)   『말과 사물』, 이규현 옮김, 민음사, 2012 ; Michel Foucault,
Les Mots et Les Choses : Une Archéologie des Sciences
Humanies, Gallimard, 1966.

『광기의 역사』, 이규현 옮김, 오생근 감수, 나남출판, 2003.

『지식의 고고학』, 이정우 옮김, 민음사, 2000 ; Michel Foucault,
Archaeology of Knowledge, Translated by A. M. Sheridan
Smith, Routledge, 1989.

『감시와 처벌』, 오생근 옮김, 나남, 2003 ; Michel Faucoult,
Discipline and Punish—The Birth of the Prison,
Translated by Alan Sheridan, Vintage Books, 1977.

『성의 역사 1 : 앎의 의지』, 이규현 옮김, 나남, 2004(재
판) ; Michel Foucault, An Introduction Volume 1 of The

History of Sexuality*, Translated from the French by Robert Hurley, Vintage Books, 1990.

『성의 역사 2 : 쾌락의 활용』, 문경자·신은영 옮김, 나남, 2004 ; Michel Foucault, *The Use of Pleasure Volume 2 of The History of Sexuality*, Translated from the French by Robert Hurley, Vintage Books, 1990.

『성의 역사 3 : 자기 배려』, 이혜숙·이영목 옮김, 나남출판, 2004 ; Michel Foucault, *The Care of the Self—Volume 3 of The History of Sexuality*, translated from the French by Robert Hurley, Vintage Books.

『지식의 의지에 관한 강의—콜레주드프랑스 강의 1970~71 년』, 양창렬 옮김, 난장, 2017.

『정신의학의 권력—콜레주드프랑스 강의 1973~74년』, 오르트망(심세광, 전혜리, 조성은) 옮김, 난장, 2014.

『비정상인들—1974~1975, 콜레주 드 프랑스에서의 강의』, 박정자 옮김, 동문선, 2001.

『"사회를 보호해야 한다"—콜레주드프랑스 강의 1975~76년』, 김상운 옮김, 난장, 2015 ; Michel Foucault, *"Society Must Be Defended" : Lectures at the Collége de France, 1975-1976*, translated by David Macey, Picador NY, 2005.

『안전, 영토, 인구—콜레주드프랑스 강의 1977~78년』, 오르트망(심세광, 전혜리, 조성은) 옮김, 난장, 2011 ; Michel Foucault, *Security, Territory, Population*, translated by Graham Burchell, Picador NY.

『생명관리정치의 탄생—콜레주드프랑스 강의 1978~79년』, 오르트망(심세광, 전혜리, 조성은) 옮김, 난장, 2012 ; Michel Foucault, *The Birth of Biopolitics : Lectures at the Collége de France, 1978-1979*, translated by Graham Burchell, Picador NY. 2008,

『주체의 해석학 : 1981~1982, 콜레주 드 프랑스에서의 강의』, 심세광 옮김, 동문선, 2007 ; Michel Foucault, *The Hermeneutics of the subject : Lectures at the Collége de*

France, 1981-1982, translated by Graham Burchell, Picador NY, 2005.

『자기의 통치와 타인의 통치』[Michel Foucault, *The Government of Self and Others: Lectures at the Collége de France, 1982-1983*, translated by Graham Burchell, palgrave macmillan, 2005.]

『말과 글』[Michel Foucault, *Dits et écrits*, vol. 1-2, collection "Quarto", Gallimard, 2001].

『푸코 읽기』[Michel Foucault, *The Foucault Reader*, Edited by Paul Rabinow, Vintage Books, 2010.]

「III. 사드에 대한 강의」, 『문학의 고고학』, 허경 옮김, 인간사랑, 2015.

『담론의 질서』, 이정우 옮김, 중원문화, 2012(개정판)

『푸코의 맑스』, 이승철 옮김, 갈무리, 2005.

푸코, 미셀·와타나베 모리아키, 「정치의 분석철학—서양세계의 철학자와 권력」, 『철학의 무대』, 오석철 옮김, 기담문고, 2016,

푸코, 미셀 외. 「니체, 프로이트, 맑스」·「비판이란 무엇인가?」·「혁명이란 무엇인가?」·「계몽이란 무엇인가?」, 『자유를 향한 참을 수 없는 열망』 정일준 편역, 새물결, 1999 ; Michel Foucault, *Aesthetics, Method and Epistemology*, Edited by James D. Faubion, Translated Robert Hurley and others, The New Press, 1998.

푸코, 미셀 외. 「주체와 권력」·「자유의 실천으로서 자아에의 배려」·「논쟁, 정치, 문제제기」, 『미셀 푸코의 권력이론』, 정일준 편역, 새물결, 1994.

『담론과 진실』, 오트르망(심세광, 전혜리) 옮김, 동녘, 2017.

『비판이란 무엇인가? 자기수양』, 오트르망(심세광, 전혜리) 옮김, 동녘, 2016.

에리봉, 디디에. 『미셀 푸코, 1926~1984』, 박정자 옮김, 그린비, 2012 ; Didier Eribon, *Michel Foucault: 1926~1984*, Flammarion, 1989.

벤느, 폴.『푸코, 사유와 인간』, 이상길, 산책자, 2009.

밀스, 사라.『현재의 역사가 미셸 푸코』, 임경규 옮김, 도서출판 앨
피, 2008.

오타바이니, 디디에.『미셸 푸코의 휴머니즘』, 심세광 옮김, 열린책
들, 2010.

김현.『시칠리아의 암소』, 문학과지성사, 1994.

김현.「바깥의 사유」·「저자란 무엇인가?」,『미셸 푸코의 문학비
평』문학과지성사, 1999.

그로, 프레데리크.『푸코와 광기』, 김웅권 옮김, 동문선, 2005.

촘스키, 노엄·미셸 푸코.「진리와 권력」,『촘스키와 푸코, 인간
의 본성을 말하다』, 이종인 옮김, 시대의 창, 2010 ; Michel
Foucault, *The Foucault Reader*, Edited by Paul Rabinow,
Vintage Books, 2010.

고든, 콜린·그래엄 버첼·피터 밀러 엮음.『푸코 효과』, 심성보·유
진·이규원·이승철·전의령·최영찬 옮김, 난장, 2014.

사토 요시유키.『신자유주의와 권력』, 김상운 옮김, 난장, 2012.

사토 요시유키.『권력과 저항』, 김상운 옮김, 후마니타스, 2014

오모다 소노에 외. 세리자와 가즈야·다카쿠와 가즈미 엮음.『푸코
이후』, 김상운 옮김, 난장, 2015.

다케다 히로나리.『푸코의 미학』, 김상운 옮김, 현실문화, 2018.

나카야마 겐.『현자와 목자―푸코와 파레시아』, 전혜리 옮김, 그린
비, 2016.

프로이트, 지그문트   『성욕에 관한 세 편의 에세이』, 김정일 옮김, 열린책들, 2003.
(Sigmund Freud,   『종교의 기원』, 이윤기 옮김, 열린책들, 2003.
1856~1939)   「쾌락 원칙을 넘어서」,「자아와 이드」,『정신분석학의 근본 개
     념』, 윤희기·박찬부 옮김, 열린책들, 2003(재간).
     『꿈의 해석』, 김인순 옮김, 열린책들, 2004(개정판).

플라톤   (초기 대화편)
(Platon, BC 427~BC 347)   『에우티프론, 소크라테스의 변론, 크리톤, 파이돈』, 박종현 역
     주, 서광사, 2003.
     『소크라테스의 변명』, 강철웅 옮김, 이제이북스, 2014.

『크리톤』, 이기백 옮김, 이제이북스, 2014.
『에우티프론』, 강성훈 옮김, 이제이북스, 2018.
『라케스』, 한경자 옮김, 이제이북스, 2014.
『뤼시스』, 강철웅 옮김, 이제이북스, 2014.

(중기 대화편)
『프로타고라스/라케스/메논』, 박종현 역주, 서광사, 2010.
『프로타고라스』, 강성훈 옮김, 이제이북스, 2012.
『메논』, 이상인 옮김, 이제이북스, 2014.
『에우튀데모스』, 김주일 옮김, 이제이북스, 2008.
『고르기아스/메넥세노스/이온』, 박종현 역주, 서광사, 2018.
『고르기아스』, 김인곤 옮김, 이제이북스, 2014.
『메넥세노스』, 이정호 옮김, 이제이북스, 2008.
『파이돈』, 강성훈 옮김, 이제이북스, 2013.
『향연』, 강철웅 옮김, 이제이북스, 2014.
『파이드로스』, 김주일 옮김, 이제이북스, 2012.
『파이드로스』, 조대호 옮김, 문예출판사, 2008.
『국가·정체』, 박종현 역주, 서광사, 2005.
『크라튈로스』, 김인곤·이기백 옮김, 이제이북스, 2007.

(후기 대화편)
『테아이테토스』, 정준영 옮김, 이제이북스, 2013.
『소피스트』, 이창우 옮김, 이제이북스, 2012.
『소피스테스』, 김태경 옮김, 한길사, 2000.
『정치가』, 김태경 옮김, 한길사, 2000.
『티마이오스』, 박종현 역주, 서광사, 2000.
『법률』, 박종현 역주, 서광사, 2009.
『편지들』, 김주일·강철웅·이정호 옮김, 이제이북스, 2009.

(위작 논란)
『알키비아데스 I, II』, 정준영 옮김, 이제이북스, 2014.

라에르티오스, 디오게네스. 『그리스철학자열전』, 전양범 옮김, 동서문화사, 2008.

박홍규.『형이상학 강의』(1, 2), 민음사, 2007.

강철웅·박희영·이정호·전헌상 외.『서양고대철학 1』, 도서출판 길, 2013.

강상진·김재홍·박승찬·유원기·조대호 외.『서양고대철학 2』, 도서출판 길, 2016.

릭켄, 프리도.『고대 그리스 철학』, 김성진 옮김, 서광사, 2000.

남경희.『플라톤-서양철학의 기원과 토대』, 아카넷, 2013(개정판).

박종현.『헬라스 사상의 심층』, 서광사, 2001.

해블록, 에릭 A.『플라톤 서설』, 이명훈 옮김, 글항아리, 2011.

한국철학사상연구회·정암학당.『아주 오래된 질문들』, 동녘, 2017.

애덤슨, 피터.『스크라테스와 플라톤』, 김은정·신우승 옮김. 전기가오리. 2017.

크세노폰.『소크라테스 회상록』, 천병희 옮김, 숲, 2018.

크세노폰.『키루스의 교육』, 이동수 옮김, 정기문 감수, 한길사, 2015.

하이데거, 마르틴
(Martin Heidegger,
1889~1976)

『존재와 시간』, 이기상 옮김, 까치글방, 1998 ; Martin Heidegger, *Sein und Zeit*, Frankfurt:Vittorio Klostermann, 1977 ;Martin Heidegger, *Being and Time*, translated by Joan Stambaugh, State University of New York Press.

『니체』(I, II), 박찬국 옮김, 도서출판 길, 2012.

박찬국.『하이데거의『존재와 시간』강독』, 그린비, 2014.

소광희.『하이데거의『존재와 시간』강의』, 문예출판사, 2003.

자프란스키, 뤼디거.『하이데거』, 박민수 옮김, 북캠퍼스, 2017.

박찬국.『니체와 하이데거』, 그린비, 2016.

이기상·구연상.『『존재와 시간』용어해설』, 까치, 1998.

기다 겐·노에 게이이치·무라타 준이치·와시다 기요카즈.『현상학사전』, 이신철 옮김, 도서출판 b, 2011.

사카베 메구미·아리후쿠 고가쿠 외.『칸트사전』, 이신철 옮김, 도서출판 b, 2009.

한의학

허준. 『동의보감』, 동의문헌연구실 옮김, 법인문화사, 2007/2009.

허준. 『낭송 동의보감 내경편』, 임경아·이민정 풀어읽음, 2014.

허준. 『낭송 동의보감 외형편』, 류시성·송혜경 풀어읽음, 2014.

허준. 『낭송 동의보감 잡병편(1), (2)』, 박장금·이영희·이현진 풀어읽음, 2015.

왕앙. 『소문영추영유찬약주―쉽게 읽는 황제내경』, 세명대학교 한의과대학 제12기 졸업준비위원회 옮김, 2010.

당종해. 『도표 본초문답』, 최철한 옮김, 대성의학사, 2009.

이제마. 『격치고』, 박대식 역주, 청계, 2000.

Atsushi Ishige·Kou Nishmura. 『그림으로 보는 한방 처방 해설』, 전태강 감수, 신흥메드싸이언스, 2013.

고미숙. 『동의보감, 몸과 우주 그리고 삶의 비전을 찾아서』, 북드라망, 2011

안도균. 『양생과 치유의 인문의학 동의보감』, 작은길, 2015.

한동석. 『우주변화의 원리』, 대원출판, 2001.

한규성. 『역학원리강화』, 예문지, 2010.

안도균. 『운명의 해석, 사주명리』, 북드라망, 2017.

조헌영. 『통속 한의학 원론』, 윤구병 주해, 학원사, 2007,

배병철 편. 「혈증론·통혈」, 『기초한의학』, 성보사, 2005.

WHO 서태평양지역사무처. 『WHO/WPRO 표준경혈위치』, 한국한의학연구원·대한침구학회·경락경혈학회 옮김, 2009.

안세영·조정래. 『몸, 한의학으로 다시 태어나다』, 와이갤리, 2010.

재컬린 더핀. 『의학의 역사』, 신좌섭 옮김, 사이언스북스, 2006.

애들러, 로버트 E. 『의학사의 터닝포인트 24』, 조윤정 옮김, 아침이슬, 2007.

운슐트, 파울 U. 『의학이란 무엇인가』, 홍세영 옮김, 궁리, 2010.

이바라키 다모쯔. 『만화로 보는 의학의 역사』, 박형우 옮김, 군자출판사, 2012.

야마다 게이지. 『중국의학의 기원』, 윤석희·박상영 옮김, 도서

참고문헌
은행원의 인문학 서재

출판 수퍼노바, 2016.

야마다 게이지. 『중국 의학은 어떻게 시작되었는가』, 전상운·
이성규 옮김, 사이언스북스, 2002.

구리야마 시게히사. 『몸의 노래』, 정우진·권상옥 옮김, 이음,
2013.

스크리치, 타이먼. 『에도의 몸을 열다』, 박경희 옮김, 그린비,
2008.

신동원. 『조선사람 허준』, 한겨레신문사, 2001.

이상곤. 『왕의 한의학』, 사이언스북스, 2014.

쑨리췬·왕리췬·하오완산·지롄하이·첸원중. 『천고의 명의들』,
류방승 옮김, 옥당, 2009.

모얄렘, 샤론. 『아파야 산다』, 김소영 옮김, 김영사, 2010.

김동철·송혜경. 『절기서당』, 북드라망, 2013.

허준(1539~1615)　　　『동의보감』, 동의문헌연구실 옮김, 법인문화사, 2007/2009.

『낭송 동의보감 내경편』, 임경아·이민정 풀어읽음, 2014.

『낭송 동의보감 외형편』, 류시성·송혜경 풀어읽음, 2014.

『낭송 동의보감 잡병편(1), (2)』, 박장금·이영희·이현진 풀어읽
음, 2015.

고미숙. 『동의보감, 몸과 우주 그리고 삶의 비전을 찾아서』, 북드라
망, 2011

안도균. 『양생과 치유의 인문의학 동의보감』, 작은길, 2015.

안세영·조정래. 『몸, 한의학으로 다시 태어나다』, 와이갤리, 2010.

조헌영. 『통속 한의학 원론』, 윤구병 주해, 학원사, 2007,

배병철 편. 「혈증론·통혈」, 『기초한의학』, 성보사, 2005.

신동원. 『조선사람 허준』, 한겨레신문사, 2001.

호메로스　　　　　　『일리아스』, 천병희 옮김, 숲, 2007 ; Homer, *The Iliad*,
(Homeros, BC 9세기~BC 8　　Translated by Robert Fagiles, Introduction and Notes by
세기)　　　　　　　　Bernard Knox, Penguin Books, 1990.

『오뒷세이아』, 천병희 옮김, 숲, 2006; Homer, *The Odyssey*,
Translated by Robert Fagiles, Introduction and Notes by

Bernard Knox, Penguin Books, 1996.

강대진. 『일리아스, 영웅들의 전장에서 싹튼 운명의 서사시』, 그린 비, 2010.

강대진. 『오뒷세이아, 모험과 귀향, 일상의 복원에 관한 서사시』, 그린비, 2012.

그밖에 참고할 책들   가와이 하야오·나카자와 신이치. 『불교가 좋다』, 김옥희 옮김, 동아시아, 2007.

강상중. 『고민하는 힘』, 이경덕 옮김, 사계절, 2009.

거스리, 윌리엄 키스 체임버스. 『희랍 철학 입문』, 박종현 옮김, 서광사, 2000.

고든, 콜린·그래엄 버첼·피터 밀러 엮음. 『푸코 효과』, 심성보· 유진·이규원·이승철·전의령·최영찬 옮김, 난장, 2014.

고미숙. 『계몽의 시대』, 북드라망, 2013.

굴드, 스티븐 제이. 『풀하우스』, 이명희 옮김, 사이언스북스, 2002.

그린, 브라이언. 『앨러건트 유니버스』, 박병철 옮김, 승산, 2002.

김길락 외. 『왕양명 철학연구』, 청계출판사, 2001.

김달진 옮김. 『법구경』, 현암사, 1997.

김덕영. 『루터와 종교개혁』, 길, 2017.

김동철·송혜경. 『절기서당』, 북드라망, 2013.

김명호. 『중국인 이야기』(1~6), 한길사, 2012~2017.

김용옥. 『금강경 강해』, 통나무, 1999.

김윤식. 『내가 읽고 만난 일본』, 그린비, 2012.

김윤식·김현. 『한국문학사』, 민음사, 1996(개정판).

김현. 『책읽기의 괴로움/살아 있는 시들』, 문학과지성사, 1992.

김현. 『행복한 책읽기』, 문학과지성사, 1992.

나까무라 하지메·나라 야스아끼·사또오 료오준. 『불타의 세계』, 김지견 옮김, 김영사, 2005.

다이아몬드, 재레드. 『총, 균, 쇠』, 김진준 옮김, 문학사상사, 2012.

다이아몬드, 재레드. 『어제까지의 세계』, 강주헌 옮김, 김영사, 2013.

다케우치 요시미. 『일본과 아시아』, 서광덕·백지운 옮김, 소명출판, 2004.

당종해. 『도표 본초문답』, 최철한 편역, 대성의학사, 2009.

데이비스, 폴. 『시간의 패러독스』, 김동광 옮김, 두산동아, 1997.

도정일. 『시인은 숲으로 가지 못한다』, 문학동네, 2016.

뚜웨이밍. 『한 젊은 유학자의 초상』, 권미숙 옮김, 통나무, 1994.

라마디에, 마틸드 글, 아나이스 드포미에 그림. 『장 폴 사르트르—자유로운 실존과 글쓰기를 위해 살다』, 임미경 옮김, 박정태 해제, 작은길, 2016.

라에르티오스, 디오게네스. 『그리스철학자열전』, 전양범 옮김, 동서문화사, 2008.

레비-스트로스, 클로드. 『슬픈 열대』, 박옥줄 옮김, 한길사, 1998.

루소, 장 자크. 『사회계약론』, 김중현 옮김, 펭귄클래식 코리아, 2010.

리돌피, 로베르토. 『마키아벨리 평전』, 곽차섭 옮김, 아카넷, 2000.

모스, 마르셀. 『증여론』, 이상률 옮김·류정아 해제, 한길사, 2002.

모토무라 료지. 『처음 읽는 로마사』, 이민희 옮김, 교유서가, 2015.

묵자. 『墨子』, 김학주 옮김, 명문당, 2003.

미우라 구니오, 『인간 주자』, 김영식·이승연 옮김, 창작과비평사, 1996

미우라 구니오, 『주자어류선집』, 이승연 옮김, 예문선원, 2012.

밀, 존 스튜어트. 『자유론』, 권기돈 옮김, 펭귄클래식코리아(웅진), 2015

박노해. 『그러니 그대 사라지지 말아라』, 느린걸음, 2010.

박원재. 『유학은 어떻게 현실과 만났는가』, 예문서원, 2001.

박정태, 『철학자 들뢰즈, 화가 베이컨을 말하다』, 이학사, 2012.

참고문헌
은행원의 인문학 서재

박찬국.『니체와 불교』, CIR, 2013.

박찬국,『하이데거의『존재와 시간』강독』, 그린비, 2014.

박태원.『소설가 구보씨의 하루』, 천정환 엮음. 문학과지성사, 2005.

박홍규.『사르트르─자유를 위해 반항하라』, 열린시선, 2008.

박홍식,『미완의 개혁가』, 21세기북스, 2017.

발리바르, 에티엔.『마르크스의 철학』, 배세진 옮김, 진태원 해제, 오월의 봄, 2018.

발자크, 오노레 드.『고리오 영감』, 박영근 옮김, 민음사, 1999.

배병철 엮음.『기초한의학』, 성보사, 2005.

버지스, 앤서니.『시계태엽 오렌지』, 박시영 옮김, 민음사, 2005.

벅 모스, 수전.『발터 벤야민과 아케이드 프로젝트』, 김정아 옮김, 문학동네, 2004.

법정 옮김.『숫타니파타』, 이레, 1999.

베르길리우스.『아이네이스』, 천병희 옮김, 숲, 2007.

베버, 막스.『프로테스탄티즘의 윤리와 자본주의 정신』, 김덕영 옮김, 길, 2010.

보름스, 프레데릭.『현대 프랑스 철학』, 주재형 옮김, 도서출판 길, 2014.

보카치오, 조반니.『단테의 일생』, 진영선 옮김, 그물코, 2013.

복영광사,『장자』, 이동철·임헌규 옮김, 청계, 1999.

본 회퍼, 디트리히.『나를 따르라』, 이신건 옮김, 신앙과지성사, 2013.

볼테르.『쟈디그·깡디드』, 이형식 옮김, 펭귄클래식코리아, 2011.

브룩스, 로드니 A.『로드니 브룩스의 로봇 만들기』, 박우석 옮김, 바다출판사, 2005.

비베이루스 지 까스뜨루, 에두아르두.『식인의 형이상학』, 박이대승·박수경 옮김, 후마니타스, 2018.

비톨리, 모리치오.『HOW TO READ 마키아벨리』, 김동규 옮김, 웅진지식하우스, 2014.

사마천.『사기 열전』(상, 중, 하), 정범진 옮김, 까치글방, 1995.

사사키 아타루. 『야전과 영원 : 푸코·라캉·르장드르』, 안천 옮김, 자음과모음, 2015.

서울사회과학연구소 엮음. 『탈주의 공간을 위하여 : 들뢰즈·가타리의 정치적 사유』, 푸른숲, 1997.

세이건, 도리언 엮음.『린 마굴리스』, 이한음 옮김, 책읽는수요일, 2015.

수징난(束景南),『주자평전』, 김태완 옮김, 역사비평사, 2015.

스펜스, 조너선 D.『천안문』, 정영무 옮김, 이산, 1999.

스펜스, 조너선 D.『무질서의 지배자 마오쩌둥』, 남경태 옮김, 푸른숲, 2003.

신형철.『몰락의 에티카』, 문학동네, 2008.

아사다 아키라.『도주론』, 문아영 옮김, 민음사, 2012.

아즈마 히로키.『일반의지 2.0』, 안천 옮김, 현실문화, 2012.

아즈마 히로키.『존재론적 우편적』, 조영일 옮김, 도서출판 b, 2015.

암스트롱, 카렌.『성서 이펙트』, 배철현 옮김, 세종서적, 2013.

에리봉, 디디에.『미셸 푸코, 1926~1984』, 박정자 옮김, 그린비, 2012 ; Didier Eribon, *Michel Foucault: 1926~1984*, Flammarion, 1989.

엘리어트, 그레고리.『알튀세르 : 이론의 우회』, 이경숙·이진경 옮김, 새길, 1992.

여불위.『여씨춘추』, 김근 옮김, 글항아리, 2012.

열자.『열자』, 김학주 옮김, 연암서가, 2011.

오강남.『예수는 없다』, 현암사, 2017.

오닐, 유진.『밤으로의 긴 여로』, 민승남 옮김, 민음사, 2002.

오에 겐자부로.『그리운 시절로 띄우는 편지』, 서은혜 옮김, 1996.

오에 겐자부로.『말의 정의』, 송태욱 옮김, 뮤진트리, 2014.

오에 겐자부로.『읽는 인간』, 정수윤 옮김, 위즈덤하우스, 2015.

오카모토 유이치로.『흐름으로 읽는 프랑스 현대사상사』, 차은정 옮김, 포도밭출판사, 2016.

위잉스.『주희의 역사세계』, 이원석 옮김, 글항아리, 2015.

유르스나르, 마르그리트.『하드리아누스 황제의 회상록 2』, 곽
　　광수 옮김, 민음사, 2008.

유안.『회남자 1』, 이석명 옮김, 소명출판, 2010.

이상.『날개』, 문학과지성사, 2005.

이근식.『애덤 스미스의 고전적 자유주의』, 기파랑, 2009.

이근식.『존 스튜어트 밀의 진보적 자유주의』, 기파랑, 2006.

이근식.『서독의 질서자유주의 - 오위켄과 뢰프케』, 기파랑,
　　2007.

이근식.『신자유주의 — 하이에크·프리드먼·뷰캐넌』, 기파랑,
　　2009.

이마미치 도모노부.『단테『신곡』강의』, 이영미 옮김, 안티쿠
　　스, 2008.

이상곤.『왕의 한의학』, 사이언스북스, 2014.

이솝.『이솝우화』, 유종호 옮김, 민음사, 1991.

이지.『분서』(I, II), 김혜경 옮김, 한길사, 2004.

임건순.『제자백가 공동체를 말하다』, 서해문집, 2014.

전호근.『장자강의』, 동녘, 2015.

조성택.『불교와 불교학』, 돌베개, 2012.

조헌영.『통속 한의학 원론』, 학원사, 2007(개정판).

주인석.『검은 상처의 블루스 — 소설가 구보씨의 하루』, 문학과
　　지성사, 1995.

진래.『주희의 철학』, 이종란 옮김, 예문선원, 2002.

진래.『양명 철학』, 전병욱 옮김, 예문서원, 2003.

진태원.「스피노자 철학에 대한 관계론적 해석」, 철학박사 학위
　　논문, 서울대학교, 2006.

채인후.『맹자의 철학』, 천병돈 옮김, 예문선원, 2000.

쳉어, 에리히 편저.『구약성경 개론』, 이종한 옮김, 분도출판사,
　　2012.

최인훈.『소설가 구보씨의 하루』, 문학과지성사, 2009.

치버, 존.『팔 코너』, 박영원 옮김, 문학동네, 2017.

카프카, 프란츠.『변신/시골의사』, 전영애 옮김, 민음사, 1998.

칼비노, 이탈로.『보이지 않는 도시들』, 이현경 옮김, 민음사,

2007.

케일리, 데이비드 엮음. 『이반 일리히의 유언』, 이한·서범석 옮김, 이파르, 2010.

코인, 제리. 『지울 수 없는 흔적』, 김명남 옮김, 을유문화사, 2011.

콘, 에두아르도. 『숲은 생각한다』, 차은정 옮김, 사월의 책, 2018.

큉, 한스. 『그리스도교』, 이종한 옮김, 분도, 2002.

크렐, 데이비드·도널드 베이츠. 『좋은 유럽인 니체』, 박우정 옮김, 글항아리, 2014.

클라스트르, 피에르. 『국가에 대항하는 사회』, 홍성흡 옮김, 이학사, 2005.

타니 타다시. 『무상의 철학』, 권서용 옮김, 산지니, 2008.

테브나즈, 피에르. 『현상학이란 무엇인가』, 김동규 옮김, 그린비, 2011.

투르니에, 미셸. 『방드르디, 태평양의 끝』, 김화영 옮김, 민음사, 2003.

파인만, 리처드·로버트 레이턴·매슈 샌즈. 『파인만의 물리학 강의』, 박병철 옮김, 승산, 2004.

펑종푸. 『나의 아버지 펑유란』, 은미영 옮김, 글항아리, 2011.

페브르, 뤼시앵. 『마르틴 루터 한 인간의 운명』, 김중현 옮김, 이른비, 2016.

펜로즈, 로저. 『황제의 새마음』(상, 하), 박승수 옮김, 이화여자대학교출판부, 1996.

푸익, 마누엘. 『거미 여인의 키스』, 송병선 옮김, 민음사, 2000.

핀천, 토마스. 『제49호 품목의 경매』, 김성곤 옮김, 민음사, 2007.

프루스트, 마르셀. 『잃어버린 시간을 찾아서』(1~11), 김창석 옮김, 국일미디어, 1998.

하이에크, 프리드리히 A. 『노예의 길―사회주의 계획경제의 진실』, 김이석 옮김, 자유기업원, 2018.

하이켈하임, 프리츠. 「29. 오현제」, 『로마사』, 세드릭 A. 요·앨런

M.워드 개정, 김덕수 옮김, 현대지성사, 1999.

한전숙.『현상학의 이해』, 민음사, 1989.

한형조.『무문관, 혹은 "너는 누구냐"』, 여시아문, 1999.

함석헌.『한국 기독교는 무엇을 하려는가』, 한길사, 1989.

해킹, 이언.『우연을 길들이다』, 정혜경 옮김, 바다출판사, 2012.

헤밍웨이, 어니스트.『노인과 바다』, 김욱동 옮김, 민음사, 2012.

혜능.『육조단경』, 정화 풀어씀, 법공양, 2012.

홀, 스튜어트.『스튜어트 홀의 문화 이론』, 임영호 편역, 1996, 한나래.

홀링데일, 레지날드 J.『니체, 그의 삶과 철학』, 김기복·이원복 옮김, 이제이북스, 2004.

황현산.『말과 시간의 깊이』, 문학과지성사, 2002.

후설, 에드문트.『엄밀한 학문으로서의 철학』, 이종훈 옮김, 지만지, 2014.

후쿠오카 신이치.『생물과 무생물 사이』, 김소연 옮김, 은행나무, 2008.

흄, 데이비드.『인간의 이해력에 관한 탐구』, 김혜숙 옮김, 지식을만드는지식, 2012.